法律法规新解读 | 第五版

民法典
解读与应用

潘环环 编著

中国法制出版社

CHINA LEGAL PUBLISHING HOUSE

各地区法院公布的经典案例以及中国裁判文书网的终审案例等，以案说法，生动地展示解决法律问题的实例。同时，原文收录一部分最高人民法院、最高人民检察院公布的指导性案例，指导实践更准确、更有力。

5. 关联参见检索便捷

除精选与主体法相关联的法律规定外，在主体法中以【关联参见】的方式链接相关重要条文，帮助读者全方位理解相关规定内容。

6. 附录内容实用丰富

书末收录经提炼的法律流程图、诉讼文书、纠纷处理常用数据、重要法律术语速查表等内容，帮助读者大大提高处理法律事务的效率。

7. 超值赠送增值服务

扫描图书后勒口二维码，免费使用中国法制出版社【法融】数据库。读者可查阅"国家法律法规"栏目和"案例解析"栏目中的"最高法指导案例"和"最高检指导案例"的内容。

中国法制出版社

出版说明

"法律法规新解读"丛书作为一套实用型法律图书，历经四版，以其专业、实用、易懂的优点，赢得了广大读者的认可。自第四版后，相关法律规定已发生较大变化，司法实践中也出现了不少新的法律问题，第五版立足"实用"，以关注民生、服务大众为宗旨，切实提升内容实用性；致力"易懂"，使本丛书真正成为"遇事找法者"运用法律维护权利和利益的利器。本丛书选取与日常生活密切相关的法律领域，将各领域的核心法律作为"主体法"，并且将与主体法密切相关的法律规定汇编收录。

"法律法规新解读"丛书独家打造七重法律价值：

1. 出版专业

中国法制出版社是中华人民共和国司法部主管主办的中央级法律类专业出版社，是国家法律法规标准文本的权威出版机构。

2. 条文解读精炼到位

重难点法条以【条文解读】形式进行阐释，解读内容在吸取全国人大常委会法制工作委员会、最高人民法院等部门对条文的权威解读的基础上，结合实际编写，简单明了、通俗易懂。

3. 实务应用精准答疑

根据日常生活中经常遇到的纠纷与难题，以【实务应用】形式提炼归纳出问题点，对标热点难点，精准答疑解惑。

4. 案例指引权威实用

专设【案例指引】板块，选取最高人民法院公报案例、典型案例、

《中华人民共和国民法典》
法律适用提示

　　民法是中国特色社会主义法律体系的重要组成部分，是民事领域的基础性、综合性法律，它规范各类民事主体的各种人身关系和财产关系，涉及社会和经济生活的方方面面，被称为"社会生活的百科全书"。建立健全完备的法律规范体系，以良法保障善治，是全面依法治国的前提和基础。民法通过确立民事主体、民事权利、民事法律行为、民事责任等民事总则制度，确立物权、合同、人格权、婚姻家庭、继承、侵权责任等民事分则制度，来调整各类民事关系。民法与国家其他领域法律规范一起，支撑着国家制度和国家治理体系，是保证国家制度和国家治理体系正常有效运行的基础性法律规范。

民法典的主要内容

　　《民法典》① 共 7 编、1260 条，各编依次为总则、物权、合同、人格权、婚姻家庭、继承、侵权责任，以及附则。

（一）总则编

　　第一编"总则"规定民事活动必须遵循的基本原则和一般性规则，统领民法典各分编。第一编基本保持原《民法总则》的结构和内容不变，根据法典编纂体系化要求对个别条款作了文字修改，并将"附则"部分移到《民法典》的最后。第一编共 10 章、204 条，主要内容有：

　　1. 关于基本规定。第一编第一章规定了民法典的立法目的和依据。

---

① 为便于阅读，本书中相关法律文件名称中的"中华人民共和国"字样都予以省略。

其中，将"弘扬社会主义核心价值观"作为一项重要的立法目的，体现坚持依法治国与以德治国相结合的鲜明中国特色（第一条）。同时，规定了民事权利及其他合法权益受法律保护，确立了平等、自愿、公平、诚信、守法和公序良俗等民法基本原则（第四条至第八条）。为贯彻习近平生态文明思想，将绿色原则确立为民法的基本原则，规定民事主体从事民事活动，应当有利于节约资源、保护生态环境（第九条）。

2. 关于民事主体。民事主体是民事关系的参与者、民事权利的享有者、民事义务的履行者和民事责任的承担者，具体包括三类：一是自然人。自然人是最基本的民事主体。《民法典》规定了自然人的民事权利能力和民事行为能力制度、监护制度、宣告失踪和宣告死亡制度，并对个体工商户和农村承包经营户作了规定（第一编第二章）。二是法人。法人是依法成立的，具有民事权利能力和民事行为能力，依法独立享有民事权利和承担民事义务的组织。《民法典》规定了法人的定义、成立原则和条件、住所等一般规定，并对营利法人、非营利法人、特别法人三类法人分别作了具体规定（第一编第三章）。三是非法人组织。非法人组织是不具有法人资格，但是能够依法以自己的名义从事民事活动的组织。《民法典》对非法人组织的设立、责任承担、解散、清算等作了规定（第一编第四章）。

3. 关于民事权利。保护民事权利是民事立法的重要任务。第一编第五章规定了民事权利制度，包括各种人身权利和财产权利。为建设创新型国家，《民法典》对知识产权作了概括性规定，以统领各个单行的知识产权法律（第一百二十三条）。同时，对数据、网络虚拟财产的保护作了原则性规定（第一百二十七条）。此外，还规定了民事权利的取得和行使规则等内容（第一百二十九条至第一百三十二条）。

4. 关于民事法律行为和代理。民事法律行为是民事主体通过意思表示设立、变更、终止民事法律关系的行为，代理是民事主体通过代理人实施民事法律行为的制度。第一编第六章、第七章规定了民事法律行为制度、代理制度：一是规定民事法律行为的定义、成立、形式和生效时间等（第一编第六章第一节）。二是对意思表示的生效、方式、撤回和解释等作了规定（第一编第六章第二节）。三是规定民事法律行为的效力制度（第一编第六章第三节）。四是规定了代理的适用范围、效力、类型等代理制度的内容（第一编第七章）。

5. 关于民事责任、诉讼时效和期间计算。民事责任是民事主体违反民事义务的法律后果，是保障和维护民事权利的重要制度。诉讼时效是权利人在法定期间内不行使权利，权利不受保护的法律制度，其功能主要是促使权利人及时行使权利、维护交易安全、稳定法律秩序。第一编第八章、第九章、第十章规定了民事责任、诉讼时效和期间计算制度：一是规定了民事责任的承担方式，并对不可抗力、正当防卫、紧急避险、自愿实施紧急救助等特殊的民事责任承担问题作了规定（第一编第八章）。二是规定了诉讼时效的期间及其起算、法律效果，诉讼时效的中止、中断等内容（第一编第九章）。三是规定了期间的计算单位、起算、结束和顺延等（第一编第十章）。

（二）物权编

物权是民事主体依法享有的重要财产权。物权法律制度调整因物的归属和利用而产生的民事关系，是最重要的民事基本制度之一。第二编"物权"在原《物权法》的基础上，按照党中央提出的完善产权保护制度，健全归属清晰、权责明确、保护严格、流转顺畅的现代产权制度的要求，结合现实需要，进一步完善了物权法律制度。第二编共5个分编、20章、258条，主要内容有：

1. 关于通则。第一分编为通则，规定了物权制度基础性规范，包括平等保护等物权基本原则，物权变动的具体规则，以及物权保护制度。党的十九届四中全会通过的《中共中央关于坚持和完善中国特色社会主义制度 推进国家治理体系和治理能力现代化若干重大问题的决定》对社会主义基本经济制度有了新的表述，为贯彻会议精神，《民法典》将有关基本经济制度的规定修改为："国家坚持和完善公有制为主体、多种所有制经济共同发展，按劳分配为主体、多种分配方式并存，

社会主义市场经济体制等社会主义基本经济制度。"（第二百零六条第一款）

2. 关于所有权。所有权是物权的基础，是所有人对自己的不动产或者动产依法享有占有、使用、收益和处分的权利。第二分编规定了所有权制度，包括所有权人的权利，征收和征用规则，国家、集体和私人的所有权，相邻关系、共有等所有权基本制度。针对近年来群众普遍反映业主大会成立难、公共维修资金使用难等问题，在原《物权法》规定的基础上，进一步完善了业主的建筑物区分所有权制度：一是明确地方政府有关部门、居民委员会应当对设立业主大会和选举业主委员会给予指导和协助（第二百七十七条第二款）。二是适当降低业主共同决定事项，特别是使用建筑物及其附属设施维修资金的表决门槛，并增加规定紧急情况下使用维修资金的特别程序（第二百七十八条、第二百八十一条第二款）。三是在征用组织、个人的不动产或者动产的事由中增加"疫情防控"；明确物业服务企业和业主的相关责任和义务，增加规定物业服务企业或者其他管理人应当执行政府依法实施的应急处置措施和其他管理措施，积极配合开展相关工作，业主应当依法予以配合（第二百四十五条、第二百八十五条第二款、第二百八十六条第一款）。

3. 关于用益物权。用益物权是指权利人依法对他人的物享有占有、使用和收益的权利。第三分编规定了用益物权制度，明确了用益物权人的基本权利和义务，以及建设用地使用权、宅基地使用权、地役权等用益物权。《民法典》还在原《物权法》规定的基础上，作了进一步完善：一是落实党中央关于完善产权保护制度依法保护产权的要求，明确住宅建设用地使用权期限届满的，自动续期；续期费用的缴纳或者减免，依照法律、行政法规的规定办理（第三百五十九条第一款）。二是完善农村集体产权相关制度，落实农村承包地"三权分置"改革的要求，对土地承包经营权的相关规定作了完善，增加土地经营权的规定，并删除耕地使用权不得抵押的规定，以适应"三权分置"后土地经营权入市的需要（第二编第十一章、第三百九十九条）。考虑到农村集体建设用地和宅基地制度改革正在推进过程中，《民法典》与土地管理法等作了衔接性规定（第三百六十一条、第三百六十三条）。三是为贯彻党的十九大提出的加快建立多主体供给、多渠道保障住房制度的要求，增加规定"居住权"这一新型用益物权，明确居住权原则上无偿设立，居住权人有权按照合同约定或者遗嘱，经登记占有、使用他人的住宅，以满足其稳定的生活居住需要（第二编第十四章）。

4. 关于担保物权。担保物权是指为了确保债务履行而设立的物权，包括抵押权、质权和留置权。第四分编对担保物权作了规定，明确了担保物权的含义、适用范围、担保范围等共同规则，以及抵押权、质权和留置权的具体规则。《民法典》在原《物权法》规定的基础上，进一步完善了担保物权制度，为优化营商环境提供法治保障：一是扩大担保合同的范围，明确融资租赁、保理、所有权保留等非典型担保合同的担保功能，增加规定担保合同包括抵押合同、质押合同和其他具有担保功能的合同（第三百八十八条第一款）。二是删除有关担保物权具体登记机构的规定，为建立统一的动产抵押和权利质押登记制度留下空间。三是简化抵押合同和质押合同的一般条款（第四百条第二款、第四百二十七条第二款）。四是明确实现担保物权的统一受偿规则（第四百一十四条）。

5. 关于占有。占有是指对不动产或者动产事实上的控制与支配。第五分编对占有的调整范围、无权占有情形下的损害赔偿责任、原物及孳息的返还以及占有保护等作了规定。（第二编第二十章）

（三）合同编

合同制度是市场经济的基本法律制度。第三编"合同"在原《合同法》的基础上，贯彻全面深化改革的精神，坚持维护契约、平等交换、公平竞争，促进商品和要素自由流动，完善合同制度。第三编共3个分编、29章、526条，主要内容有：

1. 关于通则。第一分编为通则，规定了合同的订立、效力、履行、保全、转让、终止、违约责任等一般性规则，并在原《合同法》的基础上，完善了合同总则制度：一是通过规定非合同之债的法律适用规则、多数人之债的履行规则等完善债法的一般性规则（第四百六十八条、第五百一十七条至第五百二十一条）。二是完善了电子合同订立规则，增加了预约合同的具体规定，完善了格式条款制度等合同订立制度（第四百九十一条、第四百九十五条至第四百九十八条）。三是完善国家订货合同制度，规定国家根据抢险救灾、疫情防控或者其他需要下达国家订货任务、指令性任务的，有关民事主体之间应当依照有关法律、行政法规规定的权利和义务订立合同（第四百九十四条第一款）。四是针对实践中一方当事人违反义务不办理报批手续影响合同生效的问题，《民法典》明确了当事人违反报批义务的法律后果，健全合同效力制度（第五百零二条第二款）。五是完善合同履行制度，落实绿色原则，规定当事人在履行合同过程中应当避免浪费资源、污染环境和破坏生态（第五百零九条第三款）。同时，在总结司法实践经验的基础上增加规定了情势变更制度（第五百三十三条）。六是完善代位权、撤销权等合同保全制度，进一步强化对债权人的保护，细化了债权转让、债务移转制度，增加了债务清偿抵充规则、完善了合同解除等合同终止制度（第三编第五章、第五百四十五条至第五百五十六条、第五百六十条、第五百六十三条至第五百六十六条）。七是通过吸收原《担保法》有关定金规则的规定，完善违约责任制度（第五百八十六条至第五百八十八条）。

2. 关于典型合同。典型合同在市场经济活动和社会生活中应用普遍。为适应现实需要，在原《合同法》规定的买卖合同、赠与合同、借款合同、租赁合同等15种典型合同的基础上，第二分编增加了4种新的典型合同：一是吸收了原《担保法》中关于保证的内容，增加了保证合同（第三编第十三章）。二是适应我国保理行业发展和优化营商环境的需要，增加了保理合同（第三编第十六章）。三是针对物业服务领域的突出问题，增加规定了物业服务合同（第三编第二十四章）。四是增加规定合伙合同，将原《民法通则》中有关个人合伙的规定纳入其中（第三编第二十七章）。

第三编还在总结原《合同法》实践经验的基础上，完善了其他典型合同：一是通过完善检验期限的规定和所有权保留规则等完善买卖合同（第六百二十二条、第六百二十三条、第六百四十一条至第六百四十三条）。二是为维护正常的金融秩序，明确规定禁止高利放贷，借款的利率不得违反国家有关规定（第六百八十条第一款）。三是落实党中央提出的建立租购同权住房制度的要求，保护承租人利益，增加规定房屋承租人的优先承租权（第七百三十四条第二款）。四是针对近年来客运合同领域出现的旅客霸座、不配合承运人采取安全运输措施等严重干扰运输秩序和危害运输安全的问题，维护正常的运输秩序，细化了客运合同当事人的权利义务（第八百一十五条第一款、第八百一十九条、第八百二十条）。五是根据经济社会发展需要，修改完善了赠与合同、融资租赁合同、建设工程合同、技术合同等典型合同（第三编第十一章、第十五章、第十八章、第二十章）。

3. 关于准合同。无因管理和不当得利既与合同规则同属债法性质的内容，又与合同规则有所区别，第三分编"准合同"分别对无因管理和不当得利的一般性规则作了规定。（第三编第二十八章、第二十九章）

（四）人格权编

人格权是民事主体对其特定的人格利益享有的权利，关系到每个人的人格尊严，是民事主体最基本的权利。第四编"人格权"在现行有关法律法规和司法解释的基础上，从民事法律规范的角度规定自然人和其他民事主体人格权的内容、边界和保护方式，不涉及公民政治、社会等方面权利。第四编共6章、51条，主要内容有：

1. 关于一般规定。第四编第一章规定了人格权的一般性规则：一是明确人格权的定义（第九百九十条）。二是规定民事主体的人格权受法律保护，人格权不得放弃、转让或者继承（第九百九十一条、第九百九十二条）。三是规定了对死者人格利益的保护（第九百九十四条）。四是明确规定人格权受到侵害后的救济方式（第九百九十五条至第一千条）。

2. 关于生命权、身体权和健康权。第四编第二章规定了生命权、身体权和健康权的具体内容，并对实践中社会比较关注的有关问题作了有针对性的规定：一是为促进医疗卫生事业的发展，鼓励遗体捐献的善行义举，《民法典》吸收行政法规的相关规定，确立器官捐献的基本规则（第一千零六条）。二是为规范与人体基因、人体胚胎等有关的医学和科研活动，明确从事此类活动应遵守的规则（第一千零九条）。三是近年来，性骚扰问题引起社会较大关注，《民法典》在总结既有立法和司法实践经验的基础上，规定了性骚扰的认定标准，以及机关、企业、学校等单位防止和制止性骚扰的义务（第一千零一十条）。

3. 关于姓名权和名称权。第四编第三章规定了姓名权、名称权的具体内容，并对民事主体尊重保护他人姓名权、名称权的基本义务作了规定：一是对自然人选取姓氏的规则作了规定（第一千零一十五条）。二是明确对具有一定社会知名度，被他人使用足以造成公众混淆的笔名、艺名、网名等，参照适用姓名权和名称权保护的有关规定（第一千零一十七条）。

4. 关于肖像权。第四编第四章规定了肖像权的权利内容及许可使用肖像的规则，明确禁止侵害他人的肖像权：一是针对利用信息技术手段伪造他人的肖像、声音，侵害他人人格权益等问题，规定禁止任何组织或者个人利用信息技术手段伪造等方式侵害他人的肖像权，并明确对自然人声音的保护，参照适用肖像权保护的有关规定（第一千零一十九条第一款、第一千零二十三条第二款）。二是为了合理平衡保护肖像权与维护公共利益之间的关系，《民法典》结合司法实践，规定肖像权的合理使用规则（第一千零二十条）。三是从有利于保护肖像权人利益的角度，对肖像许可使用合同的解释、解除等作了规定（第一千零二十一条、第一千零二十二条）。

5. 关于名誉权和荣誉权。第四编第五章规定了名誉权和荣誉权的内容：一是为了平衡个人名誉权保护与新闻报道、舆论监督之间的关系，《民法典》对行为人为公共利益实施新闻报道、舆论监督等行为涉及的民事责任承担，以及行为人是否尽到合理核实义务的认定等作了规定（第一千零二十五条、第一千零二十六条）。二是规定民事主体有证据证明报刊、网络等媒体报道的内容失实，侵害其名誉权的，有权请求及时更正或者删除（第一千零二十八条）。

6. 关于隐私权和个人信息保护。第四编第六章在现行有关法律规定的基础上，进一步强化对隐私权和个人信息的保护：一是规定了隐私的定义，列明禁止侵害他人隐私权的具体行为（第一千零三十二条、第一千零三十三条）。二是界定了个人信息的定义，明确了处理个人信息应遵循的原则和条件（第一千零三十四条、第一千零三十五条）。三是构建自然人与信息处理者之间的基本权利义务框架，明确处理个人信息不承担责任的特定情形，合理平衡保护个人信息与维护公共利益之间的关系（第一千零三十六条至第一千零三十八条）。四是规定国家机关及其工作人员负有保护自然人的隐私和个人信息的义务（第一千零三十九条）。

（五）婚姻家庭编

婚姻家庭制度是规范夫妻关系和家庭关系的基本准则。第五编"婚姻家庭"以原《婚姻法》、《收养法》为基础，在坚持婚姻自由、一夫一妻等基本原则的前提下，结合社会发展需要，修改完善了部分规定，并增加了新的规定。第五编共5章、79条，主要内容有：

1. 关于一般规定。第五编第一章在原《婚姻法》规定的基础上，重申了婚姻自由、一夫一妻、男女平等等婚姻家庭领域的基本原则和规则，并在原《婚姻法》的基础上，作了进一步完善：一是为贯彻落实习近平总书记有关加强家庭文明建设的重要讲话精神，更好地弘扬家庭美德，规定家庭应当树立优良家风，弘扬家庭美德，重视家庭文明建设（第一千零四十三条第一款）。二是为了更好地维护被收养的未成年人的合法权益，将联合国《儿童权利公约》关于儿童利益最大化的原则落实到收养工作中，增加规定了最有利于被收养人的原则（第一千零四十四条第一款）。三是界定了亲属、近亲属、家庭成员的范围（第一千零四十五条）。

2. 关于结婚。第五编第二章规定了结婚制度，并在原《婚姻法》的基础上，对有关规定作了完善：一是将受胁迫一方请求撤销婚姻的期间起算点由"自结婚登记之日起"修改为"自胁迫行为终止之日起"（第一千零五十二条第二款）。二是不再将"患有医学上认为不应当结婚的疾病"作为禁止结婚的情形，并相应增加规定一方隐瞒重大疾病的，另一方可以向人民法院请求撤销婚姻（第一千零五十三条）。三是增加规定婚姻无效或者被撤销的，无过错方有权请求损害赔偿（第一千零五十四条第二款）。

3. 关于家庭关系。第五编第三章规定了夫妻关系、父母子女关系和其他近亲属关系，并根据社会发展需要，在原《婚姻法》的基础上，完善了有关内容：一是明确了夫妻共同债务的范围。原《婚姻法》没有对夫妻共同债务的范围作出规定。《民法典》明确了夫妻共同债务的范围（第一千零六十四条）。二是规范亲子关系确认和否认之诉。亲子关系问题涉及家庭稳定和未成年人的保护，作为民事基本法律，《民法典》对此类诉讼进行了规范（第一千零七十三条）。

4. 关于离婚。第五编第四章对离婚制度作出了规定，并在原《婚姻法》的基础上，作了进一步完善：一是增加离婚冷静期制度。实践中，轻率离婚的现象增多，不利于婚姻家庭的稳定。为此，《民法典》规定了提交离婚登记申请后30日的离婚冷静期，在此期间，任何一方可以向登记机关撤回离婚申请（第一千零七十七条）。二是针对离婚诉讼中出现的"久调不判"问题，增加规定，经人民法院判决不准离婚后，双方又分居满1年，一方再次提起离婚诉讼的，应当准予离婚（第一千零七十九条第五款）。三是关于离婚后子女的抚养，将原《婚姻法》规定的"哺乳期内的子女，以随哺乳的母亲抚养为原则"修改为"不满两周岁的子女，以由母亲直接抚养为原则"，以增强可操作性（第一千零八十四条第三款）。四是将夫妻采用法定共同财产制的，纳入适用离婚经济补偿的范围，以加强对家庭负担较多义务一方权益的保护（第一千零八十八条）。五是将"有其他重大过错"增加规定为离婚损害赔偿的适用情形（第一千零九十一条第五项）。

5. 关于收养。第五编第五章对收养关系的成立、收养的效力、收养关系的解除作了规定，并在原《收养法》的基础上，进一步完善了有关制度：一是扩大被收养人的范围，删除被收养的未成年人仅限于不满14周岁的限制，修改为符合条件的未成年人均可被收养（第一千零九十三条）。二是与国家计划生育政策的调整相协调，将收养人须无子女的要求修改为收养人无子女或者只有一名子女（第一千零九十八条第一项）。三是为进一步强化对被收养人利益的保护，在收养人的条件中增加规定"无不利于被收养人健康成长的违法犯罪记录"，并增加规定民政部门应当依法进行收养评估（第一千零九十八条第四项、第一千一百零五条第五款）。

（六）继承编

继承制度是关于自然人死亡后财富传承的基本制度。随着人民群众生活水平的不断提高，个人和家庭拥有的财产日益增多，因继承引发的纠纷也越来越多。根据我国社会家庭结构、继承观念等方面的发展变化，第六编"继承"在原《继承法》的基础上，修改完善了继承制度，以满足人民群众处理遗产的现实需要。第六编共4章、45条，主要内容有：

1. 关于一般规定。第六编第一章规定了继承制度的基本规则，重申了国家保护自然人的继承权，规定了继承的基本制度。并在原《继承法》的基础上，作了进一步完善：一是增加规定相互有继承关系的数人在同一事件中死亡，且难以确定死亡时间的继承规则（第一千一百二十一条第二款）。二是增加规定对继承人的宽恕制度，对继承权法定丧失制度予以完善（第一千一百二十五条第二款）。

2. 关于法定继承。法定继承是在被继承人没有对其遗产的处理立有遗嘱的情况下，继承人的范围、继承顺序等均按照法律规定确定的继承方式。第六编第二章规定了法定继承制度，明确了继承权男女平等原则，规定了法定继承人的顺序和范围，以及遗产分配的基本制度。同时，在原《继承法》的基础上，完善代位继承制度，增加规定被继承人的兄弟姐妹先于被继承人死亡的，由被继承人的兄弟姐妹的子女代位继承（第一千一百二十八条第二款）。

3. 关于遗嘱继承和遗赠。遗嘱继承是根据被继承人生前所立遗嘱处理遗产的继承方式。第六编第三章规定了遗嘱继承和遗赠制度，并在原《继承法》的基础上，进一步修改完善了遗嘱继承制度：一是增加了打印、录音录像等新的遗嘱形式（第一千一百三十六条、第一千一百三十七条）。二是修改了遗嘱效力规则，删除了原《继承法》关于公证遗嘱效力优先的规定，切实尊重遗嘱人的真实意愿。

4. 关于遗产的处理。第六编第四章规定了遗产处理的程序和规则，并在原《继承法》的基础上，进一步完善了有关遗产处理的制度：一是增加遗产管理人制度。为确保遗产得到妥善管理、顺利分割，更好地维护继承人、债权人利益，增加规定了遗产管理人制度，明确了遗产管理人的产生方式、职责和权利等内容（第一千一百四十五条至第一千一百四十九条）。二是完善遗赠扶养协议制度，适当扩大扶养人的范围，明确继承人以外的组织或者个人均可以成为扶养人，以满足养老形式多样化需求（第一千一百五十八条）。三是完善无人继承遗产的归属制度，明确归国家所有的无人继承又无人受遗赠的遗产应当用于公益事业（第一千一百六十条）。

（七）侵权责任编

侵权责任是民事主体侵害他人权益应当承担的法律后果。第七编"侵权责任"在总结实践经验的基础上，针对侵权领域出现的新情况，吸收借鉴司法解释的有关规定，对侵权责任制度作了必要的补充和完善。第七编共10章、95条，主要内容有：

1. 关于一般规定。第七编第一章规定了侵权责任的归责原则、多数人侵权的责任承担、侵权责任的减轻或者免除等一般规则。并在原《侵权责任法》的基础上作了进一步的完善：一是确立"自甘风险"规则，规定自愿参加具有一定风险的文体活动，因其他参加者的行为受到损害的，受害人不得请求其他参加者承担侵权责任（第一千一百七十六条第一款）。二是规定"自助行为"制度，明确合法权益受到侵害，情况紧迫且不能及时获得国家机关保护，不立即采取措施将使其合法权益受到难以弥补的损害的，受害人可以在保护自己合法权益的必要范围内采取扣留侵权人的财物等合理措施；但是，应当立即请求有关国家机关处理。受害人采取的措施不当造成他人损害的，应当承担侵权责任（第一千一百七十七条）。

2. 关于损害赔偿。第七编第二章规定了侵害人身权益和财产权益的赔偿规则、精神损害赔偿规则等。同时，在原《侵权责任法》的基础上，对有关规定作了进一步完善：一是完善精神损害赔偿制度，规定因故意或者重大过失侵害自然人具有人身意义的特定物造成严重精神损害的，被侵权人有权请求精神损害赔偿（第一千一百八十三条第二款）。二是为加强对知识产权的保护，提高侵权违法成本，增加规定，故意侵害他人知识产权，情节严重的，被侵权人有权请求相应的惩罚性赔偿（第一千一百八十五条）。

3. 关于责任主体的特殊规定。第七编第三章规定了无民事行为能力人、限制民事行为能力人及其监护人的侵权责任，用人单位的侵权责任，网络侵权责任，以及公共场所的安全保障义务等。同时，《民法典》在原《侵权责任法》的基础上作了进一步完善：一是增加规定委托监护的侵权责任（第一千一百八十九条）。二是完善网络侵权责任制度。为了更好地保护权利人的利益，平衡好网络用户和网络服务提供者之间的利益，《民法典》细化了网络侵权责任的具体规定，完善了权利人通知规则和网络服务提供者的转通知规则（第一千一百九十五条、第一千一百九十六条）。

4. 关于各种具体侵权责任。第七编的其他各章分别对产品生产销售、机动车交通事故、医疗、环境污染和生态破坏、高度危险、饲养动物、建筑物和物件等领域的侵权责任规则作出了具体规定。并来在原《侵权责任法》的基础上，对有关内容作了进一步完善：一是完善生产者、销售者召回缺陷产品的责任，增加规定，依照相关规定采取召回措施的，生产者、销售者应当负担被侵权人因此支出的必要费用（第一千二百零六条第二款）。二是明确交通事故损害赔偿的顺序，即先由机动车强制保险理赔，不足部分由机动车商业保险理赔，仍不足的由侵权人赔偿（第一千二百一十三条）。三是进一步保障患者的知情同意权，明确医务人员的相关说明义务，加强医疗机构及其医务人员对患者隐私和个人信息的保护（第一千二百一十九条、第一千二百二十六条）。四是贯彻落实习近平生态文明思想，增加规定生态环境损害的惩罚性赔偿制度，并明确规定了生态环境损害的修复和赔偿规则（第一千二百三十二条、第一千二百三十四条、第一千二百三十五条）。五是加强生物安全管理，完善高度危险责任，明确占有或者使用高度危险物造成他人损害的，应当承担侵权责任（第一千二百三十九条）。六是完善高空抛物坠物治理规则。为保障好人民群众的生命财产安全，对高空抛物坠物治理规则作了进一步的完善，规定禁止从建筑物中抛掷物品，同时针对此类事件处理的主要困难是行为人难以确定的问题，强调有关机关应当依法及时调查，查清责任人，并规定物业服务企业等建筑物管理人应当采取必要的安全保障措施防止此类行为的发生（第一千二百五十四条）。

（八）附则

"附则"明确了民法典与原《婚姻法》、《继承法》、《民法通则》、《收养法》、《担保法》、《合同法》、《物权法》、《侵权责任法》、《民法总则》的关系。在民法典施行之时，同步废止上述民事单行法律。需要说明的是，2014年第十二届全国人大常委会第十一次会议通过的《全国人民代表大会常务委员会关于〈中华人民共和国民法通则〉第九十九条第一款、〈中华人民共和国婚姻法〉第二十二条的解释》，作为与原《民法通则》、《婚姻法》相关的法律解释，也同步废止。

目　录

中华人民共和国民法典

3

实务应用速查表

案例指引速查表

法律法规
新解读系列

中华人民共和国
民法典

民法典
解读与应用

中华人民共和国民法典

· 2020 年 5 月 28 日第十三届全国人民代表大会第三次会议通过
· 2020 年 5 月 28 日中华人民共和国主席令第 45 号公布
· 自 2021 年 1 月 1 日起施行

第一编　总　　则

第一章　基本规定

第一条　【立法目的和依据】① 为了保护民事主体的合法权益，调整民事关系，维护社会和经济秩序，适应中国特色社会主义发展要求，弘扬社会主义核心价值观，根据宪法，制定本法。

条文解读

本条规定了《民法典》的立法目的。

一是保护民事主体的合法权益。民事主体的合法权益包括人身权利，财产权利，兼具人身和财产性质的知识产权等权利，以及其他合法权益。保护公民的各项基本权利是宪法的基本原则和要求，保护民事主体的合法权益是民法的首要目的，也是落实和体现宪法精神的表现。可以说，《民法典》总则编的全部规定都是围绕保护民事主体的合法权益而展开的。

二是调整民事关系。民事权益存在于特定社会关系之中，民法保护民事权利，是通过调整民事关系来实现的。调整社会关系是法律的基本功能。民法调整的仅仅是民事关系，民事关系就是平等主体之间

---

① 本书条文主旨为编者所加，为方便读者检索使用，仅供参考，下同。

的权利和义务关系。民事关系根据权利义务内容性质的不同，可以分为人身关系、财产关系等，民法通过各种具体制度、规则调整民事主体之间的相互关系，最终的目的就是促进和实现民事主体之间生活秩序的和谐。

三是维护社会和经济秩序。民法保护单个主体的民事权利，调整民事主体之间的关系，从而确立并维护整个社会的民事生活秩序。

四是适应中国特色社会主义发展要求。法律是上层建筑，由经济基础决定，并与经济基础相适应。随着改革开放的深入推进，市场经济不断发展，人民群众对于提高权利保障的法治化水平的期望越来越高。编纂民法典就是为了满足人民群众的这种法治需求。

五是弘扬社会主义核心价值观。社会主义核心价值观是民族精神和时代精神的高度凝练，是中国特色社会主义法治的价值内核，是中国特色社会主义法治建设的灵魂，是坚持中国特色社会主义法治发展道路的基本遵循。

关联参见

《最高人民法院关于适用〈中华人民共和国民法典〉总则编若干问题的解释》（以下简称《民法典总则编解释》）第 1 条

第二条　【调整范围】 民法调整平等主体的自然人、法人和非法人组织之间的人身关系和财产关系。

条文解读

人身关系 ➔ 人身关系是指民事主体之间基于人格和身份形成的无直接物质利益因素的民事法律关系。人身关系有的与民事主体的人格利益相关，有的与民事主体的特定身份相关。例如，配偶之间的婚姻关系，父母子女之间抚养和赡养关系。

财产关系 ➔ 财产关系是指民事主体之间基于物质利益而形成的民

事法律关系。财产关系包括静态的财产支配关系，如所有权关系，还包括动态的财产流转关系，如债权债务关系等。从财产关系所涉及的权利内容而言，财产关系包括物权关系、债权关系等。

第三条　【民事权利及其他合法权益受法律保护】民事主体的人身权利、财产权利以及其他合法权益受法律保护，任何组织或者个人不得侵犯。

第四条　【平等原则】民事主体在民事活动中的法律地位一律平等。

条文解读

平等原则 ➜ 平等原则是指民事主体，不论法人、自然人还是非法人组织，不论法人规模大小、经济实力雄厚与否，不论自然人是男、女、老、少、贫、富，不论非法人组织经营什么业务，在从事民事活动时，他们相互之间在法律地位上都是平等的，他们的合法权益受到法律的平等保护。平等原则是民事法律关系区别于行政法律关系特有的原则，也是发展社会主义市场经济的客观要求。

民事主体的法律地位一律平等。首先，体现为自然人的权利能力一律平等。权利能力就是自然人享有民事权利、承担民事义务的法律资格，这种法律资格，不因自然人的出身、身份、职业、性别、年龄、民族、种族等而不同，所有自然人于法律人格上而言都是平等的、没有差别的。其次，体现为所有民事主体之间在从事民事活动时双方的法律地位平等。虽然国家行政机关在从事行政管理时，作为管理者，与被管理的行政相对人的地位是不平等的，存在隶属关系或管理与被管理的关系。而当机关法人与民事主体，即自然人、法人或者非法人组织，从事交易时，二者的法律地位则是平等的。最后，平等原则的平等还体现为所有民事主体的合法权益受到法律的平等保护。平等保护就是当民事主体权利在法律上都一视同仁受到保护。平等保护还意味着民事主体的权利受到侵害时，在法律适用上是平等的、能够获得同等的法律救济。正因如此，我国《民事诉讼法》规定，民事诉讼当事人有平等的诉讼权利，人民法院审理民事案件对当事人在适用法律上一律平等。

实务应用

001. 餐厅对教师、学生就餐优惠是否违反平等原则？

平等原则是民事活动的基本原则，自由也是法律价值的重要体现。在市场经济环境下，消费者享有自主选择权和公平交易权，而作为市场主体的餐厅则享有自主经营权，其有权合法地谋取经济利益，确立企业的经营特色，选择利己的营销策略和经营方式。餐厅对教师和学生的就餐优惠规定，是一种让利和促销行为，按照社会一般生活经验和善恶观念进行判断，该行为客观上没有在社会生活中对其他职业人员产生不良评价，没有违背社会道德和公序良俗。因此，餐厅对教师和学生的就餐优惠规定，是合法经营行为，不构成对其他群体的歧视。①

关联参见

《宪法》第 33 条；《消费者权益保护法》第 4 条；《合伙企业法》第 5 条；《民事诉讼法》第 8 条

第五条 【自愿原则】民事主体从事民事活动，应当遵循自愿原则，按照自己的意思设立、变更、终止民事法律关系。

条文解读

自愿原则 ➡ 自愿原则，也被称为意思自治原则，是指民事主体有

---

① 参见赖武梨：《餐厅对教师和学生的就餐优惠规定，是合法经营行为，不构成对其他群体的歧视，未违反平等原则——郭某诉餐饮娱乐有限公司案》，载《中国审判案例要览》（2011 年商事审判卷），中国人民大学出版社 2013 年版，第 378 页。

权根据自己的意愿，自愿从事民事活动，按照自己的意思自主决定民事法律关系的内容及其设立、变更和终止，自觉承受相应的法律后果。自愿原则体现了民事活动最基本的特征。

自愿原则，可以从以下四个方面来理解。首先，民事主体有权自愿从事民事活动。民事主体参加或不参加某一民事活动由其自己根据自身意志和利益自由决定，其他民事主体不得干预，更不能强迫其参加。其次，民事主体有权自主决定民事法律关系的内容。民事主体决定参加民事活动后，可以根据自己的利益和需要，决定与谁建立民事法律关系，并决定具体的权利、义务内容，以及民事活动的行为方式。再次，民事主体有权自主决定民事法律关系的变动。民事法律关系的产生、变更、终止应由民事主体自己根据本人意志自主决定。最后，民事主体应当自觉承受相应的法律后果。与民事主体自愿参加民事活动、自主决定民事法律关系相伴的是，民事主体需要自觉承受相应的法律后果。自愿或者说意思自治的必然要求就是，每个人对自己的行为负责。自愿原则要求民事主体在行使权利的同时自觉履行约定或法定的义务，并承担相应的法律后果。

需要进一步说明的是，自愿或者意思自治不是毫无约束的绝对的自由与放任。民事主体实现自愿、自主或意思自治的前提是民事主体之间的平等法律地位。因此，民事主体的自愿建立在相互尊重的基础上，必须尊重其他民事主体的自主意志。民事主体的意思自治，还受到民法的公平原则、诚信原则、守法原则等基本原则的约束，这些原则要求民事主体从事民事活动，要公平合理、诚实守信，不得违反法律，不得违背公序良俗。

实务应用

002. 中介合同中限制买房人通过其他途径与房主达成协议的条款效力如何？

大多数人在通过房产中介购买房屋时，都会"货比三家"，同时到多家中介公司看房；而大多数人在通过房产中介出卖房屋时，为了增加交易成功的机会，也会同时到多家中介公司登记房屋信息。在这种情况下，部分中介公司未在《看房协议》中填写房屋的坐落信息即要求买房人承诺其所看房屋为第一次所看，并在《看房协议》中约定买房人在看房之后绝不通过其他中介机构与房主签订协议的做法侵犯了买房人的知情权及自由选择服务的权利。这种格式条款背离公平、自愿这一订立合同的基本原则，对买房人的知情权、选择权作出不当限制，应认定为无效条款。[①]

第六条　【公平原则】民事主体从事民事活动，应当遵循公平原则，合理确定各方的权利和义务。

条文解读

公平原则 ➡ 公平原则要求民事主体从事民事活动时要秉持公平理念，公正、平允、合理地确定各方的权利和义务，并依法承担相应的民事责任。公平原则体现了民法促进社会公平正义的基本价值，对规范民事主体的行为发挥着重要作用。

公平原则首先要求民事主体在从事民事活动时，按照公平观念行使权利、履行义务，特别是对于双方民事法律行为，要求一方的权利和义务应当相适应，双方之间的权利和义务应当对等，不能一方承担义务另一方只享有权利，也不能一方享受的权利和义务悬殊。公平原则还要求民事主体合理承担民事责任，在通常情况下适用过错责任，要求责任与过错的程度相适应，特殊情况下，也可以根据公平原则合理分担责任。

公平原则作为民法的基本原则，不仅是民事主体从事民事活动应当

---

① 参见程浩：《房地产经纪公司诉陈某龙居间合同纠纷案》，载《人民法院案例选》（2015年第1辑），人民法院出版社2016年版，第110页。

遵守的基本行为准则，也是人民法院审理民事纠纷应当遵守的基本裁判准则。

第七条 【诚信原则】民事主体从事民事活动，应当遵循诚信原则，秉持诚实，恪守承诺。

条文解读

诚信原则 ➡ 诚信原则要求所有民事主体在从事任何民事活动时，包括行使民事权利、履行民事义务、承担民事责任时，都应该秉持诚实、善意，信守自己的承诺。诚实信用原则要求民事主体在行使权利、履行义务过程中，讲诚实、重诺言、守信用。这对建设诚信社会、规范经济秩序、引领社会风尚具有重要意义。

诚信原则作为民法最为重要的基本原则，被称为民法的"帝王条款"，是各国民法公认的基本原则。通常认为，诚实信用原则要求民事主体从事民事活动应当讲诚实、守信用，以善意的方式行使权利、履行义务，不诈不欺，言行一致，信守诺言。具体而言，民事主体应当从以下几个方面遵循诚信原则：民事主体在着手与他人开展民事活动时即应当讲诚实，如实告知交易相对方自己的相关信息，表里如一，不弄虚作假。诚信原则的内涵和外延都是概括性的、抽象的，因此诚信原则有很大的适用性，民事主体从事任何民事活动都应当遵守该原则，不论民事主体自己行使权利，还是在与他人建立民事法律关系之前、之中、之后都必须始终贯彻诚信原则，按照诚信原则的要求善意行事。

实务应用

003. 保险人可以投保人违反最大诚信原则为由宣告保险合同无效吗？

被保险人在投保时至保险合同成立前，未向保险人告知其所知或者在通常业务过程中应知的、足以影响保险人作出是否承保，以及如何确定保险费决定的一切重要情况，违反了最大诚信原则，因此保险人可以宣告保险合同无效。

第八条 【守法与公序良俗原则】民事主体从事民事活动，不得违反法律，不得违背公序良俗。

条文解读

守法与公序良俗原则 ➡ 公序良俗是指公共秩序和善良习俗。守法和公序良俗原则要求自然人、法人和非法人组织在从事民事活动时，不得违反各种法律的强制性规定，不违背公共秩序和善良习俗。

守法与公序良俗原则又可以细分为两项具体要求：

一是民事主体从事民事活动不得违反法律。不得违反法律中的法律不仅包括民事法律，还包括其他部门法。所谓不得违反法律，就是要求不违反法律的强制性规定。民事主体在从事民事活动时，只要法律未明文禁止，又不违背公序良俗，就可以根据自己的利益和需要创设权利、义务内容。民事主体在从事民事活动时享有较大的自主空间，实现充分的意思自治。但是，民事主体的自由并非毫无限制，民法同样需要维护社会基本的生产、生活秩序，需要维护国家的基本价值追求，因此，民事主体在从事民事活动时，应当遵守法律的强制性规定。

二是民事主体从事民事活动不得违背公序良俗。不得违背公序良俗原则，就是不得违背公共秩序和善良习俗。公共秩序是指政治、经济、文化等领域的基本秩序和根本理念，是与国家和社会整体利益相关的基础性原则、价值和秩序。善良习俗是指基于社会主流道德观念的习俗，也被称为社会公共道德，是全体社会成员所普遍认可、遵循的道德准则。善良习俗具有一定的时代性和地域性，随着社会成员的普遍道德观念的改变而改变。公共秩序强调的是国家和社会层面的价值理念，善良习俗突出的则是民间的道德观念，二者相辅相成，互为补充。

守法与公序良俗原则中两项不同要求之间，首先要求民事主体从事民事活动不得违反法律。民事主体从事任何民事活动需要遵守法律的强制性规定，对于民法的任意性规定，民事主体是否按照任意性规定从事民事活动，法律并不强制要求，民事主体可以根据自己的选择作出相应的选择和判断。由于民事活动复杂多样，法律不可能预见所有损害社会公共利益、公共道德秩序的行为而作出详尽的禁止性规定。因此，有必要辅之以公序良俗原则，并明确规定违背公序良俗的民事法律行为无效，以弥补法律禁止性规定的不足，实现对民事主体意思自治的必要限制，以弘扬社会公共道德、维护社会公共秩序，实现民事主体的个体利益与社会公共利益的平衡。

关联参见

《保险法》第 4 条；《民法典总则编解释》第 2 条

第九条 【绿色原则】民事主体从事民事活动，应当有利于节约资源、保护生态环境。

条文解读

绿色原则 ➡ 绿色原则是贯彻宪法关于保护环境的要求，同时也是落实党中央关于建设生态文明、实现可持续发展理念的要求，将环境资源保护上升至民法基本原则的地位，具有鲜明的时代特征，将全面开启环境资源保护的民法通道，有利于构建生态时代下人与自然的新型关系，顺应绿色立法潮流。

本条规定的绿色原则与其他原则在表述上有所不同，其他原则使用了"应当遵循""不得违反"等表述，而本条使用的是"应当有利于"的表述。尽管有这种不同，但作为民法的基本原则，仍具有重要作用：一是确立国家立法规范民事活动的基本导向，即要以节约资源、保护生态环境作为重要的考量因素；二是要求民事主体本着有利于节约资源、保护生态环境的理念从事民事活动，树立可持续发展的观念；三是司法机关在审判民事案件，适用民事法律规定时，要加强对节约资源、保护生态环境的民事法律行为的保护。

实务应用

004. 业主是否有权在其产权车位上安装车辆充电桩？

业主在其购买的车位上能否安装充电桩，属于科技进步带来的新领域和法律空白点。在无具体法律可适用的情形下，该法律空白可通过法律原则进行填补。按照《民法典》第9条之规定，民事主体从事民事活动，应当有利于节约资源、保护生态环境。业主购买新能源小汽车，无废气排放，不单纯依赖化石能源，较燃油车辆更为清洁环保，也有助于节约资源。而缺少充电桩这一设施，会给使用该汽车带来不便，从而降低使用该汽车的频率和里程，亦难以利用电能。因此所减少使用的清洁能源，将会转移至燃油汽车上实现，由此带来的尾气排放，会增加生态环境的负担。因此，给使用清洁能源的车辆提供便利，有助于节约资源、保护生态环境。从上述民法典绿色原则的角度出发，应当将充电桩视为充电汽车实现使用目的所不可或缺的设施。同时，该案所涉充电桩并非可移动设备，需要固定安装使用。故应认定该业主有权在车位上安装与其汽车相配套的充电桩。[①]

第十条 【处理民事纠纷的依据】处理民事纠纷，应当依照法律；法律没有规定的，可以适用习惯，但是不得违背公序良俗。

---

① 参见《刘某诉上海市静安区某小区业主委员会等业主撤销权纠纷案》［上海市高级人民法院2019年第三批（总第九批）参考性案例第76号］，载中国上海司法智库微信公众号 https：//mp. weixin. qq. com/s? ＿ ＿ biz＝MzI2ODUzMDA3MA＝＝&mid＝2247489829&idx＝1&sn＝b9f3d3594a4581ed46b5db97417aa451&chksm＝eaef61dcdd98e8ca2a2cdc491da3c980502a951c8bf4fcad3324bb986c0696af036c6fea8bdb&scene＝27，最后访问日期：2024年4月1日。

001. （外）祖父母对（外）孙子女是否享有探望权？①

原告马某臣、段某娥系马某豪父母。被告于某艳与马某豪原系夫妻关系，两人于2018年2月14日办理结婚登记，2019年6月30日生育女儿马某。2019年8月14日，马某豪在工作时因电击意外去世。目前，马某一直随被告于某艳共同生活。原告因探望孙女马某与被告发生矛盾，协商未果，现诉至法院，请求判令：每周五下午六点原告从被告处将马某接走，周日下午六点被告将马某从原告处接回；寒暑假由原告陪伴马某。

生效裁判认为，马某臣、段某娥夫妇老年痛失独子，要求探望孙女是人之常情，符合民法典立法精神。马某臣、段某娥夫妇探望孙女，既可缓解老人丧子之痛，也能使孙女从老人处得到关爱，有利于其健康成长。我国祖孙三代之间的关系十分密切，一概否定（外）祖父母对（外）孙子女的探望权不符合公序良俗。因此，对于马某臣、段某娥要求探望孙女的诉求，人民法院予以支持。遵循有利于未成年人成长原则，综合考虑马某的年龄、居住情况及双方家庭关系等因素，判决：马某臣、段某娥对马某享有探望权，每月探望两次，每次不超过五个小时，于某艳可在场陪同或予以协助。

近年来，（外）祖父母起诉要求探视（外）孙子女的案件不断增多，突出反映了社会生活对保障"隔代探望权"的司法需求。民法典虽未对隔代探望权作出规定，但《民法典》第10条明确了处理民事纠纷的依据。按照我国风俗习惯，隔代近亲属探望（外）孙子女符合社会广泛认可的人伦情理，不违背公序良俗。本案依法支持原告探望孙女的诉讼请求，符合民法典立法目的和弘扬社会主义核心价值观的要求，对保障未成年人身心健康成长和维护老年人合法权益具有积极意义。

---

① 参见《人民法院贯彻实施民法典典型案例（第二批）》（2023年1月12日发布），马某臣、段某娥诉于某艳探望权纠纷案，载最高人民法院网 https://www.court.gov.cn/zix-un/xiangqing/386521.html，最后访问日期：2024年4月1日。

第十一条 【特别法优先】 其他法律对民事关系有特别规定的，依照其规定。

第十二条 【民法的效力范围】 中华人民共和国领域内的民事活动，适用中华人民共和国法律。法律另有规定的，依照其规定。

条文解读

民法在地域效力范围是指民法在什么空间领域内适用。本条规定在中华人民共和国领域内的民事活动，适用中华人民共和国法律。中华人民共和国领域内包括中华人民共和国领土、领空、领海，以及根据国际法视为我国领域的我国驻外使馆，国籍为中国的船舶、航空器等。在中华人民共和国领域内的民事活动一般来说都得适用我国法律。

本条的但书规定，法律另有规定的，依照其规定。其中最为重要的就是涉外民事关系的法律适用问题，关于涉外民事关系的法律适用，《涉外民事关系法律适用法》有专门的规定。除此之外，有些单行民事法律也对涉外民事关系的法律适用有规定。根据这些涉外民事关系适用的特别规定，在中华人民共和国领域内的涉外民事活动，法律适用应当根据特定的民事法律关系类型不同而具体适用相应的法律规范，并非一概必须适用中国法律。

第二章 自 然 人

第一节 民事权利能力和民事行为能力

第十三条 【自然人民事权利能力的起止时间】 自然人从出生时起到死亡时止，具有民事权利能力，依法享有民事权利，承担民事义务。

条文解读

民事权利能力 ➡ 民事权利能力是指民事主体享有民事权利、承担民事义务的法律资格。法律规定了自然人民事权利能力，也即确认了自然人的民事主体地位，这是自然人依法享有民事权利，承担民事义务的前提。自然人的民事权利能力既包括自然人享有民事权利的资格，也包括自然人承担民事义务的资格。

民事权利能力具有不可剥夺的特征。民事权利能力始于出生，终于死亡。自然人生存期间，其民事权利能力不因任何原因丧失、消灭。自然人受到刑事处罚、丧失民事行为能力等，都不能导致民事权利能力的减损或者消灭。法律包括公法都不得对自然人的民事权利能力进行限制或者剥夺。

第十四条 【**民事权利能力平等**】自然人的民事权利能力一律平等。

条文解读

民事权利能力平等 ➡ 自然人的民事权利能力一律平等，是一种法律资格的平等，是指自然人的民事权利能力不因民族、种族、性别、职业、家庭出身、宗教信仰等而有差别。

第十五条 【**出生和死亡时间的认定**】自然人的出生时间和死亡时间，以出生证明、死亡证明记载的时间为准；没有出生证明、死亡证明的，以户籍登记或者其他有效身份登记记载的时间为准。有其他证据足以推翻以上记载时间的，以该证据证明的时间为准。

条文解读

出生和死亡时间的认定 ➡ 本条将出生证明、死亡证明记载的时间作为判断自然人出生时间、死亡时间的最基本依据。出生证明，即出生医学证明，记载有新生儿的姓名、性别、出生时间、父母亲姓名等。出生证明是记载出生时间的原始凭证，具有证明出生时间的准确性和规范性，因此本条将出生证明记载的时间作为判断自然人出生时间的最基本的依据。

死亡证明是指有关单位出具的证明自然人死亡的文书。主要包括以下几类：公民死于医疗单位的，由医疗单位出具死亡医学证明书；公民正常死亡但无法取得医院出具的死亡证明的，由社区、村（居）委会或者基层卫生医疗机构出具证明；公民非正常死亡或者卫生部门不能确定是否属于正常死亡的，由公安司法部门出具死亡证明；死亡公民已经火化的，殡葬部门出具火化证明。死亡证明是记载死亡时间的原始凭证，具有证明死亡时间的准确性和规范性，因此本条将死亡证明记载的时间作为判断自然人死亡时间的最基本的依据。

依据本条规定，没有出生证明、死亡证明的，以户籍登记或者其他有效身份登记记载的时间为准。户籍登记是国家公安机关按照国家户籍管理法律法规，对公民的身份信息进行登记记载的制度。关于出生登记，我国《户口登记条例》第7条第1款规定："婴儿出生后一个月以内，由户主、亲属、抚养人或者邻居向婴儿常住地户口登记机关申报出生登记。"第7条第2款规定："弃婴，由收养人或者育婴机关向户口登记机关申报出生登记。"办理户籍登记应当遵循严格的法定程序，户籍登记记载的出生时间因此具有较强的法律效力。本条将户籍登记记载的出生时间，作为判断自然人出生时间的重要依据，没有出生证明的，以户籍登记记载的出生时间为准。

关于死亡登记，根据我国户籍管理制度，自然人死亡后，户主、亲属等应当在规定的时间内向公安机关申报死亡登记，注销户口。我国《户口登记条例》第8条规定，"公民死亡，城市在葬前，农村在一个月以内，由户主、亲属、抚养人或者邻居向户口登记机关申报死亡登记，注销户口"。办理户籍登记应当遵循严格的法定程序，户籍登记记载的死亡时间因此具有较强的法律效力。本条将户籍登记记载的死亡时间，作为判断自然人死亡时间的重要依据，没有死亡证明的，以户籍登记记载的死亡时间为准。

本条规定的户籍登记以外的其他有效身份登记，包括我国公民居住证、港澳同胞回乡证、台湾居民的有效旅行证件、外国人居留证等。

出生证明、死亡证明以及户籍登记或者其他有效身份登记记载的时间由于各种原因，也有可能出现记载错误的情况。如果有其他证据足以推翻出生证明、死亡证明以及户籍登记或者其他有效身份登记记载的时间的，应以该证据证明的时间为准。

第十六条　【胎儿利益保护】涉及遗产继承、接受赠与等胎儿利益保护的，胎儿视为具有民事权利能力。但是，胎儿娩出时为死体的，其民事权利能力自始不存在。

条文解读

胎儿利益保护 ➡ 自然人的民事权利能力始于出生，胎儿尚未与母体分离，不是独立的自然人，不能依据民事权利能力的一般规定进行保护。

本条从法律上明确胎儿在特定情形下视为具有民事权利能力。胎儿自母亲怀孕之时起就应当被视为具有民事权利能力，无须待到其出生之时，即可行使继承权等权利。但如"胎儿娩出时为死体"的，则溯及怀胎期间消灭其民事权利能力。胎儿享有的部分民事权利能力，除本条明确规定的遗产继承、接受赠与，还可能包括人身损害赔偿请求权、抚养损害赔偿请求权以及其他基于身份的请求权。涉及遗产继承、接受赠与等胎儿利益保护，父母在胎儿娩出前作为法定代理人主张相应权利的，人民法院依法予以支持。

关联参见

《民法典总则编解释》第 4 条

第十七条　【成年时间】十八周岁以上的自然人为成年人。不满十八周岁的自然人为未成年人。

第十八条　【完全民事行为能力人】成年人为完全民事行为能力人，可以独立实施民事法律行为。

十六周岁以上的未成年人，以自己的劳动收入为主要生活来源的，视为完全民事行为能力人。

条文解读

民事行为能力 ➡ 民事行为能力是指民事主体独立参与民事活动，以自己的行为取得民事权利或者承担民事义务的法律资格。民事行为能力与民事权利能力不同，民事权利能力是民事主体从事民事活动的前提，民事行为能力是民事主体从事民事活动的条件。所有的自然人都有民事权利能力，但不一定都有民事行为能力。自然人一经出生即当然享有民事权利能力，但要独立从事民事活动，实施民事法律行为，还必须要具有相应的民事行为能力。自然人的辨识能力因年龄、智力、精神健康等因素不同而有差异。《民法典》根据自然人辨识能力的不同，将自然人的民事行为能力分为完全民事行为能力、限制民事行为能力和无民事行为能力。完全民事行为能力人具有健全的辨识能力，可以独立进行民事活动；限制民事行为能力人只能独立进行与其辨识能力相适应的民事活动；无民事行为能力人应当由其法定代理人代理实施民事活动。

完全民事行为能力人 ➡ 依据本条第 1 款规定，成年人，即年满 18 周岁的自然人，具有完全民事行为能力，为完全民事行为能力人，可以独立实施民事法律行为，并独立对民事法律行为的法律后果负责。

依据本条第 2 款规定，16 周岁以上的未成年人，如果以自己的劳动收入为主要生活来源的，表明其已经具备成年人的辨识能力，可以独立实施民事法律行为，独立承担民事法律行为的后果，因此可以视为完全民事行为能力人。

第十九条　【限制民事行为能力的未成年人】八周岁以上的

未成年人为限制民事行为能力人，实施民事法律行为由其法定代理人代理或者经其法定代理人同意、追认；但是，可以独立实施纯获利益的民事法律行为或者与其年龄、智力相适应的民事法律行为。

条文解读

限制民事行为能力的未成年人 ⊘ 依据本条规定，8 周岁以上的未成年人为限制民事行为能力人，心智发育仍然不够成熟，实施民事法律行为一般应当由其法定代理人代理，或者经其法定代理人同意、追认。同意是指事前同意，即限制民事行为能力的未成年人实施民事法律行为要经法定代理人的事前同意；追认指事后追认，即限制民事行为能力的未成年人实施的民事法律行为要经过法定代理人的事后追认，才能对该未成年人发生效力。但是，8 周岁以上的未成年人已经具有一定的辨认识别能力，法律应当允许其独立实施一定的民事法律行为。可以独立实施的民事法律行为包括两类：一类是纯获利益的民事法律行为，如接受赠与等。限制民事行为能力的未成年人通常不会因这类行为遭受不利益，可以独立实施。另一类是与其年龄、智力相适应的民事法律行为，如 10 岁的儿童购买学习用品等。限制民事行为能力的未成年人对实施这类行为有相应的认知能力，可以独立实施。

第二十条　【无民事行为能力的未成年人】不满八周岁的未成年人为无民事行为能力人，由其法定代理人代理实施民事法律行为。

条文解读

无民事行为能力的未成年人 ⊘ 无民事行为能力是指不具有以自己的行为取得民事权利或者承担民事义务的资格。8 周岁以下的未成年人，生理、心理发育仍然很不成熟，对自己行为的辨认识别能力以及行为后果的预见能力仍然非常不够，为了避免他们的权益受到损害，法律将其规定为无民事行为能力人。依据本条规定，8周岁以下的儿童不具有独立从事民事法律行为的资格，要由其法定代理人代理实施民事法律行为。例如，儿童购买玩具行为，需要由父母等法定代理人代理实施。

实务应用

005. 无民事行为能力的未成年人是否具有证人资格？

无民事行为能力的未成年人，对自己的行为没有辨别能力，缺乏对自己行为的控制能力，更加没有为自己的行为承担责任的能力。因此，法律规定无民事行为能力人造成他人损害时，由监护人承担民事责任。部分不满8周岁的未成年人在打闹时，可能造成一方受伤。由于行为人为无民事行为能力的未成年人，故应当由该未成年人的监护人承担民事侵权责任。但就事实查明而言，未满8周岁的未成年人是否可以作为案件证人是实践中经常遇到，尤其是儿童打闹致伤案件中经常遇到的问题。证人，是指目睹案件事实发生并出庭作证的人。成为证人需要具备证人能力。根据《民事诉讼法》的规定，不能正确表达意思的人，不能成为证人。结合立法精神可知，作为自然人，有两类人不具有证人能力：一是精神病人；二是因为年纪太小不能在法庭上正确表达意思的人。换言之，只有不能正确表达意志的人才不能作证。因此，证人作证不需要像诉讼当事人一样具有诉讼行为能力，只要能够正确表达意思，所证事实与其年龄、智力状况相适应就可以。因此，无民事行为能力人只要能够正确地表达自己的意志，也是具有证人资格的，可以成为合法的证人。[①]

第二十一条 【无民事行为能力的成年人】不能辨认自己行为的成年人为无民事行为能力人，由其法定代理人代理实施民事法

[①] 参见杜月秋、孙政编著：《民法典总则编及司法解释对照解读与实务问答》，中国法制出版社2022年版，第90页。

律行为。

八周岁以上的未成年人不能辨认自己行为的，适用前款规定。

条文解读

无民事行为能力的成年人 ➡ 有的自然人虽已年满 18 周岁，达到成年人的年龄，但因先天、疾病等原因，辨认识别能力不足，也不能正常预见自己行为的法律后果。为了保护这些辨认识别能力不足的成年人的合法权益，法律有必要对其实施民事法律行为作出特别规定。《民法典》总则编根据认识判断能力的不同，对这些成年人做了进一步的区分，分为两类：一是不能辨认自己行为的成年人；二是不能完全辨认自己行为的成年人。不能辨认自己行为的成年人指对普通的事物和行为欠缺基本的认识判断能力，也不能正常预见自己行为的法律后果。不能完全辨认自己行为的成年人是指对比较复杂的行为不能作出正确的认识判断，也不能完全预见到自己行为的法律后果。第一类成年人即为无民事行为能力人，由本条第 1 款作出规定。第二类成年人为限制民事行为能力人，由《民法典》第 22 条作出规定。

需要注意的是，本条第 1 款中的"不能辨认自己行为"和《民法典》第 22 条中的"不能完全辨认自己行为"，是指辨认识别能力不足处于一种持续的状态，不是暂行性或者短暂的状态，如因酗酒、滥用麻醉用品或者精神药品，对自己的行为暂时没有辨认识别能力的成年人，不属于无民事行为能力人或者限制民事行为能力人。

本条第 2 款规定的不能辨认自己行为的 8 周岁以上的未成年人，是指患有智力障碍、精神障碍或者因其他疾病等原因导致心智不能正常发育，辨识能力严重不足的未成年人。这些未成年人如果按照正常的年龄以及心智发育程度，可以归入限制民事行为能力人，但因其对自己行为欠缺基本的辨认识别能力，为了防止其合法权益受到侵害，本条第 2 款将其归入无民事行为能力人的范畴。

本条第 1 款和第 2 款规定的无民事行为能力人因对普通的事物和行

为欠缺基本的认识判断能力，也不能正常预见自己行为的法律后果，不能独立实施民事法律行为，应当由其法定代理人代理实施民事法律行为。

第二十二条 【限制民事行为能力的成年人】不能完全辨认自己行为的成年人为限制民事行为能力人，实施民事法律行为由其法定代理人代理或者经其法定代理人同意、追认；但是，可以独立实施纯获利益的民事法律行为或者与其智力、精神健康状况相适应的民事法律行为。

条文解读

限制民事行为能力的成年人 ⊙ 因智力障碍、精神障碍以及其他疾病导致不能完全辨认自己行为的成年人，均为限制民事行为能力人。限制民事行为能力的成年人对普通的事物和行为有基本的认识判断能力，但对于比较复杂的事物或者比较重大的行为缺乏判断能力和自我保护能力，并且不能预见其行为后果。限制民事行为能力的成年人实施民事法律行为一般由其法定代理人代理或者经其法定代理人同意、追认，但也可以独立实施一定的民事法律行为。

与其智力、精神健康状况相适应 ⊙ 关于"与其智力、精神健康状况相适应"的认定，应当结合限制民事行为能力的成年人的智力、精神健康状况、行为的性质、标的数额等因素综合判断，具体情况具体分析，没有统一的标准。如果该成年人所从事的民事法律行为与其智力、精神健康状况不相适应，需经其法定代理人事前同意或者事后追认；如果该成年人所从事的民事法律行为与其智力、精神健康状况相适应，不需经其法定代理人同意或者追认，即为有效。

关联参见

《民法典总则编解释》第5条

第二十三条 【非完全民事行为能力人的法定代理人】无民事行为能力人、限制民事行为能力人的监护人是其法定代理人。

条文解读

法定代理人 ➡ 代理无民事行为能力人、限制民事行为能力人实施民事法律行为是监护人履行监护职责的重要内容。监护人在保护被监护人的身心健康，照顾被监护人的生活，管理和保护被监护人的财产过程中，都必不可少要代理被监护人从事一些民事法律行为，如签订合同等。赋予监护人法定代理人资格，方便监护人更好地履行监护职责，同时也可以对这种代理行为按照《民法典》总则编关于代理的规定加以规范，更好地保护无民事行为能力人、限制民事行为能力人的利益。

第二十四条 【民事行为能力的认定及恢复】不能辨认或者不能完全辨认自己行为的成年人，其利害关系人或者有关组织，可以向人民法院申请认定该成年人为无民事行为能力人或者限制民事行为能力人。

被人民法院认定为无民事行为能力人或者限制民事行为能力人的，经本人、利害关系人或者有关组织申请，人民法院可以根据其智力、精神健康恢复的状况，认定该成年人恢复为限制民事行为能力人或者完全民事行为能力人。

本条规定的有关组织包括：居民委员会、村民委员会、学校、医疗机构、妇女联合会、残疾人联合会、依法设立的老年人组织、民政部门等。

条文解读

民事行为能力的认定 ➡ 本条规定针对的是不能辨认或者不能完全辨认自己行为的成年人。无民事行为能力或限制民事行为能力的成年人辨认识别能力不足，往往是因为先天因素或者疾病、事故等原因造成的，短时期内难以恢复，有的甚至是不可逆转的。将不能辨认或者不能完全辨认自己行为的成年人，认定为无民事行为能力人或者限制民事行为能力人，一是对该成年人可以依照法定程序选任监护人，以保护其人身权益、财产权益及其他合法权益。二是法定代理人可以通过主张该成年人所实施的民事法律行为无效，或者撤销该民事法律行为，从而避免该成年人的权益受到损害。三是有利于保护交易安全。交易相对人可以事先决定是否与该成年人进行交易，如果在不知情的情况下进行了交易，相对人也可以通过催告法定代理人及时予以追认或者依法撤销该民事法律行为，尽快确定民事法律行为的效力。

依据本条规定，该认定需要向法院提出申请，并需要由法院作出判决，主要原因是无民事行为能力或者限制民事行为能力的认定对成年人的权益影响重大。将成年人认定为无民事行为能力人或者限制民事行为能力人，既是对辨认识别能力不足的成年人的保护，也是对这些成年人自由实施民事法律行为的限制，因此必须通过法定程序进行。此外，这些成年人辨认识别能力缺失的程度也有所不同，一般人难以认定，宜由法院综合各方面情况作出判断。

利害关系人 ➡ 本条中关于利害关系人的具体范围无法通过立法明确规定，应当具体情况具体分析。一般而言，对于第1款规定的"利害关系人"的范围，主要包括本人的近亲属、债权债务人等。对于第2款规定的"利害关系人"的范围，主要包括本人的监护人、债权债务人等。但具体案件中，这些主体是否都有资格向人民法院提出申请，也要在个案中根据实际情况作出判断。认定利害关系人是否是适格的申请主体，需要看本人的民事行为能力状况对其是否有重要意义或者影响。例如，本人的债务人如果不是为了确定民事法律行为的效力，也不得向人民法院申请认定其为无民事行为能力人、限制民事行为能力人。

第二十五条 【自然人的住所】自然人以户籍登记或者其他有效身份登记记载的居所为住所；经常居所与住所不一致的，经常居所视为住所。

条文解读

自然人的住所 ➡ 住所是指民事主体进行民事活动的中心场所或者主要场所。自然人的住所一般指自然人长期居住、较为固定的居所。自然人的住所对婚姻登记、宣告失踪、宣告死亡、债务履行地、司法管辖、诉讼送达等具有重要的法律意义。居所指自然人实际居住的一定处所，其与住所的区别是，一个自然人可以同时有两个或多个居所，但只能有一个住所。一般的居所都是自然人临时居住，为暂时性的，住所则为长期固定的。依据本条规定，自然人以户籍登记或者其他有效身份登记记载的居所为住所。户籍登记是国家公安机关按照国家户籍管理法律法规，对公民的身份信息进行登记记载的制度。本条中的"其他有效身份登记"主要包括居住证和外国人的有效居留证件等。

实务应用

006. 子女能否因为父母有退休收入或有一定的经济来源，而不支付赡养费用？

子女对父母有赡养扶助的义务，子女不履行赡养义务时，无劳动能力或生活困难的父母，有要求子女给付赡养费的权利。子女不能因为父母有退休收入或者有一定的经济来源就完全将父母置之不顾，这不仅违反法律规定，也不符合中华民族"百善孝为先"的传统美德。子女对于不在一起生活的父母，应根据其实际生活需要、实际负担能力、当地一般生活水平，给付一定的赡养费用，同时应当定期探望。[1]

---

[1] 参见《陈某某赡养费纠纷案》，载中国法院网 https://www.chinacourt.org/article/detail/2021/02/id/5818117.shtml，最后访问日期：2024年4月1日。

关联参见

《民事诉讼法》第 22 条、第 23 条

第二节　监　护

第二十六条　【父母子女之间的法律义务】 父母对未成年子女负有抚养、教育和保护的义务。

成年子女对父母负有赡养、扶助和保护的义务。

条文解读

父母子女之间的法律义务 ➡ 依据本条规定，父母对未成年子女的抚养、教育和保护义务，主要包括进行生活上的照料，保障未成年人接受义务教育，以适当的方式方法管理和教育未成年人，保护未成年人的人身、财产不受到侵害，促进未成年人的身心健康发展等。成年子女对父母的赡养、扶助和保护义务，主要包括子女对丧失劳动能力或生活困难的父母，要进行生活上的照料和经济上的供养，从精神上慰藉父母，保护父母的人身、财产不受侵害。《民法典》婚姻家庭编、《老年人权益保障法》等对此作出了较为具体的规定。

案例指引

002. 父母有权拒绝成年子女"啃老"吗？[①]

杨某顺系杨某洪、吴某春夫妇的儿子。杨某顺出生后一直随其父母在农村同一房屋中居住生活。杨某顺成年后，长期沉迷赌博，欠下巨额赌债。后该房屋被列入平改范围，经拆迁征收补偿后置换楼房三套。三套楼房交付后，其中一套房屋出售他人，所得款项用于帮助杨某顺偿还

[①] 参见《第二批人民法院大力弘扬社会主义核心价值观典型民事案例》（2022 年 2 月 23 日发布），杨某顺诉杨某洪、吴某春居住权纠纷案，载最高人民法院网 https://www.court.gov.cn/zixun/xiangqing/346671.html，最后访问日期：2024 年 4 月 1 日。

赌债；剩余两套一套出租给他人，一套供三人共同居住生活。后因产生家庭矛盾，杨某洪、吴某春夫妇不再允许杨某顺在二人的房屋内居住。杨某顺遂以自出生以来一直与父母在一起居住生活，双方形成事实上的共同居住关系，从而对案涉房屋享有居住权为由，将杨某洪、吴某春夫妇诉至法院，请求判决其对用于出租的房屋享有居住的权利。

人民法院认为，杨某顺成年后具有完全民事行为能力和劳动能力，应当为了自身及家庭的美好生活自力更生，而非依靠父母。杨某洪、吴某春夫妇虽为父母，但对成年子女已没有法定抚养义务。案涉房屋系夫妻共同财产，杨某洪、吴某春夫妇有权决定如何使用和处分该房屋，其他人无权干涉。杨某顺虽然自出生就与杨某洪、吴某春夫妇共同生活，但并不因此当然享有案涉房屋的居住权，无权要求继续居住在父母所有的房屋中。故判决驳回杨某顺的诉讼请求。

青年自立自强是家庭和睦、国家兴旺的前提条件。只有一代又一代人的独立自强、不懈奋斗，才有全体人民的幸福生活。《民法典》第26条规定："父母对未成年子女负有抚养、教育和保护的义务。成年子女对父母负有赡养、扶助和保护的义务。"对于有劳动能力的成年子女，父母不再负担抚养义务。如果父母自愿向成年子女提供物质帮助，这是父母自愿处分自己的权利；如果父母不愿意或者没有能力向成年子女提供物质帮助，子女强行"啃老"，就侵害了父母的民事权利，父母有权拒绝。司法裁判在保护当事人合法权益的同时，也引导人们自尊、自立、自强、自爱。本案的裁判明确了有劳动能力的成年子女在父母明确拒绝的情形下无权继续居住父母所有的房屋，对于成年子女自己"躺平"却让父母负重前行的行为予以了否定，体现了文明、法治的社会主义核心价值观，有助于引导青年人摒弃"啃老"的错误思想，树立正确的人生观、价值观，鼓励青年人用勤劳的汗水创造属于自己的美好生活；有助于弘扬中华民族艰苦奋斗、自力更生、爱老敬老的传统美德；有助于引导社会形成正确价值导向，促进社会养成良好家德家风，传递社会正能量。

第二十七条 【未成年人的监护人】父母是未成年子女的监护人。

未成年人的父母已经死亡或者没有监护能力的，由下列有监护能力的人按顺序担任监护人：

(一) 祖父母、外祖父母；

(二) 兄、姐；

(三) 其他愿意担任监护人的个人或者组织，但是须经未成年人住所地的居民委员会、村民委员会或者民政部门同意。

条文解读

未成年人的监护人 ➡ 监护是保障无民事行为能力人和限制民事行为能力人的权益，弥补其民事行为能力不足的法律制度。被监护人包括两类：一类是未成年人；另一类是无民事行为能力和限制民事行为能力的成年人。

本条第1款规定，父母是未成年人的监护人。父母具有抚养、教育和保护未成年子女的法定义务，与未成年子女的关系最为密切，对未成年人的健康成长至关重要。基于此，父母无条件成为未成年人的法定监护人。只有在父母死亡或者没有监护能力的情况下，才可以由其他个人或者有关组织担任监护人。

本条第2款对父母之外的其他个人或者组织担任监护人作出规定。第2款在原《民法通则》相关规定的基础上，主要从两个方面进行了完善：一是规定父母之外具有监护能力的人"按顺序"担任监护人；二是增加规定了有关"组织"担任监护人的规定。

本条明确具有监护资格的人按照顺序担任监护人，主要目的在于防止具有监护资格的人之间互相推卸责任。当出现两个或者两个以上具有监护资格的人都愿意担任监护人，或者应当担任监护人的人认为自己不适合担任或认为其他具有监护资格的人更适合担任，则可以按照本条规定的顺序确定监护人，或者依照《民法典》第30条规定进行协商；协商不成的，按照《民法典》第 31 条规定的监护争议解决程序处理，由居民委员会、村民委员会、民政部门或者人民法院按照最有利于被监护人的原则指定监护人，不受本条规定的顺序的限制，但仍可作为依据。

第二十八条　【非完全民事行为能力成年人的监护人】无民事行为能力或者限制民事行为能力的成年人，由下列有监护能力的人按顺序担任监护人：

（一）配偶；

（二）父母、子女；

（三）其他近亲属；

（四）其他愿意担任监护人的个人或者组织，但是须经被监护人住所地的居民委员会、村民委员会或者民政部门同意。

条文解读

本条规定的需要设立监护的成年人为无民事行为能力人或者限制民事行为能力人，包括因智力、精神障碍以及因年老、疾病等各种原因，导致辨识能力不足的成年人。监护是对失智成年人人身、财产等各方面权益的保护和安排。

监护能力的认定 ➡ 人民法院认定自然人的监护能力，应当根据其年龄、身心健康状况、经济条件等因素确定；认定有关组织的监护能力，应当根据其资质、信用、财产状况等因素确定。

实务应用

007. 离婚后，一方是否还能担任无民事行为能力或者限制民事行为能力的原配偶的监护人？

离婚后，夫妻一方不再具有配偶这一特定的身份，没有资格担任另一方的监护人，不能作为无民事行为能力或者限制民事行为能力一方的监护人，同时也不必承担监护责任。但根据《民法典》第 1090 条的规定，离婚时，如果一方生活困难，有负担能力的另一方应当给予适当帮助。具体办法由双方协议；协议不成的，由人民法院判决。

关联参见

《民法典总则编解释》第 6 条

第二十九条　【遗嘱指定监护】 被监护人的父母担任监护人的，可以通过遗嘱指定监护人。

条文解读

遗嘱指定监护 ➡ 依据本条规定，被监护人（包括未成年人、无民事行为能力或者限制民事行为能力的成年人）的父母可以通过立遗嘱的形式为被监护人指定监护人，但前提是被监护人的父母正在担任着监护人，如果父母因丧失监护能力没有担任监护人，或者因侵害被监护人合法权益被撤销监护人资格等不再担任监护人的，父母已不宜再通过立遗嘱的形式为被监护人指定监护人。

关于遗嘱指定监护与法定监护的关系，一般来说，遗嘱指定监护具有优先地位。遗嘱指定监护是父母通过立遗嘱选择值得信任并对保护被监护人权益最为有利的人担任监护人，应当优先于《民法典》第 27 条、第 28 条规定的法定监护。遗嘱指定监护指定的监护人，也应当不限于《民法典》第 27 条、第 28 条规定的具有监护资格的人。但是，遗嘱指定的监护人应当具有监护能力，能够履行监护职责。如果遗嘱指定后，客观情况发生变化，遗嘱指定的监护人因患病等原因丧失监护能力，或者因出国等各种原因不能够履行监护职责，就不能执行遗嘱指定监护，应当依法另行确定监护人。

第三十条　【协议确定监护人】 依法具有监护资格的人之间

可以协议确定监护人。协议确定监护人应当尊重被监护人的真实意愿。

第三十一条 【监护争议解决程序】对监护人的确定有争议的，由被监护人住所地的居民委员会、村民委员会或者民政部门指定监护人，有关当事人对指定不服的，可以向人民法院申请指定监护人；有关当事人也可以直接向人民法院申请指定监护人。

居民委员会、村民委员会、民政部门或者人民法院应当尊重被监护人的真实意愿，按照最有利于被监护人的原则在依法具有监护资格的人中指定监护人。

依据本条第一款规定指定监护人前，被监护人的人身权利、财产权利以及其他合法权益处于无人保护状态的，由被监护人住所地的居民委员会、村民委员会、法律规定的有关组织或者民政部门担任临时监护人。

监护人被指定后，不得擅自变更；擅自变更的，不免除被指定的监护人的责任。

条文解读

监护人的确定 ➡ 本条第 1 款规定了对监护人的确定有争议情况下的两种解决途径：一是由被监护人住所地的居民委员会、村民委员会或者民政部门指定监护人。该指定并没有终局效力。有关当事人对该指定不服的，可以向法院提出申请，由法院指定监护人。法院的指定具有终局效力，被指定的监护人应当履行监护职责，不得推卸。二是有关当事人可以不经居民委员会、村民委员会或者民政部门的指定，直接向法院提出申请，由法院指定监护人。本款规定的"对监护人的确定有争议的"既包括争当监护人的情况，也包括推卸拒不担当监护人的情况，主要包括以下几类情形：一是具有监护资格的人均认为自己适合担任监护人，争当监护人；二是按照《民法典》第 27 条、第 28 条规定的顺序应当担任监护人的，认为自己没有监护能力，无法履行监护职责或者认为其他具有监护资格的人更适宜担任监护人；三是后一顺序具有监护资格的人要求前一顺序具有监护资格的人依法履行监护职责；四是具有监护资格的人均推卸监护职责，拒不担当监护人的情况。对此，居民委员会、村民委员会或者民政部门应当介入，切实履行起指定监护的职责，依法指定监护人。本款中的两处"有关当事人"指对监护人的确定有争议的当事人。

最有利于被监护人的原则 ➡ "按照最有利于被监护人的原则指定"，是指居民委员会、村民委员会、民政部门或者人民法院指定监护人并不需要遵照《民法典》第27条第2款、第28条规定的顺序，而应当结合具有监护资格的人与被监护人的生活情感联系、有无利害冲突，具有监护资格的人的品行、身体状况、经济条件以及能够为被监护人提供的教育水平或者生活照料措施等，综合进行判断，并尊重被监护人的真实意愿，选择最有利于被监护人健康成长或者健康恢复、最利于保护被监护人合法权益的人担任监护人。

临时监护 ➡ 监护争议解决程序需要一定的时间，如果依照本条第1款规定指定监护人前，被监护人的人身权利、财产权利及其他合法权益处于无人保护状态，如具有监护资格的人互相推诿都不愿担任监护人，为了保护被监护人的合法权益，有必要设立临时监护制度。依据本条规定，临时监护人由被监护人住所地的居民委员会、村民委员会、法律规定的有关组织或者民政部门担任。本款中的"依照本条第一款规定指定监护人前"应当从宽理解，不能仅限于监护争议解决期间。从时间点上，应当包括以下两个期间：一是监护争议解决程序启动之后，即居民委员会、村民委员会、民政部门开始处理监护争议或者人民法院受理监护申请之后，至指定监护人之前的期间；二是监护争议解决程序启动之前，只要发现因无人履行监护职责，被监护人的合法权益处于无人保护状态的，就由本条规定的居民委员会、村民委员会、法律规定的有关组织或者民政部门担任临时监护人，随后再依法启动监护争议解决程序，指定监护人。

指定监护 ➡ 依照监护争议解决程序，由居民委员会、村民委员会、民政部门或者人民法院指定监护人后，被指定的监护人应当履行监护职责，不得推卸，不得擅自变更。如果擅自变更为由其他人担任监护人的，不免除被指定的监护人的责任。被监护人侵害他人的合法权益，或者被监护人自身受到损害的，被指定的监护人仍应当承担责任，擅自变更后的监护人也要根据过错程度承担相应的责任。

关联参见

《民法典总则编解释》第 9 条、第 10 条

第三十二条 【公职监护人】没有依法具有监护资格的人的，监护人由民政部门担任，也可以由具备履行监护职责条件的被监护人住所地的居民委员会、村民委员会担任。

第三十三条 【意定监护】具有完全民事行为能力的成年人，可以与其近亲属、其他愿意担任监护人的个人或者组织事先协商，以书面形式确定自己的监护人，在自己丧失或者部分丧失民事行为能力时，由该监护人履行监护职责。

条文解读

意定监护 ➡ 意定监护是在监护领域对自愿原则的贯彻落实，是具有完全民事行为能力的成年人对自己将来的监护事务，按照自己的意愿事先所做的安排。依据本条规定，具有完全民事行为能力的成年人确定自己丧失或者部分丧失民事行为能力时的监护人，应当事先取得被选择方的认可，即经双方协商一致。意定监护对被监护人的权益影响很大，应以书面方式为宜，明确写明经双方认可的内容，对于其真实性、合法性加以保障，从根源上减少意定监护纠纷。

意定监护作为一种确定监护人的方式，是相对于法定监护来说的。意定监护是对成年人完全基于自己意愿选择监护人的尊重，自己意愿是起决定性的；而法定监护是基于法律规定的条件和程序确定监护人，

《民法典》第 27 条至第 32 条对此作了规定。需要注意的是，意定监护不同于《民法典》第 30 条规定的协议确定监护人，后者仍然属于法定监护方式，协议的主体是具有监护资格的人。一般而言，意定监护优先于法定监护予以适用。法律设立意定监护制度即是要尊重成年人自己的意愿，当然具有优先适用的地位。只有在意定监护协议无效或者因各种原因，如协议确定的监护人丧失监护能力，监护协议无法履行的情况下，再适用法定监护。

关联参见

《老年人权益保障法》第 26 条；《民法典总则编解释》第 11 条

第三十四条　【监护职责及临时生活照料】 监护人的职责是代理被监护人实施民事法律行为，保护被监护人的人身权利、财产权利以及其他合法权益等。

监护人依法履行监护职责产生的权利，受法律保护。

监护人不履行监护职责或者侵害被监护人合法权益的，应当承担法律责任。

因发生突发事件等紧急情况，监护人暂时无法履行监护职责，被监护人的生活处于无人照料状态的，被监护人住所地的居民委员会、村民委员会或者民政部门应当为被监护人安排必要的临时生活照料措施。

条文解读

监护人的职责 ➡ 监护人保护被监护人的人身权利、财产权利以及其他合法权益的职责，主要包括：保护被监护人的身心健康，促进未成年人的健康成长，对成年被监护人也要积极促进其健康状况的恢复；照顾被监护人的生活；管理和保护被监护人的财产；对被监护人进行教育和必要的管理；在被监护人合法权益受到侵害或者与人发生争议时，代理其进行诉讼等。相关单行法也对监护人的监护职责作出较为具体的规定。例如,《未成年人保护法》专章对未成年人的父母或者其他监护人的监护职责作出具体规定。《精神卫生法》对精神障碍患者的监护人职责作出规定。

实务应用

008. **无民事行为能力人的监护人代其订立的遗赠扶养协议的效力如何?**

遗赠扶养协议的本质是合同,应当有条件地认可无民事行为能力人的监护人代其订立的遗赠扶养协议的效力,若代为订立遗赠扶养协议的被监护人符合有一定财产,但缺乏劳动能力和生活来源又无法定扶养义务人的范围,且监护人代为订立遗赠扶养协议的过程中通知了其他法定继承人并征求其同意以及以书面形式订立的条件,遗赠扶养协议应认定为有效。[1]

第三十五条 **【履行监护职责应遵循的原则】** 监护人应当按照最有利于被监护人的原则履行监护职责。监护人除为维护被监护人利益外,不得处分被监护人的财产。

未成年人的监护人履行监护职责,在作出与被监护人利益有关的决定时,应当根据被监护人的年龄和智力状况,尊重被监护人的真实意愿。

成年人的监护人履行监护职责,应当最大程度地尊重被监护人的真实意愿,保障并协助被监护人实施与其智力、精神健康状况相适应的民事法律行为。对被监护人有能力独立处理的事务,监护人不得干涉。

---

[1] 参见姚卫民、尹灿:《张某根与张某娣等遗赠扶养协议纠纷上诉案》,载《人民司法·案例》2011年第14期。

尊重未成年人意愿的原则 ➔ 联合国《儿童权利公约》规定了对儿童自主意识的尊重。《儿童权利公约》第12条第1款规定："缔约国应确保有主见能力的儿童有权对影响到其本人的一切事项自由发表自己的意见，对儿童的意见应按照其年龄和成熟程度给以适当的看待。"《未成年人保护法》落实了《儿童权利公约》的这一原则。《未成年人保护法》第19条规定："未成年人的父母或者其他监护人应当根据未成年人的年龄和智力发展状况，在作出与未成年人权益有关的决定前，听取未成年人的意见，充分考虑其真实意愿。"本条第2款吸收了《儿童权利公约》和《未成年人保护法》规定的精神，将尊重未成年人的真实意愿作为监护人履行监护职责的基本原则之一。依据本款规定，未成年人的监护人在作出与未成年人的利益有关的决定时，应当征求未成年人的意见，在未成年人提出自己的意见后，再根据未成年人的年龄、社会经验、认知能力和判断能力等，探求、尊重被监护人的真实意愿。

实务应用

009. 使用未成年子女名下财产为其经营活动抵押担保，效力如何？

行为人作为未成年人子女法定监护人理应审慎、为未成年子女利益最大化而处分其名下财产，行为人使用未成年子女名下财产为经营活动进行抵押担保，不能认为系为未成年子女利益，处分无效。因此，债权人不得对相应未成年子女名下财产行使抵押权。[1]

第三十六条 【监护人资格的撤销】 监护人有下列情形之一的，人民法院根据有关个人或者组织的申请，撤销其监护人资格，

---

[1] 参见杨帆、杨翼晖：《用未成年子女房产办理经营性贷款的抵押效力认定》，载《人民法院报》2017年8月2日，第7版。

安排必要的临时监护措施，并按照最有利于被监护人的原则依法指定监护人：

（一）实施严重损害被监护人身心健康的行为；

（二）怠于履行监护职责，或者无法履行监护职责且拒绝将监护职责部分或者全部委托给他人，导致被监护人处于危困状态；

（三）实施严重侵害被监护人合法权益的其他行为。

本条规定的有关个人、组织包括：其他依法具有监护资格的人，居民委员会、村民委员会、学校、医疗机构、妇女联合会、残疾人联合会、未成年人保护组织、依法设立的老年人组织、民政部门等。

前款规定的个人和民政部门以外的组织未及时向人民法院申请撤销监护人资格的，民政部门应当向人民法院申请。

条文解读

撤销监护人资格诉讼 ➡ 本条第 1 款规定了撤销监护人资格诉讼的适用情形。一是实施严重损害被监护人身心健康行为的，如性侵害、出卖、遗弃、虐待、暴力伤害被监护人等。二是怠于履行监护职责，或者无法履行监护职责并且拒绝将监护职责部分或者全部委托给他人，导致被监护人处于危困状态的。例如，父母有吸毒、赌博等恶习，怠于履行监护职责，导致儿童面临严重危险等；父母外出打工，也没有将监护职责委托给他人，留下年龄较小的儿童独自在家生活，处于危困状态等。三是兜底性规定，只要有严重侵害被监护人合法权益行为的，均可以撤销监护人资格。例如，教唆、利用未成年人实施违法犯罪行为等。

撤销监护人资格诉讼往往要持续一定的时间。在此期间内，如果被监护人的人身、财产等合法权益处于无人保护状态的，人民法院应当安排必要的临时监护措施。

申请撤销监护人资格的主体 ➡ 第 2 款对有权向法院申请撤销监护

人资格的主体作出规定。第 3 款对兜底性的申请主体作出规定。当第 2 款规定的个人和民政部门以外的组织因各种原因未及时向人民法院提出撤销监护人资格的申请，导致被监护人的合法权益无法得到保护，则民政部门应当承担起向法院申请撤销监护人资格的职责。要正确理解本款与第 2 款赋予民政部门申请主体资格的关系。民政部门只要发现具有严重侵害被监护人合法权益的情形，即可依据本条第 2 款规定，向法院申请撤销监护人资格，不需要等到其他个人或者组织都不向法院申请之后再行申请。如果其他个人或者组织都不向法院申请撤销监护人资格，此时，民政部门应当依照第 3 款规定，主动向法院提出申请。

案例指引

003. 监护人怠于履行监护职责，能否撤销其监护资格？[①]

被申请人罗某系吴某 1（11 岁）、吴某 2（10 岁）、吴某 3（8 岁）三姐弟的生母。罗某自三子女婴幼时期起既未履行抚养教育义务，又未支付抚养费用，不履行监护职责，且与他人另组建家庭并生育子女。罗某在知道三个孩子的父亲、祖父均去世，家中无其他近亲属照料、抚养孩子的情况下，仍不管不问，拒不履行监护职责达 6 年以上，导致三子女生活处于极其危困状态。为保障三姐弟的合法权益，乐平市民政局向人民法院申请撤销罗某对三姐弟的监护人资格，并指定该民政局为三姐弟的监护人。

生效裁判认为，被申请人罗某作为被监护人吴某 1、吴某 2、吴某 3 的生母及法定监护人，在三名被监护人年幼时离家出走，六年期间未履行对子女的抚养、照顾、教育等义务；在被监护人父亲去世，三名被监护人处于无人照看、生活危困的状况下，被申请人知情后仍怠于履行监护职责，导致三名未成年人流离失所，其行为已严重侵害了三名被监护人的合法权益。监护人怠于履行监护职责导致被监护人处于危困状态，人民法院根据乐平市民政局的申请，依法撤销了罗某的监护人资格。被监护人的祖父过世，祖母情况不明，外祖父母远在贵州且从未与三名被监护人共同生活，上述顺位亲属均不能或者不适合担任吴某1、吴某2、吴某3的监护人。考虑到现在的临时照料家庭能够为孩子们提供良好的成长环境和安定的生活保障，经人民法院与乐平市民政局沟通后，明确三名被监护人由乐平市民政局监护，便于其通过相应法定程序与"临时家庭"完善收养手续，将临时照料人转变为合法收养人，与三姐弟建立起完整的亲权法律关系。如此，三姐弟能获得良好的教育、感受家庭的温暖，三个临时照料家庭的父母也能享天伦之乐。故判决自2022年5月27日起，吴某1、吴某2、吴某3的监护人由乐平市民政局担任。

未成年人是祖国的未来和民族的希望，进一步加强未成年人司法保护是新时代对人民法院工作提出的更高要求。本案是人民法院准确适用民法典关于监护制度的规定，并主动延伸司法职能，与有关部门合力守护未成年人健康成长的典型案例。本案中，人民法院根据案件具体情况依法撤销了原监护人的监护人资格，指定民政部门作为监护人，同时向民政部门发出司法建议书，协助其更好地履行监护职责，为被监护人的临时生活照料、确定收养关系、完善收养手续以及后续的生活教育提供司法服务。

关联参见

《反家庭暴力法》第21条；《未成年人保护法》第94条、第108条

第三十七条　【监护人资格撤销后的义务】依法负担被监护人抚养费、赡养费、扶养费的父母、子女、配偶等，被人民法院撤销监护人资格后，应当继续履行负担的义务。

监护人资格撤销后的义务 ➡ 实践中，监护人往往由父母、子女、配偶等法定扶养义务人担任。监护人被撤销监护人资格后，就不能再继续履行监护职责。但法定扶养义务是基于血缘、婚姻等关系确立的法律义务，该义务不因监护人资格的撤销而免除。

依据本条规定，在具有法定扶养义务的人担任监护人的情况下，监护人资格被撤销，不再担任监护人后，具有法定扶养义务的人，如配偶、父母、子女等，仍应继续负担抚养费、赡养费、扶养费。《未成年人保护法》《反家庭暴力法》已经针对各自的领域作出了相同规定。《未成年人保护法》第108条规定："未成年人的父母或者其他监护人不依法履行监护职责或者严重侵犯被监护的未成年人合法权益的，人民法院可以根据有关人员或者单位的申请，依法作出人身安全保护令或者撤销监护人资格。被撤销监护人资格的父母或者其他监护人应当依法继续负担抚养费用。"《反家庭暴力法》第21条规定："监护人实施家庭暴力严重侵害被监护人合法权益的，人民法院可以根据被监护人的近亲属、居民委员会、村民委员会、县级人民政府民政部门等有关人员或者单位的申请，依法撤销其监护人资格，另行指定监护人。被撤销监护人资格的加害人，应当继续负担相应的赡养、扶养、抚养费用。"与《未成年人保护法》《反家庭暴力法》的规定相比，本条属于一般性规定，适用于所有具有法定扶养义务的人被撤销监护人资格的情形。只要具有法定扶养义务的人因严重侵害被监护人合法权益被撤销监护人资格的，均应继续履行负担抚养费、赡养费、扶养费的义务。

第三十八条 【监护人资格的恢复】被监护人的父母或者子女被人民法院撤销监护人资格后，除对被监护人实施故意犯罪的外，确有悔改表现的，经其申请，人民法院可以在尊重被监护人真实意愿的前提下，视情况恢复其监护人资格，人民法院指定的监护人与被监护人的监护关系同时终止。

条文解读

监护人资格的恢复 ➡ 依据本条规定，恢复监护人资格必须向法院申请，由人民法院决定是否予以恢复。父母与子女是最近的直系亲属关系，本条适用的对象仅限于被监护人的父母或者子女，其他个人或者组织的监护人资格一旦被撤销，即不再恢复。被监护人的父母或者子女被撤销监护人资格后，再恢复监护人资格还需要满足以下几个条件：一是没有对被监护人实施故意犯罪的情形，如对被监护人实施性侵害、虐待、遗弃被监护人等构成刑事犯罪的，不得恢复监护人资格。但对因过失犯罪，如因过失导致被监护人受到伤害等被撤销监护人资格的，则可以根据具体情况来判断是否恢复监护人资格。二是确有悔改表现，即被监护人的父母或者子女不但要有悔改的意愿，还要有实际的悔改表现，这需要由人民法院根据具体情形予以判断。三是要尊重被监护人的真实意愿，如果被监护人不愿意由父母或者子女继续担任监护人的，则不得恢复监护人资格。四是即使符合以上条件，法院也还需要综合考虑各方面情况，从有利于被监护人权益保护的角度，决定是否恢复监护人资格。

第三十九条　【监护关系的终止】 有下列情形之一的，监护关系终止：

（一）被监护人取得或者恢复完全民事行为能力；

（二）监护人丧失监护能力；

（三）被监护人或者监护人死亡；

（四）人民法院认定监护关系终止的其他情形。

监护关系终止后，被监护人仍然需要监护的，应当依法另行确定监护人。

关联参见

《民法典总则编解释》第 12 条、第 13 条

第三节 宣告失踪和宣告死亡

第四十条 【宣告失踪】自然人下落不明满二年的，利害关系人可以向人民法院申请宣告该自然人为失踪人。

条文解读

宣告失踪 ➡ 宣告失踪是指自然人下落不明达到法定的期限，经利害关系人申请，人民法院依照法定程序宣告其为失踪人的一项制度。本条规定的宣告失踪的条件包含三个层次：

第一，自然人下落不明满 2 年。所谓下落不明，是指自然人持续不间断没有音讯的状态。

第二，利害关系人向人民法院申请。对于可以向人民法院提出申请的"利害关系人"包括哪些人，《民法典总则编解释》第 14 条规定："人民法院审理宣告失踪案件时，下列人员应当认定为民法典第四十条规定的利害关系人：（一）被申请人的近亲属；（二）依据民法典第一千一百二十八条、第一千一百二十九条规定对被申请人有继承权的亲属；（三）债权人、债务人、合伙人等与被申请人有民事权利义务关系的民事主体，但是不申请宣告失踪不影响其权利行使、义务履行的除外。"《民事诉讼法》第 190 条规定："公民下落不明满二年，利害关系人申请宣告其失踪的，向下落不明人住所地基层人民法院提出。申请书应当写明失踪的事实、时间和请求，并附有公安机关或者其他有关机关关于该公民下落不明的书面证明。"

第三，由人民法院依据法定程序进行宣告。宣告失踪在法律效果上对自然人的财产利益产生重大影响，必须由司法机关经过严格程序来作出。因此，宣告失踪只能由人民法院作出，其他任何机关和个人无权作出宣告

失踪的决定。依照《民事诉讼法》的规定，人民法院审理宣告失踪案件，适用特别程序。依照《民事诉讼法》第192条的规定，人民法院受理宣告失踪案件后，应当发出寻找下落不明人的公告。宣告失踪的公告期间为3个月。公告期间届满，人民法院应当根据被宣告失踪、宣告死亡的事实是否得到确认，作出宣告失踪、宣告死亡的判决或者驳回申请的判决。

第四十一条　【下落不明的起算时间】 自然人下落不明的时间自其失去音讯之日起计算。战争期间下落不明的，下落不明的时间自战争结束之日或者有关机关确定的下落不明之日起计算。

条文解读

下落不明的起算时间 ➡ 宣告自然人失踪，最重要的条件就是达到法定的下落不明的时间要求。下落不明的起算时间，为其失去音讯之日，也是最后获得该自然人音讯之日。本条规定中的"自然人下落不明的时间自其失去音讯之日起计算"，失去音讯之日作为起算日不算入，从下一日开始计算。

需要说明的是，本条关于下落不明的时间如何计算的规定，虽然在宣告失踪条件的规定之后，但不仅适用于宣告失踪的情形，也适用于宣告死亡的情形。

第四十二条　【财产代管人】 失踪人的财产由其配偶、成年子女、父母或者其他愿意担任财产代管人的人代管。

代管有争议，没有前款规定的人，或者前款规定的人无代管能力的，由人民法院指定的人代管。

实务应用

***010.* 宣告失踪与宣告死亡的区别是什么？**

宣告失踪与宣告死亡不同，自然人被宣告为失踪人后，其民事主体资格仍然存在，尚存在返回的可能，并不产生婚姻关系解除和继承开始等法律后果。法律设立宣告失踪制度，主要目的就是结束失踪人财产无人管理以及其应当履行的义务不能得到及时履行的不确定状态，这既是对失踪人利益的保护，也是对失踪人的债权人等利害关系人合法权益的保护。

第四十三条　**【财产代管人的职责】** 财产代管人应当妥善管理失踪人的财产，维护其财产权益。

失踪人所欠税款、债务和应付的其他费用，由财产代管人从失踪人的财产中支付。

财产代管人因故意或者重大过失造成失踪人财产损失的，应当承担赔偿责任。

条文解读

财产代管人制度 ➡ 法律规定财产代管人制度的目的之一就是保护失踪人在下落不明状态下的财产权益，因此财产代管人应当妥善保管失踪人的财产，维护失踪人的财产利益。财产代管人负有像对待自己事务一样的注意义务，来管理失踪人的财产，既包括对失踪人财产的保管，也包括作为代理人收取失踪人的到期债权。与其他有偿的法律关系不同，财产代管人管理失踪人的财产并非合同约定的，而是直接来自法律的规定，代管财产的目的也不是从中获利，该种管理财产的行为通常是无偿的。因此，本条对此规定得也较为原则，财产代管人管理失踪人的财产，只要尽到善良管理人的义务，即能够像管理自己的事务一样管理失踪人的财产，就满足了法律规定的要求。

关联参见

《民事诉讼法》第 192 条；《民法典总则编解释》第 15 条

第四十四条 【财产代管人的变更】财产代管人不履行代管职责、侵害失踪人财产权益或者丧失代管能力的，失踪人的利害关系人可以向人民法院申请变更财产代管人。

财产代管人有正当理由的，可以向人民法院申请变更财产代管人。

人民法院变更财产代管人的，变更后的财产代管人有权请求原财产代管人及时移交有关财产并报告财产代管情况。

第四十五条 【失踪宣告的撤销】失踪人重新出现，经本人或者利害关系人申请，人民法院应当撤销失踪宣告。

失踪人重新出现，有权请求财产代管人及时移交有关财产并报告财产代管情况。

条文解读

失踪宣告的撤销 ➡ 本条第 1 款规定的是失踪宣告撤销的条件。一是失踪人重新出现。自然人因失去音讯下落不明而被宣告失踪，失踪宣告的撤销自然就要以这种状态的消除为条件。这里失踪人重新出现的含义，即是重新得到了失踪人的音讯，从而消除了其下落不明的状态。二是经本人或者利害关系人申请。这里利害关系人的范围应当与申请宣告失踪的利害关系人范围一致，包括被申请宣告失踪人的配偶、父母、子女、兄弟姐妹、祖父母、外祖父母、孙子女、外孙子女以及其他与失踪人有民事权利义务关系的人。应当向下落不明人住所地基层人民法院提出申请。三是撤销失踪宣告应当由人民法院作出。自然人失踪只能由人民法院依据法定程序进行宣告，因此，该宣告的撤销也应当由人民法院通过法定程序来作出。

失踪人重新出现后的法律效果 ➡ 宣告失踪一经撤销，原被宣告失踪的自然人本人就应当恢复对自己财产的控制，财产代管人的代管职责应当相应结束，即停止代管行为，移交代管的财产并向本人报告代管情况。只要代管人非出于恶意，其在代管期间支付的各种合理费用，失踪人不得要求代管人返还。

第四十六条 **【宣告死亡】**自然人有下列情形之一的，利害关系人可以向人民法院申请宣告该自然人死亡：

(一) 下落不明满四年；

(二) 因意外事件，下落不明满二年。

因意外事件下落不明，经有关机关证明该自然人不可能生存的，申请宣告死亡不受二年时间的限制。

条文解读

宣告死亡 ➲ 宣告死亡是自然人下落不明达到法定期限，经利害关系人申请，人民法院经过法定程序在法律上推定失踪人死亡的一项民事制度。宣告自然人死亡，是对自然人死亡的法律上的推定，这种推定将产生与生理死亡基本一样的法律效果，因此，宣告死亡必须具备法律规定的条件：

第一，自然人下落不明的时间要达到法定的长度。一般情况下，下落不明的时间要满4年。如果是因意外事件而下落不明，下落不明的时间要满2年。从法律规定可以看出，宣告死亡需要满足的下落不明时间长度要求高于宣告失踪时的要求，因为在宣告失踪的情况下，只产生失踪人的财产代管以及实现债权、偿还债务等法律后果，但宣告死亡以后，还会发生继承的开始、身份关系解除等情形。因此宣告死亡的条件应当比宣告失踪严格，下落不明的时间应当比宣告失踪时所要求的时间长。依照本条第1款第2项的规定，自然人因意外事件下落不明满2年的，利害关系人可以向人民法院申请宣告该自然人死亡。自然人因意外事件下落不明，其生存的可能性明显小于一般情况下的下落不明，因此这种情况下宣告死亡，法律要求的下落不明时间长度应当短于一般情况下的宣告死亡。本条第2款是对第1款第2项的补充规定。依照这一规定，对于因意外事件下落不明的自然人，如果与该意外事件有关的机关证明该自然人不可能生存的，利害关系人就可以据此申请宣告该自然人死亡，而不必等到下落不明满2年。

第二，必须由利害关系人提出申请。此处所说的利害关系人，是与被宣告人是生存还是死亡的法律后果有利害关系的人，被宣告人的配偶、父母、子女，以及依据《民法典》第1129条规定对被申请人有继承权的亲属应当认定为利害关系人。申请宣告死亡的利害关系人没有顺序要求。依照《民事诉讼法》第191条的规定，利害关系人申请宣告其死亡的，向下落不明人住所地基层人民法院提出。申请书应当写明下落不明的事实、时间和请求，并附有公安机关或者其他有关机关关于该公民下落不明的书面证明。

第三，只能由人民法院经过法定程序，宣告自然人死亡。依照民事诉讼法的规定，人民法院审理宣告死亡案件，适用民事诉讼法关于特别程序的规定。人民法院受理宣告死亡案件后，应当发出寻找下落不明人的公告，公告期间为1年。因意外事故下落不明，经有关机关证明该公民不可能生存的，宣告死亡的公告期间为3个月。公告期间届满，人民法院应当根据被宣告死亡的事实是否得到确认，作出宣告死亡的判决或者驳回申请的判决。

第四十七条　【宣告失踪与宣告死亡申请的竞合】 对同一自然人，有的利害关系人申请宣告死亡，有的利害关系人申请宣告失踪，符合本法规定的宣告死亡条件的，人民法院应当宣告死亡。

第四十八条　【死亡日期的确定】 被宣告死亡的人，人民法院宣告死亡的判决作出之日视为其死亡的日期；因意外事件下落不明宣告死亡的，意外事件发生之日视为其死亡的日期。

条文解读

宣告死亡是人民法院经利害关系人的申请，按照法定程序推定下落不明的公民死亡的法律制度。这种推定的一项重要内容，就是推定被宣告死亡人死亡的时间。一般来说，宣告死亡与自然死亡的法律效力相同，如何推定被宣告死亡的自然人的死亡时间涉及继承的开始、身份关系解除等，比如遗产的具体范围、继承人的具体范围、遗嘱效力之发生时间以及代位继承是否发生等遗产继承有关重大事项，具有重要的法律意义，法律应当对此作出规定。

第四十九条　**【被宣告死亡人实际生存时的行为效力】**自然人被宣告死亡但是并未死亡的，不影响该自然人在被宣告死亡期间实施的民事法律行为的效力。

条文解读

自然人被宣告死亡从本质上讲是一种拟制的死亡，有可能本人并没有自然死亡或者说并没有真正死亡。这个被宣告死亡但并未真正死亡的自然人，可能在被宣告死亡期间还在从事民事活动，包括吃穿住行等各种活动。如果因为他已经被宣告死亡了，就不承认他所从事的民事法律行为的效力，无疑是不合情理的，也不利于维护交易安全和社会经济秩序。因此，本条规定，自然人被宣告死亡但是并未死亡的，不影响该自然人在被宣告死亡期间实施的民事法律行为的效力。

如果并未死亡的自然人从事的民事活动与被宣告死亡的法律后果不相关联，则一般不会产生法律问题。比如，自然人被宣告死亡，其财产被依法继承，而该自然人并未死亡，生活在别处，购买食物，租住房屋，这些法律关系互不相干，皆属有效。但也有可能发生的情况是产生了冲突，相互抵触。比如，在并未死亡的自然人被宣告死亡期间，其配偶和本人都将同一房屋或者其他财产出卖。鉴于对此问题争议较大，本条对此未作具体规定，留待司法实践继续总结经验。

第五十条　**【死亡宣告的撤销】**被宣告死亡的人重新出现，经本人或者利害关系人申请，人民法院应当撤销死亡宣告。

011. 宣告死亡应否得到保险理赔？

保险包括财产保险和人身保险；其中人身保险是指以生命及身体机能为保险标的的保险，分为人寿保险、伤害保险和健康保险。伤害保险是指当被保险人遭受意外事故致残或死亡时，保险人向被保险人或其受益人给付保险金的保险。一般情况下，被宣告死亡与自然死亡产生相同的法律后果。若保险条款明确约定保险公司不负保险责任的情形中并不包括宣告死亡，此时保险人应对宣告死亡情形承担理赔责任。①

第五十一条 【宣告死亡及其撤销后婚姻关系的效力】被宣告死亡的人的婚姻关系，自死亡宣告之日起消除。死亡宣告被撤销的，婚姻关系自撤销死亡宣告之日起自行恢复。但是，其配偶再婚或者向婚姻登记机关书面声明不愿意恢复的除外。

死亡宣告被撤销后，对当事人婚姻关系发生的法律效果是：（1）被宣告死亡的自然人的配偶没有再婚的，死亡宣告被撤销后，原来的婚姻关系可以自行恢复，仍与原配偶为夫妻关系，不必再进行结婚登记；（2）其配偶向婚姻登记机关书面声明不愿意与被宣告死亡的配偶恢复婚姻关系的，则不能自行恢复夫妻关系；（3）被宣告死亡的自然人的配偶已经再婚，即使再婚后又离婚或再婚后新配偶已经死亡的，也不得因为撤销死亡宣告而自动恢复原来的婚姻关系。

---

① 参见杜月秋，孙政编著：《民法典总则编及司法解释对照解读与实务问答》，中国法制出版社2022年版，第124页。

第五十二条 【死亡宣告撤销后子女被收养的效力】被宣告死亡的人在被宣告死亡期间，其子女被他人依法收养的，在死亡宣告被撤销后，不得以未经本人同意为由主张收养行为无效。

第五十三条 【死亡宣告撤销后的财产返还与赔偿责任】被撤销死亡宣告的人有权请求依照本法第六编取得其财产的民事主体返还财产；无法返还的，应当给予适当补偿。

利害关系人隐瞒真实情况，致使他人被宣告死亡而取得其财产的，除应当返还财产外，还应当对由此造成的损失承担赔偿责任。

第四节　个体工商户和农村承包经营户

第五十四条 【个体工商户】自然人从事工商业经营，经依法登记，为个体工商户。个体工商户可以起字号。

条文解读

个体工商户 ➡ 个体工商户并非一类独立的民事主体，而是包含在自然人这种民事主体中。根据我国法律和政策规定，个体工商户享有合法财产权，以及依据法律和合同享有各种债权。个体工商户依法享有工商经营权，在法律规定和核准登记的经营范围内，充分享有自主经营权利，并经批准可以起字号、刻图章、在银行开立账户，以便开展正常的经营活动。个体工商户有个人经营、家庭经营与个人合伙经营三种组织形式。

起字号的个体工商户，在民事诉讼中，应以营业执照登记的户主（业主）为诉讼当事人，在诉讼文书中注明系某字号的户主。

个体工商户可以使用名称，也可以不使用名称。个体工商户决定使用名称的，应当向登记机关提出申请，经核准登记后方可使用。一户个体工商户只能使用一个名称。

个体工商户名称由行政区划、字号、行业、组织形式依次组成。个体工商户名称中的行政区划是指个体工商户所在县（市）和市辖区名称。行政区划之后可以缀以个体工商户经营场所所在地的乡镇、街道或者村庄、社区、市场名称。

经营者姓名可以作为个体工商户名称中的字号使用。个体工商户名称中的行业应当反映其主要经营活动内容或者经营特点。个体工商户名称组织形式可以选用"厂""店""馆""部""行""中心"等字样，但不得使用"企业""公司"和"农民专业合作社"字样。

实务应用

012. 与"老字号"具有历史渊源的主体，将"老字号"注册为个体工商户字号或企业名称，是否构成不正当竞争或侵犯注册商标专用权？

与"老字号"无历史渊源的个人或企业将"老字号"或与其近似的字号注册为商标后，以"老字号"的历史进行宣传的，应认定为虚假宣传，构成不正当竞争。与"老字号"具有历史渊源的个人或企业在未违反诚实信用原则的前提下，将"老字号"注册为个体工商户字号或企业名称，未引人误认且未突出使用该字号的，不构成不正当竞争或侵犯注册商标专用权。①

关联参见

《促进个体工商户发展条例》；《企业名称登记管理规定实施办法》第53条

第五十五条　【农村承包经营户】 农村集体经济组织的成员，依法取得农村土地承包经营权，从事家庭承包经营的，为农村承包经营户。

第五十六条　【"两户"的债务承担】 个体工商户的债务，个人经营的，以个人财产承担；家庭经营的，以家庭财产承担；无法区分的，以家庭财产承担。

---

① 参见最高人民法院指导案例58号。

农村承包经营户的债务，以从事农村土地承包经营的农户财产承担；事实上由农户部分成员经营的，以该部分成员的财产承担。

个体工商户的债务承担 ➡ 个体工商户可以个人经营，也可以家庭经营。个体工商户的债务，个人经营的，以个人财产承担；家庭经营的，以家庭财产承担。对于实践中无法区分是个人经营还是家庭经营的，是个人投资还是家庭投资，是个人享用经营收益还是家庭共同享用经营收益，进而确定债务是以个人财产承担还是以家庭财产承担，司法实践中一般有以下认定标准：一是以公民个人名义申请登记的个体工商户，用家庭共有财产投资，或者收益的主要部分供家庭成员享用的，其债务应以家庭共有财产清偿。二是夫妻关系存续期间，一方从事个体经营，其收入为夫妻共有财产，债务亦应以夫妻共有财产清偿。此外，个体工商户的债务，如以其家庭共有财产承担责任，应当保留家庭成员的生活必需品和必要的生产工具。

农村承包经营户的债务承担 ➡ 承包是以"户"为单位进行。土地承包合同由"户"的代表与发包方签订，土地承包经营权证书是按户制作并颁发。在家庭承包的情况下，农户是交易活动的主体，其信用建立在家庭信用的基础上，发包方或交易相对一方也以农户家庭为对象，与其从事交易活动。农户也是以户的财产承担责任，以确保义务的履行。从这个角度讲，以户为经营单位符合我国农村的实际情况，有利于农村经济活动的进行。

需要进一步说明的是：第一，家庭承包中，是按人人有份分配承包地，按户组成一个生产经营单位作为承包方。第二，本集体经济组织的农户作为承包方主要针对耕地、草地和林地等适宜家庭承包的土地的承包。不宜采取家庭承包方式的"四荒"地等农村土地可以通过市场化方式发包给农户，也可发包给本集体经济组织外的个人或单位。第三，农户内的成员分家析产的，单独成户的成员可以对原家庭承包的土地进行分别耕作，但承包经营权仍是一个整体，不能分割。

在承包期内，无论承包户内人口发生什么样的变化，是增是减，只要作为承包户的家庭还存在，承包户仍然是一个生产经营单位。在承包经营活动中，无论是全体家庭成员从事生产经营劳动和经营活动，还是部分家庭成员从事生产经营劳动和经营活动，另一部分家庭成员从事其他职业或者家务劳动，农户仍然是一个对外承担责任的主体。考虑到随着我国城乡经济结构的调整和城镇化的发展，农村剩余劳动力向城镇的转移会不断增加，有的家庭成员进城务工就业，分门立户，已完全不参与家庭土地承包经营，也不分享承包家庭的收益，在这种情况下，可以不再承担原所在家庭承包经营的债务。因此本条规定，"事实上由农户部分成员经营的，以该部分成员的财产承担"。需要指出的是，在实践中，这一规定要严格掌握，防止借本条规定逃避应承担的债务。

第三章　法　　人

第一节　一般规定

第五十七条　【法人的定义】法人是具有民事权利能力和民事行为能力，依法独立享有民事权利和承担民事义务的组织。

条文解读

法人 ➡ 法人是"自然人"的对称，是自然人之外最为重要的民事主体，有自身独立的法律人格，可以以自己的名义起诉与应诉、拥有财产、进行交易、承担责任。法人制度是近现代民法上一项极为重要的法律制度。团体的法律人格的赋予，是民法理论最富想象力和技术性的创造。

法人的民事权利能力 ➡ 所谓法人的民事权利能力，是指法人作为民事主体，享受民事权利并承担民事义务的资格。法人的民事权利能力与法人的民事主体资格是同一的，法人之所以具有民事主体资格，就是因为其具有民事权利能力。法人的民事权利能力是法人实施民事行为和从事民事活动的前提和基础。法人和自然人均具有民事权利能力，但是法人的民事权利能力不同于自然人的民事权利能力。法人是组织体，不是生命体，因此，某些与自然人的人身不可分离的人身权如生命权、健康权等不可能由法人享有，以性别、年龄、身份及亲属关系等为前提的权利义务，也不可能由法人享有和承担。

法人的民事行为能力 ➡ 所谓法人的民事行为能力，是指法人作为民事主体，以自己的行为取得民事权利并承担民事义务的资格。法人作为一个统一的组织体，有自己的内部机构，能够产生并实现自己的意思，从而决定了法人具有民事行为能力。董事作为法人的机关，其在职务上的行为，视为法人本身的行为。法人的团体意志并不同于个人的意志，也不是个人意志的简单总和，而是一种意志的综合。

第五十八条　【法人的成立】法人应当依法成立。

法人应当有自己的名称、组织机构、住所、财产或者经费。法人成立的具体条件和程序，依照法律、行政法规的规定。

设立法人，法律、行政法规规定须经有关机关批准的，依照其规定。

▍条文解读

法人成立 ➡ 法人成立，是指法人开始取得民事主体资格，享有民事权利能力。法人的成立，表现为营利法人、非营利法人以及特别法人开始具有法人的人格，是其成为民事权利主体的始期。法人成立的条件是：第一，须有设立行为。法人必须经过设立人的设立行为，才可能成立。第二，须符合设立的要求：（1）法人要有自己的名称，确定自己法人人格的文字标识；（2）要有能够进行经营活动的组织机构；（3）必须有自己固定的住所；（4）须有必要的财产或者经费，能够进行必要的经营活动和承担民事责任。第三，须有法律依据或经主管机关的批准。中国的法人设立不采取自由设立主义，凡是成立法人，均须依据相关的法律，以法律规定作为成立的依据。第四，须经登记。法人的设立，原则上均须经过登记方能取得法人资格。机关法人成立不须登记。事业单位法人和社会团体法人，除法律规定不需要登记的外，也要办理登记。成立法人，须完成以上条件才能够取得法人资格。法人的成立与法人的设立是不同的概念。设立是行为，成立是结果；设立尚未成立，成立必须经过设立。设立成功，方为成立，法人成立前尚无法人资格。

第五十九条　【法人的民事权利能力和民事行为能力】法人的民事权利能力和民事行为能力，从法人成立时产生，到法人终止时消灭。

第六十条　【法人的民事责任承担】法人以其全部财产独立承担民事责任。

条文解读

法人的民事责任承担 ➡ 法人以其全部财产独立承担民事责任，即承担有限责任。无论法人应当承担多少责任，最终都以其全部财产来承担，不承担无限责任。法人以其全部财产独立承担民事责任，这就是法人的民事责任能力。民事责任能力，是指民事主体据以独立承担民事责任的法律地位或法律资格，也叫作侵权行为能力。我国民法采取法人实在说，承认法人的民事责任能力。法人作为一个实在的组织体，对其法定代表人及成员在执行职务中的行为造成他人的损害，承担民事责任。

关联参见

《公司法》第 3 条、第 13 条

第六十一条 　【法定代表人】依照法律或者法人章程的规定，代表法人从事民事活动的负责人，为法人的法定代表人。

法定代表人以法人名义从事的民事活动，其法律后果由法人承受。

法人章程或者法人权力机构对法定代表人代表权的限制，不得对抗善意相对人。

条文解读

法定代表人 ➡ 法人作为一种社会组织体，对外进行民事活动，必须由自然人代而为之，即任何法人均须有自然人为其"代表"。该代表法人从事民事活动的自然人，称为法人的法定代表人。

法人的章程或者权力机构对法定代表人的代表权范围的限制，对于法定代表人有完全的效力，即法定代表人不得超出其法人章程或者权力机构对其的限制。法人的章程或者权力机构对法定代表人的代表权范围的限制，对第三人不具有完全的效力。只要与其进行民事活动的相对人是善意的，对其超出职权范围不知情且无过失，法人就不能以超越职权为由对抗该善意相对人；如果相对人知情，则可以主张该民事法律行为无效或者撤销。

第六十二条 　【法定代表人职务行为的法律责任】法定代表人因执行职务造成他人损害的，由法人承担民事责任。

法人承担民事责任后，依照法律或者法人章程的规定，可以向有过错的法定代表人追偿。

条文解读

法定代表人职务行为的法律责任 ➡ 法定代表人因执行职务造成他人损害的，由法人承担责任，此处法人承担的责任形态是替代责任。法定代表人因执行职务造成他人损害的责任承担规则是：（1）法定代表人因执行职务造成他人的损害，由法人承担赔偿责任。（2）法人承担了赔偿责任以后，如果法定代表人在执行职务中，对造成他人损害是有过错的，法人可以向法定代表人要求追偿。

第六十三条 【法人的住所】法人以其主要办事机构所在地为住所。依法需要办理法人登记的，应当将主要办事机构所在地登记为住所。

条文解读

法人的住所 ➡ 与自然人一样，法人也有其住所。住所是民事主体从事民事活动所产生的各种权利义务的归属地点，是发生民事法律关系的中心地域。法人若要从事民事活动，形成各种民事法律关系，则与自然人一样，也需要以一定的地域作为中心，即也需要住所。一个法人有可能拥有数个活动场所或者办事机构，但法人的住所只有一个。法人的住所在法律上具有重要意义，如决定债务履行地、登记管辖、诉讼管辖、法律文书送达之处所、涉外民事关系之准据法等。

法人登记 ➡ 法人登记是指法人依法将其内部情况向国家登记机关报告登记的制度，是将法人内部情况公布于外的一种方法。通过法人登记进行公示，既是保护交往相对人的需要，也是对法人进行必要的管理监督，以实现对社会经济秩序有效间接调控的目的。除依法不需要办理法人登记即可成立的少数法人外，绝大多数法人只有经登记机关依法登记，方能取得法人资格。同时，我国还存在依法不需要办理法人登记的法人，比如依法不需要办理法人登记的事业单位和社会团体等。

关联参见

《公司法》第 8 条；《最高人民法院关于适用〈中华人民共和国民事诉讼法〉的解释》第 3 条；《市场主体登记管理条例》第 11 条

第六十四条 【法人的变更登记】法人存续期间登记事项发生变化的，应当依法向登记机关申请变更登记。

条文解读

法人的变更登记 ➡ 市场主体变更登记事项，应当自作出变更决议、决定或者法定变更事项发生之日起 30 日内向登记机关申请变更登记。市场主体变更登记事项属于依法须经批准的，申请人应当在批准文件有效期内向登记机关申请变更登记。市场主体变更经营范围，属于依法须经批准的项目的，应当自批准之日起 30 日内申请变更登记。许可证或者批准文件被吊销、撤销或者有效期届满的，应当自许可证或者批准文件被吊销、撤销或者有效期届满之日起 30 日内向登记机关申请变更登记或者办理注销登记。市场主体变更住所或者主要经营场所跨登记机关辖区的，应当在迁入新的住所或者主要经营场所前，向迁入地登记机关申请变更登记。迁出地登记机关无正当理由不得拒绝移交市场主体档案等相关材料。市场主体变更登记涉及营业执照记载事项的，登记机关应当及时为市场主体换发营业执照。

第六十五条 【法人登记的对抗效力】法人的实际情况与登记的事项不一致的，不得对抗善意相对人。

条文解读

法人的实际情况与登记的事项不一致，包括两种情形：一是法人设立登记时即出现法人的实际情况与登记的事项不一致；二是存续期间登记事项发生变更但未依法及时办理变更登记。法律、行政法规要求法人登记的事项往往是与其基本存在条件有重大关系的事项，如组织形式、目的范围、注册资本、法定代表人等。这些在登记机关登记的重大事项产生对外公示的效力，如果登记事项一开始就与法人的实际情况不符，或者存续期间登记事项发生变更但未依法及时办理变更登记，就会出现对外公示的登记信息与法人的实际信息不一致的情况，从而危及交易安全和交往安全。尽管立法要求法人在设立登记时应当如实登记相关事项，法人存续期间登记事项发生变更的应当及时申请变更登记，但基于各种原因，实践中仍然会出现法人的实际情况与登记的事项不相符合的情形。

第六十六条　【法人登记公示制度】登记机关应当依法及时公示法人登记的有关信息。

条文解读

法人登记意义重大。但如果社会公众不能方便获知这些登记信息，则建立法人登记制度所期待的价值功能便难以有效发挥。为促进社会公众方便快捷地获知各类法人的登记信息，登记机关肩负着重要使命，发挥着无可替代的作用，可谓责无旁贷。因此，本条规定"登记机关应当依法及时公示法人登记的有关信息"。

关联参见

《公司法》第 29 条；《企业信息公示暂行条例》第 3 条、第 6—8条；《慈善法》第 76 条；《市场主体登记管理条例》第 36 条

第六十七条　【法人合并、分立后的权利义务承担】法人合并的，其权利和义务由合并后的法人享有和承担。

法人分立的，其权利和义务由分立后的法人享有连带债权，承担连带债务，但是债权人和债务人另有约定的除外。

条文解读

法人合并 ➡ 法人合并，是指两个以上的法人不经清算程序而合并为一个法人的法律行为。按合并方式的不同，法人合并分为吸收合并和新设合并。吸收合并，是指一个或多个法人归并到一个现存的法人中

去，被合并的法人资格消灭，存续法人的主体资格仍然存在；新设合并，是指两个以上的法人合并为一个新法人，原来的法人消灭，新的法人产生。

法人分立 ➡ 法人分立，是指一个法人分成两个或两个以上法人的法律行为。按分立方式的不同，法人分立分为派生分立和新设分立两种方式。派生分立，是指原法人仍然存在，但从原法人中分立出去一个新的法人；新设分立，是指原法人分立为两个或者两个以上新的法人，原法人不复存在。

因合并、分立而存续的法人，其登记事项发生变化的，应当申请变更登记；因合并、分立而解散的法人，应当申请注销登记；因合并、分立而新设立的法人，应当申请设立登记。

第六十八条 【法人的终止】有下列原因之一并依法完成清算、注销登记的，法人终止：

（一）法人解散；

（二）法人被宣告破产；

（三）法律规定的其他原因。

法人终止，法律、行政法规规定须经有关机关批准的，依照其规定。

条文解读

法人的终止 ➡ 法人的终止，也称法人的消灭，是指法人丧失民事主体资格，不再具有民事权利能力和民事行为能力。法人终止后，其民事权利能力和民事行为能力消灭，民事主体资格丧失，终止后的法人不能再以法人的名义对外从事民事活动。

第六十九条 【法人的解散】有下列情形之一的，法人解散：

（一）法人章程规定的存续期间届满或者法人章程规定的其他

解散事由出现；

（二）法人的权力机构决议解散；

（三）因法人合并或者分立需要解散；

（四）法人依法被吊销营业执照、登记证书，被责令关闭或者被撤销；

（五）法律规定的其他情形。

004. 如何认定"公司经营管理发生严重困难"？①

林方清诉常熟市凯莱实业有限公司、戴小明公司解散纠纷案

（最高人民法院审判委员会讨论通过　2012年4月9日发布）

关键词　民事　公司解散　经营管理严重困难　公司僵局

裁判要点

公司法第一百八十三条②将"公司经营管理发生严重困难"作为股东提起解散公司之诉的条件之一。判断"公司经营管理是否发生严重困难"，应从公司组织机构的运行状态进行综合分析。公司虽处于盈利状态，但其股东会机制长期失灵，内部管理有严重障碍，已陷入僵局状态，可以认定为公司经营管理发生严重困难。对于符合公司法及相关司法解释规定的其他条件的，人民法院可以依法判决公司解散。

相关法条

《中华人民共和国公司法》第一百八十三条

基本案情

原告林方清诉称：常熟市凯莱实业有限公司（简称凯莱公司）经营管理发生严重困难，陷入公司僵局且无法通过其他方法解决，其权益遭受重大损害，请求解散凯莱公司。

---

① 最高人民法院指导案例8号。
② 现为《公司法》第232条、第233条，下同。

被告凯莱公司及戴小明辩称：凯莱公司及其下属分公司运营状态良好，不符合公司解散的条件，戴小明与林方清的矛盾有其他解决途径，不应通过司法程序强制解散公司。

法院经审理查明：凯莱公司成立于 2002 年 1 月，林方清与戴小明系该公司股东，各占 50% 的股份，戴小明任公司法定代表人及执行董事，林方清任公司总经理兼公司监事。凯莱公司章程明确规定：股东会的决议须经代表二分之一以上表决权的股东通过，但对公司增加或减少注册资本、合并、解散、变更公司形式、修改公司章程作出决议时，必须经代表三分之二以上表决权的股东通过。股东会会议由股东按照出资比例行使表决权。2006 年起，林方清与戴小明两人之间的矛盾逐渐显现。同年 5 月 9 日，林方清提议并通知召开股东会，由于戴小明认为林方清没有召集会议的权利，会议未能召开。同年 6 月 6 日、8 月 8 日、9 月 16 日、10 月 10 日、10 月 17 日，林方清委托律师向凯莱公司和戴小明发函称，因股东权益受到严重侵害，林方清作为享有公司股东会二分之一表决权的股东，已按公司章程规定的程序表决并通过了解散凯莱公司的决议，要求戴小明提供凯莱公司的财务账册等资料，并对凯莱公司进行清算。同年 6 月 17 日、9 月 7 日、10 月 13 日，戴小明回函称，林方清作出的股东会决议没有合法依据，戴小明不同意解散公司，并要求林方清交出公司财务资料。同年 11 月 15 日、25 日，林方清再次向凯莱公司和戴小明发函，要求凯莱公司和戴小明提供公司财务账册等供其查阅、分配公司收入、解散公司。

江苏常熟服装城管理委员会（简称服装城管委会）证明凯莱公司目前经营尚正常，且愿意组织林方清和戴小明进行调解。

另查明，凯莱公司章程载明监事行使下列权利：（1）检查公司财务；（2）对执行董事、经理执行公司职务时违反法律、法规或者公司章程的行为进行监督；（3）当董事和经理的行为损害公司的利益时，要求董事和经理予以纠正；（4）提议召开临时股东会。从 2006 年 6 月 1 日至今，凯莱公司未召开过股东会。服装城管委会调解委员会于 2009 年 12 月 15 日、16 日两次组织双方进行调解，但均未成功。

裁判结果

江苏省苏州市中级人民法院于 2009 年 12 月 8 日以（2006）苏中民二初字第 0277 号民事判决，驳回林方清的诉讼请求。宣判后，林方清提起上诉。江苏省高级人民法院于 2010 年 10 月 19 日以（2010）苏商终字第 0043 号民事判决，撤销一审判决，依法改判解散凯莱公司。

裁判理由

法院生效裁判认为：首先，凯莱公司的经营管理已发生严重困难。根据公司法第一百八十三条和《最高人民法院关于适用〈中华人民共和国公司法〉若干问题的规定（二）》（简称《公司法解释（二）》）第一条的规定，判断公司的经营管理是否出现严重困难，应当从公司的股东会、董事会或执行董事及监事会或监事的运行现状进行综合分析。"公司经营管理发生严重困难"的侧重点在于公司管理方面存有严重内部障碍，如股东会机制失灵、无法就公司的经营管理进行决策等，不应片面理解为公司资金缺乏、严重亏损等经营性困难。本案中，凯莱公司仅有戴小明与林方清两名股东，两人各占 50% 的股份，凯莱公司章程规定"股东会的决议须经代表二分之一以上表决权的股东通过"，且各方当事人一致认可该"二分之一以上"不包括本数。因此，只要两名股东的意见存有分歧、互不配合，就无法形成有效表决，显然影响公司的运营。凯莱公司已持续 4 年未召开股东会，无法形成有效股东会决议，也就无法通过股东会决议的方式管理公司，股东会机制已经失灵。执行董事戴小明作为互有矛盾的两名股东之一，其管理公司的行为，已无法贯彻股东会的决议。林方清作为公司监事不能正常行使监事职权，无法发挥监督作用。由于凯莱公司的内部机制已无法正常运行、无法对公司的经营作出决策，即使尚未处于亏损状况，也不能改变该公司的经营管理已发生严重困难的事实。

其次，由于凯莱公司的内部运营机制早已失灵，林方清的股东权、监事权长期处于无法行使的状态，其投资凯莱公司的目的无法实现，利益受到重大损失，且凯莱公司的僵局通过其他途径长期无法解决。《公司法解释（二）》第五条明确规定了"当事人不能协商一致使公司存续的，人民法院应当及时判决"。本案中，林方清在提起公司解散诉讼之前，已通过其他途径试图化解与戴小明之间的矛盾，服装城管委会也曾组织双方当事人调解，但双方仍不能达成一致意见。两审法院也基于慎用司法手段强制解散公司的考虑，积极进行调解，但均未成功。

此外，林方清持有凯莱公司 50% 的股份，也符合公司法关于提起公司解散诉讼的股东须持有公司 10% 以上股份的条件。

综上所述，凯莱公司已符合公司法及《公司法解释（二）》所规定的股东提起解散公司之诉的条件。二审法院从充分保护股东合法权益，合理规范公司治理结构，促进市场经济健康有序发展的角度出发，依法作出了上述判决。

第七十条　【法人解散后的清算】法人解散的，除合并或者分立的情形外，清算义务人应当及时组成清算组进行清算。

法人的董事、理事等执行机构或者决策机构的成员为清算义务人。法律、行政法规另有规定的，依照其规定。

清算义务人未及时履行清算义务，造成损害的，应当承担民事责任；主管机关或者利害关系人可以申请人民法院指定有关人员组成清算组进行清算。

条文解读

清算义务人的及时清算义务 ➡ 本条第 1 款规定了清算义务人的及时清算义务。法人的清算义务人应当及时履行其负有的启动清算程序即组成清算组的义务，即便司法强制解散情形下也不例外。经研究认为，法人的类型多样，不同类型的法人解散后需要组成清算组的时间不尽相同。比如，依照《公司法》第 232 条的规定，董事为公司清算义务人，应当在解散事由出现之日起 15 日内组成清算组进行清算。但是，依照《慈善法》第 18 条的规定，慈善组织的决策机构应当在终止情形出现之日起 30 日内成立清算组进行清算。

清算义务人的担当主体 ➡ 本条第 2 款规定了清算义务人的担当主体。清算义务人与清算人的概念不同。清算义务人是指法人解散后依法负有启动清算程序的主体，其义务在于根据法律规定及时启动相应的清算程序以终止法人。清算义务人也可称为法人清算的组织主体。清算人，在我国通常被称为清算组，是指具体负责清算事务的主体，其义务在于依照法定程序进行清算。如果法人解散后未进行清算，也就不存在清算人，但始终存在清算义务人。需要说明的是，清算义务人直接担任清算人进行清算时，在具体民事主体上存在竞合的情形。明确清算义务人的概念及其责任，对于督促清算义务人及时履行清算义务，从源头上减少僵尸企业等，具有重要意义。

清算义务人未及时履行清算义务的后果 ➡ 本条第 3 款规定了清算义务人未及时履行清算义务的后果。在理解本条第 3 款时应当注意以下三点：1. 清算义务人未及时履行清算义务，会引发两种不同性质的法律后果：一是程序方面的法律后果，即强制清算程序的启动，具体规定于本款后半段"主管机关或者利害关系人可以申请人民法院指定有关人员组成清算组进行清算"。二是实体责任方面的法律后果，即"清算义务人未及时履行清算义务，造成损害的，应当承担民事责任"。2. 关于强制清算程序的启动主体，包括主管机关和利害关系人。主管机关作为启动主体的，比如《慈善法》第 18 条第 2 款规定，不成立清算组或者清算组不履行职责的，民政部门可以申请人民法院指定有关人员组成清算组进行清算。利害关系人作为启动主体的，比如《公司法》第 233 条规定，逾期不成立清算组进行清算或者成立清算组后不清算的，利害关系人可以申请人民法院指定有关人员组成清算组进行清算。审判实务中，最高人民法院通过司法解释又将申请强制清算的主体作了扩展。《公司法解释（二）》第 7 条第 2 款规定："有下列情形之一，债权人、公司股东、董事或其他利害关系人申请人民法院指定清算组进行清算的，人民法院应予受理：（一）公司解散逾期不成立清算组进行清算的；

（二）虽然成立清算组但故意拖延清算的；（三）违法清算可能严重损害债权人或者股东利益的。"3. 关于实体责任方面的法律后果，乃是基于侵权责任原理，在判断责任构成时，应当按照清算义务人主观上有过错、客观上未及时履行清算义务、造成损害、损害与清算义务人未及时履行清算义务之间存在因果关系进行把握。

关联参见

《公司法》第 232 条、第 233 条；《慈善法》第 18 条；《保险法》第 89 条、第 149 条；《社会团体登记管理条例》第 20 条；《基金会管理条例》第 18 条；《民办非企业单位登记管理暂行条例》第 16 条；《宗教事务条例》第 60 条；《公司法解释（二）》第 18—20 条

第七十一条 【法人清算的法律适用】法人的清算程序和清算组职权，依照有关法律的规定；没有规定的，参照适用公司法律的有关规定。

第七十二条 【清算的法律效果】清算期间法人存续，但是不得从事与清算无关的活动。

法人清算后的剩余财产，按照法人章程的规定或者法人权力机构的决议处理。法律另有规定的，依照其规定。

清算结束并完成法人注销登记时，法人终止；依法不需要办理法人登记的，清算结束时，法人终止。

实务应用

013. 进入破产清算程序后，股东能否向破产管理人主张知情权？

公司进入破产清算程序，股东资格不受影响，股东向破产管理人主张知情权的，在无不正当目的的前提下，人民法院应予准许。查阅会计账簿、原始凭证是股东知情权的重要内容，在不损害公司合法权益的前

提下，适当赋予股东查阅会计账簿、原始凭证的权利，不仅是防范和化解公司治理风险的要求，也是基于效率和秩序的理性选择。[①]

第七十三条　【法人因破产而终止】 法人被宣告破产的，依法进行破产清算并完成法人注销登记时，法人终止。

条文解读

与法人解散后进行的清算不同，法人被宣告破产后，依法进行破产清算。

需要注意的是，目前我国并无统一的破产法，《企业破产法》的适用范围是企业。但《企业破产法》为企业法人以外的法人和非法人组织破产时的清算程序，预留了接口。该法第135条规定："其他法律规定企业法人以外的组织的清算，属于破产清算的，参照适用本法规定的程序。"

第七十四条　【法人的分支机构】 法人可以依法设立分支机构。法律、行政法规规定分支机构应当登记的，依照其规定。

分支机构以自己的名义从事民事活动，产生的民事责任由法人承担；也可以先以该分支机构管理的财产承担，不足以承担的，由法人承担。

条文解读

法人的分支机构 ➡ 法人的分支机构，是指企业法人投资设立的、有固定经营场所、以自己名义直接对外从事经营活动的、不具有法人资格，其民事责任由其隶属企业法人承担的经济组织，包括企业法人或公司的分厂、分公司、营业部、分理处、储蓄所等机构。法人的分支机构

---

① 参见马士鹏：《汪某卫诉安徽大蔚置业公司股东知情权纠纷案》，载《人民司法·案例》2020年第32期。

是法人的组成部分，其产生的责任，本应由法人承担有限责任，由于法人的分支机构单独登记，又有一定的财产，具有一定的责任能力，因而法人的分支机构自己也能承担一定的责任。相对人可以根据自己的利益，选择法人承担民事责任；或者选择法人的分支机构承担民事责任，法人承担补充责任。

014. 分支机构以自己的名义从事民事活动，产生的民事责任由谁承担？

一方面，法人的分支机构在法人授权范围内依法从事民事活动，其经营管理的财产是法人财产的一部分，分支机构并不具有独立的人格，其人格与设立它的法人的人格是合二为一的。因此，法人的分支机构以自己的名义从事民事活动，产生的民事责任应当由法人承担。这一点应当成为处理这一问题的原则。另一方面，对于一些特殊的分支机构，比如金融机构的分支机构，往往其管理的财产已经能够满足债权人的债权，因而实践中并不需要追加其法人作为共同被告，而且这样做不仅不会损害债权人一方的利益，对于债权人和法人而言均更为便利。考虑到实务中的需要，《民法典》第 74 条第 2 款规定，"也可以先以该分支机构管理的财产承担，不足以承担的，由法人承担"。实际上，分支机构管理的财产本就是法人财产的一部分，以分支机构管理的财产承担民事责任，其实就是以法人的财产承担民事责任，而且，分支机构管理的财产不足以承担的，民事责任还是由法人承担。因此，并未违背"法人的分支机构以自己的名义从事民事活动，产生的民事责任应当由法人承担"的处理原则。

《公司法》第 13 条；《商业银行法》第 19 条、第 22 条；《保险法》第 74 条；《社会团体登记管理条例》第 17 条；《基金会管理条例》第

12 条;《民办非企业单位登记管理暂行条例》第 13 条;《市场主体登记管理条例》第 23 条

第七十五条　【法人设立行为的法律后果】设立人为设立法人从事的民事活动,其法律后果由法人承受;法人未成立的,其法律后果由设立人承受,设立人为二人以上的,享有连带债权,承担连带债务。

设立人为设立法人以自己的名义从事民事活动产生的民事责任,第三人有权选择请求法人或者设立人承担。

第二节　营利法人

第七十六条　【营利法人的定义和类型】以取得利润并分配给股东等出资人为目的成立的法人,为营利法人。

营利法人包括有限责任公司、股份有限公司和其他企业法人等。

条文解读

营利法人 ➲ 营利法人区别于非营利法人的重要特征,不是"取得利润",而是"利润分配给出资人"。是否从事经营活动并获取利润,与法人成立的目的没有直接关系,也不影响到营利法人与非营利法人的分类。例如,基金会法人是非营利法人,但为了维持财产价值或者升值,会将管理的资金用于经营活动。

第七十七条　【营利法人的成立】营利法人经依法登记成立。

条文解读

营利法人取得法人资格只有一种方式,即经过登记程序成立。经过依法登记后,营利法人取得法人资格。

第七十八条 **【营利法人的营业执照】** 依法设立的营利法人，由登记机关发给营利法人营业执照。营业执照签发日期为营利法人的成立日期。

实务应用

015. 股东资格的确定是否以出资为前提条件？

法律规定了未依章程规定出资的股东应当对已足额缴纳出资的股东承担违约责任，而没有否定不出资者享有股东资格，法律规定了股东权利的取得是以是否记载于股东名册为依据，即认为确认股东资格的依据不以出资为前提条件，而是取决于公司章程和股东名册的记载，以及相关部门的注册登记。[①]

关联参见

《公司法》第 33 条；《市场主体登记管理条例》第 21 条

第七十九条 **【营利法人的章程】** 设立营利法人应当依法制定法人章程。

条文解读

设立营利法人必须有法人章程，章程是营利法人设立的法定必备文件之一。《公司法》第 5 条就明确规定，设立公司应当依法制定公司章程。法人章程的内容可以分为绝对必要记载事项和任意记载事项。

绝对必要记载事项是指法律规定在章程中必须具备的内容，不记载这些内容，该章程是无效的，登记机关将不予登记。绝对必要记载

[①] 参见杜月秋，孙政编著：《民法典总则编及司法解释对照解读与实务问答》，中国法制出版社 2022 年版，第 151 页。

事项应根据相关法律规定确定。比如，《公司法》第46条第1款规定了有限责任公司章程应当载明的事项。任意记载事项是指不是由法律明文规定不可缺少的事项，可以规定在章程中，也可以不规定在章程中。

法人章程是法人的行为准则，对法人具有约束力，法人的权力机构、执行机构和监督机构及其成员等也都要受到章程的制约。

第八十条 【营利法人的权力机构】营利法人应当设权力机构。

权力机构行使修改法人章程，选举或者更换执行机构、监督机构成员，以及法人章程规定的其他职权。

条文解读

营利法人的权力机构的职权主要有：

（1）修改法人章程。设立法人应当依法制定法人章程。法人章程是法人依法制定的，规定法人名称、住所、经营范围、经营管理制度等重大事项的基本文件，也是法人必备的规定法人组织和活动基本规则的文件。法人章程由股东等出资人在设立法人时依法制定，由于法人章程对法人的组织和活动有重大意义，修改法人章程的职权只能由法人的权力机构行使。

（2）选举或者更换执行机构、监督机构成员。权力机构有权选举执行机构、监督机构成员。执行机构、监督机构成员受法人权力机构委托或者委任，为法人服务，参与法人日常经营管理活动，取得相应的报酬。对于不适合的执行机构、监督机构成员，权力机构可以予以更换。

（3）法人章程规定的其他职权。营利法人的权力机构享有的职权，除本条第2款规定外，有权行使法人章程规定的其他职权。法人章程可以对权力机构的职权作出具体规定。有的法律对相关法人的权力机构的职权也有具体规定。

第八十一条　【营利法人的执行机构】营利法人应当设执行机构。

执行机构行使召集权力机构会议，决定法人的经营计划和投资方案，决定法人内部管理机构的设置，以及法人章程规定的其他职权。

执行机构为董事会或者执行董事的，董事长、执行董事或者经理按照法人章程的规定担任法定代表人；未设董事会或者执行董事的，法人章程规定的主要负责人为其执行机构和法定代表人。

条文解读

营利法人的执行机构的职权主要有：

（1）召集权力机构会议。执行机构作为营利法人的经营决策机构，对营利法人的权力机构负责，有权召集股东会，并向股东会报告工作，执行股东会的决议。

（2）决定法人的经营计划和投资方案。在权力机构决定了法人的经营计划和投资方案后，执行机构根据权力机构的决定，决定法人的经营计划和投资方案，并组织实施，这是执行机构经营决策权最重要的体现。

（3）决定法人内部管理机构的设置。执行机构决定法人内部管理机构的设置，包括制定基本管理制度，聘任或者解聘重要管理人员并决定其报酬事项，如经理、副经理、财务负责人。本职权是执行机构经营决策权的重要体现，是执行机构执行权力机构决议，实施法人经营计划和投资方案，保障法人良好运行的基础。

（4）法人章程规定的其他职权。营利法人的执行机构享有的职权，除本款规定的外，有权行使法人章程规定的其他职权。有的法律对相关法人的执行机构的职权有具体规定。

第八十二条　【营利法人的监督机构】营利法人设监事会或

者监事等监督机构的，监督机构依法行使检查法人财务，监督执行机构成员、高级管理人员执行法人职务的行为，以及法人章程规定的其他职权。

条文解读

营利法人的监督机构的职权主要有：

（1）检查法人财务。监督机构可以对营利法人的财务状况进行检查，如查阅法人账簿和其他会计资料，核对执行机构提交权力机构的会计报告、营业报告和利润分配方案等会计资料等，发现疑问可以进行复核。

（2）对执行机构成员及高级管理人员执行法人职务的行为进行监督。具体包括：对执行机构和高级管理人员执行法人职务时违反法律、行政法规、法人章程或者权力机构决议的行为进行监督；纠正或者制止执行机构高级管理人员侵害法人利益的行为。当监督机构发现执行机构和高级管理人员有违反法律、行政法规、法人章程或者股东会决议，超越权限行使权利以及其他损害公司利益的行为时，有权要求其停止该行为并予以改正。

（3）法人章程规定的其他职权。

第八十三条 **【出资人滥用权利的责任承担】**营利法人的出资人不得滥用出资人权利损害法人或者其他出资人的利益；滥用出资人权利造成法人或者其他出资人损失的，应当依法承担民事责任。

营利法人的出资人不得滥用法人独立地位和出资人有限责任损害法人债权人的利益；滥用法人独立地位和出资人有限责任，逃避债务，严重损害法人债权人的利益的，应当对法人债务承担连带责任。

滥用出资人权利 ➡ 滥用出资人权利，是指营利法人的出资人为自己的利益或者为第三人谋取利益，利用自己作为出资人的权利，损害法人或者其他出资人利益的行为。构成滥用出资人权利的要件是：（1）行为的主体是营利法人的出资人；（2）营利法人的出资人实施了不正当地利用自己出资人权利的行为；（3）出资人滥用自己权利的目的，是为自己的利益或者为第三人谋取利益，是故意所为；（4）出资人滥用自己权利的行为，给法人或者其他出资人造成损失，滥用权利的行为与损害后果之间具有引起与被引起的因果关系。滥用出资人权利的法律后果是依法承担损害赔偿责任。损害赔偿请求权人，是因此受到损害的法人或者其他出资人。

实务应用

016. 如何判断关联公司人格混同？

关联公司的人员、业务、财务等方面交叉或混同，导致各自财产无法区分，丧失独立人格的，构成人格混同。关联公司人格混同，严重损害债权人利益的，关联公司相互之间对外部债务承担连带责任。[①]

关联参见

《公司法》第 21 条、第 22 条

第八十四条 　**【利用关联关系造成损失的赔偿责任】**营利法人的控股出资人、实际控制人、董事、监事、高级管理人员不得利用其关联关系损害法人的利益；利用关联关系造成法人损失的，应当承担赔偿责任。

---

① 参见最高人民法院指导案例 15 号。

条文解读

关联交易 ➡ 法人的关联交易一般是指具有投资关系或者合同关系的不同主体之间所进行的交易，又称为关联方交易。

根据本条规定，与营利法人有关联关系的五种人不得利用其与营利法人的关联关系损害营利法人的利益，包括：（1）营利法人的控股出资人。比如，出资额占有限责任公司资本总额50%以上或者持有的股份占股份有限公司股本总额50%以上的股东；出资额或者持有股份的比例虽然不足50%，但依其出资额或者持有的股份所享有的表决权已足以对股东会、股东大会的决议产生重大影响的股东。（2）实际控制人。其是指虽然不是营利法人的出资人，但通过投资关系、协议或者其他安排，能够实际支配营利法人行为的人。（3）董事。其是指营利法人权力机构选举出来的董事会成员。（4）监事。其是指营利法人权力机构选举出来的监事会成员。（5）高级管理人员。其是指营利法人的经理、副经理、财务负责人，上市公司董事会秘书以及营利法人章程规定的其他人员。所谓关联关系是指营利法人的控股出资人、实际控制人、董事、监事、高级管理人员与其直接或者间接控制的营利法人之间的关系，以及可能导致营利法人利益转移的其他关系；但是，国家控股的营利法人之间不仅仅因为同受国家控股而具有关联关系。利用关联关系给法人造成损失的，应当就损失承担赔偿责任。

第八十五条 【营利法人出资人对瑕疵决议的撤销权】 营利法人的权力机构、执行机构作出决议的会议召集程序、表决方式违反法律、行政法规、法人章程，或者决议内容违反法人章程的，营利法人的出资人可以请求人民法院撤销该决议。但是，营利法人依据该决议与善意相对人形成的民事法律关系不受影响。

根据本条的规定，可以请求人民法院撤销的营利法人权力机构、执行机构决议分为程序瑕疵和内容瑕疵两类：程序瑕疵是指营利法人权力机构、执行机构作出决议的会议召集程序、表决方式违反法律、行政法规、法人章程；内容瑕疵是指营利法人的权力机构、执行机构决议内容违反法人章程。无论是程序瑕疵还是内容瑕疵，营利法人的任何出资人都可以请求人民法院撤销该决议。

要注意的是，根据本条规定，即使决议被人民法院撤销，但是营利法人依据该决议与善意相对人形成的民事法律关系不受影响。

第八十六条 **【营利法人的社会责任】**营利法人从事经营活动，应当遵守商业道德，维护交易安全，接受政府和社会的监督，承担社会责任。

条文解读

营利法人的社会责任 ➲ 营利法人要承担以下社会责任：

（1）遵守商业道德。商业道德是指从事商业活动应遵循的道德规范。商业道德对法律起着较好的补充作用。营利法人作为一种与社会经济各个方面有广泛联系的实体，应当遵守商业道德，接受相应规范的约束。在法律中作出规定，能够促使营利法人形成良好的经营作风、树立商业信誉、维护社会公众利益和经济秩序。

（2）维护交易安全。维护交易安全是从事经营活动应当遵循的基本准则，对于保护善意的交易相对人利益，建立诚实守信的市场环境，促进社会主义市场经济健康发展具有重要意义。我国民事立法秉持民商合一的传统，为规范商事活动，有必要在法律中明确营利法人应当维护交易安全。

（3）接受政府和社会的监督。营利法人的经营活动是否符合法律，是否符合商业道德规范，由政府和社会来进行监督。通过监督促使营利法人的行为规范化，更有效地维护国家利益、社会公众利益和营利法人自身的合法权益，维护市场秩序，促进营利法人的健康发展。

（4）承担社会责任。营利法人在依法经营、努力实现营利的同时，还应承担一定的社会责任，包括避免造成环境污染和维护职工合法权益等方面的责任。

第三节　非营利法人

第八十七条 　**【非营利法人的定义和范围】**为公益目的或者其他非营利目的成立，不向出资人、设立人或者会员分配所取得利润的法人，为非营利法人。

非营利法人包括事业单位、社会团体、基金会、社会服务机构等。

条文解读

非营利法人 ➡ 非营利法人，是"营利法人"的对称，是指为公益目的或者其他非营利目的成立，不向其成员或者设立人分配利润的法人。非营利法人既包括面向社会大众，以满足不特定多数人的利益为目的的公益法人，如中华慈善总会、中国红十字会、环境保护协会、保护妇女儿童组织、各类基金会等；也包括为其他非营利目的成立的法人，比如为互助互益目的（即既非为公益又非为成员的经济利益，而是为成员的非经济利益）而成立的互益性法人（又称为共益性法人），仅面向成员提供服务，如商会、行业协会、学会、俱乐部等。非营利法人均不得分配利润，这是由其设立目的决定的。非营利法人如果在其存续期间分配利润，则与营利法人难以区分，背离非营利法人的设立目的。尽管非营利法人均不得分配利润，但在法人终止后能否分配剩余财产方面，为公益目的设立的非营利法人与为其他目的设立的非营利法人不同。为其他目的设立的非营利法人可以分配剩余财产，但为公益目的设立的非营利法人不得分配剩余财产。将非营利法人按照为公益目的设立和为其他非营利目的设立进行区分，有助于国家针对不同性质的非营利法人，制定不同的法律规范和政策措施，更好地促进各类非营利法人的发展。

第八十八条 　【事业单位法人资格的取得】具备法人条件，为适应经济社会发展需要，提供公益服务设立的事业单位，经依法登记成立，取得事业单位法人资格；依法不需要办理法人登记的，从成立之日起，具有事业单位法人资格。

第八十九条 　【事业单位法人的组织机构】事业单位法人设理事会的，除法律另有规定外，理事会为其决策机构。事业单位法人的法定代表人依照法律、行政法规或者法人章程的规定产生。

第九十条 　【社会团体法人资格的取得】具备法人条件，基于会员共同意愿，为公益目的或者会员共同利益等非营利目的设立的社会团体，经依法登记成立，取得社会团体法人资格；依法不需要办理法人登记的，从成立之日起，具有社会团体法人资格。

第九十一条 　【社会团体法人章程和组织机构】设立社会团体法人应当依法制定法人章程。

社会团体法人应当设会员大会或者会员代表大会等权力机构。

社会团体法人应当设理事会等执行机构。理事长或者会长等负责人按照法人章程的规定担任法定代表人。

第九十二条 　【捐助法人】具备法人条件，为公益目的以捐助财产设立的基金会、社会服务机构等，经依法登记成立，取得捐助法人资格。

依法设立的宗教活动场所，具备法人条件的，可以申请法人登记，取得捐助法人资格。法律、行政法规对宗教活动场所有规定的，依照其规定。

捐助法人 ➡ 捐助法人，是指由自然人或者法人、非法人组织为实现公益目的，自愿捐助一定资金为基础而成立，以对捐助资金进行专门管理为目的的非营利法人。捐助法人的特点是：（1）捐助法人是财产集合体，是以财产的集合为基础成立的法人；（2）捐助法人没有成员或者会员，不存在通常的社会团体法人由会员大会组成的权力机构，只设立理事会和监事会；（3）捐助法人具有非营利性，活动宗旨是通过资金资助促进科学研究、文化教育、社会福利和其他公益事业的发展，不具有营利性，为公益法人。

捐助法人的类型是：（1）基金会，是利用自然人、法人或者非法人组织捐赠的财产，以从事公益事业为目的，按照《基金会管理条例》成立的非营利法人。（2）社会服务机构，是由社会公益性资金或政府财政拨款举办的以公益为目的，运用专业技能在某些专业领域提供社会服务的机构。（3）宗教捐助法人。宗教捐助法人也是捐助法人，由于具有特殊性，本条第2款专门规定宗教捐助法人。

宗教捐助法人是依法设立，具有法人条件的宗教活动场所，经过登记成立的捐助法人。其特点是：（1）是依法设立的宗教活动场所，包括寺院、道观、教会等；（2）应当具备法人条件，有自己的名称、组织机构、住所、财产和经费；（3）依照宗教活动场所的意愿，可以申请登记成立捐助法人，也可以不申请登记成立捐助法人，愿意登记为宗教捐助法人的须经过登记，登记后取得宗教捐助法人资格，成为民事主体，享有民事权利能力和民事行为能力，能够自己承担民事责任。

《宗教事务条例》第7条、第19条；《基金会管理条例》第2条、第6条第1款

第九十三条　【捐助法人章程和组织机构】设立捐助法人应当依法制定法人章程。

捐助法人应当设理事会、民主管理组织等决策机构，并设执行机构。理事长等负责人按照法人章程的规定担任法定代表人。

捐助法人应当设监事会等监督机构。

第九十四条　【捐助人的权利】捐助人有权向捐助法人查询捐助财产的使用、管理情况，并提出意见和建议，捐助法人应当及时、如实答复。

捐助法人的决策机构、执行机构或者法定代表人作出决定的程序违反法律、行政法规、法人章程，或者决定内容违反法人章程的，捐助人等利害关系人或者主管机关可以请求人民法院撤销该决定。但是，捐助法人依据该决定与善意相对人形成的民事法律关系不受影响。

条文解读

捐助法人的权利 ➡ 捐助法人的财产，由捐助人提供，因而捐助人尽管不从捐助法人的活动中获得利益，但是对于捐助法人享有部分权利。捐助人对捐助法人享有的权利是：（1）查询捐助财产使用、管理情况。捐助法人对此负有义务，应当及时、如实答复。（2）对捐助法人使用和管理捐助财产有权提出意见和建议，便于改进工作，使捐助财产发挥更好的公益效益。（3）对于捐助法人错误的决定有权向人民法院主张撤销。捐助法人的决策机构、执行机构或者其法定代表人作出的决定违反了捐助法人章程的规定，不符合捐助人捐助财产设置捐助法人的意愿，捐助人享有向人民法院请求予以撤销的权利，查证属实的，人民法院应当予以撤销。与捐助法人有关的利害关系人或者捐助法人的主管机关，对此也享有撤销权，可以请求人民法院予以撤销。

基于维护交易安全的考虑，相关决定被人民法院撤销后，捐助法人依据该决定与善意相对人形成的民事法律关系不受影响。这并不意味着撤销权的行使没有效果。如果决定存在瑕疵并被人民法院撤销，造成损失的，可要求有过错的决策机构成员、执行机构成员或者法定代表人赔偿。这方面的立法精神在《基金会管理条例》中已有体现。《基金会管理条例》第43条第1款规定："基金会理事会违反本条例和章程规定决策不当，致使基金会遭受财产损失的，参与决策的理事应当承担相应的赔偿责任。"当然，如果表决时投了反对票，则该投反对票者不应当承担赔偿责任。

第九十五条　【公益性非营利法人剩余财产的处理】 为公益目的成立的非营利法人终止时，不得向出资人、设立人或者会员分配剩余财产。剩余财产应当按照法人章程的规定或者权力机构的决议用于公益目的；无法按照法人章程的规定或者权力机构的决议处理的，由主管机关主持转给宗旨相同或者相近的法人，并向社会公告。

条文解读

非营利法人终止时，能否向出资人、设立人或者会员等分配剩余财产，是区别为公益目的成立的非营利法人和其他非营利法人的主要标准。

为公益目的成立的非营利法人终止时，不得向出资人、设立人或者会员分配剩余财产。

关联参见

《慈善法》第18条第3款；《民办教育促进法》第46条、第47条、第51条、第59条第2款；《基金会管理条例》第10条、第33条；《宗教事务条例》第60条

第四节　特别法人

第九十六条　【特别法人的类型】 本节规定的机关法人、农村集体经济组织法人、城镇农村的合作经济组织法人、基层群众性自治组织法人，为特别法人。

特别法人 ➔ 特别法人，是指我国现实生活中存在的，既不属于营利法人，也不属于非营利法人，具有民事权利能力和民事行为能力，依法独立享有民事权利和承担民事义务的组织。其特点是：

第一，特别法人既不属于营利法人，也不属于非营利法人。特别法人是为公益目的或者其他非营利目的而成立的，但又不具有出资人和设立人，而是依据国家法律或者政府的命令而设立的法人。

第二，特别法人具有法人的组织形式。特别法人有自己的名称、组织机构、住所，有一定的财产或者经费，也有其法定代表人，并且依照法律的规定而设立，具备法人的所有组织形式，是一个具有法人资格的组织体。

第三，特别法人具有民事权利能力和民事行为能力，能够以自己的财产或者经费承担民事责任。

第四，法律只规定了四类特别法人：（1）机关法人。机关的设立依据是宪法及其相关法律和行政决定，其设立目的是履行公共管理职能，这决定了机关法人与其他法人组织存在较大差别。其他国家和地区一般都将机关法人与其他法人作区分，单独规定。（2）农村集体经济组织法人。农村集体经济组织具有鲜明的中国特色。农村集体经济组织依法代表农民集体行使农村集体土地所有权，在遵守有关法律的前提下，有独立进行经济活动的自主权。（3）基层群众性自治组织法人。村民委员会、居民委员会基层群众性自治组织在设立、变更和终止，行使职能和责任承担上也都有其特殊性，有必要将其作为特别法人。此外，在没有农村集体经济组织的村，村民委员会还可以代行农村集体经济组织的职能。（4）合作经济组织法人。这类组织的特点是对内具有共益性或者互益性，对外又可以从事经营活动。对上述法人，单独设立一种法人类别，有利于其更好地参与民事生活，也有利于保护其成员和与其进行民事活动的相对人的合法权益。

第九十七条 　【机关法人】有独立经费的机关和承担行政职能的法定机构从成立之日起，具有机关法人资格，可以从事为履行职能所需要的民事活动。

条文解读

机关法人 ⊘ 机关法人是指依照法律法规和行政决定组建，享有公权力的，以从事国家公共管理活动为主的组织。这些组织代表国家从事公共管理职能，其在从事民事活动的时候，就具有机关法人的地位。之所以要赋予这些机关组织法人地位，是因为这些组织为了履行公共管理职能的需要，必须从事一些民事活动。

机关法人的特点如下：

一是机关法人是依据法律法规和行政决定而成立的。这是机关法人与营利法人和非营利法人的一个重大区别，大多数营利法人和非营利法人都是设立人、出资人等自愿成立，不是依据法律法规和行政决定而成立的。

二是机关法人自成立时就具有法人资格。正如前所述，机关法人是依据法律法规和行政决定而成立的，不需要经过登记程序，从成立之日起就具有机关法人资格。所以，本条规定，有独立经费的机关和承担行政职能的法定机构从成立之日起，具有机关法人资格，可以从事为履行职能所需要的民事活动。不需要登记就成立是机关法人与营利法人和非营利法人的另一个重大区别。根据《民法典》的规定，营利法人经依法登记成立，大多数非营利法人也需要依法登记成立。

三是机关法人是享有公权力的各类国家组织。机关法人依法享有国家赋予的公共管理职能，代表国家从事立法、行政、司法等事务和活动。这些活动直接体现国家意志，所形成的利益也归于国家。机关法人在从事这类活动时，与各类社会组织和自然人往往处于领导与被领导、监管与被监管的关系，但需要注意的是，机关法人在行使公权力时并不是以平等民事主体的身份出现的。其只有在从事民事活动时才以法人的名义出现，如代表机关购买办公用品、建设办公楼等，这时其才与其他民事主体处于平等地位。也正因为机关法人是以履行公共管理职能为目的，所以不得以营利为目的从事任何活动，也没有自己的经济利益，它们代表国家从事公共管理活动，由此形成的利益也归属于国家。也正因如此，机关法人以法人名义从事必要的民事活动时所形成的债务，应当由机关法人以其通过财政预算拨款所获得的经费承担责任。

四是机关法人从事民事活动时，其民事行为能力受到严格的限制。之所以要严格限制，是因为机关法人成立的主要目的是从事公共管理职能，若其在从事公共管理职能时，广泛从事经营性活动，不但与其从事的职能不相符合，而且会导致对权力的滥用，与民争利，破坏公平的市场竞争环境。因此机关法人只能从事一些维持自己管理活动所必要的民事活动，如购买办公用品、建筑房屋、签订劳动合同等。在现实生活中确有一些机关法人在从事一些经营性活动，如开酒店等，但这些行为与法律的规定是不相符的，也不是《民法典》规定机关法人的目的。虽然根据政府采购法等有关法律、行政法规的规定，政府在一些特殊情况下可以进行政府采购行为和政府担保行为，但这些行为都是为了国家利益和社会公共利益，而不是为了谋取自身利益。也正因如此，本条特别强调，机关法人可以从事为履行职能所需要的民事活动。

五是机关法人的财产来源于国家和地方财政拨款。机关法人虽没有自己独立经营的财产，但是有独立的经费。这些独立的经费不是来源于社会投资，也不是国家投资，而是根据其工作需要，由国家和地方财政拨款形成的。因此，其最终责任承担也来源于国家财政经费。关于机关法人的范围，《民法典》规定了两类：一是有独立经费的机关；二是有独立经费的承担行政职能的法定机构。

第九十八条 【机关法人的终止】机关法人被撤销的，法人终止，其民事权利和义务由继任的机关法人享有和承担；没有继任的机关法人的，由作出撤销决定的机关法人享有和承担。

第九十九条 【农村集体经济组织法人】农村集体经济组织依法取得法人资格。

法律、行政法规对农村集体经济组织有规定的，依照其规定。

第一百条 【合作经济组织法人】城镇农村的合作经济组织依法取得法人资格。

法律、行政法规对城镇农村的合作经济组织有规定的，依照其规定。

第一百零一条 【基层群众性自治组织法人】居民委员会、村民委员会具有基层群众性自治组织法人资格，可以从事为履行职能所需要的民事活动。

未设立村集体经济组织的，村民委员会可以依法代行村集体经济组织的职能。

第四章 非法人组织

第一百零二条 【非法人组织的定义】非法人组织是不具有法人资格，但是能够依法以自己的名义从事民事活动的组织。

非法人组织包括个人独资企业、合伙企业、不具有法人资格的专业服务机构等。

条文解读

非法人组织 ➡ 非法人组织是无法人资格而能以自己名义从事民事活动的组织。

非法人组织的特征有：（1）虽然不具有法人资格，但能够依法以自己的名义从事民事活动。这类组织没有法人资格，不能独立承担民事责任，是介于自然人和法人之间的一种社会组织。但该类组织具有民事权利能力和民事行为能力，能够以自己的名义从事民事活动。（2）依法成立。非法人组织在设立程序上须履行法定的登记手续，经有关机关核准登记，这是非法人组织的合法性要件。只有依法成立，才具有民事权利能力和民事行为能力。(3) 有一定的组织机构。即拥有符合法律规定的名称、固定的从事生产经营等业务活动的场所，以及相应的组织管理机构和负责人，使之能够以该组织的名义对外从事相应的民事活动。(4) 有一定的财产或经费。虽然非法人组织不能独立承担民事责任，也不要求其有独立的财产，但由于它是经依法登记的组织，可以以自己的名义对外从事民事活动，享受民事权利、承担民事义务，因此它应该有与其经营活动和经营规模相适应的财产或者经费，作为其参与民事活动，享受民事权利、承担民事义务的物质基础和财产保证。应当指出的是，非法人组织的财产或经费，与法人的财产或者经费不同，即它不是独立的，是其所属法人或公民财产的组成部分，归该法人或公民所有。(5) 不具有独立承担民事责任的能力。由于非法人组织没有独立的财产或经费，因而它不具有独立承担民事责任的能力。该类组织与法人的最大区别，就是不能独立承担民事责任，当其因对外进行民事活动而需要承担民事责任时，如其自身所拥有的财产能够承担责任，则由其自身承担；如其自身所拥有的财产不足以承担责任，则由其出资人或设立人承担连带责任。

关联参见

《个人独资企业法》第 2 条；《合伙企业法》第 2 条；《律师法》第 15 条第 2 款；《注册会计师法》第 23 条

第一百零三条 【非法人组织的设立程序】 非法人组织应当依照法律的规定登记。

设立非法人组织，法律、行政法规规定须经有关机关批准的，依照其规定。

第一百零四条 【非法人组织的债务承担】 非法人组织的财产不足以清偿债务的，其出资人或者设立人承担无限责任。法律另有规定的，依照其规定。

第一百零五条　【非法人组织的代表人】非法人组织可以确定一人或者数人代表该组织从事民事活动。

第一百零六条　【非法人组织的解散】有下列情形之一的，非法人组织解散：

（一）章程规定的存续期间届满或者章程规定的其他解散事由出现；

（二）出资人或者设立人决定解散；

（三）法律规定的其他情形。

条文解读

本条规定，非法人组织解散的事由包括：一是非法人组织章程规定的存续期间届满。在非法人组织设立时，如果设立人或出资人在章程中明确规定了存续期间，存续期间届满后，设立人或出资人没有使非法人组织继续存续的意愿的，非法人组织就应当解散。二是非法人组织章程规定的其他解散事由出现。非法人组织作为出资人或设立人合意而形成的组织体，其出资人或设立人根据意思自治原则，完全可以在设立非法人组织时，在章程中约定出现特定事由，非法人组织将解散。一旦发生约定的解散事由，非法人组织则应解散。三是出资人或者设立人决定解散。非法人组织在存续期间，如果出资人或设立人发现设立非法人组织的目的已经实现或者无法实现，或者基于其他事由而不愿意让非法人组织继续存续，完全可以按照自己的意愿作出解散非法人组织的决定。四是法律规定的其他解散事由。

第一百零七条　【非法人组织的清算】非法人组织解散的，应当依法进行清算。

第一百零八条　【非法人组织的参照适用规定】非法人组织除适用本章规定外，参照适用本编第三章第一节的有关规定。

第五章　民事权利

第一百零九条　【一般人格权】自然人的人身自由、人格尊严受法律保护。

第一百一十条　【民事主体的人格权】自然人享有生命权、身体权、健康权、姓名权、肖像权、名誉权、荣誉权、隐私权、婚姻自主权等权利。

法人、非法人组织享有名称权、名誉权和荣誉权。

条文解读

人格权是存在于民事主体人格上的权利，是民事主体对其特定的人格利益享有的权利。

1. 自然人的人格权

本条第 1 款是对自然人人格权的规定。依据本款规定，自然人主要享有以下人格权：

（1）生命权。生命权是指以自然人的生命安全利益为内容的权利，它以生命安全和生命维持为客体，以维护人的生命活动延续为基本内容。生命权是自然人享有的最基本的人格权。

（2）身体权。身体权是指自然人保持其身体组织完整并支配其肢体、器官和其他身体组织的权利。作为生命的载体，自然人的身体受法律保护，任何人不得非法侵害。身体包括头颈、躯干、器官、四肢及毛发、指甲等。身体权与生命权、健康权密切相关，侵害自然人的身体往往导致对自然人健康的损害，甚至剥夺自然人的生命。但生命权、健康权和身体权所保护的自然人的具体人格利益有区别，生命权以保护自然人生命的延续为内容，健康权以保护身体各组织及整体功能正常为内容，身体权以保护身体组织的完整及对身体组织的支配为内容。当他人侵害自然人的身体已经达到使自然人的组织和功能不正常时，侵害的是自然人的健康权，而非身体权。当他人侵害自然人的身体，但未侵害自然人的组织和功能正常时，侵害的仅是自然人的身体权，而非健康权。如甲未经乙同意突然将乙的长头发剪断，此时乙的身体组织和功能正常并未受到侵害，但甲侵害了乙对自己身体组织完整及对身体组织的支配，侵害了乙的身体权。

（3）健康权。健康权是指自然人维护其机体生理机能正常运作和功能完善发挥为内容的权利。

（4）姓名权。姓名权是指自然人决定、使用和依照规定改变自己姓名的权利。《民法典》第 1014 条规定，任何组织或者个人不得以干涉、盗用、假冒等方式侵害他人的姓名权或者名称权。

（5）肖像权。肖像权是指自然人对在自己的肖像上体现的精神利益和物质利益所享有的权利。

（6）名誉权。名誉权是指自然人就其自身属性和价值所获得的社会评价，享有的保有和维护的权利。

（7）荣誉权。荣誉权是指自然人对其获得的荣誉及其利益所享有的保持、支配的权利。

（8）隐私权。隐私权是指自然人享有的私人生活安宁与私人生活信息依法受到保护，不受他人侵扰、知悉、使用、披露和公开的权利。隐私权有以下特点：一是隐私权的内容具有隐秘性，权利人不愿公开或者不希望他人非法干涉。二是隐私权的内容具有真实性，是客观存在的事实。这就把侵犯名誉权的行为和侵犯隐私权的行为区别开来。在隐私权侵权案件中，加害人不能因其所公开的事实为真而免责。捏造歪曲事实，损害他人形象属于侵犯名誉权。散布当事人不愿公开的属实情况，则属于侵犯隐私权。三是隐私权与其他民事权利一样，其保护要受公共利益的限制。主张隐私权不能违反法律的强制性规定，不能违背社会的公序良俗，不得损害他人的利益。

（9）婚姻自主权。婚姻自主权是指自然人享有的结婚、离婚自由，不受他人干涉的权利。《民法典》第 1042 条第 1 款规定，禁止包办、买卖婚姻和其他干涉婚姻自由的行为。禁止借婚姻索取财物。

2. 法人、非法人组织的人格权

本条第 2 款是对法人、非法人组织人格权的规定。依据本款规定，法人、非法人组织主要享有以下人格权：

（1）名称权。《民法典》第 1013 条规定，法人、非法人组织享有名称权，有权依法决定、使用、变更、转让或者许可他人使用自己的名称。第 1014 条规定，任何组织或者个人不得以干涉、盗用、假冒等方式侵害他人的姓名权或者名称权。

（2）名誉权。名誉权是指法人、非法人组织就其自身属性和价值所获得的社会评价，享有的保有和维护的权利。

（3）荣誉权。荣誉权是指法人、非法人组织对其获得的荣誉及其利益所享有的保持、支配的权利。

案例指引

005. 在网站上发布诋毁同行的不实信息，是否侵犯了企业的名誉权？①

原告安徽某医疗科技公司与被告安徽某健康科技公司均生产防护口罩。2021 年 7 月，安徽某健康科技公司向安徽省商务厅投诉称，安徽某医疗科技公司盗取其公司防护口罩的产品图片等宣传资料，并冒用其公司名义在国际电商平台上公开销售产品。随后，安徽某医疗科技公司收到安徽省商务厅的约谈通知。与此同时，该公司不断接到客户电话反映称，安徽某健康科技公司在公司官网、微信公众号上发布指责其盗用防护口罩名称、包装的文章，被各大网络平台转载。经查，涉案国际电商平台设立在东南亚某国，安徽某医疗科技公司从未在该平台上注册企业用户信息，也不是该平台的卖家商户，虽然平台上确有安徽某健康科技公司防护口罩的产品信息，但网页配图中安徽某医疗科技公司的厂房和

① 参见《人民法院贯彻实施民法典典型案例（第二批）》（2023 年 1 月 12 日发布），安徽某医疗科技公司诉安徽某健康科技公司名誉权纠纷案，载最高人民法院网 https://www.court.gov.cn/zixun/xiangqing/386521.html，最后访问日期：2024 年 4 月 1 日。

车间图片系被盗用和嫁接。为了维护自身合法权益，安徽某医疗科技公司诉至法院，请求判令安徽某健康科技公司立即停止侵犯名誉权行为并赔礼道歉。安徽某健康科技公司提起反诉，要求安徽某医疗科技公司立即停止在国际电商平台销售和宣传侵权产品，并赔礼道歉。

生效裁判认为，涉案国际电商平台上涉及两家公司的商品信息均为网站用户在其个人终端上自主上传，安徽某医疗科技公司没有在该平台上注册过企业用户信息，不具备在该电商平台上销售产品的前提条件，网页配图系被他人盗用。安徽某健康科技公司发现平台用户存在侵权行为后，应当第一时间向该电商平台要求采取删除、屏蔽、断开链接等必要措施，并查清实际侵权人。但安徽某健康科技公司未核实信息来源，仅凭配发的安徽某医疗科技公司图片即向有关部门投诉。在投诉尚无结论时，安徽某健康科技公司即在公司官网及微信公众号发布不实言论，主观认定安徽某医疗科技公司假冒、仿冒其公司产品，文章和声明被各大网络平台大量转载和传播，足以引导阅读者对安徽某医疗科技公司产生误解，致使公司的商业信誉降低，社会评价下降。安徽某健康科技公司的行为严重侵犯安徽某医疗科技公司的企业名誉，构成侵权，应当承担相应的民事责任。据此，依法判决安徽某健康科技公司停止侵害、删除发布在网站上的不实信息并登报赔礼道歉，驳回安徽某健康科技公司的反诉。

党的二十大报告强调要优化民营企业发展环境，依法保护民营企业产权和企业家权益，促进民营经济发展壮大。企业名誉是企业赖以生存和发展的重要基础，依法保护企业名誉权是构建法治化营商环境的应有之义。《民法典》第 110 条确认了法人、非法人组织享有名誉权，第1024 条规定任何组织和个人不得以侮辱、诽谤等方式侵害他人名誉权。本案中，安徽某健康科技公司未经核实，采取投诉、公开发布指责声明的方式，侵犯同行业安徽某医疗科技公司名誉，致使其商业信誉降低，构成侵犯企业名誉权。人民法院依法判决安徽某健康科技公司停止侵害、删除发布在网站上的不实信息并登报赔礼道歉，既保护了被侵权企业的合法权益，也有利于维护市场竞争秩序，促进行业在良性竞争中发展。

第一百一十一条 【个人信息受法律保护】自然人的个人信息受法律保护。任何组织或者个人需要获取他人个人信息的，应当依法取得并确保信息安全，不得非法收集、使用、加工、传输他人个人信息，不得非法买卖、提供或者公开他人个人信息。

条文解读

个人信息 ➡ 个人信息权利是公民在现代信息社会享有的重要权利，承载着信息主体的人格利益，也与信息主体的其他人身、财产利益密切相关。因此，明确对个人信息的保护，对于保护公民的人格尊严、人格自由，使公民免受非法侵扰，维护正常的社会秩序具有现实意义。《个人信息保护法》第4条第1款规定，个人信息是以电子或者其他方式记录的与已识别或者可识别的自然人有关的各种信息，不包括匿名化处理后的信息。

关联参见

《个人信息保护法》第4条、第10条；《消费者权益保护法》第14条、第29条、第50条；《网络安全法》第42条、第76条；《商业银行法》第29条；《居民身份证法》第19条；《刑法》第253条之一；《最高人民法院、最高人民检察院关于办理侵犯公民个人信息刑事案件适用法律若干问题的解释》

第一百一十二条 【婚姻家庭关系等产生的人身权利】自然人因婚姻家庭关系等产生的人身权利受法律保护。

实务应用

017. 自然人因婚姻、家庭关系等产生的人身权利主要包括哪些内容？

（1）自然人因婚姻关系产生的人身权利。男女双方通过结婚形成婚姻关系，夫妻之间因为婚姻关系产生一些人身权利，如夫妻双方的扶养权利和义务。《民法典》第 1059 条规定，夫妻有相互扶养的义务。需要扶养的一方，在另一方不履行扶养义务时，有要求其给付扶养费的权利。

（2）自然人因家庭关系产生的人身权利。自然人因家庭关系产生一些人身权利。如父母对子女的亲权和履行监护职责产生的权利。《民法典》第 26 条规定，父母对未成年子女负有抚养、教育和保护的义务。成年子女对父母负有赡养、扶助和保护的义务。第 27 条第 1 款规定，父母是未成年子女的监护人。第 34 条第 2 款规定，监护人依法履行监护职责产生的权利，受法律保护。第 1058 条规定，夫妻双方平等享有对未成年子女抚养、教育和保护的权利，共同承担对未成年子女抚养、教育和保护的义务。第 1067 条规定，父母不履行抚养义务的，未成年子女或者不能独立生活的成年子女，有要求父母给付抚养费的权利。成年子女不履行赡养义务的，缺乏劳动能力或者生活困难的父母，有要求成年子女给付赡养费的权利。

第一百一十三条　【财产权受法律平等保护】 民事主体的财产权利受法律平等保护。

条文解读

财产权利平等保护原则，是指不同的民事主体对其所享有的财产权利，享有平等地位，适用规则平等和法律保护平等的民法原则。其内容是：（1）财产权利的地位一律平等，最主要的含义是强调自然人和其他权利人的财产权利受到平等保护。（2）适用规则的平等，对于财产权利的取得、设定、移转和消灭，都适用共同规则，体现法律规则适用的平等性。（3）保护的平等，在财产权利出现争议时，平等保护所有受到侵害的财产权利，不受任何歧视。

财产权利的内容是：（1）物权；（2）债权；（3）知识产权；（4）继承权；（5）股权和其他投资性权利；（6）其他财产权利与利益。

第一百一十四条　【物权的定义及类型】民事主体依法享有物权。

物权是权利人依法对特定的物享有直接支配和排他的权利，包括所有权、用益物权和担保物权。

条文解读

物权 ➡ 物权，是对物的权利。物权是一种财产权，财产权主要有物权、债权、继承权和知识产权中的财产权。财产可分为有形财产和无形财产，物权是对有形财产的权利。

这种权利是权利人在法律规定的范围内对特定的物享有的直接支配和排他的权利。由于物权是直接支配物的权利，因而物权又被称为"绝对权"；物权的权利人享有物权，任何其他人都不得非法干预，物权的权利人以外的任何人都是物权的义务人，因此物权又被称为"对世权"。

物权的权利人对物享有直接支配的权利，是物权的主要特征之一。各种物权均以直接支配物作为其基本内容。"直接"即权利人实现其权利不必借助于他人，在法律规定的范围内，完全可以按照自己的意愿行使权利。"支配"有安排、利用的意思，包括占有、使用、收益和处分的权能总和。"直接支配"指的是对于物不需要他人的协助、配合，权利人就能对物自主利用。对所有权来说，权利人可以按照自己的意愿行使占有、使用、收益和处分的权利。直接支配还有排除他人干涉的含义，其他人负有不妨碍、不干涉物权人行使权利的义务。物权的排他性是指一物之上不能有相互冲突的物权，比如所有权，一物之上只能有一个所有权，此物是我的就不是你的（建筑物区分所有权等是特例）；即使一物之上可以设定若干个抵押权，但由于是按照抵押权设定的先后顺序优先受偿，其间也不存在冲突。

所有权 ➡ 所有权是指权利人依法对自己的不动产和动产享有全面支配的权利。所有权具有四项权能，即占有、使用、收益和处分。"占有"是对于财产的实际管领或控制，拥有一个物的一般前提就是占有，这是财产所有者直接行使所有权的表现。"使用"是权利主体对财产的运用，发挥财产的使用价值。拥有物的目的一般是使用。"收益"是通过财产的占有、使用等方式取得的经济效益。使用物并获益是拥有物的目的之一。"处分"是指财产所有人对其财产在事实上和法律上的最终处置。

用益物权 ➡ 用益物权是权利人对他人所有的不动产或者动产，依法享有占有、使用和收益的权利。《民法典》中规定了土地承包经营权、建设用地使用权、宅基地使用权、居住权和地役权这几种用益物权。用益物权是以对他人所有的不动产或者动产为使用、收益的目的而设立的，因而被称作"用益"物权。用益物权制度是物权法律制度中一项非常重要的制度，与所有权制度、担保物权制度一同构成了物权制度的完整体系。

担保物权 ➡ 担保物权是为了确保债务履行而设立的物权，当债务人不履行债务时，债权人就担保财产依法享有优先受偿的权利。担保物权对保证债权实现、维护交易秩序、促进资金融通，具有重要作用。担保物权包括抵押权、质权和留置权。

第一百一十五条　【物权的客体】物包括不动产和动产。法律规定权利作为物权客体的，依照其规定。

条文解读

物权的客体 ➡ 法律上所指的物，主要是不动产和动产。"不动产"是不可移动的物，比如土地以及房屋、林木等土地附着物。"动产"是不动产以外的可移动的物，比如机动车、电视机等。物权法上的物指有体物或者有形物，有体物或者有形物是物理上的物，包括固体、液体、气体，也包括电等没有形状的物。所谓有体物或者有形物主要是与精神产品相对而言的，著作、商标、专利等是精神产品，是无体物或者无形物，精神产品通常不是物权制度规范的对象。同时，并非所有的有体物或者有形物都是物权制度规范的对象，能够作为物权制度规范对象的还必须是人力所能控制、有利用价值的物。随着科学技术的发展，一些原来无法控制且无法利用的物也可以控制和利用了，也就纳入了物权制度的调整范围，物权制度规范的物的范围也在不断扩大。

精神产品不属于物权制度的调整范围，但是在有些情况下，财产权利可以作为担保物权的标的，比如可以转让的注册商标专用权、专利权、著作权等知识产权中的财产权，可以出质作为担保物权的标的，形成权利质权，由此权利也成为物权的客体。因此，本条规定，法律规定权利作为物权客体的，依照其规定。

第一百一十六条　【物权法定原则】物权的种类和内容，由法律规定。

第一百一十七条　【征收与征用】为了公共利益的需要，依照法律规定的权限和程序征收、征用不动产或者动产的，应当给予公平、合理的补偿。

条文解读

征收与征用 ➡ 征收是国家以行政权取得集体、单位和个人的财产所有权的行为。征收的主体是国家，通常是政府以行政命令的方式从集体、单位和个人手中取得土地、房屋等财产。在物权法上，征收是物权变动的一种特殊的情形，涉及所有权人的所有权丧失。征用是国家为了抢险、救灾等公共利益需要，在紧急情况下强制性地使用单位、个人的不动产或者动产。征用的目的旨在获得使用权，征用不导致所有权移转，被征用的不动产或者动产使用后，应当返还被征用人。征收、征用属于政府行使行政权，属于行政关系，不属于民事关系，但由于征收、征用是对所有权或者使用权的限制，同时又是国家取得所有权或者使用权的一种方式，因此民法通常从这一民事角度对此作原则规定。

需要说明的是，征收和征用是两个不同的法律概念。征收是指为了公共利益需要，国家将他人所有的财产强制地征归国有；征用是指为了公共利益需要而强制性地使用他人的财产。征收和征用共同之处在于，都是为了公共利益需要，都要经过法定程序，并都要给予补偿。不同之处在于，征收主要是所有权的改变，征用只是使用权的改变。征收是国家从被征收人手中直接取得所有权，其结果是所有权发生了移转；征用则主要是在紧急情况下对他人财产的强制使用，一旦紧急情况结束，被征用的财产应返还原权利人。

第一百一十八条　【债权的定义】 民事主体依法享有债权。

债权是因合同、侵权行为、无因管理、不当得利以及法律的其他规定，权利人请求特定义务人为或者不为一定行为的权利。

条文解读

债 ▶ 债是因合同、侵权行为、无因管理、不当得利以及法律的其他规定，在特定当事人之间发生的权利义务关系。首先，债是一种民事法律关系，是民事主体之间以权利义务为内容的法律关系。其次，债是特定当事人之间的法律关系。债的主体各方均为特定当事人。再次，债是特定当事人之间得请求为或者不为一定行为的法律关系。享有权利的人是债权人，负有义务的人是债务人。债是以请求权为特征的法律关系，债权人行使债权，只能通过请求债务人为或者不为一定行为得以实现。最后，债是因合同、侵权行为、无因管理、不当得利以及法律的其他规定而发生的法律关系。

合同 ▶ 合同是民事主体之间设立、变更、终止民事法律关系的协议。合同依法成立后，即在当事人之间产生债权债务关系。基于合同所产生的债为合同之债。债权人有权按照合同约定，请求合同义务人履行合同义务。合同之债是民事主体为自己利益依自己意思自行设定的，合同之债属于意定之债。

侵权行为 ➡ 侵权行为，是指侵害他人民事权益的行为。《民法典》第 3 条规定，民事主体的人身权利、财产权利以及其他合法权益受法律保护，任何组织或者个人不得侵犯。在民事活动中，民事主体的合法权益受法律保护，任何人都负有不得侵害的义务。行为人侵害他人人身权利、财产权利以及其他合法权益的，应依法承担民事责任。民事权益受到侵害的，被侵权人有权请求侵权人承担侵权责任。因侵权行为，侵权人与被侵权人之间形成债权债务关系。侵权行为之债不是侵权人所愿意发生的法律后果，法律确认侵权行为之债的目的在于通过债权和民事责任使侵权行为人承担其不法行为所造成的不利后果，给被侵权人以救济，从而保护民事主体的合法民事权益。

无因管理 ➡ 无因管理，是指没有法定的或者约定的义务，为避免他人利益受损失进行管理的行为。无因管理行为虽为干预他人事务，但却以避免他人利益受损失为目的，有利于社会的互助行为。法律为鼓励这一行为赋予管理人请求受益人偿还因管理行为支出的必要费用的权利。因无因管理产生的债称为无因管理之债。无因管理之债并不是基于当事人的意愿设定的，而是根据法律的规定，为法定之债。

不当得利 ➡ 不当得利，是指没有法律根据，取得不当利益，造成他人损失的情形。在社会生活中，任何民事主体不得没有法律根据，取得利益而致他人损害，因此，法律规定受损失的人有权请求取得不当得利的人返还不当利益。不当得利为债的发生原因，基于不当得利而产生的债称为不当得利之债。不当得利之债既不同于合同之债，也不同于无因管理之债。不当得利不是当事人双方间的合意，并非当事人寻求的法律目的，也不以当事人的意志为转移，而是法律为纠正不当得利，直接赋予当事人的权利义务，也是法定之债。

第一百一十九条 【合同之债】依法成立的合同，对当事人具有法律约束力。

合同之债 ➜ 合同是双方或多方的民事法律行为，只有各方的意思表示一致才能成立。合同之债是当事人在平等基础上自愿设定的，订不订合同、与谁订合同、合同的内容如何等，由当事人自愿约定。但是，合同依法成立以后，对当事人就具有法律约束力。所谓法律约束力，是指当事人应当按照合同的约定履行自己的义务，非依法律规定或者取得对方同意，不得擅自变更或者解除合同。如果不履行合同义务或者履行合同义务不符合约定，应当承担违约责任。只有依法成立的合同才能产生合同之债。

第一百二十条　【侵权之债】民事权益受到侵害的，被侵权人有权请求侵权人承担侵权责任。

侵权之债 ➜ 被侵权人在其民事权益被侵权人侵害构成侵权时，有权请求侵权人承担侵权责任。这种权利是一种请求权。所谓请求权，是指请求他人为一定行为或不为一定行为的权利。请求权人自己不能直接取得作为该权利内容的利益，必须通过他人的特定行为间接取得。在侵权人的行为构成侵权，侵害了被侵权人的民事权益时，被侵权人有权请求侵权人承担侵权责任。被侵权人可以直接向侵权人行使请求权，也可以向法院提起诉讼，请求法院保护自己的合法权益。

被侵权人可以是所有具有民事权利能力的民事主体，只要是具有实体法上的民事权利能力，又因侵权行为而使其民事权益受到侵害的人，就具有被侵权人的资格，包括自然人、法人和非法人组织。被侵权人的资格不在于其是否具有民事行为能力，但是有无民事行为能力关系到其是否可以自己行使请求侵权人承担侵权责任的权利。

第一百二十一条 【无因管理之债】没有法定的或者约定的义务，为避免他人利益受损失而进行管理的人，有权请求受益人偿还由此支出的必要费用。

条文解读

构成无因管理的要件有：（1）管理他人事务。管理他人事务，即为他人进行管理，这是成立无因管理的首要条件。如将自己的事务误认为他人事务进行管理，即使目的是为他人避免损失，也不能构成无因管理。（2）为避免他人利益受损失。一般来说，在既无法定义务又无约定义务的情况下，管理他人的事务，属于干预他人事务的范畴。而法律规定的无因管理，是为避免他人利益受损失而进行管理的行为。符合助人为乐、危难相助的道德准则的行为，应该得到鼓励和受到保护。（3）没有法定的或者约定的义务。无因，指没有法定的或者约定的义务。没有法定的或者约定的义务是无因管理成立的重要条件。如果行为人负有法定的或者约定的义务进行管理，则不能构成无因管理。根据本条规定，符合以上三个要件，构成无因管理。无因管理发生后，管理人享有请求受益人偿还因管理行为支出的必要费用，受益人有偿还该项费用的义务。

第一百二十二条 【不当得利之债】因他人没有法律根据，取得不当利益，受损失的人有权请求其返还不当利益。

条文解读

构成不当得利的要件有：（1）民事主体一方取得利益。取得利益，是指财产利益的增加。既包括积极的增加，即财产总额的增加，也包括消极的增加，即财产总额应减少而未减少，如本应支付的费用没有支付等。（2）民事主体他方受到损失。受到损失，是指财产利益的减少。既包括积极损失，即财产总额的减少，也包括消极损失，即应当增加的利益没有增加。（3）一方取得利益与他方受到损失之间有因果关系。一方取得利益与他方受到损失之间有因果关系，是指他方的损失是因一方获得利益造成的。（4）没有法律根据。没有法律根据是构成不当得利的重要要件。如果一方取得利益和他方受到损失之间有法律根据，民事主体之间的关系就受到法律的认可和保护，不构成不当得利。

第一百二十三条　【知识产权及其客体】民事主体依法享有知识产权。

知识产权是权利人依法就下列客体享有的专有的权利：

（一）作品；

（二）发明、实用新型、外观设计；

（三）商标；

（四）地理标志；

（五）商业秘密；

（六）集成电路布图设计；

（七）植物新品种；

（八）法律规定的其他客体。

条文解读

知识产权 ➋ 知识产权是国际上广泛使用的一个法律概念，是民事主体对其创造性的客体依法享有的专有权利。知识产权有以下特征：（1）知识产权是一种无形财产权。（2）知识产权具有财产权和人身权的双重属性，如作者享有发表权、署名权、修改权等人身权。（3）知识产权具有专有性。本条规定，知识产权是权利人依法就下列客体享有的专有的权利。法律规定知识产权为权利人专有，除权利人同意或法律规定外，权利人以外的第三人不得享有或者使用该项权利，否则为侵害他人的知识产权。（4）知识产权具有地域性，法律确认和保护的知识产权，除该国与他国条约或参加国际公约外，只在一国领域内发生法律效力。（5）知识产权具有时间性，各国法律对知识产权的保护都有严格的时间限制。丧失效力的知识产权客体进入公有领域，成为全人类共有的财富。

根据本条规定，知识产权是权利人依法就下列客体所享有的专有权利：

1. 作品。对作品的知识产权保护主要规定在著作权相关法律法规中。《著作权法》第3条规定，作品，是指文学、艺术和科学领域内具有独创性并能以一定形式表现的智力成果，包括：（1）文字作品；（2）口述作品；（3）音乐、戏剧、曲艺、舞蹈、杂技艺术作品；（4）美术、建筑作品；（5）摄影作品；（6）视听作品；（7）工程设计图、产品设计图、地图、示意图等图形作品和模型作品；（8）计算机软件；（9）符合作品特征的其他智力成果。权利人依法就作品享有的专有权利是著作权。根据著作权法的规定，著作权，是指著作权人对其作品享有的人身权和财产权，包括发表权、署名权、修改权、保护作品完整权、复制权、发行权、出租权、展览权、表演权、放映权、广播权、信息网络传播权、摄制权、改编权、翻译权、汇编权和应当由著作权人享有的其他权利。

2. 发明、实用新型、外观设计。《专利法》第2条规定，发明创造是指发明、实用新型和外观设计。发明，是指对产品、方法或者其改进所提出的新的技术方案。实用新型，是指对产品的形状、构造或者其结合所提出的适于实用的新的技术方案。外观设计，是指对产品的整体或者局部的形状、图案或者其结合以及色彩与形状、图案的结合所作出的富有美感并适于工业应用的新设计。

3. 商标。《商标法》第3条规定，经商标局核准注册的商标为注册商标，包括商品商标、服务商标和集体商标、证明商标。集体商标，是指以团体、协会或者其他组织名义注册，供该组织成员在商事活动中使用，以表明使用者在该组织中的成员资格的标志。证明商标，是指由对某种商品或者服务具有监督能力的组织所控制，而由该组织以外的单位或者个人使用于其商品或者服务，用以证明该商品或者服务的原产地、原料、制造方法、质量或者其他特定品质的标志。

4. 地理标志。地理标志是指标示某商品来源于某地区，该商品的特定质量、信誉或者其他特征，主要由该地区的自然因素或者人文因素所决定的标志。权利人依法就地理标志享有专有权。

5. 商业秘密。商业秘密，是指不为公众所知悉、能为权利人带来经济利益、具有实用性并经权利人采取保密措施的技术信息和经营信息。权利人依法对商业秘密享有专有权。

6. 集成电路布图设计。集成电路布图设计，是指集成电路中至少有一个是有源元件的两个以上元件和部分或者全部互连线路的三维配置，或者为制造集成电路而准备的上述三维配置。权利人依法对集成电路布图设计享有专有权。

7. 植物新品种。植物新品种，是指植物品种保护名录内经过人工选育或者发现的野生植物加以改良，具备新颖性、特异性、一致性、稳定性和适当命名的植物品种。

8. 法律规定的其他客体。除了前述明确列举的知识产权的客体，本条第2款第8项规定了"法律规定的其他客体"，为未来知识产权客体的发展留出了空间。

关联参见

《著作权法》第3条；《专利法》第2条；《商标法》第3条、第16条、第57条；《商标法实施条例》第4条

第一百二十四条 【继承权及其客体】自然人依法享有继承权。

自然人合法的私有财产，可以依法继承。

第一百二十五条 【投资性权利】民事主体依法享有股权和其他投资性权利。

股权 ◐ 股权是指民事主体因投资于公司成为公司股东而享有的权利。股权根据行使目的和方式的不同可分为自益权和共益权两部分。自益权指股东基于自身利益诉求而享有的权利，可以单独行使，包括资产收益权、剩余财产分配请求权、股份转让权、新股优先认购权等；共益权指股东基于全体股东或者公司的利益诉求而享有的权利，包括股东会表决权、股东会召集权、提案权、质询权、公司章程及账册的查阅权、股东会决议撤销请求权等。

其他投资性权利 ◐ 其他投资性权利是指民事主体通过投资享有的权利。如民事主体通过购买证券、基金、保险等进行投资，而享有的民事权利。根据本条规定，民事主体依法享有其他投资性权利。这些投资性权利的具体权利内容根据证券法等具体法律规定依法享有。

第一百二十六条　【其他民事权益】民事主体享有法律规定的其他民事权利和利益。

第一百二十七条　【对数据和网络虚拟财产的保护】法律对数据、网络虚拟财产的保护有规定的，依照其规定。

数据 ◐ 数据可以分为原生数据和衍生数据。原生数据是指不依赖于现有数据而产生的数据，衍生数据是指原生数据被记录、存储后，经过算法加工、计算、聚合而成的系统的、可读取、有使用价值的数据，例如购物偏好数据、信用记录数据等。能够成为知识产权客体的数据是衍生数据。

网络虚拟财产 ◐ 网络虚拟财产是指虚拟的网络本身以及存在于网络上的具有财产性的电磁记录，是一种能够用现有的度量标准度量其价值的数字化的新型财产。网络虚拟财产作为一种新型的财产，具有不同于现有财产类型的特点。

006. 网络虚拟财产被盗，网络平台与用户的责任如何划分？[①]

俞某是某公司运营的 YY 直播平台的实名认证消费者。2017 年 4 月 6 日上午 10 点，俞某账号显示在异地被登录并被盗刷了价值 1180 元的红钻券。账户被盗后，俞某立即联系某公司客服要求提供盗刷者的账户信息及采取相关冻结措施，某公司仅要求其向公安机关报案，未应允其要求。俞某主张 YY 软件的安全性存在问题，某公司没有履行妥善保管义务且未及时协助追回被盗的网络虚拟财产，故请求法院判令某公司赔偿其 1180000 红钻券折合人民币 1180 元等。

人民法院经审理认为，俞某在上述虚拟财产被盗前，密码比较简单，且未能充分选用某公司提供的更高等级的安全保障方案，其未能妥善地保管账号、密码并采取充分措施防止财产被盗，对上述被盗结果应负主要责任；某公司向用户提供的防盗措施特别是默认状态下的防盗措施不够周密，且在俞某通知其客服人员财产被盗后，未能提供或保存被盗财产的流向等信息，造成损失难以被追回，在技术和服务上存在一定疏漏，对俞某的损失负有次要的责任，故判令某公司向俞某赔偿被盗虚拟财产价值的 40% 即 472 元，驳回俞某的其他诉讼请求。

本案对网络环境下，如何合理分配用户与网络服务提供者对争议事实的举证责任进行详细论述，并结合网络服务合同中双方的权利义务内容，确立了用户和网络服务提供者均应负有网络虚拟财产安全保护义务的规则，提出双方应当根据在履约过程中的过错程度，衡量双方过错对损害后果的原因力大小，合理分配责任比例的处理原则。本案判决为妥善调处网络虚拟财产相关纠纷、确立网络平台责任规则、完善网络侵权责任制度提供了范例，有利于提高对网络虚拟财产的保护水平，亦有助

[①] 参见《互联网十大典型案例》（2021 年 5 月 31 日发布），俞某诉广州某网络科技有限公司网络服务合同纠纷案，载最高人民法院网 https://www.court.gov.cn/zixun/xiangqing/306391.html，最后访问日期：2024 年 4 月 1 日。

于加强用户和网络服务提供者的安全意识和责任意识，促进互联网经济的健康发展。

第一百二十八条 【对弱势群体的特别保护】法律对未成年人、老年人、残疾人、妇女、消费者等的民事权利保护有特别规定的，依照其规定。

实务应用

018. 未成年人大额网络直播打赏后未经监护人追认的，能否要求返还？

司法实践中涉及的网络打赏、网络游戏纠纷主体多数是限制民事行为能力人，也就是 8 周岁以上的未成年人。这些人在进行网络游戏或者打赏时，有的几千元、几万元，这显然与其年龄和智力水平不相适应，在未得到法定代理人追认的情况下，其行为依法应当是无效的。《最高人民法院关于依法妥善审理涉新冠肺炎疫情民事案件若干问题的指导意见（二）》对未成年人参与网络付费游戏和网络打赏纠纷提供了更为明确的规则指引。该意见明确，限制民事行为能力人未经其监护人同意，参与网络付费游戏或者网络直播平台"打赏"等方式支出与其年龄、智力不相适应的款项，监护人请求网络服务提供者返还该款项的，人民法院应予支持。该规定更多地考量了对未成年人合法权益的保护，同时引导网络公司进一步强化社会责任，为未成年人健康成长创造良好网络环境。[①]

第一百二十九条 【民事权利的取得方式】民事权利可以依据民事法律行为、事实行为、法律规定的事件或者法律规定的其他方式取得。

---

① 参见《刘某诉某科技公司合同纠纷案——未成年人大额网络直播打赏应当依法返还》，载中国法院网 https://www.chinacourt.org/article/detail/2021/03/id/5828818.shtml，最后访问日期：2024 年 4 月 1 日。

民事权利的取得方式 ➡ 民事权利的取得是指民事主体依据合法的方式获得民事权利。根据本条规定，民事权利可以依据民事法律行为、事实行为、法律规定的事件或者法律规定的其他方式取得。

1. 民事法律行为。民事法律行为是指民事主体通过意思表示设立、变更、终止民事法律关系的行为，民法理论一般称为法律行为。例如，订立买卖合同的行为、订立遗嘱、放弃继承权、赠与等。《民法典》总则编第六章专章规定了民事法律行为，对民事法律行为的概念、成立、效力等作了规定。

2. 事实行为。事实行为是指行为人主观上没有引起民事法律关系发生、变更或者消灭的意思，而依照法律的规定产生一定民事法律后果的行为。例如，自建房屋、拾得遗失物、无因管理行为、劳动生产等。事实行为有合法的，也有不合法的。拾得遗失物等属于合法的事实行为，侵害他人的人身、财产的侵权行为是不合法的事实行为。民事权利可以依据事实行为取得，如民事主体因无因管理行为取得对他人的无因管理债权等。

3. 法律规定的事件。法律规定的事件是指与人的意志无关而根据法律规定能引起民事法律关系变动的客观情况。例如，自然人的出生、死亡，自然灾害，生产事故，果实自落等。民事权利可以依据法律规定的事件取得，如民事主体因出生取得继承权等。

4. 法律规定的其他方式。除了民事法律行为、事实行为、法律规定的事件，民事权利还可以依据法律规定的其他方式取得。如《民法典》第229条规定，因人民法院、仲裁机构的法律文书或者人民政府的征收决定等，导致物权设立、变更、转让或者消灭的，自法律文书或者征收决定等生效时发生效力。

第一百三十条　【权利行使的自愿原则】 民事主体按照自己的意愿依法行使民事权利，不受干涉。

第一百三十一条 【权利人的义务履行】民事主体行使权利时，应当履行法律规定的和当事人约定的义务。

第一百三十二条 【禁止权利滥用】民事主体不得滥用民事权利损害国家利益、社会公共利益或者他人合法权益。

条文解读

禁止权利滥用 ➡ 不得滥用民事权利，是指民事权利的行使不得损害国家利益、社会公共利益或者他人合法权益。权利的行使，有一定界限。行使民事权利损害国家利益、社会公共利益或者他人合法权益的，为滥用民事权利。滥用民事权利和侵权存在区别，权利滥用的前提是有正当权利存在，且是权利行使或与权利行使有关的行为，而侵权行为一般事先没有正当权利存在；权利不得滥用原则是对民事主体行使民事权利的一定限制，通过限制民事主体不得滥用权利损害国家利益、社会公共利益或者他人合法权益达到民事权利与国家利益、社会公共利益、他人合法权益的平衡，而侵权责任制度设置的目的是保护民事主体的权利。

第六章 民事法律行为

第一节 一般规定

第一百三十三条 【民事法律行为的定义】民事法律行为是民事主体通过意思表示设立、变更、终止民事法律关系的行为。

条文解读

民事法律行为 ➡ 民事法律行为是对合同行为、婚姻行为、遗嘱行为等一系列能够产生具体权利义务关系的行为的抽象和概括，是民事主体在民事活动中实现自己意图的一项重要民事制度。

相较于原《民法通则》，《民法典》对"民事法律行为"的内涵作了调整，使其既包括合法的法律行为，也包括无效、可撤销和效力待定的法律行为，同时强调了民事法律行为是民事主体通过意思表示设立、变更、终止民事法律关系的行为，突出了"意思表示"这一核心要素。

民事法律行为具有以下特征：

1. 民事法律行为是民事主体实施的行为。民事法律行为作为一种法律事实，其必须是由自然人、法人和非法人组织这些民事主体实施的行为，非民事主体实施的行为不是民事法律行为，如审判机关作出的裁决，行政机关作出的处罚决定等也会产生法律后果，但其不是以民事主体身份作出的行为，因而裁决和处罚决定不属于民事法律行为。但这些机关在履行公共管理职能过程中可能会进行一些民事活动，如行政机关购买办公用品、修建办公大楼等，这些行为属于民事法律行为。

2. 民事法律行为应当是以发生一定的法律效果为目的的行为。民事主体在社会生产生活中会从事各种各样的活动，但并非任何行为都是民事法律行为。根据本条的规定，只有以设立、变更、终止民事法律关系为目的的行为才是民事法律行为，其最终结果是让民事主体具体地享受民事权利、承担民事义务。所谓设立民事法律关系，是指民事主体通过民事法律行为形成某种法律关系，如在合同领域，双方当事人通过要约和承诺形成的买卖关系、租赁关系、委托关系等合同关系。所谓变更民事法律关系，是指民事主体在保持原有民事法律关系效力的基础上，通过民事法律行为对其内容作出一些调整。这里需要注意的是，如果民事主体改变了原有民事法律关系的效力，就不属于这里的变更，而是消灭了原有民事法律关系，设立了一个新的民事法律关系。所谓消灭民事法律关系，是指民事主体通过民事法律行为消灭原民事法律关系，终止其效力。这里需要强调的是，民事法律行为虽然是民事主体期望发生一定法律效果而实施的行为，但并非任何民事法律行为都能最终产生民事主体所期望的法律效果。民事主体所从事的民事法律行为既可能是合法的，也可能是非法的，这与原《民法通则》关于民事法律行为的规定有很大的不同。根据本章第三节关于民事法律行为效力的规定，合法有效的民事法律行为能产生民事主体所期望发生的法律效果，但是非法的民事法律行为则不一定能产生民事主体所期望的法律效果，如无效的民事法律行为就确定地不发生民事主体所期望发生的法律效果；如果当事人提出撤销的申请，可撤销的民事法律行为也不能实现民事主体所期望的法律效果。非法的民事法律行为虽然可能不能实现民事主体意欲实现的法律效果，但是都可能产生一定的法律后果，如根据本章的规定，欺诈、胁迫等民事法律行为是非法的，可能产生民事法律行为被撤销的法律后果；又如根据本章的规定，恶意串通损害他人合法权益的民事法律行为会产生无效的法律后果。

3. 民事法律行为是以意思表示为核心要素的行为。意思表示，是指民事主体意欲发生一定法律效果的内心意思的外在表达，是民事法律行为最为核心的内容。民事法律行为之所以能对民事主体产生法律约束力，就是因为其是民事主体按照自己的意思作出的。这也是民事法律行为与事实行为最根本的区别。

第一百三十四条 【民事法律行为的成立】民事法律行为可以基于双方或者多方的意思表示一致成立，也可以基于单方的意思表示成立。

法人、非法人组织依照法律或者章程规定的议事方式和表决程序作出决议的，该决议行为成立。

条文解读

本条第 1 款根据不同的民事法律行为类型对其不同的成立条件和成立时间作了规定：

1. 双方民事法律行为。双方民事法律行为是指双方当事人意思表示一致才能成立的民事法律行为。最为典型的双方民事法律行为是合同。双方民事法律行为与单方民事法律行为的最大区别是行为的成立需要双方的意思表示一致，仅凭一方的意思表示而没有经过对方的认可或者同意不能成立。

2. 多方民事法律行为。多方民事法律行为是指根据两个以上的民事主体的意思表示一致而成立的行为。订立公司章程的行为和签订合伙协议的行为就是较为典型的多方民事法律行为。

3. 单方民事法律行为。单方民事法律行为是指根据一方的意思表示就能成立的行为。与双方民事法律行为不同，单方民事法律行为不存在相对方，其成立不需要其他人的配合或者同意，而是依据行为人自己一方的意志就可以产生自己所期望的法律效果。在现实生活中单方民事法律行为也不少，这些民事法律行为从内容上划分，主要可以分为两类：（1）行使个人权利而实施的单方行为，例如所有权人抛弃所有权的行为等，这些单方民事法律行为仅涉及个人的权利变动，不涉及他人的权利变动；（2）涉及他人权利变动的单方民事法律行为，例如立遗嘱，授予代理权，行使撤销权、解除权、选择权等处分形成权的行为。

本条第 2 款规定了一种较为特殊的民事法律行为，即决议行为。决议行为是两个或者两个以上的当事人基于共同的意思表示、意图实现一定法律效果而实施的行为，其满足民事法律行为的所有条件，是一种民事法律行为。但是与多方民事法律行为、双方民事法律行为和单方民事法律行为相比，其又具有特殊性，这种特殊性体现在三个方面：（1）双方民事法律行为或者多方民事法律行为需要所有当事人意思表示一致才能成立，决议行为一般并不需要所有当事人意思表示一致才能成立，而是多数人意思表示一致就可以成立。（2）双方民事法律行为或者多方民事法律行为的设立过程一般不需要遵循特定的程序，而决议行为一般需要依据一定的程序才能设立，根据本条的规定，决议行为应当依照法律或者章程规定的议事方式和表决程序。（3）双方民事法律行为或者多方民事法律行为适用的范围一般不受限制，而根据本条的规定，决议行为原则上仅适用于法人或者非法人组织内部的决议事项。

第一百三十五条 　【民事法律行为的形式】民事法律行为可以采用书面形式、口头形式或者其他形式；法律、行政法规规定或者当事人约定采用特定形式的，应当采用特定形式。

条文解读

民事法律行为的形式 ➡ 民事法律行为的形式是民事法律行为的核心要素意思表示的外在表现形式。

根据本条的规定，民事法律行为可以采用书面形式、口头形式或者其他形式。书面形式是指以文字等可以以有形式再现民事法律行为内容的形式。书面形式的种类很多，根据《民法典》第469条的规定，书面形式是指合同书、信件、电报、电传、传真等可以有形地表现所载内容的形式。以电子数据交换、电子邮件等方式能够有形地表现所载内容，并可以随时调取查用的数据电文，视为书面形式。随着互联网技术的发展，微信等已成为人们社会交往的重要载体，也可以成为民事法律行为的载体，有的也属于书面形式的种类。所谓口头形式是指当事人以面对面的谈话或者以电话交流等方式形成民事法律行为的形式。口头形式的特点是直接、简便和快捷，在现实生活中数额较小或者现款交易的民事法律行为通常都采用口头形式，如在自由市场买菜、在商店买衣服等。除了书面形式和口头形式外，本条还规定民事法律行为可以采用其他形式。例如在合同领域，可以根据当事人的行为或者特定情形推定合同的成立，即默示合同。这类合同在现实生活中很多，如租房合同的期限届满后，出租人未提出让承租人退房，承租人也未表示退房而是继续交房租，出租人接受了租金。根据双方的行为，可以推定租赁合同继续有效。对于民事法律行为是采用书面形式、口头形式还是其他形式，由当事人自主选择，法律原则上不干涉。

关联参见

《民法典总则编解释》第18条

第一百三十六条 【民事法律行为的生效】民事法律行为自成立时生效，但是法律另有规定或者当事人另有约定的除外。

行为人非依法律规定或者未经对方同意，不得擅自变更或者解除民事法律行为。

条文解读

民事法律行为的生效 ➡ 民事法律行为的生效是指民事法律行为产生法律约束力。

根据本条规定，民事法律行为从成立时具有法律拘束力。也就是说，民事法律行为自成立时生效，但是，民事法律行为成立和生效的时间，既有相一致的情形，也有不一致的情形：1. 民事法律行为的成立和生效处于同一个时间点，依法成立的民事法律行为，具备法律行为生效要件的，即时生效。2. 民事法律行为的成立和生效并非同一个时间，有三种情形：（1）法律规定民事法律行为须批准、登记生效的，成立后须经过批准、登记程序才能发生法律效力。（2）当事人约定民事法律行为生效条件的，约定的生效条件成就的，才能发生法律效力。（3）附生效条件、附生效期限的民事法律行为，其所附条件成就，或者所附期限到来时，该民事法律行为才能生效，其成立和生效也并非同一时间。

第二节　意思表示

第一百三十七条 【有相对人的意思表示的生效时间】以对话方式作出的意思表示，相对人知道其内容时生效。

以非对话方式作出的意思表示，到达相对人时生效。以非对话方式作出的采用数据电文形式的意思表示，相对人指定特定系统接收数据电文的，该数据电文进入该特定系统时生效；未指定特定系统的，相对人知道或者应当知道该数据电文进入其系统时生效。当事人对采用数据电文形式的意思表示的生效时间另有约定的，按照其约定。

意思表示 ➡ 意思表示是指行为人为了产生一定民法上的效果而将其内心意思通过一定方式表达于外部的行为。意思是指设立、变更、终止民事法律关系的内心意图；表示是指将内心意思以适当方式向适当对象表示出来的行为。

有相对人的意思表示的生效时间 ➡ 本条是对有相对人的意思表示生效时间的规定。对于此类情况，本条根据是否采用对话方式作了不同规定：

1. 以对话方式作出的意思表示。所谓以对话方式作出的意思表示是指采取使相对方可以同步受领的方式进行的意思表示，如面对面交谈、电话等方式。在以这种方式进行的意思表示中，表意人作出意思表示和相对人受领意思表示是同步进行的，没有时间差，因此，表意人作出意思表示并使相对人知道时即发生效力。基于此，本条第 1 款规定，以对话方式作出的意思表示，相对人知道其内容时生效。

2. 以非对话方式作出的意思表示。以非对话方式作出的意思表示，是指表意人作出意思表示的时间与相对人受领意思表示的时间不同步，二者之间存在时间差。非对话的意思表示在现实生活中存在的形式多样，如传真、信函等。对于非对话的意思表示的生效时间，我国采用到达主义，规定意思表示到达相对人时生效。需要强调的是，这里"到达"并不意味着相对人必须亲自收到，只要进入相对人通常的地址、住所或者能够控制的地方（如信箱）即可视为到达，意思表示被相对人的代理人收到也可以视为到达。送达相对人时生效还意味着即使在意思表示送达相对人前相对人已经知道该意思表示内容的，该意思表示也不生效。

3. 以非对话方式作出的采用数据电文形式的意思表示。数据电文系指经由电子手段、电磁手段、光学手段或类似手段生成、发送、接收或存储的信息，这些手段包括但不限于电子数据交换、电子邮件、电报、电传或传真。采用数据电文方式作出的意思表示虽然也是以非对话方式进行的，但由于其发出和到达具有自动性、实时性等特点，意思表示发出即到达，其生效时间也与一般的非对话方式作出的意思表示的生效时间有所区别。采用数据电文形式订立合同，收件人指定特定系统接收数据电文的，该数据电文进入该特定系统的时间，视为到达时间；未指定特定系统的，该数据电文进入收件人的任何系统的首次时间，视为到达时间。当事人对采用数据电文形式的意思表示的生效时间另有约定的，按照其约定。这主要是为了尊重当事人对意思表示生效时间的约定，体现意思自治。在现实生活中，当事人可以约定数据电文形式意思表示的生效时间不是该意思表示进入特定系统的时间。有这种约定的，从其约定。

第一百三十八条　【无相对人的意思表示的生效时间】无相对人的意思表示，表示完成时生效。法律另有规定的，依照其规定。

第一百三十九条　【公告的意思表示的生效时间】以公告方式作出的意思表示，公告发布时生效。

条文解读

公告的意思表示的生效时间 ➡ 实践中，在意思表示有相对人的情况下，可能会发生意思表示的表意人不知道相对人的具体地址、相对人下落不明的情形。对表意人来说，要通过信函、邮件等方式送达相对人是困难的，其意思表示就有可能迟迟不能生效，影响其利益。对此，必须允许表意人采取特殊方式送达其意思表示。本条明确规定了表意人在这种情况下可以以公告方式作出意思表示。本条规定，对于以公告方式作出的意思表示，公告发布时生效。这里的公告方式既可以是在有关机构的公告栏，如人民法院的公告栏，也可以是在报纸上刊登公告的方式。以公告方式作出的意思表示，表意人一旦发出公告能够为社会公众所知道，就认为意思表示已经到达，即发生效力。理解本条还需要注意两点：本条所规定的表意人并不是在任何情况下都可以采用公告方式作出意思表示，只有在表意人非因自己的过错而不知相对人的下落或者地址的情况下才可以采用公告方式作出意思表示，否则对相对人很不公平。在表意人知道相对人下落的情况下，表意人不得采用公告方式作出意思表示，除非相对人同意。

第一百四十条　【意思表示的方式】行为人可以明示或者默示作出意思表示。

沉默只有在有法律规定、当事人约定或者符合当事人之间的交易习惯时，才可以视为意思表示。

条文解读

意思表示的方式 ➡ 意思表示可以明示的方式或者默示的方式作出。所谓明示的意思表示就是行为人以作为的方式，使得相对人能够直接了解到意思表示的内容。以明示方式作出的意思表示具有直接、明确、不易产生纠纷等特征。所以，实践中，明示的意思表示是运用得最为广泛的一种形式。比较典型的是表意人采用口头、书面方式直接向相对人进行的意思表示。以默示方式作出的意思表示，又称为行为默示，是指行为人虽没有以语言或文字等明示方式作出意思表示，但以行为的方式作出了意思表示。这种方式虽不如明示方式那么直接表达出了意思表示的内容，但通过其行为可以推定出其作出一定的意思表示。在现实生活中，以默示方式作出的意思表示也比较常见。例如，某人向自动售货机投入货币的行为即可推断其作出了购买物品的意思表示。又如，某人乘坐无人售票的公交车时，其投币行为就可以视为其具有缔结运输合同的意思表示。

在现实生活中也会出现一种特殊情形，即行为人以沉默的方式作出意思表示。沉默是一种既无语言表示也无行为表示的纯粹的缄默，是一种完全的不作为。沉默原则上不得作为意思表示的方式。只有在有法律规定、当事人约定或者符合当事人之间的交易习惯时，才可以视为意思表示。例如《民法典》合同编第638条第1款规定，试用买卖的买受人在试用期内可以购买标的物，也可以拒绝购买。试用期间届满，买受人对是否购买标的物未作表示的，视为购买。在这条规定中，试用期间届满后，买受人对是否购买标的物未作表示就是一种沉默，但这种沉默就可以视为买受人作出了购买的意思表示。

第一百四十一条 【意思表示的撤回】 行为人可以撤回意思表示。撤回意思表示的通知应当在意思表示到达相对人前或者与意思表示同时到达相对人。

条文解读

意思表示的撤回 ➡ 意思表示的撤回，是指在意思表示作出之后但在发生法律效力之前，意思表示的行为人欲使该意思表示不发生效力而作出的意思表示。意思表示之所以可以撤回，是因为意思表示生效才能发生法律约束力，在其尚未生效之前，不会对意思表示的相对人产生任何影响，也不会对交易秩序产生任何影响。

行为人可以撤回意思表示，但不是在任何情况下都可以，而是有条件的。根据本条的规定，撤回意思表示的通知应当在意思表示到达相对人前或者与意思表示同时到达相对人。如果撤回意思表示的通知在意思表示到达相对人之后到达的，该意思表示已经生效，是否能够使其失效，则取决于相对人是否同意。因此，行为人若要撤回意思表示，必须选择以快于意思表示作出的方式发出撤回的通知，使之能在意思表示到达之前到达相对人。如果意思表示的行为人作出意思表示以后又立即以比作出意思表示更快的方式发出撤回通知，按照通常情况，撤回的通知应当先于或者最迟会与意思表示同时到达相对人，但因为其他原因耽误了，撤回的通知在意思表示到达相对人后才到达相对人，在这种情况下，相对人应当根据诚信原则及时通知意思表示的行为人，告知其撤回的通知已经迟到，意思表示已经生效；如果相对人怠于通知行为人，行为人撤回意思表示的通知视为未迟到，仍发生撤回表示的效力。

理解本条需要注意两点：

1. 意思表示的撤回原则上只有在该意思表示有相对人的情况下才有意义，若是无相对人的意思表示，在表示作出时就发生效力，不可能撤回，只可能撤销。

2. 意思表示的撤回与意思表示的撤销是不同的。根据本条的规定，意思表示的撤回是在意思表示未生效前使其不发生效力，而意思表示的撤销是指在意思表示作出并生效之后，行为人又作出取消其意思表示的表示。由于意思表示在到达后已经生效，相对人已知悉了意思表示的内容，甚至可能已经对该意思表示产生了合理的信赖，因此，行为人能否在意思表示生效后取消其意思表示，需要考虑保障相对人合理信赖的问题。这与意思表示撤回中仅考虑保护意思表示行为人对其意思表示的自由处分权利存在较大区别。考虑到意思表示生效后，已经对行为人产生了法律约束力，能否撤销，要平衡行为人和相对人的利益，不宜泛泛规定行为人可以撤销意思表示，基于此，合同编规定，要约可以撤销，但撤销要约的通知应当在受要约人发出承诺通知之前到达受要约人。同时还规定，有下列情形之一的，要约不得撤销：（1）要约人确定了承诺期限或者以其他形式明示要约不可撤销；（2）受要约人有理由认为要约是不可撤销的，并已经为履行合同作了准备工作。所以，本条只规定了意思表示的撤回，未规定意思表示的撤销。

第一百四十二条　【意思表示的解释】 有相对人的意思表示的解释，应当按照所使用的词句，结合相关条款、行为的性质和目的、习惯以及诚信原则，确定意思表示的含义。

无相对人的意思表示的解释，不能完全拘泥于所使用的词句，而应当结合相关条款、行为的性质和目的、习惯以及诚信原则，确定行为人的真实意思。

意思表示的解释 ➡️ 所谓意思表示的解释是指因意思表示不清楚或者不明确发生争议时，由人民法院或者仲裁机构对意思表示进行的解释。解释的目的就是明确意思表示的真实含义。意思表示的解释具有以下特征：（1）意思表示解释的对象是当事人已经表示出来的、确定的意思，而非深藏于当事人内心的意思。深藏于当事人内心的意思无法作为认识的对象，是无法解释的。（2）对意思表示进行解释的主体是人民法院或者仲裁机构，并不是任何机构或者个人都可以对意思表示作出有权解释。只有人民法院或者仲裁机构对意思表示作出的解释才是有权解释，才会对当事人产生法律约束力。（3）人民法院或者仲裁机构对意思表示的解释不是任意的主观解释，而是必须遵循一定的规则进行解释，这些规则就是解释意思表示的方法。

本条区分有相对人的意思表示和无相对人的意思表示，分别规定了不同的解释规则，主要基于以下考虑：有相对人的意思表示中，需要有意思表示的受领人，意思表示一旦为相对人所受领，相对人就会对此产生合理信赖。如果出现表意人的内心真实意思和外在表示出来的意思不一致的情况，就需要平衡保护相对人的信赖利益与保护表意人的内心真实意思；同时，在这种情况下还需要考虑相对人对意思表示的理解水平。而在无相对人的意思表示的情况下，因不存在受领人，则不需要考虑受领人的理解水平问题。因此，对无相对人的意思表示的解释就是主要探究表意人的内心真实意思。这里需要强调一点，对无相对人的意思表示的解释，不能完全拘泥于意思表示所使用的词句，但不是完全抛开意思表示所使用的词句，这主要是为了防止在解释这类意思表示时自由裁量权过大，影响当事人的利益。例如，在对遗嘱进行解释时，虽说主要是探究遗嘱人作遗嘱的真实意思，但也不能完全不考虑遗嘱本身的词句。

第三节　民事法律行为的效力

第一百四十三条　【民事法律行为的有效条件】具备下列条件的民事法律行为有效：

（一）行为人具有相应的民事行为能力；

（二）意思表示真实；

（三）不违反法律、行政法规的强制性规定，不违背公序良俗。

条文解读

根据本条规定，民事法律行为应当具备的有效条件包括：

1. 行为人具有相应的民事行为能力。民事行为能力是行为人通过自己行为参与民事活动，享有权利和承担义务的能力。与作为法律资格的民事权利能力相比，民事行为能力是行为人实施民事法律行为的相应保证。

2. 意思表示真实。意思表示作为民事法律行为的核心要素，其真实性对保证行为人正确实现行为目的至关重要。应当注意，此处的真实应作扩大解释，实际上还包含了传统民法理论意思表示自由的含义。比如，在因欺诈、胁迫实施民事法律行为的情形，受欺诈人、受胁迫人的意思表示虽然从表面看是真实的，但实际上并非其内心自由意志的体现。在意思表示不真实的情况下，民事法律行为不具有完全的效力。

3. 不违反法律、行政法规的强制性规定，不违背公序良俗。

第一百四十四条　【无民事行为能力人实施的民事法律行为】无民事行为能力人实施的民事法律行为无效。

第一百四十五条　【限制民事行为能力人实施的民事法律行为】限制民事行为能力人实施的纯获利益的民事法律行为或者与其年龄、智力、精神健康状况相适应的民事法律行为有效；实施的其他民事法律行为经法定代理人同意或者追认后有效。

相对人可以催告法定代理人自收到通知之日起三十日内予以追认。法定代理人未作表示的，视为拒绝追认。民事法律行为被追认前，善意相对人有撤销的权利。撤销应当以通知的方式作出。

第一百四十六条　【虚假表示与隐藏行为效力】行为人与相对人以虚假的意思表示实施的民事法律行为无效。

以虚假的意思表示隐藏的民事法律行为的效力，依照有关法律规定处理。

条文解读

虚假意思表示 ➡ 虚假意思表示又称虚伪表示，是指行为人与相对人都知道自己所表示的意思并非真意，通谋作出与真意不一致的意思表示。虚伪表示的特征在于，双方当事人都知道自己所表示出的意思不是真实意思，民事法律行为本身欠缺效果意思，双方均不希望此行为能够真正发生法律上的效力。一般而言，虚伪表示在结构上包括内外两层行为：外部的表面行为是双方当事人共同作出与真实意思不一致的行为，也可称作伪装行为；内部的隐藏行为则是被隐藏于表面行为之下，体现双方真实意思的行为，也可称作非伪装行为。比如，双方名为买卖实为赠与，买卖并非双方的真实意思表示，属于表面行为或伪装行为；赠与是双方的真实意思表示，属于隐藏行为或者非伪装行为。尽管隐藏行为的存在与虚伪表示联系在一起，但虚伪表示与隐藏行为并不总是一一对应。具体而言，无虚伪表示就无所谓隐藏行为，有隐藏行为也就存在虚伪表示，但存在虚伪表示，并不一定有隐藏行为。比如，以逃避债务为目的假装财产赠与，赠与行为是虚伪表示，但并不存在隐藏行为。

本条第 1 款是对双方以虚假意思表示作出的民事法律行为效力的规定，即行为人与相对人以虚假的意思表示实施的民事法律行为无效。这一规定的含义是：双方通过虚假的意思表示实施的民事法律行为是无效的。之所以对通过虚伪表示实施的民事法律行为的效力予以否定，是因为这一意思表示所指向的法律效果并非双方当事人的内心真意，双方对此相互知晓，如果认定其为有效，有悖于意思自治的原则。本款虽未明确规定行为人与相对人须通谋而为虚假的意思表示，实际上双方对虚假意思表示达成一致的结果反映出二者必须有一个意思联络的过程。这也是虚伪表示区别于真意保留的重要一点，真意保留的相对人并不知晓行为人表示的是虚假意思。

本条第2款是对隐藏行为效力的规定。行为人以虚假的意思表示隐藏的民事法律行为的效力，依照有关法律规定处理。当同时存在虚伪表示与隐藏行为时，虚伪表示无效，隐藏行为并不因此无效，其效力如何，应当依据有关法律规定处理。具体来说，如果这种隐藏行为本身符合该行为的生效要件，那么就可以生效。例如，在名为赠与实为买卖的行为中，赠与行为属于双方共同以虚假意思表示实施的民事法律行为，无效；而隐藏于赠与形式之下的买卖则是双方共同的真实意思表示，其效力能否成就取决于其是否符合买卖合同有关的法律规定：如果符合买卖合同生效要件的法律规定，则为有效；反之，则为无效。

第一百四十七条　【重大误解】基于重大误解实施的民事法律行为，行为人有权请求人民法院或者仲裁机构予以撤销。

条文解读

重大误解 ➡ 重大误解，是指行为人因对行为的性质、对方当事人、标的物的品种、质量、规格和数量等的错误认识，使行为的后果与自己的意思相悖，并造成较大损失的，为重大误解。其中，对行为性质的重大误解，如把借用理解成赠与；对当事人的重大误解，如把张三误认成李四而与之订立合同；但是对市场预测错误、对当事人信用的错误判断不构成重大误解。

本条是关于基于重大误解实施的民事法律行为的效力规定。传统民法理论中，与重大误解相关的概念是错误。错误是指表意人非故意地使意思与表示不一致。按照意思表示本身的两个阶段，可以划分为意思形成阶段的错误和意思表达阶段的错误。其中，意思表达阶段的错误，是错误制度的主要规范对象，又可细分为表示错误与内容错误。所谓表示错误，是指表意人错误使用表示符号，该表示符号所表达的法律后果并非表意人内心的真实想法，典型的如将合同价款 10000 元写成 1000 元、误将 A 画当作 B 画取走等。所谓内容错误，不同于表示错误，它是指表意人使用的表示符号并没有错，但对该符号所表示的内容产生理解错误。典型的内容错误又可细分为同一性错误和行为类型错误。同一性错误如甲想和乙订立合同，却误将丙当作乙。行为类型错误如甲想把画卖给乙，对乙说："我有一幅画，你要不要?"由于没有约定价格，乙理解为赠与而予以接受。此时，买卖合同因未形成合意而不成立，赠与因符合表示主义而成立。甲可以基于行为类型错误而主张撤销赠与合同。意思形成阶段的错误，是指表意人在形成意思表示时所产生的错误，也称为动机错误。原则上，法律行为的效力与动机错误无关。比如，当事人对相对人的履约能力是否符合自己需求产生错误认识，不应作为错误主张撤销。但是，动机错误一律不得作为错误予以撤销的原则也有例外，当有关人或物的性质错误被视为对交易具有重要作用时，这种情形下的动机错误视为内容错误，同样可以适用错误规则。性质错误典型的例子如，甲以为 A 赛马赢得过竞赛冠军，故以重金买下，但实际上赢得竞赛冠军的是 B 赛马。此时甲对 A 赛马是否赢得过竞赛冠军的能力产生错误认识，属于性质错误。

关联参见

《民法典总则编解释》第 19 条、第 20 条

第一百四十八条 【欺诈】一方以欺诈手段，使对方在违背真实意思的情况下实施的民事法律行为，受欺诈方有权请求人民法院或者仲裁机构予以撤销。

欺诈 ➡ 欺诈，是指一方当事人故意告知对方虚假情况，或者故意隐瞒真实情况，诱使对方当事人作出错误意思表示的行为。

欺诈的构成要件一般包括四项：一是行为人须有欺诈的故意。这种故意既包括使对方陷入错误判断的故意，也包括诱使对方基于此错误判断而作出意思表示的故意。二是行为人须有欺诈的行为。这种行为既可以是故意虚构虚假事实，也可以是故意隐瞒应当告知的真实情况等。三是受欺诈人因行为人的欺诈行为陷入错误判断，即欺诈行为与错误判断之间存在因果关系。四是受欺诈人基于错误判断作出意思表示。

欺诈的构成并不需要受欺诈人客观上遭受损害后果的事实，只要受欺诈人因欺诈行为作出了实施民事法律行为的意思表示，即可成立欺诈。欺诈的法律后果为可撤销，享有撤销权的是受欺诈人。

关于撤销权，应通过人民法院或者仲裁机构行使。此处需要注意的是，《民法典》没有延续原《合同法》对欺诈行为可变更的规定，仅规定了可撤销。

关联参见

《民法典总则编解释》第 21 条

第一百四十九条 【第三人欺诈】第三人实施欺诈行为，使一方在违背真实意思的情况下实施的民事法律行为，对方知道或者应当知道该欺诈行为的，受欺诈方有权请求人民法院或者仲裁机构予以撤销。

条文解读

第三人欺诈 ➡ 本条中的第三人，一般是指民事法律行为的双方当事人之外、与一方存在某种关系的特定人。当事人之外的第三人对其中一方当事人实施欺诈，有可能是仅仅为了帮助对方当事人达成交易，也有可能是最终为实现自己的目的。但其根本目的在于使受欺诈人陷入错误认识，作出"若了解真实情况便不会作出的"意思表示。此时，受欺诈人享有对民事法律行为的撤销权，但该撤销权行使须满足一定条件。具体来说，第三人实施欺诈行为，只有在受欺诈人的相对方非属于善意时，受欺诈人才能行使撤销权。相对方的这种非善意表现为，对于第三人的欺诈行为，其知道或者应当知道。撤销权的行使仍须通过人民法院或者仲裁机构行使。

需注意的是，在第三人欺诈而相对人是善意的情况下，受欺诈人尽管不能通过行使撤销权的方式保护其自身权益，但如果其权益因此受损，并不妨碍其向实施欺诈的第三人主张赔偿。

实务应用

019. 中介人为赚租金差价骗取出租人低价对外出租，承租人高价承租的行为，是否构成第三人欺诈？

中介人为赚取租金差价，虚构事实以骗取出租人与其控制的公司签订租金较低的租赁合同，再以出租人代理人的身份与实际承租人签订租金较高的租赁合同，构成第三人欺诈的可撤销事由，出租人可主张撤销该租赁合同。①

第一百五十条 【胁迫】一方或者第三人以胁迫手段，使对方在违背真实意思的情况下实施的民事法律行为，受胁迫方有权请求人民法院或者仲裁机构予以撤销。

条文解读

胁迫 ➡ 所谓胁迫，是指行为人通过威胁、恐吓等不法手段对他人

---

① 参见王长鹏：《李某与倪某房屋租赁合同纠纷案》，载《人民法院报》2019 年 10 月 15 日。

思想上施加强制，由此使他人产生恐惧心理并基于恐惧心理作出意思表示的行为。在民法理论中，胁迫与欺诈一样，都属于意思表示不自由的情形。当事人因受胁迫而作出意思表示，其意思表示并没有产生错误，受胁迫人在作出符合胁迫人要求的意思表示时，清楚地意识到自己意思表示的法律后果，只是这种意思表示的作出并非基于受胁迫人的自由意志。胁迫的构成要件一般应当包括：（1）胁迫人主观上有胁迫的故意，即故意实施胁迫行为使他人陷入恐惧以及基于此恐惧心理作出意思表示。（2）胁迫人客观上实施了胁迫的行为，即以将要实施某种加害行为威胁受胁迫人，以此使受胁迫人产生心理恐惧。这种加害既可以是对受胁迫人自身的人身、财产权益的加害，也可以是对受胁迫人的亲友甚至与之有关的其他人的人身、财产权益的加害，客观上使受胁迫人产生了恐惧心理。（3）胁迫须具有不法性，包括手段或者目的的不法性，反之则不成立胁迫。（4）受胁迫人基于胁迫产生的恐惧心理作出意思表示。换言之，意思表示的作出与胁迫存在因果关系。此处因果关系的判断，应以受胁迫人自身而非其他人为标准。由于胁迫侵害了被胁迫人的自由意志，法律对通过胁迫手段实施的民事法律行为加以规制。

从民法理论上讲，胁迫行为具有不法性，且构成对受胁迫人利益的侵害，应当认定因胁迫实施的民事法律行为无效。但考虑到民事活动的复杂性以及意思自治的民事基本原则，受胁迫人在其权益受损时，有权基于自身的利益衡量对民事法律行为的效力作出选择。因此，本条将因胁迫实施的民事法律行为效力规定为可撤销，同时赋予受胁迫人以撤销权。

需要注意的是，根据本条规定，无论是一方胁迫还是第三人胁迫，受胁迫人均享有对民事法律行为的撤销权。

第一百五十一条　【乘人之危导致的显失公平】一方利用对方处于危困状态、缺乏判断能力等情形，致使民事法律行为成立时显失公平的，受损害方有权请求人民法院或者仲裁机构予以撤销。

显失公平 ➤ 显失公平，是指一方当事人利用优势或者利用对方没有经验，致使双方的权利与义务明显违反公平、等价有偿原则。例如，一老农于深山采的珍贵人参，由于缺乏市场经验被人以极不合理价格购买的行为即属显失公平的行为。

本条所规定的显失公平须包括两项要件：

1. 主观上，民事法律行为的一方当事人利用了对方处于危困状态、缺乏判断能力等情形。这意味着，一方当事人主观上意识到对方当事人处于不利情境，且有利用这一不利情境之故意。所谓危困状态，一般指因陷入某种暂时性的急迫困境而对于金钱、物的需求极为迫切等，如一方利用对方家有重病患者、为治疗病患出卖房产之机，以远低于市场价格购买该房产。所谓缺乏判断能力，是指缺少基于理性考虑而实施民事法律行为或对民事法律行为的后果予以评估的能力，如金融机构的从业人员向文化水平较低的老年人兜售理财产品，由于缺少判断能力，这些老年人以高昂价格购买了实际收益率较低的理财产品。

2. 客观上，民事行为成立时显失公平。此处的显失公平是指双方当事人在民事法律行为中的权利义务明显失衡、显著不相称。至于"失衡""不相称"的具体标准，则需要结合民事法律行为的具体情形，如市场风险、交易行情、通常做法等加以判断。同时，需要说明的是，对于显失公平的判断时点，应以民事法律行为成立时为限。由于民事法律行为从成立到实际履行往往有一个过程，这一过程中的许多因素都可能对双方当事人的权利义务产生影响，如果不限定判断的时点，对于显失公平的判定将会缺少客观标准，也无法将原已存在的"权利义务失衡"结果与民事法律行为成立后当事人以外因素对权利义务产生的影响相区分。

020. 如何判断以租抵债协议是否显失公平？

以租抵债协议是否显失公平，应当从原债与新债两个方面进行衡量，结合原债的性质及数额、租赁物的使用价值、协议签订的背景等因素综合判断。以租抵债协议中被抵偿之原债权可能基于不同给付而产生，用于抵偿之给付为租赁物使用权的让渡，金钱给付变更为非金钱给付，对此类协议公平性的判断缺乏自带的参照。①

第一百五十二条 　【撤销权的消灭期间】有下列情形之一的，撤销权消灭：

（一）当事人自知道或者应当知道撤销事由之日起一年内、重大误解的当事人自知道或者应当知道撤销事由之日起九十日内没有行使撤销权；

（二）当事人受胁迫，自胁迫行为终止之日起一年内没有行使撤销权；

（三）当事人知道撤销事由后明确表示或者以自己的行为表明放弃撤销权。

当事人自民事法律行为发生之日起五年内没有行使撤销权的，撤销权消灭。

民事法律行为因不同事由被撤销的，其撤销权应当在一定期间内行使。这一点是由撤销权的性质决定的。在民法理论上，撤销权属于形成权，行为人可以通过自己的行为直接行使权利，实现权利目的。但

---

① 参见罗正环：《甲公司等与乙公司等合同纠纷案》，载《人民法院报》2020年11月12日。

是，撤销权的行使将使得可撤销的民事法律行为效力终局性地归于无效，这将对相对人的利益产生重大影响。因此，享有撤销权的权利人必须在一定期间内决定是否行使这一权利，从而保护相对人的利益，维护交易安全。这一期间被称为除斥期间，除斥期间经过，撤销权终局性地归于消灭，可撤销的民事法律行为自此成为完全有效的民事法律行为。

由于导致民事法律行为可撤销的事由多样，因此不同情况下除斥期间的起算以及期间的长短也应有所不同。本条在原《民法通则》和《合同法》规定的基础上，对撤销权的除斥期间作了以下规定：(1) 撤销权原则上应在权利人知道或者应当知道撤销事由之日起 1 年内行使，但自民事法律行为发生之日起 5 年内没有行使的，撤销权消灭。将期间起算的标准规定为"当事人自知道或者应当知道撤销事由之日"，有利于撤销权人的利益保护，防止其因不知撤销事由存在而错失撤销权的行使。同时，辅之以"自民事法律行为发生之日起五年"的客观期间，有助于法律关系的稳定，稳定交易秩序，维护交易安全。(2) 对于因重大误解享有撤销权的，权利人应在知道或者应当知道撤销事由之日起 90日内行使，否则撤销权消灭。同欺诈、胁迫、显失公平等影响意思表示自由的情形相比，重大误解权利人的撤销事由系自己造就，不应赋予其与其他撤销事由同样的除斥期间。(3) 对于因胁迫享有撤销权的，应自胁迫行为终止之日起 1 年内行使，否则撤销权消灭。同欺诈、重大误解等其他撤销事由相比，胁迫具有特殊性。受胁迫人在胁迫行为终止前，即使知道胁迫行为的存在，事实上仍然无法行使撤销权。考虑到这一特殊情况，本条将因胁迫享有撤销权的除斥期间起算规定为"自胁迫行为终止之日起"，期间仍为 1 年。(4) 对于权利人知道撤销事由后明确表示或者以自己的行为表明放弃撤销权的，撤销权消灭，不受 1 年期间的限制。权利人无论是明确表示还是通过行为表示对撤销权的放弃，均属于对自己权利的处分，依据意思自治的原则，法律予以准许。

第一百五十三条　【违反强制性规定及违背公序良俗的民事法律行为的效力】违反法律、行政法规的强制性规定的民事法律行为无效。但是，该强制性规定不导致该民事法律行为无效的除外。

违背公序良俗的民事法律行为无效。

条文解读

本条第 1 款规定，违反法律、行政法规的强制性规定的民事法律行为无效。但是，该强制性规定不导致该民事法律行为无效的除外。法律规范分为强制性规范与任意性规范。任意性规范的目的是引导、规范民事主体的行为，并不具备强制性效力，民事法律行为与任意性规范不一致的，并不影响其效力。任意性规范体现的是法律对主体实施民事法律行为的一种指引，当事人可以选择适用，也可以选择不适用。与任意性规范相对的是强制性规范，后者体现的是法律基于对国家利益、社会公共利益等的考量，对私人意思自治领域所施加的一种限制。民事主体在实施民事法律行为时，必须服从这种对行为自由的限制，否则会因对国家利益、社会公共利益等的侵害而被判定无效。但是，民事法律行为违反强制性规定无效有一种例外，即当该强制性规定本身并不导致民事法律行为无效时，民事法律行为并不无效。这里实际上涉及对具体强制性规定的性质判断问题。某些强制性规定尽管要求民事主体不得违反，但其并不导致民事法律行为无效。违反该法律规定的后果应由违法一方承担，没有违法的当事人不应承受一方违法的后果。比如，一家经营水果的商店出售种子，农户购买了该种子，该商店违法经营种子，必须承担相应违法责任，但出于保护农户的目的，不宜认定该买卖行为无效。

本条第 2 款规定，违背公序良俗的民事法律行为无效。公序良俗是公共秩序和善良习俗的简称，属于不确定概念。民法学说一般采取类型化研究的方式，将裁判实务中依据公序良俗裁判的典型案件，区别为若干公序良俗违反的行为类型。人民法院或者仲裁机构在审理案件时，如果发现待决案件事实与其中某一个类型相符，即可判定行为无效。这些类型包括但不限于：（1）危害国家政治、经济、财政、税收、金融、治安等秩序类型；（2）危害家庭关系行为类型；（3）违反性道德行为类型；（4）违反人权和人格尊重行为类型；（5）限制经济自由行为类型；（6）违反公正竞争行为类型；（7）违反消费者保护行为类型；（8）违反劳动者保护行为类型等。同强制性规定一样，公序良俗也体现了国家对民事领域意思自治的一种限制。因此，对公序良俗的违背也构成民事法律行为无效的理由。

第一百五十四条　【恶意串通】 行为人与相对人恶意串通，损害他人合法权益的民事法律行为无效。

条文解读

恶意串通 ➲ 所谓恶意串通，是指行为人与相对人互相勾结，为牟取私利而实施的损害他人合法权益的民事法律行为。恶意串通的民事法律行为在主观上要求双方有互相串通、为满足私利而损害他人合法权益的目的，客观上表现为实施了一定形式的行为来达到这一目的。尽管民法的基本原则中包含自愿原则，即当事人可以按照自己的意思设立、变更、终止民事法律关系，但民事主体却不得滥用民事权利损害国家利益、社会公共利益或者他人合法权益。

需注意的是，在虚伪表示的民事法律行为中，行为人与相对人所表示出的意思均非真意，而恶意串通的双方当事人所表达的都是内心真意，二者尽管在法律后果上相同，但不可混淆。尽管在某些情况下，双方通谋的虚伪表示也表现为主观上的恶意，且同时损害了他人的合法权益，但二者的侧重点不同，不能相互替代。

第一百五十五条　【无效或者被撤销民事法律行为自始无效】 无效的或者被撤销的民事法律行为自始没有法律约束力。

无效和被撤销的民事法律行为是自始无效的，具有溯及力，即民事法律行为一旦无效或者被撤销后，双方的权利义务状态应当恢复到这一行为实施之前的状态，已经履行的，应当恢复原状。关于本条，还有两点需要进一步说明：（1）无效的民事法律行为除自始无效外，还应当是当然无效、绝对无效。所谓当然无效，是指只要民事法律行为具备无效条件，其便当然产生无效的法律后果，无须经过特定程序的确认才无效。所谓绝对无效，是指这种民事法律行为的无效是绝对而非相对的，对包括当事人在内的其他任何人而言均是无效的。（2）对于诸如劳动关系、合伙关系等特别领域中存在的某些持续性民事法律行为无效以及被撤销的效力问题，可以考虑在具体单行法中作出特别规定。

第一百五十六条　【民事法律行为部分无效】民事法律行为部分无效，不影响其他部分效力的，其他部分仍然有效。

条文解读

本条所规定的"民事法律行为部分无效，不影响其他部分效力"的情形，主要包括以下几种：（1）民事法律行为的标的数量超过国家法律许可的范围。比如，在借贷合同中，双方当事人约定的利息高于国家限定的最高标准，则超过部分无效，不受法律保护，但在国家所限定的最高标准以内的利息仍然有效。又如，在遗嘱继承中，被继承人将其全部遗产均遗赠他人，并未给胎儿保留必要的遗产份额，违反了继承法律相关规定。因此，在遗产的应继份额范围内的那部分遗赠是无效的，但其他部分的遗赠仍然有效。（2）民事法律行为的标的可分，其中一项或数项无效。比如，同一买卖合同的标的物有多个，其中一个或数个标的物因属于国家禁止流通物而无效，其他标的物的买卖仍为有效。（3）民事法律行为的非根本性条款因违法或违背公序良俗而无效。比如，雇佣合同中有条款约定"工作期间发生的一切人身伤害，雇主概不负责"。这一条款因违反相关劳动法律以及公序良俗原则而无效，但雇佣合同的其他权利义务条款并不因此无效。

第一百五十七条 【民事法律行为无效、被撤销、不生效力的法律后果】民事法律行为无效、被撤销或者确定不发生效力后，行为人因该行为取得的财产，应当予以返还；不能返还或者没有必要返还的，应当折价补偿。有过错的一方应当赔偿对方由此所受到的损失；各方都有过错的，应当各自承担相应的责任。法律另有规定的，依照其规定。

条文解读

民事行为无效或者被撤销的法律后果 ➡ 民事行为无效或者被撤销的法律后果，是指无效民事行为或者可撤销民事行为的当事人，基于行为无效或者被撤销的法律事实，依法应承担的返还财产、赔偿损失和追缴财产等民事责任。民事行为被确认无效或者被撤销的，从行为成立时起就没有法律效力，但是这种无效只是不产生当事人预期的法律效果，而仍会产生法律直接规定的效果。

民事法律行为确定不发生效力 ➡ 民事法律行为确定不发生效力，是指民事法律行为虽已成立，但由于生效条件确定无法具备而不能生效的情况。典型的情形包括两种：一是法律、行政法规规定须经批准生效的民事法律行为，因未经批准而无法生效；二是附条件生效民事法律行为，生效条件确定无法具备。这两种情况下，民事法律行为因双方合意一致已经成立，但却不能生效，属于确定不生效。

返还财产，是指民事行为被确认为无效或者被撤销后，当事人因该行为取得的财产，应当返还给受损失的一方。如果一方取得，取得方应该将该财产返还给对方；如果双方取得，双方相互返还。返还财产的范围，以全部返还为原则。这意味着，对方给付的财产，无论返还时是否存在，原则上返还义务人须按原数或者原价返还。

对于不能返还财产，或者没有必要返还的，应当折价补偿。民事法律行为无效、被撤销或者确定不发生效力后，返还财产应当作为恢复原状的原则做法。但是，在有些情况下，返还财产并不具备现实条件或者没有必要，此时应当通过折价补偿的方式达到使财产关系恢复原状的目的。所谓财产不能返还，包括法律上的不能返还和事实上的不能返还。法律上的不能返还主要是指财产返还受到善意取得制度的影响。一方当事人将通过民事法律行为取得的财产转让给第三人，第三人取得财产时符合善意取得制度的各项要件，此时该第三人因善意取得制度成为财产的所有权人，该财产又是不可替代的。民事法律行为虽事后被确认无效、被撤销或者确定不发生效力，当事人也不能实际返还财产，只能依当时市价折价补偿给对方当事人。事实上的不能返还主要是指因标的物已经灭失，造成客观上无法返还，且原物又是不可替代物。此时，取得该财产的当事人应当依据原物的市价进行折价补偿。所谓没有必要返还财产的，主要包括以下两种情况：（1）如果当事人接受的财产是劳务或者利益，在性质上不能恢复原状，应以国家规定的价格计算，以金钱返还；没有国家规定的，按照市价或者同类劳务的报酬标准计算返还。（2）如果一方当事人是通过使用对方的知识产权获得的利益，因知识产权属于无形财产，此时应折价补偿对方当事人。

赔偿损失，是指民事行为被确认无效或者被撤销后，有过错的当事人应当赔偿对方的损失；双方都有过错的，则应各自承担相应的责任。其中"过错"包括故意和过失，无论是故意还是过失，只要给对方当事人造成损失，均要承担赔偿责任。所谓各自承担相应的责任，是指按照双方各自过错的程度以及对造成民事行为无效或撤销所起作用的大小，来确定他们所应承担的份额。在实践中，通常是将依双方过错确定的损失承担额与各自的损失相抵后，对仍有损失的一方进行赔偿。

本条除规定以上内容外，还在条文最后作了"法律另有规定的，依照其规定"的除外规定。这种情况主要是指民事法律行为效力被否定后，并非在任何情况下都存在返还财产、折价补偿或者赔偿损失的责任问题。如在民事法律行为因违法被宣告无效后，并不存在双方当事人相互返还财产的问题，而是需要根据相关法律、行政法规的规定对其予以没收、收缴等。

案例指引

007. 合同因损害社会公共利益、违背公序良俗被认定无效后，双方责任如何划分？①

饶国礼诉某物资供应站等房屋租赁合同纠纷案

（最高人民法院审判委员会讨论通过　2021 年 11 月 9 日发布）

关键词　民事/房屋租赁合同/合同效力/行政规章/公序良俗/危房

裁判要点

违反行政规章一般不影响合同效力，但违反行政规章签订租赁合同，约定将经鉴定机构鉴定存在严重结构隐患，或将造成重大安全事故的应当尽快拆除的危房出租用于经营酒店，危及不特定公众人身及财产安全，属于损害社会公共利益、违背公序良俗的行为，应当依法认定租赁合同无效，按照合同双方的过错大小确定各自应当承担的法律责任。

相关法条

《中华人民共和国民法总则》第 153 条、《中华人民共和国合同法》第 52 条、第 58 条（注：现行有效的法律为《中华人民共和国民法典》第 153 条、第 157 条）

基本案情

南昌市青山湖区晶品假日酒店（以下简称晶品酒店）组织形式为个人经营，经营者系饶国礼，经营范围及方式为宾馆服务。2011 年 7 月 27 日，晶品酒店通过公开招标的方式中标获得租赁某物资供应站所有

---

① 最高人民法院指导案例 170 号。

的南昌市青山南路 1 号办公大楼的权利，并向物资供应站出具《承诺书》，承诺中标以后严格按照加固设计单位和江西省建设工程安全质量监督管理局等权威部门出具的加固改造方案，对青山南路 1 号办公大楼进行科学、安全的加固，并在取得具有法律效力的书面文件后，再使用该大楼。同年 8 月 29 日，晶品酒店与物资供应站签订《租赁合同》，约定：物资供应站将南昌市青山南路 1 号（包含房产证记载的南昌市东湖区青山南路 1 号和东湖区青山南路 3 号）办公楼 4120 平方米建筑出租给晶品酒店，用于经营商务宾馆。租赁期限为十五年，自 2011 年 9 月 1 日起至 2026 年 8 月 31 日止。除约定租金和其他费用标准、支付方式、违约赔偿责任外，还在第五条特别约定：1. 租赁物经有关部门鉴定为危楼，需加固后方能使用。晶品酒店对租赁物的前述问题及瑕疵已充分了解。晶品酒店承诺对租赁物进行加固，确保租赁物达到商业房产使用标准，晶品酒店承担全部费用。2. 加固工程方案的报批、建设、验收（验收部门为江西省建设工程安全质量监督管理局或同等资质的部门）均由晶品酒店负责，物资供应站根据需要提供协助。3. 晶品酒店如未经加固合格即擅自使用租赁物，应承担全部责任。合同签订后，物资供应站依照约定交付了租赁房屋。晶品酒店向物资供应站给付 20 万元履约保证金，1000 万元投标保证金。中标后物质供应站退还了 800 万元投标保证金。

　　2011 年 10 月 26 日，晶品酒店与上海永祥加固技术工程有限公司签订加固改造工程《协议书》，晶品酒店将租赁的房屋以包工包料一次包干（图纸内的全部土建部分）的方式发包给上海永祥加固技术工程有限公司加固改造，改造范围为主要承重柱、墙、梁板结构加固新增墙体全部内粉刷，图纸内的全部内容，图纸、电梯、热泵。开工时间 2011 年 10 月 26 日，竣工时间 2012 年 1 月 26 日。2012 年 1 月 3 日，在加固施工过程中，案涉建筑物大部分垮塌。

　　江西省建设业安全生产监督管理站于 2007 年 6 月 18 日出具《房屋安全鉴定意见》，鉴定结果和建议是：1. 该大楼主要结构受力构件设计与施工均不能满足现行国家设计和施工规范的要求，其强度不能满足上部结构承载力的要求，存在较严重的结构隐患。2. 该大楼未进行抗震设计，没有抗震构造措施，不符合《建筑抗震设计规范》（GB50011-2001）的要求。遇有地震或其他意外情况发生，将造成重大安全事故。3. 根据《危险房屋鉴定标准》（GB50292-1999），该大楼按房屋危险性等级划分，属D级危房，应予以拆除。4. 建议：（1）应立即对大楼进行减载，减少结构上的荷载。（2）对有问题的结构构件进行加固处理。（3）目前，应对大楼加强观察，并应采取措施，确保大楼安全过渡至拆除。如发现有异常现象，应立即撤出大楼的全部人员，并向有关部门报告。（4）建议尽快拆除全部结构。

饶国礼向一审法院提出诉请：一、解除其与物资供应站于2011年8月29日签订的《租赁合同》；二、物资供应站返还其保证金220万元；三、物资供应站赔偿其各项经济损失共计281万元；四、本案诉讼费用由物资供应站承担。

物资供应站向一审法院提出反诉诉请：一、判令饶国礼承担侵权责任，赔偿其2463.5万元；二、判令饶国礼承担全部诉讼费用。

再审中，饶国礼将其上述第一项诉讼请求变更为：确认案涉《租赁合同》无效。物资供应站亦将其诉讼请求变更为：饶国礼赔偿物资供应站损失418.7万元。

裁判结果

江西省南昌市中级人民法院于2017年9月1日作出（2013）洪民一初字第2号民事判决：一、解除饶国礼经营的晶品酒店与物资供应站2011年8月29日签订的《租赁合同》；二、物质供应站应返还饶国礼投标保证金200万元；三、饶国礼赔偿物资供应站804.3万元，抵扣本判决第二项物资供应站返还饶国礼的200万元保证金后，饶国礼还应于本判决生效后十五日内给付物资供应站604.3万元；四、驳回饶国礼其他诉讼请求；五、驳回物资供应站其他诉讼请求。一审判决后，饶国礼提出上诉。江西省高级人民法院于2018年4月24日作出（2018）赣民终 173 号民事判决：一、维持江西省南昌市中级人民法院（2013）洪民一初字第 2 号民事判决第一项、第二项；二、撤销江西省南昌市中级人民法院（2013）洪民一初字第 2 号民事判决第三项、第四项、第五项；三、物资供应站返还饶国礼履约保证金 20 万元；四、饶国礼赔偿物资供应站经济损失 182.4 万元；五、本判决第一项、第三项、第四项确定的金额相互抵扣后，物资供应站应返还饶国礼 375.7 万元，该款项限物资供应站于本判决生效后 10 日内支付；六、驳回饶国礼的其他诉讼请求；七、驳回物资供应站的其他诉讼请求。饶国礼、物资供应站均不服二审判决，向最高人民法院申请再审。最高人民法院于 2018 年 9 月 27 日作出（2018）最高法民申 4268 号民事裁定，裁定提审本案。2019 年 12 月 19 日，最高人民法院作出（2019）最高法民再 97 号民事判决：一、撤销江西省高级人民法院（2018）赣民终 173 号民事判决、江西省南昌市中级人民法院（2013）洪民一初字第 2 号民事判决；二、确认饶国礼经营的晶品酒店与物资供应站签订的《租赁合同》无效；三、物资供应站自本判决发生法律效力之日起 10 日内向饶国礼返还保证金 220 万元；四、驳回饶国礼的其他诉讼请求；五、驳回物资供应站的诉讼请求。

裁判理由

最高人民法院认为：根据江西省建设业安全生产监督管理站于 2007 年 6 月 18 日出具的《房屋安全鉴定意见》，案涉《租赁合同》签订前，该合同项下的房屋存在以下安全隐患：一是主要结构受力构件设计与施工均不能满足现行国家设计和施工规范的要求，其强度不能满足上部结构承载力的要求，存在较严重的结构隐患；二是该房屋未进行抗震设计，没有抗震构造措施，不符合《建筑抗震设计规范》国家标准，遇有地震或其他意外情况发生，将造成重大安全事故。《房屋安全鉴定意见》同时就此前当地发生的地震对案涉房屋的结构造成了一定破坏、应引起业主及其上级部门足够重视等提出了警示。在上述认定基础上，江西省建设业安全生产监督管理站对案涉房屋的鉴定结果和建议是，案涉租赁房屋属于应尽快拆除全部结构的 D 级危房。据此，经有权鉴定机构鉴定，案涉房屋已被确定属于存在严重结构隐患、或将造成重大安全事故的应当尽快拆除的 D 级危房。根据中华人民共和国住房和城乡建设部《危险房屋鉴定标准》（2016 年 12 月 1 日实施）第 6.1 条规定，房屋危险性鉴定属 D 级危房的，系指承重结构已不能满足安全使用要求，房屋整体处于危险状态，构成整幢危房。尽管《危险房屋鉴定标准》第7.0.5 条规定，对评定为局部危房或整幢危房的房屋可按下列方式进行处理：1. 观察使用；2. 处理使用；3. 停止使用；4. 整体拆除；5. 按相关规定处理。但本案中，有权鉴定机构已经明确案涉房屋应予拆除，并建议尽快拆除该危房的全部结构。因此，案涉危房并不具有可在加固后继续使用的情形。《商品房屋租赁管理办法》第六条规定，不符合安全、防灾等工程建设强制性标准的房屋不得出租。《商品房屋租赁管理办法》虽在效力等级上属部门规章，但是，该办法第六条规定体现的是对社会公共安全的保护以及对公序良俗的维护。结合本案事实，在案涉房屋已被确定属于存在严重结构隐患、或将造成重大安全事故、应当尽快拆除的 D 级危房的情形下，双方当事人仍签订《租赁合同》，约定将该房屋出租用于经营可能危及不特定公众人身及财产安全的商务酒店，明显损害了社会公共利益、违背了公序良俗。从维护公共安全及确立正确的社会价值导向的角度出发，对本案情形下合同效力的认定应从严把握，司法不应支持、鼓励这种为追求经济利益而忽视公共安全的有违社会公共利益和公序良俗的行为。故依照《中华人民共和国民法总则》第一百五十三条第二款关于违背公序良俗的民事法律行为无效的规定，以及《中华人民共和国合同法》第五十二条第四项关于损害社会公共利益的合同无效的规定，确认《租赁合同》无效。关于案涉房屋倒塌后物资供应站支付给他人的补偿费用问题，因物资供应站应对《租赁合同》的无效承担主要责任，根据《中华人民共和国合同法》第五十八条"合同无效后，双方都有过错的，应当各自承担相应的责任"的规定，上述费用应由物资供应站自行承担。因饶国礼对于《租赁合同》无效亦有过错，故对饶国礼的损失依照《中华人民共和国合同法》第五十八条的规定，亦应由其自行承担。饶国礼向物资供应站支付的 220 万元保证金，因《租赁合同》系无效合同，物资供应站基于该合同取得的该款项依法应当退还给饶国礼。

关联参见

《民法典总则编解释》第 23 条

第四节　民事法律行为的附条件和附期限

第一百五十八条　【附条件的民事法律行为】民事法律行为可以附条件，但是根据其性质不得附条件的除外。附生效条件的民事法律行为，自条件成就时生效。附解除条件的民事法律行为，自条件成就时失效。

条文解读

附条件的民事法律行为 ➲ 民事法律行为中所附的条件，是指当事人以未来客观上不确定发生的事实，作为民事法律行为效力的附款。所附条件具有以下特点：（1）条件系当事人共同约定，并作为民事法律行为的一部分内容。条件体现的是双方约定一致的意思，这是与法定条件最大的不同之处，后者是指由法律规定的、不由当事人意思决定并具有普遍约束力的条件。当事人不得以法定条件作为其所附条件。（2）条件是未来可能发生的事实。这意味着，已经过去的、现在的以及将来确定不会发生的事实不能作为民事法律行为的所附条件。如果是将来必然发生的事实，应当作为附期限。应当注意，这种条件事实发生的不确定性应当是客观存在的，如果仅仅是当事人认为事实发生与否不确定，但实际上必然发生或者不发生的，也不能作为所附条件。（3）所附条件是当事人用以限定民事法律行为效力的附属意思表示。应当将所附条件与民事法律行为中的供货条件、付款条件等相互区分，后者是民事法律行为自身内容的一部分而非决定效力的附属意思表示。(4)所附条件中的事实应为合法事实,违法事实不能作为民事法律行为的附条件,如不能约定以故意伤害他人作为合同生效的条件。

以所附条件决定民事法律行为效力发生或消灭为标准,条件可以分为生效条件和解除条件。所谓生效条件,是指使民事法律行为效力发生或者不发生的条件。生效条件具备之前,民事法律行为虽已成立但未生效,其效力是否发生处于不确定状态。条件具备,民事法律行为生效;条件不具备,民事法律行为就不生效。比如,甲乙签订房屋买卖合同,同意甲将所居住的房产出卖给乙,但条件是甲出国定居,不在国内居住。在条件具备时,此房屋买卖合同才生效。所谓解除条件,又称消灭条件,是指对已经生效的民事法律行为,当条件具备时,该民事法律行为失效;如果该条件确定不具备,则该民事法律行为将继续有效。

在附条件的民事法律行为中,所附条件的出现与否将直接决定民事法律行为的效力状态。附生效条件的民事法律行为,自条件成就时生效。附解除条件的民事法律行为,自条件成就时失效。需要特别指出的是,附条件的民事法律行为虽然在所附条件出现时才生效或失效,但在条件尚未具备时,民事法律行为对于当事人仍然具有法律约束力,当事人不得随意变更或者撤销。因此,可以将附条件的民事法律行为的效力分为条件成就前效力和条件成就后效力。

对于附生效条件的民事法律行为来说,条件成就前的效力表现为当事人不得随意变更、撤销民事法律行为以及对于民事法律行为生效的期待权;对于附解除条件的民事法律行为来说,条件成就前的效力表现为条件具备后民事法律行为效力归于消灭的期待权。民事法律行为以可以附条件为原则,这是意思自治原则的体现,但对于某些行为而言,则依其性质不得附条件。这主要是指某些民事法律行为的性质要求其应当即时、确定地发生效力,不允许效力处于不确定状态,因此不得附条件。比如,票据行为,为保障其流通性,不得附条件;撤销权、解除权等形成权的行使,本身就是为了使不确定的法律关系尽快确定，如果允许其附条件，会使本不确定的法律关系更加不确定，因此不得附条件。

第一百五十九条 【条件成就或不成就的拟制】附条件的民事法律行为，当事人为自己的利益不正当地阻止条件成就的，视为条件已经成就；不正当地促成条件成就的，视为条件不成就。

第一百六十条 【附期限的民事法律行为】民事法律行为可以附期限，但是根据其性质不得附期限的除外。附生效期限的民事法律行为，自期限届至时生效。附终止期限的民事法律行为，自期限届满时失效。

条文解读

附期限的民事法律行为 ➲ 当事人除可以通过附条件决定民事法律行为效力状态之外，还可通过对民事法律行为附期限的方式来决定民事法律行为的效力发生与终止。这同样体现了当事人意思自治的民事基本原则。与所附条件相比，民事法律行为所附期限具有以下特点：第一，条件的发生与否属于不确定的事实，但期限的到来则是确定发生的事实。因此，对附期限的民事法律行为来说，其生效或失效本身并不具有或然性，是将来一定能够发生的事实。第二，附期限的民事法律行为体现了当事人对民事法律行为生效或失效的期限约定，所附期限属于民事法律行为的附属意思表示，体现了双方的意思自治。第三，期限的到来是必然确定的，但到来的具体时日却未必十分确定。

根据所附期限决定民事法律行为的生效或失效，期限可以分为生效期限和终止期限。所谓生效期限，是指决定民事法律行为效力发生的期限。期限届至，民事法律行为生效；期限届至前，民事法律行为虽已成立但并未生效。所谓终止期限，是指决定民事法律行为效力消灭的期限。期限届至，民事法律行为失效；期限届至前，民事法律行为始终有效。

第七章 代 理

第一节 一般规定

第一百六十一条 【代理的适用范围】民事主体可以通过代理人实施民事法律行为。

依照法律规定、当事人约定或者民事法律行为的性质，应当由本人亲自实施的民事法律行为，不得代理。

第一百六十二条 【代理的效力】代理人在代理权限内，以被代理人名义实施的民事法律行为，对被代理人发生效力。

条文解读

代理的效力 ◆ 根据本条规定，代理人在代理权限内，以被代理人名义实施的民事法律行为，对被代理人发生效力。这里所说的"对被代理人发生效力"，是指民事法律行为产生的法律效果归属于被代理人，即代理人实施的民事法律行为所设立、变更、终止民事法律关系的一切结果都归属于被代理人。一方面，代理的民事法律行为有效时，形成的权利义务应当由被代理人承受；另一方面，代理的民事法律行为无效时，引起的赔偿损失等民事责任也应当由被代理人承担。但代理人实施的民事法律行为并不都能发生代理的效力，根据本条规定，必须符合下列两个条件：

一是代理人在代理权限内实施民事法律行为。代理人超越代理权限实施民事法律行为的，除符合《民法典》第172条规定的表见代理的构成要件外，为无权代理，须经被代理人追认才能对被代理人产生效力。代理分为法定代理和指定代理，法定代理中代理人的代理权限由法律直接作出规定，比如《民法典》第34条第1款规定："监护人的职责是代理被监护人实施民事法律行为，保护被监护人的人身权利、财产权利以及其他合法权益等。"这一条就是对监护人作为法定代理人时代理权限的规定。《民法典》第43条第1款规定："财产代管人应当妥善管理失踪人的财产，维护其财产权益。"这一条是对失踪人的财产代管人作为法定代理人时代理权限的规定。

委托代理中代理人的权限则由被代理人在授予代理人时确定，该权限的范围原则上由被代理人自由决定。委托代理权限分为两类，即特别代理权和概括代理权。特别代理权是指授权代理人为一项或者一类特定行为，如授权代理人转让或者出租某物，授权代理人在一定数额内买卖股票等。概括代理权是指授权代理人为被代理人处理一切民事法律行为，如《民法典》第920条规定："委托人可以特别委托受托人处理一项或者数项事务，也可以概括委托受托人处理一切事务。"划分特别代理权和概括代理权的意义在于，使代理人能够明确自己可以从事哪些代理活动，也使第三人知道代理人的身份和权限，使之有目的、有选择地与其共同实施订立合同等民事法律行为，以防止因代理权限不明确而引起不必要的纠纷。如果发生了纠纷，也便于根据代理权限确定当事人之间的相互责任。

二是代理人必须以被代理人的名义实施民事法律行为。代理在实施民事法律行为时，必须以被代理人的名义进行，即明确向相对人表明是替被代理人来实施该民事法律行为。

第一百六十三条　【代理的类型】代理包括委托代理和法定代理。

委托代理人按照被代理人的委托行使代理权。法定代理人依照法律的规定行使代理权。

第一百六十四条　【不当代理的民事责任】代理人不履行或者不完全履行职责，造成被代理人损害的，应当承担民事责任。

代理人和相对人恶意串通，损害被代理人合法权益的，代理人和相对人应当承担连带责任。

第二节　委托代理

第一百六十五条　**【授权委托书】**委托代理授权采用书面形式的，授权委托书应当载明代理人的姓名或者名称、代理事项、权限和期限，并由被代理人签名或者盖章。

条文解读

授权委托书 ➡ 根据《民法典》第135条的规定，在法律、行政法规没有特别规定或者当事人没有约定的情况下，委托代理授权可以采取书面形式、口头形式或者其他形式中的任何一种。其中，书面形式是最主要的一种授权形式，称为授权委托书。根据本条规定，授权委托书的内容包括代理人的姓名或者名称、代理事项、代理权限、代理期间等，被代理人还应当在授权委托书上签名或者盖章。本条规定是对授权委托书应当包括的内容的提示性规定，目的是减少实践中的纠纷。

第一百六十六条　**【共同代理】**数人为同一代理事项的代理人的，应当共同行使代理权，但是当事人另有约定的除外。

第一百六十七条　**【违法代理的责任承担】**代理人知道或者应当知道代理事项违法仍然实施代理行为，或者被代理人知道或者应当知道代理人的代理行为违法未作反对表示的，被代理人和代理人应当承担连带责任。

实务应用

021. 代理违法造成第三人损害的，被代理人或者代理人承担责任的情形有哪些？

第一，代理事项违法，但代理人不知道或者不应当知道该代理事项违法，此时应由被代理人承担民事责任。例如，甲将假冒伪劣产品委托乙代为销售，但乙不知道该产品为假冒伪劣产品，则甲应承担民事责任，乙不承担民事责任。

第二，代理事项违法，代理人知道或者应当知道该代理事项违法仍然实施了代理行为，此时代理人与被代理人应当承担连带责任。例如，甲将假冒伪劣产品委托乙代为销售，乙知道该产品为假冒伪劣产品仍然对外销售，则甲和乙承担连带责任。

第三，代理事项不违法，但代理人实施了违法的代理行为，被代理人不知道或者不应当知道该行为违法，或者知道后表示反对的，此时应由代理人承担民事责任。例如，甲委托乙销售合法产品，乙将该产品贴上假冒商标进行销售，甲对此毫不知情，则乙应承担民事责任，甲不承担民事责任。

第四，代理事项不违法，但代理人实施了违法的代理行为，被代理人知道或者应当知道该行为违法但未作反对表示的，此时被代理人应与代理人承担连带责任。例如，甲委托乙销售合法产品，乙将该产品贴上假冒商标进行销售，甲知道后装作不知情，则甲和乙承担连带责任。

第一百六十八条 **【禁止自己代理和双方代理】**代理人不得以被代理人的名义与自己实施民事法律行为，但是被代理人同意或者追认的除外。

代理人不得以被代理人的名义与自己同时代理的其他人实施民事法律行为，但是被代理的双方同意或者追认的除外。

条文解读

自己代理 ➡ 自己代理是指代理人以被代理人的名义与自己实施民事法律行为。在实践中，自己代理主要有两种情况：一是代理人以自己的名义向被代理人发出要约且代理人以被代理人的名义予以承诺；二是代理人以被代理人的名义向自己发出要约且以自己的名义予以承诺。比如，甲授权乙销售一吨钢材，乙以甲的名义将钢材卖给自己，便构成自己代理。又如，甲授权乙购买一吨钢材，乙以甲的名义向自己购买钢材，也构成自己代理。

双方代理 ➡ 双方代理是指代理人同时代理被代理人和相对人实施同一民事法律行为。构成双方代理，必须符合两个条件：一是代理人必须既获得被代理人的委托代理授权，又获得相对人的委托代理授权。二是代理人同时代理双方为同一民事法律行为的当事人。比如，甲授权乙销售一吨钢材，丙授权乙购买一吨钢材，乙作为两方的代理人以甲和丙的名义签署一份钢材买卖合同，便构成双方代理。

第一百六十九条　【复代理】 代理人需要转委托第三人代理的，应当取得被代理人的同意或者追认。

转委托代理经被代理人同意或者追认的，被代理人可以就代理事务直接指示转委托的第三人，代理人仅就第三人的选任以及对第三人的指示承担责任。

转委托代理未经被代理人同意或者追认的，代理人应当对转委托的第三人的行为承担责任；但是，在紧急情况下代理人为了维护被代理人的利益需要转委托第三人代理的除外。

条文解读

复代理 ➡ 复代理，又称再代理、转代理或者次代理，是指代理人为了实施其代理权限内的行为，而以自己的名义为被代理人选任代理人的代理。与复代理相对的是本代理，或者称原代理，是指被代理人直接选任代理人而成立的代理。在复代理关系中，存在原代理人和复代理人两个代理人，存在原代理人对被代理人的代理和复代理人对被代理人的代理两层代理。

复代理主要有以下特征：（1）以本代理的存在为前提。必须有一个本代理，才能在其基础上产生复代理。没有本代理，复代理就无从谈起。（2）复代理人是原代理人以自己的名义选任的代理人。原代理人以自己的名义选任复代理人是复代理的重要特征。如果是被代理人自己选任，当然就是本代理。如果复代理人以被代理人的名义选任另一个代理人，则不属于复代理，而是在该代理人与被代理人之间直接产生一个新的代理关系。（3）复代理人行使的代理权是原代理人的代理权，但原代理人的代理权并不因此丧失。复代理人是由原代理人以自己名义选任的，其代理权直接来源于原代理人的代理权，而且权限范围不得大于原代理权的权限范围。同时，原代理人选任复代理人后，其代理权并不因此而消灭，仍然保有其代理人地位，其与被代理人之间的代理法律关系没有发生变化。如果代理人失去其代理权，而向被代理人推介他人接替自己担任代理人的，是向被代理人推介新代理人的行为，而不是选任复代理人的行为。（4）复代理人是被代理人的代理人，而不是代理人的代理人。复代理人以被代理人的名义实施民事法律行为，其法律效果直接归属于被代理人。如果复代理人以代理人的名义实施民事法律行为，就不是复代理，而属于一般代理。

第一百七十条 【**职务代理**】执行法人或者非法人组织工作任务的人员，就其职权范围内的事项，以法人或者非法人组织的名义实施的民事法律行为，对法人或者非法人组织发生效力。

法人或者非法人组织对执行其工作任务的人员职权范围的限制，不得对抗善意相对人。

第一百七十一条 【**无权代理**】行为人没有代理权、超越代理权或者代理权终止后，仍然实施代理行为，未经被代理人追认的，对被代理人不发生效力。

相对人可以催告被代理人自收到通知之日起三十日内予以追认。被代理人未作表示的，视为拒绝追认。行为人实施的行为被追认前，善意相对人有撤销的权利。撤销应当以通知的方式作出。

行为人实施的行为未被追认的，善意相对人有权请求行为人履行债务或者就其受到的损害请求行为人赔偿。但是，赔偿的范围不得超过被代理人追认时相对人所能获得的利益。

相对人知道或者应当知道行为人无权代理的，相对人和行为人按照各自的过错承担责任。

条文解读

无权代理 ➡ 广义上的无权代理，是指行为人（无权代理人）没有代理权仍以被代理人名义实施民事法律行为。代理权的存在是代理法律关系成立的前提，行为人只有基于代理权才能以被代理人的名义从事代理行为。一般来说，行为人没有代理权，其实施的民事法律行为对被代理人而言就应当不产生代理的效力。但实践情况错综复杂，无权代理发生的原因多种多样，简单地一概否定无权代理的效力，一方面，未必完全符合被代理人的利益；另一方面，也不能置善意地相信代理人有代理权的相对人的利益不顾，否则将对交易安全、便捷造成较大冲击。因此，各国、各地区一般都区分情况，以有无代理权表象为标准，将无权代理分为表见代理和狭义的无权代理两类，赋予其不同的法律效果。本条规定的就是狭义的无权代理，即指行为人没有代理权，也不具有使相对人有理由相信其有代理权的外部表象的代理。下文提到的无权代理，如无特别指出，都仅指狭义的无权代理。

催告权 ➡ 所谓催告权，是指相对人催促被代理人在一定期限内明确答复是否承认无权代理行为。根据本条第 2 款的规定，催告权的行使一般具有以下要件：一是要求被代理人在一定的期限内作出答复，本条第 2 款规定的期限为 30 日；二是催告应当以通知的方式作出；三是催告的意思必须向被代理人作出。

撤销权 ➡ 为了维护当事人之间的利益平衡，本条第 2 款还规定相对人享有撤销权。这里的撤销权，是指相对人在被代理人未追认无权代理行为之前，可撤回其对行为人所作的意思表示。相对人撤销权的行使必须满足以下条件：一是必须在被代理人作出追认之前作出，如果被代理人已经对无权代理行为作出了追认，该民事法律行为就对被代理人产生了效力，相对人就不能再撤销其意思表示了。二是相对人在行为人实施民事法律行为时必须是善意的，也就是说，相对人在作出意思表示时，并不知道对方是无权代理的。如果明知对方是无权代理而仍与对方共同实施民事法律行为，那么相对人就无权撤销其意思表示。三是撤销应当以通知的方式作出。

实务应用

022. 无权代理的类型有哪些？

本条将无权代理分为三种类型：

（1）没有代理权的无权代理。其是指行为人根本没有得到被代理人的授权，就以被代理人名义从事的代理。比如，行为人伪造他人的公章、合同书或者授权委托书等，假冒他人的名义实施民事法律行为，就是典型的无权代理。

（2）超越代理权的无权代理。其是指行为人与被代理人之间有代理关系存在，行为人有一定的代理权，但其实施的代理行为超出了代理权范围的代理。比如，甲委托乙购买 300 台电视机，但是乙擅自与他人签订了购买 500 台电视机的合同，或者甲委托乙购买电视机，但是乙购买了电冰箱，这些都是超越代理权的无权代理。

（3）代理权终止后的无权代理。其是指行为人与被代理人之间原本有代理关系，由于法定情形的出现使得代理权终止，但是行为人仍然从事的代理。法定情形主要指《民法典》第 173 条规定的情形，包括代理期限届满、代理事务完成和被代理人取消委托等。

023. 无权代理行为的效力如何？

行为人没有代理权却以被代理人的名义实施民事法律行为，不合被代理人意愿，法律效果不能直接及于被代理人，本当无效。但是，考虑到行为人实施的民事法律行为并非都对被代理人不利，有些对被代理人可能是有利的；而且，既然代理行为已经完成，行为人有为被代理人实施民事法律行为的意思表示，相对人有意与被代理人缔约，如果被代理人愿意事后承认，从鼓励交易、维护交易秩序稳定以及更好地保护各方当事人利益的角度出发，也没有必要一概否定其效力。因此，法律规定了一定条件，如果符合法定条件的，允许行为人实施的民事法律行为对被代理人发生效力。

根据本条规定，对于无权代理行为，被代理人可以追认该行为，使之确定地发生法律效力，也可以拒绝追认使之确定地不发生法律效力；善意相对人可以在被代理人追认前行使撤销权使之确定地不发生法律效力，如果相对人希望尽早确定其效力，可以催告被代理人予以追认。

024. 行为人（无权代理人）的责任是什么？

行为人实施的行为未被被代理人追认时，则其实施的民事法律行为的效力不能对被代理人发生效力，此时，行为人对相对人应当承担责任。根据本条第3款、第4款的规定，行为人承担的责任基于相对人是否善意而有所区别。

（1）相对人为善意时。本条第3款规定："行为人实施的行为未被追认的，善意相对人有权请求行为人履行债务或者就其受到的损害请求行为人赔偿。但是，赔偿的范围不得超过被代理人追认时相对人所能获得的利益。"根据本款规定，行为人实施的无权代理行为未被被代理人追认时，允许相对人选择，或者让行为人直接承担行为后果，或者让行为人承担损害赔偿责任。

要注意的是，如果善意相对人要求行为人承担损害赔偿责任，本款对赔偿责任的范围作了一定的限制，即"赔偿的范围不得超过被代理人追认时相对人所能获得的利益"。也就是说，赔偿的范围不得超过履行利益。这主要考虑到善意相对人对因无权代理而遭受损害也有一定的过失，不能因此而多获利益，应当对行为人的赔偿责任适当加以限制。

（2）相对人为恶意时。根据本条第 4 款的规定，相对人知道或者应当知道行为人无权代理的，相对人和行为人按照各自的过错承担责任。此时，行为人和相对人对无权代理都心知肚明，法律自无对哪一方加以保护的必要，双方应当根据各自的过错来确定相应的责任。

关联参见

《民法典总则编解释》第 27 条、第 29 条

第一百七十二条 【表见代理】行为人没有代理权、超越代理权或者代理权终止后，仍然实施代理行为，相对人有理由相信行为人有代理权的，代理行为有效。

条文解读

表见代理 ➡ 所谓表见代理，是指行为人虽无代理权但实施代理行为，如果相对人有理由相信其有代理权，该代理行为有效。如前所述，无权代理非经被代理人追认，不对被代理人发生效力，这是为了保护被代理人的合法权益，维护其意思自治，不让其承担不测之损害。但在某些情况下，相对人是善意的且无过失，如果完全尊重被代理人的意思，强令代理行为无效，置善意相对人利益于不顾，势必影响交易安全。要求相对人在任何情况下都必须详细考察被代理人的真正意思，不仅要花费很大的成本，实际中也很难做到。因此，只要相对人对行为人有代理权形成了合理信赖，即使实际情况相反，也应保护这种信赖利益，在一定程度上牺牲被代理人的利益，而将无权代理的效果归属于被代理人，以维护交易安全。本条便是基于以上理由，规定了表见代理制度。

构成表见代理需要满足以下条件：（1）行为人并没有获得被代理人的授权就以被代理人的名义与相对人实施民事法律行为。本条规定了没有代理权、超越代理权或者代理权终止三种情形。（2）相对人在主观上

必须是善意、无过失的。所谓善意，是指相对人不知道或者不应当知道行为人实际上是无权代理；所谓无过失，是指相对人的这种不知道不是因为其疏忽大意造成的。

实务应用

025. **在银行工作人员实施犯罪行为引发民事责任的情形下，如何判断银行工作人员是否构成表见代理？**

银行工作人员在从事业务活动中实施犯罪行为，如果其行为构成表见代理，则应认定银行与相对人之间的合同成立；反之，不能认定银行与相对人之间存在合同关系，银行不应承担合同责任。在银行工作人员实施的犯罪活动中，如果相对人存在过错，则不能认定银行工作人员的行为构成表见代理。对于相对人是否存在过错，可从其是否尽到适当的注意义务、其行为对银行工作人员实施犯罪所起的作用等方面加以综合判断。在银行正常业务中，基于对银行的信赖，相对人只需要尽一般注意义务即可。但在非正常业务中，相对人应尽充分的注意义务。①

关联参见

《民法典总则编解释》第28条

第三节 代理终止

第一百七十三条 【委托代理的终止】有下列情形之一的，委托代理终止：

（一）代理期限届满或者代理事务完成；

（二）被代理人取消委托或者代理人辞去委托；

（三）代理人丧失民事行为能力；

---

① 参见冒金山：《高某钰与某银行泰兴广源支行、某银行泰兴支行金融委托理财合同纠纷案》，载杜万华主编：《商事审判指导》（总第45辑），人民法院出版社2019年版，第140页。

（四）代理人或者被代理人死亡；

（五）作为代理人或者被代理人的法人、非法人组织终止。

第一百七十四条 【委托代理终止的例外】被代理人死亡后，有下列情形之一的，委托代理人实施的代理行为有效：

（一）代理人不知道且不应当知道被代理人死亡；

（二）被代理人的继承人予以承认；

（三）授权中明确代理权在代理事务完成时终止；

（四）被代理人死亡前已经实施，为了被代理人的继承人的利益继续代理。

作为被代理人的法人、非法人组织终止的，参照适用前款规定。

第一百七十五条 【法定代理的终止】有下列情形之一的，法定代理终止：

（一）被代理人取得或者恢复完全民事行为能力；

（二）代理人丧失民事行为能力；

（三）代理人或者被代理人死亡；

（四）法律规定的其他情形。

第八章　民事责任

第一百七十六条 【民事责任】民事主体依照法律规定或者按照当事人约定，履行民事义务，承担民事责任。

条文解读

民事责任 ➡ 民事责任的基本特征有两个方面：

1. 民事责任是民事主体违反民事义务所应承担的责任，是以民事义务为基础的。法律规定或者当事人约定民事主体应当做什么和不应当做什么，即要求应当为一定的行为或者不为一定的行为，这就是民事主体的义务。法律也同时规定了违反民事义务的后果，即应当承担的责任，这就是民事责任。民事责任不同于民事义务，民事责任是违反民事义务的后果，而不是民事义务本身。本条规定民事主体依照法律规定或者按照当事人约定履行民事义务，根据这一规定，民事义务包括法律直接规定的义务和在法律允许的范围内民事主体自行约定的义务。

2. 民事责任具有强制性。强制性是法律责任的重要特征。民事责任的强制性表现在对不履行民事义务的行为予以制裁，要求民事主体承担民事责任。

第一百七十七条 　【按份责任】二人以上依法承担按份责任，能够确定责任大小的，各自承担相应的责任；难以确定责任大小的，平均承担责任。

第一百七十八条 　【连带责任】二人以上依法承担连带责任的，权利人有权请求部分或者全部连带责任人承担责任。

连带责任人的责任份额根据各自责任大小确定；难以确定责任大小的，平均承担责任。实际承担责任超过自己责任份额的连带责任人，有权向其他连带责任人追偿。

连带责任，由法律规定或者当事人约定。

条文解读

连带责任 ➡ 连带责任，是指依照法律规定或者当事人的约定，两个或者两个以上当事人对共同产生的不履行民事义务的民事责任承担全部责任，并因此引起内部债务关系的一种民事责任。连带责任是一项重要的责任承担方式。连带责任可能基于合同产生，也可能基于侵权行为导致。在司法实践中，连带责任是不履行义务的行为人承担责任的一种重要方式。连带责任的意义在于增加责任主体的数量，加强对受损害人的保护，确保受损害人获得赔偿。

连带责任对外是一个整体的责任。连带责任中的每个主体都需要对被损害者承担全部责任。被请求承担全部责任的连带责任主体，不得因自己的过错程度而只承担自己的责任。连带责任给了被损害者更多的选择权，被损害者可以请求一个或者数个连带责任人承担全部或者部分的赔偿责任。连带责任是法定责任，连带责任人之间不能约定改变责任的性质，对于内部责任份额的约定对外不发生效力。在一个或者数个连带责任人清偿了全部责任后，实际承担责任的人有权向其他连带责任人追偿。行使追偿权的前提是连带责任人实际承担了超出自己责任的份额。

实务应用

026. 网店售卖"年检神器"帮助尾气不合格的车辆规避年度检测，是否需与车主承担连带责任？

网店售卖"年检神器"帮助尾气不合格的车辆规避年度检测，构成以弄虚作假的方式教唆或协助机动车车主实施大气污染行为，应当与环境侵权行为实施人机动车车主承担连带侵权责任。依据《民法典》第 178 条之规定，原告有权请求部分连带责任人承担全部赔偿责任；网络平台服务未违反《民法典》第 1195 条第 1 款和第 2 款规定的"通知—删除"义务或者不具有显而易见违法情形的，可排除网络信息平台服务提供者连带责任的适用。[①]

第一百七十九条　【民事责任的承担方式】 承担民事责任的方式主要有：

（一）停止侵害；

（二）排除妨碍；

（三）消除危险；

（四）返还财产；

[①] 参见《中国生物多样性保护与绿色发展基金会诉深圳市某环保有限公司、浙江某网络有限公司大气污染责任纠纷案》，载中国法院网 https：//www.chinacourt.org/article/detail/2020/05/id/5195797.shtml，最后访问日期：2024 年 4 月 1 日。

（五）恢复原状；

（六）修理、重作、更换；

（七）继续履行；

（八）赔偿损失；

（九）支付违约金；

（十）消除影响、恢复名誉；

（十一）赔礼道歉。

法律规定惩罚性赔偿的，依照其规定。

本条规定的承担民事责任的方式，可以单独适用，也可以合并适用。

条文解读

本条规定了 11 种承担民事责任的方式，各有特点，可以单独采用一种方式，也可以采用多种方式。具体适用民事责任的方式掌握的原则是，如果一种方式不足以救济权利人的，就应当同时适用其他方式。据此，本条第 3 款规定，本条规定的承担民事责任的方式，可以单独适用，也可以合并适用。

停止侵害 ➡ 停止侵害主要是要求行为人不实施某种侵害。这种责任方式能够及时制止侵害，防止侵害后果的扩大。例如，某人正在散布谣言诽谤他人，受害人有权请求其停止侵害。采用这种责任方式以不履行民事义务正在进行或者仍在延续为条件，对于未发生或者已经终止的不履行义务的情形不适用。人民法院根据受害人的请求，依据案件的具体情况，可以在审理案件之前发布停止侵害令，或者在审理过程中发布停止侵害令，也可以在判决中责令行为人停止侵害。

排除妨碍 ➡ 排除妨碍是指行为人实施的行为使他人无法行使或者不能正常行使人身、财产权益，受害人可以要求行为人排除妨碍权益实施的障碍。例如，某人在他人家门口堆放垃圾，妨碍他人通行，同时污染了他人的居住环境，受害人有权请求行为人将垃圾清除。受害人也可以自己排除妨碍，但排除妨碍的费用由行为人承担。

消除危险 ➡ 消除危险是指行为人的行为对他人人身、财产权益造成现实威胁，他人有权要求行为人采取有效措施消除这种现实威胁。例如，某人的房屋由于受到大雨冲刷随时有倒塌可能，危及邻居的人身、财产安全，但房屋的所有人不采取措施。此时，邻居可以请求该房屋的所有人采取措施消除这种危险。适用这种责任方式必须是危险确实存在，对他人人身、财产安全造成现实威胁，但尚未发生实际损害。

返还财产 ➡ 返还财产责任是因行为人无权占有他人财产而产生。没有法律或者合同根据占有他人财产，就构成无权占有，侵害了他人财产权益，行为人应当返还该财产。例如，某人借用他人的电脑到期不还据为己有，构成了无权占有，电脑所有人有权要求无权占有人返还电脑。适用返还财产责任方式的前提是该财产还存在，如果该财产已经灭失，就不可能适用该责任方式，受害人只能要求赔偿损失；该财产虽然存在，但已经损坏的，权利人可以根据自己的意愿，请求返还财产、恢复原状或者赔偿损失等。

恢复原状 ➡ 恢复原状是指行为人通过修理等手段使受到损坏的财产恢复到损坏发生前的状况的一种责任方式。采取恢复原状责任方式要符合以下条件：一是受到损坏的财产仍然存在且有恢复原状的可能性。受到损坏的财产不存在或者恢复原状是不可能的，受害人可以请求选择其他责任方式如赔偿损失。二是恢复原状有必要，即受害人认为恢复原状是必要的且具有经济上的合理性。恢复原状若没有经济上的合理性，就不宜适用该责任方式。如果修理后不能或者不能完全达到受损前状况的，义务人还应当对该财产价值贬损的部分予以赔偿。

修理、重作、更换 ➡ 修理、重作、更换主要是违反合同应当承担的民事责任形式，是违反合同后所采取的补救措施。修理包括对产品、工作成果等标的物质量瑕疵的修补，也包括对服务质量瑕疵的改善，这是最为普遍的补救方式。在存在严重的质量瑕疵，以致不能通过修理达到约定的或者法定的质量情形下，受损害方可以选择更换或者重作的补救方式。例如，修建的房屋不符合要求，义务人应当无偿地进行修理；加工制作的产品不符合约定，虽经修理也不能使用，义务人就应当重作。修理、重作、更换不是恢复原状。如果违法行为将损坏的财产修理复原，则是承担恢复原状的责任。

继续履行 ➔ 继续履行就是按照合同的约定继续履行义务。当事人订立合同都是追求一定的目的，这一目的直接体现在对合同标的的履行，义务人只有按照合同约定的标的履行，才能实现权利人订立合同的目的。所以，继续履行合同是当事人一方违反合同后，应当负的一项重要的民事责任。对合同一方当事人不能自觉履行合同的，另一方当事人有权请求违约方继续履行合同或者请求人民法院、仲裁机构强制违约当事人继续履行合同。

赔偿损失 ➔ 赔偿损失是指行为人向受害人支付一定数额的金钱以弥补其损失的责任方式，是运用较为广泛的一种责任方式。赔偿的目的，最基本的是补偿损害，使受到损害的权利得到救济，使受害人恢复到未受到损害前的状态。

支付违约金 ➔ 违约金是当事人在合同中约定的或者由法律直接规定的一方违反合同时应向对方支付一定数额的金钱，这是违反合同可以采用的承担民事责任的方式，只适用于合同当事人有违约金约定或者法律规定违反合同应支付违约金的情形。违约金的标的物通常是金钱，但是当事人也可以约定违约金标的物为金钱以外的其他财产。违约金按照产生的根据可以分为法定违约金和约定违约金。法定违约金是由法律直接规定违约的情形和应当支付违约金的数额。只要当事人一方发生法律规定的违约情况，就应当按照法律规定的数额向对方支付违约金。如果违约金是由当事人约定的，为约定违约金。约定违约金是一种合同关系，有的称为违约金合同。约定违约金又被看成一种附条件合同，只有在违约行为发生的情况下，违约金合同生效；违约行为不发生，违约金合同不生效。当事人约定违约金的，一方违约时，应当按照该约定支付违约金。如果约定的违约金低于造成的损失的，当事人可以请求人民法院或者仲裁机构予以增加；约定的违约金过分高于造成的损失的，当事人可以请求人民法院或者仲裁机构予以适当减少。如果当事人专门就迟延履行约定违约金的，该种违约金仅是违约方对其迟延履行所承担的违约责任，因此，违约方支付违约金后还应当继续履行义务。

消除影响、恢复名誉 ➡ 消除影响、恢复名誉是指人民法院根据受害人的请求，责令行为人在一定范围内采取适当方式消除对受害人名誉的不利影响，以使其名誉得到恢复的一种责任方式。具体适用消除影响、恢复名誉，要根据侵害行为所造成的影响和受害人名誉受损的后果决定。处理的原则是，行为人应当根据造成不良影响的大小，采取程度不同的措施给受害人消除不良影响，如在报刊上或者网络上发表文章损害他人名誉权的，就应当在该报刊或者网站上发表书面声明，对错误内容进行更正。消除影响、恢复名誉主要适用于侵害名誉权等情形，一般不适用侵犯隐私权的情形，因为消除影响、恢复名誉一般是公开进行的，如果适用于隐私权的保护，有可能进一步披露受害人的隐私，造成进一步的影响。

赔礼道歉 ➡ 赔礼道歉是指行为人通过口头、书面或者其他方式向受害人进行道歉，以取得谅解的一种责任方式。赔礼道歉主要适用于侵害名誉权、荣誉权、隐私权、姓名权、肖像权等人格权益的情形。赔礼道歉可以是公开的，也可以私下进行；可以以口头方式进行，也可以以书面方式进行，具体采用什么形式由法院依据案件的具体情况作出。

惩罚性赔偿 ➡ 本条第 2 款规定，法律规定惩罚性赔偿的，依照其规定。惩罚性赔偿是指当侵权人（义务人）以恶意、故意、欺诈等的方式实施加害行为而致权利人受到损害的，权利人可以获得实际损害赔偿之外的增加赔偿。其目的是通过对义务人施以惩罚，阻止其重复实施恶意行为，并警示他人不要采取类似行为。

关联参见

《药品管理法》第 144 条；《商标法》第 63 条；《食品安全法》第

148条;《电子商务法》第42条;《消费者权益保护法》第50条、第52条、第55条;《最高人民法院关于审理旅游纠纷案件适用法律若干问题的规定》第15条

第一百八十条 【不可抗力】因不可抗力不能履行民事义务的,不承担民事责任。法律另有规定的,依照其规定。

不可抗力是不能预见、不能避免且不能克服的客观情况。

条文解读

不可抗力 ➡ 不可抗力是指不能预见、不能避免且不能克服的客观情况。对不能预见的理解,应是根据现有的技术水平,一般对某事件发生没有预知能力。人们对某事件的发生的预知能力取决于当代的科学技术水平。不能避免且不能克服,应是指当事人已经尽到最大努力和采取一切可以采取的措施,仍不能避免某个事件的发生并不能克服事件所造成的后果。其表明某个事件的发生和事件所造成的后果具有必然性。

通常情况下,因不可抗力不能履行民事义务的,不承担民事责任。但法律规定因不可抗力不能履行民事义务,也要承担民事责任的则需要依法承担民事责任。例如《民用航空法》规定,民用航空器造成他人损害的,民用航空器的经营人只有能够证明损害是武装冲突、骚乱造成的,或者是因受害人故意造成的,才能免除其责任。因不可抗力的自然灾害造成的,不能免除民用航空器经营人的责任。举例来说,民用飞机在空中遭雷击坠毁,造成地面人员伤亡。航空公司不能以不可抗力为由,对受害人予以抗辩。

关联参见

《电力法》第60条;《旅游法》第67条;《水污染防治法》第96条;《铁路法》第18条

第一百八十一条　【正当防卫】因正当防卫造成损害的，不承担民事责任。

正当防卫超过必要的限度，造成不应有的损害的，正当防卫人应当承担适当的民事责任。

条文解读

正当防卫 ➡ 正当防卫是指本人、他人的人身权利、财产权利遭受不法侵害时，行为人所采取的一种防卫措施。正当防卫作为行为人不承担责任和减轻责任的情形，其根据是行为的正当性、合法性，表明行为人主观上没有过错。正当防卫是法律赋予当事人自卫的权利，是属于受法律鼓励的行为，目的是保护当事人本人、他人不受侵犯。

正当防卫应当同时具备以下六个要件：（1）必须是为了使本人、他人的人身、财产权利免受不法侵害而实施的。《刑法》第20条第1款规定，为了使国家、公共利益、本人或者他人的人身、财产和其他权利免受正在进行的不法侵害，而采取的制止不法侵害的行为，对不法侵害人造成损害的，属于正当防卫，不负刑事责任。本条虽然没有对正当防卫的内容作出规定，但应与我国刑法的规定一致。（2）必须有不法侵害行为发生。所谓不法侵害行为，是指对某种权利或者利益的侵害为法律所明文禁止，既包括犯罪行为，也包括其他违法的侵害行为。（3）必须是正在进行的不法侵害。正当防卫的目的是制止不法侵害，避免危害结果的发生，因此，不法侵害必须是正在进行的，而不是尚未开始，或者已经实施完毕，或者实施者确已自动停止。否则，就是防卫不适时，应当承担民事责任。（4）必须是本人、他人的人身权利、财产权利遭受不法侵害，在来不及请求有关国家机关救助的情况下实施的防卫行为。（5）必须是针对不法侵害者本人实行。正当防卫行为不能对没有实施不法侵害行为的第三者（包括不法侵害者的家属）造成损害。（6）不能明显超过必要限度造成损害。正当防卫是有益于社会的合法行为，但应受一定限度的制约，即正当防卫应以足以制止不法侵害为限。只有同时满足以上六个要件，才能构成正当防卫，防卫人才能免予承担民事责任。

本条规定，正当防卫超过必要的限度，造成不应有的损害的，正当防卫人应当承担适当的民事责任。对于正当防卫是否超过必要的限度，人民法院应当综合不法侵害的性质、手段、强度、危害程度和防卫的时机、手段、强度、损害后果等因素判断。学术界有各种各样的学说，多数意见认为，从权衡各方利益的角度考虑，既要有利于维护防卫人的权益，也要考虑到对不法行为人的合法权益的保护，防卫行为应以足以制止不法侵害为必要限度。从防卫的时间上讲，对于侵害人已经被制服或者侵害人已经自动停止侵害行为的，防卫人不得再进行攻击行为。从防卫手段上讲，能够用较缓和的手段进行有效防卫的情况下，不允许用激烈手段进行防卫。对于没有明显危及人身、财产等重大利益的不法侵害行为，不允许采取造成重伤等手段对侵害人进行防卫。正当防卫超过必要限度，造成侵害人不应有的损害的，正当防卫人应当承担适当的民事责任。所谓适当的民事责任，是指不对侵害人的全部损失赔偿，而是根据正当防卫人过错的程度，由正当防卫人在损失范围内承担一部分责任。

第一百八十二条　【紧急避险】因紧急避险造成损害的，由引起险情发生的人承担民事责任。

危险由自然原因引起的，紧急避险人不承担民事责任，可以给予适当补偿。

紧急避险采取措施不当或者超过必要的限度，造成不应有的损害的，紧急避险人应当承担适当的民事责任。

条文解读

紧急避险 ➡ 紧急避险是指为了使本人或者他人的人身、财产权利免受正在发生的危险，不得已采取的紧急避险行为，造成损害的，不承担责任或者减轻责任的情形。危险有时来自人的行为，有时来自自然原因。不管危险来源于哪儿，紧急避险人避让风险、排除危险的行为都有其正当性、合法性。

紧急避险的构成要件：（1）必须是为了使本人、他人的人身、财产权利免受危险的损害。我国《刑法》第21条规定，为了使国家、公共利益、本人或者他人的人身、财产和其他权利免受正在发生的危险，不得已采取的紧急避险行为，造成损害的，不负刑事责任。本条虽然没有对紧急避险的内容作出明确规定，但是应与我国刑法的规定一致，紧急避险应当是使本人或者他人的人身、财产和其他权利免受正在发生的危险，不得已采取的避险行为。（2）必须是对正在发生的危险采取的紧急避险行为。倘若危险已经消除或者尚未发生，或者虽然已经发生但不会对合法权益造成损害，则不得采取紧急避险措施。某人基于对危险状况的误解、臆想而采取紧急避险措施，造成他人利益损害的，应向他人承担民事责任。（3）必须是在不得已情况下采取避险措施。所谓不得已，是指当事人面对突然而遇的危险，不得不采取紧急避险措施，以保全更大的利益，且这个利益是法律所保护的。（4）避险行为不能超过必要的限度。所谓不能超过必要的限度，是指在面临紧急危险时，避险人须采取适当的措施，以尽可能小的损害保全更大的利益，即紧急避险行为所引起的损害应轻于危险所可能带来的损害。只有同时满足以上四个要件，才能构成紧急避险，行为人（避险人）免予承担民事责任。

紧急避险人造成本人或者他人损害的，由引起险情发生的人承担责任。而当危险是由自然原因引起的，则区分两种情况：（1）紧急避险人是为了他人的利益，由受益人给予适当补偿。造成第三人利益损害的，免予对第三人承担责任。例如，甲、乙、丙系邻居，丙的房子因雷击失火，甲为了引消防车进入灭火，推倒了乙的院墙，使消防车进入后及时扑灭了丙家的大火。按照紧急避险的抗辩事由，甲对乙不承担责任。（2）紧急避险人是为了本人的利益造成第三人利益损害的，则其不承担责任，但应当对第三人的损害给予补偿。

紧急避险不当 ➡️ "紧急避险采取措施不当"是指在当时的情况下能够采取可能减少或者避免损害的措施而未采取，或者采取的措施并非排除险情所必须。紧急避险"超过必要的限度"是指采取紧急避险措施没有减轻损害，或者紧急避险所造成的损害大于所保全的利益。因紧急避险采取措施不当或者超过必要的限度，造成不应有的损害的，紧急避险人应当承担适当的责任。紧急避险采取措施不当，是指在当时的情况下能够采取可能减少或者避免损害的措施而未采取，或者采取的措施并非排除险情所必需。

第一百八十三条 【因保护他人民事权益而受损的责任承担】

因保护他人民事权益使自己受到损害的，由侵权人承担民事责任，受益人可以给予适当补偿。没有侵权人、侵权人逃逸或者无力承担民事责任，受害人请求补偿的，受益人应当给予适当补偿。

案例指引

008. 行为人非因法定职责、法定义务或约定义务，为保护国家、社会公共利益或者他人的人身、财产安全，实施阻止不法侵害者逃逸的行为，能否认定为见义勇为？[1]

张庆福、张殿凯诉朱振彪生命权纠纷案

（最高人民法院审判委员会讨论通过 2018年12月19日发布）

关键词 民事/生命权/见义勇为

裁判要点

行为人非因法定职责、法定义务或约定义务，为保护国家、社会公共利益或者他人的人身、财产安全，实施阻止不法侵害者逃逸的行为，人民法院可以认定为见义勇为。

---

[1] 最高人民法院指导案例98号。

相关法条

《中华人民共和国侵权责任法》第6条①

《中华人民共和国道路交通安全法》第70条

基本案情

原告张庆福、张殿凯诉称：2017年1月9日，被告朱振彪驾驶奥迪小轿车追赶骑摩托车的张永焕。后张永焕弃车在前面跑，被告朱振彪也下车在后面继续追赶，最终导致张永焕在迁曹线90公里495米处（滦南路段）撞上火车身亡。朱振彪在追赶过程中散布和传递了张永焕撞死人的失实信息；在张永焕用语言表示自杀并撞车实施自杀行为后，朱振彪仍然追赶，超过了必要限度；追赶过程中，朱振彪手持木凳、木棍，对张永焕的生命造成了威胁，并数次漫骂张永焕，对张永焕的死亡存在主观故意和明显过错，对张永焕死亡应承担赔偿责任。

被告朱振彪辩称：被告追赶交通肇事逃逸者张永焕的行为属于见义勇为行为，主观上无过错，客观上不具有违法性，该行为与张永焕死亡结果之间不存在因果关系，对张永焕的意外死亡不承担侵权责任。

法院经审理查明：2017年1月9日上午11时许，张永焕由南向北驾驶两轮摩托车行驶至古柳线青坨鹏盛水产门口，与张雨来无证驾驶同方向行驶的无牌照两轮摩托车追尾相撞，张永焕跌倒、张雨来倒地受伤、摩托车受损，后张永焕起身驾驶摩托车驶离现场。此事故经曹妃甸交警部门认定：张永焕负主要责任，张雨来负次要责任。

事发当时，被告朱振彪驾车经过肇事现场，发现肇事逃逸行为即驾车追赶。追赶过程中，朱振彪多次向柳赞边防派出所、曹妃甸公安局110指挥中心等公安部门电话报警。报警内容主要是：柳赞镇一道档北两辆摩托车相撞，有人受伤，另一方骑摩托车逃逸，报警人正在跟随逃逸人，请出警。朱振彪驾车追赶张永焕过程中不时喊"这个人把人怼了逃跑呢"等内容。张永焕驾驶摩托车行至滦南县胡各庄镇西梁各庄村内时，弃车从南

---

① 现为《民法典》第1165条。

门进入该村村民郑如深家，并从郑如深家过道屋拿走菜刀一把，从北门走出。朱振彪见张永焕拿刀，即从郑如深家中拿起一个木凳，继续追赶。后郑如深赶上朱振彪，将木凳讨回，朱振彪则拿一木棍继续追赶。追赶过程中，有朱振彪喊"你怼死人了往哪跑！警察马上就来了"，张永焕称"一会儿我就把自己砍了"，朱振彪说"你把刀扔了我就不追你了"之类的对话。

走出西梁各庄村后，张永焕跑上滦海公路，有向过往车辆冲撞的行为。在被李江波驾驶的面包车撞倒后，张永焕随即又站起来，在路上行走一段后，转向铁路方向的开阔地跑去。在此过程中，曹妃甸区交通局路政执法大队副大队长郑作亮等人加入，与朱振彪一起继续追赶，并警告路上车辆，小心慢行，这个人想往车上撞。

张永焕走到迁曹铁路时，翻过护栏，沿路暂而行，朱振彪亦翻过护栏继续跟随。朱振彪边追赶边劝阻张永焕说：被撞到的那个人没事儿，你也有家人，知道了会惦记你的，你自首就中了。2017 年 1 月 9 日 11时 56 分，张永焕自行走向两铁轨中间，51618 次火车机车上的视频显示，朱振彪挥动上衣，向驶来的列车示警。2017 年 1 月 9 日 12 时 02 分，张永焕被由北向南行驶的 51618 次火车撞倒，后经检查被确认死亡。

在朱振彪跟随张永焕的整个过程中，两人始终保持一定的距离，未曾有过身体接触。朱振彪有劝张永焕投案的语言，也有责骂张永焕的言辞。

另查明，张雨来在与张永焕发生交通事故受伤后，当日先后被送到曹妃甸区医院、唐山市工人医院救治，于当日回家休养，至今未进行伤情鉴定。张永焕死亡后其第一顺序法定继承人有二人，即其父张庆福、其子张殿凯。

2017 年 10 月 11 日，大秦铁路股份有限公司大秦车务段滦南站作为甲方，与原告张殿凯作为乙方，双方签订《铁路交通事故处理协议》，协议内容"2017 年 1 月 9 日 12 时 02 分，51618 次列车运行在曹北站至滦南站之间 90 公里 495 处，将擅自进入铁路线路的张永焕撞死，构成一般 B 类事故；死者张永焕负事故全部责任；铁路方在无过错情况下，赔偿原告张殿凯 4 万元。"

裁判结果

河北省滦南县人民法院于 2018 年 2 月 12 日作出（2017）冀 0224 民初 3480 号民事判决：驳回原告张庆福、张殿凯的诉讼请求。一审宣判后，原告张庆福、张殿凯不服，提出上诉。审理过程中，上诉人张庆福、张殿凯撤回上诉。河北省唐山市中级人民法院于 2018 年 2 月 28 日作出（2018）冀 02 民终 2730 号民事裁定：准许上诉人张庆福、张殿凯撤回上诉。一审判决已发生法律效力。

裁判理由

法院生效裁判认为：张庆福、张殿凯在本案二审审理期间提出撤回上诉的请求，不违反法律规定，准许撤回上诉。

本案焦点问题是被告朱振彪行为是否具有违法性；被告朱振彪对张永焕的死亡是否具有过错；被告朱振彪的行为与张永焕的死亡结果之间是否具备法律上的因果关系。

首先，案涉道路交通事故发生后张雨来受伤倒地昏迷，张永焕驾驶摩托车逃离。被告朱振彪作为现场目击人，及时向公安机关电话报警，并驱车、徒步追赶张永焕，敦促其投案，其行为本身不具有违法性。同时，根据《中华人民共和国道路交通安全法》第七十条规定，交通肇事发生后，车辆驾驶人应当立即停车、保护现场、抢救伤者，张永焕肇事逃逸的行为违法。被告朱振彪作为普通公民，挺身而出，制止正在发生的违法犯罪行为，属于见义勇为，应予以支持和鼓励。

其次，从被告朱振彪的行为过程看，其并没有侵害张永焕生命权的故意和过失。根据被告朱振彪的手机视频和机车行驶影像记录，双方始终未发生身体接触。在张永焕持刀声称自杀意图阻止他人追赶的情况下，朱振彪拿起木凳、木棍属于自我保护的行为。在张永焕声称撞车自杀，意图阻止他人追赶的情况下，朱振彪和路政人员进行了劝阻并提醒来往车辆。考虑到交通事故事发突然，当时张雨来处于倒地昏迷状态，在此情况下被告朱振彪未能准确判断张雨来伤情，在追赶过程中有时喊话传递的信息不准确或语言不文明，但不构成民事侵权责任过错，也不影响追赶行为的性质。在张永焕为逃避追赶，跨越铁路围栏、进入火车运行区间之后，被告朱振彪及时予以高声劝阻提醒，同时挥衣向火车司机示警，仍未能阻止张永焕死亡结果的发生。故该结果与朱振彪的追赶行为之间不具有法律上的因果关系。

综上，原告张庆福、张殿凯一审中提出的诉讼请求理据不足，不予支持。

第一百八十四条 **【紧急救助的责任豁免】** 因自愿实施紧急救助行为造成受助人损害的，救助人不承担民事责任。

条文解读

紧急救助 ➡ 因自愿实施紧急救助行为造成受助人损害的，救助人不承担民事责任。本条规定包括以下几个方面：

1. 救助人自愿实施紧急救助行为。自愿实施紧急救助行为是指一般的见义勇为或者乐于助人的行为，不包括专业救助行为。本条所称的救助人是指非专业人员，即一般的见义勇为或者乐于助人的志愿人员。专业救助人员通常掌握某一领域内的专业知识、专业技能，并根据其工作性质有义务救助并专门从事救助工作。专业救助人员经过专业学习或者训练，在实施紧急救助行为时应该有知识和能力避免因救助行为造成受助人不应有的损害。因此，为与专业救助人员实施救助行为相区别，本条明确了"自愿"的前提条件。

2. 救助人以救助为目的实施紧急救助行为。本条所称的救助行为应是在紧急情况下，救助人实施的救助他人的行为。救助人不承担民事责任的条件之一是救助人需以"救助"受助人为行为的主观目的。当受助人由于自身健康等原因处于紧急情况需要救助时，救助人是以救助受助人为目的，为了受助人的利益实施的紧急救助行为。

3. 受助人的损害与救助人的行为有因果关系。在实践中，虽然救助人出于救助目的实施救助行为，但由于救助行为经常发生在受助人突发疾病等紧急状态，救助人一般未受过专业的救助训练，有的不能很好掌握专业救助技能，有的情况下，可能发生因救助人的救助行为造成受助人损害的情形。适用本条规定，须受助人受到的损害与救助人的行为有因果关系，即在紧急救助过程中，因为救助人的行为造成受助人的损害。

4. 救助人对因救助行为造成受助人的损害不承担民事责任。

第一百八十五条　【英雄烈士人格利益的保护】侵害英雄烈士等的姓名、肖像、名誉、荣誉，损害社会公共利益的，应当承担民事责任。

条文解读

本条保护的对象"英雄烈士等"包括为了人民利益英勇斗争而牺牲，堪为楷模的人，还包括在保卫国家和国家建设中作出巨大贡献、建立卓越功勋，已经故去的人。

实务应用

027. 细节考据、观点争鸣等是否构成贬损、曲解英烈事迹的侵权事由？

对侵害英雄烈士名誉、荣誉等行为，英雄烈士的近亲属依法向人民法院提起诉讼的，人民法院应予受理。英雄烈士事迹和精神是中华民族的共同历史记忆和社会主义核心价值观的重要体现，英雄烈士的名誉、荣誉等受法律保护。人民法院在审理侵害英雄烈士名誉、荣誉等案件时，不仅要依法保护相关个人权益，还应发挥司法彰显公共价值功能，维护社会公共利益。任何组织和个人以细节考据、观点争鸣等名义对英雄烈士的事迹和精神进行污蔑和贬损，属于歪曲、丑化、亵渎、否定英雄烈士事迹和精神的行为，应当依法承担法律责任。[①]

---

① 参见最高人民法院指导案例 99 号。

009. 在互联网空间侮辱、诋毁、贬损、亵渎烈士名誉、荣誉，是否应当承担法律责任？①

2020年6月15日，戍边烈士肖思远在边境冲突中誓死捍卫祖国领土，突围后又义无反顾返回营救战友，遭敌围攻壮烈牺牲，于2021年2月被中央军委追记一等功。2021年2月至4月间，陈某在人民日报、央视新闻、头条新闻等微博账号发布的纪念、缅怀肖思远烈士的文章下，发表针对肖思远烈士的不当评论内容共计20条，诋毁其形象和荣誉。公益诉讼起诉人认为，陈某的行为侵害戍边烈士肖思远的名誉和荣誉，损害社会公共利益，故向人民法院提起民事公益诉讼，请求判令陈某在全国性的新闻媒体上公开赔礼道歉、消除影响。

生效裁判认为，《民法典》第185条侧重保护的是已经成为社会公共利益重要组成部分的英雄烈士的人格利益。英雄烈士是中华民族最优秀群体的代表，英雄烈士和他们所体现的爱国主义、英雄主义精神，是我们党魂、国魂、军魂、民族魂的不竭源泉和重要支撑，是中华民族精神的集中反映。英雄烈士的事迹和精神是中华民族的共同记忆，是社会主义核心价值观的重要体现。抹黑英雄烈士，既是对社会主义核心价值观的否定和瓦解，也容易对人民群众的价值观念造成恶劣影响。陈某在互联网空间多次公开发表针对肖思远烈士名誉、荣誉的严重侮辱、诋毁、贬损、亵渎言论，伤害了国民的共同情感和民族精神，污染了社会风气，不利于民族共同记忆的赓续、传承，更是对社会主义核心价值观的严重背离，已构成对社会公共利益的侵害。故判决陈某在全国性的新闻媒体上向社会公众公开赔礼道歉、消除影响。

习近平总书记指出，一切民族英雄都是中华民族的脊梁，他们的事

---

① 参见《人民法院贯彻实施民法典典型案例（第二批）》（2023年1月12日发布），杭州市临平区人民检察院诉陈某英雄烈士保护民事公益诉讼案，载最高人民法院网 https://www.court.gov.cn/zixun/xiangqing/386521.html，最后访问日期：2024年4月1日。

迹和精神都是激励我们前行的强大力量。英烈不容诋毁，法律不容挑衅。《民法典》第185条"英烈条款"的核心要义是保护英雄烈士的人格利益，维护社会公共利益，弘扬尊崇英烈、扬善抑恶的精神风气。肖思远烈士为国戍边守土，遭敌围攻壮烈牺牲，其英雄事迹必将为人民群众缅怀铭记。该案适用民法典规定，认定陈某的行为侵害肖思远烈士的名誉、荣誉，损害了社会公共利益，鲜明表达了人民法院严厉打击和制裁抹黑英雄烈士形象行为的坚定立场，向全社会传递了热爱英雄、崇尚英雄、捍卫英雄的强烈态度。

第一百八十六条 【违约责任与侵权责任的竞合】因当事人一方的违约行为，损害对方人身权益、财产权益的，受损害方有权选择请求其承担违约责任或者侵权责任。

第一百八十七条 【民事责任优先】民事主体因同一行为应当承担民事责任、行政责任和刑事责任的，承担行政责任或者刑事责任不影响承担民事责任；民事主体的财产不足以支付的，优先用于承担民事责任。

关联参见

《产品质量法》第 64 条；《食品安全法》第 147 条；《公司法》第 263 条；《刑法》第 36 条

第九章　诉讼时效

第一百八十八条 【普通诉讼时效】向人民法院请求保护民事权利的诉讼时效期间为三年。法律另有规定的，依照其规定。

诉讼时效期间自权利人知道或者应当知道权利受到损害以及义务人之日起计算。法律另有规定的，依照其规定。但是，自权利受到损害之日起超过二十年的，人民法院不予保护，有特殊情况的，人民法院可以根据权利人的申请决定延长。

诉讼时效 ➡ 诉讼时效是权利人在法定期间内不行使权利，该期间届满后，发生义务人可以拒绝履行其给付义务效果的法律制度。该制度有利于促使权利人及时行使权利，维护交易秩序和安全。《民法典》将原《民法通则》规定的普通诉讼时效期间从 2 年延长为 3 年，自权利人知道或者应当知道权利受到损害以及义务人之日起计算。法律另有规定的，根据特别规定优于一般规定的原则，优先适用特别规定。

考虑到在极端情况下，可能发生从权利被侵害的事实出现到权利人知道这一事实，超过普通诉讼时效期间的情况。因此，有必要配套规定客观主义起算点的最长权利保护期间加以限制。应当指出，这种最长权利保护期间并非一种独立的期间类型，是制度设计上的一种补足，在性质上是不变期间，本条将最长权利保护期规定为 20 年。如 20 年期间仍不够用的，人民法院可以根据权利人的申请决定延长。

关联参见

《保险法》第 26 条；《拍卖法》第 61 条；《环境保护法》第 66 条；《民法典总则编解释》第 35—37 条

第一百八十九条 【分期履行债务诉讼时效的起算】当事人约定同一债务分期履行的，诉讼时效期间自最后一期履行期限届满之日起计算。

条文解读

分期债务履行 ➡ 分期履行债务是按照当事人事先约定，分批分次完成一个债务履行的情况。分期付款买卖合同是最典型的分期履行债务。分期履行债务具有整体性和唯一性，系本条规定的同一债务，诉讼时效期间自该一个债务履行期限届满之日起计算。

第一百九十条　【对法定代理人请求权诉讼时效的起算】无民事行为能力人或者限制民事行为能力人对其法定代理人的请求权的诉讼时效期间，自该法定代理终止之日起计算。

第一百九十一条　【未成年人遭受性侵害的损害赔偿诉讼时效的起算】未成年人遭受性侵害的损害赔偿请求权的诉讼时效期间，自受害人年满十八周岁之日起计算。

条文解读

理解本条规定时应注意两点：

一是诉讼时效是权利人在法定期间内不行使权利，该期间届满后，义务人拒绝履行其给付义务的法律制度，即诉讼时效期间是权利人可以行使权利的"最晚"期间。在权利受到损害后、诉讼时效期间届满前的时间范围内，权利人都可以主张权利。因此，未成年人遭受性侵害的，在年满18周岁之前，其法定代理人当然可以代为行使请求权。此处的请求权应当认为是法定代理人代为向人民法院的请求，人民法院依法作出的生效判决具有既判力，受害人在年满18周岁之后对相关处理不满意要求再次处理的，应当符合民事诉讼法等法律的规定。需注意的是，如果年满18周岁之前，其法定代理人选择与侵害人私了的方式解决纠纷，受害人在年满18周岁之后，可以依据本条的规定请求损害赔偿。未成年人遭受性侵害的损害赔偿请求权的诉讼时效期间，自受害人年满18周岁之日起计算。其具体的诉讼时效期间，适用《民法典》第188条3年的普通诉讼时效期间的规定，即从年满18周岁之日起计算3年；符合《民法典》第194条、第195条诉讼时效中止、中断情形的，可以相应中止、中断。

二是未成年人遭受性侵害的损害赔偿请求权的诉讼时效期间，自受害人年满18周岁之日起计算。其具体的诉讼时效期间，适用《民法典》第188条3年的普通诉讼时效期间的规定，即从年满18周岁之日起计算3年；符合《民法典》第194条、第195条诉讼时效中止、中断情形的，可以相应中止、中断。

第一百九十二条 【诉讼时效届满的法律效果】诉讼时效期间届满的，义务人可以提出不履行义务的抗辩。

诉讼时效期间届满后，义务人同意履行的，不得以诉讼时效期间届满为由抗辩；义务人已经自愿履行的，不得请求返还。

第一百九十三条 【诉讼时效援用】人民法院不得主动适用诉讼时效的规定。

第一百九十四条 【诉讼时效的中止】在诉讼时效期间的最后六个月内，因下列障碍，不能行使请求权的，诉讼时效中止：

（一）不可抗力；

（二）无民事行为能力人或者限制民事行为能力人没有法定代理人，或者法定代理人死亡、丧失民事行为能力、丧失代理权；

（三）继承开始后未确定继承人或者遗产管理人；

（四）权利人被义务人或者其他人控制；

（五）其他导致权利人不能行使请求权的障碍。

自中止时效的原因消除之日起满六个月，诉讼时效期间届满。

条文解读

诉讼时效中止 ➡ 诉讼时效中止，是因法定事由的存在使诉讼时效停止进行，待法定事由消除后继续进行的制度。在诉讼时效进行中的某一时间内，出现了权利人主张权利的客观障碍，导致权利人无法在诉讼时效期间内行使权利，可能产生不公平的结果，因此法律规定了诉讼时效中止制度。

第一百九十五条 【诉讼时效的中断】有下列情形之一的，诉讼时效中断，从中断、有关程序终结时起，诉讼时效期间重新计算：

（一）权利人向义务人提出履行请求；

（二）义务人同意履行义务；

（三）权利人提起诉讼或者申请仲裁；

（四）与提起诉讼或者申请仲裁具有同等效力的其他情形。

条文解读

诉讼时效中断 ➡ 诉讼时效中断，是指诉讼时效期间进行过程中，出现了权利人积极行使权利的法定事由，从而使已经经过的诉讼时效期间归于消灭，重新计算期间的制度。

权利人不行使权利是诉讼时效制度存在的事实基础，如果在诉讼时效期间内出现了与这一基础事实相反的事实，就必须使已经经过的时效期间归于无效，否则就背离了诉讼时效制度的设立宗旨。诉讼时效中断的特征表现为，一是发生于诉讼时效的进行中，诉讼时效尚未开始计算或者已经届满的情况下排除其适用。二是发生了一定的法定事由导致诉讼时效存在的基础被推翻。三是它使已经进行的诉讼时效重新起算，以前经过的期间归于消灭。

关联参见

《最高人民法院关于审理民事案件适用诉讼时效制度若干问题的规定》第8—17条；《最高人民法院关于债务人在约定的期限届满后未履行债务而出具没有还款日期的欠款条诉讼时效期间应从何时开始计算问题的批复》；《民法典总则编解释》第38条

第一百九十六条 【不适用诉讼时效的情形】下列请求权不适用诉讼时效的规定：

（一）请求停止侵害、排除妨碍、消除危险；

（二）不动产物权和登记的动产物权的权利人请求返还财产；

（三）请求支付抚养费、赡养费或者扶养费；

（四）依法不适用诉讼时效的其他请求权。

028. 房屋买受人请求开发商的办证请求权是否适用诉讼时效？

买受人请求出卖人支付逾期办证违约金，从合同约定或者法定期限届满之日起计算诉讼时效期间。而物权变动是指所有权过户、抵押权发生等物权变动事实，不动产物权变动模式为"债权合意+登记生效主义"。双方订立商品房买卖合同的目的是发生商品房物权变动，在此过程中，登记显然属于物权行为，买受人依据合同享有的办证请求权应为物权请求权，因而不适用诉讼时效。即便逾期办证违约金因超过诉讼时效而未获法院支持，买受人仍然可以请求开发商继续履行办证义务。[①]

案例指引

010. 业主能否拒绝缴纳专项维修资金？[②]

上海市虹口区久乐大厦小区业主大会诉
上海环亚实业总公司业主共有权纠纷案

（最高人民法院审判委员会讨论通过　2016 年 9 月 19 日发布）

关键词　民事/业主共有权/专项维修资金/法定义务/诉讼时效

裁判要点

专项维修资金是专门用于物业共用部位、共用设施设备保修期满后的维修和更新、改造的资金，属于全体业主共有。缴纳专项维修资金是业主为维护建筑物的长期安全使用而应承担的一项法定义务。业主拒绝缴纳专项维修资金，并以诉讼时效提出抗辩的，人民法院不予支持。

相关法条

《中华人民共和国民法通则》第 135 条[③]

---

① 参见林金文：《梁某诉某房地产开发公司商品房销售合同纠纷案》，载《人民司法·案例》2018 年第 35 期。
② 最高人民法院指导案例 65 号。
③ 现为《民法典》第 188 条。《民法典》规定普通诉讼时效期间为 3 年。

《中华人民共和国物权法》第 79 条、第 83 条第 2 款①

《物业管理条例》第 7 条第 4 项、第 54 条第 1 款、第 2 款

基本案情

2004 年 3 月，被告上海环亚实业总公司（以下简称环亚公司）取得上海市虹口区久乐大厦底层、二层房屋的产权，底层建筑面积 691.36平方米、二层建筑面积 910.39 平方米。环亚公司未支付过上述房屋的专项维修资金。2010 年 9 月，原告久乐大厦小区业主大会（以下简称久乐业主大会）经征求业主表决意见，决定由久乐业主大会代表业主提起追讨维修资金的诉讼。久乐业主大会向法院起诉，要求环亚公司就其所有的久乐大厦底层、二层的房屋向原告缴纳专项维修资金 57566.9元。被告环亚公司辩称，其于 2004 年获得房地产权证，至本案诉讼有 6年之久，原告从未主张过维修资金，该请求已超过诉讼时效，不同意原告诉请。

裁判结果

上海市虹口区人民法院于 2011 年 7 月 21 日作出（2011）虹民三（民）初字第 833 号民事判决：被告环亚公司应向原告久乐业主大会缴纳久乐大厦底层、二层房屋的维修资金 57566.9 元。宣判后，环亚公司向上海市第二中级人民法院提起上诉。上海市第二中级人民法院于 2011年 9 月 21 日作出（2011）沪二中民二（民）终字第 1908 号民事判决：驳回上诉，维持原判。

裁判理由

法院生效裁判认为：《中华人民共和国物权法》（以下简称《物权法》）第七十九条规定，"建筑物及其附属设施的维修资金，属于业主共有。经业主共同决定，可以用于电梯、水箱等共有部分的维修。"《物业管理条例》第五十四条第二款规定，"专项维修资金属于业主所有，专项用于物业保修期满后物业共用部位、共用设施设备的维修和更新、

---

① 现分别为《民法典》第 281 条、第 286 条第 2 款，下同。

改造，不得挪作他用"。《住宅专项维修资金管理办法》（建设部、财政部令第 165 号）（以下简称《办法》）第二条第二款规定，"本办法所称住宅专项维修资金，是指专项用于住宅共用部位、共用设施设备保修期满后的维修和更新、改造的资金。"依据上述规定，维修资金性质上属于专项基金，系为特定目的，即为住宅共用部位、共用设施设备保修期满后的维修和更新、改造而专设的资金。它在购房款、税费、物业费之外，单独筹集、专户存储、单独核算。由其专用性所决定，专项维修资金的缴纳并非源于特别的交易或法律关系，而是为了准备应急性地维修、更新或改造区分所有建筑物的共有部分。由于共有部分的维护关乎全体业主的共同或公共利益，所以维修资金具有公共性、公益性。

《物业管理条例》第七条第四项规定，业主在物业管理活动中，应当履行按照国家有关规定交纳专项维修资金的义务。第五十四条第一款规定："住宅物业、住宅小区内的非住宅物业或者与单幢住宅楼结构相连的非住宅物业的业主，应当按照国家有关规定交纳专项维修资金。"依据上述规定，缴纳专项维修资金是为特定范围的公共利益，即建筑物的全体业主共同利益而特别确立的一项法定义务，这种义务的产生与存在仅仅取决于义务人是否属于区分所有建筑物范围内的住宅或非住宅所有权人。因此，缴纳专项维修资金的义务是一种旨在维护共同或公共利益的法定义务，其只存在补缴问题，不存在因时间经过而可以不缴的问题。

业主大会要求补缴维修资金的权利，是业主大会代表全体业主行使维护小区共同或公共利益之职责的管理权。如果允许某些业主不缴纳维修资金而可享有以其他业主的维修资金维护共有部分而带来的利益，其他业主就有可能在维护共有部分上支付超出自己份额的金钱，这违背了公平原则，并将对建筑物的长期安全使用，对全体业主的共有或公共利益造成损害。

基于专项维修资金的性质和业主缴纳专项维修资金义务的性质，被告环亚公司作为久乐大厦的业主，不依法自觉缴纳专项维修资金，并以业主大会起诉追讨专项维修资金已超过诉讼时效进行抗辩，该抗辩理由不能成立。原告根据被告所有的物业面积，按照同期其他业主缴纳专项维修资金的计算标准算出的被告应缴纳的数额合理，据此判决被告应当按照原告诉请支付专项维修资金。

第一百九十七条　【诉讼时效法定】 诉讼时效的期间、计算方法以及中止、中断的事由由法律规定，当事人约定无效。

当事人对诉讼时效利益的预先放弃无效。

条文解读

诉讼时效法定性 ➡ 首先是诉讼时效的期间和计算方法法定。该期间由法律明确规定，当事人必须按照法律规定的期间执行，不得改动。

其次是诉讼时效中止、中断的事由法定。诉讼时效可以通过中止、中断进行法定变更，但相应情形由法律明确作出规定，当事人不可以创设法律没有规定的情形，使诉讼时效擅自变更。否则，诉讼时效便失去了确定性。

最后是当事人擅自约定诉讼时效的效果由法律明确规定。当事人违反本条规定，擅自对诉讼时效的期间、计算方法以及中止、中断的事由进行约定的，法律也规定了其效果：约定无效。

诉讼时效预先放弃无效 ➡ 诉讼时效放弃可以分为两种，一种是时效届满前预先放弃，另一种是诉讼时效届满后放弃。诉讼时效利益不得在时效期间届满前预先放弃。如果允许预先放弃时效利益，权利人可能会利用强势地位，损害义务人的权利。从公平保护的角度出发，不应该允许当事人预先约定放弃时效利益，否则等于权利人可以无期限地行使权利，违反了诉讼时效制度的法定性，与诉讼时效制度设立的目的不相吻合。诉讼时效期间届满后，义务人取得拒绝履行义务的抗辩权。根据私法自治原则，当事人有权在法律规定的范围内，自由处分其权利或者利益，选择是否放弃诉讼时效利益。放弃诉讼时效是单方法律行为，自成立时发生法律效力；同时又是处分行为，须依意思表示为之。可以在诉讼中也可以在诉讼外作出；可以明示也可以默示。

第一百九十八条 【仲裁时效】法律对仲裁时效有规定的，依照其规定；没有规定的，适用诉讼时效的规定。

第一百九十九条 【除斥期间】法律规定或者当事人约定的撤销权、解除权等权利的存续期间，除法律另有规定外，自权利人知道或者应当知道权利产生之日起计算，不适用有关诉讼时效中止、中断和延长的规定。存续期间届满，撤销权、解除权等权利消灭。

第十章 期间计算

第二百条 【期间的计算单位】民法所称的期间按照公历年、月、日、小时计算。

第二百零一条 【期间的起算】按照年、月、日计算期间的，开始的当日不计入，自下一日开始计算。

按照小时计算期间的，自法律规定或者当事人约定的时间开始计算。

条文解读

按小时计算期间 ➡ 与原《民法通则》的规定相比，本条增加了在按照小时计算期间的情况下，允许当事人约定，这是为了最大程度地尊重当事人的意思自治，尊重不同地区、不同行业的交易习惯，方便生活、促进交易。

按照小时计算期间，可以有两种起算方法，一种是自法律规定的时间开始计算，另一种是自当事人约定的时间开始计算。前一种情况下，例如，从 8 点开始计算 3 个小时，则期间应该到 11 点结束。又如，从 8

点 30 分开始计算 26 个小时，则期间应该到第 2 日 10 点 30 分结束。后一种情况下，可以允许当事人根据商业交易习惯或者双方都认可的方式约定期间起算方式，例如整数计算法，不论期间从何时开始计算，都约定按照最近将要到达的整数时间点开始计算。8 点 38 分达成交易合同，则从 9 点开始计算期间。

第二百零二条 【期间结束】按照年、月计算期间的，到期月的对应日为期间的最后一日；没有对应日的，月末日为期间的最后一日。

第二百零三条 【期间计算的特殊规定】期间的最后一日是法定休假日的，以法定休假日结束的次日为期间的最后一日。

期间的最后一日的截止时间为二十四时；有业务时间的，停止业务活动的时间为截止时间。

第二百零四条 【期间法定或约定】期间的计算方法依照本法的规定，但是法律另有规定或者当事人另有约定的除外。

第二编 物 权

第一分编 通 则

第一章 一般规定

第二百零五条 【物权编的调整范围】本编调整因物的归属和利用产生的民事关系。

条文解读

物 ➡ 物权编规范的物，包括不动产和动产，不动产是指土地以及房屋、林木等土地定着物；动产是指不动产以外的物。物权编上的物通常是指与精神产品相对而言的有体物或者有形物，即物理上的物，包括固体、液体、气体等。著作、商标、专利等精神产品，是无体物或者无形物，不是物权编规范的对象，主要由专门法律如著作权法、商标法、专利法调整。精神产品不属于物权编的调整范围，但在有些情况下，物权编也涉及这些精神产品，这主要是指，著作权、商标权和专利权中的财产权可以作为担保物权的标的。

物的归属是指物的所有人是谁，谁是物的主人，确定物的归属即是确定在民事上财产权属于谁，这是对物进行利用的前提。物的利用是指所有权人对其所有物自己使用或交他人使用。因物的归属和利用而产生的民事关系都适用物权编。

关联参见

《民法典》第 2 条、第 114 条、第 115 条；《最高人民法院关于适用〈中华人民共和国民法典〉物权编的解释（一）》（以下简称《民法典物权编解释（一）》）第 1 条

第二百零六条 【我国基本经济制度与社会主义市场经济原则】国家坚持和完善公有制为主体、多种所有制经济共同发展，按劳分配为主体、多种分配方式并存，社会主义市场经济体制等社会主义基本经济制度。

国家巩固和发展公有制经济，鼓励、支持和引导非公有制经济的发展。

国家实行社会主义市场经济，保障一切市场主体的平等法律地位和发展权利。

第二百零七条 【平等保护原则】国家、集体、私人的物权和其他权利人的物权受法律平等保护，任何组织或者个人不得侵犯。

条文解读

物权平等保护原则 ➲ 本条是对物权平等保护原则的规定。物权平等保护原则表现为：（1）物权的主体平等，不得歧视非公有物权的主

体；（2）物权平等，无论是国家的、集体的、私人的还是其他权利人的物权，都是平等的物权，受物权法律规则的约束，不存在高低之分；（3）平等受到保护，当不同的所有权受到侵害时，在法律保护上一律平等，不得对私人的物权歧视对待。

第二百零八条　【物权公示原则】不动产物权的设立、变更、转让和消灭，应当依照法律规定登记。动产物权的设立和转让，应当依照法律规定交付。

条文解读

物权公示公信原则 ➡ 物权公示，是指在物权变动时，必须将物权变动的事实通过一定的公示方法向社会公开，使第三人知道物权变动的情况，以避免第三人遭受损害并保护交易安全。

物权公信，是指物权变动经过公示以后所产生的公信力，即物权变动按照法定方法公示以后，不仅正常的物权变动产生公信后果，而且即使物的出让人事实上无权处分，善意受让人基于对公示的信赖，仍能取得物权。

物权公示公信原则包括两方面内容：（1）物权变动规则，即物权人享有物权、物权的内容变更或者消灭以什么方式确定。（2）物权的公信，即物权变动必须以令公众信服的特定方式让广大义务人清楚地知道谁是权利人，不应该妨碍谁。而且，权利人转让自己的物时，也要让买主知道他有无资格转让该物。

物权公示方法 ➡ 根据本条规定，不动产物权变动的公示方法是登记，不动产物权的设立、变更、转让和消灭应当依照法律规定登记，才能取得公信力。动产物权变动的公示方法是交付，动产物权的设立和转让，应当依照法律规定交付，动产交付产生动产物权变动的公信力。

第二章　物权的设立、变更、转让和消灭

第一节　不动产登记

第二百零九条　【不动产物权的登记生效原则及其例外】不动产物权的设立、变更、转让和消灭，经依法登记，发生效力；未经登记，不发生效力，但是法律另有规定的除外。

依法属于国家所有的自然资源，所有权可以不登记。

条文解读

不动产物权的登记生效原则及其例外 ➡ 不动产物权的设立、变更、转让和消灭，统称为不动产物权变动。不动产物权变动必须依照法律规定进行登记，只有经过登记，才能够发生物权变动的效果，才具有发生物权变动的外部特征，才能取得不动产物权变动的公信力。除法律另有规定外，不动产物权变动未经登记，不发生物权变动的法律效果，法律不承认其物权已经发生变动，也不予以法律保护。

本条第 1 款规定的"法律另有规定的除外"，主要包括三方面的内容：（1）本条第 2 款所规定的，依法属于国家所有的自然资源，所有权可以不登记。(2) 本章第三节规定的物权设立、变更、转让或者消灭的一些特殊情况，即主要是非依法律行为而发生的物权变动的情形：第一，因人民法院、仲裁机构的法律文书或者人民政府的征收决定等，导致物权设立、变更、转让或者消灭的，自法律文书或者征收决定等生效时发生效力；第二，因继承取得物权的，自继承开始时发生效力；第三，因合法建造、拆除房屋等事实行为设立或者消灭物权的，自事实行为成就时发生效力。(3) 考虑到现行法律的规定以及我国的实际情况，尤其是农村的实际情况，《民法典》并没有对不动产物权的设立、变更、转让和消灭，一概规定必须经依法登记才发生效力。例如，在土地承包经营权一章中规定，"土地承包经营权互换、转让的，当事人可以向登

记机构申请登记；未经登记，不得对抗善意第三人"。这里规定的是"未经登记，不得对抗善意第三人"，而不是"不发生效力"。宅基地使用权一章，对宅基地使用权的变动，也并未规定必须登记，只是规定"已经登记的宅基地使用权转让或者消灭的，应当及时办理变更登记或者注销登记"。地役权一章中规定，"地役权自地役权合同生效时设立。当事人要求登记的，可以向登记机构申请地役权登记；未经登记，不得对抗善意第三人"。

本条第2款只是规定依法属于国家所有的自然资源，所有权可以不登记，至于在国家所有的土地、森林、海域等自然资源上设立用益物权、担保物权，则需要依法登记生效。

实务应用

029. **在物权确权纠纷案中，人民法院能否直接通过判决确定物权的归属？**

在物权确权纠纷案件中，根据物权变动的基本原则，对于当事人依据受让合同提出的确权请求应当视动产与不动产区别予以对待。人民法院对于已经交付的动产权属可以予以确认。对于权利人提出的登记于他人名下的不动产物权归其所有的确权请求，人民法院不宜直接判决确认其权属，而应当判决他人向权利人办理登记过户。

第二百一十条 **【不动产登记机构和不动产统一登记】**不动产登记，由不动产所在地的登记机构办理。

国家对不动产实行统一登记制度。统一登记的范围、登记机构和登记办法，由法律、行政法规规定。

第二百一十一条 **【申请不动产登记应提供的必要材料】**当事人申请登记，应当根据不同登记事项提供权属证明和不动产界址、面积等必要材料。

本条是对申请不动产登记应当提供必要材料的规定。申请人应当提交下列材料，并对申请材料的真实性负责：（1）登记申请书；（2）申请人、代理人身份证明材料、授权委托书；（3）相关的不动产权属来源证明材料、登记原因证明文件、不动产权属证书；（4）不动产界址、空间界限、面积等材料；（5）与他人利害关系的说明材料；（6）法律、行政法规以及不动产登记暂行条例实施细则规定的其他材料。不动产登记机构应当在办公场所和门户网站公开申请登记所需材料目录和示范文本等信息。

第二百一十二条 【不动产登记机构应当履行的职责】登记机构应当履行下列职责：

（一）查验申请人提供的权属证明和其他必要材料；

（二）就有关登记事项询问申请人；

（三）如实、及时登记有关事项；

（四）法律、行政法规规定的其他职责。

申请登记的不动产的有关情况需要进一步证明的，登记机构可以要求申请人补充材料，必要时可以实地查看。

不动产登记机构收到不动产登记申请材料后，应当分别按照下列情况办理：（1）属于登记职责范围，申请材料齐全、符合法定形式，或者申请人按照要求提交全部补正申请材料的，应当受理并书面告知申请人；（2）申请材料存在可以当场更正的错误的，应当告知申请人当场更正，申请人当场更正后，应当受理并书面告知申请人；（3）申请材料不齐全或者不符合法定形式的，应当当场书面告知申请人不予受理并一次性告知需要补正的全部内容；（4）申请登记的不动产不属于本机构登记范围的，应当当场书面告知申请人不予受理并告知申请人向有登记权的机构申请。不动产登记机构未当场书面告知申请人不予受理的，视为受理。

不动产登记机构受理不动产登记申请的，应当按照下列要求进行查验：（1）不动产界址、空间界限、面积等材料与申请登记的不动产状况是否一致；（2）有关证明材料、文件与申请登记的内容是否一致；（3）登记申请是否违反法律、行政法规规定。

属于下列情形之一的，不动产登记机构可以对申请登记的不动产进行实地查看：（1）房屋等建筑物、构筑物所有权首次登记；（2）在建建筑物抵押权登记；（3）因不动产灭失导致的注销登记；（4）不动产登记机构认为需要实地查看的其他情形。对可能存在权属争议，或者可能涉及他人利害关系的登记申请，不动产登记机构可以向申请人、利害关系人或者有关单位进行调查。不动产登记机构进行实地查看或者调查时，申请人、被调查人应当予以配合。

关联参见

《不动产登记暂行条例》第17—22条；《不动产登记暂行条例实施细则》第15条、第16条

第二百一十三条　【不动产登记机构的禁止行为】登记机构不得有下列行为：

（一）要求对不动产进行评估；

（二）以年检等名义进行重复登记；

（三）超出登记职责范围的其他行为。

第二百一十四条　【不动产物权变动的生效时间】不动产物权的设立、变更、转让和消灭，依照法律规定应当登记的，自记载于不动产登记簿时发生效力。

第二百一十五条　【合同效力和物权效力区分】当事人之间

订立有关设立、变更、转让和消灭不动产物权的合同，除法律另有规定或者当事人另有约定外，自合同成立时生效；未办理物权登记的，不影响合同效力。

条文解读

设立、变更、转让、消灭不动产物权的合同的效力 ➜ 以发生物权变动为目的的基础关系，主要是合同，属于债权法律关系的范畴，其成立以及生效应该依据合同相关法律规定来判断。不动产物权的变动一般只能在登记时生效，依法成立生效的合同也许不能发生物权变动的结果。这可能是因为物权因客观情势发生变迁，使物权的变动成为不可能；也可能是物权的出让人"一物二卖"，其中一个买受人先行进行了不动产登记，其他的买受人便不可能取得合同约定转让的物权。有关设立、变更、转让和消灭不动产物权的合同和物权的设立、变更、转让和消灭本身是两个应当加以区分的情况。除非法律有特别规定，合同一经成立，只要不违反法律的强制性规定和社会公共利益，就可以发生效力。合同只是当事人之间的一种合意，并不必然与登记联系在一起。登记是针对民事权利的变动而设定的，它是与物权的变动联系在一起的，是一种物权变动的公示方法。登记并不是针对合同行为，而是针对物权的变动所采取的一种公示方法，如果当事人之间仅就物权的变动达成合意，而没有办理登记，合同仍然有效。例如，当事人双方订立了房屋买卖合同之后，合同就已经生效，但如果没有办理登记手续，房屋所有权不能发生移转。当然，违约的合同当事人一方应该承担违约责任。依不同情形，买受人可以请求债务人实际履行合同，即请求出卖人办理不动产转让登记，或者请求债务人赔偿损失。

第二百一十六条　【不动产登记簿效力及管理机构】 不动产登记簿是物权归属和内容的根据。

不动产登记簿由登记机构管理。

　　不动产登记簿 ➡ 不动产登记簿，是不动产登记机构按照国务院自然资源主管部门规定设立的统一的不动产权属登记簿。不动产登记簿应当记载以下事项：（1）不动产的坐落、界址、空间界限、面积、用途等自然状况；（2）不动产权利的主体、类型、内容、来源、期限、权利变化等权属状况；（3）涉及不动产权利限制、提示的事项；（4）其他相关事项。

　　不动产登记簿应当采用电子介质，暂不具备条件的，可以采用纸质介质。不动产登记机构应当明确不动产登记簿唯一、合法的介质形式。

　　由于不动产登记簿是物权归属和内容的根据，因而在不动产登记簿上记载某人享有某项物权时，就直接推定该人享有该项物权，其物权的内容也以不动产登记簿上的记载为准。这就是不动产登记簿所记载的权利的正确性推定效力规则。但当事人有证据证明不动产登记簿的记载与真实权利状态不符、其为该不动产物权的真实权利人，请求确认其享有物权的，应予支持。

　　　　第二百一十七条　【不动产登记簿与不动产权属证书的关系】
　　不动产权属证书是权利人享有该不动产物权的证明。不动产权属证书记载的事项，应当与不动产登记簿一致；记载不一致的，除有证据证明不动产登记簿确有错误外，以不动产登记簿为准。

　　条文解读

　　不动产登记簿与不动产权属证书的关系 ➡ 不动产权属证书是权利人享有该不动产物权的证明。不动产登记机构完成登记后，依法向申请人核发不动产权属证书。不动产权属证书与不动产登记簿的关系是：完成不动产物权公示的是不动产登记簿，不动产物权的归属和内容以不动产登记簿的记载为根据；不动产权属证书只是不动产登记簿所记载的内容的外在表现形式。简言之，不动产登记簿是不动产权属证书的母本，不动产权属证书是证明不动产登记簿登记内容的证明书。故不动产权属证书记载的事项应当与不动产登记簿一致；如果出现记载不一致的，除有证据证明并且经过法定程序认定不动产登记簿确有错误的外，物权的归属以不动产登记簿为准。

第二百一十八条 【不动产登记资料的查询、复制】权利人、利害关系人可以申请查询、复制不动产登记资料，登记机构应当提供。

条文解读

权利人、利害关系人 ➡ "权利人"是指对登记的不动产享有所有权或他物权的人。"利害关系人"是指与登记的不动产有一定现实利益关系，并有可能因登记结果的变动而对其利益产生影响的人。

第二百一十九条 【利害关系人的非法利用不动产登记资料禁止义务】利害关系人不得公开、非法使用权利人的不动产登记资料。

第二百二十条 【更正登记和异议登记】权利人、利害关系人认为不动产登记簿记载的事项错误的，可以申请更正登记。不动产登记簿记载的权利人书面同意更正或者有证据证明登记确有错误的，登记机构应当予以更正。

不动产登记簿记载的权利人不同意更正的，利害关系人可以申请异议登记。登记机构予以异议登记，申请人自异议登记之日起十五日内不提起诉讼的，异议登记失效。异议登记不当，造成权利人损害的，权利人可以向申请人请求损害赔偿。

条文解读

更正登记 ➡ 更正登记，是指已经完成的登记，由于当初登记手续的错误或者遗漏，致使登记与原始的实体权利关系不一致，为消除这种不一致的状态，对既存的登记内容进行修正补充的登记。故更正登记的目的是对不动产物权登记订正错误、补充遗漏。更正登记有两种方式，一种是经权利人（包括登记上的权利人和事实上的权利人）以及利害关系人申请作出的更正登记，另一种是登记机关自己发现错误后作出的更正登记。

异议登记 ➡ 所谓异议登记，就是将事实上的权利人以及利害关系人对不动产登记簿记载的权利所提出的异议记入登记簿。异议登记的法律效力是，登记簿上所记载的权利失去正确性推定的效力，第三人也不得主张依照登记的公信力而受到保护。异议登记虽然可以对真正权利人提供保护，但这种保护应当是临时性的，因为它同时也给不动产物权交易造成了一种不稳定的状态。为使不动产物权的不稳定状态早日恢复正常，法律必须对异议登记的有效期间作出限制。因此，本条规定，申请人自异议登记之日起 15 日内不提起诉讼的，异议登记失效。由于异议登记可以使登记簿上所记载的权利失去正确性推定的效力，同时，异议登记的申请人在提出异议登记的申请时也无须充分证明其权利受到了损害，如果申请人滥用异议登记制度，将可能给登记簿上记载的权利人的利益造成损害。因此，本条规定，异议登记不当，造成权利人损害的，权利人可以向申请人请求损害赔偿。

关联参见

《不动产登记暂行条例》第 3 条；《民法典物权编解释（一）》第 3 条；《不动产登记暂行条例实施细则》第 26 条、第 27 条、第 79—84 条

第二百二十一条 **【预告登记】**当事人签订买卖房屋的协议或者签订其他不动产物权的协议，为保障将来实现物权，按照约定可以向登记机构申请预告登记。预告登记后，未经预告登记的权利人同意，处分该不动产的，不发生物权效力。

预告登记后，债权消灭或者自能够进行不动产登记之日起九十日内未申请登记的，预告登记失效。

预告登记 ➡ 预告登记，是指为了保全债权的实现、保全物权的顺位请求权等而进行的提前登记。预告登记与一般的不动产登记的区别在于：一般的不动产登记都是在不动产物权变动已经完成的状态下所进行的登记，而预告登记则是为了保全将来发生的不动产物权变动而进行的登记。预告登记完成后，并不导致不动产物权的设立或者变动，只是使登记申请人取得请求将来发生物权变动的权利。纳入预告登记的请求权，对后来发生与该项请求权内容相同的不动产物权的处分行为，具有排他的效力，以确保将来只发生该请求权所期待的法律后果。未经预告登记的权利人同意，转让不动产所有权等物权，或者设立建设用地使用权、居住权、地役权、抵押权等其他物权的，应当依照本条第 1 款的规定，认定其不发生物权效力。预告登记的买卖不动产物权的协议被认定无效、被撤销，或者预告登记的权利人放弃债权的，应当认定为本条第 2 款所称的"债权消灭"。

预告登记的适用范围 ➡ 预告登记适用于有关不动产物权的协议，在我国主要适用于商品房预售。在商品房预售中，预售登记作出以后，期房买卖得到了公示，这种期待权具有对抗第三人的效力。也就是说，在办理了预售登记后，房屋所有人不得进行一房多卖，否则，其违反房屋预售登记内容作出的处分房屋所有权的行为无效。值得注意的是，预售登记主要是为了保护买受人的利益，如果买受人不愿意进行预售登记，法律不宜强制其办理登记手续。

030. 预告登记与一般的不动产登记有什么区别？

（1）登记时间不同。预告登记是为了保全将来发生的不动产物权而进行的一种登记，发生于不动产物权变动之前；而一般的不动产登记则是指不动产物权在已经完成的状态下所进行的登记。

（2）登记效力不同。预告登记作出后，并不导致不动产物权的产生或变动，而只是使登记申请人取得一种对将来发生的物权变动进行登记的请求权。经预告登记确认的请求权，对其后发生的、与该项请求权内容相同的不动产物权处分行为，具有排他的效力，以确保将来只发生该请求权所期待的法律结果；而一般的不动产登记则产生物权变动的直接效果。

案例指引

011. 预告登记是否能保障预告登记人物权变动请求权之外的其他请求权的实现？①

2015 年 11 月 12 日，曹某一与某公司签订商品房买卖（预售）合同，购买某庄园 1 号楼三套房屋。2015 年 12 月 1 日，曹某一向中国农业银行某支行贷款 290 万元用于支付剩余购房款。曹某一用于抵押贷款的某庄园 1 号楼的三套房屋于 2015 年 12 月 1 日在房屋产权管理中心办理抵押（按揭、在建）备案登记。按照当地不动产产权管理部门规定，案涉房屋的预购商品房预告登记与预购商品房抵押权预告登记在同一流程合并办理。贷款发放后，曹某一依照合同约定向某公司履行了全部付款义务。此后曹某一一直按合同约定偿还贷款。某银行于 2016 年 9 月 23 日与某公司签订购房协议，购买了位于某庄园 1 号楼的四套房屋（其中包括曹某一预告登记过的三套房屋），某银行一次性交付购房款 6525269 元。付款后，某公司将上述房屋交付某银行占有使用，占有使用期间的水费、电费、物业费、采暖费等均由某银行交付。后曹某一诉至法院，要求某银行返还涉案房屋。经法院查明，截至本案审结时，案涉房屋尚不具备办理所有权登记之条件，亦未办理初始登记。

---

① 参见《曹某一诉某银行返还原物案》，案号：（2020）吉民再 50 号，载国家法官学院、最高人民法院司法案例研究院编：《中国法院 2022 年度案例·物权纠纷》，中国法制出版社 2022 年版，第 56 页。

法院认为，本案系返还原物纠纷案件。预告登记，是为保全一项以将来发生不动产物权变动为目的的请求权的不动产登记。也就是说，预告登记所登记的不是现实的不动产物权，而是将来发生不动产物权变动的请求权，它是在确定的财产权登记条件还不具备时，为了保全将来财产权变动能够顺利进行，而就相关的请求权进行的登记。曹某一基于完成对案涉房屋进行预告登记所享有的系预告登记请求权，所保障的系其对案涉房屋将来物权变动能够顺利进行的权益，但该民事权益不具备法律层面上的不动产物权性质。返还原物请求权在法律属性上系一种典型的物权保护请求权，其权利基础是请求权人对物享有物权。因此，在曹某一不享有案涉房屋物权的情形下，其无权要求某银行返还案涉房屋。

第二百二十二条 【不动产登记错误损害赔偿责任】当事人提供虚假材料申请登记，造成他人损害的，应当承担赔偿责任。

因登记错误，造成他人损害的，登记机构应当承担赔偿责任。登记机构赔偿后，可以向造成登记错误的人追偿。

第二百二十三条 【不动产登记收费标准的确定】不动产登记费按件收取，不得按照不动产的面积、体积或者价款的比例收取。

条文解读

不动产登记收费标准的确定 ➡ 不动产登记以件计费，而不是按照不动产的面积、体积或者价款的比例收取。

2016年12月6日国家发展改革委、财政部发布《关于不动产登记收费标准等有关问题的通知》，按照按件收费的要求，确定了收费标准：（1）住宅类不动产登记收费标准。落实不动产统一登记制度，实行房屋所有权及其建设用地使用权一体登记。原有住房及其建设用地分别办理各类登记时收取的登记费，统一整合调整为不动产登记收费，即住宅所有权及其建设用地使用权一并登记，收取一次登记费。规划用途为住宅的房屋及其建设用地使用权申请办理不动产登记事项，提供具体服务内容，据实收取不动产登记费，收费标准为每件 80 元。（2）非住宅类不动产登记收费标准。办理非住宅类不动产权利的首次登记、转移登记、变更登记，收取不动产登记费，收费标准为每件 550 元。（3）证书工本费标准。不动产登记机构按上述规定收取不动产登记费，核发一本不动产权属证书的不收取证书工本费。向一个以上不动产权利人核发权属证书的，每增加一本证书加收证书工本费 10 元。不动产登记机构依法核发不动产登记证明，不得收取登记证明工本费。

第二节　动产交付

第二百二十四条　【动产物权变动生效时间】动产物权的设立和转让，自交付时发生效力，但是法律另有规定的除外。

条文解读

"动产物权的设立和转让"，主要是指当事人通过合同约定转让动产所有权和设立动产质权两种情况。

"交付"，指的是物的直接占有的转移，即一方按照法律行为要求，将物的直接占有移转给另一方的事实。值得注意的是，实践中履行交付义务，不仅包括现实的移转对财产的占有，还应依据法律和诚实信用原则的要求，交付与动产有关的单证，这样才能构成完整的交付。

本条规定的"法律另有规定的除外"主要包括以下三种情形：（1）《民法典》第 226—228 条对动产物权的设立和转让所规定的一些特殊情况；（2）《民法典》第 229—232 条对非依法律行为而发生的物权变动问题所作的规定；（3）《民法典》对动产抵押权和留置权的相关规定。

第二百二十五条　【船舶、航空器和机动车物权变动采取登记对抗主义】船舶、航空器和机动车等的物权的设立、变更、转让和消灭，未经登记，不得对抗善意第三人。

第二百二十六条 【简易交付】动产物权设立和转让前，权利人已经占有该动产的，物权自民事法律行为生效时发生效力。

条文解读

简易交付 ➡ 简易交付，是指交易标的物已经为受让人占有，转让人无须进行现实交付的无形交付方式。简易交付的条件，须在受让人已经占有了动产的场合，仅需当事人之间就所有权让与达成合意，即产生物权变动的效力。转让人将自主占有的意思授予受让人，以代替现实的交付行为，受让人就从他主占有变为自主占有，就实现了动产交付，实现了动产物权的变动。

当事人以本条规定的简易交付方式交付动产的，转让动产民事法律行为生效时为动产交付之时。本条的"民事法律行为"主要是指动产的受让人与动产的所有人达成转移所有权或设定质权的合同行为。

第二百二十七条 【指示交付】动产物权设立和转让前，第三人占有该动产的，负有交付义务的人可以通过转让请求第三人返还原物的权利代替交付。

条文解读

指示交付 ➡ 指示交付，又称返还请求权的让与，是指在交易标的物被第三人占有的场合，出让人与受让人约定，出让人将其对占有人的返还请求权移转给受让人，由受让人向第三人行使，以代替现实交付的动产交付方式。例如，甲将自己的自行车出租给乙使用，租期一个月，租赁期未满之时，甲又将该自行车出售给丙，由于租期未满，自行车尚由乙合法使用，此时为使丙享有对该自行车的所有权，甲应当将自己享有的针对乙的返还原物请求权转让给丙以代替现实交付。当事人以本条规定的方式交付动产的，转让人与受让人之间有关转让返还原物请求权的协议生效时为动产交付之时。

指示交付的适用条件 ➡ 指示交付的适用条件是：（1）双方当事人达成动产物权变动协议；（2）作为交易标的的动产在物权交易之前就由第三人占有；（3）出让人对第三人占有的动产享有返还原物请求权；（4）出让人能将对第三人占有的动产返还请求权转让给受让人。

指示交付的公示力 ➡ 移转请求权的交付方式只是通过当事人之间的约定而产生的，并且标的物仍然处于第三人占有之下，因此占有发生移转，还需要第三人实际交付标的物。如果第三人因行使抗辩权拒绝交付财产，则请求权的转让只能在转让人和受让人之间产生效力，并不能因此对抗第三人。除抗辩权外，如果第三人对出让人享有法定或约定的抵销权，或者因为出让人欠第三人的债务而使第三人享有留置权，第三人也可通过行使这些权利而拒绝向买受人作出交付。

第二百二十八条 【占有改定】动产物权转让时，当事人又约定由出让人继续占有该动产的，物权自该约定生效时发生效力。

条文解读

占有改定 ➡ 占有改定，是指在转让动产物权时，转让人希望继续占有该动产，当事人双方订立合同并约定转让人可以继续占有该动产，而受让人因此取得对标的物的间接占有以代替标的物的实际交付。

占有改定的效力 ➡ 以占有改定的方式实现所有权移转仅仅是通过当事人的合意在观念中完成的。无论约定采取何种形式，口头或者书面，第三人都无从察知物权的变动，所以对于因信赖出让人直接占有动产这一事实状态，而与之交易的第三人就必须通过善意取得制度加以保护。

第三节　其他规定

第二百二十九条 【法律文书、征收决定导致物权变动效力发生时间】因人民法院、仲裁机构的法律文书或者人民政府的征收决定等，导致物权设立、变更、转让或者消灭的，自法律文书或者征收决定等生效时发生效力。

条文解读

人民法院、仲裁机构在分割共有不动产或者动产等案件中作出并依法生效的改变原有物权关系的判决书、裁决书、调解书，以及人民法院在执行程序中作出的拍卖成交裁定书、变卖成交裁定书、以物抵债裁定书，应当认定为本条所称导致物权设立、变更、转让或者消灭的人民法院、仲裁机构的法律文书。

1. 导致物权变动的人民法院判决或者仲裁机构的裁决等法律文书，指直接为当事人创设或者变动物权的判决书、裁决书、调解书等。例如，离婚诉讼中确定当事人一方享有某项不动产的判决、分割不动产的判决、使原所有人回复所有权的判决即属于本条所规定的设权、确权判决等。

2. 由于法院的判决书或者仲裁机构的裁决等，所针对的只是具体当事人而非一般人，对当事人以外的第三人来说公示力和公信力较弱，因此，在没有办理不动产更正登记或变更登记之前，第三人仍然会信赖登记簿的记载，与登记簿上记载的原权利人发生交易，只要登记簿上不存在异议登记的记录，其依然受到登记簿公信力的保护。并且在处分因该种原因取得的不动产时，如果法律规定需要办理登记的，未经登记，不发生物权效力。

关联参见

《民法典物权编解释（一）》第7条、第8条；《国有土地上房屋征收与补偿条例》

第二百三十条 【因继承取得物权的生效时间】因继承取得物权的，自继承开始时发生效力。

　　因继承取得的物权的生效时间 ➡ 本条与原《物权法》相比，删除了因受遗赠取得物权的，自受遗赠开始时发生效力的规定。这一修改主要是考虑到受遗赠取得物权存在受遗赠人是否接受遗赠的问题，且接受遗赠还有可能会与继承人发生争议。

　　发生继承的事实取得物权的，本条规定自继承开始时发生物权变动的效力。根据《民法典》第 1121 条第 1 款的规定，继承从被继承人死亡时开始。尽管在被继承人死亡时好像并未直接发生继承，但还要办理继承手续，有的还要进行诉讼通过裁判确定。无论在继承人死亡之后多久才确定继承的结果，实际上继承人取得被继承人的遗产物权，都是在被继承人死亡之时，因为法律规定被继承人死亡的时间，就是继承开始的时间，该继承开始的时间，就是遗产的物权变动的时间。

实务应用

031. 继承的房屋是否需要办理登记？

　　继承的物权自继承开始时发生效力，继承人无须办理过户登记手续。法律如此规定，是为了尊重法律传统。根据继承法律关系的基本制度和原则，物权自行为成就时便自发地发生转移，如遗产的所有权在继承开始时已经发生了转移，这是民法的基本传统。这种物权变动并不一定为社会所知，特别是因继承而获得物权的情况。

　　第二百三十一条 　【**因事实行为设立或者消灭物权的生效时间**】因合法建造、拆除房屋等事实行为设立或者消灭物权的，自事实行为成就时发生效力。

　　第二百三十二条 　【**非依民事法律行为享有的不动产物权变**

动】处分依照本节规定享有的不动产物权，依照法律规定需要办理登记的，未经登记，不发生物权效力。

第三章　物权的保护

第二百三十三条　【物权保护争讼程序】物权受到侵害的，权利人可以通过和解、调解、仲裁、诉讼等途径解决。

第二百三十四条　【物权确认请求权】因物权的归属、内容发生争议的，利害关系人可以请求确认权利。

条文解读

利害关系人的物权确认请求权 ➡ 物权确认请求权是物权保护请求权的一种。因物权的归属或者内容发生争议，利害关系人可以请求有关行政机关、人民法院等确认该物权的归属或者内容。

物权的确认是物权保护的前提，它包括对所有权归属的确认和对他物权的确认这两方面的内容。确认所有权归属，即确认产权，是一种独立的保护方法，不能以其他方法代替之；同时，确认产权又是采取其他保护方法的最初步骤。在财产归属问题未得到确定时，其他的保护方法也就无从适用。

确认物权的归属必须向有关行政机关或者人民法院提出请求，而不能实行自力救济，即不能单纯以自身的力量维护或者恢复物权的圆满状态。在很多情形中，确认物权往往是行使返还原物请求权的前提，物权的归属如果没有得到确认，根本就无法行使返还原物请求权。假如确认物权请求权因诉讼时效期间届满而消灭，那么，标的物将会长期处于归属不清的状态。这种状态不但对真正的权利人不利，而且还会导致各方当事人对标的物争夺不休，从而使标的物得不到正常的利用，不利于社会经济秩序的稳定，因此确认物权请求权不适用诉讼时效的规定，只要物权争议存在，确认物权请求权就存在，不受诉讼时效的限制。

032. 不动产确权争议与房屋买卖合同纠纷的区别是什么？

不动产确权争议与房屋买卖合同纠纷是不动产领域两类常见的、不同的案件，其处理结果往往涉及当事人的重大切身利益。司法实践中当事人极易混淆两者，二者的区别如下：（1）案件性质不同。不动产确权纠纷属于物权纠纷范畴，物权系支配权、决定权，具有排他效力、优先效力、追及效力以及物权请求权效力。而房屋买卖合同纠纷属于债权纠纷范畴，债权系请求权、相对权，无上述效力。（2）诉讼目的不同。就不动产确权纠纷而言，其本质上是一种明确人己之界限，实现定分止争的确权目的。不动产确权纠纷是确认之诉，诉讼目的就是解决物权的归属和内容的争议。而房屋买卖合同纠纷的诉讼目的是解决房屋买卖合同履行过程中产生的争议，具体表现为因合同效力、合同履行、违约责任产生的争议。（3）请求权基础不同。不动产确权纠纷适用《民法典》及其相应司法解释。房屋买卖合同纠纷的请求权基础是合同约定的条款以及《民法典》合同编的相关规定及相关司法解释。（4）诉讼门槛及证明标准不同。因不动产登记簿对外具有公示效力，本身就是证据，有很强的证明力，如果真实权利人提起诉讼，不仅要提供证据否定不动产登记簿的证明力，还要证明其为真实权利人。而提起房屋买卖合同纠纷没有如此高的证明标准。

第二百三十五条 【返还原物请求权】无权占有不动产或者动产的，权利人可以请求返还原物。

返还原物请求权 ➲ 返还原物请求权，是指物权人对于无权占有标的物之人的请求返还该物的权利。所有权人在其所有物被他人非法占有时，可以向非法占有人请求返还原物，或请求法院责令非法占有人返还原物。适用返还原物保护方法的前提是，须原物仍然存在，如果原物已经灭失，只能请求赔偿损失。

财产所有权人只能向没有法律根据而侵占其所有物的人，即非法占有人请求返还。如果非所有权人对所有权人的财产的占有是合法占有，对合法占有人在合法占有期间，所有权人不能请求返还原物。由于返还原物的目的是追回脱离所有权人占有的财产，故要求返还的原物应当是特定物。如果被非法占有的是种类物，除非该种类物的原物仍存在，否则就不能要求返还原物，只能要求赔偿损失，或者要求返还同种类及同质量的物。所有权人要求返还财产时，对由原物所生的孳息可以同时要求返还。

第二百三十六条 【排除妨害、消除危险请求权】妨害物权或者可能妨害物权的，权利人可以请求排除妨害或者消除危险。

条文解读

排除妨害请求权 ➲ 排除妨害请求权，是指当物权的享有和行使受到占有以外的方式妨害，物权人对妨害人享有请求排除妨害，使自己的权利恢复圆满状态的物权请求权。被排除的妨害需具有不法性，倘若物权人负有容忍义务，则无排除妨害请求权。排除妨害的费用应当由非法妨害人负担。

消除危险请求权 ➲ 消除危险请求权，是指由于他人的非法行为足以使财产有遭受毁损、灭失的危险时，物权人有权请求人民法院责令其消除危险，以免造成财产损失的物权请求权。采用消除危险这种保护方法时，应当查清事实，只有危险是客观存在的，且这种违法行为足以危及财产安全时，才能运用消除危险的方法来保护其所有权，其条件是根据社会一般观念确认危险有可能发生。危险的可能性主要是针对将来而言，只要将来有可能发生危险，所有人便可行使此项请求权。因消除危险产生的费用，由造成危险的行为人负担。

033. 如何行使"物权请求权"?

无论是返还财产、恢复原状还是排除妨害，这些救济手段并不是必须通过诉讼手段来实现的，也可以由物权所有人通过自己的合法维权行为来实现，这在法律上称为"自力救济"。权利人也可以直接向法院提起相应的诉讼，责令侵权人履行特定的行为以除去妨害。

物权请求权的费用，一般情况下由负有返还原物、排除妨害、恢复原状的义务人来承担。但如果该侵犯物权的行为是由物权所有人自己的行为或由于地震、战争等不可抗力、意外事故造成的，则应该由权利人自行承担费用；如果是由第三人引起的，则由第三人承担费用。

第二百三十七条 　**【修理、重作、更换或者恢复原状请求权】**造成不动产或者动产毁损的，权利人可以依法请求修理、重作、更换或者恢复原状。

第二百三十八条 　**【物权损害赔偿请求权】**侵害物权，造成权利人损害的，权利人可以依法请求损害赔偿，也可以依法请求承担其他民事责任。

第二百三十九条 　**【物权保护方式的单用和并用】**本章规定的物权保护方式，可以单独适用，也可以根据权利被侵害的情形合并适用。

第二分编　所　有　权

第四章　一般规定

第二百四十条 　**【所有权的定义】**所有权人对自己的不动产或者动产，依法享有占有、使用、收益和处分的权利。

所有权权能 ➡ （1）占有是对于财产的实际管领或控制，是拥有一个物的一般前提，是财产所有者直接行使所有权的表现。注意本条规定的"占有"和第五编"占有"的区别，前者是所有权人行使所有权的一种方式，后者则是一种占有的事实状态。

（2）使用是对财产的运用，发挥财产的使用价值。如使用机器生产产品，在土地上种植农作物。

（3）收益是通过财产的占有、使用等方式取得的经济效益。收益通常与使用相联系，但是处分财产也可以带来收益。

（4）处分是对其财产在事实上和法律上的最终处置。处分权一般由所有权人行使，但在某些情况下，非所有权人也可以有处分权，如运输的货物，如果发生紧急情况，承运人也是可以依法进行处分的。

实务应用

034. 所有权权能分离的情况有哪些？

完整的所有权包含四项权能。但在实际生活中，占有、使用、收益、处分四项权能都能够并且经常地与所有权发生分离，而所有人仍不丧失对于财产的所有权。例如，保管人可以占有交付保管的财产，承租人可以占有、使用租赁物，而行纪人可以占有、处分委托出售的财产。所有权是对财产的统一的和总括的支配权，而不是占有、使用、收益、处分权能的简单总和；并且，财产所有权具有弹力性，与所有权分离的权能一般来说最终要复归于所有权，所以权能与所有权的分离并不意味着所有人丧失了所有权，恰恰相反，这种分离本身正是所有人行使所有权的表现。在实际生活中，所有人正是通过这四项权能的分离和回复，发挥财产的效益，以满足自己生产和生活的需要。例如，出租人将财产出租给他人，由他人占有、使用，而自己收取租金。

第二百四十一条 　【所有权人设立他物权】所有权人有权在自己的不动产或者动产上设立用益物权和担保物权。用益物权人、担保物权人行使权利，不得损害所有权人的权益。

条文解读

他物权 ➡ 所有权人在自己的不动产或者动产上设立用益物权和担保物权，是所有权人行使其所有权的具体体现。由于用益物权与担保物权都是对他人的物享有的权利，因此统称为"他物权"，与此相对应，所有权称为"自物权"。

他物权分为用益物权和担保物权。用益物权包括土地承包经营权、建设用地使用权、宅基地使用权、地役权、居住权；担保物权包括抵押权、质权和留置权，还包括所有权保留、优先权、让与担保等非典型担保物权。由于用益物权和担保物权都是在他人所有之物上设置的物权，因此，在行使用益物权和担保物权的时候，权利人不得损害所有权人的权益。

关联参见

《土地管理法》第 9 条、第 14 条、第 15 条

第二百四十二条 　【国家专有】法律规定专属于国家所有的不动产和动产，任何组织或者个人不能取得所有权。

条文解读

国家专有 ➡ 国家专有是指只能为国家所有而不能为任何其他人所拥有。需要注意的是：（1）国家专有的财产由于不能为他人所拥有，因此不能通过交换或者赠与等任何流通手段转移其所有权。（2）尽管单位和个人对国有财产不能取得所有权，但他们可以依照相关法律的规定使用或经营某些国有财产。（3）本条只对国家专有财产作了概括性规定，

具体范围由各个相关单行法律、行政法规规定。国家专有的财产包括但不限于以下各项：①国有土地。依据法律、行政法规的规定，属于国家所有的土地有：城市市区的土地；农村和城市郊区已被征收的土地；依法不属于集体所有的森林、山岭、草地、荒地、滩涂及其他土地等。②海域。③水流。④矿产资源。⑤野生动物资源。⑥无线电频谱资源。

第二百四十三条 【征收】 为了公共利益的需要，依照法律规定的权限和程序可以征收集体所有的土地和组织、个人的房屋以及其他不动产。

征收集体所有的土地，应当依法及时足额支付土地补偿费、安置补助费以及农村村民住宅、其他地上附着物和青苗等的补偿费用，并安排被征地农民的社会保障费用，保障被征地农民的生活，维护被征地农民的合法权益。

征收组织、个人的房屋以及其他不动产，应当依法给予征收补偿，维护被征收人的合法权益；征收个人住宅的，还应当保障被征收人的居住条件。

任何组织或者个人不得贪污、挪用、私分、截留、拖欠征收补偿费等费用。

条文解读

征收 ➋ 征收，是国家取得所有权的一种方式，是将集体或者个人的财产征收到国家手中，成为国家所有权的客体，其后果是集体或者个人消灭所有权，国家取得所有权。征收的后果严重，应当给予严格限制：（1）征收必须是为了公共利益的需要，而不是一般的建设需要。（2）征收的财产应当是土地、房屋及其他不动产。（3）征收不动产应当支付补偿费，对丧失所有权的人给予合理的补偿。征收集体所有的土地，应当支付土地补偿费、安置补助费以及农村村民住宅、其他地上附着物和青苗补偿费等费用。同时，要足额安排被征地农民的社会保障费用，维护被征地农民的合法权益，保障被征地农民的生活。征收组织、个人的房屋或者其他不动产，应当给予征收补偿，维护被征收人的合法权益。征收居民住房的，还应当保障被征收人的居住条件。（4）为了保证补偿费能够足额地发到被征收人的手中，任何组织和个人不得贪污、挪用、私分、截留、拖欠征收补偿费等费用。

第二百四十四条 　**【保护耕地与禁止违法征地】**国家对耕地实行特殊保护，严格限制农用地转为建设用地，控制建设用地总量。不得违反法律规定的权限和程序征收集体所有的土地。

第二百四十五条 　**【征用】**因抢险救灾、疫情防控等紧急需要，依照法律规定的权限和程序可以征用组织、个人的不动产或者动产。被征用的不动产或者动产使用后，应当返还被征用人。组织、个人的不动产或者动产被征用或者征用后毁损、灭失的，应当给予补偿。

条文解读

征用 ➡ 征用，是国家对单位和个人的财产的强制使用。遇有抢险救灾、疫情防控等紧急需要时，国家可以依照法律规定的权限和程序，征用组织、个人的不动产或者动产。

对于被征用的所有权人的权利保护方法是：（1）被征用的不动产或者动产在使用后，应当返还被征用人，其条件是被征用的不动产或者动产的价值仍在；（2）如果不动产或者动产被征用或者被征用后毁损、灭失的，则应当由国家给予补偿，不能使权利人因此受到损失。

实务应用

035. **征收与征用的区别是什么？**

（1）是否出于紧急需要。征用一般是在紧急状态下迫不得已才被采用的，而征收则不以紧急状态的存在为其适用的前提，即使不存在紧急状态，出于公共利益的需要也可以征收。

（2）适用对象不同。征用既适用于不动产，也适用于动产。征收针对的对象是集体所有的土地和单位、个人的房屋及其他不动产。征收既可以针对所有权，也可以针对用益物权。

（3）是否转移所有权不同。征用的目的旨在获得使用权，因为所有权没有转移，如果标的物没有毁损灭失，就应当返还原物。征收要强制转移所有权，而且导致所有权永久性转移。

（4）在补偿方面不同。征用财产使用完毕后，首先应当返还给被征用人。关于征用的补偿，该条只是规定应当给予补偿，究竟如何补偿，可以由双方依据法律规定协商确定。《民法典》对征收规定了具体的补偿办法，这就是说，任何征收都要给予补偿，而且必须依法补偿。

第五章　国家所有权和集体所有权、私人所有权

第二百四十六条　**【国家所有权】**法律规定属于国家所有的财产，属于国家所有即全民所有。

国有财产由国务院代表国家行使所有权。法律另有规定的，依照其规定。

条文解读

国家所有的财产 ➡ 本条第 1 款是对国有财产范围的概括性规定："法律规定属于国家所有的财产，属于国家所有即全民所有。"依据宪法、法律、行政法规，《民法典》第 247 条至第 254 条明确规定矿藏、水流、海域、无居民海岛、无线电频谱资源、国防资产、城市的土地属于国家所有。法律规定属于国家所有的野生动植物资源、铁路、公路电力设施、电信设施和油气管道等基础设施、文物、农村和城市郊区的土地，属于国家所有。除法律规定属于集体所有的外，森林、山岭、草原、荒地、滩涂等自然资源，属于国家所有。现行法律、行政法规没有

明确规定的，根据本条，可以在制定或者修改有关法律时作出具体规定。

国家所有即全民所有 ➡ 本条第 1 款中规定"国家所有即全民所有"，明确我国国家所有的性质是全民所有。《宪法》第 9 条第 1 款规定："矿藏、水流、森林、山岭、草原、荒地、滩涂等自然资源，都属于国家所有，即全民所有；由法律规定属于集体所有的森林和山岭、草原、荒地、滩涂除外。"《土地管理法》第 2 条第 2 款规定："全民所有，即国家所有土地的所有权由国务院代表国家行使。"本条规定和宪法的规定相衔接，进一步明确国家所有的性质。

代表国家行使国家财产所有权的主体 ➡ 除法律另有规定外，国有财产由国务院代表国家行使所有权，同时依照法律规定也可以由地方人民政府等部门行使有关权利。对此我国很多法律法规都有相应的规定，如《土地管理法》第 5 条规定："国务院自然资源主管部门统一负责全国土地的管理和监督工作。县级以上地方人民政府自然资源主管部门的设置及其职责，由省、自治区、直辖市人民政府根据国务院有关规定确定。"《森林法》第 9 条规定："国务院林业主管部门主管全国林业工作。县级以上地方人民政府林业主管部门，主管本行政区域的林业工作。乡镇人民政府可以确定相关机构或者设置专职、兼职人员承担林业相关工作。"《水法》第 12 条规定："国家对水资源实行流域管理与行政区域管理相结合的管理体制。国务院水行政主管部门负责全国水资源的统一管理和监督工作。国务院水行政主管部门在国家确定的重要江河、湖泊设立的流域管理机构（以下简称流域管理机构），在所管辖的范围内行使法律、行政法规规定的和国务院水行政主管部门授予的水资源管理和监督职责。县级以上地方人民政府水行政主管部门按照规定的权限，负责本行政区域内水资源的统一管理和监督工作。"

第二百四十七条 【矿藏、水流和海域的国家所有权】矿藏、水流、海域属于国家所有。

条文解读

矿藏 ➡ 矿藏，主要指矿产资源，即存在于地壳内部或者地表的，由地质作用形成的，在特定的技术条件下能够被探明和开采利用的呈固态、液态或气态的自然资源。矿藏属于国家所有，指国家享有对矿产资源的占有、使用、收益和处分的权利。《宪法》第9条第1款规定："矿藏、水流、森林、山岭、草原、荒地、滩涂等自然资源，都属于国家所有，即全民所有；由法律规定属于集体所有的森林和山岭、草原、荒地、滩涂除外。"《矿产资源法》第3条第1款规定："矿产资源属于国家所有，由国务院行使国家对矿产资源的所有权。地表或者地下的矿产资源的国家所有权，不因其所依附的土地的所有权或者使用权的不同而改变。"

国家对矿藏的所有权可以有多种行使方式。《矿产资源法》第4条第1款规定："国家保障依法设立的矿山企业开采矿产资源的合法权益。"依照该规定，民事主体可以依法取得开发和经营矿藏的权利，其性质为采矿权。取得该权利后，通过开发和经营矿藏取得对矿藏的所有权。民事主体取得采矿权并不影响国家的所有权。国家保护合法的采矿权。但该采矿权与对矿藏的所有权不同，前者是他物权，后者是所有权。国家保障矿产资源的合理利用。

水流 ➡ 水流，指江、河等的统称。此处水流应包括地表水、地下水和其他形态的水资源。水流属于国家所有，指国家享有对水流的占有、使用、收益和处分的权利。《水法》第3条规定，水资源属于国家所有。水资源的所有权由国务院代表国家行使。水流是我国最宝贵的自然资源之一，是实现可持续发展的重要物质基础。只有严格依照宪法的规定，坚持水流属于国家所有，即全民所有，才能保障我国水资源的合理开发、利用、节约保护和满足各方面对水资源日益增长的需求，适应国民经济和社会发展的需要。

海域 ➡ 海域，是指中华人民共和国内水、领海的水面、水体、海床和底土。这是一个空间资源的概念，是对传统民法中"物"的概念的延伸与发展。内水，是指中华人民共和国领海基线向陆地一侧至海岸线的海域。领海这个概念是随公海自由原则的确立而形成的，它是指沿着国家的海岸、受国家主权支配和管辖下的一定宽度的海水带。本条明确规定海域属于国家所有。《海域使用管理法》第 3 条第 1 款规定："海域属于国家所有，国务院代表国家行使海域所有权。任何单位或者个人不得侵占、买卖或者以其他形式非法转让海域。"长期以来，在海域权属问题上存在一些模糊认识，出现了一些不正常的现象。个别地方政府或者有关部门擅自将海域的所有权确定为本地所有或者某集体经济组织所有，用海单位在需要使用海域时直接向乡镇和农民集体经济组织购买或者租用；个别乡镇甚至公开拍卖海域或者滩涂；有的村民错误地认为，祖祖辈辈生活在海边，海就是村里的。这些错误的认识和行为，不仅导致海域使用秩序的混乱，而且严重地损害了国家的所有权权益。因此，法律明确规定海域属于国家所有。海域属于国家所有，指国家享有对海域的占有、使用、收益和处分的权利。这不仅能正本清源，纠正思想上的错误认识，而且有助于树立海域归国家所有的意识和有偿使用海域的观念，使国家的所有权权益能在经济上得到实现。

第二百四十八条　【无居民海岛的国家所有权】无居民海岛属于国家所有，国务院代表国家行使无居民海岛所有权。

第二百四十九条　【国家所有土地的范围】城市的土地，属于国家所有。法律规定属于国家所有的农村和城市郊区的土地，属于国家所有。

条文解读

国家所有的土地 ➡ 本条规定了国家所有土地的范围，国家所有的土地包括：（1）城市的土地；（2）法律规定属于国家所有的农村和城市郊区的土地。

城市的土地属于国家所有。即指国家对于城市的土地享有所有权，且城市的土地所有权只属于国家。

法律规定属于国家所有的农村和城市郊区的土地属于国家所有。《宪法》第10条第2款规定："农村和城市郊区的土地，除由法律规定属于国家所有的以外，属于集体所有；宅基地和自留地、自留山，也属于集体所有。"这里所指的法律是全国人大及其常委会通过的具有法律约束力的规范性文件，包括宪法和其他法律。国家法律未确定为集体所有的森林和山岭、草原、荒地、滩涂等，均属于国家所有。

第二百五十条　【国家所有的自然资源】 森林、山岭、草原、荒地、滩涂等自然资源，属于国家所有，但是法律规定属于集体所有的除外。

条文解读

国家所有的自然资源的范围 ➋ 本条有关森林、山岭、草原、荒地、滩涂等自然资源所有权的规定是依据《宪法》作出的。《宪法》第9条第1款规定："矿藏、水流、森林、山岭、草原、荒地、滩涂等自然资源，都属于国家所有，即全民所有；由法律规定属于集体所有的森林和山岭、草原、荒地、滩涂除外。"我国绝大多数自然资源都属于国家所有。

根据宪法，我国其他法律对自然资源的国家所有权也作出了相应的规定。《森林法》第14条第1款规定："森林资源属于国家所有，由法律规定属于集体所有的除外。"《草原法》第9条规定："草原属于国家所有，由法律规定属于集体所有的除外。国家所有的草原，由国务院代表国家行使所有权。任何单位或者个人不得侵占、买卖或者以其他形式非法转让草原。"森林、山岭、草原、荒地、滩涂作为自然资源，一般属于国家所有。依照我国的法律，森林、山岭、草原、荒地、滩涂等自然资源，除了国家所有以外，存在另一种所有权形式，即集体所有。

关联参见

《宪法》第 9 条；《森林法》第 14 条；《草原法》第 9 条；《民族区域自治法》第 27 条

第二百五十一条 【国家所有的野生动植物资源】法律规定属于国家所有的野生动植物资源，属于国家所有。

第二百五十二条 【无线电频谱资源的国家所有权】无线电频谱资源属于国家所有。

第二百五十三条 【国家所有的文物的范围】法律规定属于国家所有的文物，属于国家所有。

条文解读

国家所有的文物 ➡ 需要明确的是，并不是所有的文物都归国家所有，而是法律规定属于国家所有的文物，属于国家所有。文物的所有者可以是各类民事主体，民事主体可以按照法律规定享有对文物的所有权，依照《文物保护法》第 5 条的规定，以下文物属于国家所有：(1) 中华人民共和国境内地下、内水和领海中遗存的一切文物，属于国家所有。(2) 古文化遗址、古墓葬、石窟寺属于国家所有。国家指定保护的纪念建筑物、古建筑、石刻、壁画、近代现代代表性建筑等不可移动文物，除国家另有规定的以外，属于国家所有。(3) 下列可移动文物，属于国家所有：①中国境内出土的文物，国家另有规定的除外；②国有文物收藏单位以及其他国家机关、部队和国有企业、事业组织等收藏、保管的文物；③国家征集、购买的文物；④公民、法人和其他组织捐赠给国家的文物；⑤法律规定属于国家所有的其他文物。《文物保护法》第 5 条中还规定，属于国家所有的可移动文物的所有权不因其保管、收藏单位的终止或者变更而改变。国有文物所有权受法律保护，不容侵犯。国有不可移动文物的所有权不因其所依附的土地所有权或者使用权的改变而改变，国家依法享有对法律规定属于国家所有的文物的所有权，也就是国家依法享有对其所有的文物的占有、使用、收益和处分的权利。

第二百五十四条　【国防资产、基础设施的国家所有权】国防资产属于国家所有。

铁路、公路、电力设施、电信设施和油气管道等基础设施，依照法律规定为国家所有的，属于国家所有。

第二百五十五条　【国家机关的物权】国家机关对其直接支配的不动产和动产，享有占有、使用以及依照法律和国务院的有关规定处分的权利。

第二百五十六条　【国家举办的事业单位的物权】国家举办的事业单位对其直接支配的不动产和动产，享有占有、使用以及依照法律和国务院的有关规定收益、处分的权利。

第二百五十七条　【国有企业出资人制度】国家出资的企业，由国务院、地方人民政府依照法律、行政法规规定分别代表国家履行出资人职责，享有出资人权益。

条文解读

国家出资的企业中国有财产权的行使 ➡ 第一，国家出资的企业，不仅包括国家出资兴办的企业，如国有独资公司，也包括国家控股、参股有限责任公司和股份有限公司等。当然国家出资的企业不仅仅是以公司形式，也包括未进行公司制改造的其他企业。

第二，由国务院和地方人民政府分别代表国家履行出资人的职责。值得注意的是，国家实行国有企业出资人制度的前提是国家统一所有，国家是国有企业的出资人。中央政府与地方政府都只是分别代表国家履行出资人职责，享有出资人权益。不能把国家所有与政府所有等同起来，更不能把国家所有与地方政府所有等同。根据《企业国有资产法》以及《企业国有资产监督管理暂行条例》的规定，国务院和地方人民政府的具体分工是：国务院代表国家对关系国民经济命脉和国家安全的大型国有及国有控股、国有参股企业，重要基础设施和重要自然资源等领域的国有及国有控股、国有参股企业，履行出资人职责。省、自治区、直辖市人民政府和设区的市、自治州人民政府分别代表国家对由国务院履行出资人职责以外的国有及国有控股、国有参股企业，履行出资人职责。

第二百五十八条　【国有财产的保护】国家所有的财产受法律保护，禁止任何组织或者个人侵占、哄抢、私分、截留、破坏。

第二百五十九条　【国有财产管理法律责任】履行国有财产管理、监督职责的机构及其工作人员，应当依法加强对国有财产的管理、监督，促进国有财产保值增值，防止国有财产损失；滥用职权，玩忽职守，造成国有财产损失的，应当依法承担法律责任。

违反国有财产管理规定，在企业改制、合并分立、关联交易等过程中，低价转让、合谋私分、擅自担保或者以其他方式造成国有财产损失的，应当依法承担法律责任。

第二百六十条　【集体财产范围】集体所有的不动产和动产包括：

（一）法律规定属于集体所有的土地和森林、山岭、草原、荒地、滩涂；

（二）集体所有的建筑物、生产设施、农田水利设施；

（三）集体所有的教育、科学、文化、卫生、体育等设施；

（四）集体所有的其他不动产和动产。

第二百六十一条　【农民集体所有财产归属及重大事项集体决

定〕农民集体所有的不动产和动产，属于本集体成员集体所有。

下列事项应当依照法定程序经本集体成员决定：

（一）土地承包方案以及将土地发包给本集体以外的组织或者个人承包；

（二）个别土地承包经营权人之间承包地的调整；

（三）土地补偿费等费用的使用、分配办法；

（四）集体出资的企业的所有权变动等事项；

（五）法律规定的其他事项。

条文解读

农民集体所有 ➔ 农民集体所有包括集体财产集体所有、集体事务集体管理、集体利益集体分享三层含义，并且只有本集体的成员才能享有这些权利。农村集体成员有两个特征：一是平等性。即不分加入集体时间长短，不分出生先后，不分贡献大小，不分有无财产投入等，其成员资格都一律平等。二是地域性和身份性。农村集体组织成员一般来说就是当地的村民，他们所生子女，自出生后自动取得该集体成员资格。此外，也有的成员是通过婚姻、收养关系或者移民迁入本集体而取得成员资格。农民只能在一个集体内享有成员权利，不能同时享有两个或者多个集体成员权利。

涉及村民利益的下列事项，经村民会议讨论决定方可办理：（1）本村享受误工补贴的人员及补贴标准；（2）从村集体经济所得收益的使用；（3）本村公益事业的兴办和筹资筹劳方案及建设承包方案；（4）土地承包经营方案；（5）村集体经济项目的立项、承包方案；（6）宅基地的使用方案；（7）征地补偿费的使用、分配方案；（8）以借贷、租赁或者其他方式处分村集体财产；（9）村民会议认为应当由村民会议讨论决定的涉及村民利益的其他事项。村民会议可以授权村民代表会议讨论决定前述事项。法律对讨论决定村集体经济组织财产和成员权益的事项另有规定的，依照其规定。

036. 如何确定农村集体经济组织成员的资格?

（1）出生时，父母双方或者一方是本集体经济组织成员或者因为婚姻、收养以及国防建设或者其他政策性迁入等原因，在集体经济组织所在地生产、生活并依法登记了常住户口的人。

（2）因外出经商、务工等原因，脱离常住户口所在地集体经济组织生产、生活的人，在丧失集体经济组织成员资格之前，应当认定其仍然有成员资格。

（3）因学习、服义务兵或初级士官兵役等原因注销、迁出常住户口的人，在丧失集体经济组织成员资格之前，应当认定其仍然具有成员资格。

（4）如果婚姻关系发生在持农业户口和非农业户口人员之间的，在丧失集体经济组织成员资格之前，应当认定持农业户口一方具有户口所在地集体经济组织成员资格。农嫁农人员成员资格的确定，如果已进入本集体经济组织实际生产、生活的农户，即使常住户口尚未迁入本集体经济组织所在地，也应当认定其具有本集体经济组织成员资格。农户从进入本集体经济组织时起，其原集体经济组织成员资格丧失。

关联参见

《土地管理法》第9条、第10条；《农村土地承包法》第29条；《村民委员会组织法》第21—24条

第二百六十二条 【行使集体所有权的主体】对于集体所有的土地和森林、山岭、草原、荒地、滩涂等，依照下列规定行使所有权：

（一）属于村农民集体所有的，由村集体经济组织或者村民委员会依法代表集体行使所有权；

（二）分别属于村内两个以上农民集体所有的，由村内各该集体经济组织或者村民小组依法代表集体行使所有权；

（三）属于乡镇农民集体所有的，由乡镇集体经济组织代表集体行使所有权。

第二百六十三条　【城镇集体财产权利】城镇集体所有的不动产和动产，依照法律、行政法规的规定由本集体享有占有、使用、收益和处分的权利。

条文解读

城镇集体财产权利 ➡ 本条是关于城镇集体财产行使的规定。适用时应注意：集体财产权的客体是属于该城镇集体所有的不动产和动产。如果城镇集体企业已经改制，如成为有限责任公司或者股份有限公司、个人独资企业或者合伙企业的，就不适用本条，而分别适用《公司法》、《个人独资企业法》或者《合伙企业法》的有关规定。

第二百六十四条　【集体财产状况的公布】农村集体经济组织或者村民委员会、村民小组应当依照法律、行政法规以及章程、村规民约向本集体成员公布集体财产的状况。集体成员有权查阅、复制相关资料。

第二百六十五条　【集体财产的保护】集体所有的财产受法律保护，禁止任何组织或者个人侵占、哄抢、私分、破坏。

农村集体经济组织、村民委员会或者其负责人作出的决定侵害集体成员合法权益的，受侵害的集体成员可以请求人民法院予以撤销。

条文解读

集体成员的诉权 ➡ 关于该诉权，应把握以下内容：一是享有该诉权的主体是每个集体经济组织的成员；二是提起诉讼的事由，是集体经济组织、村民委员会或者其负责人作出的决定，侵害了该集体成员的合法财产权益；三是该诉为撤销之诉。权益人可以请求法院撤销集体组织的决定，但不能请求变更或确认。这个撤销权没有规定除斥期间，原则上应当适用《民法典》第 152 条有关除斥期间为 1 年的规定。

　　第二百六十六条　【私人所有权】私人对其合法的收入、房屋、生活用品、生产工具、原材料等不动产和动产享有所有权。

条文解读

　　私人 ➡ "私人"是和国家、集体相对应的物权主体，不但包括我国的公民，也包括在我国合法取得财产的外国人和无国籍人。不仅包括自然人，还包括个人独资企业、个人合伙等组织。

　　私有财产 ➡ 私有财产的范围：（1）收入。是指人们从事各种劳动获得的货币收入或者有价物。主要包括：工资，指定期支付给员工的劳动报酬，包括计时工资、计件工资、职务工资、级别工资、基础工资、工龄工资、奖金、津贴和补贴、加班加点工资和特殊情况下支付的报酬等；从事智力创造和提供劳务所取得的物质权利，如稿费、专利转让费、讲课费、咨询费、演出费等；因拥有债权、股权而取得的利息、股息、红利所得；出租建筑物、土地使用权、机器设备、车船以及其他财产所得；转让有价证券、股权、建筑物、土地使用权、机器设备、车船以及其他财产所得；得奖、中奖、中彩以及其他偶然所得；从事个体经营的劳动收入、从事承包土地所获得的收益等。（2）房屋。包括依法购买的城镇住宅，也包括在农村宅基地上依法建造的住宅，还包括商铺、厂房等建筑物。根据《土地管理法》、《城市房地产管理法》以及《民法典》的规定，房屋仅指在土地上的建筑物部分，不包括其占有的土地。（3）生活用品。是指用于生活方面的物品，如家用电器、私人汽车、家具等。（4）生产工具和原材料。生产工具是指人们在进行生产活动时所使用的器具，如机器设备、车辆、船舶等运输工具。原材料是指生产产品所需的物质基础材料，如矿石、木材、钢铁等。生产工具和原材料是重要的生产资料，是生产所必需的基础物质。

除上述外，私人财产还包括其他的不动产和动产，如图书、个人收藏品、牲畜和家禽等。

012. 埋藏于公民祖宅内的文物，法院应如何判定其归属？①

原告汪秉诚等六人的祖辈即居住在淮安市东长街 306 号房屋。2007年 4 月，该地块被列入拆迁范围。拆迁前，原告方向拆迁项目部现场办公室及当地居委会反映，其宅基下有祖父埋藏的古钱币若干。在拆迁期间，原告方与拆迁部门没有达成拆迁补偿安置协议。2009 年 9 月 27 日晚，拆迁办工作人员与原告方在其他地点商谈有关拆迁事项时，原告祖宅被相关单位拆除。2009 年 10 月 13 日，该拆迁工地人员挖掘出涉案埋藏的钱币时，现场有市民拾捡和哄抢，后经博物馆挖掘清理，现被博物馆收藏。经江苏省文物局委托淮安市文物局进行鉴定，上述钱币属一般可移动文物，具有一定的历史和文化价值。涉案钱币为机制铜元，为清代晚期至民国期间钱币。原告索还古钱币未果，遂诉至法院请求判令被告博物馆返还涉案古钱币。一审法院判决被告返还原告汪秉诚等六人古钱币两箱，博物馆不服一审判决，提出上诉。

二审法院认为：一、关于涉案古钱币是否为被上诉人祖父所有问题。被上诉人汪秉诚等六人在一、二审提供的证据，能够证明涉案古钱币为被上诉人祖父所有。二、关于涉案古钱币归属问题。私人可以成为文物的所有权人。《文物保护法》第 5 条将中华人民共和国境内地下遗存的文物一般推定为"属于国家所有"。但埋藏或隐藏于公民祖宅且能

---

① 参见《汪秉诚等六人诉淮安市博物馆返还祖宅的埋藏文物纠纷案》，载《最高人民法院公报》2013 年第 5 期。

够基本证明属于其祖产的埋藏物，在无法律明文规定禁止其拥有的情况下，应判定属于公民私人财产。被上诉人汪秉诚等六人能够证明涉案古钱币属其祖父所有，且被上诉人对其祖父的财产依法亦享有继承的权利，故涉案文物为祖传文物，属有主物。

第二百六十七条 【私有财产的保护】私人的合法财产受法律保护，禁止任何组织或者个人侵占、哄抢、破坏。

条文解读

私人的合法财产 ➡ 私有财产，是指私人拥有所有权的财产，不但包括合法的收入、房屋、生活用品、生产工具、原材料等不动产和动产，也包括私人合法的储蓄、投资及其收益，以及上述财产的继承权。

私有财产受到法律保护的前提是这些财产是合法的财产，非法取得的财产不受法律保护。例如，通过侵占、贪污、盗窃国有、集体资产而取得的财产，法律不但不予以保护，而且还要依法追缴。行为人构成犯罪的，还要承担刑事责任。

第二百六十八条 【企业出资人的权利】国家、集体和私人依法可以出资设立有限责任公司、股份有限公司或者其他企业。国家、集体和私人所有的不动产或者动产投到企业的，由出资人按照约定或者出资比例享有资产收益、重大决策以及选择经营管理者等权利并履行义务。

第二百六十九条 【法人财产权】营利法人对其不动产和动产依照法律、行政法规以及章程享有占有、使用、收益和处分的权利。

营利法人以外的法人，对其不动产和动产的权利，适用有关法律、行政法规以及章程的规定。

营利法人财产权 ➡ 以取得利润并分配给股东等出资人为目的成立的法人，为营利法人。营利法人包括有限责任公司、股份有限公司和其他企业法人等。出资人将其不动产或者动产投入营利法人后，即构成了法人独立的财产。营利法人享有法人财产权，即依照法律、行政法规和章程的规定对该财产享有占有、使用、收益和处分的权利，出资人个人不能直接对其投入的资产进行支配，这是营利法人实现自主经营、自负盈亏，独立承担民事责任的物质基础。

营利法人以外的法人财产权 ➡ 企业法人之外的法人包括机关法人、事业单位法人、社团法人等。其中机关法人和国家举办的事业单位法人，其财产属于国家所有，对其直接支配的不动产和动产的收益权和处分权要受到法律和国务院有关规定的限制。

第二百七十条 【社会团体法人、捐助法人合法财产的保护】
社会团体法人、捐助法人依法所有的不动产和动产，受法律保护。

第六章 业主的建筑物区分所有权

第二百七十一条 【建筑物区分所有权】业主对建筑物内的住宅、经营性用房等专有部分享有所有权，对专有部分以外的共有部分享有共有和共同管理的权利。

建筑物区分所有权 ➡ 建筑物区分所有权人，对建筑物内的住宅、商业用房等专有部分享有所有权，对专有部分以外的共有部分如电梯、过道、楼梯、水箱、外墙面、水电气的主管线等享有共有和共同管理的权利。业主可以自行管理建筑物及其附属设施，也可以委托物业服务企业或者其他管理人管理。业主可以设立业主大会，选举业主委员会，制定或者修改业主大会议事规则和建筑物及其附属设施的管理规约，选举业主委员会和更换业主委员会成员，选聘和解聘物业服务企业或者其他管理人，筹集和使用建筑物及其附属设施的维修资金，改建和重建建筑物及其附属设施等。业主大会和业主委员会，对任意弃置垃圾、排放大气污染物或者噪声、违反规定饲养动物、违章搭建、侵占通道、拒付物业费等损害他人合法权益的行为，有权依照法律、法规以及管理规约，要求行为人停止侵害、消除危险、排除妨害、赔偿损失。

实务应用

037. 谁是小区内商业广告的获利主体？

《物业管理条例》第 54 条规定："利用物业共用部位、共用设施设备进行经营的，应当在征得相关业主、业主大会、物业服务企业的同意后，按照规定办理有关手续。业主所得收益应当主要用于补充专项维修资金，也可以按照业主大会的决定使用。"小区的楼顶、电梯和建筑外墙属于共有部分，业主是其所有人，而在楼顶上搭建广告牌、在楼房外墙上涂刷广告、在小区电梯里张贴广告都是对共有部分的使用，因此业主对小区内张贴广告享有处分权和收益权。如果物业未得到业主的事先许可和事后追认而擅自张贴广告就构成了对业主所有权的侵害。

关联参见

《物业管理条例》第 6 条；《最高人民法院关于审理建筑物区分所有权纠纷案件适用法律若干问题的解释》第 1 条

第二百七十二条 【业主对专有部分的专有权】业主对其建筑物专有部分享有占有、使用、收益和处分的权利。业主行使权利不得危及建筑物的安全，不得损害其他业主的合法权益。

建筑物专有部分 ➡ 建筑区划内符合下列条件的房屋，以及车位、摊位等特定空间，应当认定为本章所称的专有部分：（1）具有构造上的独立性，能够明确区分；（2）具有利用上的独立性，可以排他使用；（3）能够登记成为特定业主所有权的客体。规划上专属于特定房屋，且建设单位销售时已经根据规划列入该特定房屋买卖合同中的露台等，应当认定为本章所称专有部分的组成部分。

业主对专有部分所有权的限制 ➡ 对于建筑物区分所有权人对专有部分享有的权利，一方面，应明确其与一般所有权相同，具有绝对性、永久性、排他性。所有权人在法律限制范围内可以自由使用、收益、处分专有部分，并排除他人干涉。另一方面，也应注意到其与一般所有权的不同：业主的专有部分是建筑物的重要组成部分，与共有部分具有一体性、不可分离性，例如没有电梯、楼道、走廊，业主不可能出入自己的居室、经营性用房等专有部分；没有水箱，水、电等管线，业主无法使用自己的居室、经营性用房等专有部分。因此业主对专有部分行使所有权应受到一定限制。例如，业主对专有部分装修时，不得拆除房屋内的承重墙，不得在专有部分内储藏、存放易燃易爆危险等物品，危及整个建筑物的安全，损害其他业主的合法权益。

第二百七十三条 【业主对共有部分的共有权及义务】业主对建筑物专有部分以外的共有部分，享有权利，承担义务；不得以放弃权利为由不履行义务。

业主转让建筑物内的住宅、经营性用房，其对共有部分享有的共有和共同管理的权利一并转让。

业主对共有部分的共有权及义务 ➡ 关于业主对共有部分的权利，

主要应注意，业主对专有部分以外的共有部分既享有权利，又承担义务。并且，业主不得以放弃权利为由不履行义务。例如，业主不得以不使用电梯为由，不交纳电梯维修费用；在集中供暖的情况下，不得以冬季不在此住宅居住为由，不交纳暖气费用。关于如何行使该项共有权利义务还要依据《民法典》及相关法律、法规和建筑区划管理规约的规定。

实务应用

038. 业主能否单独转让其对建筑物专有部分的所有权？

业主对其建筑物专有部分的所有权不能单独转让，而必须与其共用部分持有权和成员权一同转让。业主的建筑物区分所有权是一个集合权，包括对专有部分享有的所有权、对建筑区划内的共有部分享有的共有权和共同管理的权利，这三种权利具有不可分离性。在这三种权利中，业主对专有部分的所有权占主导地位，是业主对专有部分以外的共有部分享有共有权以及对共有部分享有共同管理权的前提与基础。而且，区分所有人所有的专有部分的大小，也决定了其对建筑物共有部分享有的共有和共同管理权利的份额大小。因此本条规定，业主转让建筑物内的住宅、经营性用房，其对共有部分享有的共有和共同管理的权利一并转让。

039. 建筑物专有部分以外的共有部分在物业管理期间产生的收益归谁所有？

根据《民法典》第 273 条的规定，业主对建筑物专有部分以外的共有部分，享有权利，承担义务。共有部分在物业服务企业物业管理（包括前期物业管理）期间所产生的收益，在没有特别约定的情况下，应属全体业主所有，并主要用于补充小区的专项维修资金。物业服务企业对共有部分进行经营管理的，可以享有一定比例的收益。

第二百七十四条　【建筑区划内的道路、绿地等场所和设施属于业主共有财产】 建筑区划内的道路，属于业主共有，但是属于城镇公共道路的除外。建筑区划内的绿地，属于业主共有，但是属于城镇公共绿地或者明示属于个人的除外。建筑区划内的其他公共场所、公用设施和物业服务用房，属于业主共有。

条文解读

建筑区划内的场所和设施的归属 ➡ 区分所有建筑物中的道路属于业主共有，但属于城镇公共道路的除外。只要小区中的道路不是城镇公共道路，就都属于业主共有，是"私家路"，不属于"私家路"的才是公共道路，界限应当清楚。

确定区分所有建筑物绿地的权属规则是：小区的绿地属于全体业主共有。除外的是：（1）属于城镇公共绿地的除外，城镇公共绿地属于国家，不能归属于全体业主或者个别业主。（2）明示属于个人的除外，以下两项绿地属于明示属于个人：连排别墅业主的屋前屋后的绿地，明示属于个人的，归个人所有或者专有使用；独栋别墅院内的绿地，明示属于个人的，归个人所有或者专有使用。至于普通住宅的一层业主的窗前绿地的权属问题，开发商把窗前绿地赠送给一层业主，实际上等于把绿地这一部分共有的建设用地使用权和草坪的所有权都给了一层业主。如果没有解决土地使用权和绿地所有权的权属，这样做不妥。如果在规划中就确定一层业主窗前绿地属于一层业主，并且对土地使用权和绿地所有权的权属有明确约定，缴纳必要费用，不存在侵害全体业主共有权的，可以确认窗前绿地为"明示属于个人"，不属于共有部分。

其他公共场所属于确定的共有部分，不得归属于开发商所有。相对于会所以外的，为全体业主使用的广场、舞厅、图书室、棋牌室等，属于其他公共场所。而园林属于绿地，走廊、门庭、大堂等则属于建筑物的构成部分，本来就是共有部分，不会出现争议，不必专门规定。

公用设施是指小区内的健身设施、消防设施，属于共有部分，不存在例外。

现代住宅建筑物的物业管理是必要的，故建设住宅建筑物必须建设物业服务用房。物业服务用房属于业主共有，不得另行约定。

实务应用

040. 开发商在小区内建造的房屋是否属于全体业主所有？

开发商与小区业主对开发商在小区内建造的房屋发生权属争议时，应由开发商承担举证责任。如开发商无充分证据证明该房屋系其所有，且其已将该房屋建设成本分摊到出售给业主的商品房中，则该房屋应当属于小区全体业主所有。开发商在没有明确取得业主同意的情况下，自行占有使用该房屋，不能视为业主默示同意由开发商无偿使用，应认定开发商构成侵权。业主有权参照自该房屋应当移交时起的使用费向开发商主张赔偿责任。

041. 与业主所购房屋毗邻庭院绿地的归属如何确定？

对于与业主所购房屋毗邻庭院绿地的权属问题，不能仅仅依据房地产开发商的售楼人员曾向业主口头承诺"买一楼房屋送花园"，以及该庭院绿地实际为业主占有、使用的事实，即认定业主对该庭院绿地享有独占使用权。该庭院绿地作为不动产，其使用权的归属必须根据房屋买卖双方正式签订的商品房买卖协议及物权登记情况加以确定。

业主不得违反业主公约及物业管理规定，基于个人利益擅自破坏、改造与其房屋毗邻的庭院绿地。即使业主对于该庭院绿地具有独占使用权，如果该庭院绿地属于小区绿地的组成部分，业主在使用该庭院绿地时亦应遵守业主公约、物业管理规定关于小区绿地的管理规定，不得擅自破坏该庭院绿地，损害小区其他业主的合法权益。

042. 物业管理用房归业主共有吗？

物业管理用房依规划定点建造，为区分所有权建筑物管理人进行管理维护业务必需的场所，依照《民法典》第 273 条的规定，为业主共有。在建筑物竣工验收交付后，物业管理用房的分割、转移、调整或重新配置，应当由业主共同或业主大会决定。

013. 小区内的通信管道是否属于业主共有？①

2013 年 9 月 18 日，原告长城公司（甲方）与南京仟泰物业管理有限公司（乙方，以下简称仟泰公司）签订《社区宽带互联接入业务合作运营协议》1 份，约定：甲乙双方在南方花园小区共同建设社区宽带网络；甲方承担信息化社区的网络工程建设的投资、设计、施工、维护以及技术改造，为该小区提供互联网宽带接入服务；甲方有权使用社区内现有的网络线路、设备。后长城公司在南方花园小区的户外通信管道以及楼内户线通道内进行了缆线的铺设。2014 年 9 月，被告铁通南京分公司工作人员将长城公司在南方花园小区 C 组团铺设的双绞线剪断并将其中的双绞线抽出带走。长城公司工作人员发现缆线被剪断以及丢失后于 2014 年 9 月 27 日报警，经派出所调解未果，长城公司诉至法院，请求法院判令铁通南京分公司将剪断的光缆以及双绞线恢复原状并承担本案案件受理费。

审理中，铁通江苏分公司出具《情况说明》1 份，载明：其在 2001 年 10 月与经纬公司签订了《经纬房产南方花园 C 组电话协议书》，协议签订后铁通南京分公司成立，其将南京地区的资产转交给铁通南京分公司，与之所涉及相关协议的权利及义务也一并转移给铁通南京分公司。

南京市江宁区人民法院一审认为：法人的财产权受法律保护。铁通江苏分公司与经纬公司签订的《经纬房产南方花园 C 组电话协议书》的小区内通信管线等通信设施由通信运营公司享有专有使用权的条款，侵犯了业主的共有权，侵犯了业主选择电信服务的自由选择权，应属无

---

① 参见《长城宽带网络服务有限公司江苏分公司诉中国铁通集团有限公司南京分公司恢复原状纠纷案》，载《最高人民法院公报》2019 年第 12 期。

效。建筑区划内的其他公共场所、公用设施和物业服务用房，属于业主共有。小区内配套的通信管道应属于公用设施的一种，开发商将房屋交付后，通信管道应该属于业主共有。仟泰公司为小区全体业主提供前期物业服务，有权处分业主共有的通信管道，原告长城公司依据与仟泰公司签订的《社区宽带互联接入业务合作运营协议》有权在南方花园小区的通信管道内铺设缆线。铁通南京分公司在发现通信管道内有非属其公司的缆线后，未查明缆线所有权人自行采取剪断缆线并抽出部分缆线带走的行为侵害了长城公司的财产权，应当承担侵权责任。长城公司要求恢复原状，于法有据，法院予以支持。一审判决宣判后，双方当事人在法定期间内均未上诉，该判决已经发生法律效力。

第二百七十五条　【车位、车库的归属规则】建筑区划内，规划用于停放汽车的车位、车库的归属，由当事人通过出售、附赠或者出租等方式约定。

占用业主共有的道路或者其他场地用于停放汽车的车位，属于业主共有。

条文解读

建筑区划内车位、车库的归属规则 ➡ 建筑区划内，规划用于停放汽车的车位和车库的权属应当依据合同确定。通过出售和附赠取得车库车位的，所有权归属于业主；车库车位出租的，所有权归属于开发商，业主享有使用权。确定出售和附赠车位、车库的所有权属于业主的，车库车位的所有权和土地使用权也应当进行物权登记，在转移专有权时，车库车位的所有权和土地使用权并不必然跟随建筑物的权属一并转移，须单独进行转让或者不转让。

占用业主共有道路或者其他场地建立的车位，属于全体业主共有。至于如何使用，确定的办法是：（1）应当留出适当部分作为访客车位；（2）其余部分不能随意使用，应当建立业主的专有使用权，或者进行租赁，均须交付费用，而不是随意由业主使用，保持业主对车位利益的均衡；（3）属于共有的车位取得的收益，除管理费外，归属于全体业主，由业主大会或业主委员会决定，将其归并于公共维修基金或者按照面积分给全体业主。

案例指引

014. 非小区业主能否取得小区车位使用权？[①]

某置地公司是某小区的开发商。2016 年 1 月 25 日，某置地公司与房某平签订《车位永久使用协议》，将小区地下车库 78 号、79 号车位使用权转让给房某平，使用期限从 2016 年 1 月 25 日起，截止日期与某小区商品房使用期限相同，房某平向某置地公司支付了相应价款。房某平并非某小区业主，在某小区并无房产。某物业公司是某小区的物业公司，因某置地公司结欠某物业公司债务，某置地公司将地下车库车位交给某物业公司销售（包括案涉 78 号、79 号两个车位），销售回款用来冲抵其结欠某物业公司的债务。2017 年 12 月 19 日，某物业公司与小区业主陆某玉签订《地下车库使用权转让协议》，某物业公司将小区地下车库 78 号、79 号车位使用权转让给陆某玉使用，陆某玉向某物业公司支付了相应价款。后房某平诉至法院。

法院经审理认为，某置地公司同意并委托某物业公司转让某小区地下车位使用权，转让款用来冲抵某置地公司结欠某物业公司的欠款，某物业公司将 78 号、79 号车位使用权转让给陆某玉，有合法授权。《民法典》第 276 条规定，建筑区划内，规划用于停放汽车的车位、车库应当首先满足业主的需要。陆某玉系某小区业主，居住在某小区，并向物业公司交纳了物业管理费和车位管理费，占有了案涉车位，房某平并非该小区业主，未交纳车位管理费，也未有证据证明其占有车位。某置地公司违反法律规

---

① 参见《房某平诉某物业公司撤销权案》，案号：（2020）苏 0206 民初 926 号，载国家法官学院、最高人民法院司法案例研究院编：《中国法院 2022 年度案例·物权纠纷》，中国法制出版社 2022 年版，第 126 页。

定，将建筑区划内的车位使用权出让给小区业主以外的人，某置地公司与房某平签订的《车位永久使用协议》因违反法律的强制性规定，属无效协议。综上，房某平不能取得78号、79号地下车位的使用权。

第二百七十六条 【车位、车库优先满足业主需求】 建筑区划内，规划用于停放汽车的车位、车库应当首先满足业主的需要。

条文解读

车位、车库优先满足业主需求 ➡ 车位、车库只有在业主的需求解决之后，才可以向外出售或者出租。这是从实际情况出发规定的内容，有利于纠纷的解决和预防。何谓首先满足业主的需要，司法实践经验是，建设单位按照配置比例将车位、车库，以出售、附赠或者出租等方式处分给业主的，应当认定其符合"应当首先满足业主的需要"的规定；反之，超出配置比例处分给业主的，就是没有首先满足业主需要。此处的配置比例是指规划确定的建筑区划内用于停放汽车的车位、车库与房屋套数的比例。至于没有首先满足业主需要的应当如何处理，受到损害的业主有权向人民法院起诉，对于超出配置比例处分给业主车位、车库的行为，应当认定为无效。

第二百七十七条 【设立业主大会和选举业主委员会】 业主可以设立业主大会，选举业主委员会。业主大会、业主委员会成立的具体条件和程序，依照法律、法规的规定。

地方人民政府有关部门、居民委员会应当对设立业主大会和选举业主委员会给予指导和协助。

条文解读

业主大会 ➡ 业主大会是业主的自治组织，是基于业主的建筑物区分所有权的行使产生的，由全体业主组成，是建筑区划内建筑物及其附属设施的管理机构。业主大会的职责是：对外，代表该建筑物的全体业主，其性质为非法人组织性质的管理团体，代表全体所有人为民事法律行为和诉讼行为，具有非法人组织的功能；对内，对建筑物的管理工作作出决策，对共同事务进行决议，如制定管理规约，选任、解任管理人，共有部分的变更，建筑物部分毁损的修建等。业主大会应当定期召开，每年至少召开 1 次至 2 次。

业主委员会 ➡ 业主委员会是业主大会的执行机构，由业主大会选举产生，执行业主大会的决议，履行下列职责：（1）召集业主大会会议，报告物业管理的实施情况；（2）代表业主与业主大会选聘的物业管理企业签订物业服务合同；（3）及时了解业主、物业使用人的意见和建议，监督和协助物业管理企业履行物业服务合同；（4）监督管理规约的实施；（5）业主大会赋予的其他职责。

第二百七十八条　【由业主共同决定的事项以及表决规则】

下列事项由业主共同决定：

（一）制定和修改业主大会议事规则；

（二）制定和修改管理规约；

（三）选举业主委员会或者更换业主委员会成员；

（四）选聘和解聘物业服务企业或者其他管理人；

（五）使用建筑物及其附属设施的维修资金；

（六）筹集建筑物及其附属设施的维修资金；

（七）改建、重建建筑物及其附属设施；

（八）改变共有部分的用途或者利用共有部分从事经营活动；

（九）有关共有和共同管理权利的其他重大事项。

业主共同决定事项，应当由专有部分面积占比三分之二以上的业主且人数占比三分之二以上的业主参与表决。决定前款第六项至第八项规定的事项，应当经参与表决专有部分面积四分之三以上的业主且参与表决人数四分之三以上的业主同意。决定前款其他事项，应当经参与表决专有部分面积过半数的业主且参与表决人数过半数的业主同意。

条文解读

专有部分面积的计算 ➡ 本条规定中的专有部分面积，可以按照不动产登记簿记载的面积计算；尚未进行物权登记的，暂按测绘机构的实测面积计算；尚未进行实测的，暂按房屋买卖合同记载的面积计算。本条规定中的业主人数，可以按照专有部分的数量计算，一个专有部分按一人计算。但建设单位尚未出售和虽已出售但尚未交付的部分，以及同一买受人拥有一个以上专有部分的，按一人计算。

第二百七十九条 **【业主将住宅转变为经营性用房应当遵循的规则】** 业主不得违反法律、法规以及管理规约，将住宅改变为经营性用房。业主将住宅改变为经营性用房的，除遵守法律、法规以及管理规约外，应当经有利害关系的业主一致同意。

条文解读

有利害关系的业主 ➡ 业主负有维护住宅建筑物现状的义务，其中包括不得将住宅改变为经营性用房。如果业主要将住宅改变为经营性用房，除应当遵守法律、法规以及管理规约外，还应当经过有利害关系的业主的一致同意，有利害关系的业主只要有一人不同意，就不得改变住宅用房的用途。有利害关系的业主，应当根据改变为经营性用房用途的不同，影响范围和影响程度的不同，具体分析确定。具体而言，业主将住宅改变为经营性用房，本栋建筑物内的其他业主，应当认定为本条所称"有利害关系的业主"。建筑区划内，本栋建筑物之外的业主，主张与自己有利害关系的，应证明其房屋价值、生活质量受到或者可能受到不利影响。

业主将住宅改变为经营性用房，未依据本条的规定经有利害关系的业主一致同意，有利害关系的业主请求排除妨害、消除危险、恢复原状或者赔偿损失的，人民法院应予支持。将住宅改变为经营性用房的业主以多数有利害关系的业主同意其行为进行抗辩的，人民法院不予支持。

043. 有利害关系的业主同意"住改商"的，应当采"一致决"还是"多数决"？

业主欲将住宅改为经营性用房的，需要遵守法律、行政法规和管理规约的要求，包括经营项目限制、审批程序等。除此之外，还应当经有利害关系的业主，即房屋改变用途将影响其权利和合法利益的业主的同意。为保护各业主的利益，有利害关系的业主对住宅改为经营性用房的同意，应当采"一致决"而不能采"多数决"。由于邻居将住宅改为经营性用房，带来噪声和空气污染等，业主的正常生活受到影响的，可以自己与邻居协商，或找业主委员会调解，也可以向法院起诉。

044. 房屋承租人将住宅改变为经营性用房的，是否应当经过有利害关系的业主同意？

在审理建筑物区分所有权案件时，即使业主对房屋的使用没有给其他区分所有权人造成噪声、污水、异味等影响，只要房屋的用途发生改变，由专供个人、家庭日常生活居住使用改变为用于商业、工业、旅游、办公等经营性活动，即可认定该行为影响了业主的安宁生活，属于将住宅改变为经营性用房，应依照《民法典》关于业主改变住宅用途的规定处理。房屋使用人将住宅改变为经营性用房的，应承担与业主相同的法定义务，除遵守法律、法规和管理规约外，还应当经有利害关系的业主同意。

《最高人民法院关于审理建筑物区分所有权纠纷案件适用法律若干问题的解释》第 10 条、第 11 条

第二百八十条　【业主大会、业主委员会决定的效力】业主大会或者业主委员会的决定，对业主具有法律约束力。

业主大会或者业主委员会作出的决定侵害业主合法权益的，受侵害的业主可以请求人民法院予以撤销。

045. 小区业主大会或者业主委员会选举中出现的争议，是否属于法院受理民事诉讼的范围？

对于小区业主大会或者业主委员会选举中出现的争议，业主提出异议向人民法院起诉的，不属于民事争议，人民法院不予受理。但根据《物业管理条例》第 10 条及第 19 条第 2 款的规定，物业所在地的区、县人民政府房地产行政主管部门或者街道办事处、乡镇人民政府对业主大会的成立、业主委员会的选举事宜负有指导的职责，若业主对业主委员会选举中的事宜有异议，应当向物业所在地的区、县人民政府房地产行政主管部门或者街道办事处、乡镇人民政府申请解决，在业主大会、业主委员会作出的决定违反法律、法规的情形下，物业所在地的区、县人民政府房地产行政主管部门或者街道办事处、乡镇人民政府有权责令限期改正或者撤销其决定。因此，小区业主大会或者业主委员会选举中产生的纠纷是政府相关部门的主管范围。如果业主对选举中的事宜有异议，应当向有关行政主管部门申请解决。

第二百八十一条　【建筑物及其附属设施维修资金的归属和处分】建筑物及其附属设施的维修资金，属于业主共有。经业主共同决定，可以用于电梯、屋顶、外墙、无障碍设施等共有部分的维修、更新和改造。建筑物及其附属设施的维修资金的筹集、使用情况应当定期公布。

紧急情况下需要维修建筑物及其附属设施的，业主大会或者业主委员会可以依法申请使用建筑物及其附属设施的维修资金。

建筑物及其附属设施的维修资金属于业主所有，专项用于物业保修期满后物业共用部位、共用设施设备的维修和更新、改造，不得挪作他用。维修资金的使用方法是：(1) 经业主共同决定，可以用于电梯、屋顶、外墙、无障碍设施等共有部分的维修、更新和改造。(2) 紧急情况下需要维修建筑物及其附属设施的，业主大会或者业主委员会可以依法申请使用维修资金。此处对紧急情况下需要维修建筑物及其附属设施使用维修资金作了指引性规定，即需"依法申请"，此处的"依法"，既包括法律，也包括行政法规、部门规章和地方性法规等。(3) 维修资金的筹集、使用情况，应当向全体业主定期公布，增加透明度，便于监督管理。

第二百八十二条　【业主共有部分产生收入的归属】 建设单位、物业服务企业或者其他管理人等利用业主的共有部分产生的收入，在扣除合理成本之后，属于业主共有。

业主共有部分产生收入的归属 ➡ 区分所有建筑物的共有部分属于业主共有，如果共有部分发生收益，应当归属于全体业主所有。物业服务机构将这些收益作为自己的经营收益，侵害全体业主的权利的，构成侵权行为。

处置这些共有部分发生收益的办法是：(1) 应当扣除物业服务企业合理的管理成本，这是应当负担的部分，不应当由物业服务企业自己负担。(2) 应当给物业服务企业必要的利润。物业服务企业也是经营者，为经营业主的共有部分获得收益付出了代价，应当有一定的回报，但应当实事求是。(3) 其余部分，归属于全体业主共有。至于如何处置，应当由业主大会决定。如果业主大会决议归属于公共维修资金，应当归入公共维修资金；如果业主大会决议分给全体业主个人享有，应当按照每一个业主专有部分的建筑面积比例分配。

第二百八十三条　【建筑物及其附属设施的费用分摊和收益分配确定规则】 建筑物及其附属设施的费用分摊、收益分配等事项，有约定的，按照约定；没有约定或者约定不明确的，按照业主专有部分面积所占比例确定。

第二百八十四条　【建筑物及其附属设施的管理】 业主可以自行管理建筑物及其附属设施，也可以委托物业服务企业或者其他管理人管理。

对建设单位聘请的物业服务企业或者其他管理人，业主有权依法更换。

条文解读

建筑物及其附属设施的管理 ➡ 实践中，对建筑物及其附属设施进行管理主要有两种形式：一是业主委托物业服务企业或者其他管理人管理；二是业主自行管理。故本条第1款规定，业主可以自行管理建筑物及其附属设施，也可以委托物业服务企业或者其他管理人管理。

通常情况下，一栋楼或者一个住宅小区建好后，就要对建筑物及其附属设施进行管理，但业主们是陆续迁入居住的，业主大会尚未成立，不能及时委托物业管理公司。在这种情况下，只能由建设单位选聘物业管理公司对建筑物及其附属设施进行管理。《民法典》第939条规定，建设单位依法与物业服务人订立的前期物业服务合同，以及业主委员会与业主大会依法选聘的物业服务人订立的物业服务合同，对业主具有法律约束力。建设单位与物业买受人签订的买卖合同应当包含前期物业服务合同约定的内容。前期物业服务合同可以约定期限；但是，期限未满、业主委员会与物业服务企业签订的物业服务合同生效的，前期物业服务合同终止。

关联参见

《物业管理条例》第 2 条、第 32—36 条

第二百八十五条 【物业服务企业或其他接受业主委托的管理人的管理义务】物业服务企业或者其他管理人根据业主的委托，依照本法第三编有关物业服务合同的规定管理建筑区划内的建筑物及其附属设施，接受业主的监督，并及时答复业主对物业服务情况提出的询问。

物业服务企业或者其他管理人应当执行政府依法实施的应急处置措施和其他管理措施，积极配合开展相关工作。

条文解读

业主守法义务 ➡ 业主守法义务，除了遵守法律、行政法规之外，还要遵守管理规约的规定，相关行为应当符合节约资源、保护生态环境的要求。对物业服务企业或其他管理人执行政府实施的应急处置和其他管理措施，业主也应积极予以配合。管理规约是业主大会制定的区分所有建筑物管理的自治规则，内容是业主为了增进共同利益，确保良好的生活环境，经业主大会决议的共同遵守事项。管理规约的订立、变更或废止，都必须经过业主大会决议，经参与表决专有部分面积过半数的业主且参与表决人数过半数的业主同意。

损害他人合法权益的行为 ➡ 业主或者其他行为人违反法律、法规、国家相关强制性标准、管理规约，或者违反业主大会、业主委员会依法作出的决定，实施下列行为的，可以认定为本条第 2 款所称的其他"损害他人合法权益的行为"：（1）损害房屋承重结构，损害或者违章使用电力、燃气、消防设施，在建筑物内放置危险、放射性物品等危及建筑物安全或者妨碍建筑物正常使用；（2）违反规定破坏、改变建筑物外墙面的形状、颜色等损害建筑物外观；（3）违反规定进行房屋装饰装修；（4）违章加建、改建，侵占、挖掘公共通道、道路、场地或者其他共有部分。

第二百八十七条　【业主请求权】业主对建设单位、物业服务企业或者其他管理人以及其他业主侵害自己合法权益的行为，有权请求其承担民事责任。

条文解读

业主请求权 ➡ 业主对建设单位、物业服务企业或者其他管理人以及其他业主侵害自己合法权益的行为，有权请求其承担民事责任，维护自己的合法权益。业主行使该请求权，可以直接向建设单位、物业服务企业和其他管理人请求，可以向有关行政主管部门投诉，也可以向人民法院起诉，由人民法院判决。

第七章　相邻关系

第二百八十八条　【处理相邻关系的原则】不动产的相邻权利人应当按照有利生产、方便生活、团结互助、公平合理的原则，正确处理相邻关系。

条文解读

相邻关系 ➡ 相邻关系，是指相互毗邻的不动产权利人之间在行使所有权或者使用权时，因相互间给予便利或者接受限制所发生的权利义务关系。相邻权利义务关系也可以从权利的角度称其为相邻权。相邻关系是法定的：不动产权利人对相邻不动产权利人有避免妨害的注意义务；不动产权利人在非使用邻地就不能对自己的不动产进行正常使用时，有权在对邻地损害最小的范围内使用邻地，邻地权利人不能阻拦。

相邻权利人 ➡ 本条中规定的相邻权利人的范围，既包括相邻不动产的所有权人，也包括相邻不动产的用益物权人和占有人。

015. 经民主决策以合理方式在老旧小区加装电梯受法律保护吗？[①]

某老旧小区业主打算加装电梯。经业主讨论后，绝大多数业主签字同意加装电梯。同意安装电梯的业主占比和其所有的专有部分占建筑物总面积的比例均达到法律规定的要求。根据该小区业主的申请，有关部门于 2020 年 10 月 22 日对该小区加装电梯进行了批前公示并按照相关要求办理了《建设工程规划许可证》。2021 年 6 月，该小区加装的电梯安装完毕并投入使用。2 单元 102 号房的业主方某某、黄某某以建设电梯未有效公示，建设电梯造成其住宅的通风、采光、日照、隐私等权利受到侵害为由，向人民法院起诉请求判令周某、陈某某等人停止使用电梯、拆除电梯设施、恢复原状，并向其赔偿损失 10 万元。

人民法院认为，案涉电梯的加装符合法律规定的程序。基于现场查看情况，案涉电梯与 2 单元房屋之间留有足够的距离，对该单元业主的通行并没有造成妨碍；案涉电梯正对 2 单元楼道的中部，长度为 2.9 米，超过楼道两侧的距离分别只有 0.4 米，而面对电梯的阳台长度达到 5.7 米，电梯对 2 单元房屋的采光和通风没有造成妨碍，且电梯运行声响很小，未产生明显噪声。老旧小区加装电梯涉及广大群众的出行方便，关系到社会的和谐稳定。即便加装电梯确实给低层住户的居住环境带来一定的变化，但在整体上不妨碍采光、通行、通风等相应权利的情况下，低层住户对小区加装电梯的行为，应负有一定的容忍义务。故判决驳回方某某、黄某某的全部诉讼请求。

崇德修睦、包容互让是构建和谐邻里关系的重要条件。人们生活的距离越近，越需要包容和体谅。城市化让建筑物区分所有成为房屋所有

---

① 参见《第二批人民法院大力弘扬社会主义核心价值观典型民事案例》（2022 年 2 月 23 日发布），方某某、黄某某诉周某、陈某某等物权保护纠纷案，载最高人民法院网 https：//www.court.gov.cn/zixun/xiangqing/346671.html，最后访问日期：2024 年 4 月 1 日。

权的常见形式。在多户同住一栋楼的情况下，无论是使用专有部分还是管理共有部分，都需要考虑其他业主的利益，按照法律规定的方式和程序进行。为老旧小区加装电梯，方便住在高层的住户出行，尤其是老年人出行，具有重要意义。当前，这一问题具有普遍性。各地政府亦纷纷出台政策支持老旧住宅加装电梯。由该问题引发楼上楼下的纠纷，不仅涉及每栋住宅中住户的权益，亦关系到社会和谐稳定。本案中安装电梯的决定经过绝大部分住户同意，未明显影响低层住户利益。在个别低层住户反对时，人民法院通过明确低层住户对加装电梯的适度容忍义务，既保障了高楼层住户的通行方便，体现了和谐、友善的社会主义核心价值观，充分彰显了司法裁判在社会治理中的规则引领和价值导向作用，对于维护团结互助的社区环境，营造和谐友爱的邻里关系具有积极意义。

第二百八十九条　【处理相邻关系的依据】法律、法规对处理相邻关系有规定的，依照其规定；法律、法规没有规定的，可以按照当地习惯。

第二百九十条　【相邻用水、排水、流水关系】不动产权利人应当为相邻权利人用水、排水提供必要的便利。

对自然流水的利用，应当在不动产的相邻权利人之间合理分配。对自然流水的排放，应当尊重自然流向。

条文解读

生产、生活用水的排放 ➲ 关于生产、生活用水的排放，相邻一方必须使用另一方的土地排水的，应当予以准许；但应在必要限度内使用并采取适当的保护措施排水，如仍造成损失的，由受益人合理补偿。相邻一方可以采取其他合理的措施排水而未采取，向他方土地排水毁损或者可能毁损他方财产，他方要求致害人停止侵害、消除危险、恢复原状、赔偿损失的，应当予以支持。

第二百九十一条 【相邻关系中的通行权】不动产权利人对相邻权利人因通行等必须利用其土地的，应当提供必要的便利。

条文解读

通行权 ➡ 一方必须在相邻一方使用的土地上通行的，应当予以准许；因此造成损失的，应当给予适当补偿。

对于一方所有的或者使用的建筑物范围内历史形成的必经通道，所有权人或者使用权人不得堵塞。因堵塞影响他人生产、生活，他人要求排除妨碍或者恢复原状的，应当予以支持。但有条件另开通道的，可以另开通道。

实务应用

046. 出卖人出卖不动产时，其基于相邻关系而在他人不动产上享有的通行等权利能否成为转让标的？

出卖人出卖不动产时，其基于相邻关系而在他人不动产上享有的通行等权利不应成为转让标的。即使双方在买卖合同中对该通行权进行了所谓的约定，对第三人也不具有约束力。买受人享有的通行权权源基础同样是相邻关系，而并非买卖合同的约定。当客观情况发生变化，买受人不再符合相邻关系要件时，第三人得拒绝买受人的通行要求，买受人无权以买卖合同中关于通行权的约定约束第三人。

第二百九十二条 【相邻土地的利用】不动产权利人因建造、修缮建筑物以及铺设电线、电缆、水管、暖气和燃气管线等必须利用相邻土地、建筑物的，该土地、建筑物的权利人应当提供必要的便利。

条文解读

相邻土地的利用 ➡ 相邻一方因施工临时占用另一方土地的，占用的一方如未按照双方约定的范围、用途和期限使用的，应当责令其及时清理现场，排除妨碍，恢复原状，赔偿损失。

在邻地上安设管线，从建筑工程学角度上讲，土地权利人非经过邻人的土地而不能安设电线、水管、煤气管等管线，而此等管线又为土地权利人所必需，该土地权利人有权通过邻人土地的上下安设，但应选择损害最小的处所及方法安设，仍有损害的，应支付赔偿金。

第二百九十三条　【相邻建筑物通风、采光、日照】建造建筑物，不得违反国家有关工程建设标准，不得妨碍相邻建筑物的通风、采光和日照。

第二百九十四条　【相邻不动产之间不得排放、施放污染物】不动产权利人不得违反国家规定弃置固体废物，排放大气污染物、水污染物、土壤污染物、噪声、光辐射、电磁辐射等有害物质。

条文解读

相邻一方在处理固体废物，排放大气污染物、水污染物、噪声、光、电磁辐射等有害物质时，应当与邻人生活居住的建筑物保持一定的距离，或采取相应的防范措施，防止空气污染。相邻各方不得制造噪声、喧嚣、震动等妨碍邻人的生产和生活。如果放出的音响和震动已损害邻人的，应及时处理，消除损害。对一些轻微的、正常的音响和震动，相邻他方则应给予谅解。对噪声、污染严重的单位，应按《环境保护法》和有关规定，采取措施加以治理。企业和事业单位排放废水、废渣、废气须遵守国家规定的排放标准，如果因排放"三废"影响邻人的生产、生活、损害邻人健康的，可以认为既侵犯了相邻权，同时也违反了《环境保护法》的规定，此时可以依法要求停止侵害、排除妨碍、赔偿损失。

第二百九十五条 【维护相邻不动产安全】不动产权利人挖掘土地、建造建筑物、铺设管线以及安装设备等，不得危及相邻不动产的安全。

第二百九十六条 【相邻权的限度】不动产权利人因用水、排水、通行、铺设管线等利用相邻不动产的，应当尽量避免对相邻的不动产权利人造成损害。

条文解读

相邻权的限度 ➡ 不动产权利人因用水、排水、通行、铺设管线等利用相邻不动产的，应当遵守约定，负有尽量避免对相邻不动产权利人造成损害的义务。对于没有造成损害的，相邻方应当容忍，一般不应要求不动产权利人给付费用。

相邻方违反相邻关系造成对方损害的救济方法，本条没有规定，主要有以下几种：

（1）依据约定进行救济。双方当事人之间事先存在合同约定，或者在区分所有建筑物的业主管理规约有明确规定的，应当按照合同的约定或者管理规约的规定，处理双方的争议。没有按照约定或者管理规约的规定处理相邻纠纷的，违约一方应当承担责任。

（2）强制拆除。对于相邻方建设的建筑物或者其他设施妨害对方权利行使，对方提出强制拆除的，应当予以准许，对妨害相邻关系的建筑物或者其他设施予以强制拆除。

（3）适当补偿。相邻一方给相邻另一方的不动产权利行使提供方便，对自己的权利行使造成妨害的，提供方便的一方可以请求予以适当补偿。对方应当根据实际情况，对造成妨害的对方予以适当补偿。

（4）合理损失赔偿原则。利用相邻方的不动产，对相邻方造成损害的，都应当对实际造成的损失承担赔偿责任。相邻关系的赔偿责任不以过错为要件，只要造成了损害就应当承担赔偿责任。

第八章 共　有

第二百九十七条　**【共有及其形式】**不动产或者动产可以由两个以上组织、个人共有。共有包括按份共有和共同共有。

条文解读

共有权 ➡ 共有权，是指两个以上的民事主体对同一项财产共同享有的所有权。其特征是：（1）共有权的主体具有非单一性，须由两个或两个以上的自然人、法人或非法人组织构成。（2）共有物的所有权具有单一性，共有权的客体即共有物是同一项财产，共有权是一个所有权。（3）共有权的内容具有双重性，包括所有权具有的与非所有权人构成的对世性的权利义务关系，以及内部共有人之间的权利义务关系。（4）共有权具有意志或目的的共同性，基于共同的生活、生产和经营目的，或者基于共同的意志发生共有关系。

共有权的类型 ➡ 共有权包括的类型有：（1）按份共有，即对同一项财产，数个所有人按照既定的份额，享有权利，负担义务。（2）共同共有，即对同一项财产，数个所有人不分份额地享有权利、承担义务。（3）准共有，即共有的权利不是所有权，而是所有权之外的他物权和知识产权。

关联参见

《海商法》第 10 条

第二百九十八条　**【按份共有】**按份共有人对共有的不动产或者动产按照其份额享有所有权。

条文解读

按份共有的特征 ➡ 按份共有的法律特征有：第一，各个共有人对共有物按份额享有不同的权利。各个共有人的份额又称为应有份，其数额一般由共有人事先约定，或按出资比例决定。如果各个共有人应有部分不明确，则应推定为均等。第二，各个共有人对共有财产享有权利和承担义务是根据其不同的份额确定的。份额不同，各个共有人对共同财产的权利和义务各不相同。第三，各个共有人的权利不是局限于共有财产某一具体部分上，或就某一具体部分单独享有所有权，而是及于财产的全部。

第二百九十九条 　**【共同共有】**共同共有人对共有的不动产或者动产共同享有所有权。

条文解读

共同共有的特征 ➡ 第一，共同共有根据共同关系而产生，以共同关系的存在为前提，例如夫妻关系、家庭关系。第二，在共同共有关系存续期间内，共有财产不分份额。第三，在共同共有中，各共有人平等地对共有物享受权利和承担义务，共同共有人的权利及于整个共有财产，行使全部共有权。第四，共同共有人对共有物享有连带权利，承担连带义务。基于共有物而设定的权利，每个共同共有人都是权利人，该权利为连带权利；基于共有关系而发生的债务，亦为连带债务，每个共同共有人都是连带债务人；基于共有关系发生的民事责任，为连带民事责任，每个共同共有人都是连带责任人。

我国普遍认为共同共有包括"夫妻共有"、"家庭共有"和"遗产分割前的共有"。

第三百条 　**【共有物的管理】**共有人按照约定管理共有的不动产或者动产；没有约定或者约定不明确的，各共有人都有管理的权利和义务。

016. 分割已确定财产价值和共有比例的共有物时是否应该考虑被分割财产价值变动等因素?[①]

徐某明与徐甲于 2004 年登记结婚, 双方婚后于 2005 年贷款购买了案涉房屋, 登记在徐某明名下。2016 年, 徐某明与徐甲协议离婚, 并签订离婚协议书, 协议明确财产分割内容: 存款由各自处理, 案涉房屋变卖后各占 50%。双方离婚后, 徐某明诉至法院要求确认案涉房屋的所有权, 北京市海淀区人民法院于 2019 年 5 月作出 (2019) 京 0108 民初 28073 号民事判决书, 判决徐某明名下案涉房屋由徐某明、徐甲按份共有, 双方各占 50% 的份额。

现徐某明要求对共有物进行分割。审理中, 经徐某明申请, 北京市海淀区人民法院委托某房地产土地评估公司进行评估, 某房地产土地评估公司于 2019 年 12 月 19 日作出《房地产司法鉴定估价报告》, 确定案涉房屋于价值时点 2019 年 12 月 5 日在现状条件下的市场价值为 602.1 万元。徐某明交纳鉴定费 1.7 万元。对于房屋的分割问题, 徐某明主张, 现此房还有贷款及债务未偿还, 并提交了相应银行明细和票据。徐某明表示房屋归其所有, 由其向徐甲支付房屋折价款, 双方共担款项自愿由其个人先行偿还, 在其向徐甲支付的房屋折价款中予以扣除。北京市海淀区人民法院判决: 徐某明名下案涉房屋归徐某明所有, 贷款由徐某明自行偿还; 徐某明给付徐甲房屋折价款 260 万元。徐甲不服, 提起上诉。

法院经审理认为: 经一审法院委托评估, 确定诉争房屋市场价值为 602.1 万元, 应依据该报告的结论确定该房屋的价值。徐甲虽认为案涉房屋评估价值偏低, 但并未提供证据否定前述评估报告确定的房屋价

---

① 参见《徐某明诉徐甲共有物分割案》, 案号: (2020) 京 01 民终 3650 号, 载国家法官学院、最高人民法院司法案例研究院编:《中国法院 2022 年度案例·物权纠纷》, 中国法制出版社 2022 年版, 第 155 页。

值，其该主张缺乏事实依据。根据已查明的事实，案涉房屋《房屋所有权证》登记的房屋所有权人为徐某明，该房屋所涉贷款由徐某明偿还，一审法院综合考虑本案因素，判令案涉房屋由徐某明所有并无不当，徐某明应向徐甲支付案涉房屋折价款301.05万元。

第三百零一条　【共有人对共有财产重大事项的表决权规则】
处分共有的不动产或者动产以及对共有的不动产或者动产作重大修缮、变更性质或者用途的，应当经占份额三分之二以上的按份共有人或者全体共同共有人同意，但是共有人之间另有约定的除外。

条文解读

本条对原《物权法》第97条进行了修改，增加规定对共有的不动产或者动产变更性质或者用途的，亦应当经占份额2/3以上的按份共有人或者全体共同共有人同意。

第三百零二条　【共有物管理费用的分担规则】 共有人对共有物的管理费用以及其他负担，有约定的，按照其约定；没有约定或者约定不明确的，按份共有人按照其份额负担，共同共有人共同负担。

第三百零三条　【共有物的分割规则】 共有人约定不得分割共有的不动产或者动产，以维持共有关系的，应当按照约定，但是共有人有重大理由需要分割的，可以请求分割；没有约定或者约定不明确的，按份共有人可以随时请求分割，共同共有人在共有的基础丧失或者有重大理由需要分割时可以请求分割。因分割造成其他共有人损害的，应当给予赔偿。

条文解读

共有物的分割规则 ➡ 在共有关系存续期间，共有人负有维持共有状态的义务。

分割共有财产的规则是：

（1）约定不得分割共有财产的，不得分割。共有人约定不得分割共有的不动产或者动产以维持共有关系的，应当按照约定，维持共有关系，不得请求分割共有财产，消灭共有关系。共同共有的共有关系存续期间，原则上不得分割。

（2）有不得分割约定，但有重大理由需要分割共有财产的。共有人虽有不得分割共有的不动产或者动产以维持共有关系的协议，但有重大理由需要分割的，可以请求分割。至于请求分割的共有人究竟是一人、数人或者全体，则不问。共有人全体请求分割共有财产的，则为消灭共有关系的当事人一致意见，可以分割。

（3）没有约定或者约定不明确的，按份共有的共有人可以随时请求分割；共同共有的共有人在共有的基础丧失或者有重大理由需要分割时，也可以请求分割。

（4）造成损害的赔偿。不论是否约定保持共有关系，共有人提出对共有财产请求分割，在分割共有财产时对其他共有人造成损害的，应当给予赔偿。

第三百零四条　【共有物分割的方式】共有人可以协商确定分割方式。达不成协议，共有的不动产或者动产可以分割且不会因分割减损价值的，应当对实物予以分割；难以分割或者因分割会减损价值的，应当对折价或者拍卖、变卖取得的价款予以分割。

共有人分割所得的不动产或者动产有瑕疵的，其他共有人应当分担损失。

条文解读

共有物的分割方式 ➋（1）实物分割。在不影响共有物的使用价值和特定用途时，可以对共有物进行实物分割。（2）变价分割。如果共有物无法进行实物分割，实物分割将减损物的使用价值或者改变物的特定用途时，应当将共有物进行拍卖或者变卖，对所得价款进行分割。或者虽是可实物分割，但各共有人都不愿接受共有物，这时也可采取将共有物出卖，对所得价金进行分割。（3）折价分割。折价分割方式主要存在于以下情形，即对于不可分割的共有物或者分割将减损其价值的，如果共有人中的一人愿意取得共有物，可以由该共有人取得共有物，并由该共有人向其他共有人折价赔偿。

瑕疵担保责任 ➡ 瑕疵担保责任，包括权利的瑕疵担保责任和物的瑕疵担保责任。前者指共有人应担保第三人就其他共有人分得之物不得主张任何权利；后者指共有人对其他共有人应担保其分得部分于分割前未隐含物上瑕疵。

第三百零五条 **【按份共有人的优先购买权】按份共有人可以转让其享有的共有的不动产或者动产份额。其他共有人在同等条件下享有优先购买的权利。**

条文解读

共有份额转让权 ➡ 在一般情况下，按份共有人转让其享有的共有份额，无须其他共有人同意。但各共有人不得侵害其他共有人的利益，并受法律的限制。法律有特别规定的，共有人处分其份额应遵守法律的规定。如：船舶共有人就共有船舶设定抵押权，应当取得持有 2/3 以上份额的共有人的同意，共有人之间另有约定的除外。

这里的"同等条件"是指，其他共有人就购买该份额所给出的价格等条件与欲购买该份额的非共有人相同。同等条件应当综合共有份额的转让价格、价款履行方式及期限等因素确定。值得注意的是，优先购买权是共有人相对于非共有人而言的，在共有人之间并无优先的问题，当数个共有人均欲行使其优先购买权时，应协商确定各自的购买比例。

第三百零六条 【按份共有人行使优先购买权的规则】按份共有人转让其享有的共有的不动产或者动产份额的，应当将转让条件及时通知其他共有人。其他共有人应当在合理期限内行使优先购买权。

两个以上其他共有人主张行使优先购买权的，协商确定各自的购买比例；协商不成的，按照转让时各自的共有份额比例行使优先购买权。

条文解读

行使优先购买权的方法 ➡ 本条是对行使优先购买权方法的规定。按份共有人转让其享有的共有的不动产或者动产份额的，应当将转让条件及时通知其他共有人。优先购买权的行使期间，按份共有人之间有约定的，按照约定处理；没有约定或者约定不明的，按照下列情形确定：(1) 转让人向其他按份共有人发出的包含同等条件内容的通知中载明行使期间的，以该期间为准；(2) 通知中未载明行使期间，或者载明的期间短于通知送达之日起15日的，为15日；(3) 转让人未通知的，为其他按份共有人知道或者应当知道最终确定的同等条件之日起15日；(4) 转让人未通知，且无法确定其他按份共有人知道或者应当知道最终确定的同等条件的，为共有份额权属转移之日起6个月。

关联参见

《民法典物权编解释（一）》第11条、第14条

第三百零七条 【因共有产生的债权债务承担规则】因共有的不动产或者动产产生的债权债务，在对外关系上，共有人享有连带债权、承担连带债务，但是法律另有规定或者第三人知道共有人不具有连带债权债务关系的除外；在共有人内部关系上，除共有人另有约定外，按份共有人按照份额享有债权、承担债务，共同共有人共同享有债权、承担债务。偿还债务超过自己应当承担份额的按

份共有人，有权向其他共有人追偿。

第三百零八条 【共有关系不明时对共有关系性质的推定】共有人对共有的不动产或者动产没有约定为按份共有或者共同共有，或者约定不明确的，除共有人具有家庭关系等外，视为按份共有。

第三百零九条 【按份共有人份额不明时份额的确定】按份共有人对共有的不动产或者动产享有的份额，没有约定或者约定不明确的，按照出资额确定；不能确定出资额的，视为等额享有。

条文解读

按份共有人份额不明时份额的确定 ➡ 按份共有，是指数人按照各自的份额，对共有财产分享权利，分担义务。按份共有的主体须为 2 人以上，称为共有人；客体须为物，称为共有物；共有人所享有的权利，为所有权。但此处的所有权不是数个，而是一个。即数个所有权人对一个物共同享有一个所有权。

按份共有人对共有的不动产或者动产享有的份额，有约定时，按照其约定确定份额，没有约定或者约定不明确时，首先按照出资额确定按份共有人享有的份额，在不能确定出资额的情况下推定为等额享有。按份共有依共有人意思而成立，共有人应有份额依共有人的约定而定；没有特别约定，但共有关系基于有偿行为而发生的，按其出资比例而确定。既然共有关系的成立是当事人意思自治的结果，那么各共有人应有份额也应贯彻同样原则即由当事人约定，当事人没有约定应有份额时则依出资比例确定共有份额，在不能确定出资额的情况下，推定为等额享有，不仅易于操作，且能简化当事人之间的法律关系，符合社会生活中最基本的公平正义。

第三百一十条 【准共有】两个以上组织、个人共同享有用益物权、担保物权的，参照适用本章的有关规定。

准共有 ➡ 所谓准共有是指数人按份共有或者共同共有所有权以外的财产权。准共有具有以下特征：（1）准共有的标的物是所有权之外的财产权，包括用益物权、担保物权等；（2）准共有就是准用共有的有关规定，各人就所有权之外的财产究竟是准用共同共有还是按份共有，应当视其共有关系而定；（3）准共有准用按份共有或者共同共有的前提是，规范该财产权的法律没有特别规定。如果有，则应首先适用该特别规定。

第九章　所有权取得的特别规定

第三百一十一条　【善意取得】无处分权人将不动产或者动产转让给受让人的，所有权人有权追回；除法律另有规定外，符合下列情形的，受让人取得该不动产或者动产的所有权：

（一）受让人受让该不动产或者动产时是善意；

（二）以合理的价格转让；

（三）转让的不动产或者动产依照法律规定应当登记的已经登记，不需要登记的已经交付给受让人。

受让人依据前款规定取得不动产或者动产的所有权的，原所有权人有权向无处分权人请求损害赔偿。

当事人善意取得其他物权的，参照适用前两款规定。

善意取得 ➡ 善意取得，指受让人以财产所有权转移为目的，善意、对价受让且占有该财产，即使出让人无转移所有权的权利，受让人仍取得其所有权。善意取得既适用于动产也可适用于不动产，既可适用于所有权的取得也可适用于他物权的取得，特别是用益物权的善意取得。

善意取得的条件：第一，受让人须是善意的，不知出让人是无处分权人。第二，受让人支付了合理的价款。第三，受让人已经完成了取得物权的公示，即转让的财产应当登记的已经登记，不需要登记的已经交付给受让人。三项条件必须同时具备，否则不构成善意取得。

受让人受让不动产或者动产时，不知道转让人无处分权，且无重大过失的，应当认定受让人为善意。真实权利人主张受让人不构成善意的，应当承担举证证明责任。具有下列情形之一的，应当认定不动产受让人知道转让人无处分权：（1）登记簿上存在有效的异议登记；（2）预告登记有效期内，未经预告登记的权利人同意；（3）登记簿上已经记载司法机关或者行政机关依法裁定、决定查封或者以其他形式限制不动产权利的有关事项；（4）受让人知道登记簿上记载的权利主体错误；（5）受让人知道他人已经依法享有不动产物权。真实权利人有证据证明不动产受让人应当知道转让人无处分权的，应当认定受让人具有重大过失。

实务应用

047. 动产善意取得的注意事项有哪些？

（1）法律对于占有委托物和占有脱离物有不同的态度。占有委托物，是指基于真实权利人的意思而丧失占有的物，如租赁物、寄存物、借用物、运输物、试用买卖物等。占有脱离物，是指非基于真实权利人的意思而丧失占有的物，如盗赃物、遗失物、漂流物、失散的饲养动物、埋藏物、隐藏物等。占有委托物原则上可以适用善意取得确定归属，但占有脱离物只可能有条件地适用善意取得。

（2）因为货币的占有人推定为所有人，所以货币作为特殊的动产不存在善意取得的问题。

（3）记名有价证券和无记名有价证券是否适用善意取得有不同之处。无记名有价证券的转让依据交付来完成，所以可以适用善意取得。但是，记名有价证券是基于背书或者办理过户手续来转让，而且有的具有无因性，所以一般不适用善意取得。

第三百一十二条 【遗失物的善意取得】所有权人或者其他

权利人有权追回遗失物。该遗失物通过转让被他人占有的，权利人有权向无处分权人请求损害赔偿，或者自知道或者应当知道受让人之日起二年内向受让人请求返还原物；但是，受让人通过拍卖或者向具有经营资格的经营者购得该遗失物的，权利人请求返还原物时应当支付受让人所付的费用。权利人向受让人支付所付费用后，有权向无处分权人追偿。

条文解读

遗失物的善意取得 ➲ 本条对遗失物的善意取得制度作出了规定。规则是：（1）所有权人或者其他权利人有权追回遗失物，这是一般性原则。（2）如果该遗失物通过转让被他人占有的，权利人可以选择追回遗失物，或者向无处分权人请求遗失物转让的损害赔偿，这是承认善意取得的效力，因而向无处分权人请求损害赔偿；或者自知道或者应当知道受让人之日起2年内向受让人请求返还原物，这是在行使物权请求权，但是受让人通过拍卖或者向具有经营资格的经营者购得该遗失物的，权利人请求返还原物时应当支付受让人所付的费用。（3）如果权利人取得了返还的遗失物，又向受让人支付了所付费用后，有权向无处分权人进行追偿。

实务应用

048. 遗失物善意取得有什么限制？

遗失人有权向善意取得人请求返还原物。善意取得人应当返还，善意取得人返还后可以向让与人追偿。倘若该遗失物是由善意取得人在拍卖市场、公共市场或者在贩卖与其物同类之物的商人处购得的，遗失人需偿还其购买之价金，方能取回其物。但该返还请求权有时间限制，即知道或应当知道受让人之日起2年内。值得注意的是，遗失物若是货币或者无记名有价证券，遗失人无权向善意取得人请求返还原物，只能向出让人请求返还同种类物或者请求其他赔偿。

第三百一十三条　【善意取得的动产上原有的权利负担消灭及其例外】善意受让人取得动产后，该动产上的原有权利消灭。但是，善意受让人在受让时知道或者应当知道该权利的除外。

第三百一十四条　【拾得遗失物的返还】拾得遗失物，应当返还权利人。拾得人应当及时通知权利人领取，或者送交公安等有关部门。

条文解读

拾得遗失物的返还 ➡ 遗失物是非故意抛弃而丢失的物品。遗失物与废弃物不同，废弃物是故意抛弃之物。丢失遗失物的人，称遗失物丢失人。拾得遗失物，是发现并占有遗失物。拾得遗失物的人，称拾得人。

拾得人拾得遗失物，知道遗失物所有人的，应当及时通知其领取，或者送交遗失物。拾得人拾得遗失物，不知道遗失物丢失人的，可以张贴招领告示，寻找遗失物丢失人。也可以将遗失物上缴公安机关或者有关单位。

第三百一十五条　【有关部门收到遗失物的处理】有关部门收到遗失物，知道权利人的，应当及时通知其领取；不知道的，应当及时发布招领公告。

第三百一十六条　【遗失物的妥善保管义务】拾得人在遗失物送交有关部门前，有关部门在遗失物被领取前，应当妥善保管遗失物。因故意或者重大过失致使遗失物毁损、灭失的，应当承担民事责任。

第三百一十七条　【权利人领取遗失物时的费用支付义务】权利人领取遗失物时，应当向拾得人或者有关部门支付保管遗失物等支出的必要费用。

权利人悬赏寻找遗失物的，领取遗失物时应当按照承诺履行义务。

拾得人侵占遗失物的，无权请求保管遗失物等支出的费用，也无权请求权利人按照承诺履行义务。

第三百一十八条 【无人认领的遗失物的处理规则】遗失物自发布招领公告之日起一年内无人认领的，归国家所有。

本条是对失物招领公告期限的规定。遗失物自发布招领公告之日起1年内无人认领的，归国家所有。对此，原《物权法》规定的是6个月，《民法典》改为1年，更有利于保护遗失人的权利。遗失物归国家所有的，属于原始取得。

关联参见

《海关法》第30条、第51条；《邮政法》第33条

第三百一十九条 【拾得漂流物、埋藏物或者隐藏物】拾得漂流物、发现埋藏物或者隐藏物的，参照适用拾得遗失物的有关规定。法律另有规定的，依照其规定。

条文解读

拾得漂流物、埋藏物或者隐藏物的处理 ➡ 漂流物、埋藏物和隐藏物的现实问题非常复杂，应当区别情况分别处理：

（1）拾得漂流物或者失散的饲养动物，应当归还失主，因此而支出的费用由失主偿还。拾得漂流物、失散的饲养动物，可参照拾得遗失物的相关规定。漂流物是指漂流在水上的遗失物。失散的饲养动物是指走失的他人饲养的动物。

（2）发现埋藏物。埋藏物是指埋藏于地下的物品。埋藏物品的人，称埋藏人。发现埋藏物的人，称发现人。发现人发现埋藏物，可视情况分别处理：一是能够判定埋藏人，且埋藏物不易为他人发现，发现人可以不挖取埋藏物，并将埋藏物继续掩埋好，且将发现情况告知埋藏人。

258

二是能够判定埋藏人，且埋藏物易为他人发现，发现人可依前种情形处理，也可以将埋藏物挖出，交还埋藏人。三是不能判定埋藏人，且埋藏物不易为他人发现，发现人可以不挖取埋藏物，并将埋藏物继续掩埋好。发现人可以将发现情况告知有关单位或者公安机关。四是不能判定埋藏人，且埋藏物易为他人发现，发现人可依前种情形处理，也可以挖取埋藏物，按拾得不知遗失物丢失人的遗失物的办法处理。发现人发现的埋藏物倘若是文物，应依《文物保护法》处理。

（3）发现隐藏物。隐藏物是隐藏于它物之中的物品，如隐藏于夹墙中的物品。隐藏物品的人，称隐藏人，发现隐藏物的人，称发现人。发现隐藏物适用发现埋藏物的相关规定。

（4）漂流物、埋藏物、隐藏物同《文物保护法》的适用。由于遗失物、漂流物、埋藏物和隐藏物的概念在外延上同"文物"的概念存在交叉，无论是遗失物、漂流物、埋藏物或者隐藏物，只要构成"文物"，《文物保护法》的规定将优先适用。

第三百二十条　【从物随主物转让规则】主物转让的，从物随主物转让，但是当事人另有约定的除外。

条文解读

主物 ➲ 主物是指独立存在，与同属于一人的他物结合在一起使用而起主要作用的物。

从物 ➲ 从物是主物的对称，指独立存在，与同属于一人的他物合并使用而起辅助作用的物。

实务应用

049. **如何区分主物与从物?**

主物和从物的关系及划分标准一般有如下几个方面：（1）主物和从物在物理意义上看是两个独立的物，而不是整体与部分的关系；（2）主物和从物结合在一起发挥作用，即必须有从物附着于主物的事实，并且从物对主物发挥辅助性的作用；（3）主物和从物必须具有可分性；（4）主物和从物应为同一人所有。

值得强调的是，当事人的约定可以排除"从物随主物转让"规则的适用。

第三百二十一条 【孳息的归属】天然孳息，由所有权人取得；既有所有权人又有用益物权人的，由用益物权人取得。当事人另有约定的，按照其约定。

法定孳息，当事人有约定的，按照约定取得；没有约定或者约定不明确的，按照交易习惯取得。

条文解读

天然孳息 ➡ 天然孳息，是指按照原物的自然规律而自然滋生和繁衍的新的独立的物。天然孳息的范围非常广，主要来源于种植业和养殖业，如耕作土地获得粮食和其他出产物，种植果树产生果实，养殖牲畜获得各种子畜和奶产品等。

法定孳息 ➡ 法定孳息，是指物依据法律规定或当事人的法律行为而产生的孳息，如利息、租金等。法定孳息，当事人有约定的，应当按照约定取得；如果没有约定或者约定不明确的，按照交易习惯取得。交易习惯通常是，孳息在没有与原物分离以前，由原物所有权人享有，原物所有权转移后，孳息的所有权随之转移。

第三百二十二条 【添附】因加工、附合、混合而产生的物的归属，有约定的，按照约定；没有约定或者约定不明确的，依照法律规定；法律没有规定的，按照充分发挥物的效用以及保护无过错当事人的原则确定。因一方当事人的过错或者确定物的归属造成另一方当事人损害的，应当给予赔偿或者补偿。

添附 ➡ 添附，是指不同所有权人的物被结合、混合在一起成为一个新物，或者利用别人之物加工成为新物的事实状态。把添附作为取得所有权的根据，原因在于添附发生后，要恢复各物的原状在事实上已不可能或者在经济上是不合理的，有必要使添附物归一方所有或各方共有，以解决双方的争执。

添附物的归属 ➡ 添附物的归属因添附情况的不同，分为三种类型：（1）加工：是指一方使用他人的物，将其加工改造为具有更高价值的物。原物因为加工人的劳动而成为新物，如在他人的木板上作画。加工物的所有权归属，如果当事人有约定的依约定处理；无约定的，加工所增价值未超过原材料价值，则加工物归原材料所有权人；如果加工价值显然大于原物的价值，新物可以归加工人所有；如果加工价值与原材料价值相当，可由双方共有。除共有外，不论哪种情况，取得加工物所有权的一方应对对方的加工劳动或原材料的价值予以补偿。（2）附合：是指不同所有权人的物密切结合在一起而成为一种新物。在附合的情况下，各原所有权人的物虽可识别，但非经拆毁不能恢复原来的状态。如砖、木的附合构建成房屋。附合物的所有权归属应区分两种情况：第一，当动产附合于不动产之上时，由不动产所有权人取得附合物的所有权，原动产所有权人则可取得与其原财产价值相当的补偿。第二，当动产与动产附合时，附合的动产有主从之别的，由主物的所有权人取得附合物的所有权，同时给对方以价值上的补偿。如无主从之别，则由各动产所有权人按其动产附合时的价值共有附合物。（3）混合：是指不同所有权人的物互相结合在一起，难以分开并形成新的财产。如米与米的混合，酒与酒的混合。混合与附合不同，在混合的情况下，已无法识别原各所有权人的财产，而在附合的情况下，原各所有权人的财产仍然能够识别。混合物一般应由原物价值量较大的一方取得所有权，给另一方以相当的补偿。如果原物价值量相差不多，也可由各方共有。

添附的所有权归属规则 ➡ 添附的所有权归属规则是：（1）因加工、附合、混合而产生的物的归属，有约定的按照约定。（2）没有约定或者约定不明确的，依照法律规定。（3）当事人没有约定，法律也没有规定的，按照充分发挥物的效用以及保护无过错当事人的原则确定。发挥物的效用原则，是指物归属于哪一方更能够发挥物的效用，就应归属于哪一方的规则。保护无过错当事人的原则，是指对于无过错一方当事人给予更好的保护。两个原则，应当首先考虑物的效用原则。（4）因一方当事人的过错或者确定物的归属给另一方当事人造成损失的，应当给予赔偿或者补偿。

案例指引

017. 因一方当事人的过错或者确定物的归属造成另一方当事人损害的，是否应当给予赔偿或者补偿？[①]

2019年8月，某金属表面处理公司向某铁塔公司租赁厂房及生产线，租赁期限为10年，同时约定某金属表面处理公司经某铁塔公司同意可以对厂房、设备等进行扩建、改造，但其投资建设的一切固定设施、建筑物均归某铁塔公司所有。之后，某金属表面处理公司使用租赁厂房和生产线进行生产经营，并投入大量资金对厂房、生产线进行改造。2020年7月，某铁塔公司进入破产清算程序，人民法院依法指定管理人接管某铁塔公司。2020年9月，管理人通知某金属表面处理公司解除前述租赁合同。某金属表面处理公司诉至法院，请求确认其购买设备及改造车间费用、遣散工人费用、部分停产停业损失为某铁塔公司的共益债务。

生效裁判认为，本案纠纷虽然发生在民法典施行前，但根据《最高人民法院关于适用〈中华人民共和国民法典〉时间效力的若干规定》

---

① 参见《人民法院贯彻实施民法典典型案例（第二批）》（2023年1月12日发布），某金属表面处理公司与某铁塔公司破产债权确认纠纷案，载最高人民法院网 https://www.court.gov.cn/zixun/xiangqing/386521.html，最后访问日期：2024年4月1日。

第3条，本案可以适用民法典关于添附制度的新规定。租赁合同解除后，某金属表面处理公司对租赁标的物所作配套投入形成的添附物所有权依约归某铁塔公司所有。因某铁塔公司进入破产程序而提前解除合同，添附物归属于某铁塔公司导致某金属表面处理公司存在一定损失，依照《民法典》第322条"因一方当事人的过错或者确定物的归属造成另一方当事人损害的，应当给予赔偿或者补偿"的规定精神，某铁塔公司应对某金属表面处理公司的损失承担赔偿责任。由于某铁塔公司对某金属表面处理公司所负赔偿责任并非破产程序开始后为了全体债权人的共同利益而负担的债务，不能认定为共益债务。故判决确认某金属表面处理公司对某铁塔公司享有普通债权334.3万元。

《民法典》新增添附制度，明确规定添附物所有权归属的认定方式，以及因此造成当事人损害的赔偿或补偿规则，使我国有关产权保护的法律规则体系更加完备。本案中，审理法院依法认定添附物的所有权优先按合同约定确定归属，同时妥善解决因确定添附物归属造成当事人损害的赔偿问题，有效维护了物的归属和利用关系，有利于保障诚信、公平的市场交易秩序。

第三分编　用益物权

第十章　一般规定

第三百二十三条　【用益物权的定义】 用益物权人对他人所有的不动产或者动产，依法享有占有、使用和收益的权利。

条文解读

用益物权的权利类型 ➡ 用益物权的权利类型，在不同的国家有不同的制度安排，这主要根据一国的政治、经济、历史和文化的不同背景而决定。通常来说，以传统民法上的地上权、地役权和永佃权最具代表性。我国的用益物权制度，是根据我国的社会主义基本经济制度决定的。民法典物权编专章规定的用益物权种类有土地承包经营权，建设用地使用权、宅基地使用权、居住权和地役权。

第三百二十四条 【国家和集体所有的自然资源的使用规则】国家所有或者国家所有由集体使用以及法律规定属于集体所有的自然资源，组织、个人依法可以占有、使用和收益。

第三百二十五条 【自然资源有偿使用制度】国家实行自然资源有偿使用制度，但是法律另有规定的除外。

第三百二十六条 【用益物权的行使规范】用益物权人行使权利，应当遵守法律有关保护和合理开发利用资源、保护生态环境的规定。所有权人不得干涉用益物权人行使权利。

条文解读

用益物权的行使规范 ➡ 用益物权是对所有权的一种限制，所有人在允许他人行使对其物的用益物权时，应当接受来自用益物权的限制。具体表现为：在用益物权依法成立后，所有人不得干涉用益物权人行使权利，也不能随意终止用益物权，除非具备法定理由；所有人不能随意变更用益物权人对所有权的义务内容。

第三百二十七条 【被征收、征用时用益物权人的补偿请求权】因不动产或者动产被征收、征用致使用益物权消灭或者影响用益物权行使的，用益物权人有权依据本法第二百四十三条、第二百四十五条的规定获得相应补偿。

条文解读

征收、征用的原则 ➡ 我国《宪法》第 10 条第 3 款规定："国家为了公共利益的需要，可以依照法律规定对土地实行征收或者征用并给予补偿。"这一规定表明征收和征用，应当遵循三个原则：

一是公共利益需要的原则。实施征收、征用，必须是出于公共利益的需要，这是征收、征用的前提条件。公共利益通常是指全体社会成员的共同利益和社会的整体利益。

二是依照法定程序的原则。征收、征用在一定程度上限制了他人的财产权。为了防止这种手段的滥用，平衡他人财产保护和公共利益需要的关系，征收、征用必须严格依照法律规定的程序进行。

三是依法给予补偿的原则。尽管征收和征用是为了公共利益需要，但都不能采取无偿剥夺的方式，必须依法给予补偿。补偿的方式应视财产的类别而加以区别对待。在征收过程中，征收的对象一般都是不动产，并且是所有权的改变，一般都要给予金钱补偿、相应的财产补偿或者其他形式的补偿。在征用过程中，如果是非消耗品，使用结束后，原物还存在的，应当返还原物，对于物的价值减少的部分要给予补偿；如果是消耗品，通常要给予金钱补偿。

征收主要针对不动产，而不动产中又以征收集体所有的土地最具代表性，因此，对征收集体土地，如何对所有权人即农民集体和用益物权人即承包经营权人给予补偿，就显得尤为重要。

第三百二十八条　【海域使用权】 依法取得的海域使用权受法律保护。

条文解读

海域使用权 ➡ 海域使用权是指单位或者个人依法取得对国家所有的特定海域排他性的使用权。

单位和个人使用海域，必须依法取得海域使用权。海域使用权取得的方式主要有三种：（1）单位和个人向海洋行政主管部门申请。有关单位和个人使用海域的申请被批准或者通过招标、拍卖方式取得海域使用权后，海域使用权人应当办理登记手续。海域使用申请经依法批准后，国务院批准用海的，由国务院海洋行政主管部门登记造册，向海域使用申请人颁发海域使用权证书；地方人民政府批准用海的，由地方人民政府登记造册，向海域使用申请人颁发海域使用权证书。海域使用申请人自领取海域使用权证书之日起，取得海域使用权。（2）招标。（3）拍卖。招标或者拍卖方案由海洋行政主管部门制订，报有审批权的人民政府批准后组织实施。海洋行政主管部门制订招标或者拍卖方案，应当征求同级有关部门的意见。招标或者拍卖工作完成后，依法向中标人或者买受人颁发海域使用权证书。中标人或者买受人自领取海域使用权证书之日起，取得海域使用权。

第三百二十九条 【特许物权依法保护】依法取得的探矿权、采矿权、取水权和使用水域、滩涂从事养殖、捕捞的权利受法律保护。

第十一章　土地承包经营权

第三百三十条 【农村土地承包经营】农村集体经济组织实行家庭承包经营为基础、统分结合的双层经营体制。

农民集体所有和国家所有由农民集体使用的耕地、林地、草地以及其他用于农业的土地，依法实行土地承包经营制度。

条文解读

土地承包经营权制度 ➔ 关于土地承包经营权制度，以下几点需要注意：

（1）土地承包经营权的标的物是农村土地，即农民集体所有和国家所有依法由农民集体使用的耕地、林地、草地，以及其他依法用于农业的土地。"其他依法用于农业的土地"，主要是指养殖水面、"四荒"土地（荒山、荒丘、荒沟、荒滩）以及农田水利设施用地等。

（2）土地承包经营制度包括两种承包方式，即家庭承包和以招标、拍卖、公开协商等方式的承包。农村土地承包采取农村集体经济组织内部的家庭承包方式，不宜采取家庭承包方式的荒山、荒沟、荒丘、荒滩等农村土地，可以采取招标、拍卖、公开协商等方式承包。

关联参见

《宪法》第 8 条第 1 款；《农村土地承包法》第 1—3 条

第三百三十一条　【土地承包经营权内容】 土地承包经营权人依法对其承包经营的耕地、林地、草地等享有占有、使用和收益的权利，有权从事种植业、林业、畜牧业等农业生产。

实务应用

050. 农户内的家庭成员共同享有承包地上的土地承包经营权是否可分割？

农村集体经济组织成员有权依法承包由本集体经济组织发包的农村土地。根据《农村土地承包法》第 16 条的规定，家庭承包的承包方是本集体经济组织的农户。农户内家庭成员依法平等享有承包土地的各项权益。农户与村集体签订《土地承包合同书》之后，其家庭即成为土地的承包方，并按照《土地承包合同书》的约定，以家庭为单位享有权利，承担义务。此后，即使家庭内部人数因结婚、出生、去世等原因有所变化，承包经营仍然是以户为单位。也就是说，涉案土地的最小承包单元就是农户，而不是农户内的家庭成员。家庭内部成员在承包合同有效期内依法平等享有承包土地的各项权益，但不是按份共有，不存在份额。因此，农户内的家庭成员共同享有承包地上的土地承包经营权不可分割。

第三百三十二条　【土地的承包期限】 耕地的承包期为三十年。草地的承包期为三十年至五十年。林地的承包期为三十年至七十年。

前款规定的承包期限届满，由土地承包经营权人依照农村土地承包的法律规定继续承包。

条文解读

耕地、草地、林地 ➡ 我国对土地实行用途管理制度。《土地管理法》按照土地的用途，将土地划分为农用地、建设用地和未利用地，其中的农用地又包括耕地、林地、草地、农田水利用地和养殖水面等。

耕地是指种植农作物的土地，包括灌溉水田、望天田（又称天水田）、水浇地、旱地和菜地。我国农村实行土地承包经营制度的土地主要是耕地。

草地是指以生长草本植物为主，用于畜牧业的土地，包括天然草地、改良草地和人工草地。草原是草地的主体。

林地是指生长乔木、竹类、灌木、沿海红树林的土地，包括有林地、灌木林地、疏林地、未成林造林地以及迹地和苗圃等。

土地承包期届满后的延长 ➡ 本条第2款中"依照农村土地承包的法律规定"所指的是《农村土地承包法》的有关规定，继续承包就是承包期限的延长。根据《中共中央、国务院关于保持土地承包关系稳定并长久不变的意见》的规定，现有承包地在第二轮土地承包到期后由农户继续承包，承包期再延长30年，以各地第二轮土地承包到期为起点计算。以承包地确权登记颁证为基础，已颁发的土地承包权利证书，在新的承包期继续有效且不变不换，证书记载的承包期限届时作统一变更。对个别调地的，在合同、登记簿和证书上作相应变更处理。

第三百三十三条 【土地承包经营权的设立与登记】 土地承包经营权自土地承包经营权合同生效时设立。

登记机构应当向土地承包经营权人发放土地承包经营权证、林权证等证书，并登记造册，确认土地承包经营权。

土地承包经营权的设立 ➡️ 土地承包经营权自土地承包经营权合同生效时设立，即土地承包经营权的设立，不采登记生效主义，而是与土地承包经营权合同的生效同步。土地承包经营合同生效后，发包方不得因承办人或者负责人的变动而变更或者解除，也不得因集体经济组织的分立或者合并而变更或者解除。

土地承包经营权的登记与发证 ➡️ 土地承包经营权的登记，在性质上属于确权登记，即对业已设立的土地承包经营权，由县级以上地方人民政府的法定登记机关向土地承包经营权人发放土地承包经营权证、林权证或者草原使用权证，并登记造册对权利人的土地承包经营权予以确认。

实务应用

051. 没有土地承包经营权证书是否就无法取得承包经营权？

土地承包经营权可以基于法律行为而取得，也可以基于法律行为以外的事实而取得。前种方式主要包括通过承包合同取得和通过转让取得。而通过承包合同取得土地承包经营权是土地承包经营权取得的最主要方式。承包合同依法成立，承包方即取得承包土地的承包经营权。

承包方与发包方签订承包合同后，不用主动向有关部门申请登记发证，而是由县级以上地方人民政府依法向承包方颁发土地承包经营权证书，同时将土地的使用权属、用途、面积、坐落等情况登记在专门的簿册上，以确认土地承包经营权。土地承包经营权证书，是确认承包方享有土地承包经营权的法律凭证，是调解、仲裁和审理土地承包经营纠纷的证据，受国家法律的保护。

第三百三十四条　【土地承包经营权的互换、转让】 土地承包经营权人依照法律规定，有权将土地承包经营权互换、转让。未经依法批准，不得将承包地用于非农建设。

第三百三十五条 【土地承包经营权流转的登记对抗主义】

土地承包经营权互换、转让的，当事人可以向登记机构申请登记；未经登记，不得对抗善意第三人。

条文解读

土地承包经营权流转的登记对抗主义 ➡️ 对土地承包经营权的互换、转让进行登记，指互换、转让土地承包经营权的当事人，申请国家有关登记部门将土地承包经营权互换、转让的事项记载于不动产登记簿上。登记的主要目的在于将土地承包经营权变动的事实予以公示，使他人明确土地承包经营权的权利人。

根据本条规定，土地承包经营权互换、转让的，当事人要求登记的，应当向登记机构申请办理登记。申请登记时，应当提交土地变更登记申请书及相关资料，内容包括：转让人与受让人的姓名、住所，土地坐落、面积、用途，土地承包合同、土地承包经营权转让或者互换合同、土地承包经营权证书，以及登记部门要求提供的其他文件。登记部门收到变更登记的申请及上述文件后，经调查、审核，符合变更登记规定的，变更注册登记，更换或者更改土地承包经营权证书。

实务应用

052. 依法成立的土地经营权流转合同，承包方能否单独解除？

土地承包经营权互换是同一集体经济组织的承包方之间就属于同一经济集体经济组织的土地承包经营权的互换，互换后，当事人可以要求办理农村土地承包经营权证变更登记手续。土地承包经营权互换合同依法成立即生效，除明确约定互换期限的合同或当事人另行约定外，互换行为的效力应当及于整个剩余承包期间。承包方之间对不属于同一集体经济组织的土地承包经营权进行互换，应当认定无效。但互换系不改变土地承包经营权权属的互换耕种除外。依法成立的土地经营权流转合同，具有法律效力，当事人均应履行约定的义务，不得单方擅自解除。

除非存在合同约定或法定的事由之时，可解除土地经营权流转合同。《农村土地承包法》第 42 条规定了承包方可以单方解除土地经营权流转合同的情形，其中受让方的严重违约行为，包括擅自改变土地农业用途、弃耕抛荒连续 2 年以上、给土地造成严重损害或者严重破坏土地生态环境以及其他严重违约行为。

    第三百三十六条 　**【承包地的调整】**承包期内发包人不得调整承包地。

    因自然灾害严重毁损承包地等特殊情形，需要适当调整承包的耕地和草地的，应当依照农村土地承包的法律规定办理。

    第三百三十七条 　**【承包地的收回】**承包期内发包人不得收回承包地。法律另有规定的，依照其规定。

条文解读

    承包地的收回 ➡ 本条规定，承包期内，发包方不得收回承包地。这一规定对保持土地承包关系稳定并长久不变具有重要意义。赋予农民长期而有保障的土地使用权，维护农村土地承包关系的长期稳定，是土地承包经营权立法的重要指导思想。当然，承包地并非一律不得收回，根据有关规定，在符合法律规定的情形下，也是可以收回的。

    值得注意的是，承包人应当交回的承包地仅指耕地和草地，并不包括林地。并且，不论是承包方主动交回承包地，还是发包方依法收回承包地，承包方对其在承包地上投入而提高土地生产能力的，有权获得相应的补偿。

    第三百三十八条 　**【征收承包地的补偿规则】**承包地被征收的，土地承包经营权人有权依据本法第二百四十三条的规定获得相应补偿。

征收承包地的补偿规则 ➜ 土地承包经营权是在集体所有的土地上派生出来的用益物权，土地承包经营权人是享有用益物权的权利人。《农村土地承包法》规定，承包方的权利之一就是，承包地被依法征收、征用、占用的，有权依法获得相应的补偿。因此，承包人对承包的土地依法享有在承包期内占有、使用、收益等权利，承包地被依法征收的，承包人有权依法获得相应的补偿。

根据《民法典》第243条的规定，为了公共利益的需要，依照法律规定的权限和程序可以征收集体所有的土地和组织、个人的房屋以及其他不动产。征收集体所有的土地，应当依法及时足额支付土地补偿费、安置补助费以及农村村民住宅、其他地上附着物和青苗等的补偿费用，并安排被征地农民的社会保障费用，保障被征地农民的生活，维护被征地农民的合法权益。关于补偿的标准，《土地管理法》第48条规定，征收土地应当给予公平、合理的补偿，保障被征地农民原有生活水平不降低、长远生计有保障。征收土地应当依法及时足额支付土地补偿费、安置补助费以及农村村民住宅、其他地上附着物和青苗等的补偿费用，并安排被征地农民的社会保障费用。征收农用地的土地补偿费、安置补助费标准由省、自治区、直辖市通过制定公布区片综合地价确定。制定区片综合地价应当综合考虑土地原用途、土地资源条件、土地产值、土地区位、土地供求关系、人口以及经济社会发展水平等因素，并至少每3年调整或者重新公布一次。征收农用地以外的其他土地、地上附着物和青苗等的补偿标准，由省、自治区、直辖市制定。对其中的农村村民住宅，应当按照先补偿后搬迁、居住条件有改善的原则，尊重农村村民意愿，采取重新安排宅基地建房、提供安置房或者货币补偿等方式给予公平、合理的补偿，并对因征收造成的搬迁、临时安置等费用予以补偿，保障农村村民居住的权利和合法的住房财产权益。县级以上地方人民政府应当将被征地农民纳入相应的养老等社会保障体系。被征地农民的社会保障费用主要用于符合条件的被征地农民的养老保险等社会保险缴费补贴。被征地农民社会保障费用的筹集、管理和使用办法，由省、自治区、直辖市制定。

第三百三十九条 　【土地经营权的流转】　土地承包经营权人可以自主决定依法采取出租、入股或者其他方式向他人流转土地经营权。

条文解读

土地经营权的流转 ➡ 土地经营权，是建立在农村土地承包经营的"三权分置"制度之上产生的权利，即在农村土地集体所有权的基础上，设立土地承包经营权，再在土地承包经营权之上设立土地经营权，构成"三权分置"的农村土地权利结构。其中，土地所有权归属于农村集体经济组织所有，土地承包经营权归属于承包该土地的农民家庭享有。由于土地承包经营权流转性不强，因而在土地承包经营权之上，再设立一个土地经营权，属于土地承包经营权人享有的、可以进行较大范围流转并且能够保持土地承包经营权不变的用益物权。

建立在土地承包经营权上的土地经营权，是土地承包经营权人的权利，权利人可以将其转让，由他人享有和行使土地经营权，而土地承包经营权人保留土地承包经营权，并因转让土地经营权而使自己获益。这就是设置"三权分置"制度的初衷。

根据本条的规定，土地经营权流转的方式主要有三种：

（1）出租。出租就是承包方以与非本集体经济组织成员的受让方签订租赁合同的方式设立土地经营权，由受让方在合同期限内占有、使用承包地，并按照约定向承包方支付租金。

（2）入股。入股就是承包方将土地经营权作为出资方式投入农民专业合作社、农业公司等，并按照出资协议约定取得分红。承包方以土地经营权入股后，即成为农民专业合作社的成员或者公司的股东，享有法律规定的合作社成员或公司股东的权利，可以参与合作社、公司的经营管理，与其他成员、股东一道共担风险、共享收益。为了促进和规范土地经营权入股行为，农业农村部、国家发展改革委、财政部等部门于2018年12月出台了《关于开展土地经营权入股发展农业产业化经营试点的指导意见》，对土地经营权入股的基本原则、入股的实现形式、运行机制、风险防范等作了详细规定。

（3）其他方式。其他方式就是出租、入股之外的方式。比如，根据《农村土地承包法》第47条第1款的规定，承包方可以用承包地的土地经营权向金融机构融资担保。这也是一种设立土地经营权的方式。在当事人以土地经营权设定担保物权时，一旦债务人未能偿还到期债务，担保物权人就有权就土地经营权优先受偿。

关联参见

《农村土地承包法》第36条

第三百四十条　【土地经营权人的基本权利】土地经营权人有权在合同约定的期限内占有农村土地，自主开展农业生产经营并取得收益。

条文解读

土地经营权人的基本权利 ➡ 土地经营权也是用益物权，通过转让而取得土地经营权的权利人，是用益物权人，享有用益物权的权利。

根据《民法典》及《农村土地承包法》等相关法律规定，土地经营权人的权利具体包括以下七个方面的内容：

（1）占有权。土地经营权人取得土地经营权后，即有权占有承包方的承包地。所谓占有，就是对承包地享有支配权并排除他人非法干涉。土地经营权人对承包地的占有是直接占有，是对承包地的实际控制。土地经营权人占有承包地是合法占有，这项权利受到侵害时，土地经营权人有权要求侵权人承担排除妨碍、停止侵权、赔偿损失等民事责任。占有的对象就是承包地，包括耕地、林地、草地。

（2）使用权。使用权是指按照物的属性和功能，不损毁或改变物的性质，对物加以生产或生活上的利用。土地经营权人对承包地享有使用权，就是利用承包地开展农业生产经营的权利。土地经营权人不得将农业用地转为非农用地，不得用来建设房屋、工厂等。此外，需要注意的是，土地经营权人还必须严格按照农业用地种类性质使用承包地。土地经营权人流转受让的是耕地，就必须从事种植业，不得变更为林业或者牧业用途；同样，如果流转受让的是林地或者草地，也不得开垦成为耕地。特别是，如果受让的是基本农田，还必须遵守国务院有关基本农田保护的行政法规和部门规章的相关规定。对于土地经营权人的使用权，双方当事人应当在流转合同中依法约定土地的性质、种类和用途，确保土地经营权人依法按照合同约定使用承包地。

（3）收益权。土地经营权人占有、使用流转取得的承包地，最终目的就是取得农业生产经营的收益。比如，利用耕地种植粮食作物、经济作物，产出粮食等农产品；利用林地种植林木后，依法砍伐林木；利用草地放牧牛羊等。这些收益权都属于土地经营权人，任何人不得侵害。此外，土地经营权人也有权利用农业生产设施，开展附随性的经济活动，比如开农家乐、果蔬采摘等商业经营获取收益，这些收益权同样也受法律保护。

（4）改良土壤、建设附属设施的权利。《农村土地承包法》第43条规定，经承包方同意，受让方可以依法投资改良土壤，建设农业生产附属、配套设施，并按照合同约定对其投资部分获得合理补偿。因此，土地经营权人经承包方同意，可以对承包地进行改良。比如，通过平整土地、培肥地力、修缮沟渠等，建设高标准农田，提升改良耕地的品质。土地经营权人还可以建设农业生产附属、配套设施，比如安装建设农业生产所需的大棚、自动喷灌系统等。土地经营权人进行改良土壤、建设设施的，在土地经营权到期后，还可以根据合同约定获得合理补偿，承包方应当根据约定向其支付相应的补偿费。

（5）再流转的权利。《农村土地承包法》第46条规定，经承包方书面同意，并向本集体经济组织备案，受让方可以再流转土地经营权。根据此规定，土地经营权人可以再次流转其土地经营权受到几个方面的限制：一是在程序上，既要征得承包方的书面同意，还必须向发包方备案；二是再次流转的权利义务应当与承包方所签流转合同约定保持一致，不能超出原合同约定的权利范围；三是在流转期限上，再次流转的期限不得超过原流转期限的剩余期限。

（6）以土地经营权融资担保的权利。《农村土地承包法》第47条第1款规定，受让方通过流转取得的土地经营权，经承包方书面同意并向发包方备案，可以向金融机构融资担保。根据此规定土地经营权人可以以土地经营权为担保向金融机构融资。需要注意的是，土地经营权人以土地经营权设定担保同样要征得承包方的书面同意，并且向发包方备案。

（7）其他权利。土地经营权人还可以根据法律规定或者合同约定享有其他权利。比如，在流转合同有约定的情况下，承包地被依法征收或者征用时，土地经营权人可以获得相应补偿等。

当然，土地经营权人依法享有权利的同时，也应当遵守法律规定和合同约定的义务，比如按照合同约定支付流转价款、按照法律规定利用承包地等。

第三百四十一条 【土地经营权的设立与登记】流转期限为五年以上的土地经营权，自流转合同生效时设立。当事人可以向登记机构申请土地经营权登记；未经登记，不得对抗善意第三人。

条文解读

土地经营权的设立与登记 ➡ 土地经营权作为用益物权，其设立的方式是出让方和受让方签订土地经营权出租、入股等合同，在合同中约定双方各自的权利义务。对于流转期限为 5 年以上的土地经营权流转，当该合同生效时土地经营权就设立，受让方取得土地经营权。对于土地经营权的登记问题，本条规定采登记对抗主义，即当事人可以向登记机构申请土地经营权登记，未经登记的，不得对抗善意第三人。

对于不满 5 年的土地经营权流转，本条没有明文规定，其实也应当自流转合同生效时设立，不会在其他的时点发生取得土地经营权的效力。至于是否应当登记，可以理解为可以登记也可以不登记，不过 5 年以上的土地经营权的登记也是自愿为之，也没有规定为强制登记，因而不足 5 年的土地经营权应当理解为不必登记。

第三百四十二条 【**以其他方式承包取得的土地经营权流转**】通过招标、拍卖、公开协商等方式承包农村土地，经依法登记取得权属证书的，可以依法采取出租、入股、抵押或者其他方式流转土地经营权。

第三百四十三条 【**国有农用地承包经营的法律适用**】国家所有的农用地实行承包经营的，参照适用本编的有关规定。

第十二章　建设用地使用权

第三百四十四条 【**建设用地使用权的概念**】建设用地使用权人依法对国家所有的土地享有占有、使用和收益的权利，有权利用该土地建造建筑物、构筑物及其附属设施。

条文解读

建设用地使用权 ➲ 建设用地包括住宅用地、公共设施用地、工矿用地、交通水利设施用地、旅游用地、军事设施用地等。建设用地使用权人为建设所使用的只能是城市国有土地，或者依据法律规定属于国家所有的农村或城市郊区的土地。而集体所有的土地只有在被国家征收转变为国有土地的前提下，才可用于非农业建设，成为《民法典》意义上的建设用地。

建设用地使用权人使用土地的范围限于利用该土地建造建筑物、构筑物及附属设施。换言之，不以建造建筑物、构筑物及附属设施为目的而使用国有土地的，则不属于建设用地使用权的范畴。本条中的建筑物主要是指住宅、写字楼、厂房等。构筑物主要是指不具有居住或者生产经营功能的人工建造物，比如道路、桥梁、隧道、水池、水塔、纪念碑等；附属设施主要是指附属于建筑物、构筑物的一些设施。由于我国土地所有权不允许流转，因此，建设用地使用权具有实现土地流转的功能。

第三百四十五条　【建设用地使用权的分层设立】建设用地使用权可以在土地的地表、地上或者地下分别设立。

条文解读

建设用地使用权的分层设立 ➲ 我国城市的土地属于国家所有，农村的土地属于集体所有。土地的性质决定了土地上下空间的所有权属于国家和集体，当事人只能通过设定建设用地使用权等用益物权的方式取得对土地以及上下空间的使用。目前，集体土地需要征收为国家所有后才能出让，国家在出让建设用地使用权时，只要对建筑物的四至、高度、建筑面积和深度作出明确的规定，那么该建筑物占用的空间范围是可以确定的。根据《民法典》第348条第2款第3项的规定，建设用地使用权出让时，应当在合同中明确规定建筑物、构筑物以及附属设施占用的空间。这样建设用地使用权人对其取得的建设用地的范围就能界定清楚。比如，同一块土地地下10米至地上70米的建设用地使用权出让给甲公司建写字楼；地下20—40米的建设用地使用权出让给乙公司建地下商场。在分层出让建设用地使用权时，不同层次的权利人是按照同样的规定取得土地使用权的，在法律上他们的权利和义务是相同的，只不过其使用权所占用的空间范围有所区别。所以，建设用地使用权的概念完全可以解决对不同空间土地的利用问题，因此没有引入空间利用权的概念，即建设用地使用权可以在土地的地表、地上或者地下分别设立。

第三百四十六条 【建设用地使用权的设立原则】设立建设用地使用权，应当符合节约资源、保护生态环境的要求，遵守法律、行政法规关于土地用途的规定，不得损害已经设立的用益物权。

第三百四十七条 【建设用地使用权的出让方式】设立建设用地使用权，可以采取出让或者划拨等方式。

工业、商业、旅游、娱乐和商品住宅等经营性用地以及同一土地有两个以上意向用地者的，应当采取招标、拍卖等公开竞价的方式出让。

严格限制以划拨方式设立建设用地使用权。

条文解读

建设用地使用权设立的方式 ➜ 建设用地使用权取得的方式主要有两种：有偿出让和无偿划拨。有偿出让，是指出让人将一定期限的建设用地使用权出让给建设用地使用权人使用，建设用地使用权人向出让人支付一定的出让金。有偿出让是建设用地使用权出让的主要方式，包括拍卖、招标和协议等。划拨是无偿取得建设用地使用权的一种方式，是指县级以上人民政府依法批准，在建设用地使用权人缴纳补偿、安置等费用后将该幅土地交付其使用，或者将建设用地使用权无偿交付给建设用地使用权人使用的行为。划拨土地没有期限的规定。

对于本条首先应注意，不同设立方式的地位：出让为主，划拨为辅，并应遵守严格的程序和范围；其次应结合《土地管理法》和《城市房地产管理法》等相关规定明确不同设立方式的适用范围；最后注意因建设用地使用权设立的方式不同，因此发生的纠纷解决方式也不同；

因签订出让合同设立建设用地使用权发生纠纷的，当事人应通过民事诉讼解决，人民法院审理时也应适用《民法典》《城市房地产管理法》《招标投标法》等。而因划拨方式设立建设用地使用权发生纠纷的，应通过行政诉讼，而不是民事诉讼的方式解决。

关联参见

《土地管理法》第54条；《城市房地产管理法》第8条、第13条、第23条、第24条

第三百四十八条　【建设用地使用权出让合同】 通过招标、拍卖、协议等出让方式设立建设用地使用权的，当事人应当采用书面形式订立建设用地使用权出让合同。

建设用地使用权出让合同一般包括下列条款：

（一）当事人的名称和住所；

（二）土地界址、面积等；

（三）建筑物、构筑物及其附属设施占用的空间；

（四）土地用途、规划条件；

（五）建设用地使用权期限；

（六）出让金等费用及其支付方式；

（七）解决争议的方法。

第三百四十九条　【建设用地使用权的登记】 设立建设用地使用权的，应当向登记机构申请建设用地使用权登记。建设用地使用权自登记时设立。登记机构应当向建设用地使用权人发放权属证书。

第三百五十条　【土地用途限定规则】 建设用地使用权人应当合理利用土地，不得改变土地用途；需要改变土地用途的，应当依法经有关行政主管部门批准。

第三百五十一条 【建设用地使用权人支付出让金等费用的义务】建设用地使用权人应当依照法律规定以及合同约定支付出让金等费用。

第三百五十二条 【建设用地使用权人建造的建筑物、构筑物及其附属设施的归属】建设用地使用权人建造的建筑物、构筑物及其附属设施的所有权属于建设用地使用权人,但是有相反证据证明的除外。

条文解读

(1)这里规定的建筑物、构筑物及其附属设施必须是合法建造产生的。违章建筑是要被没收和强制拆除的,更不会产生合法的所有权。因此,并不在本条的调整范围内。

(2)本条所说的例外情况,主要是针对在现在的城市房地产建设中,一部分市政公共设施,是通过开发商和有关部门约定,由开发商在房地产项目开发中配套建设,但是所有权归国家。这部分设施,其性质属于市政公用,其归属就应当按照有充分的证据证明的事先约定来确定,而不是当然地归建设用地使用权人。后续通过房地产交易成为建设用地使用权人的权利人也应当尊重这种权属划分。

(3)本条解决的是建筑物的原始取得问题。在实践中还存在:地上建筑物不是建设用地使用权人建造;是建设用地使用权人建造,但是基于与他人设立的其他法律关系,如合资、合作等,并约定建筑物权利归属的;建设用地使用权人已经将建筑物预售予他人等情况。在这些情况下,如果当事人只是未办理土地使用权变更登记,而其他方面均合法的情况下,建筑物可归于他人,但应责令双方办理建设用地使用权变更登记手续。

第三百五十三条 【建设用地使用权的流转方式】建设用地使用权人有权将建设用地使用权转让、互换、出资、赠与或者抵押，但是法律另有规定的除外。

第三百五十四条 【建设用地使用权流转的合同形式和期限】建设用地使用权转让、互换、出资、赠与或者抵押的，当事人应当采用书面形式订立相应的合同。使用期限由当事人约定，但是不得超过建设用地使用权的剩余期限。

第三百五十五条 【建设用地使用权流转登记】建设用地使用权转让、互换、出资或者赠与的，应当向登记机构申请变更登记。

第三百五十六条 【建设用地使用权流转之房随地走】建设用地使用权转让、互换、出资或者赠与的，附着于该土地上的建筑物、构筑物及其附属设施一并处分。

条文解读

建设用地使用权流转之房随地走 ➡ 根据法律、行政法规的规定，建设用地使用权流转时，其地上建筑物和其他附着物同时流转。《城市房地产管理法》第 32 条规定："房地产转让、抵押时，房屋的所有权和该房屋占用范围内的土地使用权同时转让、抵押。"《城镇国有土地使用权出让和转让暂行条例》第 23 条规定："土地使用权转让时，其地上建筑物、其他附着物所有权随之转让。"《城镇国有土地使用权出让和转让暂行条例》第 33 条第 1 款规定："土地使用权抵押时，其地上建筑物、其他附着物随之抵押。"

本条规定主要包括两个层次：（1）建设用地使用权按照《民法典》第 353 条的规定发生转让；（2）依附于该建设用地使用权的建筑物、构筑物及其附属设施随之转让。在存在《民法典》第 345 条规定的同一土地的地表、地上或者地下分别设立不同建设用地使用权的情况下，建筑物、构筑物及其附属设施只依附于其所在空间的建设用地使用权。这就是人们通常所说的"房随地走"。这一规定与已有法律制度是一致的，也符合社会生活常识。

关联参见

《城市房地产管理法》第 32 条;《城镇国有土地使用权出让和转让暂行条例》第 23 条、第 33 条第 1 款

第三百五十七条 【建设用地使用权流转之地随房走】建筑物、构筑物及其附属设施转让、互换、出资或者赠与的,该建筑物、构筑物及其附属设施占用范围内的建设用地使用权一并处分。

条文解读

本条和上一条规定了建设用地使用权与其地上不动产一并处分的规则。这两条实际上是一个整体,只要建设用地使用权和地上房屋有一个发生了转让,另外一个就要相应转让。从法律后果上说,不可能也不允许把"房"和"地"分别转让给不同的主体。此外,本条中所讲的附属设施占用范围内的建设用地使用权有可能是一宗单独的建设用地使用权,也有可能是共同享有的建设用地使用权中的份额,特别是在建筑物区分所有的情况下。转让占用范围内的建设用地使用权不可能也不应该导致对业主共同享有的建设用地使用权的分割。在这种情况下,除本条外,还要依据业主的建筑物区分所有权的有关规定,全面确定当事人的权利义务。

第三百五十八条 【建设用地使用权的提前收回及其补偿】建设用地使用权期限届满前,因公共利益需要提前收回该土地的,应当依据本法第二百四十三条的规定对该土地上的房屋以及其他不动产给予补偿,并退还相应的出让金。

条文解读

建设用地使用权的提前收回及其补偿 ➋ 首先,提前收回建设用地使用权在性质上与征收不同:征收是国家把集体、单位、个人的不动产

变为国有的财产，是一种改变所有权形态的行为，并不适用于建设用地使用权。但是，为了公共利益的需要，国家可以提前收回建设用地使用权。由于建设用地使用权人往往是按照建设用地使用权期限缴纳出让金取得建设用地使用权的，因此，提前收回建设用地使用权的，出让人应向建设用地使用权人退还相应的出让金。

其次，本条适用的前提是建设用地使用权尚未届满。对于使用期间已经届满的建设用地使用权的收回，不适用本条规定。

最后，对建设用地使用权提前收回，必须满足为公共利益需要的目的。但本条并没有明确"公共利益"所应包含的具体情形。因"公共利益"的内容具有不确定性，在不同领域内、不同背景下、不同的情境下，其内容是不同的，应结合实际情况具体分析。

第三百五十九条　【建设用地使用权期限届满的处理规则】

住宅建设用地使用权期限届满的，自动续期。续期费用的缴纳或者减免，依照法律、行政法规的规定办理。

非住宅建设用地使用权期限届满后的续期，依照法律规定办理。该土地上的房屋以及其他不动产的归属，有约定的，按照约定；没有约定或者约定不明确的，依照法律、行政法规的规定办理。

实务应用

053. 为什么非住宅建设用地使用权没有采取自动续期的规定？

这是因为非住宅建设用地和住宅建设用地有较大的区别。非住宅建设用地的使用期限相对比较短，使用用途也各不相同。有的建设用地使用权人仅需要在特定的期限内使用建设用地，过了该期限，就没有使用该土地的必要。因此，不宜将自动续期作为非住宅建设用地使用权适用的一般原则，是否续期应当由建设用地使用权人自己决定。根据本条的规定，非住宅建设用地使用权的续期，按照法律规定办理，即建设用地使用权可以在建设用地使用权期限届满前一年申请续期。只要建设用使用权人提出续期的要求，出让人就应当同意，只有在公共利益需要使用该建设用地的情况下，出让人才有权拒绝建设用地使用权人续期的要求，收回该土地。

第三百六十条 【建设用地使用权注销登记】建设用地使用权消灭的，出让人应当及时办理注销登记。登记机构应当收回权属证书。

条文解读

建设用地使用权注销登记 ➡《国家土地管理局土地登记规则》第54条规定："县级以上人民政府依法收回国有土地使用权的，土地管理部门在收回土地使用权的同时，办理国有土地使用权注销登记，注销土地证书。"第55条规定："国有土地使用权出让或者租赁期满，未申请续期或者续期申请未获批准的，原土地使用者应当在期满之日前十五日内，持原土地证书申请国有土地使用权注销登记。"第56条规定："因自然灾害等造成土地权利灭失的，原土地使用者或者土地所有者应当持原土地证书及有关证明材料，申请土地使用权或者土地所有权注销登记。"

考虑到出让人全面掌握建设用地使用权消灭的情形，所以本条规定，注销登记由出让人及时办理。建设用地使用权注销后登记机构应当收回权属证书。

第三百六十一条 【集体土地作为建设用地的法律适用】集体所有的土地作为建设用地的，应当依照土地管理的法律规定办理。

第十三章 宅基地使用权

第三百六十二条 【宅基地使用权内容】宅基地使用权人依法对集体所有的土地享有占有和使用的权利，有权依法利用该土地建造住宅及其附属设施。

宅基地使用权 ➡ （1）本条规定的宅基地仅为集体所有的土地，而不包括国家所有的土地。需要使用国有土地建设住宅的，必须获得建设用地使用权。

（2）宅基地归集体所有，作为集体成员的农民享有使用权。

（3）宅基地使用权只能用于建造住宅及其附属设施。所谓建造住宅及其附属设施，是指为保障农村居民生活居住，农村村民建造住房以及与住房的居住生活有关的其他建筑物和设施。

（4）宅基地使用权是一种带有社会福利性质的权利，为解决农民的基本居住问题，由作为集体成员的农民无偿取得，无偿使用。

第三百六十三条 　【宅基地使用权的法律适用】宅基地使用权的取得、行使和转让，适用土地管理的法律和国家有关规定。

条文解读

宅基地使用权的法律适用 ➡ 农村村民一户只能拥有一处宅基地，其宅基地的面积不得超过省、自治区、直辖市规定的标准。人均土地少、不能保障一户拥有一处宅基地的地区，县级人民政府在充分尊重农村村民意愿的基础上，可以采取措施，按照省、自治区、直辖市规定的标准保障农村村民实现户有所居。农村村民建住宅，应当符合乡（镇）土地利用总体规划、村庄规划，不得占用永久基本农田，并尽量使用原有的宅基地和村内空闲地。编制乡（镇）土地利用总体规划、村庄规划应当统筹并合理安排宅基地用地，改善农村村民居住环境和条件。农村村民住宅用地，由乡（镇）人民政府审核批准；其中，涉及占用农用地的，依照《土地管理法》第44条的规定办理审批手续。农村村民出卖、出租、赠与住宅后，再申请宅基地的，不予批准。国家允许进城落户的农村村民依法自愿有偿退出宅基地，鼓励农村集体经济组织及其成员盘活利用闲置宅基地和闲置住宅。国务院农业农村主管部门负责全国农村宅基地改革和管理有关工作。

第三百六十四条 【宅基地灭失后的重新分配】宅基地因自然灾害等原因灭失的，宅基地使用权消灭。对失去宅基地的村民，应当依法重新分配宅基地。

第三百六十五条 【宅基地使用权的变更登记与注销登记】已经登记的宅基地使用权转让或者消灭的，应当及时办理变更登记或者注销登记。

第十四章 居 住 权

第三百六十六条 【居住权的定义】居住权人有权按照合同约定，对他人的住宅享有占有、使用的用益物权，以满足生活居住的需要。

条文解读

居住权 ➡ 居住权，是指自然人依照合同的约定，对他人所有的住宅享有占有、使用的用益物权。民法的居住权与公法的居住权不同。在公法中，国家保障人人有房屋居住的权利也叫居住权，或者叫住房权。根据本条的规定，居住权有以下法律特征：

居住权是在他人住宅上设立的物权。居住权是在他人所有的住宅上设立的物权。设立居住权是住宅所有权人处分自己财产的一种方式，住宅所有权人根据自己的意思自由在自己所有的住宅的全部或者部分为他人设立居住权。此外，根据本条的规定，居住权只能在他人所有的住宅上设立其他类型的房屋上不能设立居住权。

居住权是一种用益物权。用益物权是以支配标的物的使用价值为内容的物权。我国的用益物权主要包括土地承包经营权、建设用地使用权、宅基地使用权、居住权和地役权等。根据《民法典》的规定，居住权是一种用益物权，是指居住权人对他人所有的住宅的全部或者部分及其附属设施享有占有、使用的权利，以满足生活居住的需要。特别应注意的是，并非所有居住他人住宅的权利均是本条规定的居住权。如果当事人之间存在抚养、扶养、赡养、租赁、借用等关系，也同样可能享有居住他人住宅的权利。但由此而享有的权利不具有物权的排他效力，不是本条所规定的居住权，不能适用本章的规定。

居住权是为特定自然人设定的。居住权是住宅所有人为特定自然人的利益在自己所有的住宅上设定的权利，法人或其他组织不能享有居住权。享有居住权的主体范围具有有限性，居住权人以外的人一般不能享有居住权但有的国家允许居住权人的家庭成员居住，并详细规定了可以居住的自然人的范围。

居住权是为特定自然人生活居住的需要而设定的权利居住权人只能将享有居住权的住宅用于满足其生活居住的需要，一般情况下，居住权人不能将其享有居住权的住宅出租，但是当事人另有约定的除外。根据《民法典》第369条的规定，居住权不得转让、继承。

居住权人按照合同约定对他人的住宅享有占有、使用的权利。一般情况下，当事人通过订立居住权合同并对居住权进行登记后设立居住权。居住权人对他人的住宅享有的占有、使用的具体权利义务，根据所有权人和居住权人之间订立的居住权合同确定。居住权人为充分地使用其居住的住宅，对住宅的各种附属设施亦有使用权。

案例指引

018. 祖母赠与孙子房产后是否有权继续居住？[①]

何某玮通过其祖父何某新的遗赠和祖母杜某妹的赠与取得某房屋所有权。后何某玮的父母离婚，何某玮由其母亲伍某抚养。何某玮及其法

---

① 参见《第二批人民法院大力弘扬社会主义核心价值观典型民事案例》（2022年2月23日发布），何某玮诉杜某妹物权保护纠纷案，载最高人民法院网 https://www.court.gov.cn/zixun/xiangqing/346671.html，最后访问日期：2024年4月1日。

定代理人伍某向人民法院起诉，请求判令杜某妹腾空交还其赠与的房屋，并支付租金损失。

人民法院认为，何某玮受遗赠、赠与取得房屋产权时年仅4岁，根据生活常理，何某新、杜某妹将二人的家庭重要资产全部赠给何某玮显然是基于双方存在祖孙关系。此种源于血缘关系的房屋赠与即便双方没有明确约定赠与人有继续居住的权利，基于人民群众朴素的价值观和善良风俗考虑，在杜某妹年逾60岁且已丧偶的情况下，何某玮取得房屋所有权后不足一年即要求杜某妹迁出房屋，明显有违社会伦理和家庭道德。何某玮虽享有案涉房屋所有权，但杜某妹在该房屋内居住是基于双方存在赠与关系、祖孙关系以及长期共同生活的客观事实，如以所有权人享有的物权请求权而剥夺六旬老人的居住权益，显然有违人之常情和社会伦理，故杜某妹的居住行为不属于无权占有的侵权行为。何某玮要求杜某妹腾退房屋，缺乏法律依据，不应予以支持。故判决驳回何某玮的全部诉讼请求。

"百善孝为先，孝为德之本。"祖母在将房屋赠与孙子之后，是否仍有权在该房屋继续居住，需要衡量的不仅是法律的尺度，还包括伦理的限度和情理的温度。本案判决充分考虑孙子的房屋权属来源、居住使用状况以及当事人之间的特定身份关系等因素，作出合情、合法、合理的裁判，弘扬了和谐、友善、法治的社会主义核心价值观，体现了法律对人善良本性的尊重和保护，彰显了尊老敬老的中华民族传统优秀文化，更表达了司法为民的"温度"，对维护家庭和睦与社会稳定具有促进作用。

第三百六十七条 【居住权合同】设立居住权，当事人应当采用书面形式订立居住权合同。

居住权合同一般包括下列条款：

（一）当事人的姓名或者名称和住所；

（二）住宅的位置；

（三）居住的条件和要求；

（四）居住权期限；

（五）解决争议的方法。

居住权合同的形式 ➡ 居住权既可以基于当事人的约定设立，也可以基于被继承人的遗嘱设立。本条是对通过居住权合同设立居住权的合同形式和内容的规定。因设立居住权需明确一些具体的权利义务，本条规定，设立居住权的，当事人应当采用书面形式订立居住权合同。

居住权合同的内容 ➡ 居住权合同一般包括下列条款：

（1）当事人的姓名或者名称和住所。当事人的姓名或者名称和住所，是合同中最基本的要件。如果不写明当事人，合同由谁履行就不明确，当事人的权利和义务更无从谈起。居住权合同的当事人一般为住宅的所有权人和居住权人。

（2）住宅的位置。居住权合同中应当明确住宅的具体位置，以确定当事人设立居住权的住宅。一般情况下，合同中明确的住宅的位置应与住宅房屋产权证上的位置一致。

（3）居住的条件和要求。居住权合同中可以约定居住的条件和要求，主要包括当事人的权利义务。设立居住权的合同应当尽可能清晰地确定当事人之间的权利义务关系，避免纠纷的发生，或者在发生纠纷时有明确的规则可供遵循。在权利方面，当事人可以协商约定居住权人占有使用的具体权利，如是否可以与其家属共同居住，是否可以让其所雇佣的保姆等为其生活所需的服务护理人员居住。在义务方面，当事人可以协商约定双方的义务如不得改变房屋的结构、用途，保管房屋的义务，承担房屋的日常负担及返还房屋等。

（4）居住权期限。为保障当事人设立居住权的意思自由，扩大居住权制度的适用性，根据《民法典》的规定，当事人可以就居住权的存续期限作出约定。当事人可以根据不同情况、不同需求在居住权合同中约定居住权的期限。例如，给未成年人设立居住权的，可以约定居住权期限存续至未成年人成年之时。如果当事人未对居住权期限作出约定，根据《民法典》的规定，居住权人死亡的，居住权消灭。

（5）解决争议的方法。居住权合同可以就合同履行发生争议的解决方法作出约定。因履行居住权合同发生争议的，所有权人和居住权人可以双方协商解决，协商不成的，提交双方当事人指定的仲裁委员会仲裁，或者依法向人民法院起诉。

需要注意的是，本条第2款所规定的内容并非都是居住权合同必须约定的内容。当事人应当对第1项"当事人的姓名或者名称和住所"、第2项"住宅的位置"作出明确约定，如果欠缺这两项内容将导致居住权的主体和客体不明，不可能设立居住权。其他各项均非合同必须约定的内容，如果当事人未作确定不影响居住权的设立。

第三百六十八条　【居住权的设立】居住权无偿设立，但是当事人另有约定的除外。设立居住权的，应当向登记机构申请居住权登记。居住权自登记时设立。

条文解读

居住权的设立 ➡ 1. 居住权一般情况下无偿设立。居住权是用益物权的一种，一般情况下具有无偿性，其与房屋租赁存在本质区别。主要表现在：（1）保护方式存在区别。居住权是一种支配权，租赁权是一种请求权。居住权为一种独立的用益物权，具有物权的所有特征：对世性、绝对性、直接支配性等。租赁法律关系属于债权，具有相对性，租赁权人只能对抗特定的债务人。尽管房屋租赁权的效力强化后，租赁权人也具有对抗第三人的效力，但与作为物权的居住权对抗效力和对抗范围存在区别。（2）设立方式存在区别。居住权需要经过登记才发生物权的效力，租赁权只需要双方的合意就发生法律效力，其设立不以登记为条件。（3）期限存在区别。租赁权的租期由合同双方当事人约定，但不得超过 20 年，超过 20 年的部分无效，如果双方未约定租期，为不定期租赁，对于不定期租赁，任何一方当事人都可以随时解除合同。居住权的期限具有长期性的特点，除当事人另有约定外，通常至居住权人死亡时居住权消灭。(4) 取得权利支付的对价存在区别。取得居住权一般是无偿的，带有扶助友善、帮助的性质。居住权人即便在特殊情况下需要向房屋的所有人支付费用，费用也是很少的。而租赁合同则是一种双务、有偿合同，取得租赁权，以支付租金为条件。

但是，根据本条的规定，居住权以无偿设立为原则，当事人可以就是否无偿设立作出约定。

2. 设立居住权的，应当向登记机构申请居住权登记。我国物权制度有"登记生效"与"登记对抗"两种物权变动模式。对于居住权的设立，采用登记生效的物权变动模式。不动产登记簿是确定居住权的根本依据。居住权的设立登记是指将设立居住权的事实依法记载于不动产登记簿的行为。本条规定，设立居住权的，应当向登记机构申请居住权登记。居住权自登记时设立。根据本条的规定，当事人签订居住权合同后，居住权并未设立，当事人需持居住权合同到不动产登记机构申请居住权登记。不动产登记机构将设立居住权的情况登记在不动产登记簿上，居住权自登记时设立。如果仅就住宅的部分设立居住权，应当对此在居住权合同中予以明确，并在不动产登记簿上予以明确。

案例指引

019. 在《民法典》生效之前取得的居住权，能否申请登记在自己名下？[1]

邱某光与董某峰于 2006 年登记结婚，双方均系再婚，婚后未生育子女，董某军系董某峰之弟。董某峰于 2016 年 3 月去世，生前写下遗

---

[1] 参见《人民法院贯彻实施民法典典型案例（第一批）》（2022 年 2 月 25 日发布），邱某光与董某军居住权执行案，载最高人民法院网 https://www.court.gov.cn/zixun/xiangqing/347181.html，最后访问日期：2024 年 4 月 1 日。

嘱，其内容为："我名下位于洪山区珞狮路某房遗赠给我弟弟董某军，在我丈夫邱某光没再婚前拥有居住权，此房是我毕生心血，不许分割、不许转让、不许卖出……"董某峰离世后，董某军等人与邱某光发生遗嘱继承纠纷并诉至法院。法院判决被继承人董某峰名下位于武汉市洪山区珞狮路某房所有权归董某军享有，邱某光在其再婚前享有该房屋的居住使用权。判决生效后，邱某光一直居住在该房屋内。2021年初，邱某光发现所住房屋被董某军挂在某房产中介出售，其担心房屋出售后自己被赶出家门，遂向法院申请居住权强制执行。

生效裁判认为，案涉房屋虽为董某军所有，但是董某峰通过遗嘱方式使邱某光享有案涉房屋的居住使用权。执行法院遂依照《民法典》第368条等关于居住权的规定，裁定将董某军所有的案涉房屋的居住权登记在邱某光名下。

《民法典》正式确立了居住权制度，有利于更好地保障弱势群体的居住生存权益，对平衡房屋所有权人和居住权人的利益具有重要制度价值。本案申请执行人作为丧偶独居老人，其对案涉房屋的居住使用权益取得于《民法典》实施之前，执行法院依照《民法典》规定的居住权登记制度，向不动产登记机构发出协助执行通知书，为申请执行人办理了居住权登记，最大限度地保障了申请执行人既有的房屋居住使用权利，对于引导当事人尊重法院判决，推动《民法典》有关居住权制度的新规则真正惠及人民群众，具有积极的示范意义。

第三百六十九条　【居住权的限制性规定及例外】居住权不得转让、继承。设立居住权的住宅不得出租，但是当事人另有约定的除外。

条文解读

居住权的限制性规定及例外 ➡ 居住权人行使居住权，须履行应尽的义务：

（1）合理使用房屋的义务：居住权人不得将房屋用于生活消费以外的目的，可以对房屋进行合理的装饰装修，进行必要的维护，但不得改建、改装和做重大的结构性改变。

（2）对房屋的合理保管义务：居住权人应当合理保管房屋，在居住期内尽到善良管理人的注意义务，不得从事任何损害房屋的行为。如果房屋存在毁损的隐患，应当及时通知所有人进行修缮或者采取必要的措施。

（3）不得转让、继承和出租的义务：居住权人对其居住的房屋不得转让，在居住权存续期间，对居住权的标的负有不得出租义务，不能以此进行营利活动；居住权也不能成为居住权人的遗产，不能通过继承而由其继承人所继承。居住权也不得转让，具有专属性。如果双方当事人在设立居住权合同中对上述义务另有约定的，依照其约定处理。

第三百七十条 　**【居住权的消灭】**居住权期限届满或者居住权人死亡的，居住权消灭。居住权消灭的，应当及时办理注销登记。

条文解读

居住权的消灭 ➡ 居住权依据一定的事实而消灭。本条只规定了居住权期限届满和居住权人死亡是居住权消灭的原因，其实这只是居住权消灭的部分原因。

居住权消灭的原因包括：

（1）居住权抛弃：居住权人采用明示方法抛弃居住权的，居住权消灭。这种明示的抛弃意思表示应当对所有权人作出。居住权人作出抛弃表示的，即发生消灭居住权的效力，并且不得撤销，除非得到所有权人的同意。

（2）居住权期限届满：居住权设定的期限届满，居住权即时消灭，所有权的负担解除。

（3）居住权人死亡：权利主体消灭，居住权也随之消灭。

（4）解除居住权条件成就：在设定居住权的遗嘱、遗赠或者合同中，对居住权设有解除条件的，如果该条件成就，则居住权消灭。

（5）居住权撤销：居住权人具有以下两种情形的，房屋所有权人有权撤销居住权，故意侵害住房所有权人及其亲属的人身权或者对其财产造成重大损害的；危及住房安全等严重影响住房所有权人或者他人合法权益的。

（6）住房被征收、征用、灭失：房屋被征收、征用，以及房屋灭失，都消灭居住权。住房所有权人因此取得补偿费、赔偿金的，居住权人有权请求分得适当的份额；如果居住权人没有独立生活能力，也可以放弃补偿请求权而要求适当安置。

（7）权利混同：住房所有权和居住权发生混同，即两个权利归属于同一人的，发生居住权消灭的后果。例如，房屋所有权人将房屋转让或者赠与居住权人，此时居住权的存在已经丧失意义，因此发生居住权消灭的后果。

居住权消灭，在当事人之间消灭居住权的权利义务关系。居住权人应当返还住房，同时应当到物权登记机构办理居住权注销登记。

第三百七十一条 【以遗嘱设立居住权的法律适用】以遗嘱方式设立居住权的，参照适用本章的有关规定。

第十五章 地 役 权

第三百七十二条 【地役权的定义】地役权人有权按照合同约定，利用他人的不动产，以提高自己的不动产的效益。

前款所称他人的不动产为供役地，自己的不动产为需役地。

条文解读

地役权 ➡ 地役权是一种独立的物权，在性质上属于用益物权的范围，是按照合同约定利用他人的不动产，以提高自己不动产效益的权利。因使用他人不动产而获得便利的不动产为需役地，为他人不动产的便利而供使用的不动产为供役地。地役权的"役"，即"使用"的意思。地役权具有以下特点：

1. 地役权的主体为不动产的权利人。地役权人为了提高自己不动产的效益而设立地役权。供役地人就是在自己的不动产上设置地役权而便利他人行使不动产权利。因此，二者都是不动产的权利人，既可以是不动产的所有权人，如集体土地所有权人建筑物的所有权人，也可以是不动产的使用权人，如土地承包经营权人、建设用地使用权人、宅基地使用权人。

2. 地役权是按照合同设立的。地役权合同是地役权人和供役地权利人之间达成的以设立地役权为目的和内容的合同。设立地役权，当事人应当采取书面形式订立地役权合同。根据法律规定地役权合同一般包括下列条款：（1）当事人的姓名或者名称和住所。（2）供役地和需役地的位置。（3）利用目的和方法。（4）地役权期限。（5）费用及其支付方式。（6）解决争议的方法。

3. 地役权是利用他人的不动产。在地役权关系中，需役地和供役地属于不同的土地所有权人或者土地使用权人。利用他人的不动产来提高自己不动产的效益，是地役权设立的主要目的。所谓利用他人的不动产并不以实际占有他人不动产为要件，而是对他人的不动产设置一定的负担。这种负担主要表现在：一是容忍义务。例如，允许他人通行于自己的土地，以使自己行使土地的权利受到某种限制。二是不妨害地役权人行使权利的义务。在某些情况下，地役权人为了使用供役地便利，需要在供役地上修建必要的附属设施，如为实现排水地役权，而要在供役地建筑一个水泵。这时，供役地权利人就不得妨害地役权人行使其权利。

4. 地役权是为了提高自己不动产的效益。地役权的设立，必须以增加需役地的利用价值和提高其效益为前提。此种"效益"既包括生活上得到的便利，也包括经营上获得的效益，如为需役地的便利而在供役地上设立的排水、通行、铺设管线等，还包括非财产的利益，即具有精神上或者感情上的效益，如为需役地上的视野宽广而设定的眺望地役权等。

5. 地役权具有从属性。地役权虽然是独立的一种用益物权，但是与其他用益物权相比，地役权从属于需役地，其目的是提高需役地的效益，必须与需役地相结合而存在。这种从属性主要体现在地役权的存续以需役地的存在为前提，与需役地的所有权或者其他物权相伴相随。本章中的许多相关规定都充分体现了地役权的从属性，比如一般而言，地役权不得单独转让，土地承包经营权、建设用地使用权等转让的，地役权一并转让。

第三百七十三条 　**【地役权合同】** 设立地役权，当事人应当采用书面形式订立地役权合同。

地役权合同一般包括下列条款：

（一）当事人的姓名或者名称和住所；

（二）供役地和需役地的位置；

（三）利用目的和方法；

（四）地役权期限；

（五）费用及其支付方式；

（六）解决争议的方法。

条文解读

地役权合同的形式 ➡ 设立地役权的民事法律行为属于要式法律行为，必须采用书面方式这一特定形式。《民法典》第 469 条规定："当事人订立合同，可以采用书面形式、口头形式或者其他形式。书面形式是合同书、信件、电报、电传、传真等可以有形地表现所载内容的形式。以电子数据交换、电子邮件等方式能够有形地表现所载内容，并可以随时调取查用的数据电文，视为书面形式。"根据该规定，设立地役权可以采用合同书或者数据电文等形式。考虑到设立地役权事关不动产权利的行使，关系重大，为避免因权利义务内容不明确而发生纠纷，法律规定应当以合同书的形式设立地役权。

第三百七十四条 【地役权的设立与登记】地役权自地役权合同生效时设立。当事人要求登记的，可以向登记机构申请地役权登记；未经登记，不得对抗善意第三人。

条文解读

地役权的设立与登记 ➡ 一般而言，地役权合同的成立以双方当事人均签名、盖章或者按指印之时为准，如果一方先签名另一方后签名的，应以后签名的时间为成立之时。通常而言，合同成立之时即为生效之时。但是合同成立后要生效，还得具备合同生效的要件，且应排除合同无效事由的存在。因此，一般而言，地役权合同成立之时就生效，地役权即告设立。当然，当事人可以在地役权合同中附生效条件或者附生效期限。比如，双方约定，地役权合同自需役地一方当事人支付价款后方能生效。在当事人有约定生效时间或者生效条件时，只有到了约定的时间或者满足了生效的条件时，地役权合同方能生效。这就是本条规定的当事人另有约定的情形。

地役权实行登记对抗主义。所谓登记对抗主义，主要是指不登记不得对抗不知道也不应知道土地设有地役权，而受让了该土地使用权的第三人。

需要注意的是，地役权不登记，并非意味着地役权就不能对抗第三人，未登记的地役权，仅仅是不得对抗善意第三人。地役权属于用益物权，与债权不同（债权为相对权，不具有排他性），物权为绝对权。因此，地役权一经设立即具有对世效力。虽然地役权未经登记，但作为物权，仍可以对抗侵权行为人，如果他人非法侵害当事人的地役权，未登记的地役权人仍可以请求排除妨碍、赔偿损失。此外，未登记的地役权还可以对抗恶意第三人。所谓恶意第三人包括以不公正手段获得地役权登记的人，或者明知该地役权已经存在的第三人。

第三百七十五条　【供役地权利人的义务】供役地权利人应当按照合同约定，允许地役权人利用其不动产，不得妨害地役权人行使权利。

条文解读

供役地权利人的义务 ➡ 供役地人的主要义务，是容忍土地上的负担和不作为义务，即允许地役权人利用其不动产，不得妨害地役权人行使权利。具体表现为：（1）供役地人负有容忍土地上负担的义务，应当根据设定的地役权性质的不同，承担不同的义务，供役地人应主动放弃对自身土地部分使用的权利，甚至容忍他人对自己土地实施合同约定的某种程度上的干预和损害等。（2）不得妨害地役权人行使权利，对地役权人行使权利实施干扰、干涉、破坏的，应当承担责任。

此外，供役地人还有相应的权利和义务：（1）附属设施使用权及费用分担义务。对于在供役地上所设的附属设施，供役地人在不影响地役权行使的范围内，有权对其加以利用。如地役权人铺设的管道，在地役权人没有使用的情况下，或者已经使用但不妨害地役权人行使权利的情况下，供役地人有权进行利用，应当按其受益的比例，分担附属设施的保养维修费用。（2）变更使用场所及方法的请求权。在设定地役权时定有权利行使场所及方法的，供役地人也可以提出变更。变更的条件是，如变更该场所及方法对地役权人并无不利，而对于供役地人有利的，则供役地人请求地役权人变更地役权的行使场所及方法，地役权人不得拒绝。因此支出的费用，由供役地人负担。（3）费用及其调整请求权。有偿地役权，供役地人依约享有请求地役权人按期支付费用的权利。如果地役权人不按期支付费用，则应承担违约责任。地役权人长期拖欠费用的，供役地人可依法终止地役权合同。无偿地役权，如果由于土地权利人就土地的负担增加，非当时所能预料，以及依原约定显失公平的，供役地人有权请求酌定地租；地役权设定后，如果土地价值有升降，依原定地租给付显失公平的，供役地人也可以请求予以增加。

第三百七十六条　【地役权人的义务】 地役权人应当按照合同约定的利用目的和方法利用供役地，尽量减少对供役地权利人物权的限制。

条文解读

地役权的利用目的和方法 ➲ 地役权人的主要权利就是利用供役地，以提高自己土地的效益。地役权人利用供役地的目的和方法都必须按照合同约定。一般而言，地役权的利用目的和方法有以下几类：

（1）通行目的。需役地交通不便，需要借助供役地提供交通便利，方能实现需役地的经济价值。当事人双方就通行目的设立地役权。至于通行的具体方法，则需要由合同具体约定：可以是行人通行，即开设便道由人员通过；或者车辆通行，可以是铺设简易马路由小客车通行，也可以是铺设硬化道路由大货车通行；或者是火车通行，即需要铺设轨道供火车通过。当事人在订立地役权合同时要约定明确。地役权人在行使地役权时，应当根据合同所约定的方法通行。

（2）通过目的。需役地因利用之需，必须从远处输入电力、燃气等能源或者有线电视信号、网络数据等，需要利用供役地实现铺设管线的目的。

（3）排水目的。需役地因生产或者生活排水的目的，得借助供役地挖设沟渠或者铺设管道，确保所排出的水流安全通过。实现排水目的的方法也多种多样，比如可以埋设排水管道，可以开挖排水沟，可以加设水泵管道，可以修建涵洞等。设立以排水为目的的地役权，与相邻关系的排水便利需要加以区别。《民法典》第 290 条第 1 款规定，不动产权利人应当为相邻权利人用水、排水提供必要的便利。通常而言，相邻不动产之间基于法定的相邻关系，可以依法排水，不需要专门设立地役权。但在特殊情形下，则有必要设立地役权。比如，甲乙两个旱地相邻，后乙地所有权人利用该地开设工厂，工厂产生大量废水需要排放，此时乙地必须借助利用甲地排水，双方就有必要设立以排水为目的的地役权。

（4）通风目的。需役地权利人要求供役地权利人在一定范围，不得修建建筑物或其他障碍物，以实现需役地权利人的土地或建筑物顺畅通风的目的。实现通风的目的，当事人可以约定不同的方法，比如约定供役地不盖高楼，供役地不种植超高树木，或者供役地必须保持现状等。

（5）采光目的。需役地权利人为了确保自己土地光照充足，要求供役地人限制供役地的利用。实现采光的目的，可以有不同的方法，比如要求供役地权利人在一定范围内不得修建建筑物或其他障碍物；供役地上修建建筑物应当使用透明材料；供役地上不得修建超过一定高度的建筑物等。

（6）取水目的。需役地权利人为了生活或者生产之需，必须在供役地上的水源取水。取水的方法，可以是地役权人在需要时，每次到供役地的水源汲取；也可以是地役权人通过渠道、水管引水。双方当事人还应当在合同中明确约定取水的时间和取水量、取水顺序等事项。地役权人在实现取水目的时，必须按照合同约定的方法、数量和顺序取水。

（7）眺望目的。需役地权利人为了保持自己所有土地的开阔视野，要求供役地权利人不得在一定范围内修建建筑物或其他障碍物。实现此目的，当事人也可以在合同中约定不同的方法，比如维持现状，不种植高大乔木等。

第三百七十七条 **【地役权的期限】** 地役权期限由当事人约定；但是，不得超过土地承包经营权、建设用地使用权等用益物权的剩余期限。

地役权的期限 ➡ 地役权的期限的确定方法由当事人约定，当事人没有约定或者约定不明确的，应当协议补充，并按照补充协议的约定确定期限。但是，如果供役地或者需役地上设立的是土地承包经营权或者建设用地使用权的，不论是约定地役权的期限，还是补充协议约定地役权的期限，只要是设定地役权，地役权的期限就不得超过该土地承包经营权和建设用地使用权的剩余期限。供役地和需役地所剩余的期限不同的，应当按照最短的剩余期限确定地役权的期限。如果供役地和需役地上是土地所有权或者宅基地使用权的，尽管这两个土地权利不具有期限，但是在设定地役权时，也应当约定地役权的期限，不得约定为永久期限。

关联参见

《农村土地承包法》第 21 条；《城镇国有土地使用权出让和转让暂行条例》第 12 条

第三百七十八条 【在享有或者负担地役权的土地上设立用益物权的规则】土地所有权人享有地役权或者负担地役权的，设立土地承包经营权、宅基地使用权等用益物权时，该用益物权人继续享有或者负担已经设立的地役权。

第三百七十九条 【土地所有权人在已设立用益物权的土地上设立地役权的规则】土地上已经设立土地承包经营权、建设用地使用权、宅基地使用权等用益物权的，未经用益物权人同意，土地所有权人不得设立地役权。

第三百八十条 【地役权的转让规则】地役权不得单独转让。土地承包经营权、建设用地使用权等转让的，地役权一并转让，但是合同另有约定的除外。

地役权的转让规则 ➡ 由于地役权的成立必须有需役地与供役地同时存在，因此在法律属性上地役权与其他物权不同。地役权虽然是一种独立的用益物权，但它仍然应当与需役地的使用权共命运，必须与需役地使用权一同移转，不得与需役地分离而单独让与。地役权的从属性，主要表现为三种情形：第一，地役权人不得自己保留需役地的使用权，而单独将地役权转让；第二，地役权人不得自己保留地役权，而单独将需役地的使用权转让；第三，地役权人也不得将需役地的使用权与地役权分别让与不同的人。总之，地役权只能随需役地使用权的转让而转让。

第三百八十一条 【地役权不得单独抵押】地役权不得单独抵押。土地经营权、建设用地使用权等抵押的，在实现抵押权时，地役权一并转让。

地役权不得单独抵押 ➡ 地役权具有从属性，是为了提升需役地的使用价值而设定的。脱离需役地，地役权一般情况下无独立价值，地役权单独抵押没有现实意义。对于受让地役权的主体来说，没有取得土地承包经营权和建设用地使用权，地役权也就无从发挥作用。地役权作为土地使用权的物上权利或者物上负担，与土地使用权紧紧联系在一起，因此应一并转让，否则受让的土地价值就会降低或者丧失。

第三百八十二条 【需役地部分转让效果】需役地以及需役地上的土地承包经营权、建设用地使用权等部分转让时，转让部分涉及地役权的，受让人同时享有地役权。

　　需役地部分转让效果 ➡ 一是部分转让的标的。本条规定的部分转让包括两种情况：第一种是需役地部分转让。所谓需役地部分转让，就是需役地的所有权部分转让。由于我国的土地所有权属于国家或者集体，因此土地所有权的转让应该包括集体所有的土地变为国家所有（也就是国家通过征收方式取得土地所有权），或者不同集体之间土地所有权的转让。第二种是需役地上的土地承包经营权、建设用地使用权等的部分转让。这种情况主要是在国有土地上设定了建设用地使用权，或者在集体土地上设定了土地承包经营权、宅基地使用权、土地经营权等用益物权。这些需役地上的用益物权部分转让时也涉及地役权的效力问题。

　　二是转让部分需涉及地役权。不论是土地所有权的转让，还是用益物权的转让，只有在转让部分涉及地役权时，才涉及地役权的效力问题。如果所转让的部分不涉及地役权，则不享有地役权。

　　三是受让人的权利。根据本条的规定，受让人同时享有地役权。所谓同时，即只要受让人所受让的土地使用权、用益物权与地役权有关，即可以享有该地役权。受让人享有地役权是基于法律的规定享有的，并不需要当事人就此另行签订协议。

　　第三百八十三条 **【供役地部分转让效果】**供役地以及供役地上的土地承包经营权、建设用地使用权等部分转让时，转让部分涉及地役权的，地役权对受让人具有法律约束力。

　　第三百八十四条 **【供役地权利人解除权】**地役权人有下列情形之一的，供役地权利人有权解除地役权合同，地役权消灭：

　　（一）违反法律规定或者合同约定，滥用地役权；

　　（二）有偿利用供役地，约定的付款期限届满后在合理期限内经两次催告未支付费用。

条文解读

供役地权利人的解除权 ➡ 供役地权利人行使单方解除权的法定事由包括：

第一，地役权人违反法律规定或者合同约定，滥用地役权。认定地役权人是否滥用地役权，可以从两个方面进行判断。其一是根据合同约定判断。一般而言，地役权合同会就供役地和需役地的位置、地役权的利用目的和方法等作出约定。如果地役权人违反合同约定的目的、方法等行使地役权，即可以认定为构成滥用地役权，此时供役地权利人可以单方解除地役权合同。其二是根据法律规定进行判断。根据法律判断地役权人是否滥用地役权，所依据的法律既包括根据《民法典》的规定，也包括根据其他与行使地役权相关的法律。

第二，有偿利用供役地的，地役权人在约定的付款期限届满后在合理期限内经两次催告仍未支付费用。地役权合同是否有偿，由地役权人和供役地权利人约定。如果地役权为有偿，那么，地役权人必须按照合同的约定履行付款义务。如果地役权人无正当理由，在合同约定的履行期限届满后，仍没有按照合同约定支付供役地权利人费用的，而且在一个合理期限内经两次催告，地役权人仍不履行付款义务的，表明地役权人没有履行合同的诚意，或者根本不可能再履行合同，供役地权利人可以解除地役权合同。否则，不仅对供役地权利人不公平，还会给其造成更大的损失。供役地权利人解除地役权合同的，地役权消灭。

第三百八十五条　【地役权变动后的登记】已经登记的地役权变更、转让或者消灭的，应当及时办理变更登记或者注销登记。

条文解读

地役权变动后的登记 ➡ 需要办理变动登记的地役权范围。《民法典》第374条规定，地役权自地役权合同生效时设立。当事人要求登记的，可以向登记机构申请地役权登记；未经登记，不得对抗善意第三人。因此，并非所有的地役权都会办理登记。没有办理登记的地役权，即使变更、消灭之后，也不可能再去办理变更、注销登记。只有当事人自己申请办理了登记的地役权，为了确保地役权的公示公信力，便于第三人知晓物权状态，才有必要办理变更、注销登记。

变动登记的类型。本条规定，两种情况需要办理地役权变动登记：其一是变更登记。地役权变更、转让的，应当办理变更登记。地役权的内容变更，比如地役权的期限、利用目的、利用方法发生了变更，应当办理变更登记。地役权的主体变更，也就是地役权发生了转让，也需要办理变更登记。其二是注销登记。地役权消灭的，应当办理注销登记。地役权消灭可能是因为地役权合同约定的期限届满，可能是因为供役地权利人行使单方解除权消灭，也可能是因为当事人双方达成解除地役权合同的协议，还可能是因混同而消灭，等等。只要地役权消灭的，都应当依法办理地役权注销登记。

办理地役权变动登记的主体。办理地役权变动登记，应当由地役权合同的双方当事人共同办理。办理地役权登记的机构负责地役权变更和注销登记的机关。

办理地役权变动登记的程序。当事人应按照有关法律行政法规规定的程序办理。

地役权变动登记的法律效果。根据《民法典》第374条的规定，地役权登记具有对抗善意第三人的效力。因此，如果地役权变更、转让未办理变更登记，地役权消灭时办理注销登记的，当事人不得对抗善意第三人。

第四分编　担保物权

第十六章　一般规定

第三百八十六条　【担保物权的定义】担保物权人在债务人

不履行到期债务或者发生当事人约定的实现担保物权的情形，依法享有就担保财产优先受偿的权利，但是法律另有规定的除外。

条文解读

担保物权以确保债权人的债权得到完全清偿为目的。这是担保物权与其他物权的最大区别。

担保物权具有优先受偿的效力。优先受偿性是担保物权的最主要效力。担保物权的优先受偿性主要体现在两方面：一是优先于其他不享有担保物权的普通债权；二是有可能优先于其他物权，如后顺位的担保物权。但需要注意的是，担保物权的优先受偿性并不是绝对的，如果《民法典》或者其他法律有特别的规定，担保物权的优先受偿效力会受到影响，如我国《海商法》规定，船舶优先权人优先于担保物权人受偿。

担保物权是在债务人或者第三人的财产上成立的权利。债务人既可以以自己的财产，也可以第三人的财产为债权设立担保物权。

担保物权具有物上代位性。债权人设立担保物权并不以使用担保财产为目的，而是以取得该财产的交换价值为目的，因此，担保财产灭失、毁损，但代替该财产的交换价值还存在的，担保物权的效力仍存在，但此时担保物权的效力转移到了该代替物上。

第三百八十七条 【担保物权适用范围及反担保】债权人在借贷、买卖等民事活动中，为保障实现其债权，需要担保的，可以依照本法和其他法律的规定设立担保物权。

第三人为债务人向债权人提供担保的，可以要求债务人提供反担保。反担保适用本法和其他法律的规定。

第三百八十八条 【担保合同及其与主合同的关系】设立担保物权，应当依照本法和其他法律的规定订立担保合同。担保合同包括抵押合同、质押合同和其他具有担保功能的合同。担保合同是主债权债务合同的从合同。主债权债务合同无效的，担保合同无效，但是法律另有规定的除外。

担保合同被确认无效后，债务人、担保人、债权人有过错的，应当根据其过错各自承担相应的民事责任。

条文解读

担保合同的从属性 ➡ 担保合同具有从属性，除法律另有规定外，主债权债务合同无效的，担保合同无效。当事人在担保合同中约定担保合同的效力独立于主合同，或者约定担保人对主合同无效的法律后果承担担保责任，该有关担保独立性的约定无效。主合同有效的，有关担保独立性的约定无效不影响担保合同的效力；主合同无效的，人民法院应当认定担保合同无效，但是法律另有规定的除外。因金融机构开立的独立保函发生的纠纷，适用《最高人民法院关于审理独立保函纠纷案件若干问题的规定》。

但应注意，担保合同随主债权债务合同无效而无效只是一般规则，并不是绝对的，在法律另有规定的情况下，担保合同可以作为独立合同存在，不受主债权债务合同效力的影响。例如，在《民法典》规定的最高额抵押权中，最高额抵押合同就具有相对的独立性。

担保合同无效的情形 ➡ 本条只规定了主合同无效，导致担保合同无效的情形。需特别强调的是，导致担保合同无效的原因很多，主债权债务合同无效导致担保合同无效只是原因之一。在主债权债务合同有效的情况下，担保合同也有可能无效。例如，担保合同违反社会公共利益或者国家利益无效，担保合同因债权人与债务人的恶意串通而无效等。因为主合同与担保合同都是民事法律行为，因此其无效适用民事法律行为无效的规则。也就是说，判断担保合同是否有效，不能仅以主债权债务合同是否有效为标准。

担保合同无效的赔偿责任 ➡ 主合同有效而第三人提供的担保合同无效，人民法院应当区分不同情形确定担保人的赔偿责任：（1）债权人与担保人均有过错的，担保人承担的赔偿责任不应超过债务人不能清偿部分的1/2；（2）担保人有过错而债权人无过错的，担保人对债务人不能清偿的部分承担赔偿责任；（3）债权人有过错而担保人无过错的，担保人不承担赔偿责任。主合同无效导致第三人提供的担保合同无效，担保人无过错的，不承担赔偿责任；担保人有过错的，其承担的赔偿责任不应超过债务人不能清偿部分的1/3。

关联参见

《最高人民法院关于适用〈中华人民共和国民法典〉有关担保制度的解释》（以下简称《民法典担保制度解释》）第2条、第17—19条

第三百八十九条　【担保范围】担保物权的担保范围包括主债权及其利息、违约金、损害赔偿金、保管担保财产和实现担保物权的费用。当事人另有约定的，按照其约定。

条文解读

担保物权的担保范围 ➡ 担保物权的担保范围包括：

（1）主债权。主债权指债权人与债务人之间因债的法律关系所发生的原本债权，例如金钱债权、交付货物的债权或者提供劳务的债权。主债权是相对于利息和其他附随债权而言，不包括利息以及其他因主债权而产生的附随债权。

（2）利息。利息指实现担保物权时主债权所应产生的收益。一般来说，金钱债权都有利息，因此其当然也在担保范围内。利息可以按照法律规定确定，也可以由当事人约定，但当事人不能违反法律规定约定过高的利息，否则超过部分的利息无效。

（3）违约金。违约金指按照当事人的约定，一方当事人违约的，应向另一方支付的金钱。

（4）损害赔偿金。损害赔偿金指一方当事人因违反合同或者因其他

行为给债权人造成的财产、人身损失而给付的赔偿额。损害赔偿金的范围可以由法律直接规定，或由双方约定，在法律没有特别规定或者当事人没有约定的情况下，应按照完全赔偿原则确定具体赔偿数额。

（5）保管担保财产的费用。保管担保财产的费用指债权人在占有担保财产期间因履行善良保管义务而支付的各种费用。

（6）实现担保物权的费用。实现担保物权的费用指担保物权人在实现担保物权过程中所花费的各种实际费用，如对担保财产的评估费用、拍卖或者变卖担保财产的费用、向人民法院申请强制变卖或者拍卖的费用等。

第三百九十条 **【担保物权的物上代位性】** 担保期间，担保财产毁损、灭失或者被征收等，担保物权人可以就获得的保险金、赔偿金或者补偿金等优先受偿。被担保债权的履行期限未届满的，也可以提存该保险金、赔偿金或者补偿金等。

条文解读

代位物的范围 ➡ 第一，这里损害赔偿金是担保财产因第三人的侵权行为或者其他原因毁损、灭失时，担保人所获得的。如果担保财产是由于债权人的原因导致担保财产毁损、灭失的，根据《民法典》第412条、第451条的规定，质权人、留置权人负有妥善保管质押财产的义务；因保管不善致使质押或者留置财产毁损、灭失的，应当承担赔偿责任，质权人、留置权人向出质人或者债务人支付的损害赔偿金不能作为担保财产的代位物。

第二，担保财产毁损、灭失或者被征收后担保人所得的损害赔偿金、保险金或者补偿金只是代位物的几种形态。但并不仅仅以此为限。如担保财产的残留物也属于代位物的范围。如果抵押房屋倒塌而成为一堆砖瓦，那么担保物权的效力同时及于这些抵押物变形的动产。

第三百九十一条　【债务转让对担保物权的效力】第三人提供担保，未经其书面同意，债权人允许债务人转移全部或者部分债务的，担保人不再承担相应的担保责任。

本条只适用于第三人提供担保财产的情况。主债务被分割或者部分转移，债务人自己提供物的担保，债权人请求以该担保财产担保全部债务履行的，人民法院应予支持；第三人提供物的担保，主张对未经其书面同意转移的债务不再承担担保责任的，人民法院应予支持。

"不再承担相应的担保责任"是指未经担保人书面同意，债权人许可债务人转移全部债务的，可以免除担保人全部担保责任；债权人许可债务人转移部分债务的，可以免除担保人部分的担保责任，担保人不得要求免除全部担保责任。

第三百九十二条　【人保和物保并存时的处理规则】被担保的债权既有物的担保又有人的担保的，债务人不履行到期债务或者发生当事人约定的实现担保物权的情形，债权人应当按照约定实现债权；没有约定或者约定不明确，债务人自己提供物的担保的，债权人应当先就该物的担保实现债权；第三人提供物的担保的，债权人可以就物的担保实现债权，也可以请求保证人承担保证责任。提供担保的第三人承担担保责任后，有权向债务人追偿。

人保和物保并存时的处理规则 ➡ 本条区分三种情况对同一债权上既有物的担保又有人的担保的情况作了规定：（1）在当事人对物的担保和人的担保的关系有约定的情况下，应当尊重当事人的意思，按约定实现债权。这充分尊重了当事人的意愿。（2）在没有约定或者约定不明确，债务人自己提供物的担保的情况下，应当先就该物的担保实现债权。（3）在没有约定或者约定不明确，既有第三人提供物的担保，又有人的担保的情况下，应当允许当事人进行选择。实践中，对同一债权，还可能出现债务人和第三人均提供了物的担保，还有第三人提供人的担保的情形。在这种情况下，无论是从公平的角度，还是从防止日后追索权的烦琐、节约成本的角度，债权人都应当先行使债务人提供的物的担保，再行使第三人提供的物的担保，否则保证人可以享有抗辩权。

承担了担保责任或者赔偿责任的担保人，在其承担责任的范围内向债务人追偿的，人民法院应予支持。同一债权既有债务人自己提供的物的担保，又有第三人提供的担保，承担了担保责任或者赔偿责任的第三人，主张行使债权人对债务人享有的担保物权的，人民法院应予支持。

关联参见

《民法典担保制度解释》第 13 条、第 14 条、第 18 条

第三百九十三条　【担保物权消灭的情形】 有下列情形之一的，担保物权消灭：

（一）主债权消灭；

（二）担保物权实现；

（三）债权人放弃担保物权；

（四）法律规定担保物权消灭的其他情形。

条文解读

担保物权消灭 ➡ 根据本条的规定，在下列情形下担保物权消灭：

第一，因主债权的消灭而消灭。担保物权是从属于主债权的权利，主债权消灭的，担保物权也随之消灭。这里的"主债权消灭"，是指主债权的全部消灭，根据担保物权的不可分性，主债权部分消灭，担保物权仍然存在，担保财产仍然担保剩余的债权，直到债务人履行全部债务时止。此外，这里的"主债权消灭"指客观效果，与因谁的清偿而导致

"主债权消灭"无关。也就是说，债务人自己清偿债务的，担保物权消灭；第三人代债务人清偿债务导致主债权消灭的，担保物权也消灭。

第二，担保物权实现导致担保物权消灭。"担保物权实现"是指债务人到期不履行债务时，债权人与担保人约定以担保财产折价实现自己的债权或者拍卖、变卖担保财产，以拍卖、变卖担保财产所得的价款优先受偿。担保物权是为担保债权而设定的。担保物权实现就意味着担保物权人权利的实现，担保物权自然就归于消灭。但是需要强调的是，担保物权一旦实现，无论其所担保的债权是否全部清偿，担保物权都消灭。根据《民法典》第413条、第438条、第455条的规定，担保物权实现后，未受清偿的债权部分可以要求债务人清偿，但是这部分债权已无担保物权的保障，变为普通债权。

第三，债权人放弃担保物权导致担保物权消灭。这里的"放弃"，是指债权人的明示放弃，明示放弃主要包括两种情形：一是债权人以书面形式明确表示放弃担保物权。例如，债权人与债务人或者提供担保的第三人以签订协议的方式同意放弃担保物权。二是债权人以行为放弃。例如，因债权人自己的行为导致担保财产毁损、灭失的，视为债权人放弃了担保物权。

第四，法律规定的其他导致担保物权消灭的情形。这是一个兜底性条款，主要是指《民法典》的其他条款或者其他法律规定的担保物权消灭的特殊情形或者专属于某一类担保物权的消灭原因，例如，《民法典》第457条规定，留置权人对留置财产丧失占有或者留置权人接受债务人另行提供担保的，留置权消灭。这就是留置权消灭的特殊原因。

第十七章 抵 押 权

第一节 一般抵押权

第三百九十四条 【抵押权的定义】为担保债务的履行，债务人或者第三人不转移财产的占有，将该财产抵押给债权人的，债务人不履行到期债务或者发生当事人约定的实现抵押权的情形，债权人有权就该财产优先受偿。

前款规定的债务人或者第三人为抵押人，债权人为抵押权人，提供担保的财产为抵押财产。

条文解读

抵押权 ➡ 抵押权是指为担保债务的履行，债务人或者第三人不转移财产的占有，将该财产抵押给债权人，债务人不履行到期债务或者发生当事人约定的实现抵押权的情形，债权人有权就该财产优先受偿。

抵押法律关系的当事人为抵押人和抵押权人，客体为抵押财产。抵押人是指为担保债务的履行而提供抵押财产的债务人或者第三人。抵押权人是指接受抵押担保的债权人。抵押财产是指抵押人提供的用于担保债务履行的特定的物。

抵押权具有以下几个特征：

（1）抵押权是担保物权

抵押权以抵押财产作为债权的担保，抵押权人对抵押财产享有的权利，可以对抗物的所有人以及第三人。这主要体现在抵押权人对抵押财产有追及、支配的权利。所谓追及权，表现在抵押权设定后，抵押财产转让的，抵押权不受影响，抵押权仍存在于该抵押财产之上。所谓支配权，表现在抵押权人在抵押财产担保的债权已届清偿期而未受清偿，或者发生当事人约定的实现抵押权的情形时，有权依照法律规定，以抵押财产折价或者以拍卖、变卖抵押财产的价款优先受偿。

（2）抵押权是债务人或者第三人以其所有的或者有权处分的特定的财产设定的物权

作为抵押权客体的财产，必须是债务人或者第三人所有的或者依法有权处分的财产，对自己无所有权或者无处分权的财产不得设定抵押权。此外，债权人自己所有的财产也不得作为抵押权的客体。用于抵押的财产还应当是特定的。所谓特定的财产，可以是不动产，也可以是动产。不动产是指不能移动或者移动后就会改变性质或者降低价值的物，如房屋、土地、林木。动产是指不动产以外的物，如飞机、车辆、机器设备。抵押的财产不论是不动产还是动产，都必须是确定的或者是有具体指向的，比如，某栋房屋、某宗土地、某企业现有的及将有的产品等。

（3）抵押权是不转移标的物占有的物权

抵押权设定后，抵押人不必将抵押财产转移于抵押权人占有，抵押人仍享有对抵押财产的占有、使用、收益和处分的权利，这是抵押权区别于质权、留置权的特征。抵押权无须转移抵押财产的占有具有下列优势：一是设定抵押权后，抵押人仍能占有抵押财产而进行使用、收益和处分，这有利于抵押人；二是抵押权人无须承担保管抵押财产的义务，但是能够获得完全的抵押财产权，这有利于抵押权人；三是由于抵押财产仍然保存在抵押人处，抵押人可以对其抵押财产进行保值增值，资源可以得到有效利用，充分发挥物的使用价值。

（4）抵押权人有权就抵押财产优先受偿

优先受偿，是指当债务人有多个债权人，其财产不足以清偿全部债权时，有抵押权的债权人可以优先于其他无抵押权的债权人而受到清偿。

实现抵押权必须符合法律规定的条件。实现抵押权应当具备以下条件之一：一是债务清偿期限届满，债务人不履行义务。清偿期限未届满，抵押权人无权就抵押财产优先受偿。二是发生当事人约定的实现抵押权的情形。比如，债权人与债务人约定，贷款只能用于教学大楼的建设，改变贷款用途的，双方的借贷法律关系终止，债务人须即刻归还已贷出款项，不能归还的，债权人可以拍卖债务人的抵押财产，就拍卖取得的价款优先受偿。当双方约定的实现抵押权的条件成就，即使债务清偿期限没有届满，抵押权人也有权就拍卖、变卖抵押财产的价款优先受偿。

第三百九十五条 **【可抵押财产的范围】**债务人或者第三人有权处分的下列财产可以抵押:

(一) 建筑物和其他土地附着物;

(二) 建设用地使用权;

(三) 海域使用权;

(四) 生产设备、原材料、半成品、产品;

(五) 正在建造的建筑物、船舶、航空器;

(六) 交通运输工具;

(七) 法律、行政法规未禁止抵押的其他财产。

抵押人可以将前款所列财产一并抵押。

条文解读

可抵押财产的范围 ➔ 本条列举的可以抵押的财产,应作如下理解:

(1) 建筑物和其他土地附着物。建筑物包括住宅、体育馆等。其他土地附着物指附着于土地之上的除房屋以外的不动产,包括桥梁、隧道、大坝、道路等构筑物,以及林木,庄稼等。比如房前屋后属于个人所有的树木,公民个人在自留山、自留地和荒地、荒山、荒坡上种植的林木、农作物,集体所有的用材林、经济林、防护林、炭薪林,机关、团体、部队、学校、厂矿、农场、牧场等单位种植的林木等。

(2) 建设用地使用权。建设用地使用权是权利主体依法对国家所有的土地享有的占有、使用和收益的权利。注意,仅允许建设用地使用权进行抵押。即农业用地使用权之上不得设定抵押。

(3) 海域使用权。海域属于国家所有,国家是海域所有权的唯一主体。2001 年,我国颁布了《海域使用管理法》,从法律层面确立了海域使用权制度。单位和个人使用海域,必须依法取得海域使用权。海域使用权是一种用益物权,《民法典》第 328 条规定,依法取得的海域使用权受法律保护。根据《海域使用管理法》的规定,海域使用权取得的方式主要有三种:一是单位和个人向海洋行政主管部门申请;二是招标;

三是拍卖。海域作为国家重要的自然资源实行有偿使用制度。单位和个人使用海域，应当按照国务院的规定缴纳海域使用金。海域使用权作为一项重要的财产权利，可以依法转让、继承。

（4）生产设备、原材料、半成品、产品。生产设备包括：工业企业的各种机床、计算机、化学实验设备、仪器仪表设备、通信设备，海港、码头、车站的装卸机械，拖拉机、收割机、脱粒机等农用机械等。原材料指用于制造产品的原料和材料，比如用于炼钢的铁矿石，用于造纸的纸浆，用于生产家具的木料，用于制作面粉的小麦，用于建设工程的砖、瓦、沙、石等。半成品指尚未全部生产完成的产品，比如尚未组装完成的汽车，尚未缝制纽扣的服装，尚未成熟的农作物等。产品指生产出来的物。比如电视机、电冰箱、大米、白面等生活用品。

（5）正在建造的建筑物、船舶、航空器。将正在建造的建筑物、船舶、航空器进行抵押，需要在订立抵押合同后及时进行登记。在建工程作为抵押物要有严格的条件限制，以保障当事人的权利：①抵押设立的目的是取得在建工程继续建造的资金，并且只能向银行贷款。②抵押人合法取得了在建工程的土地使用权，并且将土地使用权和在建工程的投入资产一并抵押。③在建工程的抵押必须办理抵押登记。登记是在建工程抵押权设立的必备要件，不登记抵押权就没有设立，债权人就不能取得抵押权。

（6）交通运输工具。交通运输工具包括：飞机、船舶、火车、各种机动车辆等。

（7）法律、行政法规未禁止抵押的其他财产。这是一项兜底性规定，以适应不断变化的经济生活需要。这项规定表明，以前六项规定以外的其他财产抵押，必须同时具备两个条件：①不是法律、行政法规规定禁止抵押的财产；②债务人或者第三人对该财产有处分权。

第三百九十六条　【浮动抵押】 企业、个体工商户、农业生产经营者可以将现有的以及将有的生产设备、原材料、半成品、产品抵押，债务人不履行到期债务或者发生当事人约定的实现抵押权的情形，债权人有权就抵押财产确定时的动产优先受偿。

浮动抵押 ➲ 浮动抵押是指企业、个体工商户、农业生产经营者作为抵押人，以其所有的全部财产包括现有的以及将有的生产设备、原材料、半成品、产品为标的而设立的动产抵押权。债务人不履行到期债务或者发生当事人约定的实现抵押权的情形，债权人有权就抵押财产确定时的动产优先受偿。比如企业以现有的以及未来可能买进的机器设备、库存产成品、生产原材料等动产担保债务的履行。

浮动抵押权设定后，抵押人可以将抵押的原材料投入成品生产，也可以卖出抵押的财产。当发生债务履行期届满未清偿债务、当事人约定的实现抵押权的情形成就时，抵押财产确定，也就是说，此时企业有什么财产，这些财产就是抵押财产。抵押财产确定前企业卖出的财产不追回，买进的财产算作抵押财产。

浮动抵押的设定条件如下：（1）设定浮动抵押的主体仅限于企业、个体工商户、农业生产经营者。只要是注册的企业都可以设定浮动抵押。除上述三项主体外，国家机关、社会团体、事业单位、非农业生产者的自然人不可以设立浮动抵押。（2）设立浮动抵押的财产仅限于生产设备、原材料、半成品和产品。除此之外的动产、不动产、知识产权以及债权等不得设立抵押。（3）设立浮动抵押要有书面协议。该协议一般包括担保债权的种类和数额、债务履行期间、抵押财产的范围、实现抵押权的条件等。这里所说的抵押财产的范围并不要求详细列明，比如以全部财产抵押的，可以写"以现有的或者将有的全部动产抵押"；以部分财产抵押的，可以写"以现有的和将有的鱼产品、蔬菜、水果抵押"。（4）实现抵押权的条件是不履行到期债务或者发生当事人约定的实现抵押权的事由。

054. 浮动抵押与固定抵押的区别是什么？

浮动抵押具有不同于固定抵押的两个特征：第一，浮动抵押设定后，抵押的财产不断发生变化，直到约定或者法定的事由发生，抵押财产才确定。第二，浮动抵押期间，抵押人处分抵押财产不必经抵押权人同意，除抵押人恶意实施损害抵押权人利益的行为外，抵押权人对抵押财产无追及的权利，只能就约定或者法定事由发生后确定的财产优先受偿。

第三百九十七条 【建筑物和相应的建设用地使用权一并抵押规则】以建筑物抵押的，该建筑物占用范围内的建设用地使用权一并抵押。以建设用地使用权抵押的，该土地上的建筑物一并抵押。

抵押人未依据前款规定一并抵押的，未抵押的财产视为一并抵押。

020. 抵押合同中载明"抵押不包含土地"，债权人是否享有设押建筑物占用范围内的建设用地使用权抵押权？[①]

2010 年 6 月 17 日，谢某洁与某制冷设备公司签订《抵押设立协议》，约定谢某洁因向某制冷设备公司出借款项享有债权 3000 万元，某制冷设备公司将坐落于安镇街道胶西村的房屋抵押给谢某洁，合同手写载明"本次抵押不包含土地"。2010 年 6 月 23 日，上述房产共同办理了抵押登记，但未办理建设用地使用权抵押登记。

2011 年 12 月 2 日，江苏省无锡市锡山区人民法院根据范某丽的申

[①] 参见《某房地产公司等诉谢某洁、某制冷设备公司破产债权确认案》，案号：(2020) 苏 02 民终 2729 号，载国家法官学院、最高人民法院司法案例研究院编：《中国法院 2022 年度案例. 物权纠纷》，中国法制出版社 2022 年版，第 224 页。

请，裁定受理某制冷设备公司破产清算一案，并指定了管理人。2019年6月，管理人先后制作了《关于某制冷设备公司抵押债权审查结论通知函》及《更正函》，确定谢某洁的抵押物为设置了抵押的房屋和房屋占地面积的土地，故对上述房产所在宗地，管理人拟首先清偿第一顺序抵押权人的债权，其次将余值按向谢某洁抵押的房屋占地面积占整块土地面积的比例分配给谢某洁。某房地产公司、某置业公司、范某丽均为某制冷设备公司债权人，对管理人确认的上述债权提出异议，认为载明"本次抵押不包含土地"，应系双方合意抵押物不涉及土地，也是谢某洁以明示的方式放弃了"房地一并抵押"的权利，因此，谢某洁不享有设押建筑物对应的建设用地使用权抵押权。故提起诉讼，请求判令谢某洁对相应的建设用地使用权不享有优先受偿权。

法院经审理认为，约定"本次抵押不包含土地"并不能排除未设押建设用地使用权抵押权的依法产生。登记部门备案的抵押协议中载明了"本次抵押不包含土地"，仅能够印证谢某洁当时办理了建筑物抵押登记而未办理占用范围内的建设用地使用权抵押登记的事实，表明该情况符合"抵押人未依照前款规定一并抵押的，未抵押的财产视为一并抵押"的适用前提。"本次抵押不包含土地"能够印证双方仅办理了建筑物抵押登记的事实以及双方具有仅进行建筑物抵押登记的意思表示，而不能得出谢某洁放弃了因法律规定而产生的未设押建设用地使用权抵押权的结论，加之亦无其他证据予以证明谢某洁嗣后亦作出过"放弃"的意思表示。因此，法院采信谢某洁的抗辩意见以及某制冷设备公司破产管理人的陈述，确认谢某洁享有设押建筑物占用范围内的建设用地使用权抵押权。

第三百九十八条　【乡镇、村企业的建设用地使用权与房屋一并抵押规则】乡镇、村企业的建设用地使用权不得单独抵押。以乡镇、村企业的厂房等建筑物抵押的，其占用范围内的建设用地使用权一并抵押。

第三百九十九条 【禁止抵押的财产范围】下列财产不得抵押：

（一）土地所有权；

（二）宅基地、自留地、自留山等集体所有土地的使用权，但是法律规定可以抵押的除外；

（三）学校、幼儿园、医疗机构等为公益目的成立的非营利法人的教育设施、医疗卫生设施和其他公益设施；

（四）所有权、使用权不明或者有争议的财产；

（五）依法被查封、扣押、监管的财产；

（六）法律、行政法规规定不得抵押的其他财产。

条文解读

适用本条有以下几点需要注意：

（1）土地所有权包括国有土地所有权，也包括集体土地所有权。集体所有土地分为农用地和建设用地，农用地除四荒地的建设经营权外，一般不允许抵押。

（2）以公益为目的的非营利性学校、幼儿园、医疗机构、养老机构等提供担保的，人民法院应当认定担保合同无效，但是有下列情形之一的除外：①在购入或者以融资租赁方式承租教育设施、医疗卫生设施、养老服务设施和其他公益设施时，出卖人、出租人为担保价款或者租金实现而在该公益设施上保留所有权；②以教育设施、医疗卫生设施、养老服务设施和其他公益设施以外的不动产、动产或者财产权利设立担保物权。登记为营利法人的学校、幼儿园、医疗机构、养老机构等提供担保，当事人以其不具有担保资格为由主张担保合同无效的，人民法院不予支持。"其他社会设施"包括公共图书馆、科学技术馆、博物馆、国家美术馆、少年宫、工人文化宫、敬老院、残疾人福利基金会等用于社会公益目的的设施。

（3）所有权、使用权不明或者有争议的财产主要指以下财产：继承发生后，遗产尚未分割前的财产；民事主体对其归属有争议，有关司法机关或仲裁机构正在裁决或仲裁中的财产。

（4）依法查封、扣押的财产，指人民法院或者行政机关采取强制措施将财产就地贴上封条或者运到另外的处所，不准任何人占有、使用或者处分的财产。依法监管的财产，指行政机关依照法律规定监督、管理的财产。比如海关依照有关法律、法规，监管进出境的运输工具、货物、行李物品、邮递物品和其他物品，对违反《海关法》和其他有关法律法规规定的进出境货物、物品予以扣留。依法被查封、扣押、监管的财产，其合法性处于不确定状态，国家法律不能予以确认和保护。因此禁止以依法被查封、扣押、监管的财产抵押。但已经设定抵押的财产被采取查封、扣押等财产保全或者执行措施的，不影响抵押权的效力。

（5）可以规定不得抵押的其他财产的法律仅限于全国人大及其常委会制定的法律或国务院制定的行政法规，而不包括地方性法规、行政规章或其他规范性文件。

关联参见

《民法典担保制度解释》第 5 条、第 6 条

第四百条 【抵押合同】设立抵押权，当事人应当采用书面形式订立抵押合同。

抵押合同一般包括下列条款：

（一）被担保债权的种类和数额；

（二）债务人履行债务的期限；

（三）抵押财产的名称、数量等情况；

（四）担保的范围。

第四百零一条 【流押条款的效力】抵押权人在债务履行期限届满前，与抵押人约定债务人不履行到期债务时抵押财产归债权人所有的，只能依法就抵押财产优先受偿。

流押条款的效力 ➡ 流押，也叫作流押契约、抵押财产代偿条款或流抵契约，是指抵押权人与抵押人约定，当债务人届期不履行债务时，抵押权人有权直接取得抵押财产的所有权的协议。抵押权人在债务履行期届满前，不得与抵押人约定在债务人不履行到期债务时，抵押财产归债权人所有。抵押权人和抵押人订立流押契约，流押条款一律无效。即使是在抵押权实现时订立的实现抵押权协议，也不得出现流押契约。当事人以抵押财产折价方式清偿债务，才是正常的抵押权实现方法。

订立流押条款的，虽然流押条款无效，但是抵押权仍然成立，因而只能依法就抵押财产优先受偿，使债务得到清偿。在实践中，下列约定也被认为属于流押契约：（1）在借款合同中，订有清偿期限届至而借款人不还款时，贷款人可以将抵押财产自行加以变卖的约定；（2）抵押权人在债权清偿期届满后与债务人另行订有延期清偿的合同，在该合同中附以延展的期限内如果仍未能清偿时，就将抵押财产交给债权人经营的约定；（3）债务人以所负担的债务额作为某项不动产的出售价，与债权人订立一个不动产买卖合同，但并不移转该不动产的占有，只是约定在一定的期限内清偿债务以赎回该财产。此种合同虽然在形式上是买卖，实际上是就原有债务设定的抵押权，只不过以回赎期间作为清偿期间罢了。

第四百零二条 【**不动产抵押登记**】以本法第三百九十五条第一款第一项至第三项规定的财产或者第五项规定的正在建造的建筑物抵押的，应当办理抵押登记。抵押权自登记时设立。

不动产抵押的设定 ➡ 抵押权是担保物权，设定抵押权除了要订立抵押合同之外，对某些不动产设置抵押权还须进行抵押权登记，并且只有经过抵押权登记，才能发生抵押权的效果。本条规定，须登记发生法律效力的抵押权是：（1）建筑物和其他土地附着物；（2）建设用地使用权；（3）海域使用权；（4）正在建造的建筑物。以这些不动产设置抵押权的，在订立抵押合同之后，应当进行抵押权登记，经过登记之后，抵押权才发生，即抵押权自登记时设立。

不动产抵押合同生效后未办理抵押登记手续，债权人请求抵押人办理抵押登记手续的，人民法院应予支持。不动产登记簿就抵押财产、被担保的债权范围等所作的记载与抵押合同约定不一致的，人民法院应当根据登记簿的记载确定抵押财产、被担保的债权范围等事项。当事人申请办理抵押登记手续时，因登记机构的过错致使其不能办理抵押登记，当事人请求登记机构承担赔偿责任的，人民法院依法予以支持。

第四百零三条　【动产抵押的效力】 以动产抵押的，抵押权自抵押合同生效时设立；未经登记，不得对抗善意第三人。

条文解读

未登记的动产抵押权的效力 ➡ 动产抵押合同订立后未办理抵押登记，动产抵押权的效力按照下列情形分别处理：（1）抵押人转让抵押财产，受让人占有抵押财产后，抵押权人向受让人请求行使抵押权的，人民法院不予支持，但是抵押权人能够举证证明受让人知道或者应当知道已经订立抵押合同的除外；（2）抵押人将抵押财产出租给他人并移转占有，抵押权人行使抵押权的，租赁关系不受影响，但是抵押权人能够举证证明承租人知道或者应当知道已经订立抵押合同的除外；（3）抵押人的其他债权人向人民法院申请保全或者执行抵押财产，人民法院已经作出财产保全裁定或者采取执行措施，抵押权人主张对抵押财产优先受偿的，人民法院不予支持；（4）抵押人破产，抵押权人主张对抵押财产优先受偿的，人民法院不予支持。

不得对抗善意第三人 ➡ 所谓不得对抗善意第三人，包括两方面含义：一是，合同签订后，如果抵押人将抵押财产转让，对于善意取得该财产的第三人，抵押权人无权追偿，而只能要求抵押人重新提供新的担保，或者要求债务人及时偿还债务。二是，抵押合同签订后，如果抵押人以该财产再次设定抵押，而后位抵押权人进行了抵押登记，那么，实现抵押权时，后位抵押权人可以优于前位未进行抵押登记的抵押权人受偿。而办理抵押登记的，抵押权具有对抗第三人的法律效力，也就是说，抵押财产登记后，不论抵押财产转移到谁手中，只要债务履行期届满债务人没有履行债务，抵押权人都可以就该抵押财产实现抵押权。同时还有先于未登记的抵押权人受偿的权利。由此可见，为了切实保障自己债权的实现，抵押权人最好进行抵押登记。

第四百零四条　【动产抵押权对抗效力的限制】 以动产抵押的，不得对抗正常经营活动中已经支付合理价款并取得抵押财产的买受人。

条文解读

动产抵押对抗效力的限制 ➡ 动产抵押采取登记对抗主义，未经登记不得对抗善意第三人，不仅如此，即使办理登记的动产抵押，也不得对抗在正常经营活动中已经支付合理价款并取得抵押财产的买受人。如果在动产抵押过程中，抵押人在与他人进行正常的经营活动，对抵押财产与对方当事人进行交易，对方已经支付了合理价款并取得了该抵押财产的，这些抵押财产就不再是抵押权的客体，抵押权人对其不能主张抵押权。但有下列情形之一的除外：（1）购买商品的数量明显超过一般买受人；（2）购买出卖人的生产设备；（3）订立买卖合同的目的在于担保出卖人或者第三人履行债务；（4）买受人与出卖人存在直接或者间接的控制关系；（5）买受人应当查询抵押登记而未查询的其他情形。出卖人正常经营活动，是指出卖人的经营活动属于其营业执照明确记载的经营范围，且出卖人持续销售同类商品。

第四百零五条 　【抵押权和租赁权的关系】抵押权设立前，抵押财产已经出租并转移占有的，原租赁关系不受该抵押权的影响。

条文解读

抵押权和租赁权的关系 ➡ 对抵押权设立之前的抵押财产出租，租赁关系不受抵押权的影响。其条件是：（1）订立抵押合同前抵押财产已经出租；（2）成立租赁合同关系并且已经将租赁物转移占有。如果抵押权设立之前仅成立了租赁合同关系，但是抵押财产并未被承租人占有的，或者抵押权设立之后对抵押财产进行租赁，租赁关系受到抵押权的影响，抵押权实现后，租赁合同对受让人不具有约束力。

第四百零六条 　【抵押期间抵押财产转让应当遵循的规则】抵押期间，抵押人可以转让抵押财产。当事人另有约定的，按照其约定。抵押财产转让的，抵押权不受影响。

抵押人转让抵押财产的，应当及时通知抵押权人。抵押权人能够证明抵押财产转让可能损害抵押权的，可以请求抵押人将转让所得的价款向抵押权人提前清偿债务或者提存。转让的价款超过债权数额的部分归抵押人所有，不足部分由债务人清偿。

条文解读

抵押期间抵押财产转让应当遵循的规则 ➡ 在财产上设置抵押权，只要抵押权跟随抵押财产一并移转，就能够保障抵押权人的权利。故《民法典》在规定抵押期间转让抵押财产的规则时，采纳了从宽的规则，具体为：（1）抵押期间，抵押人可以转让抵押财产，并不加以禁止，只是在转让时应当通知抵押权人。（2）如果当事人对此另有约定的，按照其约定。（3）抵押期间，抵押人将抵押财产转让的，抵押权不受影响，即抵押财产是设有抵押权负担的财产，进行转让时，抵押权随着所有权的转让而转让，取得抵押财产的受让人在取得所有权的同时，也负有抵押人所负担的义务，受到抵押权的约束。（4）抵押权人能够证明抵押财产转让可能损害抵押权的，可以请求抵押人将转让所得的价款向抵押权人提前清偿债务或者提存。转让的价款超过债权数额的部分，归抵押人所有，不足部分由债务人清偿。

当事人约定禁止或者限制转让抵押财产但是未将约定登记，抵押人违反约定转让抵押财产，抵押权人请求确认转让合同无效的，人民法院不予支持；抵押财产已经交付或者登记，抵押权人请求确认转让不发生物权效力的，人民法院不予支持，但是抵押权人有证据证明受让人知道的除外；抵押权人请求抵押人承担违约责任的，人民法院依法予以支持。当事人约定禁止或者限制转让抵押财产且已经将约定登记，抵押人违反约定转让抵押财产，抵押权人请求确认转让合同无效的，人民法院不予支持；抵押财产已经交付或者登记，抵押权人主张转让不发生物权效力的，人民法院应予支持，但是因受让人代替债务人清偿债务导致抵押权消灭的除外。

关联参见

《民法典担保制度解释》第 43 条

第四百零七条　【抵押权的从属性】 抵押权不得与债权分离而单独转让或者作为其他债权的担保。债权转让的，担保该债权的抵押权一并转让，但是法律另有规定或者当事人另有约定的除外。

第四百零八条　【抵押财产价值减少时抵押权人的保护措施】 抵押人的行为足以使抵押财产价值减少的，抵押权人有权请求抵押人停止其行为；抵押财产价值减少的，抵押权人有权请求恢复抵押财产的价值，或者提供与减少的价值相应的担保。抵押人不恢复抵押财产的价值，也不提供担保的，抵押权人有权请求债务人提前清偿债务。

第四百零九条 【抵押权人放弃抵押权或抵押权顺位的法律后果】抵押权人可以放弃抵押权或者抵押权的顺位。抵押权人与抵押人可以协议变更抵押权顺位以及被担保的债权数额等内容。但是，抵押权的变更未经其他抵押权人书面同意的，不得对其他抵押权人产生不利影响。

债务人以自己的财产设定抵押，抵押权人放弃该抵押权、抵押权顺位或者变更抵押权的，其他担保人在抵押权人丧失优先受偿权益的范围内免除担保责任，但是其他担保人承诺仍然提供担保的除外。

条文解读

放弃抵押权 ➡ 抵押权人放弃抵押权，不必经过抵押人的同意。抵押权人放弃抵押权的，抵押权消灭。此时抵押权人变成普通债权人，其债权应当与其他普通债权人按照债权的比例受偿。

抵押权的顺位 ➡ 抵押权的顺位是抵押权人优先受偿的顺序，作为抵押权人享有的一项利益，抵押权人可以放弃其顺位，即放弃优先受偿的次序利益。抵押权人放弃抵押权顺位的，放弃人处于最后顺位，所有后顺位抵押权人的顺位依次递进。但在放弃人放弃抵押权顺位后新设定的抵押权不受该放弃的影响，其顺位仍应在放弃人的抵押权顺位之后。

抵押权顺位的变更，是指将同一抵押财产上的数个抵押权的清偿顺序互换。抵押权的顺位变更后，各抵押权人只能在其变更后的顺序上行使优先受偿权。抵押权顺位的变更对其他抵押权人产生不利影响时，必须经过他们的书面同意。注意债务人、抵押人和保证人等的权利不受影响，不需要获得这些人的同意。

第四百一十条 【抵押权实现的方式和程序】债务人不履行到期债务或者发生当事人约定的实现抵押权的情形，抵押权人可以与抵押人协议以抵押财产折价或者以拍卖、变卖该抵押财产所得的价款优先受偿。协议损害其他债权人利益的，其他债权人可以请求人民法院撤销该协议。

抵押权人与抵押人未就抵押权实现方式达成协议的，抵押权人可以请求人民法院拍卖、变卖抵押财产。

抵押财产折价或者变卖的，应当参照市场价格。

实务应用

055. 实现抵押权的方式有哪些?

本条提供了三种抵押财产的处理方式供抵押权人与抵押人协议时选择：

（1）折价方式

抵押财产折价，是指在抵押权实现时，抵押权人与抵押人协议，或者协议不成经由人民法院判决，按照抵押财产自身的品质、参考市场价格折算为价款，把抵押财产所有权转移给抵押权人，从而实现抵押权的方式。实践中运用该方式时首先要注意该方式与禁止流押的区别：后者是为了避免债务履行期届满前，抵押权人利用其优势地位与抵押人约定，在债务人到期不能履行债务时，将价值高于被担保债权的抵押财产直接转归抵押权人所有，以充抵债权，从而对抵押人造成不公平。但法律所限制的只是在债务履行期届满前不得作出这种将来转移所有权的协议，在需要实现抵押权的时候，已不存在可能给抵押人造成不利的情势了，这时双方可以协议以折价的方式来清偿抵押权人的债权。而且，如果双方确定的抵押财产的价款高于被担保的债权时，依照《民法典》规定，超出的部分要归抵押人所有，这样合同双方的权益就都得到了保护。其次注意在诉讼程序中，除非抵押权人与抵押人同意以抵押财产折价，否则只能对抵押财产变卖或拍卖，以价款清偿债权。

（2）拍卖方式

拍卖也称为竞卖，是指以公开竞争的方法将标的物卖给出价最高的买者。拍卖又分为自愿拍卖和强制拍卖两种，自愿拍卖是出卖人与拍卖机构一般为拍卖行订立委托合同，委托拍卖机构拍卖；强制拍卖是债务人的财产基于某些法定的原因由司法机关如人民法院强制性拍卖。抵押权人与抵押人协议以抵押财产拍卖来实现债权的方式属于第一种方式，双方达成一致意见，即可选择拍卖机构进行拍卖。

（3）变卖方式

变卖的方式就是以拍卖以外的生活中一般的买卖形式出让抵押财产来实现债权的方式。为了保障变卖的价格公允，变卖抵押财产应当参照市场价格。

第四百一十一条 【浮动抵押财产的确定】依据本法第三百九十六条规定设定抵押的，抵押财产自下列情形之一发生时确定：

（一）债务履行期限届满，债权未实现；

（二）抵押人被宣告破产或者解散；

（三）当事人约定的实现抵押权的情形；

（四）严重影响债权实现的其他情形。

条文解读

浮动抵押财产的确定 ➡ 浮动抵押权在以下情形时确定：

（1）债务履行期限届期，债权未实现：应当对浮动抵押的抵押财产进行确定，不得再进行浮动。

（2）抵押人被宣告破产或者解散：抵押财产必须确定，这种确定称为自动封押，浮动抵押变为固定抵押，无论浮动抵押权人是否知道该事由的发生或者有没有实现抵押权，都不影响抵押财产的自动确定。

（3）当事人约定的实现抵押权的情形：实现抵押权，抵押的财产必须确定，浮动抵押必须经过确定变为固定抵押，抵押权的实现才有可能。

（4）严重影响债权实现的其他情形：抵押财产也必须确定。例如，抵押人因经营管理不善而导致经营状况恶化或严重亏损，或者抵押人为了逃避债务而故意低价转让财产或隐匿、转移财产，都属于严重影响债权实现的情形。

浮动抵押财产被确定后，变成固定抵押，在抵押权实现的规则上，与普通抵押没有区别。

第四百一十二条 **【抵押财产孳息归属】**债务人不履行到期债务或者发生当事人约定的实现抵押权的情形，致使抵押财产被人民法院依法扣押的，自扣押之日起，抵押权人有权收取该抵押财产的天然孳息或者法定孳息，但是抵押权人未通知应当清偿法定孳息义务人的除外。

前款规定的孳息应当先充抵收取孳息的费用。

条文解读

抵押财产孳息归属 ➡ 当出现债务人不履行到期债务或者发生当事人约定的实现抵押权情形，致使抵押财产被人民法院依法扣押的，等于抵押权人对抵押财产已经开始主张权利，因而自抵押财产被扣押之日起，抵押权人有权收取该抵押财产的天然孳息或者法定孳息，但是抵押权人未通知应当清偿法定孳息义务人的除外，故抵押权人自抵押财产被扣押后，如果要收取抵押财产的法定孳息，应当通知清偿法定孳息的义务人。

已经被扣押的孳息，尽管抵押权人可以收取，但是仍然是抵押人的财产，扣押的孳息仍然应当用于清偿抵押权人的债务，实现抵押权人的债权。

第四百一十三条 **【抵押财产变价款的归属原则】**抵押财产折价或者拍卖、变卖后，其价款超过债权数额的部分归抵押人所有，不足部分由债务人清偿。

条文解读

抵押财产变价款的归属原则 ➡ 抵押权设定的目的在于确保债权获得清偿。当抵押所担保的债权在履行期限届满或者发生当事人约定的实现抵押权的情形而未受清偿时，抵押权人可以就抵押财产的变价款优先受偿。抵押权的实现是抵押权的根本效力所在，也是抵押权人最重要的权利。

抵押权的实现就是将抵押财产的交换价值兑现，抵押权人以变价款优先受偿。抵押财产价值的最初估算与最终的变价款可能并不一致，这与当事人在设定抵押权时对抵押财产价值的估值是否准确以及市场价格不断变化有关。因此，抵押财产按照《民法典》第410条规定的方式和程序折价或者拍卖、变卖后，其价款可能超出其所担保的债权数额或者不足清偿债权。但是，无论抵押财产的变价款如何，设定抵押权时的主债权是清楚的，实现抵押权应当以清偿抵押担保范围的债权为界。抵押财产作为债权的担保，仅以最终实现债权为目的，抵押财产折价或者拍卖、变卖所得的价款如果超过债权数额，由于债权已经得到清偿，超过部分应当归抵押财产的原所有人即抵押人所有。如果抵押财产的变价款不足以清偿债权，抵押权人也只能以该变价款优先受偿，不能要求抵押人恢复抵押财产的价值或者提供与减少的价值相应的担保，除非抵押财产的价值减少是由抵押人的行为造成的。在抵押权人实现抵押权后，抵押人已就其抵押财产承担了担保责任，抵押权因实现而消灭，但是未清偿的部分债权，仍然在债权人与债务人之间存在，只是不再是抵押权担保的债权，债务人仍然负有清偿债务的义务，如果债务人与抵押人不是同一人时，抵押财产的变价款不足清偿的债务由债务人承担，抵押人不再承担责任。

第四百一十四条 【同一财产上多个抵押权的效力顺序】同一财产向两个以上债权人抵押的，拍卖、变卖抵押财产所得的价款依照下列规定清偿：

（一）抵押权已经登记的，按照登记的时间先后确定清偿顺序；

（二）抵押权已经登记的先于未登记的受偿；

（三）抵押权未登记的，按照债权比例清偿。

其他可以登记的担保物权，清偿顺序参照适用前款规定。

条文解读

同一财产上多个抵押权的效力顺序 ➡ 同一财产向两个以上的债权人抵押的，拍卖、变卖抵押财产所得价款的清偿顺位有三项标准：（1）抵押权都已经登记的，按照登记的先后顺序清偿。顺序相同的，按照债权比例清偿。（2）抵押权已经登记的，先于未登记的受偿。已经登记的优先清偿，没有登记的，只能在经过登记的抵押权实现后，以剩余的抵押财产受偿。（3）抵押权未登记的，不具有对抗效力，无优先受偿权，仍按照债权比例清偿。

第四百一十五条　【既有抵押权又有质权的财产的清偿顺序】

同一财产既设立抵押权又设立质权的，拍卖、变卖该财产所得的价款按照登记、交付的时间先后确定清偿顺序。

条文解读

既有抵押权又有质权的财产的清偿顺序 ➡ 我国立法承认动产抵押，因而可能发生抵押财产被质押或质押财产被抵押的情形。同一财产既设立抵押权又设立质权的，本条规定的清偿顺序是：拍卖、变卖该财产所得的价款，按照登记、交付的时间先后确定清偿顺序。

本条在具体适用时，主要有以下几种情况：

1. 先质押后抵押的情形

在动产上先设立质权后设立抵押权的，例如甲将其所有的汽车出质给质权人乙，后来甲又将该汽车抵押给抵押权人丙，由于质权以动产的交付作为生效要件，并且交付具有公示效力，因此先设立的乙的质权应当优先受偿。后设立的丙的抵押权无论是否登记，都不影响在先设立的乙的质权的优先受偿顺序。在动产质权和动产抵押权中，交付和登记都是公示方式，本身并不存在效力的强弱之分，都具有对抗后面产生的权利的效力。动产抵押权虽然进行了登记，但是其登记对抗效力仅能向后发生，不能影响成立在先的质权。在前例中，乙的质权因交付行为设立并取得对抗效力，丙的抵押权因抵押合同生效设立，如果进行登记则取得对抗效力，由于质权的公示时间即动产交付的时间早于丙的抵押权的设立时间，根据本条规定乙的质权优先于丙的抵押权受偿。

2. 先抵押后质押的情形

在动产上先设立抵押权后设立质权的，例如甲将其所有的汽车抵押给乙，签订了抵押合同，由于动产抵押权不需要转移抵押财产的占有，甲又将该汽车继续出质给丙，在这种情况下，乙的抵押权和丙的质权的清偿顺序会因先设立的抵押权是否登记而有所不同。

（1）已登记的动产抵押权与动产质权

在上例中，如果乙在签订了抵押合同后进行了抵押登记，该抵押权便具有了对抗第三人的效力，并且为设立在先的权利，而丙的质权是设立在后的权利，虽然动产的交付也具有公示效力，但该质权不能对抗设立在先的具有对抗效力的抵押权人。乙的抵押权的登记时间在前，丙的质权的交付时间在后，根据本条规定乙的抵押权优先于丙的质权受偿。

（2）未登记的动产抵押权与动产质权

在上例中，如果乙在签订了抵押合同后没有进行抵押登记，之后丙在该汽车上取得质权，由于同一个财产上并存的抵押权和质权的清偿顺序取决于权利公示的时间先后，乙的抵押权没有登记即没有公示，丙的质权因交付行为而设立并取得公示效力，丙的质权优先于乙的抵押权受偿。抵押权人在取得动产抵押权后应当及时进行登记，否则可能会失去优先清偿的顺位。

第四百一十六条　【买卖价款抵押权】动产抵押担保的主债权

是抵押物的价款，标的物交付后十日内办理抵押登记的，该抵押权人优先于抵押物买受人的其他担保物权人受偿，但是留置权人除外。

第四百一十七条 【抵押权对新增建筑物的效力】 建设用地使用权抵押后，该土地上新增的建筑物不属于抵押财产。该建设用地使用权实现抵押权时，应当将该土地上新增的建筑物与建设用地使用权一并处分。但是，新增建筑物所得的价款，抵押权人无权优先受偿。

条文解读

抵押权对新增建筑物的效力 ➡ 当事人仅以建设用地使用权抵押，债权人主张抵押权的效力及于土地上已有的建筑物以及正在建造的建筑物已完成部分的，人民法院应予支持。债权人主张抵押权的效力及于正在建造的建筑物的续建部分以及新增建筑物的，人民法院不予支持。当事人以正在建造的建筑物抵押，抵押权的效力范围限于已办理抵押登记的部分。当事人按照担保合同的约定，主张抵押权的效力及于续建部分、新增建筑物以及规划中尚未建造的建筑物的，人民法院不予支持。抵押人将建设用地使用权、土地上的建筑物或者正在建造的建筑物分别抵押给不同债权人的，人民法院应当根据抵押登记的时间先后确定清偿顺序。

关联参见

《民法典担保制度解释》第 51 条

第四百一十八条 【集体所有土地使用权抵押权的实现效果】 以集体所有土地的使用权依法抵押的，实现抵押权后，未经法定程序，不得改变土地所有权的性质和土地用途。

第四百一十九条 【抵押权的存续期间】 抵押权人应当在主债权诉讼时效期间行使抵押权；未行使的，人民法院不予保护。

抵押权的存续期间 ➡ 适用本条时需要注意以下几点：

（1）抵押权的受保护期间与其担保的主债权的诉讼时效期间一致。主债权诉讼时效一直没有届满的，抵押权就一直存续而不消灭。主债权适用特殊诉讼时效的，抵押权的行使期间也与之相同。

（2）过了主债权诉讼时效期间后，抵押权人丧失的是抵押权受人民法院保护的权利，即胜诉权，而抵押权本身并没有消灭，如果抵押人自愿履行担保义务的，抵押权人仍可以行使抵押权。

（3）本条是强制性规定，当事人不能通过约定的方式排除，登记部门也不能另行要求登记抵押权的存续期间。当事人另行约定抵押权存续期间，或登记部门强制性地将抵押权登记为在一定期限内存续的，约定无效。

第二节　最高额抵押权

第四百二十条　【最高额抵押规则】为担保债务的履行，债务人或者第三人对一定期间内将要连续发生的债权提供担保财产的，债务人不履行到期债务或者发生当事人约定的实现抵押权的情形，抵押权人有权在最高债权额限度内就该担保财产优先受偿。

最高额抵押权设立前已经存在的债权，经当事人同意，可以转入最高额抵押担保的债权范围。

最高额抵押规则 ➡ 最高债权额，是指包括主债权及其利息、违约金、损害赔偿金、保管担保财产的费用、实现债权或者实现担保物权的费用等在内的全部债权，但是当事人另有约定的除外。登记的最高债权额与当事人约定的最高债权额不一致的，应当依据登记的最高债权额确定债权人优先受偿的范围。

最高额抵押具有以下特征：

（1）最高额抵押是限额抵押。设定抵押时，抵押人与抵押权人协议约定抵押财产担保的最高债权限额，无论将来实际发生的债权如何增减变动，抵押权人只能在最高债权额范围内对抵押财产享有优先受偿权。实际发生的债权超过最高限额的，以抵押权设定时约定的最高债权额为限优先受偿；不及最高限额的，以实际发生的债权额为限优先受偿。

（2）最高额抵押是为将来发生的债权提供担保。最高额抵押权设定时，不以主债权的存在为前提，是典型的担保将来债权的抵押权。这里的"将来债权"，是指设定抵押时尚未发生，在抵押期间将要发生的债权。

（3）最高额抵押所担保的最高债权额是确定的，但实际发生额不确定。

（4）最高额抵押是对一定期间内连续发生的债权作担保。这里讲的一定期间，不仅指债权发生的期间，更是指抵押权担保的期间。连续发生的债权，是指所发生的债权次数不确定，且接连发生。

案例指引

021. 当事人另行达成协议将最高额抵押权设立前已经存在的债权转入该最高额抵押担保的债权范围，是否有效？①

中国工商银行股份有限公司宣城龙首支行诉宣城柏冠贸易有限公司、江苏凯盛置业有限公司等金融借款合同纠纷案

（最高人民法院审判委员会讨论通过 2018 年 6 月 20 日发布）

关键词 民事/金融借款合同/担保/最高额抵押权

裁判要点

当事人另行达成协议将最高额抵押权设立前已经存在的债权转入该最高额抵押担保的债权范围，只要转入的债权数额仍在该最高额抵押担保的最高债权额限度内，即使未对该最高额抵押权办理变更登记手续，该最高

---

① 最高人民法院指导案例 95 号。

额抵押权的效力仍然及于被转入的债权，但不得对第三人产生不利影响。

相关法条

《中华人民共和国物权法》第二百零三条、第二百零五条①

基本案情

2012年4月20日，中国工商银行股份有限公司宣城龙首支行（以下简称工行宣城龙首支行）与宣城柏冠贸易有限公司（以下简称柏冠公司）签订《小企业借款合同》，约定柏冠公司向工行宣城龙首支行借款300万元，借款期限为7个月，自实际提款日起算，2012年11月1日还100万元，2012年11月17日还200万元。涉案合同还对借款利率、保证金等作了约定。同年4月24日，工行宣城龙首支行向柏冠公司发放了上述借款。

2012年10月16日，江苏凯盛置业有限公司（以下简称凯盛公司）股东会决议决定，同意将该公司位于江苏省宿迁市宿豫区江山大道118号—宿迁红星凯盛国际家居广场（房号：B—201、产权证号：宿豫字第201104767）房产，抵押与工行宣城龙首支行，用于亿荣达公司商户柏冠公司、闽航公司、航嘉公司、金亿达公司四户企业在工行宣城龙首支行办理融资抵押，因此产生一切经济纠纷均由凯盛公司承担。同年10月23日，凯盛公司向工行宣城龙首支行出具一份房产抵押担保的承诺函，同意以上述房产为上述四户企业在工行宣城龙首支行融资提供抵押担保，并承诺如该四户企业不能按期履行工行宣城龙首支行的债务，上述抵押物在处置后的价值又不足以偿还全部债务，凯盛公司同意用其他财产偿还剩余债务。该承诺函及上述股东会决议均经凯盛公司全体股东签名及加盖凯盛公司公章。2012年10月24日，工行宣城龙首支行与凯盛公司签订《最高额抵押合同》，约定凯盛公司以宿房权证宿豫字第201104767号房地产权证项下的商铺为自2012年10月19日至2015年10月19日期间，在4000万元的最高余额内，工行宣城龙首支行依据与

---

① 现分别为《民法典》第420条、第422条，下同。

柏冠公司、闽航公司、航嘉公司、金亿达公司签订的借款合同等主合同而享有对债务人的债权，无论该债权在上述期间届满时是否已到期，也无论该债权是否在最高额抵押权设立之前已经产生，提供抵押担保，担保的范围包括主债权本金、利息、实现债权的费用等。同日，双方对该抵押房产依法办理了抵押登记，工行宣城龙首支行取得宿房他证宿豫第201204387号房地产他项权证。2012年11月3日，凯盛公司再次经过股东会决议，并同时向工行宣城龙首支行出具房产抵押承诺函，股东会决议与承诺函的内容及签名盖章均与前述相同。当日，凯盛公司与工行宣城龙首支行签订《补充协议》，明确双方签订的《最高额抵押合同》担保范围包括2012年4月20日工行宣城龙首支行与柏冠公司、闽航公司、航嘉公司和金亿达公司签订的四份贷款合同项下的债权。

柏冠公司未按期偿还涉案借款，工行宣城龙首支行诉至宣城市中级人民法院，请求判令柏冠公司偿还借款本息及实现债权的费用，并要求凯盛公司以其抵押的宿房权证宿豫字第201104767号房地产权证项下的房地产承担抵押担保责任。

裁判结果

宣城市中级人民法院于2013年11月10日作出（2013）宣中民二初字第00080号民事判决：一、柏冠公司于判决生效之日起五日内给付工行宣城龙首支行借款本金300万元及利息。……四、如柏冠公司未在判决确定的期限内履行上述第一项给付义务，工行宣城龙首支行以凯盛公司提供的宿房权证宿豫字第201104767号房地产权证项下的房产折价或者以拍卖、变卖该房产所得的价款优先受偿……。宣判后，凯盛公司以涉案《补充协议》约定的事项未办理最高额抵押权变更登记为由，向安徽省高级人民法院提起上诉。该院于2014年10月21日作出（2014）皖民二终字第00395号民事判决：驳回上诉，维持原判。

裁判理由

法院生效裁判认为：凯盛公司与工行宣城龙首支行于2012年10月24日签订《最高额抵押合同》，约定凯盛公司自愿以其名下的房产作为抵押物，自 2012 年 10 月 19 日至 2015 年 10 月 19 日期间，在 4000 万元的最高余额内，为柏冠公司在工行宣城龙首支行所借贷款本息提供最高额抵押担保，并办理了抵押登记，工行宣城龙首支行依法取得涉案房产的抵押权。2012 年 11 月 3 日，凯盛公司与工行宣城龙首支行又签订《补充协议》，约定前述最高额抵押合同中述及抵押担保的主债权及于 2012 年 4 月 20 日工行宣城龙首支行与柏冠公司所签《小企业借款合同》项下的债权。该《补充协议》不仅有双方当事人的签字盖章，也与凯盛公司的股东会决议及其出具的房产抵押担保承诺函相印证，故该《补充协议》应系凯盛公司的真实意思表示，且所约定内容符合《中华人民共和国物权法》（以下简称《物权法》）第二百零三条第二款的规定，也不违反法律、行政法规的强制性规定，依法成立并有效，其作为原最高额抵押合同的组成部分，与原最高额抵押合同具有同等法律效力。由此，本案所涉 2012 年 4 月 20 日《小企业借款合同》项下的债权已转入前述最高额抵押权所担保的最高额为 4000 万元的主债权范围内。就该《补充协议》约定事项，是否需要对前述最高额抵押权办理相应的变更登记手续，《物权法》没有明确规定，应当结合最高额抵押权的特点及相关法律规定来判定。

根据《物权法》第二百零三条第一款的规定，最高额抵押权有两个显著特点：一是最高额抵押权所担保的债权额有一个确定的最高额度限制，但实际发生的债权额是不确定的；二是最高额抵押权是对一定期间内将要连续发生的债权提供担保。由此，最高额抵押权设立时所担保的具体债权一般尚未确定，基于尊重当事人意思自治原则，《物权法》第二百零三条第二款对前款作了但书规定，即允许经当事人同意，将最高额抵押权设立前已经存在的债权转入最高额抵押担保的债权范围，但此并非重新设立最高额抵押权，也非《物权法》第二百零五条规定的最高额抵押权变更的内容。同理，根据《房屋登记办法》[①] 第五十三条的规定，当事人将最高额抵押权设立前已存在债权转入最高额抵押担保

[①] 现已失效。

的债权范围，不是最高抵押权设立登记的他项权利证书及房屋登记簿的必要记载事项，故亦非应当申请最高额抵押权变更登记的法定情形。

本案中，工行宣城龙首支行和凯盛公司仅是通过另行达成补充协议的方式，将上述最高额抵押权设立前已经存在的债权转入该最高额抵押权所担保的债权范围内，转入的涉案债权数额仍在该最高额抵押担保的4000万元最高债权额限度内，该转入的确定债权并非最高抵押权设立登记的他项权利证书及房屋登记簿的必要记载事项，在不会对其他抵押权人产生不利影响的前提下，对于该意思自治行为，应当予以尊重。此外，根据商事交易规则，法无禁止即可为，即在法律规定不明确时，不应强加给市场交易主体准用严格交易规则的义务。况且，就涉案2012年4月20日借款合同项下的债权转入最高额抵押担保的债权范围，凯盛公司不仅形成了股东会决议，出具了房产抵押担保承诺函，且和工行宣城龙首支行达成了《补充协议》，明确将已经存在的涉案借款转入前述最高额抵押权所担保的最高额为4000万元的主债权范围内。现凯盛公司上诉认为该《补充协议》约定事项必须办理最高额抵押权变更登记才能设立抵押权，不仅缺乏法律依据，也有悖诚实信用原则。

综上，工行宣城龙首支行和凯盛公司达成《补充协议》，将涉案2012年4月20日借款合同项下的债权转入前述最高额抵押权所担保的主债权范围内，虽未办理最高额抵押权变更登记，但最高额抵押权的效力仍然及于被转入的涉案借款合同项下的债权。

第四百二十一条　【最高额抵押权担保的部分债权转让效力】最高额抵押担保的债权确定前，部分债权转让的，最高额抵押权不得转让，但是当事人另有约定的除外。

第四百二十二条　【最高额抵押合同条款变更】最高额抵押担保的债权确定前，抵押权人与抵押人可以通过协议变更债权确定的期间、债权范围以及最高债权额。但是，变更的内容不得对其他抵押权人产生不利影响。

最高额抵押合同条款变更 ➡ 最高额抵押担保的债权确定前，抵押权人与抵押人可以通过协议变更最高额抵押的有关内容。当事人可以协议变更的内容主要包括：

一是债权确定的期间。抵押权人与抵押人一般会在最高额抵押合同中约定债权确定的期间。例如，如果当事人订立最高额抵押合同对 2020 年 1 月 1 日至 12 月 31 日发生的债权做担保，那么该期间即为债权确定的期间，2020 年 12 月 31 日为债权确定的最后日期。最高额抵押担保的债权确定前，当事人可以协议延长最高额抵押合同中约定的确定债权的期间，如将该期间延长至 2021 年 6 月 30 日；也可以协议缩短该期间，如缩短至 2020 年 10 月 31 日。

二是债权范围。当事人可以协议变更最高额抵押权担保的债权范围。例如，某家电经销商与某家电制造商签订一份最高额抵押合同，对一定期间内连续购进该家电制造商生产的电视机所要支付的货款提供担保。抵押期间，双方可以约定在最高额抵押担保范围内，同时为家电制造商的冰箱的货款提供担保。

三是最高债权额。当事人可以协议提高或者降低抵押财产担保的最高债权额，如将约定的最高债权额 300 万元提高至 500 万元或者降低至 200 万元。

是否变更债权确定的期间、债权范围以及最高债权额，取决于当事人的协商一致；但是在同一抵押财产上还有其他抵押权人特别是后顺位的抵押权人时，变更的内容可能对他们产生一定的影响，甚至损害他们的合法权益。为防止抵押权人与抵押人的变更损害其他抵押权人的利益，本条以但书的形式特别规定：变更的内容不得对其他抵押权人产生不利影响。根据这一规定，抵押权人与抵押人的变更对其他抵押权人产生不利影响的，该变更无效。

第四百二十三条 【最高额抵押所担保债权的确定事由】有下列情形之一的，抵押权人的债权确定：

（一）约定的债权确定期间届满；

（二）没有约定债权确定期间或者约定不明确，抵押权人或者抵押人自最高额抵押权设立之日起满二年后请求确定债权；

（三）新的债权不可能发生；

（四）抵押权人知道或者应当知道抵押财产被查封、扣押；

（五）债务人、抵押人被宣告破产或者解散；

（六）法律规定债权确定的其他情形。

第四百二十四条 【最高额抵押的法律适用】最高额抵押权除适用本节规定外，适用本章第一节的有关规定。

第十八章 质　权

第一节　动产质权

第四百二十五条 【动产质权概念】为担保债务的履行，债务人或者第三人将其动产出质给债权人占有的，债务人不履行到期债务或者发生当事人约定的实现质权的情形，债权人有权就该动产优先受偿。

前款规定的债务人或者第三人为出质人，债权人为质权人，交付的动产为质押财产。

条文解读

质权的法律特征 ➡ 1. 动产质权是担保物权。债务人或者第三人将质押财产交由债权人占有，是为了担保债权的实现。质权人占有质押财产实际上是取得了质押财产上的交换价值。在一般情况下，其只能占有质押财产，而不能使用、收益。因此，质权人的标的不是物的使用价值，而是物的交换价值，是为了保证特定债权的实现而设定，质权附随于债权而存在。

2. 动产质权是在他人的财产上设立的物权。动产质权是在债务人或者第三人的动产上设定的担保物权，因此属于他物权。质权的标的可以是债务人自己的财产，也可以是第三人的财产，债权人没有必要在自己所有的财产上为担保自己的债权设定质权。

3. 动产质权由债权人占有质押财产为生效条件。质权是以质权人占有质押财产为条件的，质权人只有占有质押财产才享有质权，移转质押财产的占有是质权与抵押权的根本区别。因此，出质人须将质押财产交付质权人占有，质权人才能取得质权。

4. 动产质权是就质押财产价值优先受偿的权利。由于动产质权的设定是以担保特定债权的实现为目的，因此，当债务履行期限届满而债务人不履行债务或者出现债务人与债权人约定的实现质权的情形时，质权人有权就质押财产折价或者以拍卖、变卖该质押财产的价款优先受偿。

"当事人约定的实现质权的情形"是指当事人双方在订立的合同中约定的实现质权的一些事由，例如当事人一般会在担保合同中约定债务人履行债务的义务方式等，如果债务人不按合同约定的方式等履行债务，则可能构成实现质权的情形。

第四百二十六条 　【禁止出质的动产范围】法律、行政法规禁止转让的动产不得出质。

第四百二十七条 　【质押合同形式及内容】设立质权，当事人应当采用书面形式订立质押合同。

质押合同一般包括下列条款：

（一）被担保债权的种类和数额；

（二）债务人履行债务的期限；

（三）质押财产的名称、数量等情况；

（四）担保的范围；

（五）质押财产交付的时间、方式。

质押合同的形式 ➡ 设定质权的行为为要式行为，应当采用书面的形式进行。要式行为即法律、行政法规规定的要求当事人在民事法律行为中应当采用的形式或者方式。

对于设立动产质押合同未采用书面形式的，依据《民法典》第490条第2款的规定，法律、行政法规规定或者当事人约定合同应当采用书面形式订立，当事人未采用书面形式但是一方已经履行主要义务，对方接受时，该合同成立。

质押合同的一般内容 ➡ 动产质押合同是明确质权人与出质人权利义务的协议，也是将来处理当事人之间纠纷的重要依据。根据本条规定，动产质押合同一般包括的内容主要有：

（1）被担保债权的种类和数额。被担保债权，通常被称为主债权。主债权的种类，有金钱债权、特定物给付债权、种类物给付债权以及以作为或不作为为标的的债权等。数额是指主债权是以金钱来衡量的数量；不属于金钱债权的，可以明确债权标的额的数量、价款等。

（2）债务人履行债务的期限。债务人履行债务的期限是指债务人偿付债务的时间。质押合同订立后，在主债权清偿期限届满前，质权人享有的只是占有质押财产的权利。其优先受清偿的权利虽然已经成立，但此间质权人实际享有的只是与主债权价值相当的优先受偿的期待权。

（3）质押财产的名称、数量等情况。在动产质押合同中要对质押财产的相关情况有所描述，包括质押财产的名称、数量等情况，以确定质押财产为何种物以及价值量。

（4）担保的范围。质权担保的范围应当由当事人协商确定。但是当事人对担保范围未作约定或者约定不明确时，可以参考《民法典》第389条的规定确定，即担保物权的担保范围包括主债权及其利息、违约金、损害赔偿金、保管担保财产和实现担保物权的费用。

（5）质押财产交付的时间、方式。根据《民法典》的规定，质权自质押财产实际交付至质权人时设立。当事人在质押合同中约定质押财产的交付时间，就可以明确出质人应当在何时将质押财产移转给质权人，质权人在何时接受质押财产，以确定质权的效力。质押财产交付的方式除了现实交付以外，还有简易交付、指示交付等方式。

第四百二十八条 【流质条款的效力】质权人在债务履行期限届满前，与出质人约定债务人不履行到期债务时质押财产归债权人所有的，只能依法就质押财产优先受偿。

实务应用

056. "流质条款"与折价行使质权有什么区别？

当事人于债务清偿期满以后，债务人没有按照主合同的约定履行债务，质权人与出质人约定以一定的价格由质权人取得质押财产的所有权，属于以折价的方式行使质权，不属于流质条款的内容，不受法律的约束。

第四百二十九条 【质权的设立】质权自出质人交付质押财产时设立。

条文解读

质权的设立 ➡ 质权自出质人交付质押财产时设立。质押合同是要物合同，即实践性合同。在出质人未将质押财产移交于质权人占有前，质权合同不能发生效力。质押财产的占有，即出质人应将质押财产的占有移转给质权人，不局限于现实的移转占有，也包括简易交付或指示交付，但出质人不得以占有改定的方式而继续占有标的物。出质人代质权人占有质押财产的，质权合同不生效。

债权人、出质人与监管人订立三方协议，出质人以通过一定数量、品种等概括描述能够确定范围的货物为债务的履行提供担保，当事人有证据证明监管人系受债权人的委托监管并实际控制该货物的，应当认定质权于监管人实际控制货物之日起设立。监管人违反约定向出质人或者其他人放货、因保管不善导致货物毁损灭失，债权人请求监管人承担违约责任的，人民法院依法予以支持。当事人有证据证明监管人系受出质人委托监管该货物，或者虽然受债权人委托但是未实际履行监管职责，导致货物仍由出质人实际控制的，应当认定质权未设立。债权人可以基于质押合同的约定请求出质人承担违约责任，但是不得超过质权有效设立时出质人应当承担的责任范围。监管人未履行监管职责，债权人请求监管人承担责任的，人民法院依法予以支持。

案例指引

022. 当事人依约为出质的金钱开立的保证金专门账户内资金余额发生浮动，是否影响该金钱质权的设立？[1]

中国农业发展银行安徽省分行诉张大标、安徽长江
融资担保集团有限公司执行异议之诉纠纷案

（最高人民法院审判委员会讨论通过　2015 年 11 月 19 日发布）

关键词　民事/执行异议之诉/金钱质押/特定化/移交占有

裁判要点

当事人依约为出质的金钱开立保证金专门账户，且质权人取得对该专门账户的占有控制权，符合金钱特定化和移交占有的要求，即使该账户内资金余额发生浮动，也不影响该金钱质权的设立。

相关法条

《中华人民共和国物权法》第 212 条[2]

---

① 最高人民法院指导案例 54 号。
② 现为《民法典》第 429 条，下同。

基本案情

原告中国农业发展银行安徽省分行（以下简称农发行安徽分行）诉称：其与第三人安徽长江融资担保集团有限公司（以下简称长江担保公司）按照签订的《信贷担保业务合作协议》，就信贷担保业务按约进行了合作。长江担保公司在农发行安徽分行处开设的担保保证金专户内的资金实际是长江担保公司向其提供的质押担保，请求判令其对该账户内的资金享有质权。

被告张大标辩称：农发行安徽分行与第三人长江担保公司之间的《贷款担保业务合作协议》没有质押的意思表示；案涉账户资金本身是浮动的，不符合金钱特定化要求，农发行安徽分行对案涉保证金账户内的资金不享有质权。

第三人长江担保公司认可农发行安徽分行对账户资金享有质权的意见。

法院经审理查明：2009年4月7日，农发行安徽分行与长江担保公司签订一份《贷款担保业务合作协议》。其中第三条"担保方式及担保责任"约定：甲方（长江担保公司）向乙方（农发行安徽分行）提供的保证担保为连带责任保证；保证担保的范围包括主债权及利息、违约金和实现债权的费用等。第四条"担保保证金（担保存款）"约定：甲方在乙方开立担保保证金专户，担保保证金专户行为农发行安徽分行营业部，账号尾号为9511；甲方需将具体担保业务约定的保证金在保证合同签订前存入担保保证金专户，甲方需缴存的保证金不低于贷款额度的10%；未经乙方同意，甲方不得动用担保保证金专户内的资金。第六条"贷款的催收、展期及担保责任的承担"约定：借款人逾期未能足额还款的，甲方在接到乙方书面通知后五日内按照第三条约定向乙方承担担保责任，并将相应款项划入乙方指定账户。第八条"违约责任"约定：甲方在乙方开立的担保专户的余额无论因何原因而小于约定的额度时，甲方应在接到乙方通知后三个工作日内补足，补足前乙方可以中止本协议项下业务。甲方违反本协议第六条的约定，没有按时履行保证责任的，乙方有权从甲方在其开立的担保基金专户或其他任一账户中扣划相应的款项。2009年10月30日、2010年10月30日，农发行安徽分行与长江担保公司还分别签订与上述合作协议内容相似的两份《信贷担保业务合作协议》。

上述协议签订后，农发行安徽分行与长江担保公司就贷款担保业务进行合作，长江担保公司在农发行安徽分行处开立担保保证金账户，账号尾号为9511。长江担保公司按照协议约定缴存规定比例的担保保证金，并据此为相应额度的贷款提供了连带保证责任担保。自2009年4月3日至2012年12月31日，该账户共发生了107笔业务，其中贷方业务为长江担保公司缴存的保证金；借方业务主要涉及两大类，一类是贷款归还后长江担保公司申请农发行安徽分行退还的保证金，部分退至债务人的账户；另一类是贷款逾期后农发行安徽分行从该账户内扣划的保证金。

2011年12月19日，安徽省合肥市中级人民法院在审理张大标诉安徽省六本食品有限责任公司、长江担保公司等民间借贷纠纷一案过程中，根据张大标的申请，对长江担保公司上述保证金账户内的资金1495.7852万元进行保全。该案判决生效后，合肥市中级人民法院将上述保证金账户内的资金1338.313257万元划至该院账户。农发行安徽分行作为案外人提出执行异议，2012年11月2日被合肥市中级人民法院裁定驳回异议。随后，农发行安徽分行因与被告张大标、第三人长江担保公司发生执行异议纠纷，提起本案诉讼。

裁判结果

安徽省合肥市中级人民法院于2013年3月28日作出（2012）合民一初字第00505号民事判决：驳回农发行安徽分行的诉讼请求。宣判后，农发行安徽分行提出上诉。安徽省高级人民法院于2013年11月19日作出（2013）皖民二终字第00261号民事判决：一、撤销安徽省合肥市中级人民法院（2012）合民一初字第00505号民事判决；二、农发行安徽分行对长江担保公司账户（账号尾号9511）内的13383132.57元资金享有质权。

裁判理由

法院生效裁判认为：本案二审的争议焦点为农发行安徽分行对案涉账户内的资金是否享有质权。对此应当从农发行安徽分行与长江担保公司之间是否存在质押关系以及质权是否设立两个方面进行审查。

一、农发行安徽分行与长江担保公司是否存在质押关系

《中华人民共和国物权法》（以下简称《物权法》）第二百一十条①规定："设立质权，当事人应当采取书面形式订立质权合同。质权合同一般包括下列条款：（一）被担保债权的种类和数额；（二）债务人履行债务的期限；（三）质押财产的名称、数量、质量、状况；（四）担保的范围；（五）质押财产交付的时间。"本案中，农发行安徽分行与长江担保公司之间虽没有单独订立带有"质押"字样的合同，但依据该协议第四条、第六条、第八条约定的条款内容，农发行安徽分行与长江担保公司之间协商一致，对以下事项达成合意：长江担保公司为担保业务所缴存的保证金设立担保保证金专户，长江担保公司按照贷款额度的一定比例缴存保证金；农发行安徽分行作为开户行对长江担保公司存入该账户的保证金取得控制权，未经同意，长江担保公司不能自由使用该账户内的资金；长江担保公司未履行保证责任，农发行安徽分行有权从该账户中扣划相应的款项。该合意明确约定了所担保债权的种类和数量、债务履行期限、质物数量和移交时间、担保范围、质权行使条件，具备《物权法》第二百一十条规定的质押合同的一般条款，故应认定农发行安徽分行与长江担保公司之间订立了书面质押合同。

二、案涉质权是否设立

《物权法》第二百一十二条规定："质权自出质人交付质押财产时设立。"《最高人民法院关于适用〈中华人民共和国担保法〉若干问题

---

① 现为《民法典》第427条，下同。

的解释》第八十五条①规定，债务人或者第三人将其金钱以特户、封金、保证金等形式特定化后，移交债权人占有作为债权的担保，债务人不履行债务时，债权人可以以该金钱优先受偿。依照上述法律和司法解释规定，金钱作为一种特殊的动产，可以用于质押。金钱质押作为特殊的动产质押，不同于不动产抵押和权利质押，还应当符合金钱特定化和移交债权人占有两个要件，以使金钱既不与出质人其他财产相混同，又能独立于质权人的财产。

本案中，首先金钱以保证金形式特定化。长江担保公司于 2009 年 4 月 3 日在农发行安徽分行开户，且与《贷款担保业务合作协议》约定的账号一致，即双方当事人已经按照协议约定为出质金钱开立了担保保证金专户。保证金专户开立后，账户内转入的资金为长江担保公司根据每次担保贷款额度的一定比例向该账户缴存保证金；账户内转出的资金为农发行安徽分行对保证金的退还和扣划，该账户未作日常结算使用，故符合《最高人民法院关于适用〈中华人民共和国担保法〉若干问题的解释》第八十五条规定的金钱以特户等形式特定化的要求。其次，特定化金钱已移交债权人占有。占有是指对物进行控制和管理的事实状态。案涉保证金账户开立在农发行安徽分行，长江担保公司作为担保保证金专户内资金的所有权人，本应享有自由支取的权利，但《贷款担保业务合作协议》约定未经农发行安徽分行同意，长江担保公司不得动用担保保证金专户内的资金。同时，《贷款担保业务合作协议》约定在担保的贷款到期未获清偿时，农发行安徽分行有权直接扣划担保保证金专户内的资金，农发行安徽分行作为债权人取得了案涉保证金账户的控制权，实际控制和管理该账户，此种控制权移交符合出质金钱移交债权人占有的要求。据此，应当认定双方当事人已就案涉保证金账户内的资金设立质权。

关于账户资金浮动是否影响金钱特定化的问题。保证金以专门账户

---

① 现为《民法典担保制度解释》第 70 条，下同。

形式特定化并不等于固定化。案涉账户在使用过程中，随着担保业务的开展，保证金账户的资金余额是浮动的。担保公司开展新的贷款担保业务时，需要按照约定存入一定比例的保证金，必然导致账户资金的增加；在担保公司担保的贷款到期未获清偿时，扣划保证金账户内的资金，必然导致账户资金的减少。虽然账户内资金根据业务发生情况处于浮动状态，但均与保证金业务相对应，除缴存的保证金外，支出的款项均用于保证金的退还和扣划，未用于非保证金业务的日常结算。即农发行安徽分行可以控制该账户，长江担保公司对该账户内的资金使用受到限制，故该账户资金浮动仍符合金钱作为质权的特定化和移交占有的要求，不影响该金钱质权的设立。

关联参见

《民法典担保制度解释》第 55 条

第四百三十条　【质权人的孳息收取权】质权人有权收取质押财产的孳息，但是合同另有约定的除外。

前款规定的孳息应当先充抵收取孳息的费用。

条文解读

质权人的孳息收取权 ➡ 质权人有权收取质押财产的孳息。孳息不仅包括天然孳息，也包括法定孳息。质权合同另有约定的，按照其约定。不过，质权人收取质物的孳息，并不是取得孳息的所有权，而是取得质物孳息的质权，取得对质物孳息的占有，但质物孳息的所有权仍然归属于出质人。

第四百三十一条　【质权人对质押财产处分的限制及其法律责任】质权人在质权存续期间，未经出质人同意，擅自使用、处分质押财产，造成出质人损害的，应当承担赔偿责任。

第四百三十二条 【质物保管义务】质权人负有妥善保管质押财产的义务；因保管不善致使质押财产毁损、灭失的，应当承担赔偿责任。

质权人的行为可能使质押财产毁损、灭失的，出质人可以请求质权人将质押财产提存，或者请求提前清偿债务并返还质押财产。

第四百三十三条 【质押财产保全】因不可归责于质权人的事由可能使质押财产毁损或者价值明显减少，足以危害质权人权利的，质权人有权请求出质人提供相应的担保；出质人不提供的，质权人可以拍卖、变卖质押财产，并与出质人协议将拍卖、变卖所得的价款提前清偿债务或者提存。

条文解读

质押财产保全 ➡ 在质权存续期间，质权人对质押财产享有保全请求权。因不可归责于质权人的事由可能使质押财产毁损或者价值明显减少，足以危害质权人权利的，质权人可以行使质押财产保全请求权，请求出质人提供相应的担保，以保障自己债权的实现。

质权保全权的行使规则是：（1）质权人不能直接将质押财产加以拍卖或变卖，而须先要求出质人提供相应的担保，如果出质人提供了担保的，质权人不得行使物上代位权。（2）出质人拒不提供担保时，质权人才能行使物上代位权，拍卖、变卖质押财产；质权人可以自行拍卖、变卖质押财产，无须出质人同意。（3）质权人对于拍卖或变卖质押财产的价金，应当与出质人协商，作出选择；或者将价金用于提前清偿质权人的债权，或者将价金提存，在债务履行期届满之时再行使质权。

本条规定的"质押财产毁损或价值明显减少"，不是由于质权人的过错所致，而是由于质物本身原因使其价值有减少的可能，例如质押财产的腐烂、变质这种可能是客观存在的，而且必然会造成对质权人利益的危害。同时质押财产的损坏和价值的减少应当是明显的，并且足以危及质权。因为一般的物都存在价值减少的可能性，尤其是随着市场变化及其他原因导致价值减少都是很正常的事情，正常的价值减少，应当在质权人的预想之内，不属于本条调整。

第四百三十四条 【转质】质权人在质权存续期间，未经出质人同意转质，造成质押财产毁损、灭失的，应当承担赔偿责任。

条文解读

转质 ➡ 转质，是指质权人为自己或他人债务提供担保，将质物再度设定新的质权给第三人的行为。质物的转质可以分成责任转质和承诺转质。

承诺转质，指经出质人同意，质权人在占有的质物上为第三人设定质权的行为。承诺转质是经出质人同意的行为，质权人对因转质权人的过错而造成的损失承担责任，并不因转质而加重法律责任。

责任转质，指质权人不经出质人同意，以自己的责任将质物转质于第三人的行为。责任转质因未经出质人同意将质物转质，不仅要承担质物因转质权人的过失而灭失、毁损的责任，而且要承担转质期间发生的因不可抗力产生的质物的风险责任，其责任要比未转质的情况沉重得多。本条规定属于责任转质的情形。

转质的后果 ➡ （1）转质权担保的债权范围应当在原质权所担保的债权范围之内，超过的部分不具有优先受偿的效力。（2）转质权的效力优于原质权。

第四百三十五条 【放弃质权】质权人可以放弃质权。债务人以自己的财产出质，质权人放弃该质权的，其他担保人在质权人丧失优先受偿权益的范围内免除担保责任，但是其他担保人承诺仍然提供担保的除外。

放弃质权 ➡ 质权人放弃质权,是指质权人放弃其因享有质权而优先于普通债权人就质物受清偿的权利的行为。实践中应注意:(1)质权人放弃质权应当明示,质权人不行使质权或者怠于行使质权的,不能推定为质权人放弃质权。明示最好采用书面的形式,质权人放弃后又反悔的,原则上不允许。另外如果质权人主动交还质物,也应当认为是放弃其质权的表示。(2)质权人放弃质权是质权人单方的意思表示,无须取得出质人的同意。质权因质权人放弃质权而消灭。

第四百三十六条 【质物返还与质权实现】债务人履行债务或者出质人提前清偿所担保的债权的,质权人应当返还质押财产。

债务人不履行到期债务或者发生当事人约定的实现质权的情形,质权人可以与出质人协议以质押财产折价,也可以就拍卖、变卖质押财产所得的价款优先受偿。

质押财产折价或者变卖的,应当参照市场价格。

第四百三十七条 【出质人请求质权人及时行使质权】出质人可以请求质权人在债务履行期限届满后及时行使质权;质权人不行使的,出质人可以请求人民法院拍卖、变卖质押财产。

出质人请求质权人及时行使质权,因质权人怠于行使权利造成出质人损害的,由质权人承担赔偿责任。

出质人请求质权人及时行使质权 ➡ 为了避免质权人怠于行使权利,本条赋予了出质人行使质权的请求权及质权人怠于行使质权的责任。适用本条时应注意:

(1)出质人的质权行使请求权。出质人在债务履行期届满,不能偿还债务时,有权请求质权人及时行使质权,如果质权人经出质人请求后仍不行使的，出质人有权径行到人民法院要求拍卖、变卖质物，以清偿债务。

（2）质权人怠于行使质权的责任。随着市场价格的变化，质物也存在价格下跌或者意外灭失的风险，因此，一旦债务履行期届满而债务人未清偿债务时，质权人应当及时行使质权，以免给出质人造成损失，出质人也有权请求质权人行使权利。因质权人怠于行使权利致使质物价格下跌，或者发生其他毁损、灭失等情形使质物无法实现其原有的变价额，在此情形下，质权人对于出质人的损失要承担赔偿责任。

关联参见

《民法典担保制度解释》第 44 条

第四百三十八条　【质押财产变价款归属原则】质押财产折价或者拍卖、变卖后，其价款超过债权数额的部分归出质人所有，不足部分由债务人清偿。

条文解读

质押财产变价款归属原则 ⮕ 根据本条规定的质押财产变价款归属原则，质权人在实现质权时，应当注意以下几种情况：

首先，如果数个可分的质押财产为同一债权担保的，各个质押财产都担保债权的全部，但在实现质权时，如果质权人折价拍卖或者变卖部分质押财产的价款足以清偿质押担保范围的债权，则应停止折价、拍卖或者变卖其余的质押财产。因为质押财产的所有权归出质人，出质人只是以质押财产担保质权人的债权，一旦债权受清偿，质权也就消灭了，剩余的质押财产应当归还出质人。

其次，如果以一个质押财产作为债权担保的，质押财产的变价款超出所担保的债权的，应当将剩余价款还给出质人，因为出质人是质押财产的所有权人。

最后，如果质押财产的变价款不足以清偿所担保的债权的，出质人以全部变价款交给质权人后，质权消灭，因为质权的标的是质押财产，质押财产因用于清偿担保债权而消灭，质权也随之消灭。担保债权未清偿的部分，仍然在债权人与债务人之间存在，只是不再是质权担保的债权，而是无质权担保的普通债权，债务人仍然负有清偿债务的义务。如果债务人和出质人不是同一人时，未偿还的债务由债务人承担，出质人不再承担责任。

第四百三十九条 【最高额质权】出质人与质权人可以协议设立最高额质权。

最高额质权除适用本节有关规定外，参照适用本编第十七章第二节的有关规定。

第二节 权利质权

第四百四十条 【可出质的权利的范围】债务人或者第三人有权处分的下列权利可以出质：

（一）汇票、本票、支票；

（二）债券、存款单；

（三）仓单、提单；

（四）可以转让的基金份额、股权；

（五）可以转让的注册商标专用权、专利权、著作权等知识产权中的财产权；

（六）现有的以及将有的应收账款；

（七）法律、行政法规规定可以出质的其他财产权利。

条文解读

权利质权 ➡ 权利质权，是指以所有权以外的依法可转让的债权或者其他财产权利为标的物而设定的质权。权利质权是以所有权以外的财产权为标的物的质权，能够作为权利质权标的物的权利须符合以下条件：(1) 仅以财产权利为限；(2) 必须是依法可以转让的财产权利；(3) 必须是不违反现行法规定及权利质权性质的财产权利。权利质权的设定以登记或者权利凭证的交付作为生效要件。

案例指引

023. 特许经营权的收益权可以质押吗？①

福建海峡银行股份有限公司福州五一支行诉长乐亚新污水处理有限公司、福州市政工程有限公司金融借款合同纠纷案

（最高人民法院审判委员会讨论通过　2015 年 11 月 19 日发布）

关键词　民事/金融借款合同/收益权质押/出质登记/质权实现

裁判要点

1. 特许经营权的收益权可以质押，并可作为应收账款进行出质登记。

2. 特许经营权的收益权依其性质不宜折价、拍卖或变卖，质权人主张优先受偿权的，人民法院可以判令出质债权的债务人将收益权的应收账款优先支付质权人。

相关法条

《中华人民共和国物权法》第 208 条、第 223 条、第 228 条第 1 款②

基本案情

原告福建海峡银行股份有限公司福州五一支行（以下简称海峡银行五一支行）诉称：原告与被告长乐亚新污水处理有限公司（以下简称长乐亚新公司）签订单位借款合同后向被告贷款 3000 万元。被告福州市政工程有限公司（以下简称福州市政公司）为上述借款提供连带责任保证。原告海峡银行五一支行、被告长乐亚新公司、福州市政公司、案外人长乐市建设局四方签订了《特许经营权质押担保协议》，福州市

---

① 最高人民法院指导案例 53 号。
② 现分别为《民法典》第 425 条、第 440 条、第 445 条第 1 款，下同。

政公司以长乐市污水处理项目的特许经营权提供质押担保。因长乐亚新公司未能按期偿还贷款本金和利息，故诉请法院判令：长乐亚新公司偿还原告借款本金和利息；确认《特许经营权质押担保协议》合法有效，拍卖、变卖该协议项下的质物，原告有优先受偿权；将长乐市建设局支付给两被告的污水处理服务费优先用于清偿应偿还原告的所有款项；福州市政公司承担连带清偿责任。

被告长乐亚新公司和福州市政公司辩称：长乐市城区污水处理厂特许经营权，并非法定的可以质押的权利，且该特许经营权并未办理质押登记，故原告诉请拍卖、变卖长乐市城区污水处理厂特许经营权，于法无据。

法院经审理查明：2003年，长乐市建设局为让与方、福州市政公司为受让方、长乐市财政局为见证方，三方签订《长乐市城区污水处理厂特许建设经营合同》，约定：长乐市建设局授予福州市政公司负责投资、建设、运营和维护长乐市城区污水处理厂项目及其附属设施的特许权，并就合同双方权利义务进行了详细约定。2004年10月22日，长乐亚新公司成立。该公司系福州市政公司为履行《长乐市城区污水处理厂特许建设经营合同》而设立的项目公司。

2005年3月24日，福州市商业银行五一支行与长乐亚新公司签订《单位借款合同》，约定：长乐亚新公司向福州市商业银行五一支行借款3000万元；借款用途为长乐市城区污水处理厂BOT项目；借款期限为13年，自2005年3月25日至2018年3月25日；还就利息及逾期罚息的计算方式作了明确约定。福州市政公司为长乐亚新公司的上述借款承担连带责任保证。

同日，福州市商业银行五一支行与长乐亚新公司、福州市政公司、长乐市建设局共同签订《特许经营权质押担保协议》，约定：福州市政公司以《长乐市城区污水处理厂特许建设经营协议》授予的特许经营权为长乐亚新公司向福州市商业银行五一支行的借款提供质押担保，长乐市建设局同意该担保；福州市政公司同意将特许经营权收益优先用于清偿借款合同项下的长乐亚新公司的债务，长乐市建设局和福州市政公司同意将污水处理费优先用于清偿借款合同项下的长乐亚新公司的债务；福州市商业银行五一支行未受清偿的，有权依法通过拍卖等方式实现质押权利等。

上述合同签订后，福州市商业银行五一支行依约向长乐亚新公司发放贷款3000万元。长乐亚新公司于2007年10月21日起未依约按期足额还本付息。

另查明，福州市商业银行五一支行于2007年4月28日名称变更为福州市商业银行股份有限公司五一支行；2009年12月1日其名称再次变更为福建海峡银行股份有限公司五一支行。

裁判结果

福建省福州市中级人民法院于2013年5月16日作出（2012）榕民初字第661号民事判决：一、长乐亚新污水处理有限公司应于本判决生效之日起十日内向福建海峡银行股份有限公司福州五一支行偿还借款本金28714764.43元及利息（暂计至2012年8月21日为2142597.6元，此后利息按《单位借款合同》的约定计至借款本息还清之日止）；二、长乐亚新污水处理有限公司应于本判决生效之日起十日内向福建海峡银行股份有限公司福州五一支行支付律师代理费人民币123640元；三、福建海峡银行股份有限公司福州五一支行于本判决生效之日起有权直接向长乐市建设局收取应由长乐市建设局支付给长乐亚新污水处理有限公司、福州市政工程有限公司的污水处理服务费，并对该污水处理服务费就本判决第一、二项所确定的债务行使优先受偿权；四、福州市政工程有限公司对本判决第一、二项确定的债务承担连带清偿责任；五、驳回福建海峡银行股份有限公司福州五一支行的其他诉讼请求。宣判后，两被告均提起上诉。福建省高级人民法院于2013年9月17日作出福建省高级人民法院（2013）闽民终字第870号民事判决，驳回上诉，维持原判。

裁判理由

法院生效裁判认为：被告长乐亚新公司未依约偿还原告借款本金及

利息，已构成违约，应向原告偿还借款本金，并支付利息及实现债权的费用。福州市政公司作为连带责任保证人，应对讼争债务承担连带清偿责任。本案争议焦点主要涉及污水处理项目特许经营权质押是否有效以及该质权如何实现问题。

一、关于污水处理项目特许经营权能否出质问题

污水处理项目特许经营权是对污水处理厂进行运营和维护，并获得相应收益的权利。污水处理厂的运营和维护，属于经营者的义务，而其收益权，则属于经营者的权利。由于对污水处理厂的运营和维护，并不属于可转让的财产权利，故讼争的污水处理项目特许经营权质押，实质上系污水处理项目收益权的质押。

关于污水处理项目等特许经营的收益权能否出质问题，应当考虑以下方面：其一，本案讼争污水处理项目《特许经营权质押担保协议》签订于 2005 年，尽管当时法律、行政法规及相关司法解释并未规定污水处理项目收益权可质押，但污水处理项目收益权与公路收益权性质上相类似。《最高人民法院关于适用〈中华人民共和国担保法〉若干问题的解释》第九十七条①规定，"以公路桥梁、公路隧道或者公路渡口等不动产收益权出质的，按照担保法第七十五条第（四）项的规定处理"，明确公路收益权属于依法可质押的其他权利，与其类似的污水处理收益权亦应允许出质。其二，国务院办公厅 2001 年 9 月 29 日转发的《国务院西部开发办〈关于西部大开发若干政策措施的实施意见〉》（国办发〔2001〕73 号）中提出，"对具有一定还贷能力的水利开发项目和城市环保项目（如城市污水处理和垃圾处理等），探索逐步开办以项目收益权或收费权为质押发放贷款的业务"，首次明确可试行将污水处理项目的收益权进行质押。其三，污水处理项目收益权虽系将来金钱债权，但其行使期间及收益金额均可确定，其属于确定的财产权利。其四，在《中华人民共和国物权法》（以下简称

---

① 现已失效。

《物权法》）颁布实施后，因污水处理项目收益权系基于提供污水处理服务而产生的将来金钱债权，依其性质亦可纳入依法可出质的"应收账款"的范畴。因此，讼争污水处理项目收益权作为特定化的财产权利，可以允许其出质。

二、关于污水处理项目收益权质权的公示问题

对于污水处理项目收益权的质权公示问题，在《物权法》自2007年10月1日起施行后，因收益权已纳入该法第二百二十三条第六项的"应收账款"范畴，故应当在中国人民银行征信中心的应收账款质押登记公示系统进行出质登记，质权才能依法成立。由于本案的质押担保协议签订于2005年，在《物权法》施行之前，故不适用《物权法》关于应收账款的统一登记制度。因当时并未有统一的登记公示的规定，故参照当时公路收费权质押登记的规定，由其主管部门进行备案登记，有关利害关系人可通过其主管部门了解该收益权是否存在质押之情况，该权利即具备物权公示的效果。

本案中，长乐市建设局在《特许经营权质押担保协议》上盖章，且协议第七条明确约定"长乐市建设局同意为原告和福州市政公司办理质押登记出质登记手续"，故可认定讼争污水处理项目的主管部门已知晓并认可该权利质押情况，有关利害关系人亦可通过长乐市建设局查询了解讼争污水处理厂的有关权利质押的情况。因此，本案讼争的权利质押已具备公示之要件，质权已设立。

三、关于污水处理项目收益权的质权实现方式问题

我国担保法和物权法均未具体规定权利质权的具体实现方式，仅就质权的实现作出一般性的规定，即质权人在行使质权时，可与出质人协议以质押财产折价，或就拍卖、变卖质押财产所得的价款优先受偿。但污水处理项目收益权属于将来金钱债权，质权人可请求法院判令其直接向出质人的债务人收取金钱并对该金钱行使优先受偿权，故无须采取折价或拍卖、变卖之方式。况且收益权均附有一定之负担，且其经营主体具有特定性，故依其性质亦不宜拍卖、变卖。因此，原告请求将《特许

经营权质押担保协议》项下的质物予以拍卖、变卖并行使优先受偿权，不予支持。

根据协议约定，原告海峡银行五一支行有权直接向长乐市建设局收取污水处理服务费，并对所收取的污水处理服务费行使优先受偿权。由于被告仍应依约对污水处理厂进行正常运营和维护，若无法正常运营，则将影响到长乐市城区污水的处理，亦将影响原告对污水处理费的收取，故原告在向长乐市建设局收取污水处理服务费时，应当合理行使权利，为被告预留经营污水处理厂的必要合理费用。

第四百四十一条 　【有价证券质权】以汇票、本票、支票、债券、存款单、仓单、提单出质的，质权自权利凭证交付质权人时设立；没有权利凭证的，质权自办理出质登记时设立。法律另有规定的，依照其规定。

条文解读

有价证券质权 ➡ 以汇票出质，当事人以背书记载"质押"字样并在汇票上签章，汇票已经交付质权人的，应当认定质权自汇票交付质权人时设立。

存货人或者仓单持有人在仓单上以背书记载"质押"字样，并经保管人签章，仓单已经交付质权人的，应当认定质权自仓单交付质权人时设立。没有权利凭证的仓单，依法可以办理出质登记的，仓单质权自办理出质登记时设立。出质人既以仓单出质，又以仓储物设立担保，按照公示的先后确定清偿顺序；难以确定先后的，按照债权比例清偿。保管人为同一货物签发多份仓单，出质人在多份仓单上设立多个质权，按照公示的先后确定清偿顺序；难以确定先后的，按照债权比例受偿。

024. 开证行对信用证项下单据中的提单以及提单项下的货物折价、变卖、拍卖后所得价款是否享有优先受偿权？①

中国建设银行股份有限公司广州荔湾支行诉广东

蓝粤能源发展有限公司等信用证开证纠纷案

（最高人民法院审判委员会讨论通过 2019 年 2 月 25 日发布）

关键词 民事/信用证开证/提单/真实意思表示/权利质押/优先受偿权

裁判要点

1. 提单持有人是否因受领提单的交付而取得物权以及取得何种类型的物权，取决于合同的约定。开证行根据其与开证申请人之间的合同约定持有提单时，人民法院应结合信用证交易的特点，对案涉合同进行合理解释，确定开证行持有提单的真实意思表示。

2. 开证行对信用证项下单据中的提单以及提单项下的货物享有质权的，开证行行使提单质权的方式与行使提单项下货物动产质权的方式相同，即对提单项下货物折价、变卖、拍卖后所得价款享有优先受偿权。

相关法条

《中华人民共和国海商法》第 71 条

《中华人民共和国物权法》第 224 条②

《中华人民共和国合同法》第 80 条第 1 款③

基本案情

中国建设银行股份有限公司广州荔湾支行（以下简称建行广州荔湾支行）与广东蓝粤能源发展有限公司（以下简称蓝粤能源公司）于

---

① 最高人民法院指导案例 111 号。
② 现为《民法典》第 441 条。
③ 现为《民法典》第 546 条。

2011年12月签订了《贸易融资额度合同》及《关于开立信用证的特别约定》等相关附件，约定该行向蓝粤能源公司提供不超过5.5亿元的贸易融资额度，包括开立等值额度的远期信用证。惠来粤东电力燃料有限公司（以下简称粤东电力）等担保人签订了保证合同等。2012年11月，蓝粤能源公司向建行广州荔湾支行申请开立8592万元的远期信用证。为开立信用证，蓝粤能源公司向建行广州荔湾支行出具了《信托收据》，并签订了《保证金质押合同》。《信托收据》确认自收据出具之日起，建行广州荔湾支行即取得上述信用证项下所涉单据和货物的所有权，建行广州荔湾支行为委托人和受益人，蓝粤能源公司为信托货物的受托人。信用证开立后，蓝粤能源公司进口了164998吨煤炭。建行广州荔湾支行承兑了信用证，并向蓝粤能源公司放款84867952.27元，用于蓝粤能源公司偿还建行首尔分行的信用证垫款。建行广州荔湾支行履行开证和付款义务后，取得了包括本案所涉提单在内的全套单据。蓝粤能源公司因经营状况恶化而未能付款赎单，故建行广州荔湾支行在本案审理过程中仍持有提单及相关单据。提单项下的煤炭因其他纠纷被广西防城港市港口区人民法院查封。建行广州荔湾支行提起诉讼，请求判令蓝粤能源公司向建行广州荔湾支行清偿信用证垫款本金84867952.27元及利息；确认建行广州荔湾支行对信用证项下164998吨煤炭享有所有权，并对处置该财产所得款项优先清偿上述信用证项下债务；粤东电力等担保人承担担保责任。

裁判结果

广东省广州市中级人民法院于2014年4月21日作出（2013）穗中法金民初字第158号民事判决，支持建行广州荔湾支行关于蓝粤能源公司还本付息以及担保人承担相应担保责任的诉请，但以信托收据及提单交付不能对抗第三人为由，驳回建行广州荔湾支行关于请求确认煤炭所有权以及优先受偿权的诉请。建行广州荔湾支行不服一审判决，提起上诉。广东省高级人民法院于2014年9月19日作出（2014）粤高法民二终字第45号民事判决，驳回上诉，维持原判。建行广州荔湾支行不服二审判决，向最高人民法院申请再审。最高人民法院于 2015 年 10 月 19 日作出（2015）民提字第 126 号民事判决，支持建行广州荔湾支行对案涉信用证项下提单对应货物处置所得价款享有优先受偿权，驳回其对案涉提单项下货物享有所有权的诉讼请求。

裁判理由

最高人民法院认为，提单具有债权凭证和所有权凭证的双重属性，但并不意味着谁持有提单谁就当然对提单项下货物享有所有权。对于提单持有人而言，其能否取得物权以及取得何种类型的物权，取决于当事人之间的合同约定。建行广州荔湾支行履行了开证及付款义务并取得信用证项下的提单，但是由于当事人之间没有移转货物所有权的意思表示，故不能认为建行广州荔湾支行取得提单即取得提单项下货物的所有权。虽然《信托收据》约定建行广州荔湾支行取得货物的所有权，并委托蓝粤能源公司处置提单项下的货物，但根据物权法定原则，该约定因构成让与担保而不能发生物权效力。然而，让与担保的约定虽不能发生物权效力，但该约定仍具有合同效力，且《关于开立信用证的特别约定》约定蓝粤能源公司违约时，建行广州荔湾支行有权处分信用证项下单据及货物，因此根据合同整体解释以及信用证交易的特点，表明当事人真实意思表示是通过提单的流转而设立提单质押。本案符合权利质押设立所须具备的书面质押合同和物权公示两项要件，建行广州荔湾支行作为提单持有人，享有提单权利质权。建行广州荔湾支行的提单权利质权如果与其他债权人对提单项下货物所可能享有的留置权、动产质权等权利产生冲突的，可在执行分配程序中依法予以解决。

第四百四十二条 【有价证券质权人行使权利的特别规定】

汇票、本票、支票、债券、存款单、仓单、提单的兑现日期或者提货日期先于主债权到期的，质权人可以兑现或者提货，并与出质人协议将兑现的价款或者提取的货物提前清偿债务或者提存。

以有价证券为标的设定质权，在质押中会存在两个债权的有效期。一个是票据债权的履行期，另一个是质权担保债权的履行期。本条所指兑现日期，是指汇票、支票、本票、债券、存款单上所记载的票据权利得以实现的日期。

第四百四十三条　【基金份额质权、股权质权】 以基金份额、股权出质的，质权自办理出质登记时设立。

基金份额、股权出质后，不得转让，但是出质人与质权人协商同意的除外。出质人转让基金份额、股权所得的价款，应当向质权人提前清偿债务或者提存。

以基金份额、股权出质后基金份额、股权的转让 ➋ 原则上，基金份额和股权出质后，不能转让，但如果出质人与质权人协商一致，都同意转让出质基金份额和股权，这属于双方当事人对自己权利的自由处分，法律自然允许。但转让基金份额和股权所得的价款，并不当然用于清偿所担保的债权，因为此时债务清偿期尚未届至，出质人应当与质权人协商，将所得的价款提前清偿所担保的债权或者提存。提前清偿债权的，质权消灭。提存的，质权继续存在于提存的价款上。出质人只能在提前清偿债权和提存中选择，不能既不同意提前清偿债权，也不同意提存。

第四百四十四条　【知识产权质权】 以注册商标专用权、专利权、著作权等知识产权中的财产权出质的，质权自办理出质登记时设立。

知识产权中的财产权出质后，出质人不得转让或者许可他人使用，但是出质人与质权人协商同意的除外。出质人转让或者许可他人使用出质的知识产权中的财产权所得的价款，应当向质权人提前清偿债务或者提存。

知识产权出质 ➡ 以注册商标专用权、专利权、著作权等知识产权中的财产权出质的，双方当事人应当订立书面质押合同。合同内容一般包括被担保债权的种类和数额，债务人履行债务的期限，知识产权的相关信息，如注册商标专用权人及其注册商标和注册号、专利权人及其专利号和专利权中的财产权、著作权人的姓名或者名称及其著作权中的财产权，担保的范围等。

以注册商标专用权、专利权、著作权等知识产权中的财产权出质的，订立质押合同后，须办理出质登记时才能设立。这主要是因为知识产权是一种无形财产权，无法以占有的方式来公示，所以知识产权出质必须以登记的方式来公示。从目前的实践操作来看，以知识产权中的财产权出质的，需要到有关部门办理质押登记。

对出质人处分知识产权的限制 ➡ 知识产权中的财产权出质后，出质人原则上不得转让或者许可他人使用，但是如果经出质人与质权人协商同意，可以转让或者许可他人使用出质的注册商标专用权、专利权、著作权等知识产权中的财产权。因为此时转让是经过质权人同意的，是否会损害质权人的利益由质权人自己判断，法律不加干涉。

按照本条第 2 款的规定，转让或者许可他人使用出质的注册商标专用权、专利权、著作权等知识产权中的财产权所得的价款不当然用于清偿所担保的债权。因为此时债务清偿期限尚未届至，出质人应当与质权人协商，将所得的价款提前清偿所担保的债权或者提存。提前清偿债权的，质权消灭；提存的，质权继续存在于提存的价款上，在债务履行期限届满时，质权人可以对该价款优先受偿。出质人只能在提前清偿债权和提存中选择，不能既不同意提前清偿债权，也不同意提存。

关联参见

《商标法》第 43 条；《专利法》第 10 条、第 12 条；《著作权法》第 10 条

第四百四十五条 【应收账款质权】以应收账款出质的，质权自办理出质登记时设立。

应收账款出质后，不得转让，但是出质人与质权人协商同意的除外。出质人转让应收账款所得的价款，应当向质权人提前清偿债务或者提存。

条文解读

应收账款质权 ➡ 以现有的应收账款出质，应收账款债务人向质权人确认应收账款的真实性后，又以应收账款不存在或者已经消灭为由主张不承担责任的，人民法院不予支持。

以现有的应收账款出质，应收账款债务人未确认应收账款的真实性，质权人以应收账款债务人为被告，请求就应收账款优先受偿，能够举证证明办理出质登记时应收账款真实存在的，人民法院应予支持；质权人不能举证证明办理出质登记时应收账款真实存在，仅以已经办理出质登记为由，请求就应收账款优先受偿的，人民法院不予支持。

以现有的应收账款出质，应收账款债务人已经向应收账款债权人履行了债务，质权人请求应收账款债务人履行债务的，人民法院不予支持，但是应收账款债务人接到质权人要求向其履行的通知后，仍然向应收账款债权人履行的除外。

以基础设施和公用事业项目收益权、提供服务或者劳务产生的债权以及其他将有的应收账款出质，当事人为应收账款设立特定账户，发生法定或者约定的质权实现事由时，质权人请求就该特定账户内的款项优先受偿的，人民法院应予支持；特定账户内的款项不足以清偿

债务或者未设立特定账户，质权人请求折价或者拍卖、变卖项目收益权等将有的应收账款，并以所得的价款优先受偿的，人民法院依法予以支持。

第四百四十六条　【权利质权的法律适用】权利质权除适用本节规定外，适用本章第一节的有关规定。

第十九章　留　置　权

第四百四十七条　【留置权的定义】债务人不履行到期债务，债权人可以留置已经合法占有的债务人的动产，并有权就该动产优先受偿。

前款规定的债权人为留置权人，占有的动产为留置财产。

条文解读

留置权 ➡ 留置权，是对于法律规定可以留置的债权，债权人依债权占有属于债务人的动产，在债务人未按照约定的期限履行债务时，债权人有权依法留置该财产，以该财产折价或者以拍卖、变卖的价款优先受偿的法定担保物权。留置权具有以下特征：

（1）从属性。留置权依主债权的存在而存在，依主债权的转移而转移，并因主债权的消灭而消灭。

（2）法定性。留置权只能直接依据法律的规定发生，不能由当事人自由设定。只要债务人不履行到期债务，债权人即可以依照法律规定留置已经合法占有的债务人的动产，并在满足法律规定的条件的情况下，折价或者拍卖、变卖留置财产以受偿。

（3）不可分性。留置权的不可分性表现为：一是留置权所担保的是债权的全部，而不是部分；二是留置权的效力及于债权人所留置的全部留置财产，留置权人可以对留置财产的全部行使留置权，而不是部分。只要债权未受全部清偿，留置权人就可以对全部留置财产行使权利，不受债权分割或者部分清偿以及留置财产分割的影响。当然，为了公平起见，依据《民法典》第450条的规定，留置财产为可分物的，债权人留置的财产的价值应当相当于债务的金额，而不应留置其占有的债务人的全部动产。

留置权成立条件 ➡ （1）债权人已经合法占有债务人的动产。第一，留置权的标的物只能是动产，债权人占有的不动产上不能成立留置权。第二，债权人必须占有动产。债权人的这种占有可以是直接占有，也可以是间接占有。但单纯的持有不能成立留置权，如占有辅助人虽持有动产，却并非占有人，因此不享有留置权。第三，债权人必须基于合法原因而占有债务人的动产，如基于承揽、运输、保管合同的约定而取得动产的占有。如果不是合法占有债务人的动产，不得留置，如债权人以侵权行为占有的债务人的动产。

（2）债权人占有的动产，应当与债权属于同一法律关系，但企业之间留置的除外。

（3）债务人不履行到期债务。债权人对已经合法占有的动产，并不能当然成立留置权，留置权的成立还须以债权已届清偿期而债务人未全部履行为要件。

第四百四十八条　　【留置财产与债权的关系】债权人留置的动产，应当与债权属于同一法律关系，但是企业之间留置的除外。

实务应用

_057._ 劳动者能否以用人单位拖欠劳动报酬为由，主张对用人单位供其使用的工具、物品等行使留置权？

留置权是平等主体之间实现债权的担保方式；除企业之间留置外，债权人留置的动产，应当与债权属于同一法律关系。劳动关系主体双方在履行劳动合同过程中处于管理与被管理的不平等关系。劳动者以用人单位拖欠劳动报酬为由，主张对用人单位供其使用的工具、物品等动产行使留置权，因此类动产不是劳动合同关系的标的物，与劳动债权不属于同一法律关系。

第四百四十九条 【留置权适用范围的限制性规定】法律规定或者当事人约定不得留置的动产，不得留置。

第四百五十条 【可分留置物】留置财产为可分物的，留置财产的价值应当相当于债务的金额。

第四百五十一条 【留置权人保管义务】留置权人负有妥善保管留置财产的义务；因保管不善致使留置财产毁损、灭失的，应当承担赔偿责任。

条文解读

留置权人的保管义务 ➡ 本条是关于留置权人保管义务的规定。有几点需要注意：

（1）这里的"妥善保管"，理论是指留置权人应当以善良管理人的注意保管留置财产。留置权人对保管未予以善良管理人之注意的，即为保管不善。而在实际中应当依据一般交易上的观念，以一个有知识有经验的理性人所应具有的标准来加以衡量。

（2）对留置权人保管义务的责任实行过错推定。只要留置物毁损、灭失，而留置权人又不能证明自己对留置物进行了妥善保管的，就应承担赔偿责任；若留置权人能够证明自己已尽必要的注意并采取适当的措施进行了妥善保管，则其不承担赔偿责任。

（3）妥善保管留置物是留置权人的法定义务，原则上未经债务人同意，不得使用、出租留置财产或者擅自把留置财产作为其他债权的担保物。但是，留置权人出于保管的需要，为使留置财产不因闲置而生损害，在必要的范围内有使用留置财产的权利，如适当使用留置的机动车或者机械以防止其生锈。

第四百五十二条 　【留置财产的孳息收取】留置权人有权收取留置财产的孳息。

前款规定的孳息应当先充抵收取孳息的费用。

第四百五十三条 　【留置权的实现】留置权人与债务人应当约定留置财产后的债务履行期限；没有约定或者约定不明确的，留置权人应当给债务人六十日以上履行债务的期限，但是鲜活易腐等不易保管的动产除外。债务人逾期未履行的，留置权人可以与债务人协议以留置财产折价，也可以就拍卖、变卖留置财产所得的价款优先受偿。

留置财产折价或者变卖的，应当参照市场价格。

条文解读

留置权的实现方法 ● 根据本条的规定，留置权实现的方法有三种，即折价、拍卖和变卖。留置权人可以与债务人协商采取哪种方法实现留置权。一般情况下，双方当事人可以先协议将留置财产折价以实现其债权；如果无法达成协议，留置权人可以依法拍卖或者变卖留置财产，并以拍卖或者变卖所得的价款优先受偿其债权。

第一种是折价。折价是指留置权人与债务人协议确定留置财产的价格，留置权人取得留置财产的所有权以抵销其所担保的债权。这种方法比较简单，但必须经双方当事人协商一致，否则就应当采取拍卖或者变卖的方法。

第二种是拍卖。拍卖是指依照拍卖法规定的拍卖程序，于特定场所以公开竞价的方式出卖留置财产的方式。拍卖的公开性和透明度都比较高，但同时费用也较高。

第三种是变卖。变卖是指以一般的买卖形式出卖留置财产的方式。由于拍卖的费用较高，有的双方当事人不愿意负担这一费用，因此采取费用较为低廉的变卖方式。

本条第 2 款还规定，如果采取折价或者变卖方式处置留置财产的，应当参照市场价格，而不能随意降低该留置财产的价格。

第四百五十四条 【债务人请求留置权人行使留置权】债务人可以请求留置权人在债务履行期限届满后行使留置权；留置权人不行使的，债务人可以请求人民法院拍卖、变卖留置财产。

第四百五十五条 【留置权实现方式】留置财产折价或者拍卖、变卖后，其价款超过债权数额的部分归债务人所有，不足部分由债务人清偿。

条文解读

留置权人实现留置权的目的就是通过拍卖、变卖留置财产取得对价以冲抵自己的债权，或者以折价的方式换算出相应的金额，以实现自己的债权。但是留置财产毕竟是动产，并非现金，留置财产的价值是变动的，在留置财产被折价或者拍卖、变卖后，可能出现三种情况：

第一种情况是，留置财产的价值与债权金额相等，即留置财产折价或者被拍卖、变卖所得的价款刚好满足留置权人的债权，留置权的债权完全得以实现，债务人的留置财产也因为折价或者拍卖、变卖而被处分，不存在剩余价款返还的问题。两者的债权债务关系以及担保关系均告消灭。

第二种情况是，留置财产的价值高于债权金额，即留置财产折价或者被拍卖、变卖所得的价款超过了留置权人的债权数额，超过的部分应当归债务人所有。如果是留置权人处分留置财产的，留置权人在扣除自己应得部分后，应当将剩余部分返还给债务人，不得据为己有，否则就构成不当得利。如果是人民法院根据《民法典》第454条的规定对留置财产进行拍卖、变卖的，人民法院在扣除留置权人的债权额后，应当将剩余部分及时返还给债务人。

第三种情况是，留置财产的价值低于债权金额，即留置财产折价或者被拍卖、变卖所得的价款不足以清偿留置权人的债权。由于留置财产不能完全满足留置权人的债权，所以留置权人与债务人之间的债权债务关系并不因实现留置权而完全消灭，留置权人仍可以就留置财产不足以清偿的部分要求债务人偿还。只不过剩余债权就变成了无担保物权的普通债权，留置权人也成了普通债权人，留置权人可以普通债权人的身份要求债务人偿还剩余债务；债务人拒绝偿还的，其可以向人民法院起诉。

第四百五十六条 【留置权优先于其他担保物权效力】同一动产上已经设立抵押权或者质权，该动产又被留置的，留置权人优先受偿。

第四百五十七条 【留置权消灭】留置权人对留置财产丧失占有或者留置权人接受债务人另行提供担保的，留置权消灭。

条文解读

留置权作为一种物权，其消灭的原因是多样的，可因物权消灭的共同原因而消灭，如因留置标的物的灭失、被征收等原因而消灭；也可因担保物权消灭的共同原因而消灭，如因被担保债权的消灭、留置权的行使以及留置权被抛弃等原因而消灭，而本条只是对留置权消灭的特殊原因的规定。

第五分编　占　　有

第二十章　占　　有

第四百五十八条 【有权占有法律适用】基于合同关系等产生的占有，有关不动产或者动产的使用、收益、违约责任等，按照合同约定；合同没有约定或者约定不明确的，依照有关法律规定。

条文解读

占有 ▶ 占有是指占有人对物具有事实上的管领和控制的状态。导致占有发生的法律关系多种多样：一种是有权占有，主要指基于合同等债的关系而产生的占有，例如根据运输或者保管合同，承运人或者保管人对托运或者寄存货物发生的占有；另一种是无权占有，主要发生在占有人对不动产或者动产的占有无正当法律关系，或者原法律关系被撤销或者无效时占有人对占有物的占有，包括误将他人之物认为己有或者借用他人之物到期不还等。

第四百五十九条　【恶意占有人的损害赔偿责任】占有人因使用占有的不动产或者动产，致使该不动产或者动产受到损害的，恶意占有人应当承担赔偿责任。

条文解读

占有的分类 ⇨ 以占有是否具有法律上的原因为标准，占有可分为有权占有和无权占有，如所有权人、土地承包经营权人、承租人等均根据所有权、土地承包经营权、租赁权而占有标的物，属于有权占有；拾得人对遗失物的占有，盗贼对盗赃物的占有等均属于无权占有。

以无权占有人是否误信其占有为有权占有和无权占有为标准，可分为善意占有和恶意占有。善意占有是指占有人不知或不应当知道其无占有的权利而进行的占有。恶意占有是指占有人明知或应当知道无占有的权利而进行的占有。

第四百六十条　【权利人的返还请求权和占有人的费用求偿权】不动产或者动产被占有人占有的，权利人可以请求返还原物及其孳息；但是，应当支付善意占有人因维护该不动产或者动产支出的必要费用。

第四百六十一条　【占有物毁损或者灭失时占有人的责任】占有的不动产或者动产毁损、灭失，该不动产或者动产的权利人请求赔偿的，占有人应当将因毁损、灭失取得的保险金、赔偿金或者补偿金等返还给权利人；权利人的损害未得到足够弥补的，恶意占有人还应当赔偿损失。

条文解读

占有物毁损或者灭失时占有人的责任 ➡ 本条是对占有物毁损、灭失代位物返还责任的规定。

占有的不动产或者动产毁损、灭失，不论是因不可抗力，还是被遗失或者盗窃，其责任规则是：

（1）如果该不动产或者动产即占有物的权利人请求赔偿的，占有人应当将因毁损、灭失取得的保险金、赔偿金或者补偿金等代位物如数返还给权利人，对此，不论是善意占有人还是恶意占有人，均负此责任。

（2）占有物因毁损、灭失取得的保险金、赔偿金或者补偿金全部返还权利人，权利人的损害未得到足够弥补的，恶意占有人应当承担赔偿损失的责任，善意占有人不负此责任。

第四百六十二条 　【占有保护的方法】占有的不动产或者动产被侵占的，占有人有权请求返还原物；对妨害占有的行为，占有人有权请求排除妨害或者消除危险；因侵占或者妨害造成损害的，占有人有权依法请求损害赔偿。

占有人返还原物的请求权，自侵占发生之日起一年内未行使的，该请求权消灭。

条文解读

占有保护的方法 ➡ 占有保护请求权，是占有人对占有的公力救济，即请求国家有权机关通过运用国家强制力来保护其占有。具体的请求权是：

（1）返还原物请求权。占有物返还请求权发生于占有物被侵夺的情形。此种侵夺占有而构成的侵占，是指非基于占有人的意思，采取违法的行为使其丧失对物的控制与支配。需要注意的是，非因他人的侵夺而丧失占有的，如因受欺诈或者胁迫而交付的，不享有占有物返还请求权。此外，还需说明一点，即本条所规定占有物返还请求权的要件之一为侵占人的行为必须是造成占有人丧失占有的直接原因，否则不发生依据本条规定而产生的占有物返还请求权。例如，遗失物之拾得人，虽然拾得人未将遗失物交送有关机关而据为己有，但此种侵占非本条所规定的情形。拾得人将遗失物据为己有的行为，并非失主丧失占有的直接原因（失主最初丧失对物的占有，可能是由于疏忽大意遗忘物品等），因此失主对于拾得人不得以占有物返还请求权为据提起诉讼，而应依其所有权人的地位提请行使返还原物请求权。

（2）排除妨害请求权。当占有人的占有被妨害时，占有人有权行使排除妨害请求权。排除妨害的费用应由妨害人负担。占有人自行除去妨害的，其费用可依无因管理的规定向相对人请求偿还。

（3）消除危险请求权。消除危险请求权中的危险，应为具体的事实的危险；对于一般抽象的危险，法律不加以保护。具体的事实的危险，指其所用的方法，使外界感知对占有的妨害。例如违反建筑规则建设高危建筑、接近邻地开掘地窖等产生对邻地的危险。

（4）损害赔偿请求权。因侵占或者妨害占有人的占有，造成损害的，占有人有权请求侵害人承担损害赔偿责任。

案例指引

025. 占有保护制度是否审查占有是否存在本权？[①]

2010 年 11 月底，李某弟从于某处承租了位于昌平区十三陵镇涧头村南小区的院落及房屋、设备、设施。合同到期后，于某与李某弟又签订了一份新租赁协议。某娱乐公司称于某为其公司法定代表人，认可其

---

① 参见《李某弟诉某娱乐公司排除妨害案》，案号：（2019）京 0114 民初 13349 号，载国家法官学院、最高人民法院司法案例研究院编：《中国法院 2022 年度案例·物权纠纷》，中国法制出版社 2022 年版，第 101 页。

签订租赁协议系职务行为。新租赁协议到期后双方未办理涉案院落及房屋、设备、设施的交接手续，仍然由李某弟占有使用。其间，李某弟与某娱乐公司未再续签协议，也未再正常交纳租金。2016年底，原出租人宋某亮通知李某弟应与其签订租赁合同，否则无法再使用上述院落及房屋，李某弟将该情况反馈给某娱乐公司后，某娱乐公司未解决与宋某亮之间的纠纷。2017年8月25日，李某弟与宋某亮签订一份《房屋租赁合同》，并通知了于某，之后将所租赁的上述院落内的房屋分租给其他租户。2018年11月和2019年3月7日，某娱乐公司先后两次强行侵占房屋，并于2019年3月7日将上述院落中第一排东数第二间和第三间房屋收回。李某弟认为，其与作为涉案院落的合法管理者签订了租赁协议，权益和财产应当受到法律的保护，故以某娱乐公司侵权为由诉至法院，主张某娱乐公司返还上述两间房屋、不得阻止其收取上述院落内房屋租金并赔偿相关损失。

法院经审理认为，占有保护制度旨在维持或者恢复占有的事实状态，而不论占有人是否存在本权或者基于何种本权形成占有，占有本身并不一定反映产权关系，占有制度所保护的也仅仅是占有的事实状态，而非通过确认、保护占有而对占有物进行权属判断。虽然李某弟和某娱乐公司关于租赁协议所涉及的标的物范围存有争议，但双方均承认李某弟的占有事实，应当认定李某弟为实际占有人。故某娱乐公司将院落内东数第三间房屋收回的行为，导致原占有人李某弟丧失对该间房屋的占有，构成侵占，李某弟作为原占有人有权要求某娱乐公司返还原物；某娱乐公司妨害李某弟收取涉案院落内其他房屋租户租金的行为，妨害了占有人李某弟管理占有物并获得相应的占有利益，使李某弟对占有物事实上的控制与支配不能完全实现，构成对李某弟实施占有的妨害，李某弟作为占有人有权要求某娱乐公司排除妨害。但由于李某弟主张返还的房屋已不存在，丧失了返还原物的现实基础和妨害行为持续存在的前提，故对李某弟主张返还原物及排除妨害的诉讼请求，法院不予支持。

第三编 合 同

第一分编 通 则

第一章 一般规定

第四百六十三条 【合同编的调整范围】本编调整因合同产生的民事关系。

条文解读

在市场经济条件下，一切交易活动都是通过缔结和履行合同来进行的，市场主体根据自己的需要与他人订立合同，让渡自己的商品或者服务，彼此满足各自的需要。从对社会经济发展的角度讲，合同作为一个桥梁使得社会资源实现了优化配置，促进了社会主义现代化建设。正因为交易活动是市场活动的基本内容，无数的交易构成了完整的市场，因此可以说，合同关系是市场经济最基本的法律关系。

《民法典》合同编包括三个分编，即第一分编通则、第二分编典型合同、第三分编准合同。需要注意的是，《民法典》合同编规定的内容最主要的是因合同产生的民事法律关系，但是也有合同法律关系之外的内容，即无因管理和不当得利的法律关系。

第四百六十四条 【合同的定义及身份关系协议的法律适用】合同是民事主体之间设立、变更、终止民事法律关系的协议。

婚姻、收养、监护等有关身份关系的协议，适用有关该身份关系的法律规定；没有规定的，可以根据其性质参照适用本编规定。

058. "有关身份关系的协议"主要是指哪些协议？

本条规定，婚姻、收养、监护等有关身份关系的协议，首先适用有关该身份关系的法律规定。这些协议主要包括结婚协议、离婚协议、收养协议、监护协议、遗赠扶养协议等。在我国，《民法典》合同编是作为规范市场经济的法律而存在的，不具有直接经济内容的身份协议不宜由该法加以调整，应当分别适用《民法典》婚姻家庭编、继承编等规定。但是如果就某一具体问题没有规定的，还是可以根据问题性质参照适用《民法典》合同编的相关规定。

关联参见

《保险法》第 10 条

第四百六十五条 【依法成立的合同受法律保护及合同相对性原则】依法成立的合同，受法律保护。

依法成立的合同，仅对当事人具有法律约束力，但是法律另有规定的除外。

实务应用

059. 法律规定的合同相对性原则的例外情形主要有哪些？

依据《民法典》第 465 条第 2 款的规定，合同相对性原则只有一个例外，即"法律另有规定"。目前，法律对合同相对性原则的例外规定主要有以下几种：

一是合同的保全（见《民法典》合同编第五章的规定）。在现实经济生活中，一些债务人怠于行使自己的债权或者无偿、低价处分自己的财产权益等，影响债权人的债权实现，损害了债权人的利益。如果严守合同相对性原则，债权人无权干涉债务人不当减少自身责任财产的行为，对债权人是很不公平的。为了保护债权人的利益，《民法典》合同编专门规定了合同保全制度，赋予债权人代位权和撤销权，债权人可以在符合法定条件时介入当事人之间的合同，代位行使债务人对相对人的债权或者与该债权有关的从权利，撤销债务人积极减少责任财产的有关行为。

二是真正的利益第三人合同制度。为了在特定情形下促进合同目的的实现，保护第三人利益，《民法典》合同编增加了真正的利益第三人合同制度。依照《民法典》第522条第2款的规定，法律规定或者当事人约定第三人可以直接请求债务人向其履行债务，第三人未在合理期限内明确拒绝的，第三人不仅对债务人取得债务履行请求权，还可以在债务人不履行债务或者履行债务不符合约定时，请求债务人承担违约责任。

三是规定了当事人之外的第三人对履行债务具有合法利益情形时的代为履行制度。《民法典》第524条第1款规定，债务人不履行债务，第三人对履行该债务具有合法利益的，第三人有权向债权人代为履行；但是，根据债务性质、按照当事人约定或者依照法律规定只能由债务人履行的除外。

四是"买卖不破租赁"制度。《民法典》第725条规定，租赁物在承租人按照租赁合同占有期限内发生所有权变动的，不影响租赁合同的效力。即租赁合同对新的所有权人仍然具有法律约束力。

第四百六十六条 【合同的解释规则】当事人对合同条款的理解有争议的，应当依据本法第一百四十二条第一款的规定，确定争议条款的含义。

合同文本采用两种以上文字订立并约定具有同等效力的，对各文本使用的词句推定具有相同含义。各文本使用的词句不一致的，应当根据合同的相关条款、性质、目的以及诚信原则等予以解释。

026. 电子商务经营者对消费者作出的有利承诺，是否应按普通消费者的通常认知进行解释？①

罗某某在某网络购物平台开设有网络店铺，从事某品牌电动摩托车锂电池的销售经营活动。罗某某在其网络店铺销售商品时对外宣称，商品"签收 15 天内支持免费退换货，半年内质量问题换新，两年保修"。齐某某在罗某某网络店铺购买了前述品牌的电动摩托车锂电池，使用 3 个月后发现存在充电不满等质量问题，便要求罗某某按销售承诺为其更换新电池。罗某某经检查确认交付的锂电池确实存在质量问题后，同意为齐某某更换新的电池。更换电池后，齐某某仍发现存在同样的质量问题，通过平台与罗某某协商，罗某某明确此前并未给齐某某换新电池，仅更换了电芯，并以销售承诺中的"换新"仅指换"新电芯"为由，拒绝为齐某某更换全新的电池。齐某某因此诉至法院，请求判令解除与罗某某的信息网络购物合同，并由罗某某退还已支付的商品价款。

法院认为，罗某某在销售案涉商品时，通过商品网络详情页对齐某某作出承诺，所售商品"半年内质量问题换新"，按社会普通消费者的通常理解，此处的"换新"应指电池整机换新，而非构成电池组成部分的零部件换新。罗某某确认交付给齐某某的锂电池存在质量问题，但却未按销售承诺给齐某某换新电池，而是将部分零部件进行了更换。齐某某要求罗某某按照承诺，对整个电池换新，但罗某某一直予以拒绝。齐某某只能另行购买新的电池使用。罗某某在销售商品存在质量问题的情况下，拒不按销售承诺履行更换义务，已构成违约。现其违约行为已致合同目的无法实现，齐某某要求解除合同，退还货款，依法应予支持。

---

① 参见《最高法发布消费者权益保护典型案例》（2022 年 3 月 15 日发布），齐某某诉罗某某网络信息购物合同纠纷案，载最高人民法院网 https://www.court.gov.cn/zixun/xiangqing/350961.html，最后访问日期：2024 年 4 月 1 日。

电子商务经营者在销售商品时对消费者作出有利承诺的，应当遵守其承诺。现实中存在不少电子商务经营者为吸引流量、促进销售，在销售商品或提供服务时以宣传或告示等形式向消费者作出高于国家、行业标准的有利承诺，当消费者接受承诺与经营者形成交易关系后，经营者却以各种理由拒不兑现其承诺，有损消费者的合理预期，也侵害了消费者的合法权益。电子商务经营者兑现对消费者作出的有利承诺，既是对交易双方协议约定重要义务的履行，更是经营者诚信经营的重要体现。电子商务经营者的承诺是向消费者作出的，一般应以社会普通消费者能够理解的方式进行表达，当消费者对其中某些用语的理解，与经营者的理解不同时，应以交易时社会普通消费者的通常理解为标准进行解释，以强化对消费者权益的保障。

第四百六十七条 【非典型合同及特定涉外合同的法律适用】

本法或者其他法律没有明文规定的合同，适用本编通则的规定，并可以参照适用本编或者其他法律最相类似合同的规定。

在中华人民共和国境内履行的中外合资经营企业合同、中外合作经营企业合同、中外合作勘探开发自然资源合同，适用中华人民共和国法律。

案例指引

027. 合同的真实合意如何认定？[①]

裁判要点

案涉交易符合以票据贴现为手段的多链条融资交易的基本特征。案涉《回购协议》是双方虚假意思表示，目的是借用银行承兑汇票买入

[①] 参见《最高人民法院发布〈关于适用《中华人民共和国民法典》合同编通则若干问题的解释〉相关典型案例》（2023 年 12 月 5 日发布），案例三"某甲银行和某乙银行合同纠纷案"，载中国法院网 https://www.chinacourt.org/article/detail/2023/12/id/7681679. shtml，最后访问日期：2024 年 4 月 1 日。

返售的形式为某甲银行向实际用资人提供资金通道，真实合意是资金通道合同。在资金通道合同项下，各方当事人的权利义务是，过桥行提供资金通道服务，由出资银行提供所需划转的资金并支付相应的服务费，过桥行无交付票据的义务，但应根据其过错对出资银行的损失承担相应的赔偿责任。

简要案情

票据中介王某与某甲银行票据部员工姚某等联系以开展票据回购交易的方式进行融资，2015年3月至12月间，双方共完成60笔交易。交易的模式是：姚某与王某达成票据融资的合意后，姚某与王某分别联系为两者之间的交易提供资金划转服务的银行即过桥行，包括某乙银行、某丙银行、某丁银行等。所有的交易资金最终通过过桥行流入由王某控制的企业账户中；在票据的交付上，王某从持票企业收购票据后，通过其控制的村镇银行完成票据贴现，并直接向某甲银行交付。资金通道或过桥的特点是过桥行不需要见票、验票、垫资，没有资金风险，仅收取利差。票据回购到期后，由于王某与姚某等人串通以虚假票据入库，致使某甲银行的资金遭受损失，王某与姚某等人亦因票据诈骗、挪用资金等行为被判处承担刑事责任。之后，某甲银行以其与某乙银行签订的《银行承兑汇票回购合同》（以下简称《回购合同》）为据，以其与某乙银行开展票据回购交易而某乙银行未能如期交付票据为由提起诉讼，要求某乙银行承担回购合同约定的违约责任。

判决理由

生效判决认为：《回购合同》系双方虚假合意，该虚假合意隐藏的真实合意是由某乙银行为某甲银行提供资金通道服务，故双方之间的法律关系为资金通道合同法律关系。具体理由为：第一，某甲银行明知以票据回购形式提供融资发生在其与王某之间，亦明知是在无票据作为担保的情况下向王某融出资金，而某乙银行等过桥行仅凭某甲银行提供的票据清单开展交易，为其提供通道服务。因此，本案是以票据贴现为手段，以票据清单交易为形式的多链条融资模式，某甲银行是实际出资行，王某是实际用资人，某乙银行是过桥行。第二，某甲银行与某乙银行之间不交票、不背书，仅凭清单交易的事实可以证明，《回购合同》并非双方当事人的真实合意。第三，案涉交易存在不符合正常票据回购交易顺序的倒打款，进一步说明《回购合同》并非双方的真实意思表示。《回购合同》表面约定的票据回购系双方的虚假意思而无效；隐藏的资金通道合同违反了金融机构审慎经营原则，且扰乱了票据市场交易秩序、引发金融风险，因此双方当事人基于真实意思表示形成的资金通道合同属于违背公序良俗、损害社会公共利益的合同，应为无效。在《回购合同》无效的情形下，某甲银行请求某乙银行履行合同约定的义务并承担违约责任，缺乏法律依据，但某乙银行应根据其过错对某甲银行的损失承担相应的赔偿责任。

司法解释相关条文

《最高人民法院关于适用〈中华人民共和国民法典〉合同编通则若干问题的解释》（以下简称《合同编通则解释》）第 15 条 人民法院认定当事人之间的权利义务关系，不应当拘泥于合同使用的名称，而应当根据合同约定的内容。当事人主张的权利义务关系与根据合同内容认定的权利义务关系不一致的，人民法院应当结合缔约背景、交易目的、交易结构、履行行为以及当事人是否存在虚构交易标的等事实认定当事人之间的实际民事法律关系。

第四百六十八条 【非合同之债的法律适用】非因合同产生的债权债务关系，适用有关该债权债务关系的法律规定；没有规定的，适用本编通则的有关规定，但是根据其性质不能适用的除外。

第二章 合同的订立

第四百六十九条 【合同形式】当事人订立合同，可以采用书面形式、口头形式或者其他形式。

书面形式是合同书、信件、电报、电传、传真等可以有形地表现所载内容的形式。

以电子数据交换、电子邮件等方式能够有形地表现所载内容，并可以随时调取查用的数据电文，视为书面形式。

书面形式 ➡ 书面形式是指以文字表现当事人的意思表示而订立合同的合同形式。其优点是有据可查，发生纠纷时容易举证，便于分清责任。对于履行期限较长、权利义务关系复杂、重要的合同，都应当采用书面形式。另外，法律规定或者当事人约定须对合同进行公证、鉴证、审批等程序时，合同必须采用书面形式。书面形式的缺点是以文字记载合同的内容较为烦琐，有时会因文字表达不清而导致当事人之间发生纠纷。

口头形式 ➡ 是指当事人只用语言为意思表示而订立合同，而不用文字表达协议内容的合同形式。口头形式的优点是简便易行，在日常生活中被普遍采用；缺点是发生合同纠纷时不易取证，难以分清责任。所以，一般来讲，合同标的数额不大的和即时清结的合同可采用口头形式。为了保证交易安全，除此之外的合同一般不建议采用口头形式。

合同采用口头形式，无须当事人特别约定。凡当事人未约定、法律未规定特定形式的合同，都可以采用口头形式。但发生争议时，当事人必须举证证明合同的存在和合同的内容。合同采用口头形式并不意味着不能产生任何文字的凭证，在实践中，去商店购物时商店一般都会给顾客开具发票或者其他购物凭证，但是，这类文字材料只能视为合同成立的证明，不能视为合同成立的要件。

数据电文 ➡ 包括电报、电传、传真、电子数据交换和电子邮件等可以有形地表现所载内容的形式。《电子签名法》对数据电文的形式、保存、真实性的审查等作出了比较具体的规定。一是能够有形地表现所载内容，并可以随时调取查用的数据电文，视为符合法律、法规要求的书面形式。二是符合下列条件的数据电文，视为满足法律、法规规定的原件形式要求：（1）能够有效地表现所载内容并可供随时调取查用；

（2）能够可靠地保证自最终形成时起，内容保持完整、未被更改。但是，在数据电文上增加背书以及数据交换、储存和显示过程中发生的形式变化不影响数据电文的完整性。三是符合下列条件的数据电文，视为满足法律、法规规定的文件保存要求：（1）能够有效地表现所载内容并可供随时调取查用；（2）数据电文的格式与其生成、发送或者接收时的格式相同，或者格式不相同但是能够准确地表现原来生成、发送或者接收的内容；（3）能够识别数据电文的发件人、收件人以及发送、接收的时间。四是数据电文不得仅因为其是以电子、光学、磁或者类似手段生成、发送、接收或者储存而被拒绝作为证据使用。审查数据电文作为证据的真实性，应当考虑以下因素：（1）生成、储存或者传递数据电文方法的可靠性；（2）保持内容完整性方法的可靠性；（3）用以鉴别发件人方法的可靠性；（4）其他相关因素。五是数据电文的发送接收。数据电文有下列情形之一的，视为发件人发送：（1）经发件人授权发送的；（2）发件人的信息系统自动发送的；（3）收件人按照发件人认可的方法对数据电文进行验证后结果相符的。当事人对前述规定的事项另有约定的，从其约定。数据电文进入发件人控制之外的某个信息系统的时间，视为该数据电文的发送时间。收件人指定特定系统接收数据电文的，数据电文进入该特定系统的时间，视为该数据电文的接收时间；未指定特定系统的，数据电文进入收件人的任何系统的首次时间，视为该数据电文的接收时间。当事人对数据电文的发送时间、接收时间另有约定的，从其约定。发件人的主营业地为数据电文的发送地点，收件人的主营业地为数据电文的接收地点。没有主营业地的，其经常居住地为发送或者接收地点。当事人对数据电文的发送地点、接收地点另有约定的，从其约定。

对于以数据电文形式订立的合同，或者合同的某些部分是以数据电文表现的，当事人可以在事后签订合同确认书，以确认数据电文的内容是合同的内容。当事人可以约定签订确认书是以数据电文形式订立合同的成立条件，以此排除数据电文在传输过程中可能出现的传输失误，并可以把分散的协议文件统一起来，使之更加具体和明确，便于双方保管和履行。合同确认书也是合同的书面形式。

实务应用

060. 既没有语言表示又没有行为表示的消极行为能否成为合同订立的意思表示形式？

通常情况下，消极行为不是意思表示，不能成立民事法律行为，也不会产生任何法律效果。但是在法律有特别规定时，消极行为也可能被赋予一定的表示意义，从而形成民事行为的效果。根据《民法典》第140条的规定："行为人可以明示或者默示作出意思表示。沉默只有在有法律规定、当事人约定或者符合当事人之间的交易习惯时，才可以视为意思表示。"默示方式，是指行为人以使人推知的方式，间接表示其内在意思的表意形式。行为人以某种表明法律意图的行为间接表示其内在意思的默示，也称为行为默示或者推定行为。例如，在收费停车场停放车辆、乘坐公共汽车等行为，就是意思实现，是行为默示或者推定行为。沉默方式，是指行为人以不作为或者有特定意义的沉默，间接表示其内在意思的表达形式。只有在法律规定或者当事人有约定或者当事人之间有交易习惯的情况下，才能将特定沉默视为默示。例如，双方长期供货、受领、支付价款，没有书面合同和口头约定，只是交易习惯，就是沉默方式的应用。

关联参见

《民法典》第135条；《电子签名法》第4条；《仲裁法》第16条

第四百七十条 【合同主要条款及示范文本】 合同的内容由当事人约定，一般包括下列条款：

（一）当事人的姓名或者名称和住所；

（二）标的；

（三）数量；

（四）质量；

（五）价款或者报酬；

（六）履行期限、地点和方式；

（七）违约责任；

（八）解决争议的方法。

当事人可以参照各类合同的示范文本订立合同。

条文解读

标的 ➲ 标的是合同当事人的权利义务指向的对象。标的是合同成立的必要条件，是一切合同的必备条款。没有标的，合同不能成立，合同关系无法建立。合同的种类很多，合同的标的也多种多样：

1. 有形财产。有形财产指具有价值和使用价值并且法律允许流通的有形物。有形财产依不同的分类有生产资料与生活资料、种类物与特定物、可分物与不可分物、货币与有价证券等。

2. 无形财产。无形财产指具有价值和使用价值并且法律允许流通的不以实物形态存在的智力成果。如商标、专利、著作权、技术秘密等。

3. 劳务。劳务指不以有形财产体现其成果的劳动与服务。如运输合同中承运人的运输行为，保管与仓储合同中的保管行为，接受委托进行代理、行纪行为等。

4. 工作成果。工作成果指在合同履行过程中产生的、体现履约行为的有形物或者无形物。如承揽合同中承揽方完成的工作成果，建设工程合同中承包人完成的建设项目，技术开发合同中的委托开发合同的研究开发人完成的研究开发成果等。

合同对标的的规定应当清楚明白、准确无误，对于名称、型号、规格、品种、等级、花色等都要约定得细致、准确、清楚，防止出现差错。特别是对于不易确定的无形财产、劳务、工作成果等更要尽可能地描述准确、明白。订立合同时还应当注意各种语言、方言以及习惯称谓的差异，避免不必要的麻烦和纠纷。

违约责任 ➡ 违约责任是指当事人一方或者双方不履行合同义务或者履行合同义务不符合约定应当承担的法律责任。违约责任是促使当事人履行合同义务，使对方免受或少受损失的法律措施，也是保证合同履行的主要条款。违约责任在合同中非常重要，因此法律对违约责任专门作了规定。但法律的规定是原则性的，即使规定再细致也不可能面面俱到，照顾到各种合同的特殊情况。因此，当事人为了特殊的需要，为了保证合同义务严格按照约定履行，为了更加及时地解决合同纠纷，可以在合同中约定违约责任，如约定定金、违约金、损害赔偿金的计算方法等。

解决争议的方法 ➡ 解决争议的方法指合同争议的解决途径，对合同条款发生争议时的解释以及法律适用等。解决争议的途径主要有四种：（1）自行协商和解；（2）由第三人进行调解；（3）申请仲裁；（4）提起诉讼。当事人可以约定解决争议的方法，如果意图通过诉讼解决争议是不用进行约定的，通过其他途径解决都要事先或者事后约定。

涉外合同的当事人约定采用仲裁方式解决争议的，可以选择中国的仲裁机构进行仲裁，也可以选择在外国进行仲裁。涉外合同的当事人还可以选择解决他们的争议所适用的法律，但法律对有些涉外合同法律的适用有限制性规定的，依照其规定。

实务应用

061. 签订合同是否必须具备《民法典》第 470 条规定的合同内容？

合同内容是由合同的条款组成的，合同条款规定了当事人各方的权利义务。合同当事人可以参照《民法典》第 470 条列举的条款来签订合同，其中当事人条款和标的条款是合同必须具备的条款。除此之外，只要不违反法律、行政法规的强制性规定，合同当事人可以按照其需要，自由约定其他条款。当然，如果合同缺少所列举条款的一部分，也可以按照法律的补充性规定来确定双方的权利义务关系。

关联参见

《保险法》第 18 条；《著作权法》第 26 条、第 27 条

第四百七十一条　【订立合同的方式】 当事人订立合同，可以采取要约、承诺方式或者其他方式。

条文解读

合同订立方式 ➡ 要约、承诺方式是最为典型的合同订立方式。当事人合意的过程，是对合同内容协商一致的过程，很多是经过要约、承诺完成的。向对方提出合同条件，作出签订合同的意思表示称为"要约"，而另一方如果表示接受就称为"承诺"。一般而言，一方发出要约，另一方作出承诺，合同就成立了。但是，有时要约和承诺难以区分。许多合同是经过了一次又一次的讨价还价、反复协商才得以达成的。

第四百七十二条　【要约的定义及其构成】 要约是希望与他人订立合同的意思表示，该意思表示应当符合下列条件：

（一）内容具体确定；

（二）表明经受要约人承诺，要约人即受该意思表示约束。

条文解读

要约 ➡ 要约又称为报价、发价、发盘、出盘等。发出要约的当事人称为要约人，而要约所指向的人称为受要约人。要约是订立合同的一个必经阶段，任何一个合同，无论采用什么形式，都要首先有人提出要约，订立合同的活动才能继续下去。一项要约要发生法律拘束力，必须

具备特定的条件，这些条件主要包括：（1）必须具有订立合同的意图。是否以缔结合同为目的，是要约与要约邀请的主要区别。（2）内容必须具体确定。所谓"具体"，是指要约内容必须包括足以使合同成立的必要条款；所谓"确定"，是指要约的内容必须明确，而不能含混不清，使受要约人不能正确理解要约人的真实含义。（3）要约通常都是向特定人发出的，仅在例外情况下才可以向不特定的当事人发出，如发布悬赏广告、设置自动售货机等。（4）必须表明一经承诺，要约人即受其要约内容的约束。

第四百七十三条　【要约邀请】要约邀请是希望他人向自己发出要约的表示。拍卖公告、招标公告、招股说明书、债券募集办法、基金招募说明书、商业广告和宣传、寄送的价目表等为要约邀请。

商业广告和宣传的内容符合要约条件的，构成要约。

条文解读

拍卖公告 ❯ 拍卖是一种特殊的买卖方式。一般认为，在拍卖活动中，竞买人的出价为要约，拍卖人击槌（或者以其他方式）拍定为承诺。拍卖人在拍卖前刊登或者以其他形式发出拍卖公告，对拍卖物及其价格进行宣传介绍等，属于要约邀请。

招标公告 ❯ 招标投标是一种特殊的签订合同的方式，广泛应用于货物买卖、建设工程、土地使用权出让与转让、技术转让等领域。这种方式的好处是，能够在最接近公平、合理的价格上达成交易、签订合同。所谓招标是指招标人采取招标通知或者招标公告的方式发出以吸引投标人投标的意思表示。所谓投标是指投标人按照招标人的要求，在规定的期限内向招标人发出的包括合同全部条款的意思表示。对于招标公告或者招标通知，一般都认为属于要约邀请，不是要约。而投标是要约，招标人选定中标人，为承诺。

招股说明书 ❯ 招股说明书是股份有限公司发起人向社会公开募集

股份时或者公司经批准向社会公开发行新股时，向社会公众公开的说明文书。按照我国《公司法》的规定，发起人向社会公开募集股份，必须公告招股说明书，并制作认股书。招股说明书应当附有发起人制订的公司章程，并载明下列事项：发起人认购的股份数；每股的票面金额和发行价格；无记名股票的发行总数；募集资金的用途；认股人的权利、义务；本次募股的起止期限及逾期未募足时认股人可以撤回所认股份的说明。公司经国务院证券监督管理机构核准公开发行新股时，必须公告新股招股说明书和财务会计报告，并制作认股书。法律规定要制订招股说明书并向社会公告，其目的是让社会公众了解发起人或者公司的情况和认股人所享有的权利及承担的义务。招股说明书是向社会发出的要约邀请，邀请公众向公司发出要约，购买公司的股份。认股人认购股份，为要约，公司卖出股份，为承诺。但是，如果发起人逾期未募足股份，则依法失去承诺的权利，认股人撤回所认购的股份。招股说明书是要约邀请，但并非一般的要约邀请，是具有法律意义的文件。这一点与一般的要约邀请不同。

债券募集办法 ➡ 公司发行公司债券，应当按照规定公告公司债券募集办法，对投资者作出投资决策有重大影响的信息予以记载并披露。依照《公司法》第195条第2款规定，公司债券募集办法中应当载明下列主要事项：公司名称；债券募集资金的用途；债券总额和债券的票面金额；债券利率的确定方式；还本付息的期限和方式；债券担保情况；债券的发行价格、发行的起止日期；公司净资产额；已发行的尚未到期的公司债券总额；公司债券的承销机构。投资者根据债券募集办法记载的情况决定是否购买债券。

基金招募说明书 ➡ 基金招募说明书是基金发起人公开发售基金时，为基金投资者提供的对基金情况进行说明的文件，一般应载明基金募集申请的准予注册文件名称和注册日期；基金管理人、基金托管人的基本情况；基金合同和基金托管协议的内容摘要；基金份额的发售日期、价格、费用和期限；基金份额的发售方式、发售机构及登记机构名称；出具法律意见书的律师事务所和审计基金财产的会计师事务所的名称和住所；基金管理人、基金托管人报酬及其他有关费用的提取、支付方式与比例；风险警示内容等。投资者根据基金招募说明书载明的情况判断是否申购基金。

商业广告和宣传 ➔ 商业广告是指商品经营者或者服务提供者通过一定媒介和形式直接或者间接地介绍自己所推销的商品或者服务的广告。实践中，商品经营者或者服务提供者除通过商业广告外，还通过其他一些形式对商品或者服务进行宣传。商业广告和宣传的目的在于宣传商品或者服务的优点，并以此引诱顾客购买商品或者接受服务，为要约邀请。但法律并不排除商业广告和宣传如果符合要约的条件也可以成为要约的可能性。

寄送的价目表 ➔ 根据对要约条件的分析，价目表仅指明什么商品、什么价格，并没有指明数量，对方不能以"是""对"或者"同意"等肯定词语答复成立合同，自然不符合要约的条件，只能视作要约邀请。寄送的价目表，是商品生产者或者销售者推销商品的一种方式。这种方式当然表达行为人希望订立合同的意思，但并不表明他人表示承诺就立即达成一个合同。实际上，寄送的价目表与货物标价陈列在性质上没有什么差别，只是方式有所不同，商品标价陈列亦作为要约邀请。在商店买卖东西，虽然商品的价格是标明的，但要买多少数量，总是由顾客提出要求。

实务应用

062. 要约和要约邀请如何区分？

在实践中，要约和要约邀请较为相似，有时难以区别，其实这两个概念有着本质的不同。要约邀请只是订立合同的预备行为，发出要约邀请时，当事人仍然处于订立合同的准备阶段，既不能因相对人的承诺而成立合同，也不能因自己作出某种承诺而约束要约人。要约邀请是一种事实行为，在发出要约邀请后，要约邀请人撤回其要约邀请，只要没有给善意相对人造成信赖利益的损失，要约邀请人一般不承担法律责任。

要约邀请与要约的主要区别是：（1）要约是一种法律行为，具有法律意义；要约邀请是一种事实行为，不具有法律意义。（2）要约是当事人自己主动提出愿意与他人订立合同的意思表示；要约邀请是希望他人向自己发出要约的意思表示。（3）要约中表明经受要约人承诺，要约人即受该意思表示约束的意思，要约一旦被承诺，合同即告成立，要约人受其要约的约束；要约邀请则不包括发出要约邀请的当事人表示愿意接受要约邀请内容约束的意思，受要约邀请的人依要约邀请发出要约，要约邀请人仍然享有是否作出承诺的选择权。（4）要约的内容应当包括合同的主要条款，这样才能因受要约人的承诺而成立合同；而要约邀请只是希望对方向自己发出要约，无须具备合同的主要条款。

关联参见

《公司法》第 154 条；《招标投标法》第 10 条、第 16 条、第 17 条；《拍卖法》第 45—48 条

第四百七十四条　【要约的生效时间】要约生效的时间适用本法第一百三十七条的规定。

条文解读

根据《民法典》第 137 条的规定，以对话方式作出的意思表示，相对人知道其内容时生效。以非对话方式作出的意思表示，到达相对人时生效。以非对话方式作出的采用数据电文形式的意思表示，相对人指定特定系统接收数据电文的，该数据电文进入该特定系统时生效；未指定特定系统的，相对人知道或者应当知道该数据电文进入其系统时生效。当事人对采用数据电文形式的意思表示的生效时间另有约定的，按照其约定。

063. 要约到达受要约人的时间如何界定?

因要约的形式不同,要约到达受要约人的时间界定也是不同的。

(1)对于口头形式的要约,从受要约人了解要约时生效。受要约人了解要约,应当以正常情况下一般人所能理解要约的标准为解释原则,受要约人能够理解要约,但故意佯装不知,并不影响要约的生效。(2)以书面形式发出的要约,到达受要约人时生效。这里的到达并不一定得实际交付到受要约人或者其代理人手中,只要要约送达到受要约人能够控制并应当了解的地方,如受要约人的信箱等即为到达。(3)采用数据电文形式订立合同的,收件人指定特定系统接收数据电文的,该数据电文进入该特定系统的时间,视为到达时间;未指定特定系统的,该数据电文进入收件人的任何系统的首次时间,视为到达时间。如果要约人未特别限定时间,则以要约能够到达的合理时间为准。

例如,甲公司于 2023 年 11 月 1 日向乙公司发出一份商业要约信函,要求对方在信函到达后 3 日内以 300 元每件的价格发出某产品 500件,该信函于 11 月 6 日到达乙公司处,但由于乙公司传达室的原因,乙公司负责人在 11 月 13 日才看到该封信函,该负责人立即组织人员向甲公司发出该产品,但甲公司拒绝接收。在本案中,甲公司对乙公司发出的要约在 11 月 6 日到达,即在该日生效,而不是以乙公司负责人见到信函内容之时生效。故乙公司在 11 月 13 日发出的货物已经过了要约的有效期间,要约失效,甲公司有权不接收乙公司的产品。

第四百七十五条 【要约的撤回】要约可以撤回。要约的撤回适用本法第一百四十一条的规定。

条文解读

根据《民法典》第 141 条的规定,行为人可以撤回意思表示。撤回意思表示的通知应当在意思表示到达相对人前或者与意思表示同时到达相对人。

064. 要约的撤回与要约的撤销如何区别？

根据《民法典》第141条和第475条的规定，要约的撤回是在要约未生效前使其不发生效力；而要约的撤销是指在要约作出并生效之后，要约人又作出取消其意思表示的表示。要约的撤回是使一个未发生法律效力的要约不发生法律效力，要约的撤销是使一个已经发生法律效力的要约失去法律效力。要约撤回中仅考虑保护要约人对其意思表示的自由处分权利，因此，要约撤回的通知只要在要约到达之前或与要约同时到达就发生效力。而对于要约的撤销，由于要约在到达后已经生效，受要约人已知悉了要约的内容，甚至可能已经对该要约产生了合理的信赖，因此要约人能否在要约生效后撤销其意思表示，需要考虑保障受要约人合理信赖的问题，要平衡要约人和受要约人的利益，不宜泛泛规定要约人可以撤销要约。要约撤销是否发生效力取决于该要约撤销的意思表示是否在受要约人作出承诺之前到达受要约人或者为受要约人所知道，并且在法律规定的特定情形下，要约是不得撤销的。

第四百七十六条 【要约不得撤销情形】要约可以撤销，但是有下列情形之一的除外：

（一）要约人以确定承诺期限或者其他形式明示要约不可撤销；

（二）受要约人有理由认为要约是不可撤销的，并已经为履行合同做了合理准备工作。

第四百七十七条 【要约撤销条件】撤销要约的意思表示以对话方式作出的，该意思表示的内容应当在受要约人作出承诺之前为受要约人所知道；撤销要约的意思表示以非对话方式作出的，应当在受要约人作出承诺之前到达受要约人。

第四百七十八条 　【要约失效】有下列情形之一的，要约失效：

（一）要约被拒绝；

（二）要约被依法撤销；

（三）承诺期限届满，受要约人未作出承诺；

（四）受要约人对要约的内容作出实质性变更。

条文解读

要约失效的法律后果 ⊙ 要约失效对要约人而言，是解除要约人必须接受承诺的义务；对受要约人而言，是终止其享有承诺的权利。要约的失效以要约已经生效为前提。要约失效的原因主要有：（1）拒绝要约的通知到达要约人。受要约人向要约人发出拒绝通知的，这是一种以明示的方式拒绝要约的行为。当拒绝要约的通知到达要约人时，要约失效。拒绝要约的通知可以是口头的，也可以是书面的。（2）要约人依法撤销要约。在要约已经生效而受要约人尚未对要约作出承诺之前，要约人是可以撤销要约的。要约一经撤销，即产生消灭要约法律效力的效果，要约因此而失效。（3）承诺期限届满，受要约人未作出承诺。要约中确定了承诺期限的，承诺期限届满而受要约人未作出承诺的，要约失效。如果要约中没有规定承诺期限的，如要约是以对话方式作出时，受要约人非立即承诺，要约即失去效力；如要约以非对话方式作出时，在依通常情形能够收到承诺的一段合理期限内未收到承诺时，要约则于该合理期间届满后失去效力。所谓合理期限，就是要考虑给承诺必要的时间。（4）受要约人对要约的内容作出实质性变更。受要约人在接到要约后，可以对要约的内容完全同意，也可以对要约的非实质性内容进行变更、限制或者扩张，或者是对要约的内容作出实质性的变更、限制或者扩张，然后将这些意思表示向要约人作出。前两种情况都构成对要约的承诺，合同因此而成立。但在后一种情况下，由于受要约人对要约的内容作出了实质性变更，该行为已经构成了新要约，或称反要约，而非承诺，这其实也是对要约的拒绝，此时合同并不能成立。对要约的实质性变更是指对有关合同标的、数量、质量、价款，或者报酬、履行期限、履行地点和方式、违约责任和解决争议方法的变更。

例如，甲公司向乙公司发出购买 A 产品的要约，称"本公司欲以200 元每件的价格购买贵公司 A 产品 500 份，请于 3 月 5 日前发货，且贵公司承担运费"，乙公司收到该要约后，向甲公司发出承诺，称"本公司基本同意贵公司的要约，但由于本公司 A 产品现在没有货，无法在3 月 5 日前发货，本公司将加大生产，并于 3 月 15 日向贵公司发送该产品"。在本案中，乙公司虽然同意了甲公司的大部分要约要求，但是对发货时间这一关键条款进行了变更，甲公司的要约失效，乙公司的回复不能构成承诺，而属于新的要约，若甲公司不同意乙公司的变更，双方之间不成立合同，甲公司有权拒绝接收货物。

关联参见

《拍卖法》第 36 条

第四百七十九条　【承诺的定义】承诺是受要约人同意要约的意思表示。

第四百八十条　【承诺的方式】承诺应当以通知的方式作出；但是，根据交易习惯或者要约表明可以通过行为作出承诺的除外。

条文解读

承诺的方式 ➡ 承诺属于一种意思表示。意思表示是一个将意思由内向外表示的过程，一个人内心可能有很多的主观意思，但为了让他人知晓，使内心意思产生外在的法律效果，就应当通过适当的方式表示出来。本条中"通知的方式"是典型的明示方式。"通过行为作出承诺"

属于默示的方式，这里的"行为"通常是指履行行为，比如预付价款、装运货物或在工地上开始施工等。

交易习惯 ➡ 下列情形，不违反法律、行政法规的强制性规定且不违背公序良俗的，人民法院可以认定为《民法典》所称的"交易习惯"：（1）当事人之间在交易活动中的惯常做法；（2）在交易行为当地或者某一领域、某一行业通常采用并为交易对方订立合同时所知道或者应当知道的做法。对于交易习惯，由提出主张的当事人一方承担举证责任。

关联参见

《合同编通则解释》第 2 条

第四百八十一条　【承诺的期限】承诺应当在要约确定的期限内到达要约人。

要约没有确定承诺期限的，承诺应当依照下列规定到达：

（一）要约以对话方式作出的，应当即时作出承诺；

（二）要约以非对话方式作出的，承诺应当在合理期限内到达。

条文解读

合理期限 ➡ 所谓合理期限，应当根据交易性质、交易习惯和要约采用的传递方式进行综合考虑并予以确定，一般为依通常情形可期待承诺到达时期，大致可由三段构成：（1）要约到达受要约人的期间；（2）作出承诺所必要的期间；（3）承诺的通知到达要约人所必要的期间。其中，第（1）段与第（3）段的期间，根据通信方式的不同而有所差别，如以信件或电报的方式进行要约或承诺通常所必要的期间。第（2）段的期间，是自要约到达受要约人起至受要约人发送承诺通知的期间，是受要约人考虑是否承诺所必须的时间。这个时间可以通常人为标准确定，但依要约的内容不同有所差异，若内容复杂，考虑的时间就长。

第四百八十二条 【承诺期限的起算】要约以信件或者电报作出的，承诺期限自信件载明的日期或者电报交发之日开始计算。信件未载明日期的，自投寄该信件的邮戳日期开始计算。要约以电话、传真、电子邮件等快速通讯方式作出的，承诺期限自要约到达受要约人时开始计算。

第四百八十三条 【合同成立时间】承诺生效时合同成立，但是法律另有规定或者当事人另有约定的除外。

第四百八十四条 【承诺生效时间】以通知方式作出的承诺，生效的时间适用本法第一百三十七条的规定。

承诺不需要通知的，根据交易习惯或者要约的要求作出承诺的行为时生效。

第四百八十五条 【承诺的撤回】承诺可以撤回。承诺的撤回适用本法第一百四十一条的规定。

第四百八十六条 【逾期承诺及效果】受要约人超过承诺期限发出承诺，或者在承诺期限内发出承诺，按照通常情形不能及时到达要约人的，为新要约；但是，要约人及时通知受要约人该承诺有效的除外。

第四百八十七条 【迟到的承诺】受要约人在承诺期限内发出承诺，按照通常情形能够及时到达要约人，但是因其他原因致使承诺到达要约人时超过承诺期限的，除要约人及时通知受要约人因承诺超过期限不接受该承诺外，该承诺有效。

实务应用

065. **如何理解"通常情形"下的承诺期限？**

受要约人在承诺期限内发出承诺，按照通常情形能够及时到达要约人，但因其他原因承诺到达要约人时超过承诺期限的，除要约人及时通知受要约人因承诺超过期限不接受该承诺以外，该承诺有效。

例如，马某于 4 月 5 日就张某发出的要约进行承诺，按照以往的通信速度，预计能够在要约规定的 4 月 10 日前到达张某处，但由于该城市正在举办国际大型赛事，加强了市内安全检查，延误了正常的通信速度，张某在 4 月 13 日才收到该承诺。张某认为马某的承诺已经超过了要约规定的承诺期限，合同不能成立。后马某与张某就合同是否成立发生争议。在本案中，通常情形下该承诺能够按时到达要约人，但由于其他原因导致承诺到达要约人时超过了承诺的期限，由于要约人张某没有及时通知受要约人因承诺超过期限而不接受该承诺，故马某的承诺有效，双方合同成立。

第四百八十八条 　【承诺对要约内容的实质性变更】承诺的内容应当与要约的内容一致。受要约人对要约的内容作出实质性变更的，为新要约。有关合同标的、数量、质量、价款或者报酬、履行期限、履行地点和方式、违约责任和解决争议方法等的变更，是对要约内容的实质性变更。

第四百八十九条 　【承诺对要约内容的非实质性变更】承诺对要约的内容作出非实质性变更的，除要约人及时表示反对或者要约表明承诺不得对要约的内容作出任何变更外，该承诺有效，合同的内容以承诺的内容为准。

条文解读

非实质性变更 ➡ 非实质性变更通常包括下列情形：（1）受要约人在承诺中增加了某些法律规定的义务，例如要求出售货物的要约人提供产品质量保证书。法定义务是当事人本来就应当承担的义务，承诺中增加该内容对当事人之间的利益平衡并无实质性影响。（2）受要约人在承诺中增加了某些说明性条款。此种说明性的条款只是对原有要约内容中不明确的部分进行澄清解释，不得超出原有内容进行补充或者修改。（3）受要约人在承诺中增加了某些建议性条款。是否接受这些建议性条款取决于要约人的意志，并且不影响当事人之间就要约内容达成的合意。（4）受要约人在承诺中修改了要约中的某些非实质性条款。《民法典》第488条规定的内容实质性变更之外的要约内容的变更，即除对要约的合同标的、数量、质量、价款或者报酬、履行期限、履行地点和方式、违约责任和解决争议方法的变更外，都属于非实质性变更。

第四百九十条 【采用书面形式订立合同的成立时间】当事人采用合同书形式订立合同的，自当事人均签名、盖章或者按指印时合同成立。在签名、盖章或者按指印之前，当事人一方已经履行主要义务，对方接受时，该合同成立。

法律、行政法规规定或者当事人约定合同应当采用书面形式订立，当事人未采用书面形式但是一方已经履行主要义务，对方接受时，该合同成立。

实务应用

066. 合同没有加盖单位的公章但有法定代表人的签名，该合同是否有效？

法定代表人代表法人行使职权，以法人名义对外作出的行为应由法人承担责任，盖具公章并非合同有效的必备条件。在签订合同过程中，经过要约、承诺，双方当事人意思表示一致，合同即可成立。法定代表人作为当事人的法定代表，当然有权在合同上签名以示对合同内容的确认。在这里，强调的是双方合意，而不是形式上的盖章。对于合同生效所要满足的要件，根据《民法典》第143条的规定："具备下列条件的民事法律行为有效：（一）行为人具有相应的民事行为能力；（二）意思表示真实；（三）不违反法律、行政法规的强制性规定，不违背公序良俗。"法定代表人作为代表在合同上签字而不盖章并没有违反上述规定。《民法典》规定的民事法律行为无效的情形包括：无民事行为能力人实施的民事法律行为无效；行为人与相对人以虚假的意思表示实施的民事法律行为无效；违反法律、行政法规的强制性规定的民事法律行为无效；违背公序良俗的民事法律行为无效；行为人与相对人恶意串通，损害他人合法权益的民事法律行为无效等。法定代表人作为代表在合同上签字而不盖章不是其中规定的任何一种情况，故合同有效。

需要注意的是，《民法典》第504条规定："法人的法定代表人或者非法人组织的负责人超越权限订立的合同，除相对人知道或者应当知道其超越权限外，该代表行为有效，订立的合同对法人或者非法人组织发生效力。"在合同一方当事人明知对方的法定代表人超越权限而仍与其签订合同的情况下，只有法定代表人签名而没有盖章的合同对该法定代表人代表的单位没有约束力。

关联参见

《电子签名法》第13条、第14条；《电子商务法》第49条；《保险法》第13条；《信托法》第8条；《最高人民法院关于审理买卖合同纠纷案件适用法律问题的解释》（以下简称《买卖合同解释》）第1条

第四百九十一条　【签订确认书的合同及电子合同成立时间】

当事人采用信件、数据电文等形式订立合同要求签订确认书的，签订确认书时合同成立。

当事人一方通过互联网等信息网络发布的商品或者服务信息符合要约条件的，对方选择该商品或者服务并提交订单成功时合同成立，但是当事人另有约定的除外。

条文解读

电子合同的成立 ➡ 电子合同的成立需要具备两个基本条件：

一是当事人一方通过互联网等信息网络发布的商品或者服务信息符

合要约条件。对于传统交易，当事人往往会通过商店橱窗展示货物及其价格，也可能会通过商业广告和宣传、寄送价目表等形式发布商品或者服务信息，当事人的这些行为一般视为要约邀请，目的在于希望他人向自己发出要约，展示或者发布信息的人不受约束。欲与发布信息的该当事人订立合同，要先向发布信息的该当事人发出要约。而对于"线上交易"，当事人发布商品或者服务信息的信息网络系统，往往具有互动性，相对方不仅可以浏览商品或者服务的价格、规格等具体信息，还可以网上直接选择交易标的、提交订单，这种情况下，当事人通过信息网络发布商品或者服务信息的行为就不能简单地认为是要约邀请，该行为符合要约条件的，应当作为要约对待。例如，"内容具体确定"是指当事人通过信息网络发布的商品或者服务信息要达到内容具体确定的程度，比如对商品的名称、数量、质量、规格、价格、运费等都作了明确表述。而"表明经受要约人承诺，要约人即受该意思表示约束"这一要约条件需要根据实践中的具体情况进行判断，一般来说，可以从相对方是否能够直接选择商品或者服务并提交订单等情况进行综合判断。

二是相对方选择该商品或者服务并提交订单成功。当事人通过信息网络发布的商品或者服务信息符合要约条件的，相对方可以直接作出承诺达成交易。相对方选择该商品或者服务并成功提交订单，即属于作出承诺。订单一旦提交成功，合同即成立，订单提交成功的时间即为合同成立的时间。合同成立后，对双方当事人均产生法律约束力，发布商品或者服务信息的当事人应当按时交付商品或者提供服务。

以上是电子合同成立的一般规则。根据合同自愿原则，允许当事人对此作出另外约定。实践中，通过信息网络发布商品或者服务信息的当事人往往是通过设置格式条款的方式作出特别的意思表示，相对方必须勾选同意该格式条款方能提交订单。该格式条款不得违反法律关于格式条款规制的规定，这些规定在《民法典》合同编、《消费者权益保护法》《电子商务法》等法律之中。

关联参见

《电子商务法》第49条;《拍卖法》第52条

第四百九十二条 【合同成立的地点】 承诺生效的地点为合同成立的地点。

采用数据电文形式订立合同的,收件人的主营业地为合同成立的地点;没有主营业地的,其住所地为合同成立的地点。当事人另有约定的,按照其约定。

第四百九十三条 【采用合同书订立合同的成立地点】 当事人采用合同书形式订立合同的,最后签名、盖章或者按指印的地点为合同成立的地点,但是当事人另有约定的除外。

关联参见

《电子签名法》第12条;《民事诉讼法》第35条

第四百九十四条 【强制缔约义务】 国家根据抢险救灾、疫情防控或者其他需要下达国家订货任务、指令性任务的,有关民事主体之间应当依照有关法律、行政法规规定的权利和义务订立合同。

依照法律、行政法规的规定负有发出要约义务的当事人,应当及时发出合理的要约。

依照法律、行政法规的规定负有作出承诺义务的当事人,不得拒绝对方合理的订立合同要求。

条文解读

强制缔约 ➡ 本条是关于强制缔约义务的规定。根据民法上的自愿原则,民事主体可以自己决定要不要订立合同、与谁订立合同,可以自主决定合同的内容。但民法上的自愿原则并不是无限制的,为了维护国家利益、社会公共利益或者照顾弱势一方利益等政策考量，有必要在特定情形下对民法自愿原则予以适当限制。民事主体的强制缔约义务即属于对民法自愿原则的限制，在特定情形下，民事主体具有与相对人订立相关合同的义务，不得以自愿原则为由拒绝订立合同。

第四百九十五条 **【预约合同】**当事人约定在将来一定期限内订立合同的认购书、订购书、预订书等，构成预约合同。

当事人一方不履行预约合同约定的订立合同义务的，对方可以请求其承担预约合同的违约责任。

条文解读

预约合同 ➡ 预约合同最本质的内涵是约定在将来一定期限内订立合同。当事人就将来一定期限内订立合同达成合意，即可构成预约合同。将来应当订立的合同可以称为本约或者本约合同，约定订立本约的合同称为预约或者预约合同。预约合同在实践中经常表现为认购书、订购书、预订书等，当然不仅仅表现为这三种形式。

预约合同与本约合同有所区别。是否要另行订立合同，是预约合同与本约合同最显著的区别。预约合同的目的在于订立本约合同，预约合同当事人的义务就是在一定期限内订立本约合同，订立本约合同是预约合同得到履行的结果。本约合同当事人可直接履行各自的义务（如一方交付货物、另一方支付货款），实现合同目的，无须再另行订立合同。

对于预约合同的司法认定，《合同编通则解释》第6条中明确规定，当事人以认购书、订购书、预订书等形式约定在将来一定期限内订立合同，或者为担保在将来一定期限内订立合同交付了定金，能够确定将来所要订立合同的主体、标的等内容的，人民法院应当认定预约合同成立。当事人通过签订意向书或者备忘录等方式，仅表达交易的意向，未约定在将来一定期限内订立合同，或者虽然有约定但是难以确定将来所要订立合同的主体、标的等内容，一方主张预约合同成立的，人民法院不予支持。

028. 判断当事人之间订立的合同是本约还是预约的标准是什么？[1]

裁判要点

判断当事人之间订立的合同是本约还是预约的根本标准应当是当事人是否有意在将来另行订立一个新的合同，以最终明确双方之间的权利义务关系。即使当事人对标的、数量以及价款等内容进行了约定，但如果约定将来一定期间仍须另行订立合同，就应认定该约定是预约而非本约。当事人在签订预约合同后，已经实施交付标的物或者支付价款等履行行为，应当认定当事人以行为的方式订立了本约合同。

简要案情

2006年9月20日，某实业公司与某通讯公司签订《购房协议书》，对买卖诉争房屋的位置、面积及总价款等事宜作出约定，该协议书第3条约定在本协议原则下磋商确定购房合同及付款方式，第5条约定本协议在双方就诉争房屋签订房屋买卖合同时自动失效。通讯公司向实业公司的股东某纤维公司共转款1000万元，纤维公司为此出具定金收据两张，金额均为500万元。次年1月4日，实业公司向通讯公司交付了诉争房屋，此后该房屋一直由通讯公司使用。2009年9月28日，通讯公司发出《商函》给实业公司，该函的内容为因受金融危机影响，且房地产销售价格整体下调，请求实业公司将诉争房屋的价格下调至6000万元左右。当天，实业公司发函给通讯公司，要求其在30日内派员协商

---

[1] 参见《最高人民法院发布〈关于适用《中华人民共和国民法典》合同编通则若干问题的解释〉相关典型案例》（2023年12月5日发布），案例二"某通讯公司与某实业公司房屋买卖合同纠纷案"，载中国法院网 https://www.chinacourt.org/article/detail/2023/12/id/7681679.shtml，最后访问日期：2024年4月1日。

正式的房屋买卖合同。通讯公司于次日回函表示同意商谈购房事宜，商谈时间为同年10月9日。2009年10月10日，实业公司发函致通讯公司，要求通讯公司对其拟定的《房屋买卖合同》作出回复。当月12日，通讯公司回函对其已收到上述合同文本作出确认。2009年11月12日，实业公司发函给通讯公司，函件内容为双方因对买卖合同的诸多重大问题存在严重分歧，未能签订《房屋买卖合同》，故双方并未成立买卖关系，通讯公司应支付场地使用费。通讯公司于当月17日回函，称双方已实际履行了房屋买卖义务，其系合法占有诉争房屋，故无需支付场地占用费。2010年3月3日，实业公司发函给通讯公司，解除其与通讯公司签订于2006年9月20日的《购房协议书》，且要求通讯公司腾出诉争房屋并支付场地使用费、退还定金。通讯公司以其与实业公司就诉争房屋的买卖问题签订了《购房协议书》，且其已支付1000万元定金，实业公司亦已将诉争房屋交付给其使用，双方之间的《购房协议书》合法有效，且以已实际履行为由，认为其与实业公司于2006年9月20日签订的《购房协议书》已成立并合法有效，请求判令实业公司向其履行办理房屋产权过户登记的义务。

判决理由

法院生效裁判认为，判断当事人之间订立的合同系本约还是预约的根本标准应当是当事人的意思表示，即当事人是否有意在将来订立一个新的合同，以最终明确在双方之间形成某种法律关系的具体内容。如果当事人存在明确的将来订立本约的意思，那么，即使预约的内容与本约已经十分接近，且通过合同解释，从预约中可以推导出本约的全部内容，也应当尊重当事人的意思表示，排除这种客观解释的可能性。不过，仅就案涉《购房协议书》而言，虽然其性质应为预约，但结合双方当事人在订立《购房协议书》之后的履行事实，实业公司与通讯公司之间已经成立了房屋买卖法律关系。对于当事人之间存在预约还是本约关系，不能仅凭一份孤立的协议就简单地加以认定，而是应当综合审查相关协议的内容以及当事人嗣后为达成交易进行的磋商甚至具体的履行行为等事实，从中探寻当事人的真实意思，并据此对当事人之间法律关系的性质作出准确的界定。本案中，双方当事人在签订《购房协议书》时，作为买受人的通讯公司已经实际交付了定金并约定在一定条件下自动转为购房款，作为出卖人的实业公司也接受了通讯公司的交付。在签订《购房协议书》的3个多月后，实业公司将合同项下的房屋交付给了通讯公司，通讯公司接受了该交付。而根据《购房协议书》的预约性质，实业公司交付房屋的行为不应视为对该合同的履行，在当事人之间不存在租赁等其他有偿使用房屋的法律关系的情形下，实业公司的该行为应认定为系基于与通讯公司之间的房屋买卖关系而为的交付。据此，可以认定当事人之间达成了买卖房屋的合意，成立了房屋买卖法律关系。

司法解释相关条文

《合同编通则解释》第6条　当事人以认购书、订购书、预订书等形式约定在将来一定期限内订立合同，或者为担保在将来一定期限内订立合同交付了定金，能够确定将来所要订立合同的主体、标的等内容的，人民法院应当认定预约合同成立。

当事人通过签订意向书或者备忘录等方式，仅表达交易的意向，未约定在将来一定期限内订立合同，或者虽然有约定但是难以确定将来所要订立合同的主体、标的等内容，一方主张预约合同成立的，人民法院不予支持。

当事人订立的认购书、订购书、预订书等已就合同标的、数量、价款或者报酬等主要内容达成合意，符合本解释第三条第一款规定的合同成立条件，未明确约定在将来一定期限内另行订立合同，或者虽然有约定但是当事人一方已实施履行行为且对方接受的，人民法院应当认定本约合同成立。

关联参见

《合同编通则解释》第6—8条

第四百九十六条 　【格式条款】格式条款是当事人为了重复使用而预先拟定，并在订立合同时未与对方协商的条款。

采用格式条款订立合同的，提供格式条款的一方应当遵循公平原则确定当事人之间的权利和义务，并采取合理的方式提示对方注意免除或者减轻其责任等与对方有重大利害关系的条款，按照对方的要求，对该条款予以说明。提供格式条款的一方未履行提示或者说明义务，致使对方没有注意或者理解与其有重大利害关系的条款的，对方可以主张该条款不成为合同的内容。

条文解读

格式条款 ◉ 格式条款最实质的特征在于"未与对方协商"。按照自愿原则，当事人有权自主选择与谁订立合同、自主决定合同的内容。但格式条款的提供方为了追求交易便捷、高效等，利用自己的优势地位，事先拟定合同，相对方往往只能选择接受或者拒绝，不能实质上影响合同内容。相对方虽然在合同上签字予以确认，但不一定是真正的内心意愿表达。"未与对方协商"是指格式条款提供方没有就条款内容与相对方进行实质上的磋商，相对方对条款内容并没有进行实际修改的余地。本条对格式条款的定义还用了"为了重复使用"，从格式条款的通常外在形貌予以描述。格式条款的提供方通常是基于重复使用进而提高交易效率的目的拟定格式条款。正是因为要重复使用，相对方往往对格式条款的内容没有进行实质磋商并修改的余地。

对于提示或者说明义务的履行，《合同编通则解释》第10条作了进一步规定，提供格式条款的一方在合同订立时采用通常足以引起对方注意的文字、符号、字体等明显标识，提示对方注意免除或者减轻其责任、排除或者限制对方权利等与对方有重大利害关系的异常条款的，人民法院可以认定其已经履行本条第2款规定的提示义务。提供格式条款的一方按照对方的要求，就与对方有重大利害关系的异常条款的概念、内容及其法律后果以书面或者口头形式向对方作出通常能够理解的解释说明的，人民法院可以认定其已经履行本条第 2 款规定的说明义务。提供格式条款的一方对其已经尽到提示义务或者说明义务承担举证责任。对于通过互联网等信息网络订立的电子合同，提供格式条款的一方仅以采取了设置勾选、弹窗等方式为由主张其已经履行提示义务或者说明义务的，人民法院不予支持，但是其举证符合前述规定的除外。

案例指引

029. 经营者在格式合同中未明确规定对某项商品或服务的限制条件，该限制条件是否对消费者产生效力?①

刘超捷诉中国移动通信集团江苏有限公司

徐州分公司电信服务合同纠纷案

（最高人民法院审判委员会讨论通过　2016 年 6 月 30 日发布）

关键词　民事/电信服务合同/告知义务/有效期限/违约

裁判要点

1. 经营者在格式合同中未明确规定对某项商品或服务的限制条件，且未能证明在订立合同时已将该限制条件明确告知消费者并获得消费者同意的，该限制条件对消费者不产生效力。

2. 电信服务企业在订立合同时未向消费者告知某项服务设定了有效期限限制，在合同履行中又以该项服务超过有效期限为由限制或停止对消费者服务的，构成违约，应当承担违约责任。

相关法条

《中华人民共和国合同法》第 39 条②

基本案情

2009 年 11 月 24 日，原告刘超捷在被告中国移动通信集团江苏有限

---

① 最高人民法院指导案例 64 号。
② 现为《民法典》第 496 条，下同。

公司徐州分公司（以下简称移动徐州分公司）营业厅申请办理"神州行标准卡"，手机号码为1590520××××，付费方式为预付费。原告当场预付话费50元，并参与移动徐州分公司充50元送50元的活动。在业务受理单所附《中国移动通信客户入网服务协议》中，双方对各自的权利和义务进行了约定，其中第四项特殊情况的承担中的第1条为：在下列情况下，乙方有权暂停或限制甲方的移动通信服务，由此给甲方造成的损失，乙方不承担责任：（1）甲方银行账户被查封、冻结或余额不足等非乙方原因造成的结算时扣划不成功的；（2）甲方预付费使用完毕而未及时补交款项（包括预付费账户余额不足以扣划下一笔预付费用）的。

2010年7月5日，原告在中国移动官方网站网上营业厅通过银联卡网上充值50元。2010年11月7日，原告在使用该手机号码时发现该手机号码已被停机，原告到被告的营业厅查询，得知被告于2010年10月23日因话费有效期到期而暂停移动通信服务，此时账户余额为11.70元。原告认为被告单方终止服务构成合同违约，遂诉至法院。

裁判结果

徐州市泉山区人民法院于2011年6月16日作出（2011）泉商初字第240号民事判决：被告中国移动通信集团江苏有限公司徐州分公司于本判决生效之日起十日内取消对原告刘超捷的手机号码为1590520××××的话费有效期的限制，恢复该号码的移动通信服务。一审宣判后，被告提出上诉，二审期间申请撤回上诉，一审判决已发生法律效力。

裁判理由

法院生效裁判认为：电信用户的知情权是电信用户在接受电信服务时的一项基本权利，用户在办理电信业务时，电信业务的经营者必须向其明确说明该电信业务的内容，包括业务功能、费用收取办法及交费时间、障碍申告等。如果用户在不知悉该电信业务的真实情况下进行消费，就会剥夺用户对电信业务的选择权，达不到真正追求的电信消费目的。

依据《中华人民共和国合同法》第三十九条的规定，采用格式条款订立合同的，提供格式条款的一方应当遵循公平原则确定当事人之间的权利和义务，并采取合理的方式提请对方注意免除或者限制其责任的条款，按照对方的要求，对该条款予以说明。电信业务的经营者作为提供电信服务合同格式条款的一方，应当遵循公平原则确定与电信用户的权利义务内容，权利义务的内容必须符合维护电信用户和电信业务经营者的合法权益、促进电信业的健康发展的立法目的，并有效告知对方注意免除或者限制其责任的条款并向其释明。业务受理单、入网服务协议是电信服务合同的主要内容，确定了原、被告双方的权利义务内容，入网服务协议第四项约定有权暂停或限制移动通信服务的情形，第五项约定有权解除协议、收回号码、终止提供服务的情形，均没有因有效期到期而中止、解除、终止合同的约定。而话费有效期限制直接影响到原告手机号码的正常使用，一旦有效期到期，将导致停机、号码被收回的后果，因此被告对此负有明确如实告知的义务，且在订立电信服务合同之前就应如实告知原告。如果在订立合同之前未告知，即使在缴费阶段告知，亦剥夺了当事人的选择权，有违公平和诚实信用原则。被告主张"通过单联发票、宣传册和短信的方式向原告告知了有效期"，但未能提供有效的证据予以证明。综上，本案被告既未在电信服务合同中约定有效期内容，亦未提供有效证据证实已将有效期限制明确告知原告，被告暂停服务、收回号码的行为构成违约，应当承担继续履行等违约责任，故对原告主张"取消被告对原告的话费有效期的限制，继续履行合同"的诉讼请求依法予以支持。

关联参见

《合同编通则解释》第 10 条

第四百九十七条　【格式条款无效的情形】 有下列情形之一的，该格式条款无效：

（一）具有本法第一编第六章第三节和本法第五百零六条规定的无效情形；

（二）提供格式条款一方不合理地免除或者减轻其责任、加重对方责任、限制对方主要权利；

（三）提供格式条款一方排除对方主要权利。

关联参见

《民用航空法》第 130 条；《保险法》第 19 条；《消费者权益保护法》第 26 条；《海商法》第 126 条

第四百九十八条　【格式条款的解释方法】 对格式条款的理解发生争议的，应当按照通常理解予以解释。对格式条款有两种以上解释的，应当作出不利于提供格式条款一方的解释。格式条款和非格式条款不一致的，应当采用非格式条款。

关联参见

《保险法》第 30 条；《旅行社条例》第 29 条；《最高人民法院关于适用〈中华人民共和国保险法〉若干问题的解释（三）》第 14 条、第 17 条

第四百九十九条　【悬赏广告】 悬赏人以公开方式声明对完成特定行为的人支付报酬的，完成该行为的人可以请求其支付。

条文解读

悬赏广告 ● 本条是关于悬赏广告的规定。悬赏广告的构成要满足以下几个条件：一是要以公开的方式作出声明。公开的具体方式，可以是通过广播电视、报纸期刊或者互联网等媒介发布，也可以是在公众场所发传单、在公开的宣传栏张贴广告等。二是悬赏人在声明中提出明确的要求，即要完成特定行为。该要求，要有具体、明确的表达，不能含混不清。三是悬赏人具有支付报酬的意思表示，即对完成特定行为的人给付一定报酬。悬赏人应当对报酬的形式、给付方式等作出明确的表

达。如果报酬是给付金钱，应当明确金钱的币种、数额等。对于满足以上条件的悬赏广告，完成该特定行为的人可以请求悬赏人支付报酬，悬赏人不得拒绝。

第五百条 【缔约过失责任】当事人在订立合同过程中有下列情形之一，造成对方损失的，应当承担赔偿责任：

（一）假借订立合同，恶意进行磋商；

（二）故意隐瞒与订立合同有关的重要事实或者提供虚假情况；

（三）有其他违背诚信原则的行为。

实务应用

067. 缔约过失责任与违约责任怎么区分？

缔约过失责任与违约责任都是基于订立合同目的为一定的民事法律行为，都是合同上的民事责任；二者都适用过失责任，采取过失相抵。但两者有明显的差异，表现在：

（1）责任性质不同。违约责任是一种合同约定之债，当事人既可以在合同中约定损害赔偿的计算方法，违约责任及违约金数额，还可以约定免责条件和具体情由；而缔约过失责任是一种法定债的关系，它不能课以违约金。

（2）责任形成的时间点不同。违约责任的形成是在合同成立后，义务人不履行合同义务形成的；而缔约过失责任是在合同订立过程中合同当事人一方违反诚信义务而产生的。

（3）责任承担方式不同。违约责任的承担方式除了赔偿责任外，还可选用违约金责任、解除合同或者强制实际履行等方式，责任方式的选择权在债权人；而缔约过失责任只有一种赔偿责任，即弥补性方式。

（4）赔偿范围不同。在合同违约的情况下，当事人可依法主张履行利益的请求权，如要求对方继续实际履行或据此求偿；而缔约过失责任当事人所遭受的是因信其合同有效成立受到的信赖利益损失，故权利人只能就其信赖利益损失即实际受到的损失主张权利。

（5）免责条件不同。合同成立后，可因不可抗力等法定情由而免除违约责任；而缔约过失责任不存在免责问题，因为要约、承诺阶段不存在实际履行问题。故在此阶段，当事人之间要么不存在实际损失，要么相对人在要约有效期间发生不可抗力情势前已有信赖利益损失，此种损失与不可抗力并无联系，合同不成立也不存在免责问题。有过错的一方对此前的信赖利益损失应负赔偿责任。

第五百零一条 【合同缔结人的保密义务】当事人在订立合同过程中知悉的商业秘密或者其他应当保密的信息，无论合同是否成立，不得泄露或者不正当地使用；泄露、不正当地使用该商业秘密或者信息，造成对方损失的，应当承担赔偿责任。

关联参见

《反不正当竞争法》第9条、第21条

第三章 合同的效力

第五百零二条 【合同生效时间及未办理批准手续的处理规则】依法成立的合同，自成立时生效，但是法律另有规定或者当事人另有约定的除外。

依照法律、行政法规的规定，合同应当办理批准等手续的，依照其规定。未办理批准等手续影响合同生效的，不影响合同中履行报批等义务条款以及相关条款的效力。应当办理申请批准等手续的当事人未履行义务的，对方可以请求其承担违反该义务的责任。

依照法律、行政法规的规定，合同的变更、转让、解除等情形应当办理批准等手续的，适用前款规定。

068. 报批义务在司法实践中是如何认定的?

根据《合同编通则解释》第 12 条的规定，合同依法成立后，负有报批义务的当事人不履行报批义务或者履行报批义务不符合合同的约定或者法律、行政法规的规定，对方请求其继续履行报批义务的，人民法院应予支持；对方主张解除合同并请求其承担违反报批义务的赔偿责任的，人民法院应予支持。

人民法院判决当事人一方履行报批义务后，其仍不履行，对方主张解除合同并参照违反合同的违约责任请求其承担赔偿责任的，人民法院应予支持。

合同获得批准前，当事人一方起诉请求对方履行合同约定的主要义务，经释明后拒绝变更诉讼请求的，人民法院应当判决驳回其诉讼请求，但是不影响其另行提起诉讼。

负有报批义务的当事人已经办理申请批准等手续或者已经履行生效判决确定的报批义务，批准机关决定不予批准，对方请求其承担赔偿责任的，人民法院不予支持。但是，因迟延履行报批义务等可归责于当事人的原因导致合同未获批准，对方请求赔偿因此受到的损失的，人民法院应当依据《民法典》第 157 条的规定处理。

案例指引

030. 未成年人实施与其年龄、智力不相符的支付行为是否有效?[①]

14 周岁的原告李某某在父母不知情的情况下，通过某平台先后 7 次

---

① 参见《未成年人权益司法保护典型案例》（2022 年 3 月 2 日发布），李某某诉某电子商务有限公司网络服务合同纠纷案，载最高人民法院网 https://www.court.gov.cn/zixun/xiangqing/347931.html，最后访问日期：2024 年 4 月 1 日。

从被告经营的网店"×游戏"购买 374 个游戏账号，共计支付 36652 元，上述游戏账号内的装备都是皮肤、面具、小花裙子等。原告父母次日发现后，及时与被告经营网店的客服人员联系，表示对原告购买游戏账号及付款行为不予追认并要求被告退款，被告不同意全额退款。

法院经审理认为，原告李某某案发时未成年，属于限制民事行为能力人，购买游戏账号支付 36652 元的行为，显然与其年龄、智力不相适应，李某某的法定代理人亦明确表示对该行为不予追认，故原告李某某实施的购买行为无效，判决被告向原告全额返还购买游戏账号款 36652 元。

本案主要涉及未成年人实施与其年龄、智力不相适应的支付行为的效力问题。根据《民法典》的规定，8 周岁以上未成年人实施与其年龄、智力不相适应的购买支付行为，在未得到其家长或者其他法定代理人追认的情况下，其购买支付行为无效，经营者应当依法返还价款。本案提醒广大家长，作为未成年人的监护人，应当加强对孩子的引导、监督，并应保管好自己的手机、银行卡密码，防止孩子用来绑定并进行大额支付。网络公司应当进一步强化法律意识和社会责任，依法处理因未成年人实施与其年龄、智力不相符的支付行为所引发的纠纷。

关联参见

《城市房地产管理法》第 44 条；《民用航空法》第 14 条；《海商法》第 13 条；《最高人民法院关于审理建设工程施工合同纠纷案件适用法律问题的解释（一）》 [以下简称《建设工程施工合同解释（一）》] 第 3 条；《最高人民法院关于审理矿业权纠纷案件适用法律若干问题的解释》第 6 条；《最高人民法院关于审理商品房买卖合同纠纷案件适用法律若干问题的解释》（以下简称《商品房买卖合同解释》）第 6 条；《最高人民法院关于审理涉及国有土地使用权合同纠纷案件适用法律问题的解释》第 2 条、第 8 条、第 13 条

第五百零三条 【被代理人以默示方式追认无权代理】无权代理人以被代理人的名义订立合同，被代理人已经开始履行合同义务或者接受相对人履行的，视为对合同的追认。

条文解读

《民法典》总则编第 171 条对无权代理的 3 种典型表现形式作了明确规定。《民法典》总则编第 171 条第 1 款规定，行为人没有代理权、超越代理权或者代理权终止后，仍然实施代理行为，未经被代理人追认的，对被代理人不发生效力。《民法典》第 503 条所规定的"无权代理人以被代理人的名义订立合同"即是指行为人没有代理权、超越代理权或者代理权终止后，仍然以被代理人的名义与他人订立合同的情形。所谓没有代理权是指行为人根本没有得到被代理人的授权，就以被代理人的名义与他人订立合同。比如，行为人伪造被代理人的公章、合同书或者授权委托书等，假冒被代理人的名义与他人签订合同。所谓超越代理权是指行为人与被代理人之间有代理关系存在，行为人有一定的代理权，但其实施的代理行为超出了代理范围的代理。所谓代理权终止后仍然实施代理是指行为人与被代理人之间原本有代理关系，由于代理期限届满、代理事务完成或者被代理人取消委托等法定情形的出现使得代理权终止，但是行为人仍然实施代理行为。

第五百零四条 【超越权限订立合同的效力】法人的法定代表人或者非法人组织的负责人超越权限订立的合同，除相对人知道或者应当知道其超越权限外，该代表行为有效，订立的合同对法人或者非法人组织发生效力。

关联参见

《民法典担保制度解释》第 7 条

第五百零五条 【超越经营范围订立的合同效力】当事人超越经营范围订立的合同的效力，应当依照本法第一编第六章第三节和本编的有关规定确定，不得仅以超越经营范围确认合同无效。

条文解读

经营范围 ➡ 根据《市场主体登记管理条例实施细则》第12条的规定，市场主体登记申请人应当按照国家市场监督管理总局发布的经营范围规范目录，根据市场主体主要行业或者经营特征自主选择一般经营项目和许可经营项目，申请办理经营范围登记。

关联参见

《建设工程施工合同解释（一）》第4条

第五百零六条 【免责条款无效情形】合同中的下列免责条款无效：

（一）造成对方人身损害的；

（二）因故意或者重大过失造成对方财产损失的。

实务应用

069. 现行法律中对于合同免责条款无效的规定主要有哪些?

（1）保险合同中规定有保险责任免除条款的，保险人应当向投保人明确说明，未明确说明的，该条款不发生法律效力。其中，"明确说明"是指保险人在与投保人签订保险合同之前或者签订保险合同之时，对于保险合同中所约定的免责条款，除了在保险单上提示投保人注意外，还应当对有关免责条款的概念、内容及其法律后果等，以书面或者口头形式向投保人或其代理人作出解释，以使投保人明了该条款的真实含义和法律后果。

（2）生产经营单位不得以任何形式与从业人员订立协议，免除或者减轻其对从业人员因生产安全事故伤亡依法应承担的责任。

（3）任何旨在免除《民用航空法》规定的承运人责任或者降低该法规定的赔偿责任限额的条款，均属无效；但是，此种条款的无效，不影响整个航空运输合同的效力。

（4）海上旅客运输合同中的以下条款无效：①免除承运人对旅客应当承担的法定责任；②降低《海商法》关于海上旅客运输合同中规定的承运人责任限额；③对《海商法》关于海上旅客运输合同中规定的举证责任作出相反的约定；④限制旅客提出赔偿请求的权利。合同某些条款的无效，不影响合同其他条款的效力。

关联参见

《民用航空法》第130条；《保险法》第19条；《消费者权益保护法》第26条；《海商法》第126条

第五百零七条　【争议解决条款的独立性】合同不生效、无效、被撤销或者终止的，不影响合同中有关解决争议方法的条款的效力。

第五百零八条　【合同效力适用指引】本编对合同的效力没有规定的，适用本法第一编第六章的有关规定。

实务应用

070. 房产开发商未取得预售许可证销售商品房的，《商品房预售合同》是否有效？

《城市房地产管理法》第45条第1款规定，商品房预售，应当符合下列条件：（1）已交付全部土地使用权出让金，取得土地使用权证书；（2）持有建设工程规划许可证；（3）按提供预售的商品房计算，投入开发建设的资金达到工程建设总投资的25%以上，并已经确定施工进度和竣工交付日期；（4）向县级以上人民政府房产管理部门办理预售登记，取得商品房预售许可证明。《城市房地产开发经营管理条例》第22条规定："房地产开发企业预售商品房，应当符合下列条件：……（四）已办理预售登记，取得商品房预售许可证明。"由此可见，城市商品房预售实行许可证制度，房产开发商进行商品房预售应当向县级以上人民政府房地产部门办理相关登记，取得商品房预售许可证明。《城市房地产开发经营管理条例》第36条规定："违反本条例规定，擅自预售商品房的，由县级以上人民政府房地产开发主管部门责令停止违法行为，没收违法所得，可以并处已收取的预付款1%以下的罚款。"如果购房者与未取得商品房预售许可证的开发商签订了《商品房预售合同》，根据《商品房买卖合同解释》第2条的规定："出卖人未取得商品房预售许可证明，与买受人订立的商品房预售合同，应当认定无效，但是在起诉前取得商品房预售许可证明的，可以认定有效。"因此，购房人在签订商品房预售合同之前，注意要求房产开发商出示相关证明，证实其已取得商品房预售许可证，避免签订的《商品房预售合同》被认定无效。

第四章　合同的履行

第五百零九条　【合同履行的原则】 当事人应当按照约定全面履行自己的义务。

当事人应当遵循诚信原则，根据合同的性质、目的和交易习惯履行通知、协助、保密等义务。

当事人在履行合同过程中，应当避免浪费资源、污染环境和破坏生态。

条文解读

全面履行原则 ➡ 本条第1款是关于合同全面履行原则的要求，当事人应当按照约定全面履行自己的义务。例如，买卖合同的出卖人应当按照约定的履行期限、履行地点和方式，将符合约定的数量、质量要求的标的物的所有权转移于买受人，买受人应当按照约定的价款金额、结算方式支付价款。租赁合同的出租人应当在约定的租赁期限内持续提供租赁物供承租人使用、收益，承租人应当按照约定的用途使用租赁物并按照约定的数额和支付方式支付租金。当事人应当履行的义务不限于合同的主要义务，对于当事人约定的其他义务，当事人也应当按照约定履行。例如，房产买卖合同中，出卖人不但要履行转移房产所有权于买受人这一合同的主要义务，还要按照约定与买受人办理物业交割手续等。二手车买卖合同中，出卖人不但要履行转移车辆所有权于买受人这一主要义务，还要按照约定向买受人提供车辆行驶证等必要资料文件。《民法典》合同编对违反合同义务的法律后果作了规定。不管是当事人不履行合同主要义务还是不履行合同其他义务，当事人都要承担违约责任。依照《民法典》第577条规定，当事人一方不履行合同义务或者履行合同义务不符合约定的，应当承担继续履行、采取补救措施或者赔偿损失等违约责任。依照《民法典》合同编关于合同解除的有关规定，当事人违反合同义务，符合法定或者约定的合同解除条件的，才可以解除合同。

实务应用

071. 开具发票能不能作为一项诉讼请求在民事诉讼中提出？

发票是在购销商品、提供或者接受服务以及从事其他经营活动中，开具、收取的收付款凭证。未按照规定开具发票的，属违反发票管理法规的行为。因此，开具发票属于行政法律关系而不是民事法律关系，当事人在诉讼中提出开具发票的诉讼请求，人民法院应予驳回。因收款方不开具发票而导致付款人不能扣税等的损失，付款人要求收款方赔偿的，人民法院应予支持。在诉讼中，当事人以收款人未开具发票作为迟延付款抗辩理由的，如合同有约定，则可支持其抗辩理由，可以认为开具发票作为一方收取货款的附随义务，因收款方没有履行而使付款条件未成就，或是对付款方迟延履行应承担的违约责任因收款方没有对以前收取的价款开具发票而予以免除；如合同没有约定，则可告知其向税务部门反映并要求解决。

第五百一十条 【约定不明时合同内容的确定】合同生效后，当事人就质量、价款或者报酬、履行地点等内容没有约定或者约定不明确的，可以协议补充；不能达成补充协议的，按照合同相关条款或者交易习惯确定。

关联参见

《买卖合同解释》第 2 条

第五百一十一条 【质量、价款、履行地点等内容的确定】当事人就有关合同内容约定不明确，依据前条规定仍不能确定的，适用下列规定：

（一）质量要求不明确的，按照强制性国家标准履行；没有强制性国家标准的，按照推荐性国家标准履行；没有推荐性国家标准的，按照行业标准履行；没有国家标准、行业标准的，按照通常标准或者符合合同目的的特定标准履行。

（二）价款或者报酬不明确的，按照订立合同时履行地的市场价格履行；依法应当执行政府定价或者政府指导价的，依照规定履行。

（三）履行地点不明确，给付货币的，在接受货币一方所在地履行；交付不动产的，在不动产所在地履行；其他标的，在履行义务一方所在地履行。

（四）履行期限不明确的，债务人可以随时履行，债权人也可以随时请求履行，但是应当给对方必要的准备时间。

（五）履行方式不明确的，按照有利于实现合同目的的方式履行。

（六）履行费用的负担不明确的，由履行义务一方负担；因债权人原因增加的履行费用，由债权人负担。

关联参见

《标准化法》第 10—12 条

第五百一十二条　【电子合同交付时间的认定】通过互联网等信息网络订立的电子合同的标的为交付商品并采用快递物流方式交付的，收货人的签收时间为交付时间。电子合同的标的为提供服务的，生成的电子凭证或者实物凭证中载明的时间为提供服务时间；前述凭证没有载明时间或者载明时间与实际提供服务时间不一致的，以实际提供服务的时间为准。

电子合同的标的物为采用在线传输方式交付的，合同标的物进入对方当事人指定的特定系统且能够检索识别的时间为交付时间。

电子合同当事人对交付商品或者提供服务的方式、时间另有约定的，按照其约定。

关联参见

《电子商务法》第 51—57 条

第五百一十三条　【执行政府定价或指导价的合同价格确定】执行政府定价或者政府指导价的，在合同约定的交付期限内政府价格调整时，按照交付时的价格计价。逾期交付标的物的，遇价格上涨时，按照原价格执行；价格下降时，按照新价格执行。逾期提取标的物或者逾期付款的，遇价格上涨时，按照新价格执行；价格下降时，按照原价格执行。

第五百一十四条　【金钱之债给付货币的确定规则】以支付

金钱为内容的债，除法律另有规定或者当事人另有约定外，债权人可以请求债务人以实际履行地的法定货币履行。

法定货币 ➡ 法定货币依靠国家规定成为一定地域内合法流通的货币。《中国人民银行法》第16条规定，中华人民共和国的法定货币是人民币。在合同交易中，对于以支付金钱为内容的债务，当事人可以约定以哪一币种履行债务。如果法律没有特别规定，当事人也没有约定的，债权人可以请求债务人以实际履行地的法定货币履行。

第五百一十五条 【选择之债中债务人的选择权】标的有多项而债务人只需履行其中一项的，债务人享有选择权；但是，法律另有规定、当事人另有约定或者另有交易习惯的除外。

享有选择权的当事人在约定期限内或者履行期限届满未作选择，经催告后在合理期限内仍未选择的，选择权转移至对方。

第五百一十六条 【选择权的行使】当事人行使选择权应当及时通知对方，通知到达对方时，标的确定。标的确定后不得变更，但是经对方同意的除外。

可选择的标的发生不能履行情形的，享有选择权的当事人不得选择不能履行的标的，但是该不能履行的情形是由对方造成的除外。

第五百一十七条 【按份债权与按份债务】债权人为二人以上，标的可分，按照份额各自享有债权的，为按份债权；债务人为二人以上，标的可分，按照份额各自负担债务的，为按份债务。

按份债权人或者按份债务人的份额难以确定的，视为份额相同。

第五百一十八条 【连带债权与连带债务】债权人为二人以上，部分或者全部债权人均可以请求债务人履行债务的，为连带债权；债务人为二人以上，债权人可以请求部分或者全部债务人履行全部债务的，为连带债务。

连带债权或者连带债务，由法律规定或者当事人约定。

关联参见

《合伙企业法》第 39 条、第 40 条

第五百一十九条　【连带债务份额的确定及追偿】连带债务人之间的份额难以确定的，视为份额相同。

实际承担债务超过自己份额的连带债务人，有权就超出部分在其他连带债务人未履行的份额范围内向其追偿，并相应地享有债权人的权利，但是不得损害债权人的利益。其他连带债务人对债权人的抗辩，可以向该债务人主张。

被追偿的连带债务人不能履行其应分担份额的，其他连带债务人应当在相应范围内按比例分担。

第五百二十条　【连带债务人之一所生事项涉他效力】部分连带债务人履行、抵销债务或者提存标的物的，其他债务人对债权人的债务在相应范围内消灭；该债务人可以依据前条规定向其他债务人追偿。

部分连带债务人的债务被债权人免除的，在该连带债务人应当承担的份额范围内，其他债务人对债权人的债务消灭。

部分连带债务人的债务与债权人的债权同归于一人的，在扣除该债务人应当承担的份额后，债权人对其他债务人的债权继续存在。

债权人对部分连带债务人的给付受领迟延的，对其他连带债务人发生效力。

第五百二十一条　【连带债权内外部关系】连带债权人之间的份额难以确定的，视为份额相同。

实际受领债权的连带债权人，应当按比例向其他连带债权人返还。

连带债权参照适用本章连带债务的有关规定。

第五百二十二条　【向第三人履行】 当事人约定由债务人向第三人履行债务，债务人未向第三人履行债务或者履行债务不符合约定的，应当向债权人承担违约责任。

法律规定或者当事人约定第三人可以直接请求债务人向其履行债务，第三人未在合理期限内明确拒绝，债务人未向第三人履行债务或者履行债务不符合约定的，第三人可以请求债务人承担违约责任；债务人对债权人的抗辩，可以向第三人主张。

第五百二十三条　【第三人履行】 当事人约定由第三人向债权人履行债务，第三人不履行债务或者履行债务不符合约定的，债务人应当向债权人承担违约责任。

关联参见

《买卖合同解释》第 16 条

第五百二十四条　【第三人代为履行】 债务人不履行债务，第三人对履行该债务具有合法利益的，第三人有权向债权人代为履行；但是，根据债务性质、按照当事人约定或者依照法律规定只能由债务人履行的除外。

债权人接受第三人履行后，其对债务人的债权转让给第三人，但是债务人和第三人另有约定的除外。

条文解读

代为履行 ➡ 债具有相对性，债务本应由债务人履行，但实践中基于各种原因，第三人履行债务的情况也比较多见。第三人履行债务，有的出于债权人与债务人的事先约定，有的基于其他原因。为了保护就债务履行有合法利益的第三人，本条规定打破了债的相对性，赋予该第三人代为履行的权利。该第三人代为履行债务，不需要考虑是否违反债务人的意思，债权人也不得拒绝。

《民法典》合同编第719条的规定可以视为本条第三人代为履行制度的一个具体体现。承租人拖欠租金的，次承租人具有稳定租赁关系、继续占有和使用租赁物的需要，属于对支付租金具有合法利益的第三人，享有代承租人向出租人支付租金的权利，可以代承租人支付其欠付的租金和违约金。同时为了合理平衡出租人和次承租人的利益，第719条还作了但书规定，即如果转租合同对出租人不具有法律约束力，那么次承租人就不属于"对债务履行具有合法利益的第三人"，次承租人代为支付租金的，出租人有权拒绝。

"对履行债务具有合法利益的第三人"，根据《合同编通则解释》第30条的规定，下列民事主体，人民法院可以认定为对履行债务具有合法利益的第三人：（1）保证人或者提供物的担保的第三人；（2）担保财产的受让人、用益物权人、合法占有人；（3）担保财产上的后顺位担保权人；（4）对债务人的财产享有合法权益且该权益将因财产被强制执行而丧失的第三人；（5）债务人为法人或者非法人组织的，其出资人或者设立人；（6）债务人为自然人的，其近亲属；（7）其他对履行债务具有合法利益的第三人。

案例指引

031. 物流公司是否可以替运输受托人代为履行其欠雇用司机的运费？[①]

某物流有限公司（甲方）与吴某（乙方）于2020年签订《货物运

[①] 参见《人民法院贯彻实施民法典典型案例（第一批）》（2022年2月25日发布），某物流有限公司诉吴某运输合同纠纷案，载最高人民法院网 https://www.court.gov.cn/zixun/xiangqing/347181.html，最后访问日期：2024年4月1日。

输合同》，约定该公司的郑州运输业务由吴某承接。合同还约定调运车辆、雇用运输司机的费用由吴某结算，与某物流有限公司无关。某物流有限公司与吴某之间已结清大部分运费，但因吴某未及时向承运司机结清运费，2020年11月某日，承运司机在承运货物时对货物进行扣留。基于运输货物的时效性，某物流有限公司向承运司机垫付了吴某欠付的46万元，并通知吴某，吴某当时对此无异议。后吴某仅向某物流有限公司支付了6万元。某物流有限公司向吴某追偿余款未果，遂提起诉讼。

生效裁判认为，某物流有限公司与吴某存在运输合同关系，在吴某未及时向货物承运司机结清费用，致使货物被扣留时，某物流有限公司对履行该债务具有合法利益，有权代吴某向承运司机履行。某物流有限公司代为履行后，承运司机对吴某的债权即转让给该公司，故依照《民法典》第524条规定，判决支持某物流有限公司请求吴某支付剩余运费的诉讼请求。

《民法典》合同编新增了具有合法利益的第三人代为履行的规定，对于确保各交易环节有序运转，促进债权实现，维护交易安全，优化营商环境具有重要意义。本案是适用《民法典》关于具有合法利益的第三人代为履行规则的典型案例。审理法院适用《民法典》相关规定，依法认定原告某物流有限公司代被告吴某向承运司机支付吴某欠付的运费具有合法利益，且在原告履行后依法取得承运司机对被告吴某的债权。本案判决不仅对维护物流运输行业交易秩序、促进物流运输行业蓬勃发展具有保障作用，也对人民法院探索具有合法利益的第三人代为履行规则的适用具有积极意义。

第五百二十五条　【同时履行抗辩权】当事人互负债务，没有先后履行顺序的，应当同时履行。一方在对方履行之前有权拒绝其履行请求。一方在对方履行债务不符合约定时，有权拒绝其相应的履行请求。

同时履行抗辩权 ➡ 本条是关于同时履行抗辩权的规定。同时履行抗辩权是指在没有先后履行顺序的双务合同中，一方当事人在对方当事人未履行或者履行不符合约定的情况下，享有拒绝对待给付的权利。同时履行抗辩权针对的是当事人互负债务，但是没有先后履行顺序的情况。从公平角度考虑，在这种情况下当事人应当同时履行，当事人可以行使同时履行抗辩权对抗对方当事人的履行请求权。同时履行抗辩权制度并非追求双方当事人债务的同时履行，并不是非要促成当事人按照"一手交钱、一手交货"的简单交易方式履行债务。同时履行抗辩权是一种防御性权利，从制度设计上说，"防御"不是目的，目的在于打破僵局，促使债务履行。同时履行抗辩权属延期的抗辩权，只是暂时阻止对方当事人请求权的行使，而非永久的抗辩权。对方当事人完全履行了合同义务，同时履行抗辩权消灭，当事人应当履行自己的义务。当事人行使同时履行抗辩权致使合同迟延履行的，该当事人不承担违约责任。

关联参见

《合同编通则解释》第 31 条

第五百二十六条 【后履行抗辩权】当事人互负债务，有先后履行顺序，应当先履行债务一方未履行的，后履行一方有权拒绝其履行请求。先履行一方履行债务不符合约定的，后履行一方有权拒绝其相应的履行请求。

条文解读

后履行抗辩权 ➡ 本条是关于后履行抗辩权的规定。后履行抗辩权，是指在双务合同中应当先履行的一方当事人未履行或者履行债务不符合约定的，后履行的一方当事人享有拒绝对方履行请求或者拒绝对方相应履行请求的权利。后履行抗辩权属延期的抗辩权，只是暂时阻止对方当事人请求权的行使，而非永久的抗辩权。对方当事人履行了合同义务，后履行抗辩权消灭，当事人应当履行自己的义务。后履行一方当事人行使后履行抗辩权致使合同迟延履行的，该当事人不承担违约责任，迟延履行的责任由对方承担。后履行一方当事人行使后履行抗辩权，不影响追究应当先履行一方当事人的违约责任。

关联参见

《买卖合同解释》第 31 条

第五百二十七条　【不安抗辩权】 应当先履行债务的当事人，有确切证据证明对方有下列情形之一的，可以中止履行：

（一）经营状况严重恶化；

（二）转移财产、抽逃资金，以逃避债务；

（三）丧失商业信誉；

（四）有丧失或者可能丧失履行债务能力的其他情形。

当事人没有确切证据中止履行的，应当承担违约责任。

条文解读

不安抗辩权 ➡ 本条是关于不安抗辩权的规定。不安抗辩权，是指双务合同成立后，应当先履行的当事人有确切证据证明对方不能履行义务，或者不履行合同义务的可能性较高时，在对方恢复履行能力或者提供担保之前，有权中止履行合同义务。双务合同中，在后履行债务一方丧失或者可能丧失债务履行能力的情况下，仍然要求应先履行债务一方先作出给付，有悖公平，因此法律设立不安抗辩权制度，赋予应先履行债务一方在这些情况下中止履行债务的权利。

需要注意的是，对于后履行的当事人发生了丧失或者可能丧失债务履行能力的情形，应当先履行债务的当事人必须要有确切的证据证明。如果有确切的证据证明，则属于正当行使不安抗辩权，可以中止履行顺序在先的债务；如果没有确切的证据证明而中止履行的，则属于违约行为，应当先履行债务的当事人要承担违约责任。由此可以看出，有无确切的证据证明是非常关键的因素，直接决定中止履行行为是正当行使不安抗辩权，还是属于违约行为。"有无确切的证据证明"，不是由先履行债务的当事人单方决定的。如果事后双方当事人对"有无确切的证据证明"产生争议，应当由先履行债务的一方当事人承担举证责任，由仲裁机构或者法院作出最终裁断。因此，应当先履行债务的当事人要根据自己掌握的对方丧失或者可能丧失债务履行能力的证据情况谨慎为之，慎重行使不安抗辩权，不能凭空推测或凭借主观臆想而断定对方丧失或者可能丧失债务履行能力，没有确切证据证明而单方中止履行合同的，应当承担违约责任。

例如，谢某与谷某签订合同，约定谢某应于 10 月 1 日向谷某交货，谷某应于 10 月 5 日付款。9 月底，谢某发现谷某财产状况恶化，无支付货款的能力，要求谷某为其付款义务提供担保，否则拒绝交付货物。但谢某的请求遭到谷某拒绝，谷某认为谢某违反合同的约定没有按时提供货物，要求谢某承担违约责任。在本案中，谷某财产状况恶化，谢某有权行使不安抗辩权，中止履行合同，若谷某仍不能提供担保，谢某有权解除合同。

072. 对债务人抽逃资金的行为应适用不安抗辩的规定还是预期违约的规定？

不安抗辩是先中止履行，在后履行方未恢复履行能力并且未提供适当担保之后才解除合同。而预期违约是一方当事人明确表示或者以其行为表明将不履行合同义务时，另一方当事人可以解除合同并追究其违约责任。债务人在履行期限届满前抽逃资金以逃避债务，应优先适用不安抗辩的规定。因为，债务人抽逃资金后，财产减少，有可能丧失履行能力，但是，也可以通过重新注资等办法恢复履行能力，合同仍可以继续履行。所以，对债权人来说，可以先中止履行并要求债务人提供担保，债务人未恢复履行能力或不能提供担保的，债权人可以解除合同。对债务人来说，债权人在行使不安抗辩权的同时必须履行的通知义务可以避免自己的利益因对方中止履行合同而受到损害，同时在得到对方通知后可以及时提出反证或者提供担保以对抗不安抗辩权。债务人提供担保后，债权人的不安抗辩权消灭，债权人应恢复履行。而预期违约的救济方式是直接解除合同和追究违约责任，合同的效力将永久消灭，不利于实现合同的目的，维护交易安全，也不利于平衡双方当事人的利益。

第五百二十八条　【不安抗辩权的行使】当事人依据前条规定中止履行的，应当及时通知对方。对方提供适当担保的，应当恢复履行。中止履行后，对方在合理期限内未恢复履行能力且未提供适当担保的，视为以自己的行为表明不履行主要债务，中止履行的一方可以解除合同并可以请求对方承担违约责任。

第五百二十九条　【因债权人原因致债务履行困难的处理】债权人分立、合并或者变更住所没有通知债务人，致使履行债务发生困难的，债务人可以中止履行或者将标的物提存。

第五百三十条　【债务人提前履行债务】债权人可以拒绝债务人提前履行债务，但是提前履行不损害债权人利益的除外。

债务人提前履行债务给债权人增加的费用，由债务人负担。

第五百三十一条　【债务人部分履行债务】债权人可以拒绝债务人部分履行债务，但是部分履行不损害债权人利益的除外。

债务人部分履行债务给债权人增加的费用，由债务人负担。

第五百三十二条　【当事人变化不影响合同效力】合同生效

后，当事人不得因姓名、名称的变更或者法定代表人、负责人、承办人的变动而不履行合同义务。

第五百三十三条　**【情势变更】**合同成立后，合同的基础条件发生了当事人在订立合同时无法预见的、不属于商业风险的重大变化，继续履行合同对于当事人一方明显不公平的，受不利影响的当事人可以与对方重新协商；在合理期限内协商不成的，当事人可以请求人民法院或者仲裁机构变更或者解除合同。

人民法院或者仲裁机构应当结合案件的实际情况，根据公平原则变更或者解除合同。

条文解读

情势变更 ➡ 本条是关于情势变更制度的规定。情势变更制度是指合同依法成立后，客观情况发生了无法预见的重大变化，致使原来订立合同的基础丧失或者动摇，如继续履行合同则对一方当事人明显不公平，因此允许变更或者解除合同以维持当事人之间的公平。

满足以上情势变更制度适用条件的，可以产生以下法律效果：

一是受不利影响的当事人有权请求与对方重新协商。对于因情势变更造成的双方权利义务严重失衡的状态，受不利影响的当事人请求与对方协商的，对方应当积极回应，参与协商。双方当事人应依诚信，本着公平原则，重新调整权利义务关系，变更或者解除合同。

二是双方当事人在协商过程中，就合同的变更或者解除达不成一致意见，协商不成的，当事人可以请求法院或者仲裁机构作最终裁断。人民法院或者仲裁机构应当结合案件的实际情况，判断是否符合情势变更制度的适用条件，对此人民法院或者仲裁机构应当严格掌握，避免当事人以情势变更制度作为逃避履行合同的借口，损害合同的效力和权威，破坏正常的交易秩序。符合情势变更制度适用条件的，人民法院应当根据公平原则，就变更合同还是解除合同，如何变更合同、解除合同后的法律后果等作出裁断。尤其需要注意的是，适用情势变更制度变更或者解除合同，与当事人依照《民法典》合同编第 563 条和第 564 条规定主张解除合同，存在实质不同。当事人依照《民法典》合同编第 563 条和第 564 条规定分别享有的是法定解除权和约定解除权，是当事人本身所享有的民事实体权利。当事人行使合同解除权，可以直接通知对方解除，通知到达对方时，合同解除；当事人依法提起诉讼主张解除合同的，法院判决解除合同是对当事人本身所享有的合同解除权的确认，系确认之诉。而情势变更制度是对当事人权利义务显著失衡状态所作的必要调整，当事人本身并不享有实体法意义上的合同解除权或者变更权，当事人仅在程序上可以向法院或者仲裁机构提出请求，仅是对变更或者解除合同存有一种可能性，最终是否变更或者解除合同，是否有必要对当事人的权利义务进行调整，如何调整，由人民法院或者仲裁机构审酌判定。

案例指引

032. 合同一方当事人以构成情势变更为由不履行合同规定的义务，如何应对?[①]

2019 年 2 月 26 日，北京某村民委员会、北京某经济合作社、北京某旅游公司就北京某村域范围内旅游资源开发建设签订经营协议，经营面积 595.88 公顷，经营范围内有河沟、山谷、民宅等旅游资源，经营期限 50 年。北京某旅游公司交纳合作费用 300 万元。2018 年年中，区水务局开始进行城市蓝线规划工作，至 2019 年年底形成正式稿，将涉案经营范围内河沟两侧划定为城市蓝线。2019 年 11 月前后，北京某旅游公司得知河沟两侧被划定为城市蓝线，于 2020 年 5 月 11 日通知要求解除相关协议，后北京某旅游公司撤场。区水务局提供的城市蓝线图显示，城市蓝线沿着河沟两侧划定，大部分村民旧宅在城市蓝线范围外。

---

① 参见《人民法院贯彻实施民法典典型案例（第二批）》（2023 年 1 月 12 日发布），北京某旅游公司诉北京某村民委员会等合同纠纷案，载最高人民法院网 https://www.court.gov.cn/zixun/xiangqing/386521.html，最后访问日期：2024 年 4 月 1 日。

区水务局陈述，城市蓝线是根据标准不同以及河道防洪等级不同划定的，开发建设必须保证不影响防洪，如果影响，需要对河道进行治理，治理验收合格后则能正常开发建设。庭审中，北京某旅游公司未提交证据证明其对经营范围内区域进行旅游开发时，曾按照政策要求报请相关审批手续，也未提交证据证明因城市蓝线的划定相关政府部门向其出具禁止开展任何活动的通知。

生效裁判认为，本案中城市蓝线的划定不属于情势变更。城市蓝线划定不属于无法预见的重大变化，不会导致一方当事人无法履约。经营协议确定的绝大部分经营区域并不在城市蓝线范围内，对于在城市蓝线范围内的经营区域，北京某旅游公司亦可在履行相应行政审批手续、符合政策文件具体要求的情况下继续进行开发活动，城市蓝线政策不必然导致其履约困难。北京某村民委员会、北京某经济合作社并不存在违约行为，北京某旅游公司明确表示不再对经营范围内进行民宿及旅游资源开发，属于违约一方，不享有合同的法定解除权。本案中，北京某旅游公司已撤场，且明确表示不再对经营范围内进行民宿及旅游资源开发，要求解除或终止合同，而北京某村民委员会不同意解除或终止合同，要求北京某旅游公司继续履行合同。双方签订的经营协议系具有合作性质的长期性合同，北京某旅游公司是否对民宿及旅游资源进行开发建设必将影响北京某村民委员会的后期收益，北京某旅游公司的开发建设既属权利，也系义务，该不履行属"不履行非金钱债务"的情形，且该债务不适合强制履行。同时，长期性合作合同须以双方自愿且相互信赖为前提，在涉案经营协议已丧失继续履行的现实可行性的情形下，如不允许双方权利义务终止，既不利于充分发挥土地等资源的价值，也不利于双方利益的平衡保护。因此，涉案经营协议履行已陷入僵局，对于当事人依据《民法典》第580条规定请求终止合同权利义务关系的主张，人民法院予以支持。本案中，旅游开发建设未实际开展，合同权利义务关系终止后，产生恢复原状的法律后果，但合同权利义务关系终止不影响违约责任的承担。综合考虑北京某村民委员会前期费用支出、双方合同权利义务约定、

439

北京某旅游公司的违约情形、合同实际履行期间等因素，酌定北京某村民委员会、北京某经济合作社退还北京某旅游公司部分合作费 120 万元。

本案是人民法院准确适用《民法典》关于合同权利义务关系终止和违约责任承担等制度，依法妥善化解民事纠纷的典型案例。审理法院根据案件具体情况认定所涉案件事实不构成情势变更，防止市场主体随意以构成情势变更为由逃避合同规定的义务，同时考虑到合同已经丧失继续履行的现实可行性，依法终止合同权利义务关系。本案裁判有利于指引市场主体遵循诚信原则依法行使权利、履行义务，对于维护市场交易秩序、弘扬诚实守信的社会主义核心价值观具有积极意义。

关联参见

《合同编通则解释》第 32 条

第五百三十四条 【合同监督】对当事人利用合同实施危害国家利益、社会公共利益行为的，市场监督管理和其他有关行政主管部门依照法律、行政法规的规定负责监督处理。

第五章　合同的保全

第五百三十五条 【债权人代位权】因债务人怠于行使其债权或者与该债权有关的从权利，影响债权人的到期债权实现的，债权人可以向人民法院请求以自己的名义代位行使债务人对相对人的权利，但是该权利专属于债务人自身的除外。

代位权的行使范围以债权人的到期债权为限。债权人行使代位权的必要费用，由债务人负担。

相对人对债务人的抗辩，可以向债权人主张。

条文解读

代位权 ➡ 债权具有相对性，债权人只能向债务人请求履行，原则上不及于第三人。但当债务人与第三人的行为危及债权人的债权实现时，法律允许债权人对债务人与第三人的行为行使一定的权利，以排除对其债权的危害。这一制度称为债的保全制度，是债的对外效力的体现。债的保全方法有二，分别为债权人的代位权和撤销权。

代位权指债务人怠于行使权利，债权人为保全债权，以自己的名义代位行使债务人对相对人的权利。代位权虽有代位诉权、间接诉权之称，但其仍属债权人的实体权利。债权人行使代位权，提起代位诉讼，法院的判决对债务人是否发生效力？如果债务人作为第三人参加诉讼，法院的判决自然对其发生效力。如果债务人未参加诉讼，法院判决的效力亦及于债务人，债务人不得就债权人行使代位权请求的数额另行起诉，否则违反一事不再理原则。但是，债务人对相对人的债权数额超出债权人行使代位权请求数额的，就超出部分，债务人仍然可以向有管辖权的法院另行起诉相对人。

债权人行使代位权，债务人的相对人的地位不应受到影响，债务人的相对人对债务人的抗辩（不限于抗辩权），如同时履行抗辩权、后履行抗辩、时效届满的抗辩、虚假表示可撤销的抗辩等，同样可以对抗债权人。

债权人行使代位权，所产生的法律效力是：（1）对债权人的效力。债权人行使代位权的必要费用，可以向债务人请求返还。注意代位权的诉讼费，如果债权人胜诉，则应由次债务人承担。债务人怠于受领第三人的履行时，债权人得代位受领，但受领的财产是债务人所有债权的总担保，该债权人不得以此财产专供清偿自己的债权，也不得自行抵销自己与债务人的债务。（2）对债务人的效力。债权人行使代位权的效力直接归属于债务人，债务人对第三人的请求权或有关的权利归于消灭，所获得的财产归债务人。如果债权人在债务人怠于受领时受领了财产，债务人有权请求债权人返还。（3）对第三人的效力。债权人行使债权和债务人行使债权对第三人的法律地位及其利益均无影响。第三人对债务人享有的一切抗辩权都可以对债权人行使。但第三人不能以债权人非合同一方当事人为借口而对抗债权人的请求。（4）债权人提起代位权诉讼的，对债权人的债权和债务人的债权均发生诉讼时效中断的效力。

例如，贾某欠李某10万元，贾某因经济困难不能向李某履行债务。后李某得知张某拖欠贾某12万元未还，故李某以自己的名义向张某主张债权。张某认为，他拖欠贾某12万元，不需向李某偿还，而且所欠款项并非12万元，因为贾某向张某提供的货物存在瑕疵，实际债权只有8万元，各方发生纠纷。在本案中，法院经审查认为张某拖欠贾某的欠款属实，但是贾某的货物确实存在瑕疵，故张某实际拖欠贾某的货款为9万元。根据《民法典》合同编的规定，李某有权对贾某的到期债权以自己的名义行使代位权。张某应当以9万元为限向李某承担责任。张某承担责任后，张某与贾某之间的债权债务关系消灭，但贾某仍然拖欠李某1万元债务。

实务应用

073. 只要是债务人享有的到期债权，债权人都可以代位行使吗？

债务人享有的可由债权人代位行使的债权有：合同债权，基于无因管理或不当得利而产生的返还请求权，合同解除权，选择之债的选择权，损害赔偿请求权，抵销权，债务人的代位权，清偿受领权，因重大误解、显失公平的民事行为而产生的撤销权与变更权等。但是，如果该债权是专属于债务人自身的，则债权人不能代位行使。根据《合同编通则解释》第34条的规定，下列权利，人民法院可以认定为"专属于债务人自身的权利"：（1）抚养费、赡养费或者扶养费请求权；（2）人身损害赔偿请求权；（3）劳动报酬请求权，但是超过债务人及其所扶养家属的生活必需费用的部分除外；（4）请求支付基本养老保险金、失业保险金、最低生活保障金等保障当事人基本生活的权利；（5）其他专属于债务人自身的权利。

033. 代位权诉讼中，仲裁条款的效力如何认定？[①]

裁判要点

在代位权诉讼中，相对人以其与债务人之间的债权债务关系约定了仲裁条款为由，主张案件不属于人民法院受理案件范围的，人民法院不予支持。

简要案情

2015 年至 2016 年，某控股株式会社与某利国际公司等先后签订《可转换公司债发行及认购合同》及补充协议，至 2019 年 3 月，某利国际公司欠付某控股株式会社款项 6400 余万元。2015 年 5 月，某利公司与其母公司某利国际公司签订《贷款协议》，由某利国际公司向某利公司出借 2.75 亿元用于公司经营。同年 6 月，某利国际公司向某利公司发放了贷款。案涉《可转换公司债发行及认购合同》及补充协议、《贷款协议》均约定了仲裁条款。某控股株式会社认为某利国际公司怠于行使对某利公司的债权，影响了某控股株式会社到期债权的实现，遂提起代位权诉讼。一审法院认为，虽然某控股株式会社与某利公司之间并无直接的仲裁协议，但某控股株式会社向某利公司行使代位权时，应受某利公司与某利国际公司之间仲裁条款的约束。相关协议约定的仲裁条款排除了人民法院的管辖，故裁定驳回某控股株式会社的起诉。某控股株式会社不服提起上诉。二审法院裁定撤销一审裁定，移送被告住所地人民法院审理。

判决理由

生效裁判认为，虽然案涉合同中均约定了仲裁条款，但仲裁条款

[①] 参见《最高人民法院发布〈关于适用《中华人民共和国民法典》合同编通则若干问题的解释〉相关典型案例》（2023 年 12 月 5 日发布），案例五"某控股株式会社与某利公司等债权人代位权纠纷案"，载中国法院网 https://www.chinacourt.org/article/detail/2023/12/id/7681679.shtml，最后访问日期：2024 年 4 月 1 日。

只约束签订合同的各方当事人，对合同之外的当事人不具有约束力。本案并非债权转让引起的诉讼，某控股株式会社既非《贷款协议》的当事人，亦非该协议权利义务的受让人，一审法院认为某控股株式会社行使代位权时应受某利公司与某利国际公司之间仲裁条款的约束缺乏依据。

司法解释相关条文

《合同编通则解释》第 36 条　债权人提起代位权诉讼后，债务人或者相对人以双方之间的债权债务关系订有仲裁协议为由对法院主管提出异议的，人民法院不予支持。但是，债务人或者相对人在首次开庭前就债务人与相对人之间的债权债务关系申请仲裁的，人民法院可以依法中止代位权诉讼。

关联参见

《建设工程施工合同解释（一）》第 44 条；《合同编通则解释》第 33—41 条

第五百三十六条　**【保存行为】** 债权人的债权到期前，债务人的债权或者与该债权有关的从权利存在诉讼时效期间即将届满或者未及时申报破产债权等情形，影响债权人的债权实现的，债权人可以代位向债务人的相对人请求其向债务人履行、向破产管理人申报或者作出其他必要的行为。

第五百三十七条　**【代位权行使后的法律效果】** 人民法院认定代位权成立的，由债务人的相对人向债权人履行义务，债权人接受履行后，债权人与债务人、债务人与相对人之间相应的权利义务终止。债务人对相对人的债权或者与该债权有关的从权利被采取保全、执行措施，或者债务人破产的，依照相关法律的规定处理。

034. 代位权诉讼执行中，因相对人无可供执行的财产而被终结本次执行程序，债权人就未实际获得清偿的债权另行向债务人主张权利的，法院是否会支持诉求？[①]

北京大唐燃料有限公司诉山东百富物流有限公司买卖合同纠纷案

（最高人民法院审判委员会讨论通过　2021年11月9日发布）

关键词　民事/买卖合同/代位权诉讼/未获清偿/另行起诉

裁判要点

代位权诉讼执行中，因相对人无可供执行的财产而被终结本次执行程序，债权人就未实际获得清偿的债权另行向债务人主张权利的，人民法院应予支持。

相关法条

《最高人民法院关于适用〈中华人民共和国合同法〉若干问题的解释（一）》第20条（注：现行有效的法律为《中华人民共和国民法典》第537条）

基本案情

2012年1月20日至2013年5月29日，北京大唐燃料有限公司（以下简称大唐公司）与山东百富物流有限公司（以下简称百富公司）之间共签订采购合同41份，约定百富公司向大唐公司销售镍铁、镍矿、精煤、冶金焦等货物。双方在履行合同过程中采用滚动结算的方式支付货款，但是每次付款金额与每份合同约定的货款金额并不一一对应。自2012年3月15日至2014年1月8日，大唐公司共支付百富公司货款1827867179.08元，百富公司累计向大唐公司开具增值税发票总额为1869151565.63元。大唐公司主张百富公司累计供货货值为1715683565.63元，百富公司主张其已按照开具增值税发票数额足额供货。

---

① 最高人民法院指导案例167号。

2014 年 11 月 25 日，大唐公司作为原告，以宁波万象进出口有限公司（以下简称万象公司）为被告，百富公司为第三人，向浙江省宁波市中级人民法院提起债权人代位权诉讼。该院作出（2014）浙甬商初字第74 号民事判决书，判决万象公司向大唐公司支付款项 36369405.32 元。大唐公司于 2016 年 9 月 28 日就（2014）浙甬商初字第 74 号民事案件向浙江省象山县人民法院申请强制执行。该院于 2016 年 10 月 8 日依法向万象公司发出执行通知书，但万象公司逾期仍未履行义务，万象公司尚应支付执行款 36369405.32 元及利息，承担诉讼费 209684 元、执行费 103769.41 元。经该院执行查明，万象公司名下有机动车二辆，该院已经查封但未实际控制。大唐公司在限期内未能提供万象公司可供执行的财产，也未向该院提出异议。该院于 2017 年 3 月 25 日作出（2016）浙 0225 执 3676 号执行裁定书，终结本次执行程序。

大唐公司以百富公司为被告，向山东省高级人民法院提起本案诉讼，请求判令百富公司向其返还本金及利息。

裁判结果

山东省高级人民法院于 2018 年 8 月 13 日作出（2018）鲁民初 10 号民事判决：一、山东百富物流有限公司向北京大唐燃料有限公司返还货款 75814208.13 元；二、山东百富物流有限公司向北京大唐燃料有限公司赔偿占用货款期间的利息损失（以 75814208.13 元为基数，自 2014 年 11 月 25 日起至山东百富物流有限公司实际支付之日止，按照中国人民银行同期同类贷款基准利率计算）；三、驳回北京大唐燃料有限公司其他诉讼请求。大唐燃料有限公司不服一审判决，提起上诉。最高人民法院于 2019 年 6 月 20 日作出（2019）最高法民终 6 号民事判决：一、撤销山东省高级人民法院（2018）鲁民初 10 号民事判决；二、山东百富物流有限公司向北京大唐燃料有限公司返还货款 153468000 元；三、山东百富物流有限公司向北京大唐燃料有限公司赔偿占用货款期间的利息损失（以 153468000 元为基数，自 2014 年 11 月 25 日起至山东百富物流有限公司实际支付之日止，按照中国人民银行同期同类贷款基准利率计算）；四、驳回北京大唐燃料有限公司的其他诉讼请求。

裁判理由

最高人民法院认为：关于（2014）浙甬商初字第74号民事判决书涉及的36369405.32元债权问题。大唐公司有权就该笔款项另行向百富公司主张。

第一，《最高人民法院关于适用〈中华人民共和国合同法〉若干问题的解释（一）》（以下简称《合同法解释（一）》）第二十条①规定，债权人向次债务人提起的代位权诉讼经人民法院审理后认定代位权成立的，由次债务人向债权人履行清偿义务，债权人与债务人、债务人与次债务人之间相应的债权债务关系即予消灭。根据该规定，认定债权人与债务人之间相应债权债务关系消灭的前提是次债务人已经向债权人实际履行相应清偿义务。本案所涉执行案件中，因并未执行到万象公司的财产，浙江省象山县人民法院就已经作出终结本次执行的裁定，故在万象公司并未实际履行清偿义务的情况下，大唐公司与百富公司之间的债权债务关系并未消灭，大唐公司有权向百富公司另行主张。

第二，代位权诉讼属于债的保全制度，该制度是为防止债务人财产不当减少或者应当增加而未增加，给债权人实现债权造成障碍，而非要求债权人在债务人与次债务人之间择一选择作为履行义务的主体。如果要求债权人择一选择，无异于要求债权人在提起代位权诉讼前，需要对次债务人的偿债能力作充分调查，否则应当由其自行承担债务不得清偿的风险，这不仅加大了债权人提起代位权诉讼的经济成本，还会严重挫伤债权人提起代位权诉讼的积极性，与代位权诉讼制度的设立目的相悖。

第三，本案不违反"一事不再理"原则。根据《最高人民法院关于适用〈中华人民共和国民事诉讼法〉的解释》第二百四十七条规定，判断是否构成重复起诉的主要条件是当事人、诉讼标的、诉讼请求是否

---

① 现为《民法典》第537条。

相同，或者后诉的诉讼请求是否实质上否定前诉裁判结果等。代位权诉讼与对债务人的诉讼并不相同，从当事人角度看，代位权诉讼以债权人为原告、次债务人为被告，而对债务人的诉讼则以债权人为原告、债务人为被告，两者被告身份不具有同一性。从诉讼标的及诉讼请求上看，代位权诉讼虽然要求次债务人直接向债权人履行清偿义务，但针对的是债务人与次债务人之间的债权债务，而对债务人的诉讼则是要求债务人向债权人履行清偿义务，针对的是债权人与债务人之间的债权债务，两者在标的范围、法律关系等方面亦不相同。从起诉要件上看，与对债务人诉讼不同的是，代位权诉讼不仅要求具备民事诉讼法规定的起诉条件，同时还应当具备《合同法解释（一）》第十一条①规定的诉讼条件。基于上述不同，代位权诉讼与对债务人的诉讼并非同一事由，两者仅具有法律上的关联性，故大唐公司提起本案诉讼并不构成重复起诉。

第五百三十八条　【撤销债务人无偿行为】 债务人以放弃其债权、放弃债权担保、无偿转让财产等方式无偿处分财产权益，或者恶意延长其到期债权的履行期限，影响债权人的债权实现的，债权人可以请求人民法院撤销债务人的行为。

实务应用

074. 债权人能否起诉撤销债务人拒绝受领某种利益的行为？

《民法典》合同编第 538 条和第 539 条规定的撤销行为包括债务人放弃债权、放弃债权担保、无偿处分财产、以不合理价格转让或受让财产等。对债务人拒绝受领某种利益，如放弃继承、拒绝赠与等拒绝财产增加的行为，债权人是否有权申请撤销这些行为，法律未作明确规定。审判实践中，法院一般认为债权人无权申请撤销债务人拒绝受领某种利益的行为。原因在于：（1）债权人行使撤销权的目的是恢复债务人减少

---

① 现已失效。

了的责任财产，防止债务人逃避债务，实施减少责任财产、危害债权人利益的不正当行为，而不在于增加债务人的责任财产。(2) 债权人在与债务人进行交易时，所承担的商业风险是基于债务人原来的责任财产基础，债务人拒绝受领的"增加财产"，本来也不属于债务人的责任财产范围，债务人拒绝受领增加的财产并未减少其责任财产、危及债权人利益。

075. 债权人在撤销权诉讼中胜诉的，其能否对撤销的财产或利益优先受偿？

撤销权属于债的保全制度的范畴，其实质在于恢复债务人的责任财产以保全全体债权人的利益，并不具有优先受偿性。

撤销的财产应当归属于全体债权人，各个债权人对这些财产有权平等受偿；行使撤销权的债权人对因撤销债务人的行为而返还给债务人的财产请求直接受偿的，人民法院将不予支持。但债权人有权通过另案起诉债务人行使给付请求权，并申请法院强制执行胜诉判决以实现其债权。此外，如果已有其他债权人对债务人提起撤销之诉或给付之诉并胜诉、进入执行程序的，应当将撤销的财产在这些债权人之间按照债权比例分配。

第五百三十九条 【撤销债务人有偿行为】债务人以明显不合理的低价转让财产、以明显不合理的高价受让他人财产或者为他人的债务提供担保，影响债权人的债权实现，债务人的相对人知道或者应当知道该情形的，债权人可以请求人民法院撤销债务人的行为。

实务应用

076. 如何判断债务人的行为属于"以明显不合理的低价转让财产"？

人民法院应当按照交易当地一般经营者的判断，并参考交易时交易地的市场交易价或者物价部门指导价予以认定。

转让价格未达到交易时交易地的市场交易价或者指导价70%的，一般可以认定为"明显不合理的低价"；受让价格高于交易时交易地的市场交易价或者指导价30%的，一般可以认定为"明显不合理的高价"。

债务人与相对人存在亲属关系、关联关系的，不受前述70%、30%的限制。

035. 撤销权诉讼中，债权人可否主张相对人向债务人返还财产、以明显不合理的高价受让他人财产？①

裁判要点

在债权人撤销权诉讼中，债权人请求撤销债务人与相对人的行为并主张相对人向债务人返还财产的，人民法院依法予以支持。

简要案情

周某因丁某未能履行双方订立的加油卡买卖合同，于2020年8月提起诉讼，请求解除买卖合同并由丁某返还相关款项。生效判决对周某的诉讼请求予以支持，但未能执行到位。执行中，周某发现丁某于2020年6月至7月间向其母亲薛某转账87万余元，遂提起债权人撤销权诉讼，请求撤销丁某无偿转让财产的行为并同时主张薛某向丁某返还相关款项。

判决理由

生效裁判认为，丁某在其基于加油卡买卖合同关系形成的债务未能履行的情况下，将名下银行卡中的款项无偿转账给其母亲薛某的行为客观上影响了债权人周某债权的实现。债权人周某在法定期限内提起撤销权诉讼，符合法律规定。丁某的行为被撤销后，薛某即丧失占有案涉款

---

① 参见《最高人民法院发布〈关于适用《中华人民共和国民法典》合同编通则若干问题的解释〉相关典型案例》（2023年12月5日发布），案例六"周某与丁某、薛某债权人撤销权纠纷案"，载中国法院网 https://www.chinacourt.org/article/detail/2023/12/id/7681679.shtml，最后访问日期：2024年4月1日。

项的合法依据，应当负有返还义务，遂判决撤销丁某的行为、薛某向丁某返还相关款项。

司法解释相关条文

《合同编通则解释》第 46 条第 1 款　债权人在撤销权诉讼中同时请求债务人的相对人向债务人承担返还财产、折价补偿、履行到期债务等法律后果的，人民法院依法予以支持。

关联参见

《合同编通则解释》第 42—44 条

第五百四十条　【撤销权的行使范围】撤销权的行使范围以债权人的债权为限。债权人行使撤销权的必要费用，由债务人负担。

案例指引

036. 债权人申请强制执行后，被执行人与他人在另外的民事诉讼中达成调解协议，放弃其取回财产的权利，是否符合行使撤销权的条件?[①]

鞍山市中小企业信用担保中心诉汪薇、鲁金英第三人撤销之诉案

（最高人民法院审判委员会讨论通过　2021 年 2 月 19 日发布）

关键词　民事/第三人撤销之诉/撤销权/原告主体资格

裁判要点

债权人申请强制执行后，被执行人与他人在另外的民事诉讼中达成调解协议，放弃其取回财产的权利，并大量减少债权，严重影响债权人债权实现，符合《合同法》第七十四条[②]规定的债权人行使撤销权条件的，债权人对民事调解书具有提起第三人撤销之诉的原告主体资格。

---

① 最高人民法院指导案例 152 号。
② 现为《民法典》第 538 条、第 539 条，下同。

相关法条

《中华人民共和国民事诉讼法》第 56 条①

《中华人民共和国合同法》第 74 条

基本案情

2008 年 12 月，鞍山市中小企业信用担保中心（以下简称担保中心）与台安县农村信用合作社黄沙坨信用社（以下简称黄沙坨信用社）签订保证合同，为汪薇经营的鞍山金桥生猪良种繁育养殖厂（以下简称养殖厂）在该信用社的贷款提供连带责任担保。汪薇向担保中心出具一份个人连带责任保证书，为借款人的债务提供反担保。后因养殖厂及汪薇没有偿还贷款，担保中心于 2010 年 4 月向黄沙坨信用社支付代偿款 2973197.54 元。2012 年担保中心以养殖厂、汪薇等为被告起诉至铁东区人民法院，要求养殖厂及汪薇等偿还代偿款。辽宁省鞍山市铁东区人民法院于 2013 年 6 月作出判决：（一）汪薇于该判决书生效之日起十五日内给付担保中心代偿银行欠款 2973197.54 元及银行利息；（二）张某某以其已办理的抵押房产对前款判项中的本金及利息承担抵押担保责任；（三）驳回担保中心的其他诉讼请求。该判决已经发生法律效力。

2010 年 12 月汪薇将养殖厂转让给鲁金英，转让费 450 万元，约定合同签订后立即给付 163 万余元，余款于 2011 年 12 月 1 日全部给付。如鲁金英不能到期付款，养殖厂的所有资产仍归汪薇，首付款作违约金归汪薇所有。合同签订后，鲁金英支付了约定的首付款。汪薇将养殖厂交付鲁金英，但鲁金英未按约定支付剩余转让款。2014 年 1 月，铁东区人民法院基于担保中心的申请，从鲁金英处执行其欠汪薇转让款 30 万元，将该款交给了担保中心。

汪薇于 2013 年 11 月起诉鲁金英，请求判令养殖厂的全部资产归其所有；鲁金英承担违约责任。辽宁省鞍山市中级人民法院经审理认为，汪薇与鲁金英签订的《资产转让合同书》合法有效，鲁金英未按合同

---

① 现为《民事诉讼法》第 59 条。

约定期限支付余款构成违约。据此作出（2013）鞍民三初字第66号民事判决：1. 鲁金英将养殖厂的资产归还汪薇所有；2. 鲁金英赔偿汪薇实际损失及违约金1632573元。其中应扣除鲁金英代汪薇偿还的30万元，实际履行中由汪薇给付鲁金英30万元。鲁金英向辽宁省高级人民法院提起上诉。该案二审期间，汪薇和鲁金英自愿达成调解协议。辽宁省高级人民法院于2014年8月作出（2014）辽民二终字第00183号民事调解书予以确认。调解协议主要内容为养殖厂归鲁金英所有，双方同意将原转让款450万元变更为3132573元，鲁金英已给付汪薇1632573元，再给付150万元，不包括鲁金英已给付担保中心的30万元等。

鲁金英依据调解书向担保中心、执行法院申请回转已被执行的30万元，担保中心知悉汪薇和鲁金英买卖合同纠纷诉讼及调解书内容，随即提起本案第三人撤销之诉。

裁判结果

辽宁省高级人民法院于2017年5月23日作出（2016）辽民撤8号民事判决：一、撤销辽宁省高级人民法院（2014）辽民二终字第00183号民事调解书和鞍山市中级人民法院（2013）鞍民三初字第66号民事判决书；二、被告鲁金英于判决生效之日起十日内，将金桥生猪良种繁育养殖厂的资产归还被告汪薇所有；三、被告鲁金英已给付被告汪薇的首付款1632573元作为实际损失及违约金赔偿汪薇，但应从中扣除代替汪薇偿还担保中心的30万元，即实际履行中由汪薇给付鲁金英30万元。鲁金英不服，提起上诉。最高人民法院于2018年5月30日作出（2017）最高法民终626号民事判决：一、维持辽宁省高级人民法院（2016）辽民撤8号民事判决第一项；二、撤销辽宁省高级人民法院（2016）辽民撤8号民事判决第二项、第三项；三、驳回鞍山市中小企业信用担保中心的其他诉讼请求。

裁判理由

最高人民法院判决认为，本案中，虽然担保中心与汪薇之间基于贷款代偿形成的债权债务关系，与汪薇和鲁金英之间因转让养殖厂形成的买卖合同关系属两个不同法律关系，但是，汪薇系为创办养殖厂与担保中心形成案涉债权债务关系，与黄沙坨信用社签订借款合同的主体亦为养殖厂，故汪薇和鲁金英转让的养殖厂与担保中心对汪薇债权的形成存在关联关系。在汪薇与鲁金英因养殖厂转让发生纠纷提起诉讼时，担保中心对汪薇的债权已经生效民事判决确认并已进入执行程序。在该案诉讼及判决执行过程中，铁东区人民法院已裁定冻结了汪薇对养殖厂（投资人鲁金英）的到期债权。鲁金英亦已向铁东区人民法院确认其欠付汪薇转让款及数额，同意通过法院向担保中心履行，并已实际给付了 30 万元。铁东区人民法院也对养殖厂的相关财产予以查封冻结，并向养殖厂送达了协助执行通知书。故汪薇与鲁金英因养殖厂资产转让合同权利义务的变化与上述对汪薇财产的执行存在直接牵连关系，并可能影响担保中心的利益。《合同法》第七十四条第一款规定，"债务人以明显不合理的低价转让财产，对债权人造成损害，并且受让人知道该情形的，债权人也可以请求人民法院撤销债务人的行为"。因本案汪薇和鲁金英系在诉讼中达成以 3132573 元交易价转让养殖厂的协议，该协议经人民法院作出（2014）辽民二终字第 00183 号民事调解书予以确认并已发生法律效力。在此情形下，担保中心认为汪薇与鲁金英该资产转让行为符合《合同法》第七十四条规定的情形，却无法依据《合同法》第七十四条规定另行提起诉讼行使撤销权。故本案担保中心与汪薇之间虽然属于债权债务关系，但基于担保中心对汪薇债权形成与汪薇转让的养殖厂之间的关联关系，法院对汪薇因养殖厂转让形成的到期债权在诉讼和执行程序中采取的保全和执行措施使得汪薇与鲁金英买卖合同纠纷案件处理结果对担保中心利益产生的影响，以及担保中心主张受损害的民事权益因（2014）辽民二终字第 00183 号民事调解书而存在根据《合同法》第七十四条提起撤销权诉讼障碍等本案基本事实，可以认定汪薇和鲁金英买卖合同纠纷案件处理结果与担保中心具有法律上的利害关系，担保中心有权提起本案第三人撤销之诉。

关联参见

《合同编通则解释》第 45 条、第 46 条

第五百四十一条 【撤销权的行使期间】撤销权自债权人知道或者应当知道撤销事由之日起一年内行使。自债务人的行为发生之日起五年内没有行使撤销权的，该撤销权消灭。

条文解读

撤销权行使的期限 ➡ 撤销权行使的期限有两种：一是撤销权的有效期限一般是 1 年，适用于自债权人知道或者应当知道撤销事由的情况；如果自知道或者应当知道撤销事由之日起 1 年内没有行使撤销权的，撤销权消灭，债务人与第三人之间的法律关系得以确定，成为有效的法律关系，撤销权人不得再请求撤销。二是对撤销权的最长有效期限，即自债务人的行为发生之日起的 5 年，适用于债权人不知道撤销事由的情况。需要注意的是，本条规定的"五年"为不变期间，不适用诉讼时效中止、中断或者延长的规定。

第五百四十二条 【债务人行为被撤销的法律效果】债务人影响债权人的债权实现的行为被撤销的，自始没有法律约束力。

第六章 合同的变更和转让

第五百四十三条 【协议变更合同】当事人协商一致，可以变更合同。

条文解读

合同的变更 ➡ 合同的变更是指合同成立后，当事人对合同的内容进行修改或者补充。本条规定的合同变更，不包括合同当事人或者合同

主体的改变，债权人和债务人的改变，是通过债权转让、债务转移等制度调整的。

　　合同是当事人经协商一致达成的，合同成立后，就对当事人具有法律约束力，任何一方未经对方同意，都不得改变合同的内容。但是，当事人在订立合同时，有时无法对涉及合同的所有问题都作出明确的约定；合同订立后，也会出现一些新的情况变化，导致合同内容需要调整。因此，当事人可以本着协商的原则，依据合同成立的规定，确定是否就变更事项达成协议，本法第5条也明确规定，民事主体从事民事活动，应当遵循自愿原则，按照自己的意思设立、变更、终止民事法律关系。如果双方当事人就变更事项达成了一致意见，变更后的内容就取代了原合同的内容，当事人就应当按照变更后的内容履行合同。

　　第五百四十四条　【合同变更不明确推定为未变更】 当事人对合同变更的内容约定不明确的，推定为未变更。

　　第五百四十五条　【债权转让】 债权人可以将债权的全部或者部分转让给第三人，但是有下列情形之一的除外：

　　（一）根据债权性质不得转让；

　　（二）按照当事人约定不得转让；

　　（三）依照法律规定不得转让。

　　当事人约定非金钱债权不得转让的，不得对抗善意第三人。当事人约定金钱债权不得转让的，不得对抗第三人。

条文解读

　　债权转让 ➡ 债权转让是指不改变债权的内容，由债权人通过合同将债权转让给第三人。从鼓励交易、促进市场经济发展的目的来看，法律应当允许债权人的转让行为。债权人既可以将债权全部转让，也可以将债权部分转让。债权全部转让的，第三人作为受让人取代原债权人即让与人的地位，成为新的债权人；债权部分转让的，第三人作为受让人，除受让人和让与人另有约定外，受让人与让与人按份享有债权。

不得转让的债权 ➋ 1. 根据合同性质不得转让。根据合同性质不得转让的权利，是指合同权利的性质只能在特定当事人之间发生。这类债权主要是：（1）具有人身性质的扶养请求权、抚恤金请求权、人身损害赔偿请求权等债权不得转让；（2）以特定的债权人为基础发生的合同权利，例如以某个特定演员的演出活动为基础所订立的演出合同而产生的合同权利；（3）从权利不得与主权利分离而单独转让；（4）基于特别信任关系发生的债权。例如，雇佣、租赁关系中的债权。这类债权具有强烈的人身信赖关系，因此不得转让给他人，让与他人是合同解除的原因。

2. 按照当事人约定不得转让。当事人在订立合同时可以对权利的转让作出特别的约定，禁止债权人将权利转让给第三人，只要这种约定不违反法律的禁止性规定和社会的公共道德即可。

3. 依照法律规定不得转让。法律规定禁止转让的权利，当事人应当严格遵守，不得违反法律的规定。目前，我国法律明确规定不得转让的权利主要有：

（1）居住权不得转让、继承。

（2）最高额抵押担保的债权确定前，部分债权转让的，最高额抵押权不得转让，但是当事人另有约定的除外。

（3）基金份额、股权出质后，不得转让，但是出质人与质权人协商同意的除外。出质人转让基金份额、股权所得的价款，应当向质权人提前清偿债务或者提存。

（4）知识产权中的财产权出质后，出质人不得转让或者许可他人使用，但是出质人与质权人协商同意的除外。出质人转让或者许可他人使用出质的知识产权中的财产权所得的价款，应当向质权人提前清偿债务或者提存。

（5）应收账款出质后，不得转让，但是出质人与质权人协商同意的除外。出质人转让应收账款所得的价款，应当向质权人提前清偿债务或者提存。

（6）不得转让房地产的法定情形是：①以出让方式取得土地使用权的，不符合《城市房地产管理法》第39条规定的条件的（即按照出让合同约定已经支付全部土地使用权出让金，并取得土地使用权证书；按照出让合同约定进行投资开发，属于房屋建设工程的，完成开发投资总额的25%以上，属于成片开发土地的，形成工业用地或者其他建设用地条件；转让房地产时房屋已经建成的，还应当持有房屋所有权证书）；②司法机关和行政机关依法裁定、决定查封或者以其他形式限制房地产权利的；③依法收回土地使用权的；④共有房地产，未经其他共有人书面同意的；⑤权属有争议的；⑥未依法登记领取权属证书的；⑦法律、行政法规规定禁止转让的其他情形。

（7）发起人持有的本公司股份，自公司成立之日起1年内不得转让。公司公开发行股份前已发行的股份，自公司股票在证券交易所上市交易之日起1年内不得转让。公司董事、监事、高级管理人员应当向公司申报所持有的本公司的股份及其变动情况，在任职期间每年转让的股份不得超过其所持有本公司股份总数的25%；所持本公司股份自公司股票上市交易之日起1年内不得转让。上述人员离职后半年内，不得转让其所持有的本公司股份。公司章程可以对公司董事、监事、高级管理人员转让其所持有的本公司股份作出其他限制性规定。

（8）在上市公司收购中，收购人持有的被收购的上市公司的股票，在收购行为完成后的18个月内不得转让。

（9）出票人在汇票上记载"不得转让"字样的，汇票不得转让。背书人在汇票上记载"不得转让"字样，其后手再背书转让的，原背书人对后手的被背书人不承担保证责任。

（10）依法取得的行政许可，除法律、法规规定依照法定条件和程序可以转让的外，不得转让。

（11）按照以死亡为给付保险金条件的合同所签发的保险单，未经被保险人书面同意，不得转让或者质押。

（12）国有不可移动文物不得转让、抵押。非国有不可移动文物不得转让、抵押给外国人。国家禁止出境的文物，不得转让、出租、质押给外国人。

（13）进境的境外运输工具和出境的境内运输工具，未向海关办理手续并缴纳关税，不得转让或者移作他用。

（14）工程监理单位不得转让工程监理业务。

（15）除按下列规定可以转让外，探矿权、采矿权不得转让：①探矿权人有权在划定的勘查作业区内进行规定的勘查作业，有权优先取得勘查作业区内矿产资源的采矿权。探矿权人在完成规定的最低勘查投入后，经依法批准，可以将探矿权转让他人。②已取得采矿权的矿山企业，因企业合并、分立，与他人合资、合作经营，或者因企业资产出售以及有其他变更企业资产产权的情形而需要变更采矿权主体的，经依法批准可以将采矿权转让他人采矿。

（16）依据《水污染防治法》《大气污染防治法》《固体废物污染环境防治法》规定被淘汰的设备，不得转让给他人使用。

关联参见

《保险法》第34条；《合同编通则解释》第47条

第五百四十六条　【债权转让的通知义务】债权人转让债权，未通知债务人的，该转让对债务人不发生效力。

债权转让的通知不得撤销，但是经受让人同意的除外。

条文解读

债权转让的通知 ➡ 债权人转让债权不必征得债务人同意，但必须将债权转让的事实及时通知债务人，债务人收到债权转让通知后，债权转让才对其发生法律效力。通知是合同权利转让对债务人生效的必备要件，未经通知，该债权转让对债务人不发生效力。通知的效力体现在：

在转让债权的合同成立后但没有通知债务人之前，债务人有权拒绝对受让人履行。同时，在未经通知之前，债务人对转让人所为的清偿以及其他的免责行为，或者是债权人对债务人所为的抵销或免除等行为均有效。债务人在收到通知后，即可对债权的受让人履行合同义务。债权人转让权利的通知不得撤销，但经受让人同意的除外。

关联参见

《合同编通则解释》第48—50条

第五百四十七条　【债权转让从权利一并转让】债权人转让债权的，受让人取得与债权有关的从权利，但是该从权利专属于债权人自身的除外。

受让人取得从权利不因该从权利未办理转移登记手续或者未转移占有而受到影响。

条文解读

从权利 ▶ 从权利是指附随于主权利的权利。抵押权、质权、保证等担保权利以及附属于主债权的利息等孳息请求权，都属于主权利的从权利。由于从权利是从主权利派生出来的，从权利从属于主权利，这也包括转让上的从属性。需要注意的是，有的从权利的设置是针对债权人自身的，与债权人有不可分离的关系，因此专属于债权人自身的从权利不随主权利的转让而转让。

第五百四十八条　【债权转让中债务人抗辩】债务人接到债权转让通知后，债务人对让与人的抗辩，可以向受让人主张。

第五百四十九条　【债权转让中债务人的抵销权】有下列情形之一的，债务人可以向受让人主张抵销：

（一）债务人接到债权转让通知时，债务人对让与人享有债权，且债务人的债权先于转让的债权到期或者同时到期；

（二）债务人的债权与转让的债权是基于同一合同产生。

关联参见

《合伙企业法》第 41 条

第五百五十条　【债权转让费用的承担】因债权转让增加的履行费用，由让与人负担。

第五百五十一条　【债务转移】债务人将债务的全部或者部分转移给第三人的，应当经债权人同意。

债务人或者第三人可以催告债权人在合理期限内予以同意，债权人未作表示的，视为不同意。

第五百五十二条　【债务加入】第三人与债务人约定加入债务并通知债权人，或者第三人向债权人表示愿意加入债务，债权人未在合理期限内明确拒绝的，债权人可以请求第三人在其愿意承担的债务范围内和债务人承担连带债务。

案例指引

037. 如何区分债务转移和债务加入？[①]

2020 年春节后，蔡某勤与姚某协商订购 200 支额温枪，并支付 77000 元货款，姚某收款后与杨某昊联系订购 150 支额温枪，并付款 42000 元。后姚某、杨某昊均未能交付货物，经蔡某勤催要，姚某退还蔡某勤 15000 元。杨某昊向蔡某勤出具承诺，表示其因被他人诈骗不能交付货物，如 2020 年 6 月 3 日前不能退赃退赔，愿意直接退还蔡某勤

---

① 参见《人民法院贯彻实施民法典典型案例（第二批）》（2023 年 1 月 12 日发布），蔡某勤诉姚某、杨某昊买卖合同纠纷案，载最高人民法院网 https://www.court.gov.cn/zix-un/xiangqing/386521.html，最后访问日期：2024 年 4 月 1 日。

42000元。后姚某、杨某昊均未退还货款，蔡某勤遂提起诉讼，要求姚某对62000元及利息承担还款责任，杨某昊对其中42000元及利息承担连带责任。

生效裁判认为，蔡某勤、杨某昊均未明示同意免除姚某的还款责任，双方的诉讼主张也表明双方均未同意免除姚某的还款责任，故本案不属于债务转移，姚某应对62000元货款承担还款责任。杨某昊自愿向蔡某勤作出承担42000元债务的意思表示，其行为构成债务加入。《民法典》之前的法律对债务加入未作规定，根据《最高人民法院关于适用〈中华人民共和国民法典〉时间效力的若干规定》第3条，本案可以适用《民法典》关于债务加入的规定。故判决由姚某对62000元及利息承担还款责任，杨某昊对其中42000元及利息承担连带责任。

本案是适用《民法典》债务加入规则的典型案例。《民法典》总结民商事审判经验，回应民商事实践发展需要，以立法形式对债务加入作出规定，赋予民事主体更加多元的选择，对于贯彻自愿原则、保障债权安全、优化营商环境具有重要意义。本案中，审理法院结合具体案情，依法认定被告向原告作出的还款意思表示不属于债务转移，而是构成债务加入，是人民法院适用《民法典》新增制度规则的一次生动实践。

关联参见

《民法典担保制度解释》第12条

第五百五十三条 【债务转移时新债务人抗辩】债务人转移债务的，新债务人可以主张原债务人对债权人的抗辩；原债务人对债权人享有债权的，新债务人不得向债权人主张抵销。

第五百五十四条 【从债务随主债务转移】债务人转移债务的，新债务人应当承担与主债务有关的从债务，但是该从债务专属于原债务人自身的除外。

第五百五十五条 【合同权利义务的一并转让】当事人一方经对方同意，可以将自己在合同中的权利和义务一并转让给第三人。

条文解读

概括转让 ➡ 合同权利义务的一并转让，在法律上又被称为概括转让或者合同地位转让，是指合同关系的一方当事人将其合同权利义务一并转移给第三人，由第三人全部承受这些权利义务。合同权利义务的一并转让不同于债权转让、债务转移，它是一方当事人对其当事人地位的转让，其转让的内容实际上包括但不限于债权转让和债务转移，并非债权转让和债务转移的简单组合，而是第三人成为新的当事人，与当事人地位联系在一起的撤销权、解除权等权利，也均转移给第三人。合同权利义务的一并转让主要发生于双务合同，只有双务合同中的当事人一方才可以转让此种权利和义务。在单务合同中，由于一方当事人可能仅享有权利或仅承担义务，因此不能出让全部的权利义务，故单务合同一般不发生合同权利义务的一并转让。比如，赠与合同中的被赠与人只享有权利而不承担义务，这些合同的当事人一般不可能出现将合同权利义务一并转让的情况。

第五百五十六条 【一并转让的法律适用】合同的权利和义务一并转让的，适用债权转让、债务转移的有关规定。

第七章　合同的权利义务终止

第五百五十七条 【债权债务终止的法定情形】有下列情形之一的，债权债务终止：

（一）债务已经履行；

（二）债务相互抵销；

（三）债务人依法将标的物提存；

（四）债权人免除债务；

（五）债权债务同归于一人；

（六）法律规定或者当事人约定终止的其他情形。

合同解除的，该合同的权利义务关系终止。

提存 ➡ 提存是指由于债权人没有正当理由拒绝受领标的物或者查找不到债权人而无法履行时，债务人将该标的物交给提存机关而使合同终止的制度。提存的效力体现在三个方面：（1）提存在债权人与债务人之间的效力。自提存之日起，债务人的债务归于消灭。标的物的所有权转移于债权人，标的物因不可抗力或者意外事件而发生的毁损、灭失的风险也随之转移于债权人。（2）提存人与提存机关之间的效力。提存机关有保管提存标的物的权利和义务。提存机关应当采取妥善的方法保管提存物，对不宜保存的，债权人到期不领取或者超过保管期限的提存物，提存机关可以拍卖，保存其价款。（3）债权人与提存机关之间的效力。债务人所为的给付提存后，债权人得随时领取提存物，同时应当承担提存机关为保管、变卖或出卖提存物所支出的必要费用。债权人对于提存物所生孳息，有权要求返还。因不可归责于提存机关的事由而致提存物毁损、灭失的，提存机关不负责任；但如果是提存机关的故意或者重大过失所致，债权人可请求损害赔偿。

债权人请求领取提存物时，应持提存通知书，并应提交债权存在的证明文件。债权人在法律规定的期限内不行使领取提存物的权利的，其权利即因除斥期间届满而归于消灭，提存物归国家所有。我国法律规定的债权人领取提存物的除斥期间是5年。

如果债务人的提存是为了取得债权人的对待给付，在债权人未为对待给付或者提供相当担保时，提存机关得阻止其领取提存物。但对于此种情形，提存人在提存时，应当在提存书中注明。

《证券投资基金法》第81条

第五百五十八条　【后合同义务】债权债务终止后，当事人应当遵循诚信等原则，根据交易习惯履行通知、协助、保密、旧物回收等义务。

条文解读

后合同义务 ➡ 本条是关于后合同义务的规定。后合同义务，是指合同的权利义务终止后，当事人依照法律的规定，遵循诚信等原则，根据交易习惯履行的各项义务。后合同义务对于在交易中强化诚信观念、维护交易的正常秩序具有重要意义。因此，债权债务终止后，除了债权人应当将证明债权债务的负债字据返还、向债务人出具债务消灭的收据之外，双方当事人还负有后合同义务。

后合同义务具有以下特点：

1. 后合同义务是合同的权利义务终止后产生的义务，合同成立前，当事人承担的是先合同义务；合同的权利义务未终止，当事人履行的是合同义务。

2. 后合同义务主要是法律规定的义务。如果当事人在合同中约定履行某项义务，该义务为合同义务，不履行该义务，承担违反合同的责任。后合同义务主要是法定义务，违反后合同义务要承担损害赔偿责任。

3. 后合同义务是诚信等原则派生的义务。诚信原则要求民事活动的当事人具有诚实、守信、善意的心理状况，不损人利己，不规避法律，秉持诚实，恪守承诺，在民事活动中维持双方的利益平衡，以及当事人利益与社会利益的平衡。合同的权利义务终止后，当事人应当履行哪些义务，并没有一定之规，依诚信原则应履行的义务，均应为后合同义务的范围。当事人主观方面的要求也可以根据诚信等原则予以确定。

4. 后合同义务的内容根据交易习惯确定。合同的内容不同，后合同义务也不同，法律不可能针对个案确定后合同义务的内容，但按照交易习惯，某类合同终止后，当事人通常的行为准则应作为后合同义务。

所谓交易习惯，一方面指一般的民商事活动应遵循的习惯，另一方面指当事人双方长期交易关系中形成的习惯。

关联参见

《最高人民法院关于印发〈全国法院贯彻实施民法典工作会议纪要〉的通知》第10条

第五百五十九条　【从权利消灭】债权债务终止时，债权的从权利同时消灭，但是法律另有规定或者当事人另有约定的除外。

条文解读

从权利的消灭 ➡ 由于从权利是从主权利派生出来的，从权利从属于主权利，这也包括消灭上的从属性。因此当主债权债务终止时，从权利一般也就没有了存在的价值，随之消灭。据此，《民法典》第393条第1项就规定，主债权消灭的，担保物权也消灭。《民法典》第587条也规定，债务人履行债务的，定金应当抵作价款或者收回。

但是，法律可能作出不同的规定。例如，主债权部分消灭的，作为从权利之一的担保物权并不在相应范围内部分消灭，而是根据担保物权的不可分性，主债权部分消灭，担保物权仍然存在，担保财产仍然担保剩余的债权，直到债务人履行全部债务时为止。《企业破产法》第124条也规定："破产人的保证人和其他连带债务人，在破产程序终结后，对债权人依照破产清算程序未受清偿的债权，依法继续承担清偿责任。"同时，本条也允许当事人另有约定，如果当事人约定债权债务终止时，债权的从权利并不消灭而是独立存在，一般应当允许当事人的此种约定发生效力，但法律另有规定的除外。

关联参见

《企业破产法》第124条

第五百六十条 【数项债务的清偿抵充顺序】债务人对同一债权人负担的数项债务种类相同，债务人的给付不足以清偿全部债务的，除当事人另有约定外，由债务人在清偿时指定其履行的债务。

债务人未作指定的，应当优先履行已经到期的债务；数项债务均到期的，优先履行对债权人缺乏担保或者担保最少的债务；均无担保或者担保相等的，优先履行债务人负担较重的债务；负担相同的，按照债务到期的先后顺序履行；到期时间相同的，按照债务比例履行。

第五百六十一条 【费用、利息和主债务的清偿抵充顺序】债务人在履行主债务外还应当支付利息和实现债权的有关费用，其给付不足以清偿全部债务的，除当事人另有约定外，应当按照下列顺序履行：

（一）实现债权的有关费用；

（二）利息；

（三）主债务。

案例指引

038. 据以行使抵销权的债权不足以抵销全部债务的，抵销的顺序是什么？[①]

裁判要点

据以行使抵销权的债权不足以抵销其全部债务，应当按照实现债权的有关费用、利息、主债务的顺序进行抵销。

简要案情

2012 年 6 月 7 日，某实业发展公司与某棉纺织品公司签订《委托协

---

① 参见《最高人民法院发布〈关于适用《中华人民共和国民法典》合同编通则若干问题的解释〉相关典型案例》（2023 年 12 月 5 日发布），案例七"某实业发展公司与某棉纺织品公司委托合同纠纷案"，载中国法院网 https：//www.chinacourt.org/article/detail/2023/12/id/7681679.shtml，最后访问日期：2024 年 4 月 1 日。

议》，约定某实业发展公司委托某棉纺织品公司通过某银行向案外人某商贸公司发放贷款5000万元。该笔委托贷款后展期至2015年6月9日。某商贸公司在贷款期间所支付的利息，均已通过某棉纺织品公司支付给某实业发展公司。2015年6月2日，某商贸公司将5000万元本金归还某棉纺织品公司，但某棉纺织品公司未将该笔款项返还给某实业发展公司，形成本案诉讼。另，截至2015年12月31日，某实业发展公司欠某棉纺织品公司8296517.52元。某棉纺织品公司于2017年7月20日向某实业发展公司送达《债务抵销通知书》，提出以其对某实业发展公司享有的8296517.52元债权抵销案涉5000万元本金债务。某实业发展公司以某棉纺织品公司未及时归还所欠款项为由诉至法院，要求某棉纺织品公司归还本息。在本案一审期间，某棉纺织品公司又以抗辩的形式就该笔债权向一审法院提出抵销，并提起反诉，后主动撤回反诉。

判决理由

生效裁判认为，某棉纺织品公司据以行使抵销权的债权不足以抵销其对某实业发展公司负有的全部债务，应当按照实现债权的有关费用、利息、主债务的顺序进行抵销，即某棉纺织品公司对某实业发展公司享有的8296517.52元债权，先用于抵销其对某实业发展公司负有的5000万元债务中的利息，然后再用于抵销本金。某棉纺织品公司有关8296517.52元先用于抵销5000万元本金的再审申请缺乏事实和法律依据，故不予支持。

司法解释相关条文

《合同编通则解释》第56条第2款　行使抵销权的一方享有的债权不足以抵销其负担的包括主债务、利息、实现债权的有关费用在内的全部债务，当事人因抵销的顺序发生争议的，人民法院可以参照民法典第五百六十一条的规定处理。

第五百六十二条　【合同的约定解除】当事人协商一致，可以解除合同。

当事人可以约定一方解除合同的事由。解除合同的事由发生时，解除权人可以解除合同。

合同协议解除的形式 ➡ 根据解除合同的形式不同，合同的协议解除可分为两种方式：（1）约定解除。以约定的方式解除合同，是指当事人双方在合同中约定，在合同成立后，没有履行或没有履行完毕之前，由当事人一方在某种情况出现后享有解除权，通过行使解除权，使合同关系终止。约定解除的内容以及方式由当事人自行约定，但是必须符合民事法律行为的成立及生效要件，否则约定解除权的条款无效。当然，该条款的无效一般不影响合同本身的效力。（2）协商解除。是指合同成立之后，尚未履行或者尚未履行完毕之前，当事人双方通过协商一致解除合同，使合同效力消灭的法律行为。

约定解除和协商解除的关系是：如果当事人事前在合同中约定了解除权，则一方或者双方可以援用解除权条款解除合同；没有约定解除权的，任何一方都不得以其单方意思表示解除合同，只能通过协商解除合同。如果当事人在事前约定了解除权，在解除权尚未行使之前，当事人愿意以协商方式解除合同的，仍可通过协商解除合同。

关联参见

《合同编通则解释》第 52 条

第五百六十三条　【合同的法定解除】 有下列情形之一的，当事人可以解除合同：

（一）因不可抗力致使不能实现合同目的；

（二）在履行期限届满前，当事人一方明确表示或者以自己的行为表明不履行主要债务；

（三）当事人一方迟延履行主要债务，经催告后在合理期限内仍未履行；

（四）当事人一方迟延履行债务或者有其他违约行为致使不能实现合同目的；

（五）法律规定的其他情形。

以持续履行的债务为内容的不定期合同，当事人可以随时解除合同，但是应当在合理期限之前通知对方。

077. 哪些可作为影响合同履行的不可抗力事件？

一般说来，以下情况被认为属于不可抗力：（1）自然灾害。自然灾害包括因自然界的力量引发的灾害，例如地震、海啸、火山喷发、台风、冰雹等。自然灾害的发生，常常使合同的履行成为不必要或者不可能，需要解除合同。比如，地震摧毁了供货一方的工厂，使其无法生产订购的货物，其要求解除合同。需要注意的是，一般各国都承认自然灾害为不可抗力，但有的国家认为自然灾害不是不可抗力。因此，在处理涉外合同时，要特别注意各国法律的不同规定。（2）战争。战争的爆发可能影响到一国乃至更多国家的经济秩序，使合同履行成为不必要。（3）社会异常事件。主要指一些偶发的阻碍合同履行的事件。比如罢工、骚乱，一些国家认为属于不可抗力。（4）政府行为。主要指合同订立后，政府颁布新的政策、法律，采取行政措施导致合同不能履行，如禁运、交通封锁、人员隔离、进出境限制、停工停产等，有些国家认为属于不可抗力。

078. 不可抗力事件的发生是否必然导致合同解除？

不是。不可抗力事件的发生，对履行合同的影响可能有大有小，有时只是暂时影响到合同的履行，可以通过延期履行实现合同的目的，对此不能行使法定解除权。只有不可抗力致使合同目的不能实现时，当事人才可以解除合同。

关联参见

《城市房地产管理法》第 16 条、第 17 条；《农村土地承包法》第 42 条；《消费者权益保护法》第 24 条；《买卖合同解释》第 19 条

第五百六十四条　【解除权行使期限】 法律规定或者当事人约定解除权行使期限，期限届满当事人不行使的，该权利消灭。

法律没有规定或者当事人没有约定解除权行使期限，自解除权人知道或者应当知道解除事由之日起一年内不行使，或者经对方催告后在合理期限内不行使的，该权利消灭。

条文解读

解除权 ➡ 解除权是解除合同的权利。无论是约定解除权，还是法定解除权，解除权的行使，是法律赋予当事人保护自己合法权益的手段，但该权利的行使不能毫无限制。行使解除权会引起合同关系的重大变化，如果享有解除权的当事人长期不行使解除的权利，就会使合同关系处于不确定状态，影响当事人权利的享有和义务的履行。注意解除权的行使期间不适用有关诉讼时效中止、中断和延长的规定；并且该期间届满后，解除权消灭。

关联参见

《商品房买卖合同解释》第 11 条

第五百六十五条　【合同解除权的行使规则】 当事人一方依法主张解除合同的，应当通知对方。合同自通知到达对方时解除；通知载明债务人在一定期限内不履行债务则合同自动解除，债务人在该期限内未履行债务的，合同自通知载明的期限届满时解除。对方对解除合同有异议的，任何一方当事人均可以请求人民法院或者

仲裁机构确认解除行为的效力。

当事人一方未通知对方，直接以提起诉讼或者申请仲裁的方式依法主张解除合同，人民法院或者仲裁机构确认该主张的，合同自起诉状副本或者仲裁申请书副本送达对方时解除。

案例指引

039. **不享有解除权的一方向另一方发出解除通知，另一方未在合理期限内提出异议，是否发生合同解除的效力？**①

裁判要点

合同一方当事人以通知形式行使合同解除权的，须以享有法定或者约定解除权为前提。不享有解除权的一方向另一方发出解除通知，另一方即便未在合理期限内提出异议，也不发生合同解除的效力。

简要案情

2014 年 5 月，某房地产开发有限公司（以下简称房地产公司）与孙某签订《合作开发协议》。协议约定：房地产公司负有证照手续办理、项目招商、推广销售的义务，孙某承担全部建设资金的投入；房地产公司拟定的《项目销售整体推广方案》，应当与孙某协商并取得孙某书面认可；孙某投入 500 万元（保证金）资金后，如果销售额不足以支付工程款，孙某再投入 500 万元，如不到位按违约处理；孙某享有全权管理施工项目及承包商、施工场地权利，房地产公司支付施工方款项必须由孙某签字认可方能转款。

同年 10 月，房地产公司向孙某发出协调函，双方就第二笔 500 万元投资款是否达到支付条件产生分歧。2015 年 1 月 20 日，房地产公司向孙某发出《关于履行的通知》，告知孙某 5 日内履行合作义务，向该

---

① 参见《最高人民法院发布〈关于适用《中华人民共和国民法典》合同编通则若干问题的解释〉相关典型案例》（2023 年 12 月 5 日发布），案例七"孙某与某房地产公司合资、合作开发房地产合同纠纷案"，载中国法院网 https://www.chinacourt.org/article/detail/2023/12/id/7681679.shtml，最后访问日期：2024 年 4 月 1 日。

公司支付 500 万元投资款，否则将解除《合作开发协议》。孙某在房地产公司发出协调函后，对其中提及的需要支付的工程款并未提出异议，亦未要求该公司提供依据，并于 2015 年 1 月 23 日向该公司发送回复函，要求该公司近日内尽快推出相关楼栋销售计划并取得其签字认可，尽快择期开盘销售，并尽快按合同约定设立项目资金管理共同账户。房地产公司于 2015 年 3 月 13 日向孙某发出《解除合同告知函》，通知解除《合作开发协议》。孙某收到该函后，未对其形式和内容提出异议。2015 年 7 月 17 日，孙某函告房地产公司，请该公司严格执行双方合作协议约定，同时告知"销售已近半月，望及时通报销售进展实况"。后孙某诉至法院，要求房地产公司支付合作开发房地产收益分红总价值 3000 万元；房地产公司提出反诉，要求孙某给付违约金 300 万元。一审、二审法院认为，孙某收到解除通知后，未对通知的形式和内容提出异议，亦未在法律规定期限内请求人民法院或者仲裁机构确认解除合同的效力，故认定双方的合同已经解除。孙某不服二审判决，向最高人民法院申请再审。

判决理由

生效裁判认为，房地产公司于 2015 年 3 月 13 日向孙某发送《解除合同告知函》，通知解除双方签订的《合作开发协议》，但该《解除合同告知函》产生解除合同的法律效果须以该公司享有法定或者约定解除权为前提。从案涉《合作开发协议》的约定看，孙某第二次投入 500 万元资金附有前置条件，即房地产公司应当对案涉项目进行销售，只有在销售额不足以支付工程款时，才能要求孙某投入第二笔 500 万元。结合《合作开发协议》的约定，能否认定房地产公司作为守约方，享有法定解除权，应当审查该公司是否依约履行了己方合同义务。包括案涉项目何时开始销售，销售额是否足以支付工程款；房地产公司在房屋销售前后，是否按照合同约定，将《项目销售整体推广方案》报孙某审批；工程款的支付是否经由孙某签字等一系列事实。一审、二审法院未对上述涉及房地产公司是否享有法定解除权的事实进行审理，即以孙某"未在法律规定期限内请求人民法院或者仲裁机构确认解除合同的效力"为由，认定《合作开发协议》已经解除，属于认定事实不清，适用法律错误。

司法解释相关条文

《合同编通则解释》第 53 条　当事人一方以通知方式解除合同，并以对方未在约定的异议期限或者其他合理期限内提出异议为由主张合同已经解除的，人民法院应当对其是否享有法律规定或者合同约定的解除权进行审查。经审查，享有解除权的，合同自通知到达对方时解除；不享有解除权的，不发生合同解除的效力。

第五百六十六条　【合同解除的法律后果】 合同解除后，尚未履行的，终止履行；已经履行的，根据履行情况和合同性质，当事人可以请求恢复原状或者采取其他补救措施，并有权请求赔偿损失。

合同因违约解除的，解除权人可以请求违约方承担违约责任，但是当事人另有约定的除外。

主合同解除后，担保人对债务人应当承担的民事责任仍应当承担担保责任，但是担保合同另有约定的除外。

关联参见

《城市房地产管理法》第 16 条；《劳动法》第 28 条；《保险法》第 47 条；《旅游法》第 65 条、第 68 条

第五百六十七条　【结算、清理条款效力的独立性】 合同的权利义务关系终止，不影响合同中结算和清理条款的效力。

条文解读

结算和清理 ➡ 结算是经济活动中的货币给付行为，结算的方式主要有：（1）银行汇票结算。银行汇票是汇款人将款项交存银行，由银行

签发给汇款人持往异地办理转账结算或支取现金的票据。（2）商业汇票结算。商业汇票是收款人或者付款人（或承兑申请人）签发，由承兑人承兑，并于到期日向收款人或被背书人支付款项的票据。（3）银行本票结算。银行本票是申请人将款项交存银行，由银行签发给其凭以办理转账结算或支取现金的票据。（4）支票结算。支票是银行的存款人签发给收款人办理结算或委托开户银行将款项支付给收款人的票据。（5）汇兑。汇兑是汇款人委托银行将款项汇给外地收款人的结算方式。（6）委托收款。委托收款是收款人委托银行向付款人收取款项的结算方式。如果当事人在合同中约定了结算方式，合同终止后，应当按照约定的方式结算。

清理指对债权债务进行清点、估价和处理。如果合同中约定了进行清理的主体——比如某会计师事务所、某财产评估机构，清理的范围——比如是固定资产、流动资金，还是库存产成品，以及清理的方法——比如按照政府定价还是市场价，应当按照合同约定进行清理。

关于违约责任的违约金和定金的约定也可以被认为是结算和清理条款。

第五百六十八条　【法定抵销】当事人互负债务，该债务的标的物种类、品质相同的，任何一方可以将自己的债务与对方的到期债务抵销；但是，根据债务性质、按照当事人约定或者依照法律规定不得抵销的除外。

当事人主张抵销的，应当通知对方。通知自到达对方时生效。抵销不得附条件或者附期限。

条文解读

法定抵销 ➡ 所谓法定抵销，是指二人互负债务，任何一方均可以其债权充当债务之清偿，而使其债务与对方的债务在对等额内相互抵销。法定抵销必须具备一定的条件方能生效，这些条件是：（1）当事人须互负债务、互享债权。当事人双方存在的两个债权债务必须合法有效。(2) 须债务的标的物的种类、品质相同。抵销通常在金钱债务或者可代替物债务以及其他种类的债务中较多适用。另外，用于抵销的标的物的品质也必须相同，否则一般不能抵销。(3) 须双方债务均届清偿期。(4) 须双方债务均是可抵销之债。并非一切债务都可以为抵销，只要一方的债务是不得抵销的债务，就不可以为抵销。不得抵销的债务主要有：①按照合同性质不得抵销的。依合同的性质，非清偿不能达到合同的目的的，如果互相抵销，即会违反订立合同的本旨，因此，这类债务必须互相清偿，不得抵销。例如，不作为债务、提供具有信赖利益的、劳务的债务以及已经约定不得抵销的债务。另外，与人身不可分离的债务，如抚恤金、抚养费等债务，也不得为抵销。②依照法律规定不得抵销的债务。法律规定不得抵销的债务是：a. 禁止强制执行的债务。例如，法院决定扣留、提取劳动收入时，应当保留被执行人及其家属的生活必需费用；查封、扣押、冻结、拍卖、变卖被执行人的财产，应当保留被执行人本人及其所供养的家属的生活必需品。b. 因故意侵权行为所产生的债务。如果允许此类债务扣押为抵销，则意味着债权人可以任意侵犯债务人的人身和财产权利，这显然有悖于法理和社会公序良俗。c. 约定应当向第三人为给付的债务。第三人请求债务人履行时，债务人不得以自己对于他方当事人享有债权而主张抵销；他方当事人请求债务人向第三人履行时，债务人也不得以第三人对自己负有债务而主张抵销。d. 违约金、赔偿金等债务，不得用自行扣发货物或者扣除货款等作为冲抵。

例如，张某与贾某离婚，两个人的小孩约定由张某抚养，贾某每月支付小孩抚养费 600 元，后张某向贾某借钱 7000 元用于经商，约定 1 年后还。1 年后，张某经商失败，不能偿还贾某的欠款。贾某提议将其下一年应支付给孩子的抚养费与张某的欠款进行抵销，遭到张某的拒绝。在本案中，贾某主张抵销的两种债权债务的性质是不一样的，两者不能进行抵销。

《合同编通则解释》第 55—57 条

第五百六十九条 【约定抵销】当事人互负债务，标的物种类、品质不相同的，经协商一致，也可以抵销。

第五百七十条 【提存的条件】有下列情形之一，难以履行债务的，债务人可以将标的物提存：

（一）债权人无正当理由拒绝受领；

（二）债权人下落不明；

（三）债权人死亡未确定继承人、遗产管理人，或者丧失民事行为能力未确定监护人；

（四）法律规定的其他情形。

标的物不适于提存或者提存费用过高的，债务人依法可以拍卖或者变卖标的物，提存所得的价款。

第五百七十一条 【提存的成立】债务人将标的物或者将标的物依法拍卖、变卖所得价款交付提存部门时，提存成立。

提存成立的，视为债务人在其提存范围内已经交付标的物。

第五百七十二条 【提存的通知】标的物提存后，债务人应当及时通知债权人或者债权人的继承人、遗产管理人、监护人、财产代管人。

第五百七十三条 【提存期间风险、孳息和提存费用负担】标的物提存后，毁损、灭失的风险由债权人承担。提存期间，标的物的孳息归债权人所有。提存费用由债权人负担。

第五百七十四条 【提存物的领取与取回】债权人可以随时领取提存物。但是，债权人对债务人负有到期债务的，在债权人未履行债务或者提供担保之前，提存部门根据债务人的要求应当拒绝其领取提存物。

债权人领取提存物的权利，自提存之日起五年内不行使而消灭，提存物扣除提存费用后归国家所有。但是，债权人未履行对债务人的到期债务，或者债权人向提存部门书面表示放弃领取提存物权利的，债务人负担提存费用后有权取回提存物。

第五百七十五条　【债的免除】债权人免除债务人部分或者全部债务的，债权债务部分或者全部终止，但是债务人在合理期限内拒绝的除外。

第五百七十六条　【债权债务混同的处理】债权和债务同归于一人的，债权债务终止，但是损害第三人利益的除外。

条文解读

混同 ➡ 债权债务同归于一人，使合同关系归于消灭的事实称为混同。混同的发生有以下两种原因：概括承受与特定承受。概括承受是发生混同的主要原因，如债权人继承债务人的遗产、债务人继承债权人的遗产、企业合并的概括承受等。特定承受，是指债务人由债权人受让债权，或者债权人承担债务人的债务时，发生混同导致债权债务关系消灭。

第八章　违约责任

第五百七十七条　【违约责任的种类】当事人一方不履行合同义务或者履行合同义务不符合约定的，应当承担继续履行、采取补救措施或者赔偿损失等违约责任。

条文解读

本条是关于违约责任基本规则的规定。违约责任，即违反合同的民事责任，也就是合同当事人因违反合同义务所承担的责任。违约责任首先是一种民事责任，因此与民事义务之一的合同义务不同。违约责任是当事人一方不履行合同义务或者履行合同义务不符合约定所应当承担的后果，违约责任以合同义务的存在为前提，违约责任是合同义务的转化和延伸，合同义务是第一性义务，而违约责任是第二性义务，两者具有同一性，无合同义务即无违约责任。但是，违约责任是国家凭借法律之力，强制债务人履行债务或者承担其他责任，与诉权联系在一起，以确保合同权利的实现，包含了责任的国家强制性，是对债务人行为的否定性评价。

违约责任，首先要求合同义务的有效存在。不以合同义务的存在为前提所产生的民事责任不是违约责任，这使得违约责任与侵权责任、缔约过失责任区分开来，后两者都不是以合同义务的存在为必要前提。其次要求债务人不履行合同义务或者履行合同义务不符合约定。这包括了履行不能、履行迟延和不完全履行等，还包括瑕疵担保、违反附随义务和债权人受领迟延等可能与合同不履行发生关联的制度。

案例指引

040. 发卡行是否应承担持卡人被盗刷账户资金减少的损失赔偿责任？[①]

徐欣诉招商银行股份有限公司上海延西支行银行卡纠纷案

（最高人民法院审判委员会讨论通过 2021 年 11 月 9 日发布）

关键词 民事/银行卡纠纷/网络盗刷/责任认定

裁判要点

持卡人提供证据证明他人盗用持卡人名义进行网络交易，请求发卡行承担被盗刷账户资金减少的损失赔偿责任，发卡行未提供证据证明持卡人违反信息妥善保管义务，仅以持卡人身份识别信息和交易验证信息相符为由主张不承担赔偿责任的，人民法院不予支持。

相关法条

《中华人民共和国合同法》第 107 条（注：现行有效的法律为《中华人民共和国民法典》第 577 条）

[①] 最高人民法院指导案例 169 号。

基本案情

徐欣系招商银行股份有限公司上海延西支行（以下简称招行延西支行）储户，持有卡号为××××的借记卡一张。

2016 年 3 月 2 日，徐欣上述借记卡发生三笔转账，金额分别为 50000 元、50000 元及 46200 元，共计 146200 元。转入户名均为石某，卡号：××××，转入行：中国农业银行。

2016 年 5 月 30 日，徐欣父亲徐某至上海市公安局青浦分局经侦支队报警并取得《受案回执》。当日，上海市公安局青浦分局经侦支队向徐欣发送沪公（青）立告字（2016）3923 号《立案告知书》，告知信用卡诈骗案决定立案。

2016 年 4 月 29 日，福建省福清市公安局出具融公（刑侦）捕字（2016）00066 号《逮捕证》，载明：经福清市人民检察院批准，兹由我局对涉嫌盗窃罪的谢某 1 执行逮捕，送福清市看守所羁押。

2016 年 5 月 18 日，福建省福清市公安局刑侦大队向犯罪嫌疑人谢某 1 制作《讯问笔录》，载明：……我以 9800 元人民币向我师傅购买了笔记本电脑、银行黑卡（使用别人身份办理的银行卡）、身份证、优盘等设备用来实施盗刷他人银行卡存款。我师傅卖给我的优盘里有受害人的身份信息、手机号码、银行卡号、取款密码以及银行卡内的存款情况。……用自己人的头像补一张虚假的临时身份证，办理虚假的临时身份证的目的是到手机服务商营业厅将我们要盗刷的那个受害者的手机挂失并补办新的 SIM 卡，我们补办新 SIM 卡的目的是掌握受害者预留给银行的手机号，以便于接收转账等操作时银行发送的验证码，只有输入验证码手机银行内的钱才能被转账成功。而且将受害者的银行卡盗刷后，他手上持有的 SIM 卡接收不到任何信息，我们转他银行账户内的钱不至于被他发现。……2016 年 3 月 2 日，我师傅告诉我说这次由他负责办理受害人假的临时身份证，并补办受害者关联银行卡的新手机 SIM 卡。他给了我三个银行账号和密码（经辨认银行交易明细，……一张是招行卡号为××××，户名：徐欣）。

2016 年 6 月，福建省福清市公安局出具《呈请案件侦查终结报告书》，载明：……2016 年 3 月 2 日，此次作案由谢某 1 负责转账取款，上家负责提供信息、补卡，此次谢某 1 盗刷了周某、徐欣、汪某等人银行卡内存款共计 400700 元……

2016 年 6 月 22 日，福建省福清市人民检察院向徐欣发送《被害人诉讼权利义务告知书》，载明：犯罪嫌疑人谢某 1、谢某 2 等 3 人盗窃案一案，已由福清市公安局移送审查起诉……

徐欣向人民法院起诉请求招行延西支行赔偿银行卡盗刷损失及利息。

裁判结果

上海市长宁区人民法院于 2017 年 4 月 25 日作出（2017）沪 0105 民初 1787 号民事判决：一、招商银行股份有限公司上海延西支行给付徐欣存款损失 146200 元；二、招商银行股份有限公司上海延西支行给付原告徐欣自 2016 年 3 月 3 日起至判决生效之日止，以 146200 元为基数，按照中国人民银行同期存款利率计算的利息损失。招商银行股份有限公司上海延西支行不服一审判决，向上海市第一中级人民法院提起上诉。上海市第一中级人民法院于 2017 年 10 月 31 日作出（2017）沪 01 民终 9300 号民事判决：驳回上诉，维持原判。

裁判理由

法院生效裁判认为：被上诉人在上诉人处办理了借记卡并将资金存入上诉人处，上诉人与被上诉人之间建立储蓄存款合同关系。《中华人民共和国商业银行法》第六条规定："商业银行应当保障存款人的合法权益不受任何单位和个人的侵犯。"在储蓄存款合同关系中，上诉人作为商业银行对作为存款人的被上诉人，具有保障账户资金安全的法定义务以及向被上诉人本人或者其授权的人履行的合同义务。为此，上诉人作为借记卡的发卡行及相关技术、设备和操作平台的提供者，应当对交易机具、交易场所加强安全管理，对各项软硬件设施及时更新升级，以最大限度地防范资金交易安全漏洞。尤其是，随着电子银行业务的发展，商业银行作为电子交易系统的开发、设计、维护者，也是从电子交易便利中获得经济利益的一方，应当也更有能力采取更为严格的技术保障措施，以增强防范银行卡违法犯罪行为的能力。本案根据查明的事实，被上诉人涉案账户的资金损失，系因案外人谢某1非法获取被上诉人的身份信息、手机号码、取款密码等账户信息后，通过补办手机SIM卡截获上诉人发送的动态验证码，进而进行转账所致。在存在网络盗刷的情况下，上诉人仍以身份识别信息和交易验证信息通过为由主张案涉交易是持卡人本人或其授权交易，不能成立。而且，根据本案现有证据无法查明案外人谢某1如何获得交易密码等账户信息，上诉人亦未提供相应的证据证明账户信息泄露系因被上诉人没有妥善保管使用银行卡所导致，因此，就被上诉人自身具有过错，应当由上诉人承担举证不能的法律后果。上诉人另主张，手机运营商在涉案事件中存在过错。然，本案被上诉人提起诉讼的请求权基础为储蓄存款合同关系，手机运营商并非合同以及本案的当事人，手机运营商是否存在过错以及上诉人对被上诉人承担赔偿责任后，是否有权向手机运营商追偿，并非本案审理范围。综上，上诉人在储蓄存款合同履行过程中，对上诉人账户资金未尽到安全保障义务，又无证据证明被上诉人存在违约行为可以减轻责任，上诉人对被上诉人的账户资金损失应当承担全部赔偿责任。上诉人的上诉请求，理由不成立，不予支持。

关联参见

《旅游法》第70—72条

第五百七十八条　【预期违约责任】当事人一方明确表示或者以自己的行为表明不履行合同义务的，对方可以在履行期限届满前请求其承担违约责任。

条文解读

预期违约➡也称为先期违约，是指在履行期限到来前，一方无正当理由而明确表示其在履行期到来后将不履行合同，或者以其行为表明其在履行期到来以后将不可能履行合同。预期违约包括明示毁约和默示毁约。明示毁约是指一方当事人无正当理由，明确肯定地向另一方当事人表示他将在履行期限到来后不履行合同。默示毁约是指在履行期到来之前，一方虽然没有明确表示不履行债务但以自己的行为或者现状表明其将不会或不能履行债务。"以自己的行为表明"是指一方当事人通过自己的行为让对方当事人有确切的证据预见到其在履行期限届满时将不履行或不能履行合同主要义务。由于这两种违约行为发生在履行期限届满之前，因此，另一方当事人可以在履行期限届满之前要求违约方承担违约责任。

预期违约的构成要件是：其一，违约的时间必须是在合同有效成立之后至履行期限届满之前；其二，违约必须是对合同根本性义务的违反，即导致合同目的落空，体现为不履行合同义务；其三，违约方不履行合同义务无正当理由。如果债务人有正当理由拒绝履行债务的，例如拒绝履行诉讼时效已届满的债务则不构成预期违约。

第五百七十九条 **【金钱债务的继续履行】** 当事人一方未支付价款、报酬、租金、利息，或者不履行其他金钱债务的，对方可以请求其支付。

第五百八十条 **【非金钱债务的继续履行】** 当事人一方不履行非金钱债务或者履行非金钱债务不符合约定的，对方可以请求履行，但是有下列情形之一的除外：

（一）法律上或者事实上不能履行；

（二）债务的标的不适于强制履行或者履行费用过高；

（三）债权人在合理期限内未请求履行。

有前款规定的除外情形之一，致使不能实现合同目的的，人民法院或者仲裁机构可以根据当事人的请求终止合同权利义务关系，但是不影响违约责任的承担。

079. 不能请求继续履行的具体情形有哪些？

（1）法律上或者事实上不能履行

所谓法律上不能履行，指的是基于法律规定而不能履行，或者履行将违反法律的强制性规定。比如，甲将其房屋卖给乙，但未交付和办理移转登记，之后甲又将同一个房屋卖给丙，并将房屋交付给丙，并且办理了移转登记，此时由于甲已经丧失了所有权，因此在法律上无处分权，无法履行甲对乙所负有的移转房屋所有权的合同义务，这即属于法律上不能履行，乙此时不能请求甲继续履行，而只能请求甲赔偿损失。再如，如果一定合同的履行行为必须经过有关机关的批准，在未批准前，不得请求继续履行。所谓事实上不能履行，是指依据自然法则已经不能履行。比如，合同标的物是特定物，该特定物已经毁损、灭失。但是，如果仅仅是暂时不能履行，或者债务人作出一定的努力仍可以履行合同义务的，那么合同仍然可以继续履行。人民法院或者仲裁机构应当对是否存在法律上或者事实上不能履行的情形进行审查。

（2）债务的标的不适于强制履行或者履行费用过高

债务的标的不适于强制履行，指依据债务的性质不适合强制履行，或者执行费用过高。比如：①基于高度的人身依赖关系而产生的合同，如委托合同、合伙合同等，如果是因高度信任对方的特殊技能、业务水平、忠诚等所产生的，并且强制债务人履行义务会破坏此种高度的人身依赖关系，则不得请求继续履行。②对于许多提供服务、劳务或者不作为的合同来说，如果强制履行会危害到债务人的人身自由和人格尊严，或者完全属于人身性质，比如需要艺术性或者科学性的个人技能，或者涉及保密性和私人性的关系，则不得请求继续履行。

履行费用过高，指履行仍然可能，但确会导致履行方负担过重，产生不合理的过大的负担或者过高的费用。比如，一艘邮轮沉入海中，尽管将该邮轮打捞出来是可能的，但邮轮所有人因此支出的费用大大超过了所运石油的价值，托运人不能请求其继续履行。在判断履行费用是否过高时，需要对比履行的费用和债权人通过履行所可能获得的利益、履行的费用和采取其他补救措施的费用，还需要考量守约方从其他渠道获得履行进行替代交易的合理性和可能性。

如果债务的标的不适于强制履行或者履行费用过高，债权人请求继续履行的，债务人享有拒绝履行的抗辩权。

（3）债权人在合理期限内未请求履行

履行合同义务需要债务人进行特定的准备和努力，如果履行期限已过，并且债权人未在合理期限内请求债务人继续履行，债务人则可能会推定债权人不再坚持继续履行。债权人在很长时间之后才请求继续履行，如果支持债权人的继续履行请求，会使得债务人长期处于不确定状态之中，随时准备履行，且会诱使债权人的投机行为。因此，如果债权人在合理期限内未请求继续履行的，则不能再请求继续履行。

合理期限首先可以由当事人事先约定；如果没有约定或者约定不明确，当事人可以协议补充；也无法协议补充的，按照合同有关条款或者交易习惯确定，这需要在个案中结合合同种类、性质、目的和交易习惯等因素予以具体判断。如果债权人在合理期限内未请求继续履行，之后再请求债务人继续履行的，债务人享有拒绝履行的抗辩权。

关联参见

《合同编通则解释》第 59 条

第五百八十一条　【替代履行】当事人一方不履行债务或者履行债务不符合约定，根据债务的性质不得强制履行的，对方可以请求其负担由第三人替代履行的费用。

条文解读

替代履行的费用 ➡ 本条适用的前提是，当事人一方不履行债务或者履行债务不符合约定，并且该债务根据债务的性质不得强制履行。此时，债权人可以请求债务人负担由第三人替代履行的费用。如果该债务是以作为为标的的债务，则债权人可以请求债务人负担由第三人替代履行的费用。比如，《民法典》第713条第1款规定，承租人在租赁物需要维修时可以请求出租人在合理期限内维修。出租人未履行维修义务的，承租人可以自行维修，维修费用由出租人负担。如果该债务是以不作为为标的的债务，且表现为有形状态的持续，则债权人同样可以请求债务人负担由第三人替代履行的费用，例如债务人负有不搭建建筑物的义务，债务人搭建后则负有拆除的义务，债务人不拆除的，则债权人也可请求债务人负担由第三人拆除该建筑物的费用。

该请求权是实体法上的请求权，且以根据债务的性质不得强制履行为前提，同时不以进入执行程序为前提，因此，与《民事诉讼法》规定的执行措施不同。同时，也并非第三人先替代履行，之后才可以请求债务人负担费用，债权人可以直接请求债务人负担由第三人之后替代履行的费用。从债权人的角度而言，最终实现了自己的债权，类似于继续履行；从债务人的角度而言，类似于赔偿损失。同时，本条的规定不妨碍债权人就其他损失请求债务人赔偿。

第五百八十二条 【瑕疵履行违约责任】履行不符合约定的，应当按照当事人的约定承担违约责任。对违约责任没有约定或者约定不明确，依据本法第五百一十条的规定仍不能确定的，受损害方根据标的的性质以及损失的大小，可以合理选择请求对方承担修理、重作、更换、退货、减少价款或者报酬等违约责任。

条文解读

标的物质量不符合约定，买受人依照《民法典》第582条的规定要求减少价款的，人民法院应予支持。当事人主张以符合约定的标的物和实际交付的标的物按交付时的市场价值计算差价的，人民法院应予支持。价款已经支付，买受人主张返还减价后多出部分价款的，人民法院应予支持。

关联参见

《消费者权益保护法》第 40—45 条、第 48 条、第 52—54 条；《产品质量法》第 40—43 条；《买卖合同解释》第 17 条

第五百八十三条 【违约损害赔偿责任】当事人一方不履行合同义务或者履行合同义务不符合约定的，在履行义务或者采取补救措施后，对方还有其他损失的，应当赔偿损失。

第五百八十四条 【法定的违约赔偿损失】当事人一方不履行合同义务或者履行合同义务不符合约定，造成对方损失的，损失赔偿额应当相当于因违约所造成的损失，包括合同履行后可以获得的利益；但是，不得超过违约一方订立合同时预见到或者应当预见到的因违约可能造成的损失。

条文解读

违约赔偿损失 ➡ 违约赔偿损失，是指行为人违反合同约定造成对方损失时，行为人向受害人支付一定数额的金钱以弥补其损失，是运用较为广泛的一种责任方式。赔偿的目的，最基本的是补偿损害，使受到损害的权利得到救济，使受害人能恢复到未受到损害前的状态。违约赔偿损失的范围可由法律直接规定，或由双方约定。当事人可以事先约定免除责任和限制责任的条款，在不违反法律规定的前提下，该免责或者限制责任条款是有效的。在法律没有特别规定和当事人没有另行约定的情况下，应按完全赔偿原则，即因违约方的违约使受害人遭受的全部损失都应当由违约方承担赔偿责任。

按照完全赔偿原则，违约损失赔偿额应当相当于因违约所造成的损失，包括实际损失和可得利益的赔偿。实际损失，即所受损害，指因违

约而导致现有利益的减少，是现实利益的损失，又被称为积极损失。例如，货物在运输过程中遭受了 10000 元的损害，该损失即是实际损失。可得利益，即所失利益，受害人在合同履行后本可以获得的，但因违约而无法获得的利益，是未来的、期待的利益的损失，又被称为消极损失。例如，汽车修理厂与出租车司机约定 10 日修理好损坏的出租车，汽车修理厂迟延 3 日交付，司机开出租车每日可获纯利润 200 元，3 日可得利益为 600 元，汽车修理厂违约，应赔偿 600 元的可得利益。

案例指引

041. 非违约方可否主张合同履行后可以获得的利益？[①]

裁判要点

非违约方主张按照违约行为发生后合理期间内合同履行地的市场价格与合同价格的差额确定合同履行后可以获得的利益的，人民法院依法予以支持。

简要案情

某石材公司与某采石公司签订《大理石方料买卖合同》，约定自某采石公司在某石材公司具备生产能力后前两年每月保证供应石料 1200 立方米至 1500 立方米。合同约定的大理石方料收方价格根据体积大小，主要有两类售价：每立方米 350 元和每立方米 300 元。自 2011 年 7 月至 2011 年 9 月，某采石公司向某石材公司供应了部分石料，但此后某采石公司未向某石材公司供货，某石材公司遂起诉主张某采石公司承担未按照合同供货的违约损失。某采石公司提供的评估报告显示荒料单价为每立方米 715.64 元。

---

① 参见《最高人民法院发布〈关于适用《中华人民共和国民法典》合同编通则若干问题的解释〉相关典型案例》（2023 年 12 月 5 日发布），案例九"某石材公司与某采石公司买卖合同纠纷案"，载中国法院网 https://www.chinacourt.org/article/detail/2023/12/id/7681679.shtml，最后访问日期：2024 年 4 月 1 日。

判决理由

生效裁判认为，某采石公司提供的评估报告显示的石材荒料单价为每立方米 715.64 元，是某石材公司在某采石公司违约后如采取替代交易的方法再购得每立方米同等质量的石料所需要支出的费用。以该价格扣除合同约定的供货价每立方米 350 元，即某石材公司受到的单位损失。

司法解释相关条文

《合同编通则解释》第 60 条第 3 款　非违约方依法行使合同解除权但是未实施替代交易，主张按照违约行为发生后合理期间内合同履行地的市场价格与合同价格的差额确定合同履行后可以获得的利益的，人民法院应予支持。

关联参见

《合同编通则解释》第 60 条、第 63 条

第五百八十五条　【违约金的约定】当事人可以约定一方违约时应当根据违约情况向对方支付一定数额的违约金，也可以约定因违约产生的损失赔偿额的计算方法。

约定的违约金低于造成的损失的，人民法院或者仲裁机构可以根据当事人的请求予以增加；约定的违约金过分高于造成的损失的，人民法院或者仲裁机构可以根据当事人的请求予以适当减少。

当事人就迟延履行约定违约金的，违约方支付违约金后，还应当履行债务。

条文解读

违约金 ⟶ 违约金是当事人违约后承担责任的形式之一，当事人在订立合同时就承担违约责任的方式作出约定时，可以约定一方违约时应

当根据违约情况向对方支付一定数额的违约金，也可以约定因违约产生的损失赔偿额的计算方法，但两种方式不能同时在合同中约定，也不能同时适用。

违约金以补偿性为原则，因此，当约定的违约金低于造成的损失时，受害方可以请求人民法院或者仲裁机构予以增加，增加的数额以补足违约造成的损失为限。但在一定情形下，违约金又具有惩罚性，这体现在约定的违约金过分高于造成的损失的，违约方可以请求人民法院或者仲裁机构予以适当减少。

关于违约金过高的主张方式，当事人既可以通过反诉方式，也可以通过提出抗辩的方式主张。根据《合同编通则解释》第 65 条的规定，当事人主张约定的违约金过分高于违约造成的损失，请求予以适当减少的，人民法院应当以《民法典》第 584 条规定的损失为基础，兼顾合同主体、交易类型、合同的履行情况、当事人的过错程度、履约背景等因素，遵循公平原则和诚信原则进行衡量，并作出裁判。约定的违约金超过造成损失的 30% 的，人民法院一般可以认定为过分高于造成的损失。恶意违约的当事人一方请求减少违约金的，人民法院一般不予支持。

实务应用

080. 商品房买卖合同中没有约定违约金数额或者损失赔偿额的，如何确定具体数额？

违约金数额或者损失赔偿额可以参照以下标准确定：逾期付款的，按照未付购房款总额，参照中国人民银行规定的金融机构计收逾期贷款利息的标准计算。逾期交付使用房屋的，按照逾期交付使用房屋期间有关主管部门公布或者有资格的房地产评估机构评定的同地段同类房屋租金标准确定。

042. **网络主播主张合同约定的违约金明显过高请求予以减少的，在实际损失难以确定的情形下，人民法院如何酌定具体数额？**①

上海熊猫互娱文化有限公司诉李岑、
昆山播爱游信息技术有限公司合同纠纷案

（最高人民法院审判委员会讨论通过　2022年12月8日发布）

关键词　民事/合同纠纷/违约金调整/网络主播

裁判要点

网络主播违反约定的排他性合作条款，未经直播平台同意在其他平台从事类似业务的，应当依法承担违约责任。网络主播主张合同约定的违约金明显过高请求予以减少的，在实际损失难以确定的情形下，人民法院可以根据网络直播行业特点，以网络主播从平台中获取的实际收益为参考基础，结合平台前期投入、平台流量、主播个体商业价值等因素合理酌定。

相关法条

《中华人民共和国民法典》第585条（本案适用的是自1999年10月1日起实施的《中华人民共和国合同法》第114条）

基本案情

被告李岑原为原告上海熊猫互娱文化有限公司（以下简称熊猫公司）创办的熊猫直播平台游戏主播，被告昆山播爱游信息技术有限公司（以下简称播爱游公司）为李岑的经纪公司。2018年2月28日，熊猫公司、播爱游公司及李岑签订《主播独家合作协议》（以下简称《合作协议》），约定李岑在熊猫直播平台独家进行"绝地求生游戏"的第一视角游戏直播和游戏解说。该协议违约条款中约定，协议有效期内，播爱游公司或李岑未经熊猫公司同意，擅自终止本协议或在直播竞品平台

---

① 最高人民法院指导案例189号。

上进行相同或类似合作，或将已在熊猫直播上发布的直播视频授权给任何第三方使用的，构成根本性违约，播爱游公司应向熊猫直播平台支付如下赔偿金：（1）本协议及本协议签订前李岑因与熊猫直播平台开展直播合作熊猫公司累计支付的合作费用；（2）5000万元人民币；（3）熊猫公司为李岑投入的培训费和推广资源费。主播李岑对此向熊猫公司承担连带责任。合同约定的合作期限为一年，从2018年3月1日至2019年2月28日。

2018年6月1日，播爱游公司向熊猫公司发出主播催款单，催讨欠付李岑的两个月合作费用。截至2018年6月4日，熊猫公司为李岑直播累计支付2017年2月至2018年3月的合作费用1111661元。

2018年6月27日，李岑发布微博称其将带领所在直播团队至斗鱼直播平台进行直播，并公布了直播时间及房间号。2018年6月29日，李岑在斗鱼直播平台进行首播。播爱游公司也于官方微信公众号上发布李岑在斗鱼直播平台的直播间链接。根据"腾讯游戏"微博新闻公开报道："BIU雷哥（李岑）是全国主机游戏直播节目的开创者，也是全国著名网游直播明星主播，此外也是一位优酷游戏频道的原创达人，在优酷视频拥有超过20万的粉丝和5000万的点击量……"

2018年8月24日，熊猫公司向人民法院提起诉讼，请求判令两被告继续履行独家合作协议、立即停止在其他平台的直播活动并支付相应违约金。一审审理中，熊猫公司调整诉讼请求为判令两被告支付原告违约金300万元。播爱游公司不同意熊猫公司请求，并提出反诉请求：1.判令确认熊猫公司、播爱游公司、李岑三方于2018年2月28日签订的《合作协议》于2018年6月28日解除；2.判令熊猫公司向播爱游公司支付2018年4月至2018年6月之间的合作费用224923.32元；3.判令熊猫公司向播爱游公司支付律师费20000元。

裁判结果

上海市静安区人民法院于2019年9月16日作出（2018）沪0106民初31513号民事判决：一、播爱游公司于判决生效之日起十日内支付熊猫公司违约金 2600000 元；二、李岑对播爱游公司上述付款义务承担连带清偿责任；三、熊猫公司于判决生效之日起十日内支付播爱游公司 2018 年 4 月至 2018 年 6 月的合作费用 186640.10 元；四、驳回播爱游公司其他反诉请求。李岑不服一审判决，提起上诉。上海市第二中级人民法院于 2020 年 11 月 12 日作出（2020）沪 02 民终 562 号民事判决：驳回上诉，维持原判。

裁判理由

法院生效裁判认为：

第一，根据本案查明的事实，熊猫公司与播爱游公司、李岑签订《合作协议》，自愿建立合同法律关系，而非李岑主张的劳动合同关系。《合作协议》系三方真实意思表示，不违反法律法规的强制性规定，应认定为有效，各方理应依约恪守。从《合作协议》的违约责任条款来看，该协议对合作三方的权利义务都进行了详细约定，主播未经熊猫公司同意在竞争平台直播构成违约，应当承担赔偿责任。

第二，熊猫公司虽然存在履行瑕疵但并不足以构成根本违约，播爱游公司、李岑并不能以此为由主张解除《合作协议》。且即便从解除的方式来看，合同解除的意思表示也应当按照法定或约定的方式明确无误地向合同相对方发出，李岑在微博平台上向不特定对象发布的所谓"官宣"或直接至其他平台直播的行为，均不能认定为向熊猫公司发出明确的合同解除的意思表示。因此，李岑、播爱游公司在二审中提出因熊猫公司违约而已经行使合同解除权的主张不能成立。

第三，当事人主张约定的违约金过高请求予以适当减少的，应当以实际损失为基础，兼顾合同的履行情况、当事人的过错程度以及预期利益等综合因素，根据公平原则和诚实信用原则予以衡量。对于公平、诚信原则的适用尺度，与因违约所受损失的准确界定，应当充分考虑网络直播这一新兴行业的特点。网络直播平台是以互联网为必要媒介、以主播为核心资源的企业，在平台运营中通常需要在带宽、主播上投入较多的前期成本，而主播违反合同在第三方平台进行直播的行为给直播平台造成损失的具体金额实际难以量化，如对网络直播平台苛求过重的举证责任，则有违公平原则。故本案违约金的调整应当考虑网络直播平台的特点以及签订合同时对熊猫公司成本及收益的预见性。本案中，考虑主播李岑在游戏直播行业中享有很高的人气和知名度的实际情况，结合其收益情况、合同剩余履行期间、双方违约及各自过错大小、熊猫公司能够量化的损失、熊猫公司已对约定违约金作出的减让、熊猫公司平台的现状等情形，根据公平与诚实信用原则以及直播平台与主播个人的利益平衡，酌情将违约金调整为 260 万元。

关联参见

《买卖合同解释》第 20 条、第 21 条；《最高人民法院关于印发〈全国法院贯彻实施民法典工作会议纪要〉的通知》第 11 条

第五百八十六条 【定金】当事人可以约定一方向对方给付定金作为债权的担保。定金合同自实际交付定金时成立。

定金的数额由当事人约定；但是，不得超过主合同标的额的百分之二十，超过部分不产生定金的效力。实际交付的定金数额多于或者少于约定数额的，视为变更约定的定金数额。

条文解读

定金 ➲ 所谓定金，就是指当事人约定的，为保证债权的实现，由一方在履行前预先向对方给付的一定数量的货币或者其他代替物。定金是担保的一种，由于定金是预先交付的，定金惩罚的数额在事先也是明确的，因此通过定金罚则的运用可以督促双方自觉履行，起到担保作用。

本条规定的是违约定金，但是实践中定金的种类是非常多的。最为常见的是违约定金，即在接受定金以后，一方当事人不履行债务或者履行债务不符合约定，致使不能实现合同目的的，应按照定金罚则予以处

理。除了违约定金之外，常见的还有立约定金、成约定金、证约定金、解约定金。立约定金是当事人约定以交付定金作为订立主合同担保的，给付定金的一方拒绝订立主合同的，无权要求返还定金；收受定金的一方拒绝订立合同的，应当双倍返还定金。成约定金，即约定以交付定金作为主合同成立或者生效要件的，给付定金的一方虽然未支付定金，但主合同已经履行或者已经履行主要部分的，不影响主合同的成立或者生效。证约定金是以定金作为订立合同的证据。解约定金是定金交付后，交付定金的一方可以按照合同的约定以丧失定金为代价而解除主合同，收受定金的一方可以双倍返还定金为代价而解除主合同。成约定金可以被认为是附生效条件的合同；立约定金可以被认为是预约的违约定金；证约定金仅仅是证明合同成立的方式之一；解约定金可以被认为是一种约定解除权。

第五百八十七条 　【定金罚则】债务人履行债务的，定金应当抵作价款或者收回。给付定金的一方不履行债务或者履行债务不符合约定，致使不能实现合同目的的，无权请求返还定金；收受定金的一方不履行债务或者履行债务不符合约定，致使不能实现合同目的的，应当双倍返还定金。

关联参见

《合同编通则解释》第 67 条、第 68 条

第五百八十八条 　【违约金与定金竞合选择权】当事人既约定违约金，又约定定金的，一方违约时，对方可以选择适用违约金或者定金条款。

定金不足以弥补一方违约造成的损失的，对方可以请求赔偿超过定金数额的损失。

本条第 1 款规定了定金和违约金之间的适用关系，合同当事人既约定了违约金，又约定了定金，在当事人不存在明确的特别约定的情况下，如果一方违约，对方当事人可以选择适用违约金或者定金条款，即对方当事人享有选择权，可以选择适用违约金条款，也可以选择适用定金条款，但二者不能并用。当然，不能并用的前提是针对同一违约行为，如果违约金和定金是针对不同的违约行为，在这些违约行为都存在的前提下，仍然存在并用的可能性，但无论如何不应超过违约行为所造成的损失总额。

本条第 2 款规定了定金和法定赔偿损失之间的适用关系。与违约金不同，定金的数额不得超过主合同标的额的 20%，但是，违约行为造成的损失可能会超过适用定金罚则之后的数额；并且，对于违约金，《民法典》第 585 条第 2 款规定了司法酌增的规则，而对于定金并未明确规定类似规则。因此，本款规定，定金不足以弥补一方违约造成的损失的，对方可以请求赔偿超过定金数额的损失。据此，约定的定金不足以弥补一方违约造成的损失的，守约方既可以请求定金，同时也可以就超过定金数额的部分请求法定的赔偿损失，此时，定金和损失赔偿的数额总和不会高于因违约造成的损失。这既有助于对守约方利益的充分保护，又避免了守约方获得超过其损失的利益。

第五百八十九条　【债权人受领迟延】债务人按照约定履行债务，债权人无正当理由拒绝受领的，债务人可以请求债权人赔偿增加的费用。

在债权人受领迟延期间，债务人无须支付利息。

第五百九十条　【因不可抗力不能履行合同】当事人一方因不可抗力不能履行合同的，根据不可抗力的影响，部分或者全部免除责任，但是法律另有规定的除外。因不可抗力不能履行合同的，应当及时通知对方，以减轻可能给对方造成的损失，并应当在合理期限内提供证明。

当事人迟延履行后发生不可抗力的，不免除其违约责任。

第五百九十一条 **【非违约方防止损失扩大义务】**当事人一方违约后，对方应当采取适当措施防止损失的扩大；没有采取适当措施致使损失扩大的，不得就扩大的损失请求赔偿。

当事人因防止损失扩大而支出的合理费用，由违约方负担。

条文解读

债务人违约的，债权人不能无动于衷，任凭损失扩大，而应当积极采取适当的措施，防止损失的扩大，这样有助于激励债权人采取措施减少损失，有助于增进整体效益。没有采取适当措施致使损失扩大的，不得就扩大的损失请求赔偿。适用的前提包括：（1）债务人违反义务导致损失的发生；（2）债权人没有采取适当措施，以限制损失的程度加深或者避免损失的增加；（3）发生的损失扩大；（4）债权人未采取适当措施与损失的扩大具有因果关系。关键就是债权人是否采取了防止损失扩大的适当措施。措施是否适当，主要考虑债权人是否按照诚信原则的要求尽自己的努力采取措施避免损失扩大，如果采取的措施将严重损害债权人自身的利益，或者有悖于商业道德，或者所支付的代价过高，不应认为债权人未采取适当的措施。措施适当还要考虑采取措施的期限是否合理。债权人所采取的适当措施根据具体的情形可能有不同的措施。例如：（1）债权人停止进一步履行。（2）合理的替代交易。债权人能够在合理期限内以合理的方式进行替代交易的，应当采取此种替代交易避免损失扩大。债权人本可无须付出重大努力或花费高额费用即可进行合理的替代交易，而仍然坚持不合理的实际履行的，不得要求债务人赔偿因此而增加的损失。（3）接受债务人变更合同的合理要约，此时要注意斟酌考虑合同的性质、变更的程度以及要约的合理性等因素。

043. 银行在知晓案涉房屋无法办理抵押登记后，没有采取措施防止损失扩大，是否可以减轻最高额抵押合同中抵押人的赔偿责任？①

中信银行股份有限公司东莞分行诉陈志华等金融借款合同纠纷案

（最高人民法院审判委员会讨论通过 2021年11月9日发布）

关键词 民事/金融借款合同/未办理抵押登记/赔偿责任/过错

裁判要点

以不动产提供抵押担保，抵押人未依抵押合同约定办理抵押登记的，不影响抵押合同的效力。债权人依据抵押合同主张抵押人在抵押物的价值范围内承担违约赔偿责任的，人民法院应予支持。抵押权人对未能办理抵押登记有过错的，相应减轻抵押人的赔偿责任。

相关法条

1.《中华人民共和国物权法》第15条（注：现行有效的法律为《中华人民共和国民法典》第215条）；

2.《中华人民共和国合同法》第107条、第113条第1款、第119条第1款（注：现行有效的法律为《中华人民共和国民法典》第577条、第584条、第591条第1款）。

基本案情

2013年12月31日，中信银行股份有限公司东莞分行（以下简称中信银行东莞分行）与东莞市华丰盛塑料有限公司（以下简称华丰盛公司）、东莞市亿阳信通集团有限公司（以下简称亿阳公司）、东莞市高力信塑料有限公司（以下简称高力信公司）签订《综合授信合同》，约定中信银行东莞分行为亿阳公司、高力信公司、华丰盛公司提供4亿元的综合授信额度，额度使用期限自2013年12月31日起至2014年12月31日止。为担保该合同，中信银行东莞分行于同日与陈志波、陈志华、

---

① 最高人民法院指导案例168号。

陈志文、亿阳公司、高力信公司、华丰盛公司、东莞市怡联贸易有限公司（以下简称怡联公司）、东莞市力宏贸易有限公司（以下简称力宏公司）、东莞市同汇贸易有限公司（以下简称同汇公司）分别签订了《最高额保证合同》，约定：高力信公司、华丰盛公司、亿阳公司、力宏公司、同汇公司、怡联公司、陈志波、陈志华、陈志文为上述期间的贷款本息、实现债权费用在各自保证限额内向中信银行东莞分行提供连带保证责任。同时，中信银行东莞分行还分别与陈志华、陈志波、陈仁兴、梁彩霞签订了《最高额抵押合同》，陈志华、陈志波、陈仁兴、梁彩霞同意为中信银行东莞分行自2013年12月31日至2014年12月31日期间对亿阳公司等授信产生的债权提供最高额抵押，担保的主债权限额均为4亿元，担保范围包括贷款本息及相关费用，抵押物包括：1. 陈志华位于东莞市中堂镇东泊村的房产及位于东莞市中堂镇东泊村中堂汽车站旁的一栋综合楼（未取得不动产登记证书）；2. 陈志波位于东莞市中堂镇东泊村陈屋东兴路东一巷面积为4667.7平方米的土地使用权及地上建筑物、位于东莞市中堂镇吴家涌面积为30801平方米的土地使用权、位于东莞市中堂镇东泊村面积为12641.9平方米的土地使用权（均未取得不动产登记证书）；3. 陈仁兴位于东莞市中堂镇的房屋；4. 梁彩霞位于东莞市中堂镇东泊村陈屋新村的房产。以上不动产均未办理抵押登记。

另，中信银行东莞分行于同日与亿阳公司签订了《最高额权利质押合同》《应收账款质押登记协议》。

基于《综合授信合同》，中信银行东莞分行与华丰盛公司于2014年3月18日、19日分别签订了《人民币流动资金贷款合同》，约定：中信银行东莞分行为华丰盛公司分别提供2500万元、2500万元、2000万元流动资金贷款，贷款期限分别为2014年3月18日至2015年3月18日、2014年3月19日至2015年3月15日、2014年3月19日至2015年3月12日。

东莞市房产管理局于2011年6月29日向东莞市各金融机构发出《关于明确房地产抵押登记有关事项的函》（东房函〔2011〕119号），内容为："东莞市各金融机构：由于历史遗留问题，我市存在一些土地使用权人与房屋产权人不一致的房屋。2008年，住建部出台了《房屋登记办法》①（建设部令第168号），其中第八条明确规定'办理房屋登记，应当遵循房屋所有权和房屋占用范围内的土地使用权权利主体一致的原则'。因此，上述房屋在申请所有权转移登记时，必须先使房屋所有权与土地使用权权利主体一致后才能办理。为了避免抵押人在实现该类房屋抵押权时，因无法在房管部门办理房屋所有权转移登记而导致合法利益无法得到保障，根据《物权法》《房屋登记办法》等相关规定，我局进一步明确房地产抵押登记的有关事项，现函告如下：一、土地使用权人与房屋产权人不一致的房屋需办理抵押登记的，必须在房屋所有权与土地使用权权利主体取得一致后才能办理。二、目前我市个别金融机构由于实行先放款再到房地产管理部门申请办理抵押登记，产生了一些不必要的矛盾纠纷。为了减少金融机构信贷风险和信贷矛盾纠纷，我局建议各金融机构在日常办理房地产抵押贷款申请时，应认真审查抵押房地产的房屋所有权和土地使用权权利主体是否一致，再决定是否发放该笔贷款。如对房地产权属存在疑问，可咨询房地产管理部门。三、为了更好地保障当事人利益，我局将从2011年8月1日起，对所有以自建房屋申请办理抵押登记的业务，要求申请人必须同时提交土地使用权证。"

中信银行东莞分行依约向华丰盛公司发放了7000万贷款。然而，华丰盛公司自2014年8月21日起未能按期付息。中信银行东莞分行提起本案诉讼。请求：华丰盛公司归还全部贷款本金7000万元并支付贷款利息等；陈志波、陈志华、陈仁兴、梁彩霞在抵押物价值范围内承担连带赔偿责任。

裁判结果

广东省东莞市中级人民法院于2015年11月19日作出（2015）东中法民四初字第15号民事判决：一、东莞市华丰盛塑料有限公司向中信银行股份有限公司东莞分行偿还借款本金7000万元、利息及复利并

---

① 现已失效。

支付罚息；二、东莞市华丰盛塑料有限公司赔偿中信银行股份有限公司东莞分行支出的律师费 13 万元；三、东莞市亿阳信通集团有限公司、东莞市高力信塑料有限公司、东莞市力宏贸易有限公司、东莞市同汇贸易有限公司、东莞市怡联贸易有限公司、陈志波、陈志华、陈志文在各自《最高额保证合同》约定的限额范围内就第一、二判项确定的东莞市华丰盛塑料有限公司所负中信银行股份有限公司东莞分行的债务范围内承担连带清偿责任，保证人在承担保证责任后，有权向东莞市华丰盛塑料有限公司追偿；四、陈志华在位于广东省东莞市中堂镇东泊村中堂汽车站旁的一栋综合楼、陈志波在位于广东省东莞市中堂镇东泊村陈屋东兴路东一巷面积为 4667.7 平方米的土地使用权及地上建筑物（面积为 3000 平方米的三幢住宅）、位于东莞市中堂镇吴家涌面积为 30801 平方米的土地使用权、位于东莞市中堂镇东泊村面积为 12641.9 平方米的土地使用权的价值范围内就第一、二判项确定的东莞市华丰盛塑料有限公司所负中信银行股份有限公司东莞分行债务的未受清偿部分的二分之一范围内承担连带赔偿责任；五、驳回中信银行股份有限公司东莞分行的其他诉讼请求。中信银行股份有限公司东莞分行提出上诉。广东省高级人民法院于 2017 年 11 月 14 日作出（2016）粤民终 1107 号民事判决：驳回上诉，维持原判。中信银行股份有限公司东莞分行不服向最高人民法院申请再审。最高人民法院于 2018 年 9 月 28 日作出（2018）最高法民申 3425 号民事裁定，裁定提审本案。2019 年 12 月 9 日，最高人民法院作出（2019）最高法民再 155 号民事判决：一、撤销广东省高级人民法院（2016）粤民终 1107 号民事判决；二、维持广东省东莞市中级人民法院（2015）东中法民四初字第 15 号民事判决第一、二、三、四项；三、撤销广东省东莞市中级人民法院（2015）东中法民四初字第 15 号民事判决第五项；四、陈志华在位于东莞市中堂镇东泊村的房屋价值范围内、陈仁兴在位于东莞市中堂镇的房屋价值范围内、梁彩霞在位于东莞市中堂镇东泊村陈屋新村的房屋价值范围内，就广东省东莞市中级人民法院（2015）东中法民四初字第 15 号民事判决第一、二判项确定的东莞市华丰盛塑料有限公司所负债务未清偿部分的二分之一范围内向中信银行股份有限公司东莞分行承担连带赔偿责任；五、驳回中信银行股份有限公司东莞分行的其他诉讼请求。

裁判理由

最高人民法院认为：《中华人民共和国物权法》第十五条规定："当事人之间订立有关设立、变更、转让和消灭不动产物权的合同，除法律另有规定或者合同另有约定外，自合同成立时生效；未办理物权登记的，不影响合同效力。"本案中，中信银行东莞分行分别与陈志华等三人签订的《最高额抵押合同》，约定陈志华以其位于东莞市中堂镇东泊村的房屋、陈仁兴以其位于东莞市中堂镇的房屋、梁彩霞以其位于东莞市中堂镇东泊村陈屋新村的房屋为案涉债务提供担保。上述合同内容系双方当事人的真实意思表示，内容不违反法律、行政法规的强制性规定，应为合法有效。虽然前述抵押物未办理抵押登记，但根据《中华人民共和国物权法》第十五条之规定，该事实并不影响抵押合同的效力。

依法成立的合同，对当事人具有法律约束力，当事人应当按照合同约定履行各自义务，不履行合同义务或履行合同义务不符合约定的，应依据合同约定或法律规定承担相应责任。《最高额抵押合同》第六条"甲方声明与保证"约定："6.2 甲方对本合同项下的抵押物拥有完全的、有效的、合法的所有权或处分权，需依法取得权属证明的抵押物已依法获发全部权属证明文件，且抵押物不存在任何争议或任何权属瑕疵……6.4 设立本抵押不会受到任何限制或不会造成任何不合法的情形。"第十二条"违约责任"约定："12.1 本合同生效后，甲乙双方均应履行本合同约定的义务，任何一方不履行或不完全履行本合同约定的义务的，应当承担相应的违约责任，并赔偿由此给对方造成的损失。12.2 甲方在本合同第六条所作声明与保证不真实、不准确、不完整或故意使人误解，给乙方造成损失的，应予赔偿。"根据上述约定，陈志华等三人应确保案涉房产能够依法办理抵押登记，否则应承担相应的违约责任。本案中，陈志华等三人尚未取得案涉房屋所占土地使用权证，因房地权属不一致，案涉房屋未能办理抵押登记，抵押权未依法设立，陈志华等三人构成违约，应依据前述约定赔偿由此给中信银行东莞分行造成的损失。

《中华人民共和国合同法》第一百一十三条第一款规定："当事人一方不履行合同义务或者履行合同义务不符合约定，给对方造成损失的，损失赔偿额应当相当于因违约所造成的损失，包括合同履行后可以获得的利益，但不得超过违反合同一方订立合同时预见到或者应当预见到的因违反合同可能造成的损失。"《最高额抵押合同》第6.6条约定："甲方承诺：当主合同债务人不履行到期债务或发生约定的实现担保物权的情形，无论乙方对主合同项下的债权是否拥有其他担保（包括但不限于主合同债务人自己提供物的担保、保证、抵押、质押、保函、备用信用证等担保方式），乙方有权直接请求甲方在其担保范围内承担担保责任，无需行使其他权利（包括但不限于先行处置主合同债务人提供的物的担保）。"第8.1条约定："按照本合同第二条第2.2款确定的债务履行期限届满之日债务人未按主合同约定履行全部或部分债务的，乙方有权按本合同的约定处分抵押物。"在《最高额抵押合同》正常履行的情况下，当主债务人不履行到期债务时，中信银行东莞分行可直接请求就抵押物优先受偿。本案抵押权因未办理登记而未设立，中信银行东莞分行无法实现抵押权，损失客观存在，其损失范围相当于在抵押财产价值范围内华丰盛公司未清偿债务数额部分，并可依约直接请求陈志华等三人进行赔偿。同时，根据本案查明的事实，中信银行东莞分行对《最高额抵押合同》无法履行亦存在过错。东莞市房产管理局已于2011年明确函告辖区各金融机构，房地权属不一致的房屋不能再办理抵押登记。据此可以认定，中信银行东莞分行在2013年签订《最高额抵押合同》时对于案涉房屋无法办理抵押登记的情况应当知情或者应当能够预见。中信银行东莞分行作为以信贷业务为主营业务的专业金融机构，应比一般债权人具备更高的审核能力。相对于此前曾就案涉抵押物办理过抵押登记的陈志华等三人来说，中信银行东莞分行具有更高的判断能力，负有更高的审查义务。中信银行东莞分行未尽到合理的审查和注意义务，对抵押权不能设立亦存在过错。同时，根据《中华人民共和国合同法》第一百一十九条"当事人一方违约后，对方应当采取适当措施防止损失的扩大；没有采取适当措施致使损失扩大的，不得就扩大的损失要求赔偿"的规定，中信银行东莞分行在知晓案涉房屋无法办理抵押登记后，没有采取降低授信额度、要求提供补充担保等措施防止损失扩大，可以适当减轻陈志华等三人的赔偿责任。综合考虑双方当事人的过错程度以及本案具体情况，酌情认定陈志华等三人以抵押财产价值为限，在华丰盛公司尚未清偿债务的二分之一范围内，向中信银行东莞分行承担连带赔偿责任。

044. 承租人要求解除房屋租赁合同，出租人拒绝接收房屋，造成涉案房屋的长期空置的，出租人是否可向承租人主张空置期内的租金？[①]

裁判要点

当事人一方违约后，对方没有采取适当措施致使损失扩大的，不得就扩大的损失请求赔偿。承租人已经通过多种途径向出租人作出了解除合同的意思表示，而出租人一直拒绝接收房屋，造成涉案房屋的长期空置，不得向承租人主张全部空置期内的租金。

简要案情

2018 年 7 月 21 日，柴某与某管理公司签订《资产管理服务合同》，约定：柴某委托某管理公司管理运营涉案房屋，用于居住；管理期限自 2018 年 7 月 24 日起至 2021 年 10 月 16 日止。合同签订后，柴某依约向某管理公司交付了房屋。某管理公司向柴某支付了服务质量保证金，以及至 2020 年 10 月 16 日的租金。后某管理公司与柴某协商合同解除事宜，但未能达成一致，某管理公司向柴某邮寄解约通知函及该公司单方签章的结算协议，通知柴某该公司决定于 2020 年 11 月 3 日解除《资产

---

① 参见《最高人民法院发布〈关于适用《中华人民共和国民法典》合同编通则若干问题的解释〉相关典型案例》（2023 年 12 月 5 日发布），案例十"柴某与某管理公司房屋租赁合同纠纷案"，载中国法院网 https://www.chinacourt.org/article/detail/2023/12/id/7681679.shtml，最后访问日期：2024 年 4 月 1 日。

管理服务合同》。柴某对某管理公司的单方解除行为不予认可。2020 年12 月 29 日，某管理公司向柴某签约时留存并认可的手机号码发送解约完成通知及房屋密码锁的密码。2021 年 10 月 8 日，法院判决终止双方之间的合同权利义务关系。柴某起诉请求某管理公司支付 2020 年 10 月17 日至 2021 年 10 月 16 日的房屋租金 114577.2 元及逾期利息、违约金19096.2 元、未履行租期年度对应的空置期部分折算金额 7956.75 元等。

判决理由

生效裁判认为，当事人一方违约后，对方应当采取适当措施防止损失的扩大；没有采取适当措施致使损失扩大的，不得就扩大的损失请求赔偿。合同终止前，某管理公司应当依约向柴某支付租金。但鉴于某管理公司已经通过多种途径向柴某表达解除合同的意思表示，并向其发送房屋密码锁密码，而柴某一直拒绝接收房屋，造成涉案房屋的长期空置。因此，柴某应当对其扩大损失的行为承担相应责任。法院结合双方当事人陈述、合同实际履行情况、在案证据等因素，酌情支持柴某主张的房屋租金至某管理公司向其发送电子密码后 1 个月，即 2021 年 1 月30 日，应付租金为 33418.35 元。

司法解释相关条文

《合同编通则解释》第 61 条第 2 款　非违约方主张按照合同解除后剩余履行期限相应的价款、租金等扣除履约成本确定合同履行后可以获得的利益的，人民法院不予支持。但是，剩余履行期限少于寻找替代交易的合理期限的除外。

第 63 条第 3 款　在确定违约损失赔偿额时，违约方主张扣除非违约方未采取适当措施导致的扩大损失、非违约方也有过错造成的相应损失、非违约方因违约获得的额外利益或者减少的必要支出的，人民法院依法予以支持。

关联参见

《买卖合同解释》第 22 条

第五百九十二条　【双方违约和与有过错规则】当事人都违反合同的，应当各自承担相应的责任。

当事人一方违约造成对方损失，对方对损失的发生有过错的，可以减少相应的损失赔偿额。

条文解读

本条所规定的内容在合同法律制度上称为双方违约和与有过错。

双方违约 ➔ 违约可以区分为单方违约和双方违约。仅当事人一方违约的，称为单方违约；双方当事人都违约的，称为双方违约。在双务合同中，有些合同义务是彼此独立的，不具有牵连性和对价性，因此，双方违反这些相互独立的合同义务是可能的，并且不成立双务合同的履行抗辩权。在双方各自违反了相互独立的合同义务时，实际上是两个独立的违约行为，因此各自都要向对方承担相应的违约责任。

与有过错 ➔ 与有过错，又称为过错相抵、混合过错，指受损害一方对于损害结果的发生存在过错的，在计算损失赔偿额时应当予以相应减少。例如，甲从乙那里购买了一辆汽车，之后甲驾驶汽车运载超重货物，由于钢圈破碎导致翻车。交通事故处理部分认定汽车质量不合格是导致事故的主要原因，但甲超重行驶也是造成事故的原因之一。

与有过错与双方违约不同，与有过错中，仅发生一个损害，只是对该损害的发生，债权人也有过错；而双方违约的情形，则是双方都违反了相互独立的合同义务，故存在两个违约行为，由此发生两个损害。

第五百九十三条　【因第三人原因造成违约情况下的责任承担】当事人一方因第三人的原因造成违约的，应当依法向对方承担违约责任。当事人一方和第三人之间的纠纷，依照法律规定或者按照约定处理。

合同的重要特征之一就是具有相对性。根据合同责任的相对性原理，在因第三人的行为造成债务人不能履行合同债务的情况下，债务人仍然要向债权人承担违约责任，债权人也只能要求债务人承担违约责任。债务人在向债权人承担违约责任后，有权依照法律规定或者合同约定向第三人追偿。比如，因为甲打伤了乙，乙不能完成和丙订立的运输合同，乙仍然要向丙承担违约责任，乙因此遭受的损失可另案向甲索赔。

第五百九十四条 【国际贸易合同诉讼时效和仲裁时效】因国际货物买卖合同和技术进出口合同争议提起诉讼或者申请仲裁的时效期间为四年。

第二分编　典型合同

第九章　买卖合同

第五百九十五条 【买卖合同的概念】买卖合同是出卖人转移标的物的所有权于买受人，买受人支付价款的合同。

条文解读

买卖合同 ➡ 买卖合同是最基本的典型合同，是出卖人转移买卖标的的所有权于买受人，买受人支付货款的合同。买卖关系的主体是出卖人和买受人。

买卖合同具有以下法律特征：（1）买卖合同是卖方转移财产所有权，买方支付价款的合同。转移所有权，这使得买卖合同区别于转移财产使用权的合同，如租赁合同、借用合同、保管合同。（2）买卖合同是买方应支付价款的合同。这使得买卖合同区别于其他转移财产所有权的合同，如互易合同、赠与合同。（3）买卖合同是双务合同。出卖人与买受人双方都享有一定的权利，又都负有相应的义务。（4）买卖合同是有偿合同。（5）买卖合同是诺成合同。除法律有特别规定外，当事人意思表示一致买卖合同即可成立，并不以实物的交付为成立要件。（6）买卖合同是不要式合同。买卖合同采取何种形式，一般由当事人自己决定。

实务应用

081. 当事人之间没有书面合同，在哪些情况下可以认定买卖合同关系成立？

当事人之间没有书面合同，一方以送货单、收货单、结算单、发票等主张存在买卖合同关系的，人民法院应当结合当事人之间的交易方式、交易习惯以及其他相关证据，对买卖合同是否成立作出认定。对账确认函、债权确认书等函件、凭证没有记载债权人名称，买卖合同当事人一方以此证明存在买卖合同关系的，人民法院应予支持，但有相反证据足以推翻的除外。

第五百九十六条　【买卖合同条款】买卖合同的内容一般包括标的物的名称、数量、质量、价款、履行期限、履行地点和方式、包装方式、检验标准和方法、结算方式、合同使用的文字及其效力等条款。

条文解读

包装方式 ➡ 出卖人和买受人应当在买卖合同中就标的物的包装订立包装条款，规定包装种类、包装标准、包装方式、包装费用、包装标识和包装物的回收等内容。对于包装标准，如果有国家标准的，执行国家标准；如果没有国家标准，有行业标准的，执行行业标准；没有国家标准或者行业标准的，由双方当事人协商确定包装标准。包装方式的确定，一般得根据标的物的性能、特点及采用的运输方式而定。

结算方式 ➡ 当事人应当根据标的物的性质，选择适当的结算方式。

对于结算所用的币种也应当在合同中约定，并且双方的约定不得违反国家关于外汇管理的规定。

合同使用的文字及其效力 ➜ 买卖合同采用书面形式的，双方当事人应当在合同中约定该合同所使用的文字的名称。如果出卖人与买受人是不同国家或者民族的，买卖合同可以具备多个不同语种的文本，但应当规定合同的正本所使用的文字。如果合同文本采用两种文字，并且当事人在订立合同时约定这两种文本具有同等效力的，对各文本使用的词句推定具有相同的含义。各文本使用的词句不一致的，应当根据合同的目的予以解释。

第五百九十七条 【无权处分的违约责任】因出卖人未取得处分权致使标的物所有权不能转移的，买受人可以解除合同并请求出卖人承担违约责任。

法律、行政法规禁止或者限制转让的标的物，依照其规定。

关联参见

《宪法》第 10 条；《土地管理法》第 2 条；《城市房地产管理法》第 38 条；《野生动物保护法》第 28 条、第 29 条；《文物保护法》第 24 条、第 25 条、第 51 条

第五百九十八条 【出卖人基本义务】出卖人应当履行向买受人交付标的物或者交付提取标的物的单证，并转移标的物所有权的义务。

实务应用

082. 一物多卖如何处理？

（1）出卖人就同一普通动产订立多重买卖合同，在买卖合同均有效的情况下，买受人均要求实际履行合同的，应当按照以下情形分别处理：①先行受领交付的买受人请求确认所有权已经转移的，人民法院应

予支持；②均未受领交付，先行支付价款的买受人请求出卖人履行交付标的物等合同义务的，人民法院应予支持；③均未受领交付，也未支付价款，依法成立在先合同的买受人请求出卖人履行交付标的物等合同义务的，人民法院应予支持。

（2）出卖人就同一船舶、航空器、机动车等特殊动产订立多重买卖合同，在买卖合同均有效的情况下，买受人均要求实际履行合同的，应当按照以下情形分别处理：①先行受领交付的买受人请求出卖人履行办理所有权转移登记手续等合同义务的，人民法院应予支持；②均未受领交付，先行办理所有权转移登记手续的买受人请求出卖人履行交付标的物等合同义务的，人民法院应予支持；③均未受领交付，也未办理所有权转移登记手续，依法成立在先合同的买受人请求出卖人履行交付标的物和办理所有权转移登记手续等合同义务的，人民法院应予支持；④出卖人将标的物交付给买受人之一，又为其他买受人办理所有权转移登记，已受领交付的买受人请求将标的物所有权登记在自己名下的，人民法院应予支持。

关联参见

《土地管理法》第 12 条；《城市房地产管理法》第 60 条、第 61 条；《民用航空法》第 14 条；《道路交通安全法》第 8 条、第 12 条

第五百九十九条　【出卖人义务：交付单证、交付资料】出卖人应当按照约定或者交易习惯向买受人交付提取标的物单证以外的有关单证和资料。

实务应用

083. 提取标的物单证以外的有关单证和资料主要包括哪些？

主要应当包括保险单、保修单、普通发票、增值税专用发票、产品合格证、质量保证书、质量鉴定书、品质检验证书、产品进出口检疫书、原产地证明书、使用说明书、装箱单等。

关联参见

《买卖合同解释》第 4 条、第 5 条

第六百条　【买卖合同知识产权保留条款】 出卖具有知识产权的标的物的，除法律另有规定或者当事人另有约定外，该标的物的知识产权不属于买受人。

关联参见

《著作权法》第 20 条；《计算机软件保护条例》第 9—14 条

第六百零一条　【出卖人义务：交付期间】 出卖人应当按照约定的时间交付标的物。约定交付期限的，出卖人可以在该交付期限内的任何时间交付。

第六百零二条　【标的物交付期限不明时的处理】 当事人没有约定标的物的交付期限或者约定不明确的，适用本法第五百一十条、第五百一十一条第四项的规定。

第六百零三条　【买卖合同标的物的交付地点】 出卖人应当按照约定的地点交付标的物。

当事人没有约定交付地点或者约定不明确，依据本法第五百一十条的规定仍不能确定的，适用下列规定：

（一）标的物需要运输的，出卖人应当将标的物交付给第一承运人以运交给买受人；

（二）标的物不需要运输，出卖人和买受人订立合同时知道标的物在某一地点的，出卖人应当在该地点交付标的物；不知道标的物在某一地点的，应当在出卖人订立合同时的营业地交付标的物。

"标的物需要运输的",是指标的物由出卖人负责办理托运,承运人系独立于买卖合同当事人之外的运输业者的情形。

《买卖合同解释》第 8 条

第六百零四条 **【标的物的风险承担】** 标的物毁损、灭失的风险,在标的物交付之前由出卖人承担,交付之后由买受人承担,但是法律另有规定或者当事人另有约定的除外。

标的物风险负担规则 ➜ 标的物风险负担的关键是风险转移的时间问题,我国《民法典》采用的是交付转移风险原则:(1)标的物毁损、灭失的风险,交付之前由出卖人承担。(2)标的物毁损、灭失的风险,交付之后由买受人承担。买受人此时承担标的物风险不以其是否取得标的物的所有权为前提,在某些情况下,尽管买受人已经接受了交付的标的物,但由于法律的规定或者当事人的约定,买受人并没有取得标的物的所有权,此时,只要标的物是出卖人交付的,那么,买受人就得对其接受的标的物承担风险责任。

标的物的风险随交付而转移,这里所指的"交付"必须是按照法律规定和合同约定进行的交付。

标的物毁损、灭失的风险,交付前由出卖人承担,交付后由买受人承担,这是标的物风险转移的一般原则。但是,如果法律对此另有规定,或者当事人对风险转移另有约定的,可以不适用这一原则,按照法律的规定或者当事人的约定进行。这里的"法律另有规定或者当事人另有约定"的情况主要有两种:其一,交付前标的物的风险即由买受人负担；其二，交付后的一段时间内标的物的风险仍然由出卖人负担。

关联参见

《买卖合同解释》第 9 条

第六百零五条 【迟延交付标的物的风险负担】因买受人的原因致使标的物未按照约定的期限交付的，买受人应当自违反约定时起承担标的物毁损、灭失的风险。

第六百零六条 【路货买卖中的标的物风险转移】出卖人出卖交由承运人运输的在途标的物，除当事人另有约定外，毁损、灭失的风险自合同成立时起由买受人承担。

关联参见

《买卖合同解释》第 10 条

第六百零七条 【需要运输的标的物风险负担】出卖人按照约定将标的物运送至买受人指定地点并交付给承运人后，标的物毁损、灭失的风险由买受人承担。

当事人没有约定交付地点或者约定不明确，依据本法第六百零三条第二款第一项的规定标的物需要运输的，出卖人将标的物交付给第一承运人后，标的物毁损、灭失的风险由买受人承担。

第六百零八条 【买受人不履行接受标的物义务的风险负担】出卖人按照约定或者依据本法第六百零三条第二款第二项的规定将标的物置于交付地点，买受人违反约定没有收取的，标的物毁损、灭失的风险自违反约定时起由买受人承担。

第六百零九条 【未交付单证、资料的风险负担】出卖人按照约定未交付有关标的物的单证和资料的，不影响标的物毁损、灭失风险的转移。

第六百一十条　【根本违约】因标的物不符合质量要求，致使不能实现合同目的的，买受人可以拒绝接受标的物或者解除合同。买受人拒绝接受标的物或者解除合同的，标的物毁损、灭失的风险由出卖人承担。

关联参见

《买卖合同解释》第 24 条

第六百一十一条　【买受人承担风险与出卖人违约责任关系】标的物毁损、灭失的风险由买受人承担的，不影响因出卖人履行义务不符合约定，买受人请求其承担违约责任的权利。

第六百一十二条　【出卖人的权利瑕疵担保义务】出卖人就交付的标的物，负有保证第三人对该标的物不享有任何权利的义务，但是法律另有规定的除外。

条文解读

出卖人的权利瑕疵担保 ➡ 出卖人的权利瑕疵担保，是指卖方应保证对其所出售的标的物享有合法的权利，没有侵犯任何第三人的权利，并且任何第三人都不会就该标的物向买受人主张任何权利。买卖合同根本上就是标的物所有权的转让，因此，出卖人的这项义务也就是其一项最基本的义务。具体来说，出卖人的权利瑕疵担保义务包括：（1）出卖人对出卖的标的物享有合法的权利，即须对标的物具有所有权或者处分权。（2）出卖人应当保证在其出售的标的物上不存在任何未曾向买方透露的他人可以主张的权利，如抵押权、租赁权等。（3）出卖人应当保证标的物没有侵犯他人的知识产权。

第六百一十三条 【权利瑕疵担保责任之免除】买受人订立合同时知道或者应当知道第三人对买卖的标的物享有权利的，出卖人不承担前条规定的义务。

第六百一十四条 【买受人的中止支付价款权】买受人有确切证据证明第三人对标的物享有权利的，可以中止支付相应的价款，但是出卖人提供适当担保的除外。

第六百一十五条 【买卖标的物的质量瑕疵担保】出卖人应当按照约定的质量要求交付标的物。出卖人提供有关标的物质量说明的，交付的标的物应当符合该说明的质量要求。

案例指引

045. 购房后无法正常用电，买受人是否有权要求开发商赔偿损失？[①]

张某从开发商处购买房屋一套，入住后发现房屋负一层所有电源插座均无法使用，只要一经合闸，全单元总闸就会跳闸。张某多次联系物业公司和开发商未果。为此，张某将开发商诉至法院，要求开发商承担电路修缮费用。开发商辩称，房屋已经通过竣工验收并交付使用，不认可案涉工程质量有问题，不同意张某的诉讼请求。审理过程中，张某申请对房屋用电无法正常使用的具体原因、修复方案及修复费用进行鉴定，鉴定机构出具鉴定意见，认为用户无法正常用电的具体原因为地下一层插座线路之间存在短路，修复方案分为明敷设和拆除原装插座线路恢复原状修复，其中明敷设修复费用为 5000 元，恢复原状修复费用为 3 万元。

法院认为，开发商作为建设单位，对其交付的房屋应当承担质量瑕

---

① 参见《最高法发布消费者权益保护典型案例》（2022 年 3 月 15 日发布），张某与某房地产开发公司房屋买卖合同纠纷案，载最高人民法院网 https://www.court.gov.cn/zixun/xiangqing/350961.html，最后访问日期：2024 年 4 月 1 日。

疵担保责任，对存在质量问题的房屋应当及时予以修复。本案中，出现质量问题的电路系统虽然不属于房屋主体结构，但仍然是房屋整体的组成部分。尽管房屋整体已经通过竣工验收，但不影响开发商对经鉴定确定存在的问题承担修复责任，开发商始终未予修复，应当赔偿张某的修复损失。关于修复费用的标准，虽然鉴定机构在出具鉴定意见时，给出了两种不同的修复方案，但是张某不同意适用明敷设配管配线的修复方案，综合考虑案件质量问题的起因、质量问题的程度、质量问题持续的时间、开发商在解决问题过程中的作为情况，法院最终判决开发商按照恢复原状修复方案赔偿张某修缮费用并承担本案鉴定费用。

关联参见

《消费者权益保护法》第 18 条、第 23 条；《产品质量法》第 26 条

第六百一十六条　【标的物法定质量担保义务】 当事人对标的物的质量要求没有约定或者约定不明确，依据本法第五百一十条的规定仍不能确定的，适用本法第五百一十一条第一项的规定。

第六百一十七条　【质量瑕疵担保责任】 出卖人交付的标的物不符合质量要求的，买受人可以依据本法第五百八十二条至第五百八十四条的规定请求承担违约责任。

关联参见

《消费者权益保护法》第 23 条

第六百一十八条　【标的物瑕疵担保责任减免的特约效力】 当事人约定减轻或者免除出卖人对标的物瑕疵承担的责任，因出卖人故意或者重大过失不告知买受人标的物瑕疵的，出卖人无权主张减轻或者免除责任。

084. 出卖人过错导致的特约减免例外主要包括哪些情形？

在买卖合同的订立和履行过程中，买卖双方可以约定免除出卖人对标的物的瑕疵担保责任。但在一些特殊情况下，出卖人存在主观过错，导致买受人对标的物的瑕疵状况不了解，最终致使买受人收到的标的物存在瑕疵。在这种情况下，买卖合同双方订立合同的基础有失公平，损害了买受人的权利，依据诚信原则以及《民法典》第506条第2项"因故意或者重大过失造成对方财产损失的"合同中的免责条款无效的规定，对出卖人主张减轻或者免除责任的请求，不应予以支持。

本条中的出卖人的过错包括故意或者重大过失两类。出卖人故意不告知买受人标的物存在瑕疵，意味着出卖人明知标的物存在瑕疵。例如，出卖人销售的是伪劣产品，但却告知买受人产品符合质量标准，显然构成故意隐瞒标的物质量瑕疵。再如，出卖人将标的物一物二卖，又不告知第二个买受人实际情况，显然构成故意隐瞒标的物权利瑕疵。在这种情形下，不免除出卖人的违约责任当无争议。而在特约免除瑕疵担保责任的出卖人重大过失场合，其并无故意致使买受人受损的目的，但客观上造成了买受人利益的损害，该约定是否无效确实存有争议。例如，出卖人委托拍卖公司拍卖一块土地，由于疏忽导致拍卖公告中载明的土地面积大于实际面积，同时约定该土地以现状拍卖，出卖人不担保标的物的实际状况及瑕疵。在买受人拍得土地后发现土地面积不对，因此就出卖人是否可以免除瑕疵担保责任发生争议。在这种情况下，如果允许出卖人免除瑕疵担保责任，将使得拍卖人无须调查了解拍卖物的任何情形，竞买人只能自行了解标的物，其结果不但破坏了市场的诚信，也大大增加了市场的交易成本，结合《民法典》第506条第2项的规定，对于出卖人存在重大过失的免责约定的效力，应当持否定评价。

另外需要指出的是，在适用本条的过程中，主张出卖人存在故意或者重大过失的情形，应当由买受人承担举证责任。而对于特约免除瑕疵担保责任的形式，由于该约定对双方的权利义务都存在重大影响，因此无论采取什么形式约定，都应当以明示的方式作出，而不能以默示的方式作出。

第六百一十九条　【标的物的包装方式】出卖人应当按照约定的包装方式交付标的物。对包装方式没有约定或者约定不明确，依据本法第五百一十条的规定仍不能确定的，应当按照通用的方式包装；没有通用方式的，应当采取足以保护标的物且有利于节约资源、保护生态环境的包装方式。

第六百二十条　【买受人的检验义务】买受人收到标的物时应当在约定的检验期限内检验。没有约定检验期限的，应当及时检验。

第六百二十一条　【买受人检验标的物的异议通知】当事人约定检验期限的，买受人应当在检验期限内将标的物的数量或者质量不符合约定的情形通知出卖人。买受人怠于通知的，视为标的物的数量或者质量符合约定。

当事人没有约定检验期限的，买受人应当在发现或者应当发现标的物的数量或者质量不符合约定的合理期限内通知出卖人。买受人在合理期限内未通知或者自收到标的物之日起二年内未通知出卖人的，视为标的物的数量或者质量符合约定；但是，对标的物有质量保证期的，适用质量保证期，不适用该二年的规定。

出卖人知道或者应当知道提供的标的物不符合约定的，买受人不受前两款规定的通知时间的限制。

实务应用

085. **如何认定买卖中的检验"合理期限"？**

应当综合当事人之间的交易性质、交易目的、交易方式、交易习惯、标的物的种类、数量、性质、安装和使用情况、瑕疵的性质、买受人应尽的合理注意义务、检验方法和难易程度、买受人或者检验人所处的具体环境、自身技能以及其他合理因素，依据诚信原则进行判断。《民法典》第621条第2款规定的"二年"是最长的合理期限。该期限为不变期间，不适用诉讼时效中止、中断或者延长的规定。

关联参见

《海商法》第83条；《买卖合同解释》第12—14条

第六百二十二条 【检验期限或质量保证期过短的处理】当事人约定的检验期限过短，根据标的物的性质和交易习惯，买受人在检验期限内难以完成全面检验的，该期限仅视为买受人对标的物的外观瑕疵提出异议的期限。

约定的检验期限或者质量保证期短于法律、行政法规规定期限的，应当以法律、行政法规规定的期限为准。

第六百二十三条 【标的物数量和外观瑕疵检验】当事人对检验期限未作约定，买受人签收的送货单、确认单等载明标的物数量、型号、规格的，推定买受人已经对数量和外观瑕疵进行检验，但是有相关证据足以推翻的除外。

第六百二十四条 【向第三人履行情形的检验标准】出卖人依照买受人的指示向第三人交付标的物，出卖人和买受人约定的检验标准与买受人和第三人约定的检验标准不一致的，以出卖人和买受人约定的检验标准为准。

第六百二十五条 【出卖人的回收义务】依照法律、行政法规的规定或者按照当事人的约定，标的物在有效使用年限届满后应予回收的，出卖人负有自行或者委托第三人对标的物予以回收的义务。

出卖人回收义务 ➡ 出卖人对于买卖标的物在有效使用年限后的回收义务,需要基于法律、行政法规的规定和当事人的约定。本条的规定,首先,出于法律的引领作用,对普通民众的行为规范进行指引,以实践绿色的发展理念。其次,对于违反本条的回收义务,除当事人有明确约定外,法律、行政法规规定的回收义务,不能一概认为是民法上的义务,也有可能是公法上的义务。是否一律承担违约责任以及如何承担违约责任,都应基于法律的具体规定和当事人的具体约定而定,即具体情况具体分析。

086. 有关回收义务的法律规定主要有哪些?

经梳理,主要有下列规定:

(1)《环境保护法》第 37 条规定:"地方各级人民政府应当采取措施,组织对生活废弃物的分类处置、回收利用。"

(2)《固体废物污染环境防治法》第 18 条规定:"建设项目的环境影响评价文件确定需要配套建设的固体废物污染环境防治设施,应当与主体工程同时设计、同时施工、同时投入使用。建设项目的初步设计,应当按照环境保护设计规范的要求,将固体废物污染环境防治内容纳入环境影响评价文件,落实防治固体废物污染环境和破坏生态的措施以及固体废物污染环境防治设施投资概算。建设单位应当依照有关法律法规的规定,对配套建设的固体废物污染环境防治设施进行验收,编制验收报告,并向社会公开。"

(3)《循环经济促进法》第 15 条规定:"生产列入强制回收名录的产品或者包装物的企业,必须对废弃的产品或者包装物负责回收;对其中可以利用的,由各该生产企业负责利用;对因不具备技术经济条件而不适合利用的,由各该生产企业负责无害化处置。对前款规定的废弃产品或者包装物，生产者委托销售者或者其他组织进行回收的，或者委托废物利用或者处置企业进行利用或者处置的，受托方应当依照有关法律、行政法规的规定和合同的约定负责回收或者利用、处置。对列入强制回收名录的产品和包装物，消费者应当将废弃的产品或者包装物交给生产者或者其委托回收的销售者或者其他组织。强制回收的产品和包装物的名录及管理办法，由国务院循环经济发展综合管理部门规定。"

（4）《水污染防治法》第59条规定："船舶排放含油污水、生活污水，应当符合船舶污染物排放标准。从事海洋航运的船舶进入内河和港口的，应当遵守内河的船舶污染物排放标准。船舶的残油、废油应当回收，禁止排入水体。禁止向水体倾倒船舶垃圾。船舶装载运输油类或者有毒货物，应当采取防止溢流和渗漏的措施，防止货物落水造成水污染。进入中华人民共和国内河的国际航线船舶排放压载水的，应当采用压载水处理装置或者采取其他等效措施，对压载水进行灭活等处理。禁止排放不符合规定的船舶压载水。"

（5）《大气污染防治法》第47条规定："石油、化工以及其他生产和使用有机溶剂的企业，应当采取措施对管道、设备进行日常维护、维修，减少物料泄漏，对泄漏的物料应当及时收集处理。储油储气库、加油加气站、原油成品油码头、原油成品油运输船舶和油罐车、气罐车等，应当按照国家有关规定安装油气回收装置并保持正常使用。"第49条规定："工业生产、垃圾填埋或者其他活动产生的可燃性气体应当回收利用，不具备回收利用条件的，应当进行污染防治处理。可燃性气体回收利用装置不能正常作业的，应当及时修复或者更新。在回收利用装置不能正常作业期间确需排放可燃性气体的，应当将排放的可燃性气体充分燃烧或者采取其他控制大气污染物排放的措施，并向当地生态环境主管部门报告，按照要求限期修复或者更新。"

（6）《土壤污染防治法》第30条规定："禁止生产、销售、使用国家明令禁止的农业投入品。农业投入品生产者、销售者和使用者应当及时回收农药、肥料等农业投入品的包装废弃物和农用薄膜，并将农药包装废弃物交由专门的机构或者组织进行无害化处理。具体办法由国务院农业农村主管部门会同国务院生态环境等主管部门制定。国家采取措施，鼓励、支持单位和个人回收农业投入品包装废弃物和农用薄膜。"

（7）《废弃电器电子产品回收处理管理条例》第10条规定："电器电子产品生产者、进口电器电子产品的收货人或者其代理人生产、进口的电器电子产品应当符合国家有关电器电子产品污染控制的规定，采用有利于资源综合利用和无害化处理的设计方案，使用无毒无害或者低毒低害以及便于回收利用的材料。电器电子产品上或者产品说明书中应当按照规定提供有关有毒有害物质含量、回收处理提示性说明等信息。"第11条规定："国家鼓励电器电子产品生产者自行或者委托销售者、维修机构、售后服务机构、废弃电器电子产品回收经营者回收废弃电器电子产品。电器电子产品销售者、维修机构、售后服务机构应当在其营业场所显著位置标注废弃电器电子产品回收处理提示性信息。回收的废弃电器电子产品应当由有废弃电器电子产品处理资格的处理企业处理。"第12条规定："废弃电器电子产品回收经营者应当采取多种方式为电器电子产品使用者提供方便、快捷的回收服务。废弃电器电子产品回收经营者对回收的废弃电器电子产品进行处理，应当依照本条例规定取得废弃电器电子产品处理资格；未取得处理资格的，应当将回收的废弃电器电子产品交有废弃电器电子产品处理资格的处理企业处理。回收的电器电子产品经过修复后销售的，必须符合保障人体健康和人身、财产安全等国家技术规范的强制性要求，并在显著位置标识为旧货。具体管理办法由国务院商务主管部门制定。"

第六百二十六条 【买受人支付价款及方式】买受人应当按照约定的数额和支付方式支付价款。对价款的数额和支付方式没有约定或者约定不明确的，适用本法第五百一十条、第五百一十一条第二项和第五项的规定。

第六百二十七条 【买受人支付价款的地点】买受人应当按照

约定的地点支付价款。对支付地点没有约定或者约定不明确，依据本法第五百一十条的规定仍不能确定的，买受人应当在出卖人的营业地支付；但是，约定支付价款以交付标的物或者交付提取标的物单证为条件的，在交付标的物或者交付提取标的物单证的所在地支付。

第六百二十八条　【买受人支付价款的时间】买受人应当按照约定的时间支付价款。对支付时间没有约定或者约定不明确，依据本法第五百一十条的规定仍不能确定的，买受人应当在收到标的物或者提取标的物单证的同时支付。

实务应用

087. **买卖合同对付款期限作出的变更，是否影响当事人关于逾期付款违约金的约定?**

买卖合同对付款期限作出的变更，不影响当事人关于逾期付款违约金的约定，但该违约金的起算点应当随之变更。买卖合同约定逾期付款违约金，买受人以出卖人接受价款时未主张逾期付款违约金为由拒绝支付该违约金的，人民法院不予支持。买卖合同约定逾期付款违约金，但对账单、还款协议等未涉及逾期付款责任，出卖人根据对账单、还款协议等主张欠款时请求买受人依约支付逾期付款违约金的，人民法院应予支持，但对账单、还款协议等明确载有本金及逾期付款利息数额或者已经变更买卖合同中关于本金、利息等约定内容的除外。买卖合同没有约定逾期付款违约金或者该违约金的计算方法，出卖人以买受人违约为由主张赔偿逾期付款损失，违约行为发生在 2019 年 8 月 19 日之前的，人民法院可以中国人民银行同期同类人民币贷款基准利率为基础，参照逾期罚息利率标准计算；违约行为发生在 2019 年 8 月 20 日之后的，人民法院可以违约行为发生时中国人民银行授权全国银行间同业拆借中心公布的一年期贷款市场报价利率（LPR）标准为基础，加 30%—50% 计算逾期付款损失。

关联参见

《买卖合同解释》第 18 条

第六百二十九条 【出卖人多交标的物的处理】出卖人多交标的物的，买受人可以接收或者拒绝接收多交的部分。买受人接收多交部分的，按照约定的价格支付价款；买受人拒绝接收多交部分的，应当及时通知出卖人。

关联参见

《买卖合同解释》第 3 条

第六百三十条 【买卖合同标的物孳息的归属】标的物在交付之前产生的孳息，归出卖人所有；交付之后产生的孳息，归买受人所有。但是，当事人另有约定的除外。

第六百三十一条 【主物与从物在解除合同时的效力】因标的物的主物不符合约定而解除合同的，解除合同的效力及于从物。因标的物的从物不符合约定被解除的，解除的效力不及于主物。

第六百三十二条 【数物买卖合同的解除】标的物为数物，其中一物不符合约定的，买受人可以就该物解除。但是，该物与他物分离使标的物的价值显受损害的，买受人可以就数物解除合同。

实务应用

088. **数物同时出卖时，买受方如何行使合同解除权？**

买受人的合同解除权行使有两种情形：一是解除部分合同，即标的物为数物，其中一物不符合约定的，买受人可以就该物解除；二是解除全部合同，即标的物为数物，其中一物不符合约定，该物与他物分离使标的物的价值显受损害的，买受人可以就此解除全部合同。同时也明确了买受人的合同解除权由买受人选择决定，即买受人可以选择部分或者全部解除合同。

当买卖标的物为数物，标的之数物中一物有瑕疵的，由于数物不存在主从关系，对合同的实现具有同等价值，买受人仅可解除与有瑕疵物相关的合同。当事人之任何一方如因有瑕疵之物与他物分离而受损害的，可以解除全部合同。

第六百三十三条 【分批交付标的物的情况下解除合同的情形】出卖人分批交付标的物的，出卖人对其中一批标的物不交付或者交付不符合约定，致使该批标的物不能实现合同目的的，买受人可以就该批标的物解除。

出卖人不交付其中一批标的物或者交付不符合约定，致使之后其他各批标的物的交付不能实现合同目的的，买受人可以就该批以及之后其他各批标的物解除。

买受人如果就其中一批标的物解除，该批标的物与其他各批标的物相互依存的，可以就已经交付和未交付的各批标的物解除。

第六百三十四条 【分期付款买卖】分期付款的买受人未支付到期价款的数额达到全部价款的五分之一，经催告后在合理期限内仍未支付到期价款的，出卖人可以请求买受人支付全部价款或者解除合同。

出卖人解除合同的，可以向买受人请求支付该标的物的使用费。

条文解读

分期付款 ➡ 分期付款是指买受人将应付的总价款在一定期限内至

少分 3 次向出卖人支付。分期付款买卖合同的约定违反《民法典》第634 条第 1 款的规定，损害买受人利益，买受人主张该约定无效的，人民法院应予支持。

分期付款买卖合同约定出卖人在解除合同时可以扣留已受领价金，出卖人扣留的金额超过标的物使用费以及标的物受损赔偿额，买受人请求返还超过部分的，人民法院应予支持。当事人对标的物的使用费没有约定的，人民法院可以参照当地同类标的物的租金标准确定。

关联参见

《买卖合同解释》第 27 条、第 28 条

第六百三十五条 　**【凭样品买卖合同】**凭样品买卖的当事人应当封存样品，并可以对样品质量予以说明。出卖人交付的标的物应当与样品及其说明的质量相同。

条文解读

凭样品买卖合同 ➡ 凭样品买卖合同，又称货样买卖，是指买卖双方根据货物样品而订立的由出卖人按照样品交付标的物的合同。凭样品买卖合同属于一种特殊的买卖合同，其特殊性主要表现在 3 个方面：一是合同标的物的质量、属性等是根据样品确定的，并且该样品应当是订立合同时存在的样品。二是当事人基于对样品的信赖而订约。三是交付的标的物以样品来衡量，即当事人在合同中明确规定以样品来确定标的物品质。需要特别说明的是，如果出卖人先向买受人提示样品，而后双方订立合同时未明确表明进行的是凭样品买卖，则双方不成立凭样品买卖。所以，商店中摆列商品购物不属于货样买卖。

本条对样品的要求有两个：一个是凭样品买卖的当事人应当封存样品；另一个是可以对样品质量予以说明。

1. 封存样品要求。样品是凭样品买卖的核心问题。这对于双方当

事人来讲均很重要，需要高度重视，否则容易引起不必要的纠纷。为此，本条规定"当事人应当封存样品"。这一规定包括 3 层意思：一是样品必须是订立合同时的样品；二是样品的封存必须为双方所认可，包括对封存地点、数量、时间以及保存人的认可等；三是双方当事人应当对封存的样品盖章或者签字。至于封存的具体方法，当事人可以根据自己的具体情况作出具体的约定。

2. 对样品质量予以说明的要求。这是为了进一步保证样品的质量、减少纠纷而作出的一项具体的规定，对双方当事人均具有约束力，双方当事人同样需要给予高度重视。这一规定同样包括 3 层意思：一是对样品质量的说明应为双方当事人所认可；二是对质量的说明应当根据样品具体情况来确定，一般包括外观、型号、技术要求等；三是对样品质量国家有强制性规定的，须遵守强制性规定，不得违反，如国家有关安全卫生的强制性的要求就必须遵守。

3. 封存样品和对样品质量的说明对当事人均有益处。本条规定是一项保护双方当事人合法权益的义务性规定，双方当事人均应执行这一规定。现实中，由于双方当事人不注意这一问题，产生的纠纷很多，以致"有理说不清"。对双方当事人来讲，封存了样品，能对样品质量进行说明，如果发生纠纷，也容易分清责任，可以减少争执，有利于纠纷的解决，对保护双方当事人的合法权益均有益处。

关联参见

《买卖合同解释》第 29 条

第六百三十六条 【凭样品买卖合同样品存在隐蔽瑕疵的处理】凭样品买卖的买受人不知道样品有隐蔽瑕疵的，即使交付的标的物与样品相同，出卖人交付的标的物的质量仍然应当符合同种物的通常标准。

第六百三十七条 【试用买卖的试用期限】试用买卖的当事

人可以约定标的物的试用期限。对试用期限没有约定或者约定不明确，依据本法第五百一十条的规定仍不能确定的，由出卖人确定。

089. 实践中，买卖合同约定了哪些内容，法院会判定不属于试用买卖？

买卖合同存在下列约定内容之一的，不属于试用买卖。买受人主张属于试用买卖的，人民法院不予支持：（1）约定标的物经过试用或者检验符合一定要求时，买受人应当购买标的物；（2）约定第三人经试验对标的物认可时，买受人应当购买标的物；（3）约定买受人在一定期限内可以调换标的物；（4）约定买受人在一定期限内可以退还标的物。

关联参见

《买卖合同解释》第 30 条

第六百三十八条　【试用买卖合同买受人对标的物购买选择权】试用买卖的买受人在试用期内可以购买标的物，也可以拒绝购买。试用期限届满，买受人对是否购买标的物未作表示的，视为购买。

试用买卖的买受人在试用期内已经支付部分价款或者对标的物实施出卖、出租、设立担保物权等行为的，视为同意购买。

第六百三十九条　【试用买卖使用费】试用买卖的当事人对标的物使用费没有约定或者约定不明确的，出卖人无权请求买受人支付。

第六百四十条　【试用买卖中的风险承担】标的物在试用期内毁损、灭失的风险由出卖人承担。

试用买卖标的物的风险负担 ➔ 对于试用买卖标的物的风险负担，在试用标的物期间，标的物发生不可归责于买卖双方当事人的原因的毁损、灭失时，应当由出卖人承担该风险，出卖人无权要求买受人承担赔偿责任。

在试用买卖合同履行过程中，试用期内的标的物是否实际交付给买受人，存在两种情况：一种情况是标的物不实际交付给买受人，但是由买受人进行试用。这种情形的标的物发生意外毁损、灭失时，由于标的物未经交付，该风险由出卖人负担是不言而喻的，实践中也不会引发争议。另一种情况是标的物已经实际交付给买受人试用，依据本条的规定，在试用过程中标的物发生意外毁损、灭失的，该风险也由出卖人负担，这似乎与《民法典》第604条规定的标的物风险负担适用交付主义原则不符，因此在实践中常常引发争议。例如，汽车销售公司甲与自然人乙签订了汽车试用买卖合同，在甲将一辆汽车交付乙试用期间，乙在开车上班过程中遇到下冰雹，结果导致车辆发生毁损，由于甲乙双方未对该毁损的承担进行约定，双方都认为车辆毁损的后果应该由对方承担，因此发生了很大的争议。

《民法典》第640条之所以规定试用买卖标的物在试用期内发生毁损、灭失的风险由出卖人负担，笔者认为，主要是出于以下考虑：一是由试用买卖合同的目的决定的。因为所谓的试用买卖，是出卖人基于其特定的经营目的考虑，自愿且主动地将标的物交付给买受人试用或者检验，同时买受人也无须承担标的物使用费，即出卖人是放弃自身的某些利益而为了达到订立买卖合同的最终目的。其中放弃要求由买受人承担试用期内的风险责任，当是试用买卖合同的题中应有之义。二是由试用买卖合同中买受人的优势地位决定的。结合市场实践，在采用试用买卖合同的场合，大多是买方市场，即卖方急着卖而买方不急于买。倘若试用买卖合同的试用期内由买方来承担标的物意外毁损、灭失的风险，那么这个合同将很难达成。三是由出卖人所实施的"交付"性质决定的。《民法典》第604条规定的风险随交付转移，原则上是指当事人按照合同约定的义务而进行的交付，因而标的物的风险随交付转移。而《民法典》第640条中的交付，并非出卖人基于合同约定义务的交付，而是出卖人自愿承担的附加义务，对方无须支付相应对价。因此，试用买卖合同中的标的物交付不应适用《民法典》第604条规定的风险负担的交付主义原则。

在此需要特别指出的是，《民法典》第640条的规定是原则性的规定，允许存在例外。如果买卖双方约定标的物在试用期内毁损、灭失的风险由出卖人和买受人共同承担，自然应当得到尊重。至于在本条规定的前提下，标的物的风险负担何时发生转移，我们的意见是，在买受人向出卖人作出同意购买标的物的意思表示时，标的物的风险才发生转移。

第六百四十一条 【标的物所有权保留条款】当事人可以在买卖合同中约定买受人未履行支付价款或者其他义务的，标的物的所有权属于出卖人。

出卖人对标的物保留的所有权，未经登记，不得对抗善意第三人。

关联参见

《买卖合同解释》第25条

第六百四十二条 【所有权保留中出卖人的取回权】当事人约定出卖人保留合同标的物的所有权，在标的物所有权转移前，买受人有下列情形之一，造成出卖人损害的，除当事人另有约定外，出卖人有权取回标的物：

（一）未按照约定支付价款，经催告后在合理期限内仍未支付；

（二）未按照约定完成特定条件；

（三）将标的物出卖、出质或者作出其他不当处分。

出卖人可以与买受人协商取回标的物；协商不成的，可以参照适用担保物权的实现程序。

关联参见

《买卖合同解释》第 26 条；《民法典担保制度解释》第 64 条

第六百四十三条 【买受人回赎权及出卖人再出卖权】出卖人依据前条第一款的规定取回标的物后，买受人在双方约定或者出卖人指定的合理回赎期限内，消除出卖人取回标的物的事由的，可以请求回赎标的物。

买受人在回赎期限内没有回赎标的物，出卖人可以以合理价格将标的物出卖给第三人，出卖所得价款扣除买受人未支付的价款以及必要费用后仍有剩余的，应当返还买受人；不足部分由买受人清偿。

第六百四十四条 【招标投标买卖的法律适用】招标投标买卖的当事人的权利和义务以及招标投标程序等，依照有关法律、行政法规的规定。

条文解读

采取招标方式订立合同，当事人请求确认合同自中标通知书到达中标人时成立的，人民法院应予支持。合同成立后，当事人拒绝签订书面合同的，人民法院应当依据招标文件、投标文件和中标通知书等确定合同内容。

046. 招投标程序中，中标通知书送达后，一方当事人不履行订立书面合同的义务，法院会如何处理？①

裁判要点

招投标程序中，中标通知书送达后，一方当事人不履行订立书面合同的义务，相对方请求确认合同自中标通知书到达中标人时成立的，人民法院应予支持。

简要案情

2021 年 7 月 8 日，某研究所委托招标公司就案涉宿舍项目公开发出投标邀请。2021 年 7 月 28 日，某物业管理有限公司向招标公司发出《投标文件》，表示对招标文件无任何异议，愿意提供招标文件要求的服务。2021 年 8 月 1 日，招标公司向物业管理公司送达中标通知书，确定物业管理公司为中标人。2021 年 8 月 11 日，研究所向物业管理公司致函，要求解除与物业管理公司之间的中标关系，后续合同不再签订。物业管理公司主张中标通知书送达后双方租赁合同法律关系成立，研究所应承担因违约给其造成的损失。研究所辩称双方并未签订正式书面租赁合同，仅成立预约合同关系。

判决理由

法院生效裁判认为，从合同法律关系成立角度，招投标程序中的招标行为应为要约邀请，投标行为应为要约，经评标后招标人向特定投标人发送中标通知书的行为应为承诺，中标通知书送达投标人后承诺生效，合同成立。预约合同是指约定将来订立本约合同的合同，其主要目的在于将来成立本约合同。《招标投标法》第 46 条第 1 款规定："招标人和中标人应

---

① 参见《最高人民法院发布〈关于适用《中华人民共和国民法典》合同编通则若干问题的解释〉相关典型案例》（2023 年 12 月 5 日发布），案例一"某物业管理有限公司与某研究所房屋租赁合同纠纷案"，载中国法院网 https://www.chinacourt.org/article/detail/2023/12/id/7681679.shtml，最后访问日期：2024 年 4 月 1 日。

当自中标通知书发出之日起三十日内，按照招标文件和中标人的投标文件订立书面合同。招标人和中标人不得再行订立背离合同实质性内容的其他协议。"从该条可以看出，中标通知书发出后签订的书面合同必须按照招投标文件订立。本案中的招投标文件对租赁合同内容已有明确记载，故应认为中标通知书到达投标人时双方当事人已就租赁合同内容达成合意。该合意与主要目的为签订本约合同的预约合意存在区别，应认为租赁合同在中标通知书送达时成立。中标通知书送达后签订的书面合同，按照上述法律规定其实质性内容应与招投标文件一致，因此应为租赁合同成立后法律要求的书面确认形式，而非新的合同。由于中标通知书送达后租赁合同法律关系已成立，故研究所不履行合同义务，应承担违约责任。

司法解释相关条文

《合同编通则解释》第4条　采取招标方式订立合同，当事人请求确认合同自中标通知书到达中标人时成立的，人民法院应予支持。合同成立后，当事人拒绝签订书面合同的，人民法院应当依据招标文件、投标文件和中标通知书等确定合同内容。

采取现场拍卖、网络拍卖等公开竞价方式订立合同，当事人请求确认合同自拍卖师落槌、电子交易系统确认成交时成立的，人民法院应予支持。合同成立后，当事人拒绝签订成交确认书的，人民法院应当依据拍卖公告、竞买人的报价等确定合同内容。

产权交易所等机构主持拍卖、挂牌交易，其公布的拍卖公告、交易规则等文件公开确定了合同成立需要具备的条件，当事人请求确认合同自该条件具备时成立的，人民法院应予支持。

关联参见

《招标投标法》；《合同编通则解释》第4条

第六百四十五条　**【拍卖的法律适用】**拍卖的当事人的权利和义务以及拍卖程序等，依照有关法律、行政法规的规定。

090. 什么是网络司法拍卖？如何参与网络司法拍卖？

网络司法拍卖，是指人民法院依法通过互联网拍卖平台，以网络电子竞价方式公开处置财产的行为。网络司法拍卖应当先期公告，拍卖公告除通过法定途径发布外，还应同时在网络司法拍卖平台发布。拍卖动产的，应当在拍卖 15 日前公告；拍卖不动产或者其他财产权的，应当在拍卖 30 日前公告。拍卖公告应当包括拍卖财产、价格、保证金、竞买人条件、拍卖财产已知瑕疵、相关权利义务、法律责任、拍卖时间、网络平台和拍卖法院等信息。

网络司法拍卖从起拍价开始以递增出价方式竞价，增价幅度由人民法院确定。竞买人以低于起拍价出价的无效。网络司法拍卖的竞价时间应当不少于 24 小时。竞价程序结束前 5 分钟内无人出价的，最后出价即为成交价；有出价的，竞价时间自该出价时点顺延 5 分钟。竞买人的出价时间以进入网络司法拍卖平台服务系统的时间为准。竞买代码及其出价信息应当在网络竞买页面实时显示，并储存、显示竞价全程。网络司法拍卖成交的，由网络司法拍卖平台以买受人的真实身份自动生成确认书并公示。拍卖财产所有权自拍卖成交裁定送达买受人时转移。拍卖成交后，买受人交纳的保证金可以充抵价款；其他竞买人交纳的保证金应当在竞价程序结束后 24 小时内退还或者解冻。拍卖未成交的，竞买人交纳的保证金应当在竞价程序结束后 24 小时内退还或者解冻。

关联参见

《合同编通则解释》第 4 条第 2、3 款

第六百四十六条　【买卖合同准用于有偿合同】 法律对其他有偿合同有规定的，依照其规定；没有规定的，参照适用买卖合同的有关规定。

关联参见

《买卖合同解释》第 32 条

第六百四十七条 【易货交易的法律适用】 当事人约定易货交易，转移标的物的所有权的，参照适用买卖合同的有关规定。

条文解读

易货交易 ➔ 易货交易又称互易，一般是指当事人相互交换货币以外的标的物，转移标的物所有权。易货交易合同是早期以物易物商品交换的合同形态，货币产生后，买卖合同渐居统治地位，易货交易合同越来越少。但是，即使在当今社会易货交易仍有存在空间。

易货交易合同属于转让标的物所有权的合同，与买卖合同相似，具有买卖合同的一般特征，比如该合同属于诺成合同、双务合同、有偿合同。同时，易货交易合同和买卖合同又具有 4 点明显区别：（1）易货交易合同以给付物为对价，而买卖合同则是以给付金钱为对价。（2）互易交易合同是一方将自己的标的物给付对方并转移所有权，另一方也同时将自己的标的物给付对方并转移所有权；而买卖合同则是出卖人单方转移标的物的所有权给买受人。（3）易货交易合同交换的标的物不一定是完全的等价，交易过程中，当事人不仅仅考虑对方标的物的价格问题，还要考虑到自己的需要程度来最终确定是否达成交易；而买卖合同的双方则需是等价交易，否则就无法订立合同。（4）除混合易货交易合同外，其他易货交易合同的当事人负有相互对等的权利义务，且该权利义务性质相同；而买卖合同当事人的权利义务则相互对立，买方的权利为卖方的义务，买方的义务为卖方的权利。

第十章 供用电、水、气、热力合同

第六百四十八条 【供用电合同概念及强制缔约义务】 供用

电合同是供电人向用电人供电，用电人支付电费的合同。

向社会公众供电的供电人，不得拒绝用电人合理的订立合同要求。

091. 供用电合同与买卖合同有何区别？

供用电合同与买卖合同的主要区别在于：一是供用电合同的标的物具有特殊性，即无形的电，而买卖合同的标的物是有体物；二是供用电合同具有一定的社会公益性，而买卖合同原则上不涉及社会公共利益；三是供用电合同是持续性的合同，而买卖合同大多并不如此。由于电力供应的连续性，合同的履行方式呈持续状态，供电人在发、供电系统正常的情况下，负有连续向用电人供电的义务；用电人在合同约定的时间内，享有连续用电的权利。因此，供用电合同作为特殊的合同类型，不能够直接适用有关买卖合同的内容，而必须优先适用关于供用电合同的规则。

第六百四十九条　【供用电合同的内容】 供用电合同的内容一般包括供电的方式、质量、时间，用电容量、地址、性质，计量方式，电价、电费的结算方式，供用电设施的维护责任等条款。

关联参见

《电力法》第 27 条；《电力供应与使用条例》第 33 条

第六百五十条　【供用电合同的履行地点】 供用电合同的履行地点，按照当事人约定；当事人没有约定或者约定不明确的，供电设施的产权分界处为履行地点。

第六百五十一条　【供电人的安全供电义务】 供电人应当按

照国家规定的供电质量标准和约定安全供电。供电人未按照国家规定的供电质量标准和约定安全供电，造成用电人损失的，应当承担赔偿责任。

关联参见

《电力法》第 28 条、第 59 条、第 60 条；《电力供应与使用条例》第 19—24 条

第六百五十二条 　**【供电人中断供电时的通知义务】**供电人因供电设施计划检修、临时检修、依法限电或者用电人违法用电等原因，需要中断供电时，应当按照国家有关规定事先通知用电人；未事先通知用电人中断供电，造成用电人损失的，应当承担赔偿责任。

条文解读

根据《电力法》第 29 条的规定，供电企业在发电、供电系统正常的情况下，应当连续向用户供电，不得中断。因供电设施检修、依法限电或者用户违法用电等原因，需要中断供电时，供电企业应当按照国家有关规定事先通知用户。用户对供电企业中断供电有异议的，可以向电力管理部门投诉；受理投诉的电力管理部门应当依法处理。

根据《电力供应与使用条例》第 28 条的规定，除本条例另有规定外，在发电、供电系统正常运行的情况下，供电企业应当连续向用户供电；因故需要停止供电时，应当按照下列要求事先通知用户或者进行公告：（1）因供电设施计划检修需要停电时，供电企业应当提前 7 天通知用户或者进行公告；（2）因供电设施临时检修需要停止供电时，供电企业应当提前 24 小时通知重要用户；（3）因发电、供电系统发生故障需要停电、限电时，供电企业应当按照事先确定的限电序位进行停电或者限电。引起停电或者限电的原因消除后，供电企业应当尽快恢复供电。

关联参见

《电力法》第 29 条；《电力供应与使用条例》第 28 条

第六百五十三条　【供电人抢修义务】 因自然灾害等原因断电，供电人应当按照国家有关规定及时抢修；未及时抢修，造成用电人损失的，应当承担赔偿责任。

关联参见

《电力法》第 30 条

第六百五十四条　【用电人支付电费的义务】 用电人应当按照国家有关规定和当事人的约定及时支付电费。用电人逾期不支付电费的，应当按照约定支付违约金。经催告用电人在合理期限内仍不支付电费和违约金的，供电人可以按照国家规定的程序中止供电。

供电人依据前款规定中止供电的，应当事先通知用电人。

条文解读

根据《电力供应与使用条例》第 39 条的规定，逾期未交付电费的，供电企业可以从逾期之日起，每日按照电费总额的 1‰ 至 3‰ 加收违约金，具体比例由供用电双方在供用电合同中约定；自逾期之日起计算超过 30 日，经催交仍未交付电费的，供电企业可以按照国家规定的程序停止供电。

关联参见

《电力法》第 33 条；《电力供应与使用条例》第 23—26 条、第 39 条

第六百五十五条 【用电人安全用电义务】用电人应当按照国家有关规定和当事人的约定安全、节约和计划用电。用电人未按照国家有关规定和当事人的约定用电，造成供电人损失的，应当承担赔偿责任。

关联参见

《电力法》第 32 条、第 59 条、第 60 条；《电力供应与使用条例》第 29—31 条

第六百五十六条 【供用水、气、热力合同参照适用供用电合同】供用水、供用气、供用热力合同，参照适用供用电合同的有关规定。

关联参见

《城市供水条例》；《城镇燃气管理条例》

第十一章 赠与合同

第六百五十七条 【赠与合同的概念】赠与合同是赠与人将自己的财产无偿给予受赠人，受赠人表示接受赠与的合同。

条文解读

赠与合同 ➡《民法典》中的赠与合同是指赠与人将自己的财产无偿给予受赠人，受赠人表示接受该赠与的合同。如果一方有赠与意愿，而另一方无意接受该赠与的，赠与合同不能成立。赠与合同具有如下特征：（1）赠与合同是转移财产所有权的合同。（2）赠与合同为单务、无偿合同。（3）赠与合同为诺成合同。当事人意思表示一致时即成立，而无论其是以口头形式还是书面形式订立的，也无论赠与的财产是否交付。同时考虑到赠与合同中，难免有赠与人因一时冲动而为之的情况，

《民法典》还对赠与合同任意撤销的适用问题作了规定。(4) 赠与合同为不要式合同。

092. 夫妻一方有权将共同财产赠与他人吗?

赠与他人的财产必须是自己的财产,如果不是自己的财产而赠与他人,除非财产所有人追认,否则无效。根据《民法典》第1062条规定,夫妻在婚姻关系存续期间所得的生产、经营、投资的收益,归夫妻共同所有;夫妻对共同所有的财产,有平等的处理权。对于夫妻共有财产,两人具有平等的处理权,任何一人如要处理该存款,必须征得对方的同意。任何一方在未征得另一方同意的情况下,私自将不属于自己个人的合法财产赠与他人,其赠与行为无效。

第六百五十八条 【赠与的任意撤销及限制】赠与人在赠与财产的权利转移之前可以撤销赠与。

经过公证的赠与合同或者依法不得撤销的具有救灾、扶贫、助残等公益、道德义务性质的赠与合同,不适用前款规定。

关联参见

《公益事业捐赠法》第2—5条;《最高人民法院关于适用〈中华人民共和国民法典〉婚姻家庭编的解释(一)》(以下简称《民法典婚姻家庭编解释(一)》)第32条

第六百五十九条 【赠与特殊财产需要办理有关法律手续】赠与的财产依法需要办理登记或者其他手续的,应当办理有关手续。

第六百六十条 【法定不得撤销赠与的赠与人不交付赠与财产的责任】经过公证的赠与合同或者依法不得撤销的具有救灾、扶贫、助残等公益、道德义务性质的赠与合同，赠与人不交付赠与财产的，受赠人可以请求交付。

依据前款规定应当交付的赠与财产因赠与人故意或者重大过失致使毁损、灭失的，赠与人应当承担赔偿责任。

第六百六十一条　【附义务的赠与合同】赠与可以附义务。

赠与附义务的，受赠人应当按照约定履行义务。

条文解读

附义务的赠与 ➲ 附义务的赠与，也称附负担的赠与，是指以受赠人对赠与人或者第三人为一定给付为条件的赠与，也即使受赠人接受赠与后负担一定义务的赠与。例如，某企业家向某大学捐款，要求所捐款项用于修建图书馆和体育场馆。附义务的赠与不同于一般的赠与，而属一种特殊的赠与。其特殊性在于：

1. 一般的赠与，受赠人仅享有取得赠与财产的权利，不承担任何义务。而附义务的赠与，赠与人对其赠与附加一定的条件，使受赠人承担一定的义务。

2. 附义务的赠与，其所附义务不是赠与的对价，即所附义务不能大于或者等于受赠人所获得的利益，通常是低于赠与财产的价值。

3. 除当事人另有约定外，通常情况下，在赠与人履行了赠与义务后，才发生受赠人义务的履行问题。例如，某捐款人应当先将捐款实际交付某大学，该大学拿到捐款后才开始动工建造捐款人希望建造的图书馆和体育场馆。

4. 赠与所附义务，可以约定向赠与人履行，也可以约定向第三人履行，还可以约定向不特定的多数人履行。例如，甲出国前将其房屋赠给乙，要求乙帮忙妥善保管室内的物品，受益人是赠与人甲本人；如果甲要求乙照顾某孤寡老人，受益人则是第三人；如果甲要求乙将其赠给乙的房屋作为某中学的阅览室，受益人则是不特定的多数人。

5. 履行赠与所负的义务，依照当事人的约定，可以是作为，也可以是不作为。例如，甲将出租给丙的房屋赠给乙，但约定乙不得解除与丙的租赁合同，受赠人乙应履行的义务就是不作为义务。如果甲将自己的房屋在出国前赠给乙，要求乙在甲出国期间妥善保管该房屋内的物品，那么乙应履行的义务就是作为义务。

6. 赠与所附义务，是赠与合同的组成部分，而不是另外的独立合同。

7. 附义务的赠与，其义务不能违反法律或者违背公序良俗，如赠与人提出受赠人只能用赠款去还赌债，这个附义务的赠与就是不合法的，因为赌债是不合法的债务。

案例指引

047. 房产赠与合同是否可以附加居住权？[①]

王某与其母王某一、其父王某二签订《房产赠与合同》，约定将王某二名下诉争房产赠与王某，合同附加义务为王某保障父母在受赠房屋中享有永久居住权，如果以后此房产出售或者拆迁，保证为父母提供不低于上述居住条件的良好住房。合同经过公证已生效。现王某二已去世，王某起诉其母王某一要求确认赠与合同有效并办理受赠房屋过户，庭审中王某一同意王某的诉讼请求，但要求王某保证其永久居住权。

一审判决认为，王某与其父母签订的《房产赠与合同》系各方当事人的真实意思表示，且经过公证，依法有效，各方当事人均应依约履行，王某一应依约协助王某办理房屋过户手续。《房产赠与合同》中将王某一在涉案房屋中永久居住作为附加义务，根据《民法典》关于居住权的相关规定，上述附加义务包括了居住权合同应具备的相应内容，《房产赠与合同》中关于赠与人永久居住的承诺可以通过居住权登记来实现。为了充分保障各方当事人的权利，一审法院判决诉争房屋归王某

---

① 参见《王某与王某一等赠与合同纠纷案》，载天津法院网 https://tjfy.tjcourt.gov.cn/article/detail/2021/11/id/6366315.shtml，最后访问日期：2024 年 4 月 1 日。

所有，王某一在诉争房屋中享有居住权，王某应协助王某一办理居住权登记。一审判决后，双方当事人未提起上诉。

本案是涉及房屋居住权的典型案例。房屋赠与在父母子女之间较为常见，但作为赠房一方的父母难免有赠与房屋后无房可住的担忧。即使在赠与合同中约定父母享有"永久居住权""保障赠与人居住"等条款，也难以对子女一方形成有效的约束，因为该约定并不能对抗第三人，一旦子女将房屋再次出售，父母一方的居住权将无法保障。《民法典》第366条至第371条设定了居住权制度，自此居住权成为独立的用益物权，居住权无偿设立且无期限限制，经登记公示的居住权具有对抗任何第三人的法律效力。《民法典》确立的居住权制度拓展了房屋的社会保障属性，凸显了房屋价值利用多元化功能，有效解决了以长期居住作为赡养、抚养方式的法律保障问题，为实现"住有所居"提供了重要法律支撑。本案中，判决受赠与人办理受赠房屋过户的同时办理居住权登记，有利于解决老年人赡养、家庭生活中涉及的住房养老问题，保障老有所居，切实维护老年人的合法权益。

第六百六十二条 【赠与财产的瑕疵担保责任】 赠与的财产有瑕疵的，赠与人不承担责任。附义务的赠与，赠与的财产有瑕疵的，赠与人在附义务的限度内承担与出卖人相同的责任。

赠与人故意不告知瑕疵或者保证无瑕疵，造成受赠人损失的，应当承担赔偿责任。

实务应用

093. **在哪些情形下，赠与人对赠与物的瑕疵承担责任？**

赠与合同属于无偿合同，因此在原则上，赠与人对赠与物的瑕疵不承担责任。但有下列情形的，赠与人对赠与物的瑕疵承担责任：

（1）在附义务的赠与当中，赠与的财产如果存在瑕疵，赠与人在受赠人所附义务的限度内承担与出卖人相同的责任。在附义务的赠与当中，受赠人需要履行约定的义务。如果赠与的财产存在瑕疵，将导致受赠人遭到损失。为保护受赠人的利益，赠与人承担瑕疵担保责任。

（2）赠与人故意不告知瑕疵或者保证无瑕疵，并且造成受赠人损失的，应当承担损害赔偿责任。赠与人故意不告知赠与的财产有瑕疵，主观上存在恶意，违反诚信原则。如果赠与财产的瑕疵给受赠人造成其他财产损失或者人身伤害的，应负损害赔偿责任。如果赠与人故意不告知瑕疵，但没有给受赠人造成损失，则不承担赔偿责任。赠与人保证赠与物无瑕疵，给受赠人造成损失的，也应承担损害赔偿责任。

例如，张某决定新购买一辆别克汽车，就决定将原来的旧汽车赠与好友林某。后林某驾驶该旧车发生车祸，撞到周家花园里的名贵树。经检验，原来该汽车之前发生过碰撞，但没有经过彻底维修，留下车身瑕疵。在本案中，张某对该汽车的瑕疵并没有故意隐瞒等情节，故其对汽车瑕疵导致的交通事故不承担责任，周家名贵树的损失应当由林某承担赔偿责任。

第六百六十三条 【赠与人的法定撤销情形及撤销权行使期间】受赠人有下列情形之一的，赠与人可以撤销赠与：

（一）严重侵害赠与人或者赠与人近亲属的合法权益；

（二）对赠与人有扶养义务而不履行；

（三）不履行赠与合同约定的义务。

赠与人的撤销权，自知道或者应当知道撤销事由之日起一年内行使。

条文解读

撤销赠与 ➡ 撤销权人撤销赠与时，必须有法定事由的存在，只要具备法定的事由，不论该赠与合同是救灾、扶贫等社会公益、道德义务性质的，还是经过公证的，也不论所赠与的财产是否已经交付或者已经办理登记手续，赠与人都可以行使对赠与的撤销权。

赠与人行使法定撤销权时，必须是出于法律规定的事由：

（1）受赠人严重侵害赠与人或者赠与人的近亲属的。构成这一事由，必须具备以下几方面的要件：①须受赠人有故意的侵害行为，受赠人的过失行为不包括在内。②须受赠人的行为依照刑法已经构成犯罪。受赠人的侵害行为必须有严重的后果，如果受赠人虽有侵害行为，但其行为的后果不严重，仅是一般的侵害行为，依照刑法的规定不构成犯罪的，则赠与人无权撤销赠与。这里的刑法是广义上的范畴，不仅包括《刑法》，而且包括其他法律中有关犯罪的规定的法律。只要受赠人的行为构成犯罪，不论受赠人是否受到刑事处罚，均可发生赠与人的撤销权。③须受侵害的人是赠与人或者赠与人的近亲属。如果受侵害的人不是赠与人或者赠与人的近亲属，则不在此限。

（2）受赠人对赠与人有扶养义务而不履行的。扶养义务不仅包括法定的扶养义务，而且包括约定的扶养义务，并且受赠人有扶养的能力。如果受赠人无扶养能力，则其不履行扶养义务是客观不能，赠与人不产生撤销赠与的权利。

（3）受赠人不履行赠与合同约定的义务的。附义务的赠与中，受赠人必须按照赠与合同的约定履行其义务，如果因受赠人自身的原因而不履行其义务的，赠与人有权撤销赠与。如果受赠人对义务的不履行有正当理由的，则赠与人不得撤销赠与。不履行赠与合同约定的义务包括拒绝履行和履行合同不符合约定的情况。

赠与人行使撤销权，赠与合同即解除。赠与人的撤销权具有溯及力，发生恢复原状的法律后果，其效力主要体现在两个方面：（1）在赠与合同尚未履行时，即在赠与的财产尚未交付或者登记的情况下，赠与人撤销赠与使赠与合同溯及既往地归于消灭，赠与合同自始无效，赠与人可以拒绝履行赠与合同，不再给付。（2）赠与已经履行的，即赠与的财产已经交付或者登记的，此时赠与的财产的所有权已经发生转移，赠与撤销后，受赠人取得财产的所有权失去法律上的依据，赠与人得依不当得利的规定，请求返还。

赠与人行使撤销权的期间为1年，自知道或者应当知道撤销原因之日起计算。这一期间属于除斥期间，不存在中止、中断和延长的问题。撤销权人如在法律规定的期间内不行使撤销权的，其撤销权即归于消灭。

第六百六十四条 【赠与人的继承人或法定代理人的撤销权】因受赠人的违法行为致使赠与人死亡或者丧失民事行为能力的，赠与人的继承人或者法定代理人可以撤销赠与。

赠与人的继承人或者法定代理人的撤销权，自知道或者应当知道撤销事由之日起六个月内行使。

第六百六十五条 【撤销赠与的效力】撤销权人撤销赠与的，可以向受赠人请求返还赠与的财产。

第六百六十六条 【赠与义务的免除】赠与人的经济状况显著恶化，严重影响其生产经营或者家庭生活的，可以不再履行赠与义务。

第十二章 借款合同

第六百六十七条 【借款合同的定义】借款合同是借款人向贷款人借款，到期返还借款并支付利息的合同。

实务应用

094. 是否所有的借款合同都属于民间借贷？

不是。民间借贷，是指自然人、法人和非法人组织之间进行资金融通的行为。经金融监管部门批准设立的从事贷款业务的金融机构及其分支机构，因发放贷款等相关金融业务引发的纠纷，不属于民间借贷。

具有下列情形之一的，人民法院应当认定民间借贷合同无效：（1）套取金融机构贷款转贷的；（2）以向其他营利法人借贷、向本单位职工集资，或者以向公众非法吸收存款等方式取得的资金转贷的；（3）未依法取得放贷资格的出借人，以营利为目的向社会不特定对象提供借款的；（4）出借人事先知道或者应当知道借款人借款用于违法犯罪活动仍然提供借款的；（5）违反法律、行政法规强制性规定的；（6）违背公序良俗的。

第六百六十八条　【借款合同的形式和内容】借款合同应当采用书面形式，但是自然人之间借款另有约定的除外。

借款合同的内容一般包括借款种类、币种、用途、数额、利率、期限和还款方式等条款。

实务应用

095. **哪些民间借贷诉讼会被法院判定为虚假民事诉讼？**

人民法院审理民间借贷纠纷案件时发现有下列情形之一的，应当严格审查借贷发生的原因、时间、地点、款项来源、交付方式、款项流向以及借贷双方的关系、经济状况等事实，综合判断是否属于虚假民事诉讼：（1）出借人明显不具备出借能力；（2）出借人起诉所依据的事实和理由明显不符合常理；（3）出借人不能提交债权凭证或者提交的债权凭证存在伪造的可能；（4）当事人双方在一定期限内多次参加民间借贷诉讼；（5）当事人无正当理由拒不到庭参加诉讼，委托代理人对借贷事实陈述不清或者陈述前后矛盾；（6）当事人双方对借贷事实的发生没有任何争议或者诉辩明显不符合常理；（7）借款人的配偶或者合伙人、案外人的其他债权人提出有事实依据的异议；（8）当事人在其他纠纷中存在低价转让财产的情形；（9）当事人不正当放弃权利；（10）其他可能存在虚假民间借贷诉讼的情形。

经查明属于虚假民间借贷诉讼，原告申请撤诉的，人民法院不予准许，并应当依据《民事诉讼法》第115条之规定，判决驳回其请求。诉讼参与人或者其他人恶意制造、参与虚假诉讼，人民法院应当依据《民事诉讼法》第 114 条、第 115 条和第 116 条之规定，依法予以罚款、拘留；构成犯罪的，应当移送有管辖权的司法机关追究刑事责任。单位恶意制造、参与虚假诉讼的，人民法院应当对该单位进行罚款，并可以对其主要负责人或者直接责任人员予以罚款、拘留；构成犯罪的，应当移送有管辖权的司法机关追究刑事责任。

案例指引

048. 微信聊天记录是否可以作为借款的有效证据？①

任某与陈某系朋友关系，陈某以资金周转为由向任某借款，任某通过微信多次向陈某转账。2019 年 12 月 10 日，双方通过微信对双方借贷款项进行对账，当日陈某书写了一份借条拍照发给任某。该借条写明"因近来手头不便，向任某借款人民币 44700 元整，约定于 2020 年 1 月 20 日归还欠款。"该借条上还书写有电话号码 13×××，但陈某并未将借条原件交付给任某。借款到期后，任某多次要求陈某还钱无果，遂起诉至法院。

法院经审理查明，任某提交的微信聊天记录相对方的电话号码与陈某实名登记的移动电话号码一致，故法院对任某提交的微信聊天记录予以采信。根据微信聊天记录，2019 年 12 月 10 日任某与陈某就借款金额进行了结算，确认陈某尚欠任某借款本金 44700 元，并约定 2020 年 1 月 20 日偿还。双方约定的还款期已过，陈某依法应当偿还借款本金及逾期还款利息，故对任某的诉讼请求予以支持。

在民间借贷案件中，双方通过微信发生金钱往来非常常见，根据证据的真实性、合法性、关联性要求，将微信聊天记录作为证据使用应注意以下几点：一要明确对方身份，确认微信中个人信息界面显示的备注名称、昵称、微信号、手机号等能核实相对人具体身份；二要明确往来

---

① 参见秦丹丹：《以案释"典"：微信聊天记录可以作为借款的有效证据》，载重庆市高级人民法院网 http://cqgy.cqfygzfw.gov.cn/article/detail/2022/12/id/7074735.shtml，最后访问日期：2024 年 4 月 1 日。

款项用途，并在备注中予以明确并保存好转账记录；三要保存完整、连续的微信聊天记录以及电子数据原始载体。

第六百六十九条 【借款合同借款人的告知义务】订立借款合同，借款人应当按照贷款人的要求提供与借款有关的业务活动和财务状况的真实情况。

第六百七十条 【借款利息不得预先扣除】借款的利息不得预先在本金中扣除。利息预先在本金中扣除的，应当按照实际借款数额返还借款并计算利息。

第六百七十一条 【提供及收取借款迟延责任】贷款人未按照约定的日期、数额提供借款，造成借款人损失的，应当赔偿损失。

借款人未按照约定的日期、数额收取借款的，应当按照约定的日期、数额支付利息。

第六百七十二条 【贷款人对借款使用情况检查、监督的权利】贷款人按照约定可以检查、监督借款的使用情况。借款人应当按照约定向贷款人定期提供有关财务会计报表或者其他资料。

第六百七十三条 【借款人违约使用借款的后果】借款人未按照约定的借款用途使用借款的，贷款人可以停止发放借款、提前收回借款或者解除合同。

第六百七十四条 【借款利息支付期限的确定】借款人应当按照约定的期限支付利息。对支付利息的期限没有约定或者约定不明确，依据本法第五百一十条的规定仍不能确定，借款期间不满一年的，应当在返还借款时一并支付；借款期间一年以上的，应当在每届满一年时支付，剩余期间不满一年的，应当在返还借款时一并支付。

关联参见

《商业银行法》第 42 条

第六百七十五条 　【还款期限的确定】借款人应当按照约定的期限返还借款。对借款期限没有约定或者约定不明确，依据本法第五百一十条的规定仍不能确定的，借款人可以随时返还；贷款人可以催告借款人在合理期限内返还。

第六百七十六条 　【借款合同违约责任承担】借款人未按照约定的期限返还借款的，应当按照约定或者国家有关规定支付逾期利息。

条文解读

逾期利率 ➡ 借贷双方对逾期利率有约定的，从其约定，但是以不超过合同成立时 1 年期贷款市场报价利率 4 倍为限。未约定逾期利率或者约定不明的，人民法院可以区分不同情况处理：（1）既未约定借期内利率，也未约定逾期利率，出借人主张借款人自逾期还款之日起参照当时 1 年期贷款市场报价利率标准计算的利息承担逾期还款违约责任的，人民法院应予支持；（2）约定了借期内利率但是未约定逾期利率，出借人主张借款人自逾期还款之日起按照借期内利率支付资金占用期间利息的，人民法院应予支持。

出借人与借款人既约定了逾期利率，又约定了违约金或者其他费用，出借人可以选择主张逾期利息、违约金或者其他费用，也可以一并主张，但是总计超过合同成立时 1 年期贷款市场报价利率 4 倍的部分，人民法院不予支持。

第六百七十七条 　【提前偿还借款】借款人提前返还借款的，除当事人另有约定外，应当按照实际借款的期间计算利息。

第六百七十八条 　【借款展期】借款人可以在还款期限届满前向贷款人申请展期；贷款人同意的，可以展期。

第六百七十九条 　【自然人之间借款合同的成立】自然人之间的借款合同，自贷款人提供借款时成立。

自然人之间的借款合同具有下列情形之一的，可以视为合同成立：（1）以现金支付的，自借款人收到借款时；（2）以银行转账、网上电子汇款等形式支付的，自资金到达借款人账户时；（3）以票据交付的，自借款人依法取得票据权利时；（4）出借人将特定资金账户支配权授权给借款人的，自借款人取得对该账户实际支配权时；（5）出借人以与借款人约定的其他方式提供借款并实际履行完成时。

实务应用

096. 名为借贷实为因其他法律关系产生的债务如何处理？

原告以借条、转账凭证等债权凭证为依据提起民间借贷诉讼，被告抗辩双方债权债务纠纷并非民间借贷行为引起而系其他法律关系引起的，被告应就其抗辩承担举证责任，举证不能或不充分的不予认可。对于经调解、和解或者清算形成的债权债务协议对当事人具有法律约束力，应按民间借贷关系进行审理，不受之前基础法律关系性质的影响。

案例指引

049. 单凭借条是否可以直接证明借款关系的存在？①

许某彬、李某兵、李某平于 2018 年 3 月签订《合作协议》，许某彬负责生产事项及货物保管，李某兵负责提供生产计划，李某平负责销售；许某彬、李某兵提供资金，许某彬、李某兵各占股份 42.5%（共投资 25 万元），协议签订后，双方均未按协议约定的投资款进行出资。合作协议签订的同日，李某兵向许某彬出具借条，载明今借到现金 12.5

---

① 参见《有借条，就能要回钱吗?》，载"豫法阳光"微信公众号 https：//mp. weixin. qq. com/s/HzxvnH2K3wUIy-DjMGmlsw，最后访问日期：2024 年 4 月 1 日。

万元、借款人李某兵。2021年6月，许某彬持该借条向法院起诉，要求李某兵偿还借款12.5万元。李某兵收到起诉状后辩称，没有收到案涉款项，借条形成的实际情况是双方合伙做调料生意，双方各出资12.5万元，但被告无法提供出资款，原告称可以帮其垫付出资，于是让被告出具了案涉借据，但原告始终未履行垫付承诺，被告也多次向原告索要案涉借据，原告均称该借据已经撕毁。

内黄县人民法院审理后认为，自然人之间的借款合同，自贷款人提供借款时成立。原告主张与被告之间存在有效的借款，应就双方之间存在借款的合意以及案涉借款已经实际交付的事实承担举证责任。本案被告李某兵对案涉借据的真实性不持异议，但认为案涉款项未实际交付和发生，并提供案涉借据产生同日的《合作协议》，且协议金额与借据金额吻合，双方亦认可协议约定的出资款均未实际履行。综合以上情形，原告主张的双方存在民间借贷法律关系的事实处于真伪不明情形，其仍应就双方之间存在民间借贷法律关系的事实承担举证责任，但其未能进一步举证，应承担举证不能的不利后果。故，原告仅依据借条请求还款，证据不足，法院不予支持。

原告许某彬不服一审判决，提出上诉。安阳中院驳回上诉、维持原判。

根据《最高人民法院关于审理民间借贷案件适用法律若干问题的规定》第15条的规定，原告仅依据借据、收据、欠条等债权凭证提起民间借贷诉讼，被告抗辩借贷行为尚未实际发生并能作出合理说明的，人民法院应当结合借贷金额、款项交付、当事人的经济能力、当地或者当事人之间的交易方式、交易习惯、当事人财产变动情况以及证人证言等事实和因素，综合判断查证借贷事实是否发生。自然人之间的借款纠纷，出借人主张借款人还款的，应举证证明借贷事实真实发生且合法，不能举证证明借贷事实发生的，应承担举证不能的法律后果，其诉讼请求不会获得法院的支持。

第六百八十条 **【借款利率和利息】** 禁止高利放贷，借款的利率不得违反国家有关规定。

借款合同对支付利息没有约定的，视为没有利息。

借款合同对支付利息约定不明确，当事人不能达成补充协议的，按照当地或者当事人的交易方式、交易习惯、市场利率等因素确定利息；自然人之间借款的，视为没有利息。

利息 ➡ 借贷双方没有约定利息，出借人主张支付利息的，人民法院不予支持。自然人之间借贷对利息约定不明，出借人主张支付利息的，人民法院不予支持。除自然人之间借贷的外，借贷双方对借贷利息约定不明，出借人主张利息的，人民法院应当结合民间借贷合同的内容，并根据当地或者当事人的交易方式、交易习惯、市场报价利率等因素确定利息。

出借人请求借款人按照合同约定利率支付利息的，人民法院应予支持，但是双方约定的利率超过合同成立时 1 年期贷款市场报价利率 4 倍的除外。前述所称"1 年期贷款市场报价利率"，是指中国人民银行授权全国银行间同业拆借中心自 2019 年 8 月 20 日起每月发布的 1 年期贷款市场报价利率。

案例指引

050. **如何认定网贷合同中格式条款的效力？**[①]

2018 年 8 月 14 日，周某玲与某贷款公司在线签订一份信用贷款合同，约定贷款金额 15 万元，期限 24 个月，执行贷款年化综合实际利率为 13.1%，还款方式为等额本息。2018 年 9 月至 2020 年 7 月，周某玲

[①] 参见《广东法院贯彻实施民法典典型案例（第二批）》（2022 年 1 月 19 日发布），周某玲与某贷款公司小额借款合同纠纷案，载广东法院网 https://www.gdcourts.gov.cn/gsxx/quanweifabu/anlihuicui/content/post_ 1047303.html，最后访问日期：2024 年 4 月 1 日。

已还第 1 至 23 期的贷款本息共 18.1 万元。在偿还第 24 期本息时，周某玲发现涉案合同是事先拟定并可重复使用的格式合同，在签订合同时某贷款公司并未与其协商修改条款，而合同约定的等额本息计算方式是以初始贷款本金作为基数计算每期还款金额，不符合等额本息的通常计算方式，导致其多还款。周某玲遂诉至法院，要求某贷款公司退回多收利息 10197 元。

广州互联网法院生效判决认为，涉案贷款合同明示的贷款年化利率是 13.1%，同时格式条款规定每期还款利息以初始贷款本金来计算，此规定改变了等额本息每期利息应按期初剩余本金计算的通常计算方式，年化利率近 23.4%，导致实际贷款利率严重高于合同明示贷款利率，加重了借款人的还款负担。根据《民法典》第 496 条的规定，提供格式条款的一方即贷款人应当采取合理的方式提示借款人注意关于利率、还款方式等与其有重大利害关系的条款。但某贷款公司没有提交相应的证据证明其采用合理方式向周某玲提示或者说明实际利率、还款方式，应当认为双方就该格式条款未达成合意，某贷款公司无权据此收取利息。2021 年 7 月 20 日，判决某贷款公司向周某玲返还多收款项 10089.9 元。

《民法典》将格式条款提供方的提示说明义务扩大到"与对方有重大利害关系的条款"，并明确了未履行该义务时的法律后果。本案依法认定贷款利率计算方式为与借款人有重大利害关系的条款，贷款机构未履行提示说明义务时无权据此收取利息，切实维护金融消费者合法权益，对于规范贷款机构放贷业务，促进金融市场健康发展具有重要意义。

第十三章　保证合同

第一节　一般规定

第六百八十一条　【保证合同的概念】保证合同是为保障债权的实现，保证人和债权人约定，当债务人不履行到期债务或者发生当事人约定的情形时，保证人履行债务或者承担责任的合同。

第六百八十二条 【保证合同的附从性及被确认无效后的责任分配】保证合同是主债权债务合同的从合同。主债权债务合同无效的，保证合同无效，但是法律另有规定的除外。

保证合同被确认无效后，债务人、保证人、债权人有过错的，应当根据其过错各自承担相应的民事责任。

第六百八十三条 【保证人的资格】机关法人不得为保证人，但是经国务院批准为使用外国政府或者国际经济组织贷款进行转贷的除外。

以公益为目的的非营利法人、非法人组织不得为保证人。

第六百八十四条 【保证合同的一般内容】保证合同的内容一般包括被保证的主债权的种类、数额，债务人履行债务的期限，保证的方式、范围和期间等条款。

第六百八十五条 【保证合同的订立】保证合同可以是单独订立的书面合同，也可以是主债权债务合同中的保证条款。

第三人单方以书面形式向债权人作出保证，债权人接收且未提出异议的，保证合同成立。

实务应用

097. 同一债务有两个以上保证人，债权人的权利行使有哪些限制？

同一债务有两个以上保证人，债权人以其已经在保证期间内依法向部分保证人行使权利为由，主张已经在保证期间内向其他保证人行使权利的，人民法院不予支持。

同一债务有两个以上保证人，保证人之间相互有追偿权，债权人未在保证期间内依法向部分保证人行使权利，导致其他保证人在承担保证责任后丧失追偿权，其他保证人主张在其不能追偿的范围内免除保证责任的，人民法院应予支持。

第六百八十六条 【保证方式】保证的方式包括一般保证和连带责任保证。

当事人在保证合同中对保证方式没有约定或者约定不明确的，按照一般保证承担保证责任。

关联参见

《民法典担保制度解释》第 10 条、第 14 条、第 25—29 条

第六百八十七条 【一般保证及先诉抗辩权】当事人在保证合同中约定，债务人不能履行债务时，由保证人承担保证责任的，为一般保证。

一般保证的保证人在主合同纠纷未经审判或者仲裁，并就债务人财产依法强制执行仍不能履行债务前，有权拒绝向债权人承担保证责任，但是有下列情形之一的除外：

（一）债务人下落不明，且无财产可供执行；

（二）人民法院已经受理债务人破产案件；

（三）债权人有证据证明债务人的财产不足以履行全部债务或者丧失履行债务能力；

（四）保证人书面表示放弃本款规定的权利。

条文解读

一般保证 ➡ 当事人在保证合同中约定了保证人在债务人不能履行债务或者无力偿还债务时才承担保证责任等类似内容，具有债务人应当先承担责任的意思表示的，人民法院应当将其认定为一般保证。

一般保证中，债权人以债务人为被告提起诉讼的，人民法院应予受理。债权人未就主合同纠纷提起诉讼或者申请仲裁，仅起诉一般保证人的，人民法院应当驳回起诉。一般保证中，债权人一并起诉债务人和保证人的，人民法院可以受理，但是在作出判决时，除有《民法典》第

687 条第 2 款但书规定的情形外，应当在判决书主文中明确，保证人仅对债务人财产依法强制执行后仍不能履行的部分承担保证责任。债权人未对债务人的财产申请保全，或者保全的债务人的财产足以清偿债务，债权人申请对一般保证人的财产进行保全的，人民法院不予准许。

一般保证的债权人取得对债务人赋予强制执行效力的公证债权文书后，在保证期间内向人民法院申请强制执行，保证人以债权人未在保证期间内对债务人提起诉讼或者申请仲裁为由主张不承担保证责任的，人民法院不予支持。

实务应用

098. 一般保证中，债权人依据生效法律文书对债务人的财产依法申请强制执行，保证债务诉讼时效的起算时间如何确定？

一般保证中，债权人依据生效法律文书对债务人的财产依法申请强制执行，保证债务诉讼时效的起算时间按照下列规则确定：（1）人民法院作出终结本次执行程序裁定，或者依照《民事诉讼法》第 268 条第 3 项、第 5 项的规定作出终结执行裁定的，自裁定送达债权人之日起开始计算；（2）人民法院自收到申请执行书之日起 1 年内未作出前项裁定的，自人民法院收到申请执行书满 1 年之日起开始计算，但是保证人有证据证明债务人仍有财产可供执行的除外。一般保证的债权人在保证期间届满前对债务人提起诉讼或者申请仲裁，债权人举证证明存在《民法典》第 687 条第 2 款但书规定情形的，保证债务的诉讼时效自债权人知道或者应当知道该情形之日起开始计算。

第六百八十八条 【连带责任保证】当事人在保证合同中约定保证人和债务人对债务承担连带责任的，为连带责任保证。

连带责任保证的债务人不履行到期债务或者发生当事人约定的情形时，债权人可以请求债务人履行债务，也可以请求保证人在其保证范围内承担保证责任。

当事人在保证合同中约定了保证人在债务人不履行债务或者未偿还债务时即承担保证责任、无条件承担保证责任等类似内容，不具有债务人应当先承担责任的意思表示的，人民法院应当将其认定为连带责任保证。

第六百八十九条 【反担保】保证人可以要求债务人提供反担保。

反担保 ➡ 反担保，是指在商品贸易、工程承包和资金借贷等经济往来中，为了换取担保人提供保证、抵押或质押等担保方式，由债务人或第三人向该担保人新设担保，以担保该担保人在承担了担保责任后易于实现其追偿权的制度。

反担保的方式，并不是常见的五种担保方式均可作为反担保的方式。首先，留置权不能为反担保方式。按本条规定，反担保产生于约定，而留置权却发生于法定。留置权在现行法上一律以动产为客体，价值相对较小，在主债额和原担保额均为巨大的场合，把留置权作为反担保的方式实在不足以保护原担保人的合法权益。其次，定金虽然在理论上可以作为反担保的方式，但是因为支付定金会进一步削弱债务人向债权人支付价款或酬金的能力，加之往往形成原担保和反担保不成比例的局面，所以在实践中极少采用。在实践中运用较多的反担保形式是保证、抵押权，然后是质权。不过，在债务人亲自向原担保人提供反担保的场合，保证就不得作为反担保的方式。因为这会形成债务人既向原担保人负偿付因履行原担保而生之必要费用的义务，又向原担保人承担保证债务，债务人和保证人合二而一的局面，起不到反担保的作用。只有债务人以其特定财产设立抵押权、质权，作为反担保的方式，才会实际起到保护原担保人的合法权益的作用。但反担保的担保方式是抵押或质押的话，抵押人或者质押人一般是第三人，若主债务人自己为担保人提供抵押或质押，是否会遭到"既然债务人可以用自己的财产为担保人设定抵押或质押，为什么不直接就此向主债权人设定担保呢"这样的诘问？其实不会，因为被担保人认可的抵押或者质押未必就会被主债权人认可；还有，本担保设定时主债务人可能没有可供抵押的财产，而后取得了一些财产，自然只能在本担保设立后再向担保人设立反担保。

至于实际采用何种反担保的方式，取决于债务人和原担保人之间的约定。在第三人充任反担保人的场合，抵押权、质权、保证均可采用，究竟采取何种，取决于该第三人（反担保人）和原担保人之间的约定。

第六百九十条　【最高额保证合同】 保证人与债权人可以协商订立最高额保证的合同，约定在最高债权额限度内就一定期间连续发生的债权提供保证。

最高额保证除适用本章规定外，参照适用本法第二编最高额抵押权的有关规定。

实务应用

099. 最高额保证合同的保证期间如何计算？

最高额保证合同对保证期间的计算方式、起算时间等有约定的，按照其约定。最高额保证合同对保证期间的计算方式、起算时间等没有约定或者约定不明，被担保债权的履行期限均已届满的，保证期间自债权确定之日起开始计算；被担保债权的履行期限尚未届满的，保证期间自最后到期债权的履行期限届满之日起开始计算。前述所称债权确定之日，依照《民法典》第 423 条的规定认定。

第二节　保证责任

第六百九十一条　【保证责任的范围】 保证的范围包括主债

权及其利息、违约金、损害赔偿金和实现债权的费用。当事人另有约定的，按照其约定。

关联参见

《民法典担保制度解释》第 3 条

第六百九十二条 【保证期间】保证期间是确定保证人承担保证责任的期间，不发生中止、中断和延长。

债权人与保证人可以约定保证期间，但是约定的保证期间早于主债务履行期限或者与主债务履行期限同时届满的，视为没有约定；没有约定或者约定不明确的，保证期间为主债务履行期限届满之日起六个月。

债权人与债务人对主债务履行期限没有约定或者约定不明确的，保证期间自债权人请求债务人履行债务的宽限期届满之日起计算。

第六百九十三条 【保证期间届满的法律效果】一般保证的债权人未在保证期间对债务人提起诉讼或者申请仲裁的，保证人不再承担保证责任。

连带责任保证的债权人未在保证期间请求保证人承担保证责任的，保证人不再承担保证责任。

第六百九十四条 【保证债务的诉讼时效】一般保证的债权人在保证期间届满前对债务人提起诉讼或者申请仲裁的，从保证人拒绝承担保证责任的权利消灭之日起，开始计算保证债务的诉讼时效。

连带责任保证的债权人在保证期间届满前请求保证人承担保证责任的，从债权人请求保证人承担保证责任之日起，开始计算保证债务的诉讼时效。

第六百九十五条 【主合同变更对保证责任的影响】债权人和债务人未经保证人书面同意，协商变更主债权债务合同内容，减轻债务的，保证人仍对变更后的债务承担保证责任；加重债务的，保证人对加重的部分不承担保证责任。

债权人和债务人变更主债权债务合同的履行期限，未经保证人书面同意的，保证期间不受影响。

第六百九十六条　【债权转让时保证人的保证责任】债权人转让全部或者部分债权，未通知保证人的，该转让对保证人不发生效力。

保证人与债权人约定禁止债权转让，债权人未经保证人书面同意转让债权的，保证人对受让人不再承担保证责任。

第六百九十七条　【债务承担对保证责任的影响】债权人未经保证人书面同意，允许债务人转移全部或者部分债务，保证人对未经其同意转移的债务不再承担保证责任，但是债权人和保证人另有约定的除外。

第三人加入债务的，保证人的保证责任不受影响。

第六百九十八条　【一般保证人免责】一般保证的保证人在主债务履行期限届满后，向债权人提供债务人可供执行财产的真实情况，债权人放弃或者怠于行使权利致使该财产不能被执行的，保证人在其提供可供执行财产的价值范围内不再承担保证责任。

第六百九十九条　【共同保证】同一债务有两个以上保证人的，保证人应当按照保证合同约定的保证份额，承担保证责任；没有约定保证份额的，债权人可以请求任何一个保证人在其保证范围内承担保证责任。

关联参见

《民法典担保制度解释》第 13 条、第 14 条

第七百条　【保证人的追偿权】保证人承担保证责任后，除

当事人另有约定外，有权在其承担保证责任的范围内向债务人追偿，享有债权人对债务人的权利，但是不得损害债权人的利益。

第七百零一条 【保证人的抗辩权】保证人可以主张债务人对债权人的抗辩。债务人放弃抗辩的，保证人仍有权向债权人主张抗辩。

第七百零二条 【抵销权或撤销权范围内的免责】债务人对债权人享有抵销权或者撤销权的，保证人可以在相应范围内拒绝承担保证责任。

第十四章　租赁合同

第七百零三条 【租赁合同的概念】租赁合同是出租人将租赁物交付承租人使用、收益，承租人支付租金的合同。

第七百零四条 【租赁合同的内容】租赁合同的内容一般包括租赁物的名称、数量、用途、租赁期限、租金及其支付期限和方式、租赁物维修等条款。

关联参见

《海商法》第 130 条、第 145 条

第七百零五条 【租赁期限的最高限制】租赁期限不得超过二十年。超过二十年的，超过部分无效。

租赁期限届满，当事人可以续订租赁合同；但是，约定的租赁期限自续订之日起不得超过二十年。

条文解读

租赁期限 ➡ 租赁合同根据是否约定期限，可以分为定期租赁合同与不定期租赁合同。定期租赁合同，是指当事人在合同中约定具体租期

的租赁合同；不定期租赁合同，是指当事人在合同中没有约定租赁期限的合同。在不定期合同当中，当事人任何一方可以随时终止合同，但终止合同前应当给对方适当的准备时间。

实务应用

100. 租赁期限可以任意确定吗？

对于租赁合同的期限，本条没有最低期限的规定，但作出了最高期限的限定，即最高不得超过 20 年，从租赁合同生效之日起计算。当事人双方订立的租赁合同期限超过 20 年的，超过的部分无效，租赁期限应缩短为 20 年。但是，根据本条第 2 款规定，当事人的租赁合同期限届满以后，可以续订租赁合同。

第七百零六条 【租赁合同登记对合同效力影响】当事人未依照法律、行政法规规定办理租赁合同登记备案手续的，不影响合同的效力。

实务应用

101. 出租人就未经批准或者未按照批准内容建设的临时建筑，与承租人订立的租赁合同是否有效？

出租人就未经批准或者未按照批准内容建设的临时建筑，与承租人订立的租赁合同无效。但在一审法庭辩论终结前经主管部门批准建设的，人民法院应当认定有效。租赁期限超过临时建筑的使用期限，超过部分无效。但在一审法庭辩论终结前经主管部门批准延长使用期限的，人民法院应当认定延长使用期限内的租赁期间有效。

第七百零七条 【租赁合同形式】租赁期限六个月以上的，应当采用书面形式。当事人未采用书面形式，无法确定租赁期限的，视为不定期租赁。

第七百零八条 【出租人义务】出租人应当按照约定将租赁物交付承租人，并在租赁期限内保持租赁物符合约定的用途。

102. 出租人就同一房屋订立数份租赁合同，在合同均有效的情况下，承租人均主张履行合同的，如何确定履行合同的顺序？

出租人就同一房屋订立数份租赁合同，在合同均有效的情况下，承租人均主张履行合同的，人民法院按照下列顺序确定履行合同的承租人：（1）已经合法占有租赁房屋的；（2）已经办理登记备案手续的；（3）合同成立在先的。不能取得租赁房屋的承租人请求解除合同、赔偿损失的，依照《民法典》的有关规定处理。

第七百零九条 【承租人义务】承租人应当按照约定的方法使用租赁物。对租赁物的使用方法没有约定或者约定不明确，依据本法第五百一十条的规定仍不能确定的，应当根据租赁物的性质使用。

第七百一十条 【承租人合理使用租赁物的免责】承租人按照约定的方法或者根据租赁物的性质使用租赁物，致使租赁物受到损耗的，不承担赔偿责任。

第七百一十一条 【承租人未合理使用租赁物的责任】承租人未按照约定的方法或者未根据租赁物的性质使用租赁物，致使租赁物受到损失的，出租人可以解除合同并请求赔偿损失。

承租人擅自变动房屋建筑主体和承重结构或者扩建，在出租人要求的合理期限内仍不予恢复原状，出租人请求解除合同并要求赔偿损失的，人民法院依照《民法典》第711条的规定处理。

103. 承租人未按照约定的方法或者租赁物的性质使用租赁物，致使租赁物受到损失的，出租人是否可以解除合同？

如果承租人未按照约定的方法或者租赁物的性质使用租赁物，致使租赁物受到损失的，承租人的行为已经构成违约并且同时侵犯了出租人的财产权，因此，出租人可以解除合同并要求赔偿损失。出租人于此种情形依法享有的是对租赁合同的法定解除权，依其单方的意思表示即可解除租赁合同，只要将解除合同的意思通知到承租人，即产生租赁合同解除的法律效果，无须征得承租人的同意。出租人对租赁合同的解除权具有可选择性，如果出租人不愿意解除合同，并且通过其他方式能够阻止承租人的非法侵害行为继续发生的，出租人也可以不解除租赁合同，而仅要求承租人进行损害赔偿。

例如，谢某将其很久不住的房子出租给张某居住，并约定张某按季支付房租。张某居住半年后，将其中一间房子用于丢放化学物品，导致地面遭到严重的腐蚀。谢某发现后，解除和张某的租赁合同，在收回房屋时，谢某发现另一间房屋的墙体发生裂缝，因此要求张某对地面腐蚀和墙体裂缝部分承担赔偿责任。在本案中，墙体的裂缝属于该房屋年久失修的正常损耗，张某不应当对墙体裂缝承担赔偿责任。但由于张某的失误导致房屋地面被严重腐蚀，属于非正当使用租赁物造成的损失，需要承担赔偿责任。

《最高人民法院关于审理城镇房屋租赁合同纠纷案件具体应用法律若干问题的解释》第 6 条

第七百一十二条 【出租人的维修义务】出租人应当履行租赁物的维修义务，但是当事人另有约定的除外。

第七百一十三条　【租赁物的维修和维修费负担】承租人在租赁物需要维修时可以请求出租人在合理期限内维修。出租人未履行维修义务的，承租人可以自行维修，维修费用由出租人负担。因维修租赁物影响承租人使用的，应当相应减少租金或者延长租期。

因承租人的过错致使租赁物需要维修的，出租人不承担前款规定的维修义务。

第七百一十四条　【承租人的租赁物妥善保管义务】承租人应当妥善保管租赁物，因保管不善造成租赁物毁损、灭失的，应当承担赔偿责任。

第七百一十五条　【承租人对租赁物进行改善或增设他物】承租人经出租人同意，可以对租赁物进行改善或者增设他物。

承租人未经出租人同意，对租赁物进行改善或者增设他物的，出租人可以请求承租人恢复原状或者赔偿损失。

实务应用

104. 承租人经出租人同意装饰装修，遇租赁合同无效、租赁期间届满等情形时，装饰装修物如何处理？

承租人经出租人同意装饰装修，租赁合同无效时，未形成附合的装饰装修物，出租人同意利用的，可折价归出租人所有；不同意利用的，可由承租人拆除。因拆除造成房屋毁损的，承租人应当恢复原状。已形成附合的装饰装修物，出租人同意利用的，可折价归出租人所有；不同意利用的，由双方各自按照导致合同无效的过错分担现值损失。

承租人经出租人同意装饰装修，租赁期间届满或者合同解除时，除当事人另有约定外，未形成附合的装饰装修物，可由承租人拆除。因拆除造成房屋毁损的，承租人应当恢复原状。

承租人经出租人同意装饰装修，合同解除时，双方对已形成附合的装饰装修物的处理没有约定的，人民法院按照下列情形分别处理：

（1）因出租人违约导致合同解除，承租人请求出租人赔偿剩余租赁期内装饰装修残值损失的，应予支持；（2）因承租人违约导致合同解除，承租人请求出租人赔偿剩余租赁期内装饰装修残值损失的，不予支持。但出租人同意利用的，应在利用价值范围内予以适当补偿；（3）因双方违约导致合同解除，剩余租赁期内的装饰装修残值损失，由双方根据各自的过错承担相应的责任；（4）因不可归责于双方的事由导致合同解除的，剩余租赁期内的装饰装修残值损失，由双方按照公平原则分担。法律另有规定的，适用其规定。

承租人经出租人同意装饰装修，租赁期间届满时，承租人请求出租人补偿附合装饰装修费用的，不予支持。但当事人另有约定的除外。承租人未经出租人同意装饰装修或者扩建发生的费用，由承租人负担。出租人请求承租人恢复原状或者赔偿损失的，人民法院应予支持。

关联参见

《最高人民法院关于审理城镇房屋租赁合同纠纷案件具体应用法律若干问题的解释》第7—12条

第七百一十六条 【转租】承租人经出租人同意，可以将租赁物转租给第三人。承租人转租的，承租人与出租人之间的租赁合同继续有效；第三人造成租赁物损失的，承租人应当赔偿损失。

承租人未经出租人同意转租的，出租人可以解除合同。

条文解读

转租 ➡ 承租人转租的，承租人与出租人之间的租赁合同继续有效，他们之间仍然是租赁关系。因此，根据法律的规定和该租赁合同的约定，承租人对租赁物负有妥善保管和按照合同约定用途和方式使用租赁物的义务，即使租赁物已经转租，但承租人仍对出租人负有该义务。如果租赁物受到损失的，不论该损失是谁造成的，都应视为承租人的责任，由承租人直接向出租人承担赔偿损失的责任。出租人的损害赔偿请求权也应当直接对承租人行使，而不能向第三人提出请求。承租人按照其与出租人之间的租赁合同承担了损害赔偿责任后，可以依照他和第三人之间的租赁协议请求第三人予以补偿。

承租人未经出租人同意转租的，是对租赁物的擅自处分行为，构成违约，出租人可以解除合同。出租人此时享有的是法定解除权，不以承租人的同意为必要。只要出租人作出解除合同的意思表示，租赁合同即行解除。

例如，钱某与林某订立房屋租赁合同，约定由钱某租赁林某临街商铺一间，每年的租金为1万元，由钱某作为小吃店对外经营。后该小吃店经营不善，但租赁合同没有到期，钱某就将该商铺转租给杨某。林某发现后，没有表示反对。林某和钱某租赁合同到期后，林某要收回该店铺时，他发现杨某擅自改变店铺的布局，拆掉了房屋中的一堵隔墙，对房屋安全造成隐患。在本案中，钱某的转租行为得到了林某的默认，则钱某和杨某之间的租赁合同有效。但是杨某对房屋造成的损害，应当由转租人钱某向林某承担责任，然后由钱某向杨某追偿。

关联参见

《海商法》第 137 条、第 138 条、第 150 条

第七百一十七条 【转租期限】承租人经出租人同意将租赁物转租给第三人，转租期限超过承租人剩余租赁期限的，超过部分的约定对出租人不具有法律约束力，但是出租人与承租人另有约定的除外。

第七百一十八条 【出租人同意转租的推定】出租人知道或者应当知道承租人转租，但是在六个月内未提出异议的，视为出租人同意转租。

第七百一十九条 【次承租人的代为清偿权】承租人拖欠租金的，次承租人可以代承租人支付其欠付的租金和违约金，但是转租合同对出租人不具有法律约束力的除外。

次承租人代为支付的租金和违约金，可以充抵次承租人应当向承租人支付的租金；超出其应付的租金数额的，可以向承租人追偿。

条文解读

承租人经出租人同意转租的，承租人与次承租人之间形成新的租赁关系，而出租人与承租人之间的原租赁关系不受影响，继续合法有效。根据严格的合同的相对性原则，承租人向出租人承担支付租金的义务，次承租人向承租人承担支付租金的义务。次承租人与出租人之间不存在合同关系，故而次承租人本不应向出租人支付租金。但是，《民法典》第 524 条第 1 款规定："债务人不履行债务，第三人对履行该债务具有合法利益的，第三人有权向债权人代为履行；但是，根据债务性质、按照当事人约定或者依照法律规定只能由债务人履行的除外。"也就是说，第三人对债之履行有利害关系时，无须债务人或债权人的同意即可代为履行债务，债权人不得拒绝。这一规定是由债权的财产性决定的，债权人要满足其债权，没有必要必须限于债务人本人作出履行，只要给付可以满足债权的财产价值即可。

第七百二十条 【租赁物的收益归属】在租赁期限内因占有、使用租赁物获得的收益，归承租人所有，但是当事人另有约定的除外。

第七百二十一条 【租金支付期限】承租人应当按照约定的期限支付租金。对支付租金的期限没有约定或者约定不明确，依据本法第五百一十条的规定仍不能确定，租赁期限不满一年的，应当在租赁期限届满时支付；租赁期限一年以上的，应当在每届满一年时支付，剩余期限不满一年的，应当在租赁期限届满时支付。

第七百二十二条 　【承租人的租金支付义务】承租人无正当理由未支付或者迟延支付租金的，出租人可以请求承租人在合理期限内支付；承租人逾期不支付的，出租人可以解除合同。

关联参见

《海商法》第 140 条

第七百二十三条 　【出租人的权利瑕疵担保责任】因第三人主张权利，致使承租人不能对租赁物使用、收益的，承租人可以请求减少租金或者不支付租金。

第三人主张权利的，承租人应当及时通知出租人。

第七百二十四条 　【承租人解除合同的法定情形】有下列情形之一，非因承租人原因致使租赁物无法使用的，承租人可以解除合同：

（一）租赁物被司法机关或者行政机关依法查封、扣押；

（二）租赁物权属有争议；

（三）租赁物具有违反法律、行政法规关于使用条件的强制性规定情形。

第七百二十五条 　【买卖不破租赁】租赁物在承租人按照租赁合同占有期限内发生所有权变动的，不影响租赁合同的效力。

条文解读

买卖不破租赁 ➡ 本条规定了"买卖不破租赁"的原则。这一原则的效力，体现在买受人所取得的对租赁物的所有权，受到承租人对该租赁物的用益权的抗辩，承租人对租赁物的用益权不受买卖行为效力的影响。

租赁物的所有权发生变动后，其设定在该租赁物上的租赁合同仍然存在，在承租人与受让人之间无须另行订立租赁合同，受让人在受让该租赁物的所有权时就与承租人产生了租赁合同关系，成为一个新的出租人，继承原出租人的权利和义务，受让人要受该租赁合同的约束。

关联参见

《最高人民法院关于审理城镇房屋租赁合同纠纷案件具体应用法律若干问题的解释》第 14 条

第七百二十六条　【房屋承租人的优先购买权】出租人出卖租赁房屋的，应当在出卖之前的合理期限内通知承租人，承租人享有以同等条件优先购买的权利；但是，房屋按份共有人行使优先购买权或者出租人将房屋出卖给近亲属的除外。

出租人履行通知义务后，承租人在十五日内未明确表示购买的，视为承租人放弃优先购买权。

条文解读

优先购买权 ➡ 优先购买权，是指民事主体在特定买卖的同等条件下，依法享有优先于他人购买财产的权利。实践中，优先购买权主要包括以下几种类型：共有人的优先购买权、专利委托人及合作人的优先购买权、公司股东的优先购买权以及房屋承租人的优先购买权等。房屋承租人的优先购买权是优先购买权中的一种，是指承租人在出租人出卖租赁物时，在同等条件下优先购买该租赁物的权利。

实务应用

105. **房屋共有人的优先购买权与房屋承租人优先购买权发生冲突怎么办?**

共有分为按份共有和共同共有，在共同共有关系中，房屋出租人未经全体共有人同意不得出售该共有房屋，共同共有人无行使优先购买权的必要。而在按份共有关系中，若房屋出租人所占份额超过 2/3，则其有权决定出售该共有房屋，此时必然会对其他按份共有人的利益造成一定影响。同时，《民法典》第305条规定，按份共有人在同等条件下也享有优先购买权。从表面上看，似乎有可能出现同一标的物上承租人的优先购买权和按份共有人的优先购买权的冲突，但是仔细分析会发现，两种优先购买权针对的标的物是不同的。按份共有人的优先购买权针对的是其他共有人的共有份额；而承租人的优先购买权针对的是租赁标的物本身。所以实际上，二者并不会真正发生冲突。当涉及按份共有人的优先购买权时，此时讨论的是份额买卖问题，根本就不会触发承租人的优先购买权。当然，仅从结果上看，确实是按份共有人的优先购买权可以优先行使。《民法典》第726条将按份共有人行使优先购买权作为承租人行使优先购买权的例外，直接在条文文字层面点明此点，从而避免了实践中引发不必要的争议。

关联参见

《最高人民法院关于审理城镇房屋租赁合同纠纷案件具体应用法律若干问题的解释》第15条

第七百二十七条 【承租人对拍卖房屋的优先购买权】出租人委托拍卖人拍卖租赁房屋的，应当在拍卖五日前通知承租人。承租人未参加拍卖的，视为放弃优先购买权。

第七百二十八条 【妨害承租人优先购买权的赔偿责任】出租人未通知承租人或者有其他妨害承租人行使优先购买权情形的，承租人可以请求出租人承担赔偿责任。但是，出租人与第三人订立的房屋买卖合同的效力不受影响。

第七百二十九条 【租赁物毁损、灭失的法律后果】因不可归责于承租人的事由，致使租赁物部分或者全部毁损、灭失的，承租人可以请求减少租金或者不支付租金；因租赁物部分或者全部毁损、灭失，致使不能实现合同目的的，承租人可以解除合同。

第七百三十条 【租期不明的处理】当事人对租赁期限没有约定或者约定不明确，依据本法第五百一十条的规定仍不能确定的，视为不定期租赁；当事人可以随时解除合同，但是应当在合理期限之前通知对方。

第七百三十一条 【租赁物质量不合格时承租人的解除权】租赁物危及承租人的安全或者健康的，即使承租人订立合同时明知该租赁物质量不合格，承租人仍然可以随时解除合同。

第七百三十二条 【房屋承租人死亡时租赁关系的处理】承租人在房屋租赁期限内死亡的，与其生前共同居住的人或者共同经营人可以按照原租赁合同租赁该房屋。

第七百三十三条 【租赁物的返还】租赁期限届满，承租人应当返还租赁物。返还的租赁物应当符合按照约定或者根据租赁物的性质使用后的状态。

关联参见

《海商法》第 142 条、第 143 条

第七百三十四条 【租赁期限届满的续租及优先承租权】租赁期限届满，承租人继续使用租赁物，出租人没有提出异议的，原租赁合同继续有效，但是租赁期限为不定期。

租赁期限届满，房屋承租人享有以同等条件优先承租的权利。

条文解读

优先承租权 ➡ 本条第 2 款是关于承租人的优先承租权的规定。优先承租权是指承租人依法或者依约享有的，在租赁期届满后的同等条件下优先承租原租赁物的权利。本条的优先承租权应该理解为一种形成权，是在保护弱势群体的理念之上对于承租人优先承租权利的强化，一

般是指在租赁期届满之后，出租人未与承租人续租，却与第三人签订了租赁合同，那么在相同的条件下，承租人可以直接与出租人成立一个相同的租赁合同，要求出租人直接将房子继续出租给自己。优先承租权的确立，对承租人的权益进行了一定程度的保护，防止出租人随意变更租赁关系从而影响承租人的生活、经营，有效防范纠纷的产生。长远来看，优先承租权制度对于社会市场秩序的稳定发展具有一定积极意义。

第十五章　融资租赁合同

第七百三十五条　【融资租赁合同的概念】 融资租赁合同是出租人根据承租人对出卖人、租赁物的选择，向出卖人购买租赁物，提供给承租人使用，承租人支付租金的合同。

条文解读

融资租赁合同 ➡ 融资租赁合同，是指出租人作为买受人与出卖人订立买卖合同，购买承租人指定的标的物，提供给承租人使用、收益，承租人支付租金的合同。融资租赁合同涉及买卖合同和租赁合同两个合同以及出租人（买受人）、承租人、供货商（出卖人）三方当事人，具有复杂的权利义务关系。

人民法院应当根据《民法典》第735条的规定，结合标的物的性质、价值、租金的构成以及当事人的合同权利和义务，对是否构成融资租赁法律关系作出认定。对名为融资租赁合同，但实际不构成融资租赁法律关系的，人民法院应按照其实际构成的法律关系处理。

承租人将其自有物出卖给出租人，再通过融资租赁合同将租赁物从出租人处租回的，人民法院不应仅以承租人和出卖人系同一人为由认定不构成融资租赁法律关系。

例如，甲公司与乙公司签订合同，约定甲公司按照乙公司的要求，为乙公司向丙公司购买一台设备；甲公司将设备租赁给乙公司使用，但所有权属于甲公司所有；乙公司按照合同的约定向甲公司交付租金，租赁期满后，设备属于乙方所有。在本案中，甲公司、乙公司之间的合同就是融资租赁合同。

关联参见

《最高人民法院关于审理融资租赁合同纠纷案件适用法律问题的解释》第1条、第2条

第七百三十六条 【融资租赁合同的内容】融资租赁合同的内容一般包括租赁物的名称、数量、规格、技术性能、检验方法，租赁期限，租金构成及其支付期限和方式、币种，租赁期限届满租赁物的归属等条款。

融资租赁合同应当采用书面形式。

第七百三十七条 【融资租赁通谋虚伪表示】当事人以虚构租赁物方式订立的融资租赁合同无效。

第七百三十八条 【特定租赁物经营许可对合同效力影响】依照法律、行政法规的规定，对于租赁物的经营使用应当取得行政许可的，出租人未取得行政许可不影响融资租赁合同的效力。

第七百三十九条 【融资租赁标的物的交付】出租人根据承租人对出卖人、租赁物的选择订立的买卖合同，出卖人应当按照约定向承租人交付标的物，承租人享有与受领标的物有关的买受人的权利。

第七百四十条 【承租人的拒绝受领权】出卖人违反向承租人交付标的物的义务，有下列情形之一的，承租人可以拒绝受领出卖人向其交付的标的物：

（一）标的物严重不符合约定；

（二）未按照约定交付标的物，经承租人或者出租人催告后在合理期限内仍未交付。

承租人拒绝受领标的物的，应当及时通知出租人。

关联参见

《最高人民法院关于审理融资租赁合同纠纷案件适用法律问题的解释》第3条

第七百四十一条 **【承租人的索赔权】** 出租人、出卖人、承租人可以约定，出卖人不履行买卖合同义务的，由承租人行使索赔的权利。承租人行使索赔权利的，出租人应当协助。

第七百四十二条 **【承租人行使索赔权的租金支付义务】** 承租人对出卖人行使索赔权利，不影响其履行支付租金的义务。但是，承租人依赖出租人的技能确定租赁物或者出租人干预选择租赁物的，承租人可以请求减免相应租金。

第七百四十三条 **【承租人索赔不能的违约责任承担】** 出租人有下列情形之一，致使承租人对出卖人行使索赔权利失败的，承租人有权请求出租人承担相应的责任：

（一）明知租赁物有质量瑕疵而不告知承租人；

（二）承租人行使索赔权利时，未及时提供必要协助。

出租人怠于行使只能由其对出卖人行使的索赔权利，造成承租人损失的，承租人有权请求出租人承担赔偿责任。

第七百四十四条 **【出租人不得擅自变更买卖合同内容】** 出租人根据承租人对出卖人、租赁物的选择订立的买卖合同，未经承租人同意，出租人不得变更与承租人有关的合同内容。

关联参见

《最高人民法院关于审理融资租赁合同纠纷案件适用法律问题的解释》第4条

第七百四十五条 【租赁物的登记对抗效力】出租人对租赁物享有的所有权，未经登记，不得对抗善意第三人。

第七百四十六条 【租金的确定规则】融资租赁合同的租金，除当事人另有约定外，应当根据购买租赁物的大部分或者全部成本以及出租人的合理利润确定。

第七百四十七条 【租赁物瑕疵担保责任】租赁物不符合约定或者不符合使用目的的，出租人不承担责任。但是，承租人依赖出租人的技能确定租赁物或者出租人干预选择租赁物的除外。

条文解读

本条规定了出租人不承担租赁物瑕疵担保责任的原则及其例外。融资租赁合同不同于一般租赁合同的特点之一即是出租人不承担租赁物的瑕疵担保责任，但不是说在融资租赁合同中不发生瑕疵担保责任，而是由出卖人直接对承租人承担了租赁物的瑕疵担保责任。因为在融资租赁合同中，出租人仅是向承租人提供资金，完全按照承租人的要求和指示去购买租赁物，租赁物的购买并不是依靠出租人的技能和判断，而是由承租人指定和选择，大多数情况下都是由承租人与出卖人商定后才指定出租人与出卖人签订买卖合同的，而且出租人也不对租赁物进行实际的占有、使用和收益，因此，法律规定租赁物不符合约定或者不符合使用目的的，出租人不承担责任。但出租人不承担租赁物的瑕疵担保责任不是绝对的，在有些情况下，出租人的瑕疵担保责任不能被免除，即使当事人之间有特别约定也是无效的。这些例外情况是：

（1）承租人依赖出租人的技能确定租赁物的。在这种情形下，承租人只是向出租人表明欲租赁物件的大体意向，因为信赖出租人的技能和判断能力，就委托出租人自行决定所选择的租赁物的种类、规格、型号、出卖人等。如果租赁物是在这种情况下由出租人购买的，则不能免除出租人对该租赁物的瑕疵担保责任。租赁物不符合约定或者不符合使用目的的，出租人须承担责任，而非出卖人承担。

（2）出租人干预选择租赁物的。在一般情形下，出租人免除承担租赁物瑕疵担保责任的原因在于租赁物和出卖人是由承租人自己选择决定的，租赁物的购买没有出租人的技能和判断的因素在内。但是，如果承租人在选择租赁物和出卖人时，出租人进行了干预的，此时租赁物的选择已不完全是由承租人自己决定选择的，因此，出租人不得免除瑕疵担保责任。

关联参见

《最高人民法院关于审理融资租赁合同纠纷案件适用法律问题的解释》第 8 条

第七百四十八条　【出租人保证承租人占有和使用租赁物】

出租人应当保证承租人对租赁物的占有和使用。

出租人有下列情形之一的，承租人有权请求其赔偿损失：

（一）无正当理由收回租赁物；

（二）无正当理由妨碍、干扰承租人对租赁物的占有和使用；

（三）因出租人的原因致使第三人对租赁物主张权利；

（四）不当影响承租人对租赁物占有和使用的其他情形。

关联参见

《最高人民法院关于审理融资租赁合同纠纷案件适用法律问题的解释》第 6 条

第七百四十九条　【租赁物致人损害的责任承担】

承租人占有租赁物期间，租赁物造成第三人人身损害或者财产损失的，出租人不承担责任。

第七百五十条　【租赁物的保管、使用、维修】承租人应当妥善保管、使用租赁物。

承租人应当履行占有租赁物期间的维修义务。

第七百五十一条　【承租人占有租赁物毁损、灭失的租金承担】承租人占有租赁物期间，租赁物毁损、灭失的，出租人有权请求承租人继续支付租金，但是法律另有规定或者当事人另有约定的除外。

第七百五十二条　【承租人支付租金的义务】承租人应当按照约定支付租金。承租人经催告后在合理期限内仍不支付租金的，出租人可以请求支付全部租金；也可以解除合同，收回租赁物。

关联参见

《最高人民法院关于审理融资租赁合同纠纷案件适用法律问题的解释》第 9—10 条；《民法典担保制度解释》第 65 条

第七百五十三条　【承租人擅自处分租赁物时出租人的解除权】承租人未经出租人同意，将租赁物转让、抵押、质押、投资入股或者以其他方式处分的，出租人可以解除融资租赁合同。

第七百五十四条　【出租人或承租人均可解除融资租赁合同情形】有下列情形之一的，出租人或者承租人可以解除融资租赁合同：

（一）出租人与出卖人订立的买卖合同解除、被确认无效或者被撤销，且未能重新订立买卖合同；

（二）租赁物因不可归责于当事人的原因毁损、灭失，且不能修复或者确定替代物；

（三）因出卖人的原因致使融资租赁合同的目的不能实现。

106. 司法实践中，还有哪些情形，人民法院会支持出租人解除融资租赁合同的诉请？

有下列情形之一，出租人请求解除融资租赁合同的，人民法院应予支持：（1）承租人未按照合同约定的期限和数额支付租金，符合合同约定的解除条件，经出租人催告后在合理期限内仍不支付的；（2）合同对于欠付租金解除合同的情形没有明确约定，但承租人欠付租金达到两期以上，或者数额达到全部租金15%以上，经出租人催告后在合理期限内仍不支付的；（3）承租人违反合同约定，致使合同目的不能实现的其他情形。

关联参见

《最高人民法院关于审理融资租赁合同纠纷案件适用法律问题的解释》第5—7条、第11条

第七百五十五条 【承租人承担出租人损失赔偿责任情形】融资租赁合同因买卖合同解除、被确认无效或者被撤销而解除，出卖人、租赁物系由承租人选择的，出租人有权请求承租人赔偿相应损失；但是，因出租人原因致使买卖合同解除、被确认无效或者被撤销的除外。

出租人的损失已经在买卖合同解除、被确认无效或者被撤销时获得赔偿的，承租人不再承担相应的赔偿责任。

第七百五十六条 【租赁物意外毁损灭失】融资租赁合同因租赁物交付承租人后意外毁损、灭失等不可归责于当事人的原因解除的，出租人可以请求承租人按照租赁物折旧情况给予补偿。

第七百五十七条 【租赁期满租赁物的归属】出租人和承租

人可以约定租赁期限届满租赁物的归属；对租赁物的归属没有约定或者约定不明确，依据本法第五百一十条的规定仍不能确定的，租赁物的所有权归出租人。

第七百五十八条 【承租人请求部分返还租赁物价值】当事人约定租赁期限届满租赁物归承租人所有，承租人已经支付大部分租金，但是无力支付剩余租金，出租人因此解除合同收回租赁物，收回的租赁物的价值超过承租人欠付的租金以及其他费用的，承租人可以请求相应返还。

当事人约定租赁期限届满租赁物归出租人所有，因租赁物毁损、灭失或者附合、混合于他物致使承租人不能返还的，出租人有权请求承租人给予合理补偿。

第七百五十九条 【支付象征性价款时的租赁物归属】当事人约定租赁期限届满，承租人仅需向出租人支付象征性价款的，视为约定的租金义务履行完毕后租赁物的所有权归承租人。

条文解读

象征性价款 ➡ 在传统租赁中，承租人的一项主要义务就是于租赁期限届满时，将租赁物返还出租人。而在融资租赁中，鉴于租赁物对于出租人和承租人的意义不同，合同双方通常会约定租赁期限届满租赁物的归属。合同双方未约定的，承租人一般可以有三种选择权：留购、续租或退租。其中留购即指租期届满，承租人支付给出租人象征性价款，于租赁义务履行完毕后取得租赁物的所有权。一方面，在上述三种租赁物的处理方式中，出租人更愿意选择留购这一处理方式，以此达到收回其投入以及盈利的目的，大多数融资租赁交易均把承租人留购租赁物作为交易的必要条件。另一方面，融资租赁的域外实践中，通常采取约定支付象征性价款的方式确定租赁期限届满租赁物归属的方式。在我国融资租赁业务发展的初期对此有所借鉴，也因此保留、发展成为实践中融资租赁合同的通常条款。所以，这种租赁期限届满，承租人仅需向出租人支付象征性价款的约定，实际上使得在租赁物归属约定不明的情形下，在依照《民法典》第757条规定判断顺序之前，承租人即可通过支付象征性价款的方式于租金义务履行完毕后取得租赁物的所有权。

第七百六十条 【融资租赁合同无效时租赁物的归属】融资租赁合同无效，当事人就该情形下租赁物的归属有约定的，按照其约定；没有约定或者约定不明确的，租赁物应当返还出租人。但是，因承租人原因致使合同无效，出租人不请求返还或者返还后会显著降低租赁物效用的，租赁物的所有权归承租人，由承租人给予出租人合理补偿。

实务应用

107. 承租人与出租人对租赁物的价值有争议的，法院一般会如何确定租赁物价值？

诉讼期间承租人与出租人对租赁物的价值有争议的，人民法院可以按照融资租赁合同的约定确定租赁物价值；融资租赁合同未约定或者约定不明的，可以参照融资租赁合同约定的租赁物折旧以及合同到期后租赁物的残值确定租赁物价值。承租人或者出租人认为依前述规定确定的价值严重偏离租赁物实际价值的，可以请求人民法院委托有资质的机构评估或者拍卖确定。

第十六章 保理合同

第七百六十一条 【保理合同的概念】保理合同是应收账款债权人将现有的或者将有的应收账款转让给保理人，保理人提供资金融通、应收账款管理或者催收、应收账款债务人付款担保等服务的合同。

保理 ➡ 保理目前在我国区分为银行业保理和商业保理，这涉及设立主体、行业准入和监管要求上的差异，但在交易结构上并无不同，所涉及的保理合同是相同的。

保理法律关系，涉及保理商与债权人、保理商与债务人之间不同的法律关系，债权人与债务人之间的基础交易合同是成立保理的前提，而债权人与保理商之间的应收账款债权转让则是保理关系的核心。这与单纯的借款合同有显著区别，故不应将保理合同简单视为借款合同。实践中确实有部分保理商与交易相对人虚构基础合同，以保理之名行借贷之实。对此，应查明事实，从是否存在基础合同、保理商是否明知虚构基础合同、双方当事人之间实际的权利义务关系等方面审查和确定合同性质。如果确实是名为保理、实为借贷的，仍可以按照借款合同确定当事人之间的权利义务。

应收账款 ➡ 应收账款，是指权利人因提供一定的货物、服务或设施而获得的要求债务人付款的权利以及依法享有的其他付款请求权，包括现有的和未来的金钱债权，但不包括因票据或其他有价证券而产生的付款请求权，以及法律、行政法规禁止转让的付款请求权。应收账款主要包括下列权利：（1）销售、出租产生的债权，包括销售货物，供应水、电、气、暖，知识产权的许可使用，出租动产或不动产等；（2）提供医疗、教育、旅游等服务或劳务产生的债权；（3）能源、交通运输、水利、环境保护、市政工程等基础设施和公用事业项目收益权；（4）提供贷款或其他信用活动产生的债权；（5）其他以合同为基础的具有金钱给付内容的债权。这些应收账款的转让可以是单独转让，也可以是批量集合转让，取决于当事人之间的约定。应收账款的转让，应当适用《民法典》关于债权转让的一般规则。

108. 如何理解"将有的应收账款"？

在理论中，将有的应收债权包括两类：一类是已经存在基础法律关系的将有应收账款，如基于附生效条件或生效期限的合同、继续性合同所产生的将有应收账款，债权人自身的给付行为尚未完成但一旦完成即可产生的债权等；另一类是没有基础法律关系的纯粹的将有应收账款，如尚未订立合同的买卖、租赁等所产生的债权，即"纯粹的未来债权"。《民法典》第 440 条第 6 项规定，现有的以及将有的应收账款都可以被出质。基于同样的考量，《民法典》第 761 条也承认将有应收账款的保理。依据《民法典》第 467 条，没有明文规定的合同，可以参照适用最相类似合同的规定，故该规定可扩展适用于所有的债权转让，即将有的债权也可被转让。当然，转让的将有债权应当可以被特定化，此种特定化并非在债权转让合同或者保理合同签订时已经被特定化，而是在将有债权实际产生时能够被识别为被之前订立的债权转让合同或者保理合同所涉及。但需要注意的是，如果自然人转让其全部的将来债权，如自然人转让其全部将来劳动报酬债权，可能产生剥夺债权人生计收入或生存来源的危险，对此可以认为，自然人因转让全部将来债权导致实质上丧失经济自由的，该转让行为因违背公序良俗，依据《民法典》第 153 条第 2 款，应属无效。

051. 当事人是否可以在同一份保理合同中约定一项或多项保理服务？[①]

某工程公司与某保理公司签订《保理融资协议》，约定某工程公司

---

① 参见《天津高院发布金融审判典型案例》（2022 年 10 月 27 日发布），某工程公司与某保理公司保理合同纠纷案，载天津法院网 https://tjfy.tjcourt.gov.cn/article/detail/2022/10/id/6979582.shtml，最后访问日期：2024 年 4 月 1 日。

将其对某房地产公司《购销合同》项下应收账款 406979.53 元转让给某保理公司，协议除约定保理融资金额、保理期间、利息以及基础合同债务人按期回款、未按期回款情形下双方的权利义务外，还约定"如基础合同项下债务人因非商业纠纷原因而不付款，则保理商将于账款到期日 45 天内履行承保义务，向某工程公司担保付款"。后双方向某房地产公司发出《应收账款转让通知书》，保理公司依约发放融资款 365000 元。然截至应收账款到期后 45 日，债务人未支付基础合同项下款项，某工程公司起诉保理公司支付保付款 31029.53 元及利息损失。

天津市滨海新区人民法院认为，某工程公司与某保理公司订立《保理融资协议》，将其对案外人某房地产公司的应收账款转让给某保理公司，某保理公司向某工程公司提供资金融通、债务人付款担保服务，符合保理合同的法律构成要件，保理合同合法有效。按照合同约定，某保理公司应在应收账款到期 45 日内担保付款，向某工程公司支付基础合同项下货款 406979.53 元。该笔款项扣减某工程公司欠付的保理融资本金 365000 元及利息 10950 元后，某保理公司还应实际支付某工程公司保付款 31029.53 元及利息损失，遂判决支持了某工程公司的诉请。

依据《民法典》第 761 条对保理合同的定义，保理人在受让应收账款后应向应收账款债权人提供资金融通、应收账款管理或者催收、应收账款债务人付款担保等服务。实践中，当事人可在同一份保理合同中约定一项或多项保理服务。本案的典型之处在于，《保理融资协议》约定的保理服务既包括提供应收账款融资，还包括应收账款债务人的付款担保服务。保理人未在应收账款到期后约定的期限内向应收账款债权人支付货款、履行付款担保责任的，应承担违约责任，责任范围为应支付的货款与融资款本息的差额及相应的逾期利息。

关联参见

《民法典担保制度解释》

第七百六十二条 【保理合同的内容与形式】保理合同的内容一般包括业务类型、服务范围、服务期限、基础交易合同情况、应收账款信息、保理融资款或者服务报酬及其支付方式等条款。

保理合同应当采用书面形式。

条文解读

保理业务 ➡ 保理业务是以债权人转让其应收账款为前提，集应收账款催收、管理、坏账担保及融资于一体的综合性金融服务。债权人将其应收账款转让给商业银行，由商业银行向其提供下列服务中至少一项的，即为保理业务：

（1）应收账款催收：商业银行根据应收账款账期，主动或应债权人要求，采取电话、函件、上门等方式或运用法律手段等对债务人进行催收。

（2）应收账款管理：商业银行根据债权人的要求，定期或不定期向其提供关于应收账款的回收情况、逾期账款情况、对账单等财务和统计报表，协助其进行应收账款管理。

（3）坏账担保：商业银行与债权人签订保理协议后，为债务人核定信用额度，并在核准额度内，对债权人无商业纠纷的应收账款，提供约定的付款担保。

（4）保理融资：以应收账款合法、有效转让为前提的银行融资服务。

以应收账款为质押的贷款，不属于保理业务范围。

第七百六十三条 【虚构应收账款】应收账款债权人与债务人虚构应收账款作为转让标的，与保理人订立保理合同的，应收账款债务人不得以应收账款不存在为由对抗保理人，但是保理人明知虚构的除外。

第七百六十四条 【保理人发出转让通知的表明身份义务】

保理人向应收账款债务人发出应收账款转让通知的，应当表明保理人身份并附有必要凭证。

第七百六十五条 【无正当理由变更、终止基础交易合同对保理人的效力】应收账款债务人接到应收账款转让通知后，应收账款债权人与债务人无正当理由协商变更或者终止基础交易合同，对保理人产生不利影响的，对保理人不发生效力。

第七百六十六条 【有追索权保理】当事人约定有追索权保理的，保理人可以向应收账款债权人主张返还保理融资款本息或者回购应收账款债权，也可以向应收账款债务人主张应收账款债权。保理人向应收账款债务人主张应收账款债权，在扣除保理融资款本息和相关费用后有剩余的，剩余部分应当返还给应收账款债权人。

第七百六十七条 【无追索权保理】当事人约定无追索权保理的，保理人应当向应收账款债务人主张应收账款债权，保理人取得超过保理融资款本息和相关费用的部分，无需向应收账款债权人返还。

第七百六十八条 【多重保理的清偿顺序】应收账款债权人就同一应收账款订立多个保理合同，致使多个保理人主张权利的，已经登记的先于未登记的取得应收账款；均已经登记的，按照登记时间的先后顺序取得应收账款；均未登记的，由最先到达应收账款债务人的转让通知中载明的保理人取得应收账款；既未登记也未通知的，按照保理融资款或者服务报酬的比例取得应收账款。

实务应用

109. 保理中应收账款债权重复转让的，如何确定债权实现顺序？

《民法典》第 768 条首先采取了登记在先的方式确定多个保理人之间的优先顺位，即应收账款债权人就同一应收账款订立多个保理合同，致使多个保理人主张权利的，已经登记的先于未登记的取得应收账款；

均已经登记的，按照登记时间的先后顺序取得应收账款。

对于保理人都未进行债权转让登记的情形，考虑到通知在先虽然较之登记在先社会成本要高，但较之合同成立时间成本仍然要低，因此，此时采取通知在先的顺位确定方式，最先到达债务人的转让通知中载明的受让人顺位在先。

对于保理人既未登记也未通知债务人的情形，《民法典》第768条规定，既未登记也未通知的，按照保理融资款或者服务报酬的比例取得应收账款。这与《民法典》第414条第1款第3项在最后采取的按照所担保的债权比例清偿的方式一致，同时区分了担保性的保理和非担保性的其他服务性保理。在担保性的保理中，涉及保理融资款，此时按照保理融资款的比例取得应收账款；而在服务性的保理中，并不涉及保理融资款，此时按照服务报酬的比例取得应收账款。

关联参见

《民法典担保制度解释》第66条

第七百六十九条　**【参照适用债权转让的规定】**本章没有规定的，适用本编第六章债权转让的有关规定。

第十七章　承揽合同

第七百七十条　**【承揽合同的定义及类型】**承揽合同是承揽人按照定作人的要求完成工作，交付工作成果，定作人支付报酬的合同。

承揽包括加工、定作、修理、复制、测试、检验等工作。

第七百七十一条　**【承揽合同的主要条款】**承揽合同的内容一般包括承揽的标的、数量、质量、报酬，承揽方式，材料的提供，履行期限，验收标准和方法等条款。

第七百七十二条　【承揽人独立完成主要工作】承揽人应当以自己的设备、技术和劳力，完成主要工作，但是当事人另有约定的除外。

承揽人将其承揽的主要工作交由第三人完成的，应当就该第三人完成的工作成果向定作人负责；未经定作人同意的，定作人也可以解除合同。

实务应用

110. 承揽人将其承揽的主要工作交由第三人完成的，如何确定法律效力？

承揽人将其承揽的主要工作交由第三人完成，必须经过定作人同意。未经定作人同意，承揽人将承揽的主要工作交由第三人完成的，定作人有权解除合同。如果当事人双方约定可以由第三人完成承揽的主要工作，承揽人可以将承揽的主要工作交由第三人完成。这种情况下，根据合同相对性的原则，承揽人应当就第三人完成的工作成果，向定作人负责。

例如，李某委托江某为其缝制旗袍 10 套，约定由李某提供材料，江某应在 10 日内交付 10 套旗袍，货到付款。第 3 天，江某发现不可能在 10 日内做完 10 套旗袍，故将其中的 3 套转委托给其朋友刘某代为缝制。10 天期限到了，江某将 10 套旗袍交付给李某。李某经检验，发现其中的 3 套缝制手法和其他 7 套不一样。江某承认这 3 套是委托他人缝制的。在本案中，李某和江某之间成立承揽合同，未经定作人李某的同意，承揽人将主要工作交给第三人完成的，定作人李某有权就这 3 套旗袍解除合同。

第七百七十三条　【承揽人对辅助性工作的责任】承揽人可以将其承揽的辅助工作交由第三人完成。承揽人将其承揽的辅助工作交由第三人完成的，应当就该第三人完成的工作成果向定作人负责。

第七百七十四条 【承揽人提供材料时的主要义务】承揽人提供材料的，应当按照约定选用材料，并接受定作人检验。

第七百七十五条 【定作人提供材料时双方当事人的义务】定作人提供材料的，应当按照约定提供材料。承揽人对定作人提供的材料应当及时检验，发现不符合约定时，应当及时通知定作人更换、补齐或者采取其他补救措施。

承揽人不得擅自更换定作人提供的材料，不得更换不需要修理的零部件。

第七百七十六条 【定作人要求不合理时双方当事人的义务】承揽人发现定作人提供的图纸或者技术要求不合理的，应当及时通知定作人。因定作人怠于答复等原因造成承揽人损失的，应当赔偿损失。

第七百七十七条 【中途变更工作要求的责任】定作人中途变更承揽工作的要求，造成承揽人损失的，应当赔偿损失。

第七百七十八条 【定作人的协助义务】承揽工作需要定作人协助的，定作人有协助的义务。定作人不履行协助义务致使承揽工作不能完成的，承揽人可以催告定作人在合理期限内履行义务，并可以顺延履行期限；定作人逾期不履行的，承揽人可以解除合同。

第七百七十九条 【定作人监督检验承揽工作】承揽人在工作期间，应当接受定作人必要的监督检验。定作人不得因监督检验妨碍承揽人的正常工作。

第七百八十条 【工作成果交付】承揽人完成工作的，应当向定作人交付工作成果，并提交必要的技术资料和有关质量证明。定作人应当验收该工作成果。

第七百八十一条 　【工作成果质量不合约定的责任】承揽人交付的工作成果不符合质量要求的，定作人可以合理选择请求承揽人承担修理、重作、减少报酬、赔偿损失等违约责任。

关联参见

《产品质量法》第 40 条

第七百八十二条 　【支付报酬期限】定作人应当按照约定的期限支付报酬。对支付报酬的期限没有约定或者约定不明确，依据本法第五百一十条的规定仍不能确定的，定作人应当在承揽人交付工作成果时支付；工作成果部分交付的，定作人应当相应支付。

第七百八十三条 　【承揽人的留置权及同时履行抗辩权】定作人未向承揽人支付报酬或者材料费等价款的，承揽人对完成的工作成果享有留置权或者有权拒绝交付，但是当事人另有约定的除外。

条文解读

承揽人的留置权 ➡ 承揽人的留置权，是指承揽人依法享有的在定作人不按照合同约定履行支付报酬或材料费等价款的义务时，留置工作成果并以工作成果折价、拍卖或者变卖的价款优先受偿的权利。定作人享有留置权应当具备以下两个条件：(1) 定作人无正当理由，未向承揽人支付报酬或者材料费等价款。(2) 承揽人按照承揽合同的约定占有工作成果。《民法典》第 453 条规定，留置权人与债务人应当约定留置财产后的债务履行期限；没有约定或者约定不明确的，留置权人应当给债务人 60 日以上履行债务的期限，但是鲜活易腐等不易保管的动产除外。债务人逾期未履行的，留置权人可以与债务人协议以留置财产折价，也可以就拍卖、变卖留置财产所得的价款优先受偿。留置财产折价或者变卖的，应当参照市场价格。根据《民法典》第449条的规定，法律规定或者当事人约定不得留置的动产，不得留置。

例如，田某委托兰某为其修理汽车，并对汽车进行保养，约定2天后取车。2天后，田某来到兰某处，向其支付了保养费和汽车修理配件费。但兰某认为田某还应当支付其人工费，田某拒绝。在本案中，田某和兰某之间成立承揽合同，由于田某没有支付兰某人工费，兰某有权对汽车行使留置权，直到田某支付完毕所有的费用。

第七百八十四条　【承揽人保管义务】承揽人应当妥善保管定作人提供的材料以及完成的工作成果，因保管不善造成毁损、灭失的，应当承担赔偿责任。

第七百八十五条　【承揽人的保密义务】承揽人应当按照定作人的要求保守秘密，未经定作人许可，不得留存复制品或者技术资料。

第七百八十六条　【共同承揽】共同承揽人对定作人承担连带责任，但是当事人另有约定的除外。

第七百八十七条　【定作人的任意解除权】定作人在承揽人完成工作前可以随时解除合同，造成承揽人损失的，应当赔偿损失。

案例指引

052. 消费者与影楼签订摄影合同后是否可以行使任意解除权？[①]

李某、景某为两名在校大学生，看到某影楼发布19.9元古装写真广告，遂去店拍摄。后两人对照片、相册、化妆、服装等项目多次消费升级，与某影楼先后签订了五份协议，合计金额达2.6万余元，李某、

---

① 参见《最高法发布消费者权益保护典型案例》（2022年3月15日发布），李某、景某诉某影楼承揽合同纠纷案，载最高人民法院网 https：//www.court.gov.cn/zixun/xiangqing/350961.html，最后访问日期：2024年4月1日。

景某通过向亲友借款和开通网贷支付了部分款项后，当天向该影楼提出变更套餐内容，减少合同金额，遭拒。后两人向某区消保委投诉未果，遂诉至法院，要求解除五份协议，并退还已经支付的全部款项 2 万余元，尚未支付的 5900 元不再支付。

法院认为，某影楼按照李某、景某特定拍摄、化妆、选片、选相册等要求而与其签订多份合同，影楼以自己的设备、技术和劳力，根据李某、景某的指示进行相应工作，交付约定的工作成果，李某、景某向影楼支付约定的报酬。故双方为承揽合同关系，李某、景某作为定作人享有任意解除权。但是，任意解除权的行使应有三大限制条件：解除应有效通知到承揽人；解除通知应在承揽人完成承揽工作之前到达承揽人；如因解除行为给承揽人造成损失的，定作人应当赔偿损失。合同解除后，定作人按合同约定预先支付报酬的，承揽人在扣除已完成部分的报酬后，应当将剩余价款返还定作人。故法院判决五份协议中尚未履行的协议全部解除，未全部履行的协议部分解除，已履行完毕的协议不能解除，被告退还两原告合同款项 1.86 万元。

当前，越来越多的消费者选择摄影、美容、美发、健身、婚庆、教育培训等可以满足精神需求的消费方式。本案中，两名女大学生从商家 19.9 元的低价引流活动一路消费升级至 2.6 万余元。因无力支付，被商家引导现场开通网贷等消费贷款，后因合同协商解除不成引发纠纷。本案通过对系争合同解除争议作出正确判决，最大限度地维护了消费者合法权益，同时充分发挥个案的指引、评价、教育功能，将司法裁判与倡导树立正确的消费观以及通过司法建议促进商家规范经营相结合，引导广大消费者理性消费，广大商家诚信经营。

第十八章　建设工程合同

第七百八十八条　【建设工程合同的定义】建设工程合同是承包人进行工程建设，发包人支付价款的合同。

建设工程合同包括工程勘察、设计、施工合同。

第七百八十九条 【建设工程合同形式】建设工程合同应当采用书面形式。

关联参见

《建筑法》第 15 条

第七百九十条 【工程招标投标】建设工程的招标投标活动，应当依照有关法律的规定公开、公平、公正进行。

实务应用

111. 招标人和中标人签订的合同与中标合同不一致的，如何处理？

招标人和中标人另行签订的建设工程施工合同约定的工程范围、建设工期、工程质量、工程价款等实质性内容，与中标合同不一致，一方当事人请求按照中标合同确定权利义务的，人民法院应予支持。

招标人和中标人在中标合同之外就明显高于市场价格购买承建房产、无偿建设住房配套设施、让利、向建设单位捐赠财物等另行签订合同，变相降低工程价款，一方当事人以该合同背离中标合同实质性内容为由请求确认无效的，人民法院应予支持。

关联参见

《建筑法》第 16 条；《招标投标法》第 5 条；《招标投标法实施条例》第 2 条；《建设工程施工合同解释（一）》第 2 条

第七百九十一条 【总包与分包】发包人可以与总承包人订立建设工程合同，也可以分别与勘察人、设计人、施工人订立勘察、设计、施工承包合同。发包人不得将应当由一个承包人完成的建设工程支解成若干部分发包给数个承包人。

总承包人或者勘察、设计、施工承包人经发包人同意，可以将自己承包的部分工作交由第三人完成。第三人就其完成的工作成果与总承包人或者勘察、设计、施工承包人向发包人承担连带责任。承包人不得将其承包的全部建设工程转包给第三人或者将其承包的全部建设工程支解以后以分包的名义分别转包给第三人。

禁止承包人将工程分包给不具备相应资质条件的单位。禁止分包单位将其承包的工程再分包。建设工程主体结构的施工必须由承包人自行完成。

关联参见

《建筑法》第24条、第28条、第29条；《建设工程质量管理条例》第7条、第18条、第78条；《建设工程施工合同解释（一）》第5条

第七百九十二条 　【国家重大建设工程合同的订立】国家重大建设工程合同，应当按照国家规定的程序和国家批准的投资计划、可行性研究报告等文件订立。

第七百九十三条 　【建设工程施工合同无效的处理】建设工程施工合同无效，但是建设工程经验收合格的，可以参照合同关于工程价款的约定折价补偿承包人。

建设工程施工合同无效，且建设工程经验收不合格的，按照以下情形处理：

（一）修复后的建设工程经验收合格的，发包人可以请求承包人承担修复费用；

（二）修复后的建设工程经验收不合格的，承包人无权请求参照合同关于工程价款的约定折价补偿。

发包人对因建设工程不合格造成的损失有过错的，应当承担相应的责任。

建设工程合同的无效 ➜ 建设工程施工合同具有下列情形之一的，应当依据《民法典》第153条第1款的规定，认定无效：（1）承包人未取得建筑业企业资质或者超越资质等级的；（2）没有资质的实际施工人借用有资质的建筑施工企业名义的；（3）建设工程必须进行招标而未招标或者中标无效的。承包人因转包、违法分包建设工程与他人签订的建设工程施工合同，应当依据《民法典》第153条第1款及第791第2款、第3款的规定，认定无效。

建设工程施工合同无效，一方当事人请求对方赔偿损失的，应当就对方过错、损失大小、过错与损失之间的因果关系承担举证责任。损失大小无法确定，一方当事人请求参照合同约定的质量标准、建设工期、工程价款支付时间等内容确定损失大小的，人民法院可以结合双方过错程度、过错与损失之间的因果关系等因素作出裁判。

112. 发包人未取得建设工程规划许可证等规划审批手续的，当事人是否可以请求确认建设工程施工合同无效？

当事人以发包人未取得建设工程规划许可证等规划审批手续为由，请求确认建设工程施工合同无效的，人民法院应予支持，但发包人在起诉前取得建设工程规划许可证等规划审批手续的除外。发包人能够办理审批手续而未办理，并以未办理审批手续为由请求确认建设工程施工合同无效的，人民法院不予支持。

承包人超越资质等级许可的业务范围签订建设工程施工合同，在建设工程竣工前取得相应资质等级，当事人请求按照无效合同处理的，人民法院不予支持。

第七百九十四条 **【勘察、设计合同主要内容】**勘察、设计合同的内容一般包括提交有关基础资料和概预算等文件的期限、质量要求、费用以及其他协作条件等条款。

第七百九十五条　【施工合同主要内容】 施工合同的内容一般包括工程范围、建设工期、中间交工工程的开工和竣工时间、工程质量、工程造价、技术资料交付时间、材料和设备供应责任、拨款和结算、竣工验收、质量保修范围和质量保证期、相互协作等条款。

条文解读

开工日期 ➡ 当事人对建设工程开工日期有争议的，人民法院应当分别按照以下情形予以认定：（1）开工日期为发包人或者监理人发出的开工通知载明的开工日期；开工通知发出后，尚不具备开工条件的，以开工条件具备的时间为开工日期；因承包人原因导致开工时间推迟的，以开工通知载明的时间为开工日期。（2）承包人经发包人同意已经实际进场施工的，以实际进场施工时间为开工日期。（3）发包人或者监理人未发出开工通知，亦无相关证据证明实际开工日期的，应当综合考虑开工报告、合同、施工许可证、竣工验收报告或者竣工验收备案表等载明的时间，并结合是否具备开工条件的事实，认定开工日期。

实务应用

113. 当事人对建设工程实际竣工日期有争议的，法院一般会如何认定？

当事人对建设工程实际竣工日期有争议的，人民法院应当分别按照以下情形予以认定：（1）建设工程经竣工验收合格的，以竣工验收合格之日为竣工日期；（2）承包人已经提交竣工验收报告，发包人拖延验收的，以承包人提交验收报告之日为竣工日期；（3）建设工程未经竣工验收，发包人擅自使用的，以转移占有建设工程之日为竣工日期。

关联参见

《建设工程施工合同解释（一）》第8—10条

第七百九十六条 【建设工程监理】建设工程实行监理的，发包人应当与监理人采用书面形式订立委托监理合同。发包人与监理人的权利和义务以及法律责任，应当依照本编委托合同以及其他有关法律、行政法规的规定。

关联参见

《建筑法》第30—35条；《建设工程质量管理条例》第12条、第34—38条

第七百九十七条 【发包人检查权】发包人在不妨碍承包人正常作业的情况下，可以随时对作业进度、质量进行检查。

第七百九十八条 【隐蔽工程】隐蔽工程在隐蔽以前，承包人应当通知发包人检查。发包人没有及时检查的，承包人可以顺延工程日期，并有权请求赔偿停工、窝工等损失。

第七百九十九条 【竣工验收】建设工程竣工后，发包人应当根据施工图纸及说明书、国家颁发的施工验收规范和质量检验标准及时进行验收。验收合格的，发包人应当按照约定支付价款，并接收该建设工程。

建设工程竣工经验收合格后，方可交付使用；未经验收或者验收不合格的，不得交付使用。

关联参见

《建筑法》第60条、第61条；《建设工程质量管理条例》第16条、

第 17 条、第 49 条；《城镇燃气管理条例》第 11 条；《建设工程施工合同解释（一）》第 11 条、第 14 条

第八百条　【勘察、设计人质量责任】勘察、设计的质量不符合要求或者未按照期限提交勘察、设计文件拖延工期，造成发包人损失的，勘察人、设计人应当继续完善勘察、设计，减收或者免收勘察、设计费并赔偿损失。

关联参见

《建筑法》第 52—56 条；《建设工程质量管理条例》第 18—24 条

第八百零一条　【施工人的质量责任】因施工人的原因致使建设工程质量不符合约定的，发包人有权请求施工人在合理期限内无偿修理或者返工、改建。经过修理或者返工、改建后，造成逾期交付的，施工人应当承担违约责任。

关联参见

《建筑法》第 58—60 条；《建设工程质量管理条例》第 25—33 条

第八百零二条　【质量保证责任】因承包人的原因致使建设工程在合理使用期限内造成人身损害和财产损失的，承包人应当承担赔偿责任。

实务应用

114. 在哪些情形下，承包人请求发包人返还工程质量保证金的，人民法院会予以支持？

有下列情形之一，承包人请求发包人返还工程质量保证金的，人民法院应予支持：（1）当事人约定的工程质量保证金返还期限届满；

（2）当事人未约定工程质量保证金返还期限的，自建设工程通过竣工验收之日起满 2 年；（3）因发包人原因建设工程未按约定期限进行竣工验收的，自承包人提交工程竣工验收报告 90 日后当事人约定的工程质量保证金返还期限届满；当事人未约定工程质量保证金返还期限的，自承包人提交工程竣工验收报告 90 日后起满 2 年。发包人返还工程质量保证金后，不影响承包人根据合同约定或者法律规定履行工程保修义务。

关联参见

《建筑法》第 60—63 条；《建设工程质量管理条例》第 39—42 条；《建设工程施工合同解释（一）》第 15 条

第八百零三条　【发包人违约责任】发包人未按照约定的时间和要求提供原材料、设备、场地、资金、技术资料的，承包人可以顺延工程日期，并有权请求赔偿停工、窝工等损失。

条文解读

顺延工程日期 ➡ 当事人约定顺延工期应当经发包人或者监理人签证等方式确认，承包人虽未取得工期顺延的确认，但能够证明在合同约定的期限内向发包人或者监理人申请过工期顺延且顺延事由符合合同约定，承包人以此为由主张工期顺延的，人民法院应予支持。当事人约定承包人未在约定期限内提出工期顺延申请视为工期不顺延的，按照约定处理，但发包人在约定期限后同意工期顺延或者承包人提出合理抗辩的除外。

建设工程竣工前，当事人对工程质量发生争议，工程质量经鉴定合格的，鉴定期间为顺延工期期间。

第八百零四条　【发包人原因致工程停建、缓建的责任】因发包人的原因致使工程中途停建、缓建的，发包人应当采取措施弥补或者减少损失，赔偿承包人因此造成的停工、窝工、倒运、机械设备调迁、材料和构件积压等损失和实际费用。

第八百零五条 【发包人原因致勘察、设计返工、停工或修改设计的责任】因发包人变更计划，提供的资料不准确，或者未按照期限提供必需的勘察、设计工作条件而造成勘察、设计的返工、停工或者修改设计，发包人应当按照勘察人、设计人实际消耗的工作量增付费用。

第八百零六条 【建设工程合同的法定解除】承包人将建设工程转包、违法分包的，发包人可以解除合同。

发包人提供的主要建筑材料、建筑构配件和设备不符合强制性标准或者不履行协助义务，致使承包人无法施工，经催告后在合理期限内仍未履行相应义务的，承包人可以解除合同。

合同解除后，已经完成的建设工程质量合格的，发包人应当按照约定支付相应的工程价款；已经完成的建设工程质量不合格的，参照本法第七百九十三条的规定处理。

第八百零七条 【工程价款的支付】发包人未按照约定支付价款的，承包人可以催告发包人在合理期限内支付价款。发包人逾期不支付的，除根据建设工程的性质不宜折价、拍卖外，承包人可以与发包人协议将该工程折价，也可以请求人民法院将该工程依法拍卖。建设工程的价款就该工程折价或者拍卖的价款优先受偿。

条文解读

建设工程价款优先受偿权 ➡ 承包人根据本条规定享有的建设工程价款优先受偿权优于抵押权和其他债权。

装饰装修工程具备折价或者拍卖条件，装饰装修工程的承包人请求工程价款就该装饰装修工程折价或者拍卖的价款优先受偿的，人民法院应予支持。

建设工程质量合格，承包人请求其承建工程的价款就工程折价或者拍卖的价款优先受偿的，人民法院应予支持。

未竣工的建设工程质量合格，承包人请求其承建工程的价款就其承建工程部分折价或者拍卖的价款优先受偿的，人民法院应予支持。

承包人建设工程价款优先受偿的范围依照国务院有关行政主管部门关于建设工程价款范围的规定确定。承包人就逾期支付建设工程价款的利息、违约金、损害赔偿金等主张优先受偿的，人民法院不予支持。

承包人应当在合理期限内行使建设工程价款优先受偿权，但最长不得超过 18 个月，自发包人应当给付建设工程价款之日起算。

发包人与承包人约定放弃或者限制建设工程价款优先受偿权，损害建筑工人利益，发包人根据该约定主张承包人不享有建设工程价款优先受偿权的，人民法院不予支持。

关联参见

《建设工程施工合同解释（一）》第 36—42 条

第八百零八条　**【参照适用承揽合同的规定】** 本章没有规定的，适用承揽合同的有关规定。

第十九章　运输合同

第一节　一般规定

第八百零九条　**【运输合同的定义】** 运输合同是承运人将旅客或者货物从起运地点运输到约定地点，旅客、托运人或者收货人支付票款或者运输费用的合同。

关联参见

《民用航空法》第 107 条、第 108 条；《铁路法》第 11 条；《海商法》第 41 条

第八百一十条　【公共运输承运人的强制缔约义务】从事公共运输的承运人不得拒绝旅客、托运人通常、合理的运输要求。

第八百一十一条　【承运人安全运输义务】承运人应当在约定期限或者合理期限内将旅客、货物安全运输到约定地点。

第八百一十二条　【承运人合理运输义务】承运人应当按照约定的或者通常的运输路线将旅客、货物运输到约定地点。

第八百一十三条　【支付票款或运输费用】旅客、托运人或者收货人应当支付票款或者运输费用。承运人未按照约定路线或者通常路线运输增加票款或者运输费用的，旅客、托运人或者收货人可以拒绝支付增加部分的票款或者运输费用。

第二节　客运合同

第八百一十四条　【客运合同的成立】客运合同自承运人向旅客出具客票时成立，但是当事人另有约定或者另有交易习惯的除外。

关联参见

《民用航空法》第 109—111 条；《海商法》第 110 条、第 111 条

第八百一十五条　【按有效客票记载内容乘坐义务】旅客应当按照有效客票记载的时间、班次和座位号乘坐。旅客无票乘坐、超程乘坐、越级乘坐或者持不符合减价条件的优惠客票乘坐的，应当补交票款，承运人可以按照规定加收票款；旅客不支付票款的，承运人可以拒绝运输。

实名制客运合同的旅客丢失客票的，可以请求承运人挂失补办，承运人不得再次收取票款和其他不合理费用。

115. 对于旅客无票乘坐、超程乘坐、越级乘坐或者持不符合减价条件的优惠客票乘坐的行为，应当如何处理？

《铁路法》第 14 条规定，旅客乘车应当持有效车票。对无票乘车或者持失效车票乘车的，应当补收票款，并按照规定加收票款；拒不交付的，铁路运输企业可以责令下车。《海商法》第 112 条规定，旅客无票乘船、越级乘船或者超程乘船，应当按照规定补足票款，承运人可以按照规定加收票款；拒不交付的，船长有权在适当地点令其离船，承运人有权向其追偿。参考这些立法例和实际情况，《民法典》第 815 条第 1 款规定，承运人对旅客这种行为的处理可以分为两个层次。首先，旅客无票乘坐、超程乘坐、越级乘坐或者持不符合减价条件的优惠客票乘坐的，应当向承运人补交票款，承运人可以按规定加收票款。补足票款是乘客的义务，所以《民法典》第 815 条用了"应当"，至于是否按规定向乘客加收票款，则由承运人自己酌情处理，所以用了"可以"二字。其次，旅客不支付票款的，承运人可以拒绝运输。这里的拒绝运输是指承运人有权在适当的地点令其离开运输工具。当然在旅客拒不支付票款，承运人在适当地点令其离开运输工具后，承运人仍有权向旅客追偿。

《民用航空法》第 109 条、第 112 条、第 128 条；《海商法》第 112 条

第八百一十六条 【退票与变更】 旅客因自己的原因不能按照客票记载的时间乘坐的，应当在约定的期限内办理退票或者变更手续；逾期办理的，承运人可以不退票款，并不再承担运输义务。

第八百一十七条 【按约定携带行李义务】旅客随身携带行李应当符合约定的限量和品类要求；超过限量或者违反品类要求携带行李的，应当办理托运手续。

第八百一十八条 【危险物品或者违禁物品的携带禁止】旅客不得随身携带或者在行李中夹带易燃、易爆、有毒、有腐蚀性、有放射性以及可能危及运输工具上人身和财产安全的危险物品或者违禁物品。

旅客违反前款规定的，承运人可以将危险物品或者违禁物品卸下、销毁或者送交有关部门。旅客坚持携带或者夹带危险物品或者违禁物品的，承运人应当拒绝运输。

关联参见

《海商法》第 113 条；《民用航空安全保卫条例》第 26—33 条

第八百一十九条 【承运人告知义务和旅客协助配合义务】承运人应当严格履行安全运输义务，及时告知旅客安全运输应当注意的事项。旅客对承运人为安全运输所作的合理安排应当积极协助和配合。

第八百二十条 【承运人迟延运输或者有其他不能正常运输情形】承运人应当按照有效客票记载的时间、班次和座位号运输旅客。承运人迟延运输或者有其他不能正常运输情形的，应当及时告知和提醒旅客，采取必要的安置措施，并根据旅客的要求安排改乘其他班次或者退票；由此造成旅客损失的，承运人应当承担赔偿责任，但是不可归责于承运人的除外。

第八百二十一条 【承运人变更服务标准的后果】承运人擅自降低服务标准的，应当根据旅客的请求退票或者减收票款；提高服务标准的，不得加收票款。

第八百二十二条 【承运人尽力救助义务】承运人在运输过程中，应当尽力救助患有急病、分娩、遇险的旅客。

第八百二十三条 【旅客伤亡的赔偿责任】承运人应当对运输过程中旅客的伤亡承担赔偿责任；但是，伤亡是旅客自身健康原因造成的或者承运人证明伤亡是旅客故意、重大过失造成的除外。

前款规定适用于按照规定免票、持优待票或者经承运人许可搭乘的无票旅客。

关联参见

《民用航空法》第 124 条、第 127—136 条；《铁路法》第 58 条；《海商法》第 114 条、第 115 条、第 117 条、第 118 条、第 120—126 条

第八百二十四条 【对行李的赔偿责任】在运输过程中旅客随身携带物品毁损、灭失，承运人有过错的，应当承担赔偿责任。

旅客托运的行李毁损、灭失的，适用货物运输的有关规定。

关联参见

《民用航空法》第 125—136 条；《铁路法》第 16—18 条；《海商法》第 114—126 条

第三节 货运合同

第八百二十五条 【托运人如实申报情况义务】托运人办理货物运输，应当向承运人准确表明收货人的姓名、名称或者凭指示的收货人，货物的名称、性质、重量、数量，收货地点等有关货物运输的必要情况。

因托运人申报不实或者遗漏重要情况，造成承运人损失的，托运人应当承担赔偿责任。

053. 为节省保价费，托运方虚报货值，将高价货物低保价。运输途中货物毁损，货损责任该如何认定?[①]

某医疗器械公司将一批价值50万元的呼吸机交由某物流公司运输，声明货值2000元。物流公司将这批货物转包给他人实际运输，运输过程中，司机因操作不当发生交通事故，导致整批货物被烧毁。医疗公司向物流公司索赔50万元被拒。

物流公司认为，医疗公司托运时声称货物价值2000元，因此只收取了600余元运费，现却被要求承担50万元货物的赔偿风险，有悖公平原则，应当按照保价金额赔偿2000元。医疗公司认为，物流公司擅自将承运业务转包，存在重大过失，不适用保价限赔条款，应当按照实际价值全额赔偿，遂将物流公司诉至法院，要求按照货物实际价值50万元进行赔偿。一审法院判决，物流公司承担60%的赔偿责任，医疗公司自担40%的责任，物流公司向医疗公司赔偿损失30万元，双方均不服，上诉至上海市第二中级人民法院。

上海市第二中级人民法院经审理认为，本案存在两大争议焦点，争议焦点一为保价条款是否应当适用，根据法律规定，承运人存在故意或重大过失造成货物损毁的，保价条款无适用余地，因物流公司擅自转包，扩大了货物受损的风险，且实际承运人的驾驶员未安全驾驶，是造成事故的根本原因，负事故全部责任，因此物流公司构成重大过失，保价条款不适用于本案，物流公司应当按照案涉货物的实际价值赔偿。争议焦点二为医疗公司是否存在过错，医疗公司未如实声明涉案货物的价值，存在明显过错，对2000元和50万元的货物，物流公司的收费必然

---

① 参见《上海法院弘扬社会主义核心价值观典型案例》（2023年1月5日发布），商家不诚信保价案，载上海市高级人民法院网 https://www.hshfy.sh.cn/shfy/web/xx-nr.jsp? pa = aaWQ9MTAyMDI4MzEyNiZ4aD0xJmxtZG09bG0zNzEPdcssz，最后访问日期：2024年4月1日。

不同，所采取的承运方式以及需要尽到的注意义务也不同，未如实申报货物价值，可能会误导物流公司的判断，进而造成实际承运中货物受损，故医疗公司理应承担不诚信申报的法律后果。

综上，本案损害结果发生的直接原因是物流公司擅自转包，但医疗公司的不诚信保价行为也有责任，因此，双方对损害结果的发生都存在过错，物流公司承担主要责任，医疗公司承担次要责任，故法院二审判决驳回上诉，维持原判。

关联参见

《民用航空法》第 117 条；《铁路法》第 18 条、第 19 条、第 23 条；《海商法》第 66 条、第 68 条

第八百二十六条　【托运人办理审批、检验等手续义务】货物运输需要办理审批、检验等手续的，托运人应当将办理完有关手续的文件提交承运人。

关联参见

《民用航空法》第 123 条

第八百二十七条　【托运人的包装义务】托运人应当按照约定的方式包装货物。对包装方式没有约定或者约定不明确的，适用本法第六百一十九条的规定。

托运人违反前款规定的，承运人可以拒绝运输。

关联参见

《铁路法》第 20 条

第八百二十八条　【托运人运送危险货物时的义务】托运人

托运易燃、易爆、有毒、有腐蚀性、有放射性等危险物品的，应当按照国家有关危险物品运输的规定对危险物品妥善包装，做出危险物品标志和标签，并将有关危险物品的名称、性质和防范措施的书面材料提交承运人。

托运人违反前款规定的，承运人可以拒绝运输，也可以采取相应措施以避免损失的发生，因此产生的费用由托运人负担。

关联参见

《海商法》第 68 条

第八百二十九条　【托运人变更或解除的权利】 在承运人将货物交付收货人之前，托运人可以要求承运人中止运输、返还货物、变更到达地或者将货物交给其他收货人，但是应当赔偿承运人因此受到的损失。

案例指引

054. 变更海上货物运输合同难以实现或者将严重影响承运人正常营运的，承运人是否可以拒绝托运人改港或者退运的请求？[①]

浙江隆达不锈钢有限公司诉 A. P. 穆勒-马士基有限公司
海上货物运输合同纠纷案

（最高人民法院审判委员会讨论通过　2019 年 2 月 25 日发布）

关键词　民事/海上货物运输合同/合同变更/改港/退运/抗辩权

裁判要点

在海上货物运输合同中，依据合同法第三百零八条[②]的规定，承运人将货物交付收货人之前，托运人享有要求变更运输合同的权利，但双

---

① 最高人民法院指导案例 108 号。
② 现为《民法典》第 829 条，下同。

方当事人仍要遵循合同法第五条①规定的公平原则确定各方的权利和义务。托运人行使此项权利时，承运人也可相应行使一定的抗辩权。如果变更海上货物运输合同难以实现或者将严重影响承运人正常营运，承运人可以拒绝托运人改港或者退运的请求，但应当及时通知托运人不能变更的原因。

相关法条

《中华人民共和国合同法》第 308 条

《中华人民共和国海商法》第 86 条

基本案情

2014 年 6 月，浙江隆达不锈钢有限公司（以下简称隆达公司）由中国宁波港出口一批不锈钢无缝产品至斯里兰卡科伦坡港，货物报关价值为 366918.97 美元。隆达公司通过货代向 A. P. 穆勒-马士基有限公司（以下简称马士基公司）订舱，涉案货物于同年 6 月 28 日装载于 4 个集装箱内装船出运，出运时隆达公司要求做电放处理。2014 年 7 月 9 日，隆达公司通过货代向马士基公司发邮件称，发现货物运错目的地要求改港或者退运。马士基公司于同日回复，因货物距抵达目的港不足 2 天，无法安排改港，如需退运则需与目的港确认后回复。次日，隆达公司的货代询问货物退运是否可以原船带回，马士基公司于当日回复"原船退回不具有操作性，货物在目的港卸货后，需要由现在的收货人在目的港清关后，再向当地海关申请退运。海关批准后，才可以安排退运事宜"。2014 年 7 月 10 日，隆达公司又提出"这个货要安排退运，就是因为清关清不了，所以才退回宁波的，有其他办法吗"。此后，马士基公司再未回复邮件。

涉案货物于 2014 年 7 月 12 日左右到达目的港。马士基公司应隆达公司的要求于 2015 年 1 月 29 日向其签发了编号 603386880 的全套正本提单。根据提单记载，托运人为隆达公司，收货人及通知方均为 VE-NUSSTEELPVTLTD，起运港中国宁波，卸货港科伦坡。2015 年 5 月 19

---

① 现为《民法典》第 6 条，下同。

日，隆达公司向马士基公司发邮件表示已按马士基公司要求申请退运。马士基公司随后告知隆达公司涉案货物已被拍卖。

裁判结果

宁波海事法院于 2016 年 3 月 4 日作出（2015）甬海法商初字第 534 号民事判决，认为隆达公司因未采取自行提货等有效措施导致涉案货物被海关拍卖，相应货损风险应由该公司承担，故驳回隆达公司的诉讼请求。一审判决后，隆达公司提出上诉。浙江省高级人民法院于 2016 年 9 月 29 日作出（2016）浙民终 222 号民事判决：撤销一审判决；马士基公司于判决送达之日起十日内赔偿隆达公司货物损失 183459.49 美元及利息。二审法院认为依据合同法第三百零八条，隆达公司在马士基公司交付货物前享有请求改港或退运的权利。在隆达公司提出退运要求后，马士基公司既未明确拒绝安排退运，也未通知隆达公司自行处理，对涉案货损应承担相应的赔偿责任，酌定责任比例为 50%。马士基公司不服二审判决，向最高人民法院申请再审。最高人民法院于 2017 年 12 月 29 日作出（2017）最高法民再 412 号民事判决：撤销二审判决；维持一审判决。

裁判理由

最高人民法院认为，合同法与海商法有关调整海上运输关系、船舶关系的规定属于普通法与特别法的关系。根据海商法第八十九条的规定，船舶在装货港开航前，托运人可以要求解除合同。本案中，隆达公司在涉案货物海上运输途中请求承运人进行退运或者改港，因海商法未就航程中托运人要求变更运输合同的权利进行规定，故本案可适用合同法第三百零八条关于托运人要求变更运输合同权利的规定。基于特别法优先适用于普通法的法律适用基本原则，合同法第三百零八条规定的是一般运输合同，该条规定在适用于海上货物运输合同的情况下，应该受到海商法基本价值取向及强制性规定的限制。托运人依据合同法第三百零八条主张变更运输合同的权利不得致使海上货物运输合同中各方当事人利益显失公平，也不得使承运人违反对其他托运人承担的安排合理航线等义务，或剥夺承运人关于履行海上货物运输合同变更事项的相应抗辩权。

合同法总则规定的基本原则是合同法立法的准则,是适用于合同法全部领域的准则,也是合同法具体制度及规范的依据。依据合同法第三百零八条的规定,在承运人将货物交付收货人之前,托运人享有要求变更运输合同的权利,但双方当事人仍要遵循合同法第五条规定的公平原则确定各方的权利和义务。海上货物运输具有运输量大、航程预先拟定、航线相对固定等特殊性,托运人要求改港或者退运的请求有时不仅不易操作,还会妨碍承运人的正常营运或者给其他货物的托运人或收货人带来较大损害。在此情况下,如果要求承运人无条件服从托运人变更运输合同的请求,显失公平。因此,在海上货物运输合同下,托运人并非可以无限制地行使请求变更的权利,承运人也并非在任何情况下都应无条件服从托运人请求变更的指示。为合理平衡海上货物运输合同中各方当事人利益之平衡,在托运人行使要求变更权利的同时,承运人也相应地享有一定的抗辩权利。如果变更运输合同难以实现或者将严重影响承运人正常营运,承运人可以拒绝托运人改港或者退运的要求,但应当及时通知托运人不能执行的原因。如果承运人关于不能执行原因等抗辩成立,承运人未按照托运人退运或改港的指示执行则并无不当。

涉案货物采用的是国际班轮运输,载货船舶除运载隆达公司托运的4个集装箱外,还运载了其他货主托运的众多货物。涉案货物于2014年6月28日装船出运,于2014年7月12日左右到达目的港。隆达公司于2014年7月9日才要求马士基公司退运或者改港。马士基公司在航程已过大半,距离到达目的港只有两三天的时间,以航程等原因无法安排改港、原船退回不具有操作性为抗辩事由,符合案件事实情况,该抗辩事由成立,马士基公司未安排退运或者改港并无不当。

马士基公司将涉案货物运至目的港后,因无人提货,将货物卸载至目的港码头符合海商法第八十六条的规定。马士基公司于2014年7月9日通过邮件回复隆达公司距抵达目的港不足2日。隆达公司已了解货物到港的大体时间并明知涉案货物在目的港无人提货,但在长达8个月的时间里未采取措施处理涉案货物致其被海关拍卖。隆达公司虽主张马士基公司未尽到谨慎管货义务，但并未举证证明马士基公司存在管货不当的事实。隆达公司的该项主张缺乏依据。依据海商法第八十六条的规定，马士基公司卸货后所产生的费用和风险应由收货人承担，马士基公司作为承运人无须承担相应的风险。

第八百三十条　【提货】货物运输到达后，承运人知道收货人的，应当及时通知收货人，收货人应当及时提货。收货人逾期提货的，应当向承运人支付保管费等费用。

关联参见

《铁路法》第 21 条；《海商法》第 50 条

第八百三十一条　【收货人对货物的检验】收货人提货时应当按照约定的期限检验货物。对检验货物的期限没有约定或者约定不明确，依据本法第五百一十条的规定仍不能确定的，应当在合理期限内检验货物。收货人在约定的期限或者合理期限内对货物的数量、毁损等未提出异议的，视为承运人已经按照运输单证的记载交付的初步证据。

第八百三十二条　【承运人对货损的赔偿责任】承运人对运输过程中货物的毁损、灭失承担赔偿责任。但是，承运人证明货物的毁损、灭失是因不可抗力、货物本身的自然性质或者合理损耗以及托运人、收货人的过错造成的，不承担赔偿责任。

条文解读

承运人免责的情形 ➡ 承运人就货物损害赔偿责任实行严格责任原则，即只要货物在运输过程中发生了的毁损、灭失损害，不论承运人是否有过错，承运人都要负责赔偿。但承运人若能够证明货物毁损、灭失是由以下原因造成的，承运人不承担损害赔偿责任：（1）不可抗力，如在运输过程中遭遇了风暴、洪水、大雪等不能预见、不能避免、不能克服的事件。不可抗力的范围可由当事人在订立货运合同时进行约定。（2）货物本身的自然性质或者合理损耗。例如，鲜货因长时间运输而重量减少。（3）托运人的过错造成的。例如，托运人没有尽到对于易燃、易爆等危险性物品的合理包装责任而导致货物中途毁损、灭失的。（4）收货人的过错造成的。例如，收货人应当在接到承运人的提货通知后及时提取货物而未能及时提取，造成货物非因承运人保管不善的原因毁损、灭失的。这些是承运人对货物毁损、灭失的免责事由，出现了上述事由，即使货物是在运输过程中毁损、灭失的，承运人都无须承担损害赔偿责任。

关联参见

《民用航空法》第 125—136 条；《铁路法》第 16—18 条

第八百三十三条　【确定货损额的方法】 货物的毁损、灭失的赔偿额，当事人有约定的，按照其约定；没有约定或者约定不明确，依据本法第五百一十条的规定仍不能确定的，按照交付或者应当交付时货物到达地的市场价格计算。法律、行政法规对赔偿额的计算方法和赔偿限额另有规定的，依照其规定。

第八百三十四条　【相继运输的责任承担】 两个以上承运人以同一运输方式联运的，与托运人订立合同的承运人应当对全程运输承担责任；损失发生在某一运输区段的，与托运人订立合同的承运人和该区段的承运人承担连带责任。

第八百三十五条　【货物因不可抗力灭失的运费处理】 货物在运输过程中因不可抗力灭失，未收取运费的，承运人不得请求支付运费；已经收取运费的，托运人可以请求返还。法律另有规定的，依照其规定。

第八百三十六条　【承运人留置权】托运人或者收货人不支付运费、保管费或者其他费用的，承运人对相应的运输货物享有留置权，但是当事人另有约定的除外。

关联参见

《海商法》第87条、第88条

第八百三十七条　【货物的提存】收货人不明或者收货人无正当理由拒绝受领货物的，承运人依法可以提存货物。

第四节　多式联运合同

第八百三十八条　【多式联运经营人的权利义务】多式联运经营人负责履行或者组织履行多式联运合同，对全程运输享有承运人的权利，承担承运人的义务。

条文解读

多式联运合同 ➡ 多式联运合同，是指多式联运经营人以两种以上的不同运输方式，负责将货物从接收地运至目的地交付收货人，并收取全程运费的合同。可见以两种以上的不同运输方式进行运输是多式联运合同区别于传统运输合同的最大特征。

在多式联运合同中，多式联运经营人处于一个比较特殊的位置。本条所指的多式联运经营人，是指本人或者委托他人以本人名义与托运人订立多式联运合同的人。他是事主，而不是托运人的代理人或者代表人，也不是参加多式联运的各承运人的代理人或者代表人。从本条的规定可知，多式联运经营人要根据多式联运合同履行运输义务或者组织承运人履行运输义务。多式联运经营人可分为两种类型：第一种是多式联运经营人自己拥有运输工具，并且直接参加了运输合同的履行。第二种是多式联运经营人自己不拥有运输工具或者不经营运输工具，也不直接从事运输活动，而是在签订多式联运合同后，通过双边合同与各运输方式承运人单独签订各区段运输合同，组织其他承运人进行运输。但是不管多式联运经营人属于哪一种情形，根据本条的规定，多式联运经营人都要对与之签订合同的托运人或者收货人承担全程运输的义务，同时根据本章的规定，多式联运经营人要承担全程运输所发生的责任和风险。当然他也享有作为全程运输承运人的权利，例如有向托运人或者收货人要求运输费用的权利等。

第八百三十九条　【多式联运经营人的责任承担】 多式联运经营人可以与参加多式联运的各区段承运人就多式联运合同的各区段运输约定相互之间的责任；但是，该约定不影响多式联运经营人对全程运输承担的义务。

关联参见

《海商法》第 104 条

第八百四十条　【多式联运单据】 多式联运经营人收到托运人交付的货物时，应当签发多式联运单据。按照托运人的要求，多式联运单据可以是可转让单据，也可以是不可转让单据。

第八百四十一条　【托运人的过错赔偿责任】 因托运人托运货物时的过错造成多式联运经营人损失的，即使托运人已经转让多式联运单据，托运人仍然应当承担赔偿责任。

第八百四十二条　【赔偿责任的法律适用】 货物的毁损、灭失发生于多式联运的某一运输区段的，多式联运经营人的赔偿责任和责任限额，适用调整该区段运输方式的有关法律规定；货物毁损、灭失发生的运输区段不能确定的，依照本章规定承担赔偿责任。

关联参见

《铁路法》第 29 条；《海商法》第 104—106 条

第二十章　技术合同

第一节　一般规定

第八百四十三条　【技术合同的定义】技术合同是当事人就技术开发、转让、许可、咨询或者服务订立的确立相互之间权利和义务的合同。

实务应用

116. 第三人向受理技术合同纠纷案件的人民法院就合同标的技术提出权属或者侵权请求的，人民法院如何确定管辖？

第三人向受理技术合同纠纷案件的人民法院就合同标的技术提出权属或者侵权请求时，受诉人民法院对此也有管辖权的，可以将权属或者侵权纠纷与合同纠纷合并审理；受诉人民法院对此没有管辖权的，应当告知其向有管辖权的人民法院另行起诉或将已经受理的权属或者侵权纠纷案件移送有管辖权的人民法院。权属或者侵权纠纷另案受理后，合同纠纷应当中止诉讼。

专利实施许可合同诉讼中，被许可人或者第三人向国家知识产权局请求宣告专利权无效的，人民法院可以不中止诉讼。在案件审理过程中专利权被宣告无效的，按照《专利法》第47条第2款和第3款的规定处理。

第八百四十四条　【订立技术合同的原则】订立技术合同，应当有利于知识产权的保护和科学技术的进步，促进科学技术成果的研发、转化、应用和推广。

关联参见

《最高人民法院关于审理技术合同纠纷案件适用法律若干问题的解释》（以下简称《技术合同纠纷解释》）第1条

第八百四十五条 【技术合同的主要条款】技术合同的内容一般包括项目的名称，标的的内容、范围和要求，履行的计划、地点和方式，技术信息和资料的保密，技术成果的归属和收益的分配办法，验收标准和方法，名词和术语的解释等条款。

与履行合同有关的技术背景资料、可行性论证和技术评价报告、项目任务书和计划书、技术标准、技术规范、原始设计和工艺文件，以及其他技术文档，按照当事人的约定可以作为合同的组成部分。

技术合同涉及专利的，应当注明发明创造的名称、专利申请人和专利权人、申请日期、申请号、专利号以及专利权的有效期限。

条文解读

技术成果 ➡ 技术成果，是指利用科学技术知识、信息和经验作出的涉及产品、工艺、材料及其改进等的技术方案，包括专利、专利申请、技术秘密、计算机软件、集成电路布图设计、植物新品种等。

实务应用

117. 当事人以技术成果向企业出资但未明确约定权属的，人民法院一般如何处理？

当事人以技术成果向企业出资但未明确约定权属，接受出资的企业主张该技术成果归其享有的，人民法院一般应当予以支持，但是该技术成果价值与该技术成果所占出资额比例明显不合理损害出资人利益的除外。当事人对技术成果的权属约定有比例的，视为共同所有，其权利使用和利益分配，按共有技术成果的有关规定处理，但当事人另有约定的，从其约定。当事人对技术成果的使用权约定有比例的，人民法院可以视为当事人对实施该项技术成果所获收益的分配比例，但当事人另有约定的，从其约定。

第八百四十六条 【技术合同价款、报酬或使用费的支付方式】技术合同价款、报酬或者使用费的支付方式由当事人约定，可以采取一次总算、一次总付或者一次总算、分期支付，也可以采取提成支付或者提成支付附加预付入门费的方式。

约定提成支付的，可以按照产品价格、实施专利和使用技术秘密后新增的产值、利润或者产品销售额的一定比例提成，也可以按照约定的其他方式计算。提成支付的比例可以采取固定比例、逐年递增比例或者逐年递减比例。

约定提成支付的，当事人可以约定查阅有关会计账目的办法。

条文解读

技术秘密 ➡ 技术秘密，是指不为公众所知悉、具有商业价值并经权利人采取相应保密措施的技术信息。

实务应用

118. 技术合同的价款、报酬和使用费，当事人没有约定或者约定不明确的，人民法院一般如何处理？

技术合同的价款、报酬和使用费，当事人没有约定或者约定不明确的，人民法院可以按照以下原则处理：（1）对于技术开发合同和技术转让合同、技术许可合同，根据有关技术成果的研究开发成本、先进性、实施转化和应用的程度，当事人享有的权益和承担的责任，以及技术成果的经济效益等合理确定；（2）对于技术咨询合同和技术服务合同，根据有关咨询服务工作的技术含量、质量和数量，以及已经产生和预期产生的经济效益等合理确定。技术合同价款、报酬、使用费中包含非技术性款项的，应当分项计算。

关联参见

《技术合同纠纷解释》第 14 条

第八百四十七条 【职务技术成果的财产权归属】职务技术成果的使用权、转让权属于法人或者非法人组织的，法人或者非法人组织可以就该项职务技术成果订立技术合同。法人或者非法人组织订立技术合同转让职务技术成果时，职务技术成果的完成人享有以同等条件优先受让的权利。

职务技术成果是执行法人或者非法人组织的工作任务，或者主要是利用法人或者非法人组织的物质技术条件所完成的技术成果。

实务应用

119. 个人完成的技术成果，属于执行原所在法人或者非法人组织的工作任务，又主要利用了现所在法人或者非法人组织的物质技术条件的，该如何确定权益归属？

个人完成的技术成果，属于执行原所在法人或者非法人组织的工作任务，又主要利用了现所在法人或者非法人组织的物质技术条件的，应当按照该自然人原所在和现所在法人或者非法人组织达成的协议确认权益。不能达成协议的，根据对完成该项技术成果的贡献大小由双方合理分享。

关联参见

《专利法》第 6 条、第 14 条、第 15 条；《技术合同纠纷解释》第 2—7 条

第八百四十八条 【非职务技术成果的财产权归属】非职务技术成果的使用权、转让权属于完成技术成果的个人，完成技术成果的个人可以就该项非职务技术成果订立技术合同。

第八百四十九条 【技术成果人身权】完成技术成果的个人享有在有关技术成果文件上写明自己是技术成果完成者的权利和取

得荣誉证书、奖励的权利。

第八百五十条　【技术合同的无效】非法垄断技术或者侵害他人技术成果的技术合同无效。

条文解读

非法垄断技术 ➡ 本条所称的"非法垄断技术"主要包括：（1）限制当事人一方在合同标的技术基础上进行新的研究开发或者限制其使用所改进的技术，或者双方交换改进技术的条件不对等，包括要求一方将其自行改进的技术无偿提供给对方、非互惠性转让给对方、无偿独占或者共享该改进技术的知识产权；（2）限制当事人一方从其他来源获得与技术提供方类似技术或者与其竞争的技术；（3）阻碍当事人一方根据市场需求，按照合理方式充分实施合同标的技术，包括明显不合理地限制技术接受方实施合同标的技术生产产品或者提供服务的数量、品种、价格、销售渠道和出口市场；（4）要求技术接受方接受并非实施技术必不可少的附带条件，包括购买非必需的技术、原材料、产品、设备、服务以及接收非必需的人员等；（5）不合理地限制技术接受方购买原材料、零部件、产品或者设备等的渠道或者来源；（6）禁止技术接受方对合同标的技术知识产权的有效性提出异议或者对提出异议附加条件。

实务应用

120. 侵害他人技术秘密的技术合同被确认无效后，取得该技术秘密的一方当事人是否可以继续使用该技术秘密？

视具体情况判定。根据《民法典》第850条的规定，侵害他人技术秘密的技术合同被确认无效后，除法律、行政法规另有规定的以外，善意取得该技术秘密的一方当事人可以在其取得时的范围内继续使用该技术秘密，但应当向权利人支付合理的使用费并承担保密义务。当事人双方恶意串通或者一方知道或者应当知道另一方侵权仍与其订立或者履行合同的，属于共同侵权，人民法院应当判令侵权人承担连带赔偿责任和保密义务，因此取得技术秘密的当事人不得继续使用该技术秘密。

依照前述规定可以继续使用技术秘密的人与权利人就使用费支付发生纠纷的，当事人任何一方都可以请求人民法院予以处理。继续使用技术秘密但又拒不支付使用费的，人民法院可以根据权利人的请求判令使用人停止使用。人民法院在确定使用费时，可以根据权利人通常对外许可该技术秘密的使用费或者使用人取得该技术秘密所支付的使用费，并考虑该技术秘密的研究开发成本、成果转化和应用程度以及使用人的使用规模、经济效益等因素合理确定。不论使用人是否继续使用技术秘密，人民法院均应当判令其向权利人支付已使用期间的使用费。使用人已向无效合同的让与人或者许可人支付的使用费应当由让与人或者许可人负责返还。

关联参见

《技术合同纠纷解释》第 10—13 条

第二节　技术开发合同

第八百五十一条　【技术开发合同的定义及种类】 技术开发合同是当事人之间就新技术、新产品、新工艺、新品种或者新材料及其系统的研究开发所订立的合同。

技术开发合同包括委托开发合同和合作开发合同。

技术开发合同应当采用书面形式。

当事人之间就具有实用价值的科技成果实施转化订立的合同，参照适用技术开发合同的有关规定。

关联参见

《技术合同纠纷解释》第 17 条、第 18 条

第八百五十二条 【委托人的主要义务】委托开发合同的委托人应当按照约定支付研究开发经费和报酬，提供技术资料，提出研究开发要求，完成协作事项，接受研究开发成果。

第八百五十三条 【研究开发人的主要义务】委托开发合同的研究开发人应当按照约定制定和实施研究开发计划，合理使用研究开发经费，按期完成研究开发工作，交付研究开发成果，提供有关的技术资料和必要的技术指导，帮助委托人掌握研究开发成果。

第八百五十四条 【委托开发合同的当事人违约责任】委托开发合同的当事人违反约定造成研究开发工作停滞、延误或者失败的，应当承担违约责任。

第八百五十五条 【合作开发各方的主要义务】合作开发合同的当事人应当按照约定进行投资，包括以技术进行投资，分工参与研究开发工作，协作配合研究开发工作。

条文解读

本条所称的"分工参与研究开发工作"，包括当事人按照约定的计划和分工，共同或者分别承担设计、工艺、试验、试制等工作。技术开发合同当事人一方仅提供资金、设备、材料等物质条件或者承担辅助协作事项，另一方进行研究开发工作的，属于委托开发合同。

关联参见

《技术合同纠纷解释》第 19 条

第八百五十六条 【合作开发各方的违约责任】合作开发合同的当事人违反约定造成研究开发工作停滞、延误或者失败的，应当承担违约责任。

第八百五十七条 【技术开发合同的解除】作为技术开发合

同标的的技术已经由他人公开，致使技术开发合同的履行没有意义的，当事人可以解除合同。

第八百五十八条 　【技术开发合同的风险责任负担】技术开发合同履行过程中，因出现无法克服的技术困难，致使研究开发失败或者部分失败的，该风险由当事人约定；没有约定或者约定不明确，依据本法第五百一十条的规定仍不能确定的，风险由当事人合理分担。

当事人一方发现前款规定的可能致使研究开发失败或者部分失败的情形时，应当及时通知另一方并采取适当措施减少损失；没有及时通知并采取适当措施，致使损失扩大的，应当就扩大的损失承担责任。

第八百五十九条 　【发明创造的归属和分享】委托开发完成的发明创造，除法律另有规定或者当事人另有约定外，申请专利的权利属于研究开发人。研究开发人取得专利权的，委托人可以依法实施该专利。

研究开发人转让专利申请权的，委托人享有以同等条件优先受让的权利。

第八百六十条 　【合作开发发明创造专利申请权的归属和分享】合作开发完成的发明创造，申请专利的权利属于合作开发的当事人共有；当事人一方转让其共有的专利申请权的，其他各方享有以同等条件优先受让的权利。但是，当事人另有约定的除外。

合作开发的当事人一方声明放弃其共有的专利申请权的，除当事人另有约定外，可以由另一方单独申请或者由其他各方共同申请。申请人取得专利权的，放弃专利申请权的一方可以免费实施该专利。

合作开发的当事人一方不同意申请专利的，另一方或者其他各方不得申请专利。

第八百六十一条 【技术秘密成果的归属与分配】委托开发或者合作开发完成的技术秘密成果的使用权、转让权以及收益的分配办法，由当事人约定；没有约定或者约定不明确，依据本法第五百一十条的规定仍不能确定的，在没有相同技术方案被授予专利权前，当事人均有使用和转让的权利。但是，委托开发的研究开发人不得在向委托人交付研究开发成果之前，将研究开发成果转让给第三人。

条文解读

本条所称的"当事人均有使用和转让的权利"，包括当事人均有不经对方同意而自己使用或者以普通使用许可的方式许可他人使用技术秘密，并独占由此所获利益的权利。当事人一方将技术秘密成果的转让权让与他人，或者以独占或者排他使用许可的方式许可他人使用技术秘密，未经对方当事人同意或者追认的，应当认定该让与或者许可行为无效。

关联参见

《促进科技成果转化法》第 40 条；《专利法》第 8 条；《技术合同纠纷解释》第 20 条、第 21 条

第三节 技术转让合同和技术许可合同

第八百六十二条 【技术转让合同和技术许可合同的定义】技术转让合同是合法拥有技术的权利人，将现有特定的专利、专利申请、技术秘密的相关权利让与他人所订立的合同。

技术许可合同是合法拥有技术的权利人，将现有特定的专利、技术秘密的相关权利许可他人实施、使用所订立的合同。

技术转让合同和技术许可合同中关于提供实施技术的专用设备、原材料或者提供有关的技术咨询、技术服务的约定，属于合同的组成部分。

关联参见

《专利法》第 10 条、第 12 条；《技术合同纠纷解释》第 22—27 条

第八百六十三条 【技术转让合同和技术许可合同的种类及合同要件】技术转让合同包括专利权转让、专利申请权转让、技术秘密转让等合同。

技术许可合同包括专利实施许可、技术秘密使用许可等合同。

技术转让合同和技术许可合同应当采用书面形式。

条文解读

专利实施许可 ➡ 专利实施许可包括以下方式：（1）独占实施许可，是指许可人在约定许可实施专利的范围内，将该专利仅许可一个被许可人实施，许可人依约定不得实施该专利；（2）排他实施许可，是指许可人在约定许可实施专利的范围内，将该专利仅许可一个被许可人实施，但许可人依约定可以自行实施该专利；（3）普通实施许可，是指许可人在约定许可实施专利的范围内许可他人实施该专利，并且可以自行实施该专利。当事人对专利实施许可方式没有约定或者约定不明确的，认定为普通实施许可。专利实施许可合同约定被许可人可以再许可他人实施专利的，认定该再许可为普通实施许可，但当事人另有约定的除外。

第八百六十四条 【技术转让合同和技术许可合同的限制性条款】技术转让合同和技术许可合同可以约定实施专利或者使用技术秘密的范围，但是不得限制技术竞争和技术发展。

条文解读

本条所称的"实施专利或者使用技术秘密的范围"，包括实施专

利或者使用技术秘密的期限、地域、方式以及接触技术秘密的人员等。

当事人对实施专利或者使用技术秘密的期限没有约定或者约定不明确的，受让人、被许可人实施专利或者使用技术秘密不受期限限制。

关联参见

《技术合同纠纷解释》第 28 条

第八百六十五条　【专利实施许可合同的有效期限】专利实施许可合同仅在该专利权的存续期限内有效。专利权有效期限届满或者专利权被宣告无效的，专利权人不得就该专利与他人订立专利实施许可合同。

关联参见

《专利法》第 42—44 条

第八百六十六条　【专利实施许可合同许可人的义务】专利实施许可合同的许可人应当按照约定许可被许可人实施专利，交付实施专利有关的技术资料，提供必要的技术指导。

第八百六十七条　【专利实施许可合同被许可人的义务】专利实施许可合同的被许可人应当按照约定实施专利，不得许可约定以外的第三人实施该专利，并按照约定支付使用费。

第八百六十八条　【技术秘密让与人和许可人的义务】技术秘密转让合同的让与人和技术秘密使用许可合同的许可人应当按照约定提供技术资料，进行技术指导，保证技术的实用性、可靠性，承担保密义务。

前款规定的保密义务，不限制许可人申请专利，但是当事人另有约定的除外。

第八百六十九条 【技术秘密受让人和被许可人的义务】技术秘密转让合同的受让人和技术秘密使用许可合同的被许可人应当按照约定使用技术，支付转让费、使用费，承担保密义务。

第八百七十条 【技术转让合同让与人和技术许可合同许可人的保证义务】技术转让合同的让与人和技术许可合同的许可人应当保证自己是所提供的技术的合法拥有者，并保证所提供的技术完整、无误、有效，能够达到约定的目标。

第八百七十一条 【技术转让合同受让人和技术许可合同被许可人保密义务】技术转让合同的受让人和技术许可合同的被许可人应当按照约定的范围和期限，对让与人、许可人提供的技术中尚未公开的秘密部分，承担保密义务。

第八百七十二条 【技术许可人和让与人的违约责任】许可人未按照约定许可技术的，应当返还部分或者全部使用费，并应当承担违约责任；实施专利或者使用技术秘密超越约定的范围的，违反约定擅自许可第三人实施该项专利或者使用该项技术秘密的，应当停止违约行为，承担违约责任；违反约定的保密义务的，应当承担违约责任。

让与人承担违约责任，参照适用前款规定。

第八百七十三条 【技术被许可人和受让人的违约责任】被许可人未按照约定支付使用费的，应当补交使用费并按照约定支付违约金；不补交使用费或者支付违约金的，应当停止实施专利或者使用技术秘密，交还技术资料，承担违约责任；实施专利或者使用技术秘密超越约定的范围的，未经许可人同意擅自许可第三人实施该专利或者使用该技术秘密的，应当停止违约行为，承担违约责任；违反约定的保密义务的，应当承担违约责任。

受让人承担违约责任，参照适用前款规定。

第八百七十四条 【实施专利、使用技术秘密侵害他人合法权益责任承担】受让人或者被许可人按照约定实施专利、使用技术秘密侵害他人合法权益的，由让与人或者许可人承担责任，但是当事人另有约定的除外。

第八百七十五条 【后续改进技术成果的分享办法】当事人可以按照互利的原则，在合同中约定实施专利、使用技术秘密后续改进的技术成果的分享办法；没有约定或者约定不明确，依据本法第五百一十条的规定仍不能确定的，一方后续改进的技术成果，其他各方无权分享。

第八百七十六条 【其他知识产权转让和许可的参照适用】集成电路布图设计专有权、植物新品种权、计算机软件著作权等其他知识产权的转让和许可，参照适用本节的有关规定。

第八百七十七条 【技术进出口合同或专利、专利申请合同的法律适用】法律、行政法规对技术进出口合同或者专利、专利申请合同另有规定的，依照其规定。

关联参见

《对外贸易法》第13—18条；《技术进出口管理条例》

第四节　技术咨询合同和技术服务合同

第八百七十八条 【技术咨询合同、技术服务合同的定义】技术咨询合同是当事人一方以技术知识为对方就特定技术项目提供可行性论证、技术预测、专题技术调查、分析评价报告等所订立的合同。

技术服务合同是当事人一方以技术知识为对方解决特定技术问题所订立的合同，不包括承揽合同和建设工程合同。

特定技术项目 ➡ 本条所称的"特定技术项目",包括有关科学技术与经济社会协调发展的软科学研究项目,促进科技进步和管理现代化、提高经济效益和社会效益等运用科学知识和技术手段进行调查、分析、论证、评价、预测的专业性技术项目。

特定技术问题 ➡ 本条所称的"特定技术问题",包括需要运用专业技术知识、经验和信息解决的有关改进产品结构、改良工艺流程、提高产品质量、降低产品成本、节约资源能耗、保护资源环境、实现安全操作、提高经济效益和社会效益等专业技术问题。

关联参见

《技术合同纠纷解释》第30条、第33条

第八百七十九条 【技术咨询合同委托人的义务】技术咨询合同的委托人应当按照约定阐明咨询的问题,提供技术背景材料及有关技术资料,接受受托人的工作成果,支付报酬。

第八百八十条 【技术咨询合同受托人的义务】技术咨询合同的受托人应当按照约定的期限完成咨询报告或者解答问题,提出的咨询报告应当达到约定的要求。

关联参见

《技术合同纠纷解释》第31条、第32条

第八百八十一条 【技术咨询合同当事人的违约责任及决策风险责任】技术咨询合同的委托人未按照约定提供必要的资料,影响工作进度和质量,不接受或者逾期接受工作成果的,支付的报酬不得追回,未支付的报酬应当支付。

技术咨询合同的受托人未按期提出咨询报告或者提出的咨询报告不符合约定的，应当承担减收或者免收报酬等违约责任。

技术咨询合同的委托人按照受托人符合约定要求的咨询报告和意见作出决策所造成的损失，由委托人承担，但是当事人另有约定的除外。

第八百八十二条 【技术服务合同委托人的义务】技术服务合同的委托人应当按照约定提供工作条件，完成配合事项，接受工作成果并支付报酬。

第八百八十三条 【技术服务合同受托人的义务】技术服务合同的受托人应当按照约定完成服务项目，解决技术问题，保证工作质量，并传授解决技术问题的知识。

关联参见

《技术合同纠纷解释》第 34 条

第八百八十四条 【技术服务合同的当事人违约责任】技术服务合同的委托人不履行合同义务或者履行合同义务不符合约定，影响工作进度和质量，不接受或者逾期接受工作成果的，支付的报酬不得追回，未支付的报酬应当支付。

技术服务合同的受托人未按照约定完成服务工作的，应当承担免收报酬等违约责任。

关联参见

《技术合同纠纷解释》第 35 条

第八百八十五条 【技术成果的归属和分享】技术咨询合同、技术服务合同履行过程中，受托人利用委托人提供的技术资料和工作条件完成的新的技术成果，属于受托人。委托人利用受托人的工作成果完成的新的技术成果，属于委托人。当事人另有约定的，按照其约定。

第八百八十六条 【受托人履行合同的费用负担】技术咨询合同和技术服务合同对受托人正常开展工作所需费用的负担没有约定或者约定不明确的，由受托人负担。

第八百八十七条 【技术中介合同和技术培训合同法律适用】法律、行政法规对技术中介合同、技术培训合同另有规定的，依照其规定。

条文解读

技术培训合同 ➡ 本条所称的"技术培训合同"是指当事人一方委托另一方对指定的学员进行特定项目的专业技术训练和技术指导所订立的合同，不包括职业培训、文化学习和按照行业、法人或者非法人组织的计划进行的职工业余教育。

当事人对技术培训必需的场地、设施和试验条件等工作条件的提供和管理责任没有约定或者约定不明确的，由委托人负责提供和管理。技术培训合同委托人派出的学员不符合约定条件、影响培训质量的，由委托人按照约定支付报酬。受托人配备的教员不符合约定条件、影响培训质量，或者受托人未按照计划和项目进行培训，导致不能实现约定培训目标的，应当减收或者免收报酬。受托人发现学员不符合约定条件或者委托人发现教员不符合约定条件，未在合理期限内通知对方，或者接到通知的一方未在合理期限内按约定改派的，应当由负有履行义务的当事人承担相应的民事责任。

技术中介合同 ➡ 本条所称的"技术中介合同"是指当事人一方以知识、技术、经验和信息为另一方与第三人订立技术合同进行联系、介绍以及对履行合同提供专门服务所订立的合同。

中介人从事中介活动的费用，是指中介人在委托人和第三人订立技术合同前，进行联系、介绍活动所支出的通信、交通和必要的调查研究等费用。中介人的报酬，是指中介人为委托人与第三人订立技术合同以及对履行该合同提供服务应当得到的收益。当事人对中介人从事中介活动的费用负担没有约定或者约定不明确的，由中介人承担。当事人约定该费用由委托人承担但未约定具体数额或者计算方法的，由委托人支付中介人从事中介活动所支出的必要费用。当事人对中介人的报酬数额没有约定或者约定不明确的，应当根据中介人所进行的劳务合理确定，并由委托人承担。仅在委托人与第三人订立的技术合同中约定中介条款，但未约定给付中介人报酬或者约定不明确的，应当支付的报酬由委托人和第三人平均承担。

中介人未促成委托人与第三人之间的技术合同成立的，其要求支付报酬的请求，人民法院不予支持；其要求委托人支付其从事中介活动必要费用的请求，应当予以支持，但是当事人另有约定的除外。中介人隐瞒与订立技术合同有关的重要事实或者提供虚假情况，侵害委托人利益的，应当根据情况免收报酬并承担赔偿责任。

中介人对造成委托人与第三人之间的技术合同的无效或者被撤销没有过错，并且该技术合同的无效或者被撤销不影响有关中介条款或者技术中介合同继续有效，中介人要求按照约定或者《技术合同纠纷解释》的有关规定给付从事中介活动的费用和报酬的，人民法院应当予以支持。中介人收取从事中介活动的费用和报酬不应当被视为委托人与第三人之间的技术合同纠纷中一方当事人的损失。

关联参见

《技术合同纠纷解释》第 36—41 条

第二十一章　保管合同

第八百八十八条　【保管合同的定义】保管合同是保管人保

管寄存人交付的保管物，并返还该物的合同。

寄存人到保管人处从事购物、就餐、住宿等活动，将物品存放在指定场所的，视为保管，但是当事人另有约定或者另有交易习惯的除外。

保管合同 ➡ 保管合同的主要法律特征有：

1. 保管合同为有偿合同或者无偿合同。根据《民法典》第889条的规定，保管合同可以是有偿合同，也可以是无偿合同，由保管人和寄存人自行约定。当寄存人和保管人没有就是否支付报酬作出约定，或者约定不明确的，双方可以协议补充；不能达成补充协议的，按照合同相关条款或者交易习惯确定。

2. 保管合同为单务合同或者双务合同。关于保管合同究竟是单务合同还是双务合同，过去存在一定争议。有人认为应是单务合同，保管合同原则上为无偿合同，保管人负有保管义务，而寄存人不承担对应的义务。有人认为保管合同是双务合同，寄存人和保管人的权利义务是对应的，即使是无偿的保管合同，寄存人也有支付必要费用的义务。还有人认为，无偿的保管合同为单务合同，有偿的保管合同为双务合同。因为双务合同是指双方当事人互负具有对价意义的义务的合同，即双方当事人均负有一定义务，且是对待给付义务。无偿的保管合同中，寄存人向保管人支付保管所支出的必要费用，并非向保管人支付报酬，不构成对待给付，故应为单务合同。

3. 保管合同为要物合同。《民法典》第890条规定："保管合同自保管物交付时成立，但是当事人另有约定的除外。"根据该规定，保管合同原则上为要物合同。

4. 保管合同为不要式合同。本章并未对保管合同的订立形式作出规定，并不要求当事人必须以何种形式订立合同。订立保管合同可以是口头形式，也可以是书面形式，为不要式合同。

5. 保管合同为继续性合同。继续性合同，是指合同的内容，并非一次性给付可以完结，而是继续地实现。在保管合同中，保管人要持续地履行其保管义务，并不是一次履行即告完结，具有继续性的特点。作为继续性合同，保管合同解除的效果不同于非继续性合同，其解除仅向将来发生效力。

实务应用

121. 以购物、就餐和住宿等活动为业的经营者如何履行保管义务？

我国《民法典》将这种保管义务扩大到以购物、就餐和住宿等活动为业的经营者。在现实生活中，保管合同主要是社会成员之间相互提供帮助，或者服务部门、公共场所向社会提供服务的一种方式，比如商场、车站、饭店、宾馆等场所，都设置了供人们寄存物品的特定场所，现在已经非常普遍。在这些场合，当事人之间往往没有达成书面的甚至是口头的合同，如果没有当事人特别约定或者存在交易习惯，一般认为当事人之间订立了保管合同。

此处规定的视为保管的情形需要具备两个条件：一是需要到购物中心、饭店、宾馆等场所从事购物、就餐、住宿等活动。二是需要将物品存放在指定的场所。购物中心、饭店、宾馆等，对于存放车辆或者其他物品，往往都设置了专门的停车场、寄存柜等设施，只有将车停放在其指定的停车场，或者将物品寄存在其指定的寄存柜中，才能构成保管合同。如果擅自存放在其他区域，例如，饭店有内部停车场供就餐人员停车，亦要求前来就餐的人员将车辆停放在该停车场，并且该停车场仍有停车位供客户使用时，客人未将车辆停放在该停车场内，而是为图方便停在饭店门口，此种情形下，双方之间不成立保管合同，即使车辆丢失，车辆所有人也不能以双方存在保管合同为由要求饭店承担赔偿责任。

需要注意的是，若视为保管，则属于有偿保管，还是无偿保管？有的意见认为，这应当依据寄存人是否为保管支付了报酬而定。如果寄存人向对方支付了报酬，例如，消费者将其车辆停放在购物中心的停车场，并支付了停车费，就应当属于有偿保管。如果寄存人并未支付相应的报酬，对方为消费者免费提供寄存服务，则应当属于无偿保管。

第八百八十九条　【保管合同的报酬】 寄存人应当按照约定向保管人支付保管费。

当事人对保管费没有约定或者约定不明确，依据本法第五百一十条的规定仍不能确定的，视为无偿保管。

第八百九十条　【保管合同的成立】 保管合同自保管物交付时成立，但是当事人另有约定的除外。

第八百九十一条　【保管人给付保管凭证的义务】 寄存人向保管人交付保管物的，保管人应当出具保管凭证，但是另有交易习惯的除外。

第八百九十二条　【保管人对保管物的妥善保管义务】 保管人应当妥善保管保管物。

当事人可以约定保管场所或者方法。除紧急情况或者为维护寄存人利益外，不得擅自改变保管场所或者方法。

第八百九十三条　【寄存人如实告知义务】 寄存人交付的保管物有瑕疵或者根据保管物的性质需要采取特殊保管措施的，寄存人应当将有关情况告知保管人。寄存人未告知，致使保管物受损失的，保管人不承担赔偿责任；保管人因此受损失的，除保管人知道或者应当知道且未采取补救措施外，寄存人应当承担赔偿责任。

第八百九十四条　【保管人亲自保管义务】 保管人不得将保管物转交第三人保管，但是当事人另有约定的除外。

保管人违反前款规定，将保管物转交第三人保管，造成保管物损失的，应当承担赔偿责任。

第八百九十五条 　【保管人不得使用或许可他人使用保管物义务】保管人不得使用或者许可第三人使用保管物，但是当事人另有约定的除外。

第八百九十六条 　【保管人返还保管物的义务及危险通知义务】第三人对保管物主张权利的，除依法对保管物采取保全或者执行措施外，保管人应当履行向寄存人返还保管物的义务。

第三人对保管人提起诉讼或者对保管物申请扣押的，保管人应当及时通知寄存人。

第八百九十七条 　【保管物毁损灭失责任】保管期内，因保管人保管不善造成保管物毁损、灭失的，保管人应当承担赔偿责任。但是，无偿保管人证明自己没有故意或者重大过失的，不承担赔偿责任。

关联参见

《最高人民法院关于审理旅游纠纷案件适用法律若干问题的规定》第 19 条

第八百九十八条 　【寄存贵重物品的声明义务】寄存人寄存货币、有价证券或者其他贵重物品的，应当向保管人声明，由保管人验收或者封存；寄存人未声明的，该物品毁损、灭失后，保管人可以按照一般物品予以赔偿。

第八百九十九条 　【保管物的领取及领取时间】寄存人可以随时领取保管物。

当事人对保管期限没有约定或者约定不明确的，保管人可以随时请求寄存人领取保管物；约定保管期限的，保管人无特别事由，不得请求寄存人提前领取保管物。

第九百条 　【保管人归还原物及孳息的义务】保管期限届满或

者寄存人提前领取保管物的，保管人应当将原物及其孳息归还寄存人。

第九百零一条 【消费保管】保管人保管货币的，可以返还相同种类、数量的货币；保管其他可替代物的，可以按照约定返还相同种类、品质、数量的物品。

第九百零二条 【保管费的支付期限】有偿的保管合同，寄存人应当按照约定的期限向保管人支付保管费。

当事人对支付期限没有约定或者约定不明确，依据本法第五百一十条的规定仍不能确定的，应当在领取保管物的同时支付。

第九百零三条 【保管人的留置权】寄存人未按照约定支付保管费或者其他费用的，保管人对保管物享有留置权，但是当事人另有约定的除外。

第二十二章　仓储合同

第九百零四条 【仓储合同的定义】仓储合同是保管人储存存货人交付的仓储物，存货人支付仓储费的合同。

实务应用

122. 仓储合同与保管合同如何区别？

两种合同都是提供保管服务，但是保管合同的范围更广，甚至包括仓储合同。两者的区别主要是：（1）保管合同为实践合同，合同自保管物交付时成立；仓储合同是诺成合同，合同自双方订立时成立。（2）保管合同可以是无偿的，也可以是有偿的；仓储合同是有偿合同。（3）保管合同的保管人不要求具有特定身份，仓储合同的仓储营业人须是有仓储设备并专门从事该类业务的人。

第九百零五条 【仓储合同的成立时间】仓储合同自保管人和存货人意思表示一致时成立。

第九百零六条　【危险物品和易变质物品的储存】储存易燃、易爆、有毒、有腐蚀性、有放射性等危险物品或者易变质物品的，存货人应当说明该物品的性质，提供有关资料。

存货人违反前款规定的，保管人可以拒收仓储物，也可以采取相应措施以避免损失的发生，因此产生的费用由存货人负担。

保管人储存易燃、易爆、有毒、有腐蚀性、有放射性等危险物品的，应当具备相应的保管条件。

关联参见

《危险化学品安全管理条例》

第九百零七条　【仓储物的验收】保管人应当按照约定对入库仓储物进行验收。保管人验收时发现入库仓储物与约定不符合的，应当及时通知存货人。保管人验收后，发生仓储物的品种、数量、质量不符合约定的，保管人应当承担赔偿责任。

关联参见

《粮油仓储管理办法》第9条

第九百零八条　【保管人出具仓单、入库单义务】存货人交付仓储物的，保管人应当出具仓单、入库单等凭证。

第九百零九条　【仓单的内容】保管人应当在仓单上签名或者盖章。仓单包括下列事项：

（一）存货人的姓名或者名称和住所；

（二）仓储物的品种、数量、质量、包装及其件数和标记；

（三）仓储物的损耗标准；

（四）储存场所；

（五）储存期限；

（六）仓储费；

（七）仓储物已经办理保险的，其保险金额、期间以及保险人的名称；

（八）填发人、填发地和填发日期。

第九百一十条 【仓单的转让和出质】仓单是提取仓储物的凭证。存货人或者仓单持有人在仓单上背书并经保管人签名或者盖章的，可以转让提取仓储物的权利。

条文解读

仓单 ➡ 仓单由保管人于存货人交付仓储物时所签发，是提取仓储物的凭证。持单人提取仓储物时，要出示仓单，并且应将仓单交还保管人。

仓单为有价证券，其可以流通。仓单的转让，亦代表着提取仓储物权利的转让。仓单的转让应以背书的方式进行，即由存货人或者仓单持有人在仓单上背书，仅有背书还不足以发生仓单转让的效力，如发生转让的效力，还需保管人签字或者盖章。存货人以仓单出质时，应当与质权人签订质押合同，在仓单上背书并经保管人签字或者盖章，将仓单交付质权人后，质押合同生效。

例如，蒋某将自己购买的一批水果存放在胡某的仓库里，由其保管，蒋某向胡某支付仓储费。后蒋某欲将该批水果转让给丁某，双方签订买卖合同。在本案中，蒋某和胡某之间存在仓储合同。胡某作为保管人，应当向蒋某出具仓单。蒋某将该批水果转卖给丁某时，不需要实际交付货物，只需在仓单后面背书，则该仓单所代表的提取仓储物的权利直接转让给丁某。丁某持背书的仓单可以直接要求胡某交付水果。

第九百一十一条 【检查仓储物或提取样品的权利】保管人根据存货人或者仓单持有人的要求，应当同意其检查仓储物或者提取样品。

第九百一十二条 　【保管人的通知义务】保管人发现入库仓储物有变质或者其他损坏的，应当及时通知存货人或者仓单持有人。

第九百一十三条 　【保管人危险催告义务和紧急处置权】保管人发现入库仓储物有变质或者其他损坏，危及其他仓储物的安全和正常保管的，应当催告存货人或者仓单持有人作出必要的处置。因情况紧急，保管人可以作出必要的处置；但是，事后应当将该情况及时通知存货人或者仓单持有人。

第九百一十四条 　【仓储物的提取】当事人对储存期限没有约定或者约定不明确的，存货人或者仓单持有人可以随时提取仓储物，保管人也可以随时请求存货人或者仓单持有人提取仓储物，但是应当给予必要的准备时间。

第九百一十五条 　【仓储物的提取规则】储存期限届满，存货人或者仓单持有人应当凭仓单、入库单等提取仓储物。存货人或者仓单持有人逾期提取的，应当加收仓储费；提前提取的，不减收仓储费。

第九百一十六条 　【逾期提取仓储物】储存期限届满，存货人或者仓单持有人不提取仓储物的，保管人可以催告其在合理期限内提取；逾期不提取的，保管人可以提存仓储物。

第九百一十七条 　【保管不善的责任承担】储存期内，因保管不善造成仓储物毁损、灭失的，保管人应当承担赔偿责任。因仓储物本身的自然性质、包装不符合约定或者超过有效储存期造成仓储物变质、损坏的，保管人不承担赔偿责任。

第九百一十八条 　【参照适用保管合同的规定】本章没有规定的，适用保管合同的有关规定。

第二十三章 委托合同

第九百一十九条 【委托合同的概念】 委托合同是委托人和受托人约定，由受托人处理委托人事务的合同。

条文解读

委托合同 ➡ 委托合同是经济活动中的一种重要合同，是指委托人和受托人约定，由受托人处理委托人事务的合同。委托他人办理事务的一方为委托人，接受委托的一方为受托人。委托合同具有如下特征：（1）委托合同是以处理委托人事务为目的的合同。不过必须由委托人亲自处理的事务，例如结婚、离婚等，不能成为委托合同的标的。（2）委托合同是在相互信任的特定主体之间发生的。委托人选定某个受托人为其处理委托事务，是以他对受托人的能力和信誉的了解为基础的。受托人愿意为委托人服务，也是完全自愿的。（3）委托合同可以是有偿的，也可以是无偿的。（4）委托合同是双务诺成合同。委托合同于双方达成一致协议时成立，不论是否有偿，双方都负有一定的义务。

实务应用

123. 代购进口食品属于买卖合同还是委托合同？[①]

在代购的过程中存在有现货和没有现货的两种海外代购形式，其一，若代购商家手中并没有消费者需要的商品现货，而是下单后商家根据消费者的需要代消费者去购买其指定的商品，此时侧重于宣传海外购物的优势、及时获知境外销售信息的能力等内容，提供的是代为购买商品的服务，因此形成的是委托代理关系，只能通过一般的合同关系维权。其二，代购商家事先取得商品的所有权进行上架售卖，侧重宣传商

[①] 参见龙龑：《代购进口食品未贴中文标签，消费者能主张十倍赔偿吗？》，载贵州省高级人民法院网 http://www.guizhoucourt.cn/ajbd/257756.jhtml，最后访问日期：2024 年 4 月 1 日。

品的信息功能，消费者下单时商家可将商品现货直接发货给消费者，此时无论发货地是国内还是国外，商家与消费者构成的是买卖合同关系，受消费者权益保护法律法规约束。

第九百二十条　【委托权限】委托人可以特别委托受托人处理一项或者数项事务，也可以概括委托受托人处理一切事务。

关联参见

《律师法》第 25 条

第九百二十一条　【处理委托事务的费用】委托人应当预付处理委托事务的费用。受托人为处理委托事务垫付的必要费用，委托人应当偿还该费用并支付利息。

第九百二十二条　【受托人服从指示的义务】受托人应当按照委托人的指示处理委托事务。需要变更委托人指示的，应当经委托人同意；因情况紧急，难以和委托人取得联系的，受托人应当妥善处理委托事务，但是事后应当将该情况及时报告委托人。

第九百二十三条　【受托人亲自处理委托事务】受托人应当亲自处理委托事务。经委托人同意，受托人可以转委托。转委托经同意或者追认的，委托人可以就委托事务直接指示转委托的第三人，受托人仅就第三人的选任及其对第三人的指示承担责任。转委托未经同意或者追认的，受托人应当对转委托的第三人的行为承担责任；但是，在紧急情况下受托人为了维护委托人的利益需要转委托第三人的除外。

第九百二十四条　【受托人的报告义务】受托人应当按照委托人的要求，报告委托事务的处理情况。委托合同终止时，受托人应当报告委托事务的结果。

第九百二十五条 【受托人以自己名义从事受托事务的法律效果】受托人以自己的名义，在委托人的授权范围内与第三人订立的合同，第三人在订立合同时知道受托人与委托人之间的代理关系的，该合同直接约束委托人和第三人；但是，有确切证据证明该合同只约束受托人和第三人的除外。

第九百二十六条 【委托人的介入权与第三人的选择权】受托人以自己的名义与第三人订立合同时，第三人不知道受托人与委托人之间的代理关系的，受托人因第三人的原因对委托人不履行义务，受托人应当向委托人披露第三人，委托人因此可以行使受托人对第三人的权利。但是，第三人与受托人订立合同时如果知道该委托人就不会订立合同的除外。

受托人因委托人的原因对第三人不履行义务，受托人应当向第三人披露委托人，第三人因此可以选择受托人或者委托人作为相对人主张其权利，但是第三人不得变更选定的相对人。

委托人行使受托人对第三人的权利的，第三人可以向委托人主张其对受托人的抗辩。第三人选定委托人作为其相对人的，委托人可以向第三人主张其对受托人的抗辩以及受托人对第三人的抗辩。

第九百二十七条 【受托人转移所得利益的义务】受托人处理委托事务取得的财产，应当转交给委托人。

第九百二十八条 【委托人支付报酬的义务】受托人完成委托事务的，委托人应当按照约定向其支付报酬。

因不可归责于受托人的事由，委托合同解除或者委托事务不能完成的，委托人应当向受托人支付相应的报酬。当事人另有约定的，按照其约定。

第九百二十九条 【因受托人过错致委托人损失的赔偿责任】有偿的委托合同，因受托人的过错造成委托人损失的，委托人可以请求赔偿损失。无偿的委托合同，因受托人的故意或者重大过失造成委托人损失的，委托人可以请求赔偿损失。

受托人超越权限造成委托人损失的，应当赔偿损失。

第九百三十条 【委托人的赔偿责任】受托人处理委托事务时，因不可归责于自己的事由受到损失的，可以向委托人请求赔偿损失。

第九百三十一条 【委托人另行委托他人处理事务】委托人经受托人同意，可以在受托人之外委托第三人处理委托事务。因此造成受托人损失的，受托人可以向委托人请求赔偿损失。

第九百三十二条 【共同委托】两个以上的受托人共同处理委托事务的，对委托人承担连带责任。

第九百三十三条 【任意解除权】委托人或者受托人可以随时解除委托合同。因解除合同造成对方损失的，除不可归责于该当事人的事由外，无偿委托合同的解除方应当赔偿因解除时间不当造成的直接损失，有偿委托合同的解除方应当赔偿对方的直接损失和合同履行后可以获得的利益。

第九百三十四条 【委托合同的终止】委托人死亡、终止或者受托人死亡、丧失民事行为能力、终止的，委托合同终止；但是，当事人另有约定或者根据委托事务的性质不宜终止的除外。

第九百三十五条 【受托人继续处理委托事务】因委托人死亡或者被宣告破产、解散，致使委托合同终止将损害委托人利益的，在委托人的继承人、遗产管理人或者清算人承受委托事务之前，受托人应当继续处理委托事务。

第九百三十六条 【受托人死亡后其继承人等的义务】因受托人死亡、丧失民事行为能力或者被宣告破产、解散，致使委托合同终止的，受托人的继承人、遗产管理人、法定代理人或者清算人应当及时通知委托人。因委托合同终止将损害委托人利益的，在委托人作出善后处理之前，受托人的继承人、遗产管理人、法定代理人或者清算人应当采取必要措施。

第二十四章　物业服务合同

第九百三十七条　**【物业服务合同的定义】**物业服务合同是物业服务人在物业服务区域内，为业主提供建筑物及其附属设施的维修养护、环境卫生和相关秩序的管理维护等物业服务，业主支付物业费的合同。

物业服务人包括物业服务企业和其他管理人。

第九百三十八条　**【物业服务合同的内容与形式】**物业服务合同的内容一般包括服务事项、服务质量、服务费用的标准和收取办法、维修资金的使用、服务用房的管理和使用、服务期限、服务交接等条款。

物业服务人公开作出的有利于业主的服务承诺，为物业服务合同的组成部分。

物业服务合同应当采用书面形式。

条文解读

维修资金 ➡ 维修资金，也可称为"公共维修资金"或者"专项维修资金"，是指由业主缴纳的，专项用于物业服务区域内建筑物的共用部分、共用设施设备保修期满后的维修和更新、改造的资金，如电梯、单元门等共有部分的维修费用。维修资金是由业主共同出资形成的，属于业主共有，且只能用于特定的目的，不能用于物业服务过程中的其他各项支出。业主委员会与物业服务人订立物业服务合同时，可以就专项维修资金申请使用的具体事项作出约定。实践中，专项维修资金一般登记在以业主或者业主委员会名义开设的专用账户下，通常由有关部门指导、监督其使用。维修资金是全体业主的共同财产，关系到业主们的切身利益，所以维修资金的筹集和使用都要具备严格的条件，应当由业主按照法定的程序共同决定。物业服务人还应当定期向业主大会、业主委员会报告维修资金的使用情况。《民法典》物权编中有关于维修资金的专门规定。《民法典》第281条规定："建筑物及其附属设施的维修资金，属于业主共有。经业主共同决定，可以用于电梯、屋顶、外墙、无障碍设施等共有部分的维修、更新和改造。建筑物及其附属设施的维修资金的筹集、使用情况应当定期公布。紧急情况下需要维修建筑物及其附属设施的，业主大会或者业主委员会可以依法申请使用建筑物及其附属设施的维修资金。"《民法典》第278条还对业主共同决定筹集和使用建筑物及其附属设施维修资金的法定程序作出了规定。2007年，建设部（已撤销）和财政部联合发布《住宅专项维修资金管理办法》，对住宅专项维修资金的交存、使用和监督管理等进行了详细的规定。

实务应用

124. 住宅专项维修资金划转业主大会管理前，需要使用住宅专项维修资金的，如何处理？

根据《住宅专项维修资金管理办法》，住宅专项维修资金划转业主大会管理前，需要使用住宅专项维修资金的，按照以下规定办理：

（1）物业服务企业根据维修和更新、改造项目提出使用建议；没有物业服务企业的，由相关业主提出使用建议；

（2）住宅专项维修资金列支范围内专有部分占建筑物总面积2/3以上的业主且占总人数2/3以上的业主讨论通过使用建议；

（3）物业服务企业或者相关业主组织实施使用方案；

（4）物业服务企业或者相关业主持有关材料，向所在地直辖市、市、县人民政府建设（房地产）主管部门申请列支；其中，动用公有住房住宅专项维修资金的，向负责管理公有住房住宅专项维修资金的部门申请列支；

（5）直辖市、市、县人民政府建设（房地产）主管部门或者负责管理公有住房住宅专项维修资金的部门审核同意后，向专户管理银行发出划转住宅专项维修资金的通知；

（6）专户管理银行将所需住宅专项维修资金划转至维修单位。

第九百三十九条 【物业服务合同的约束力】建设单位依法与物业服务人订立的前期物业服务合同，以及业主委员会与业主大会依法选聘的物业服务人订立的物业服务合同，对业主具有法律约束力。

案例指引

055. 业主将车辆停放在小区，物业公司是否可以要求缴纳停车费？①

刘某峰系某物业公司所服务管理的深圳市福田区某花园小区业主，刘某峰在未办理停车手续的情况下，自 2018 年 8 月起将其名下的小型轿车长期停放在小区建筑区划内的露天公共绿化区域（非划线车位），且至今未缴纳停车服务费。物业公司多次向刘某峰发出书面通知要求其缴纳停车费并清理涉案车辆无果，遂诉至法院，要求刘某峰支付临时停车费用及滞纳金，并挪走车辆或办理相关停车手续。

深圳市福田区人民法院生效判决认为，某物业公司与深圳市福田区某花园业主委员会之间签订的物业服务合同系双方真实意思表示，合法有效，对包括刘某峰在内的全体业主具有约束力。刘某峰作为业主，将名下涉案车辆停放在小区后，理应按照物业服务合同及时主动向某物业公司支付停车服务费。涉案物业服务合同已明确约定，业主车辆出入按照停车场管理执行，现有证据可证明涉案车辆现停放的区域并不适宜停放车辆，该停放行为已妨碍某物业公司开展物业服务和管理工作。刘某

---

① 参见《广东法院贯彻实施民法典典型案例（第二批）》（2022 年 1 月 19 日发布），刘某峰与某物业公司物业服务合同纠纷案，载广东法院网 https：//www.gdcourts.gov.cn/gsxx/quanweifabu/anlihuicui/content/post_ 1047303.html，最后访问日期：2024 年 4 月 1 日。

峰开始欠缴停车服务费的时间点虽发生于《民法典》施行前，但拖欠停车服务费行为及不当停放车辆行为持续至《民法典》施行后，且《民法典》对物业服务合同进行了专门规定，根据《最高人民法院关于适用〈中华人民共和国民法典〉时间效力的若干规定》第1条的规定，本案应适用《民法典》第271条、第939条规定。2021年1月25日，法院判决刘某峰向某物业公司支付停车服务费及滞纳金，将涉案小型车辆移至适宜停放车辆区域。

物业服务关系民生，在改善居住环境、提升生活品质和社会管理水平等方面发挥着积极作用。《民法典》专门增加物业服务合同章节，为解决物业服务纠纷提供了基本依据。人民法院准确适用《民法典》，依法妥善处理业主与物业公司间的矛盾纠纷，对于维护社会稳定和居民和谐生活环境具有重要现实意义。

第九百四十条 　**【前期物业服务合同的终止情形】** 建设单位依法与物业服务人订立的前期物业服务合同约定的服务期限届满前，业主委员会或者业主与新物业服务人订立的物业服务合同生效的，前期物业服务合同终止。

第九百四十一条 　**【物业服务合同的转委托】** 物业服务人将物业服务区域内的部分专项服务事项委托给专业性服务组织或者其他第三人的，应当就该部分专项服务事项向业主负责。

物业服务人不得将其应当提供的全部物业服务转委托给第三人，或者将全部物业服务支解后分别转委托给第三人。

第九百四十二条 　**【物业服务人的义务】** 物业服务人应当按照约定和物业的使用性质，妥善维修、养护、清洁、绿化和经营管理物业服务区域内的业主共有部分，维护物业服务区域内的基本秩序，采取合理措施保护业主的人身、财产安全。

对物业服务区域内违反有关治安、环保、消防等法律法规的行为，物业服务人应当及时采取合理措施制止、向有关行政主管部门报告并协助处理。

关联参见

《消防法》第 18 条、第 46 条；《物业管理条例》第 35 条、第 46 条、第 47 条

第九百四十三条　【物业服务人的信息公开义务】物业服务人应当定期将服务的事项、负责人员、质量要求、收费项目、收费标准、履行情况，以及维修资金使用情况、业主共有部分的经营与收益情况等以合理方式向业主公开并向业主大会、业主委员会报告。

第九百四十四条　【业主支付物业费义务】业主应当按照约定向物业服务人支付物业费。物业服务人已经按照约定和有关规定提供服务的，业主不得以未接受或者无需接受相关物业服务为由拒绝支付物业费。

业主违反约定逾期不支付物业费的，物业服务人可以催告其在合理期限内支付；合理期限届满仍不支付的，物业服务人可以提起诉讼或者申请仲裁。

物业服务人不得采取停止供电、供水、供热、供燃气等方式催交物业费。

条文解读

物业费 ➔ 即物业服务费用，是指物业服务人按照物业服务合同的约定，对物业服务区域内的建筑物及其附属设施、相关场地进行维修、养护、管理，维护相关区域内的环境卫生和秩序，而向业主收取的报酬。

对于前期物业服务合同，物业费的缴纳义务人应当是建设单位或者业主。对于普通物业服务合同，物业费的缴纳义务人是业主。一般认

为，不论是前期物业服务合同还是普通物业服务合同，都应当以房屋交付作为业主开始承担物业费的时间点。在房屋出售或者交付给业主之前，物业费应当由建设单位缴纳；在出售或者交付给业主后，则应当由业主缴纳物业费。

物业费的收费范围、收费标准和收取办法通常应当在物业服务合同中作出约定。收费范围，也即物业费中所包含的收费项目，一般包括建筑物及其附属设施的维修养护、小区环境的清洁绿化等有关费用，如电梯使用费、车辆管理费、垃圾清运费等。

125. 当物业所有人与物业使用人不是同一人时，应当由物业所有人还是由物业使用人缴纳物业费？

在实践中，业主常常将其房屋出租或者出借给他人使用，物业使用人不再是物业所有人即业主，而是物业的承租人、借用人以及其他物业使用人，此时物业使用人可以与业主约定物业费的承担。如果双方约定由物业使用人承担物业费，但是物业服务合同依然有效，按照物业服务合同的规定，应当由业主缴纳物业费。根据合同相对性原则，物业服务合同对物业使用人没有法律约束力。所以业主仍要承担支付物业费的义务，如果物业使用人未缴纳物业费，物业服务人可以直接请求业主承担。业主在向物业服务人缴纳物业费后，可以向物业使用人追偿。

056. 业主认为其没有与物业公司签订物业服务合同，可以拒交物业费吗？[①]

某物业公司将小区业主张某诉至法院，物业公司诉称张某原先能够

---

① 参见《没签合同，业主可以拒交物业费吗？》，载"豫法阳光"公众号 https：// mp. weixin. qq. com/s/pBJBLMj2E2L_ m2rEWOyOOA，最后访问日期：2024 年 4 月 1 日。

按时缴纳物业费，但后来变着理由拒缴物业费，物业人员数次打电话和登门催缴无果，请求法院，判令张某支付物业费及滞纳金共7788元。

张某辩称我又没和物业公司签订合同，物业服务期限、内容、质量和收费金额均不明确，也没进行口头约定，再说小区管理脏乱差，物业服务不达标，要求支付物业费毫无依据。

法院认为，物业公司已为涉案小区履行了相应的服务义务，且张某缴过多年物业费，已实际接受了物业管理服务，双方已形成事实物业服务合同关系。依照《民法典》第944条之规定，张某应向物业公司支付物业费，同时根据张某提交的证据，结合到涉案小区实际查看的情况，可以确认物业公司管理服务不到位，但尚不能构成免交物业费的正当理由，酌定对物业费按减少15%计算。关于滞纳金的诉请，因双方未明确约定，加之张某现住小区物业公司仍继续提供服务，为缓和双方矛盾，法院不予支持，依法判决张某支付物业费5865元，双方服判息诉。

关联参见

《物业管理条例》第7条、第40—44条；《最高人民法院关于审理物业服务纠纷案件适用法律若干问题的解释》第2条、第3条

第九百四十五条 【业主的告知、协助义务】业主装饰装修房屋的，应当事先告知物业服务人，遵守物业服务人提示的合理注意事项，并配合其进行必要的现场检查。

业主转让、出租物业专有部分、设立居住权或者依法改变共有部分用途的，应当及时将相关情况告知物业服务人。

关联参见

《物业管理条例》第49—55条

第九百四十六条 【业主解聘物业服务人】业主依照法定程序共同决定解聘物业服务人的，可以解除物业服务合同。决定解聘的，应当提前六十日书面通知物业服务人，但是合同对通知期限另有约定的除外。

依据前款规定解除合同造成物业服务人损失的，除不可归责于业主的事由外，业主应当赔偿损失。

第九百四十七条 【物业服务人的续聘】物业服务期限届满前，业主依法共同决定续聘的，应当与原物业服务人在合同期限届满前续订物业服务合同。

物业服务期限届满前，物业服务人不同意续聘的，应当在合同期限届满前九十日书面通知业主或者业主委员会，但是合同对通知期限另有约定的除外。

第九百四十八条 【不定期物业服务合同的成立与解除】物业服务期限届满后，业主没有依法作出续聘或者另聘物业服务人的决定，物业服务人继续提供物业服务的，原物业服务合同继续有效，但是服务期限为不定期。

当事人可以随时解除不定期物业服务合同，但是应当提前六十日书面通知对方。

第九百四十九条 【物业服务合同终止后原物业服务人的义务】物业服务合同终止的，原物业服务人应当在约定期限或者合理期限内退出物业服务区域，将物业服务用房、相关设施、物业服务所必需的相关资料等交还给业主委员会、决定自行管理的业主或者其指定的人，配合新物业服务人做好交接工作，并如实告知物业的使用和管理状况。

原物业服务人违反前款规定的，不得请求业主支付物业服务合同终止后的物业费；造成业主损失的，应当赔偿损失。

126. 物业服务合同终止后，物业服务人还负有哪些义务？

物业服务合同终止后，当事人仍然负有一定的后合同义务。所谓后合同义务，属于附随义务的一种，是指在合同关系终止后，当事人依据法律法规的规定，以及诚信原则的要求对另一方负有保密、协助等义务。

物业服务人在合同终止后所应承担的后合同义务主要包括以下内容：

第一，在约定期限或者合理期限内退出物业服务区域。所谓退出，是指物业服务人及其工作人员应当离开相应的物业服务区域，如相关的工作人员应当退出物业服务用房，物业服务人所雇用的保安、门卫应当离开保安室、门卫室等，不得继续占用相关区域。因为物业服务合同终止后，物业服务人没有合法正当的理由继续占用相关区域。当事人可以在物业服务合同中对合同终止后物业服务人的退出期限作出明确约定，如果没有约定，应当在合同终止后，给予物业服务人一定的合理期限，让物业服务人在该合理期限内有序退出。

第二，妥善交接义务，包括移交物业服务用房和相关设施，以及物业服务所必需的相关资料，配合新物业服务人做好交接工作。这主要是因为，物业服务合同已经终止，物业服务人已经丧失占用物业服务用房和相关设施、物业服务所必需的相关资料等的法律依据，因此应当将其交还。物业服务用房和相关设施、物业服务所必需的相关资料等应当交还给业主委员会、决定自行管理的业主或者其指定的人，指定的人往往为业主或者业主委员会选聘的新物业服务人，直接移交给新物业服务人，不仅可以提高交接效率，还能最大限度地维护全体业主的利益。

第三，如实告知物业的使用和管理状况。物业服务合同终止后，物业服务人不仅要移交物业服务用房和相关设施、物业服务所必需的相关资料等，同时还要如实告知物业的使用和管理情况，尤其是与业主人身、财产安全密切相关的重要情况，例如某单元楼内某部电梯出现了故障仍待维修，小区门禁出现故障任何人可以自由进出，专项维修资金的使用情况，等等。告知的对象，既包括全体业主、业主委员会，也包括新物业服务人。因为业主对物业的使用和管理情况有知情权，物业服务人应当接受业主的监督，在其即将完全退出物业服务区域前，自然应当将有关物业使用和管理的情况如实告知业主。而之所以要告知新物业服务人，是因为新物业服务人即将接管物业服务和管理，为了尽快进入角色，应当及时全面了解和掌握物业的使用、管理情况，这也是新物业服务人的义务，而原物业服务人对物业的使用和管理情况最为了解，应当负有将这些情况如实告知新物业服务人的义务，以保护业主的共同利益。

关联参见

《最高人民法院关于审理物业服务纠纷案件适用法律若干问题的解释》第 3 条

第九百五十条 【物业服务合同终止后新合同成立前期间的相关事项】 物业服务合同终止后，在业主或者业主大会选聘的新物业服务人或者决定自行管理的业主接管之前，原物业服务人应当继续处理物业服务事项，并可以请求业主支付该期间的物业费。

第二十五章 行纪合同

第九百五十一条 【行纪合同的概念】 行纪合同是行纪人以自己的名义为委托人从事贸易活动，委托人支付报酬的合同。

条文解读

行纪合同的特征 ➡ 行纪合同具有以下特征：

1. 行纪人从事贸易行为

根据行纪合同的定义，行纪人从事的活动限于贸易行为，这是行纪合同和委托合同的重要区别。就行纪合同的适用范围来说，如何界定"贸易行为"是关键。传统的"贸易"主要是指商品买卖、交易。有的观点认为，贸易的客体应当是商品，不包括不动产，也不包括知识产权等无形财产。新中国成立以来，尤其是改革开放以来，我国经济迅速发展。随着经济社会的不断发展，贸易的范围或者客体也在不断扩大。现代社会的贸易已经不再限于动产的商品交易，行纪活动也不应当再限于传统的商品贸易，而是可以包括更多财产权益的管理、处分，例如房地产买卖、证券交易、期货交易和信托等。基于现实生活的需要，现在已经有很多新兴行业都出现了专门从事行纪工作的专业机构和人员。例如，在房地产市场，有的房产中介机构也有从事不动产买卖的行纪活动（尽管很多房产中介机构主要是以中介人即居间人的身份提供房屋买卖或者租赁的中介服务）。在金融领域，证券资产管理业务是证券经营机构在传统业务基础上发展的新型业务，是委托人将自己的证券资产交给证券公司，由证券公司以自己的名义为委托人提供理财服务的行为，也属于一种行纪。近年来，信托行业迅速发展壮大，越来越多的人通过信托制度管理自己的财产。信托也是一种行纪，是指委托人基于对受托人的信任，将其财产权委托给受托人，由受托人按委托人的意愿以自己的名义，为受益人的利益或特定目的进行管理和处分的行为。

2. 行纪人应当具有相应的资质

在现代社会，行纪被广泛运用于各种商业活动中，行纪人从事的某种贸易行为具有专业性的特点，往往需要具备相应的资质。行纪人一般专门从事贸易活动，其开业和经营往往需要经过国家有关部门的审批或者登记，并不是所有民事主体都可以无条件地成为行纪人从事行纪业务。例如，从事证券资产管理业务的证券公司，必须符合条件并依法设立。2019 年修订的《证券法》第 118 条规定了设立证券公司应当具备的条件，同时要求经国务院证券监督管理机构批准。未经国务院证券监督管理机构批准，任何单位和个人不得以证券公司名义开展证券业务活动。

3. 行纪人的行为是以自己的名义

根据行纪的定义，行纪人必须以自己的名义为委托人从事贸易行为，而非委托人的名义。这也是行纪人和受托人、代理人的重要区别。受托人可以委托人的名义进行民事活动，也可以自己的名义。代理人则只能以被代理人的名义进行民事法律行为，其在代理权限内从事的代理行为的法律后果直接由被代理人承担。行纪人从事贸易行为的法律后果由行纪人承担，委托人可能不知道行纪人的相对人是谁，相对人也可能不知道委托人是谁，委托人和行纪人的相对人之间并不发生直接的法律关系。在行纪中一般存在两个法律关系，即委托人和行纪人之间的行纪关系，以及行纪人与第三人之间的合同关系。

4. 行纪合同为诺成合同、不要式合同、有偿合同、双务合同

行纪合同是诺成合同，只要委托人和行纪人意思表示一致即可成立；是不要式合同，可以采用口头形式、书面形式或者其他形式；是有偿合同，委托人负有向行纪人支付报酬的义务；也是双务合同，行纪人受委托人之委托从事贸易行为，委托人需要向行纪人支付相应的报酬。

实务应用

127. 行纪合同与委托合同有什么异同？

行纪合同与委托合同相同的特征是：（1）二者都是基于双方当事人的信任而产生；（2）二者均为提供服务的合同；（3）委托人的相对人的义务均是处理一定的事务；（4）服务的后果均由委托人承受。

行纪合同与委托合同的区别主要在于：（1）行纪合同的标的是以从事贸易活动为内容的法律行为，而委托合同的标的不限于法律行为，可以是法律行为、具有经济意义的行为或者是事实行为。（2）因为行纪合同的标的是从事贸易活动，因此，行纪人要有从事一定贸易活动的资格，例如，证券经纪公司、期货经纪公司必须具有从事证券、期货业务的特殊资格，没有特殊资格不能从事这方面的经纪行为；委托合同的标的范围较为广泛，在处理一般事务时无须特定的资格。（3）在行纪合同中，行纪人只能以自己的名义进行贸易活动，因而其与第三人订立的合

同不能直接对委托人发生效力；而在委托合同中，受托人可以直接以委托人的名义处理事务，因此其与第三人订立的合同直接对委托人发生效力。（4）行纪合同是有偿合同，而委托合同可以是有偿的，也可以是无偿的，具体由当事人约定。

第九百五十二条 【行纪人的费用负担】行纪人处理委托事务支出的费用，由行纪人负担，但是当事人另有约定的除外。

第九百五十三条 【行纪人保管义务】行纪人占有委托物的，应当妥善保管委托物。

第九百五十四条 【行纪人处置委托物义务】委托物交付给行纪人时有瑕疵或者容易腐烂、变质的，经委托人同意，行纪人可以处分该物；不能与委托人及时取得联系的，行纪人可以合理处分。

第九百五十五条 【行纪人按指定价格买卖的义务】行纪人低于委托人指定的价格卖出或者高于委托人指定的价格买入的，应当经委托人同意；未经委托人同意，行纪人补偿其差额的，该买卖对委托人发生效力。

行纪人高于委托人指定的价格卖出或者低于委托人指定的价格买入的，可以按照约定增加报酬；没有约定或者约定不明确，依据本法第五百一十条的规定仍不能确定的，该利益属于委托人。

委托人对价格有特别指示的，行纪人不得违背该指示卖出或者买入。

第九百五十六条 【行纪人的介入权】行纪人卖出或者买入具有市场定价的商品，除委托人有相反的意思表示外，行纪人自己可以作为买受人或者出卖人。

行纪人有前款规定情形的，仍然可以请求委托人支付报酬。

第九百五十七条 【委托人受领、取回义务及行纪人提存委托

物】行纪人按照约定买入委托物，委托人应当及时受领。经行纪人催告，委托人无正当理由拒绝受领的，行纪人依法可以提存委托物。

委托物不能卖出或者委托人撤回出卖，经行纪人催告，委托人不取回或者不处分该物的，行纪人依法可以提存委托物。

第九百五十八条 【行纪人的直接履行义务】行纪人与第三人订立合同的，行纪人对该合同直接享有权利、承担义务。

第三人不履行义务致使委托人受到损害的，行纪人应当承担赔偿责任，但是行纪人与委托人另有约定的除外。

第九百五十九条 【行纪人的报酬请求权及留置权】行纪人完成或者部分完成委托事务的，委托人应当向其支付相应的报酬。委托人逾期不支付报酬的，行纪人对委托物享有留置权，但是当事人另有约定的除外。

第九百六十条 【参照适用委托合同的规定】本章没有规定的，参照适用委托合同的有关规定。

第二十六章　中介合同

第九百六十一条 【中介合同的概念】中介合同是中介人向委托人报告订立合同的机会或者提供订立合同的媒介服务，委托人支付报酬的合同。

条文解读

中介合同 ➡ 中介合同，一般又称为居间合同，是指当事人双方约定一方接受他方的委托，并按照他方的指示要求，为他方报告订立合同的机会或者为订约提供媒介服务，委托人给付报酬的合同。在中介合同中，接受委托报告订立合同的机会或者提供交易媒介的一方为中介人，也称为居间人，给付报酬的一方为委托人。在中介合同中，中介人的主要义务就是提供中介服务以促成委托人和第三人订立合同，包括提供订约信息、据实报告的义务等；而委托人的主要义务是在其与第三人的合同因中介人提供的中介服务而成立后向中介人支付约定的报酬。

第九百六十二条　【中介人的如实报告义务】中介人应当就有关订立合同的事项向委托人如实报告。

中介人故意隐瞒与订立合同有关的重要事实或者提供虚假情况，损害委托人利益的，不得请求支付报酬并应当承担赔偿责任。

关联参见

《房地产经纪管理办法》第 21 条

第九百六十三条　【中介人的报酬请求权】中介人促成合同成立的，委托人应当按照约定支付报酬。对中介人的报酬没有约定或者约定不明确，依据本法第五百一十条的规定仍不能确定的，根据中介人的劳务合理确定。因中介人提供订立合同的媒介服务而促成合同成立的，由该合同的当事人平均负担中介人的报酬。

中介人促成合同成立的，中介活动的费用，由中介人负担。

关联参见

《房地产经纪管理办法》第 17—19 条

第九百六十四条　【中介人的中介费用】中介人未促成合同成立的，不得请求支付报酬；但是，可以按照约定请求委托人支付从事中介活动支出的必要费用。

第九百六十五条　【委托人"跳单"应支付中介报酬】委托人在接受中介人的服务后，利用中介人提供的交易机会或者媒介服务，绕开中介人直接订立合同的，应当向中介人支付报酬。

057. 如何认定"跳单"行为及法律后果？①

2020年12月，初某为方便孩子就近上学，计划购买一套学区房，遂找到蓬莱区某中介公司，委托其帮助寻找合适的房源。双方签订《购房委托协议》，约定初某委托中介公司提供房源、看房及中介服务，初某应于购房成功后给付中介公司报酬，即购房款总额的1%。

协议签订后，中介公司为初某提供了一套毗邻某中学的学区房，并先后两次带领初某实地看房，其间双方多次通过微信、电话等方式沟通看房、购房事宜，初某对房屋很满意，意欲购得此房。后初某通过朋友打听到房主联系方式，遂绕开中介公司与房主私下协商购得此房，并办理了过户登记手续。事后，中介公司多次与初某协商，要求初某支付报酬，均被初某拒绝。2021年2月，中介公司将初某诉至烟台市蓬莱区人民法院，要求初某支付报酬及违约金。

经过法官及调解员的调解工作，初某同意当庭一次性给付中介公司报酬10000元，该案调解结案，最终案结事了。

本案中，初某虽然是通过朋友与房主沟通后签订买卖合同，但其接受了中介人的服务，并利用中介人提供的服务签订了合同，其为少交、不交中介费而绕开中介人直接与房主订立合同的行为，符合"跳单"违约的构成要件，即（1）委托人接受了中介人的服务；（2）委托人利用了中介人提供的信息机会或者媒介服务；（3）委托人绕开中介人直接订立合同。

《民法典》第965条明确规定了"跳单"行为的法律后果。该条文作为分则部分的新增规定，明确禁止"跳单"行为，认可中介合同中"跳单"违约条款的法律效力。此外，即使中介合同中没有关于"跳单"行

---

① 参见李宁、芦强：《"跳单"的认定及法律后果——蓬莱区某中介公司诉初某中介合同纠纷案》，载《山东法制报》2021年5月14日第2版。

为属于违约的内容，委托人利用中介人提供的独家资源或者服务后绕过中介人达成交易的，中介人也可以依照上述规定向委托人主张权利。

第九百六十六条　【参照适用委托合同的规定】本章没有规定的，参照适用委托合同的有关规定。

第二十七章　合伙合同

第九百六十七条　【合伙合同的定义】合伙合同是两个以上合伙人为了共同的事业目的，订立的共享利益、共担风险的协议。

条文解读

合伙合同 ➡ 合伙合同主要有以下几个特征：

1. 对合伙人有所限制

根据合伙合同的定义，合伙合同的主体为两个以上的合伙人。合伙人的数量要求两个以上，只有一个则无法成立合伙。当因合伙人死亡、丧失民事行为能力、终止等原因，合伙人数量减少到一个时，合伙合同终止。作为合伙合同主体的合伙人，可以是自然人、法人或者非法人组织。但是，合伙人并不是没有完全限制，不是所有民事主体都可以成为合伙人。《合伙企业法》第3条规定："国有独资公司、国有企业、上市公司以及公益性的事业单位、社会团体不得成为普通合伙人。"普通合伙人是对合伙企业债务承担无限连带责任的合伙人。而合伙合同中的合伙人，对合伙债务承担无限连带责任。国有独资公司、国有企业、上市公司如果成为合伙人，就要以其全部财产对合伙债务承担责任，这不利于保护国有资产和上市公司股东的利益。从事公益性活动的事业单位、社会团体，因其从事的活动涉及公共利益，其自身财产也不宜对外承担无限连带责任，因此，国有独资公司、国有企业、上市公司以及公益性的事业单位、社会团体不得成为合伙企业的普通合伙人，原则上也不得与他人订立合伙合同成为合伙人。

2. 为了共同目的或者共同利益

合伙人订立合伙合同是为了达到共同的事业目的，实现共同的利益，这是合伙合同最重要的特征，也是合伙合同与其他类型的合同最主要的区别之一。所谓"共同的事业目的"，可以是营利性的目的，也可以是非营利性的目的，如公益目的。"共同的利益"，可以是物质上、经济上的利益，也可以是其他方面的利益。就一般的合同而言，虽然合同的双方或者多方当事人总体目标是一致的，都是为了实现合同目的，例如买卖合同中的出卖人和买受人都希望交易达成，但是，从当事人的角度出发，他们的目的或者权利义务有可能是不一致甚至是完全对立的。出卖人的目的是以标的物的所有权换取相应的价款，其权利是获取买受人支付的价款，义务是交付标的物转移所有权；而买受人的目的是以一定的价款换取标的物的所有权，权利是取得标的物的所有权，义务是支付标的物的价款。双方的目的或者权利义务是相对的关系，当事人之间处于对立或者竞争的关系。而合伙合同中，所有合伙人的目的具有一致性，权利义务的内容或者说方向也具有一致性，都是为了实现共同的事业目的，原则上都享有表决权、执行权、监督权等权利，都负有出资等义务，都要对合伙债务承担连带责任，完全是一种合作关系而非对立关系。通俗地说，一般合同当事人之间的权利义务是"此消彼长"的关系，而合伙合同的所有合伙人之间则是"共消共长"的关系。

3. 共享利益、共担风险

如前所述，合伙合同的所有合伙人之间具有共同的事业目的，是合作共赢的关系。因此，所有合伙人就应当共享合伙经营之利益，共担合伙经营之风险。可以说，合伙合同中的全体合伙人是"一荣俱荣，一损俱损"的关系。目的的共同性决定了所有合伙人共享利益、共担风险，不能只由部分合伙人享受利益或者承担风险，否则有违合伙合同之目的。

4. 合伙具有较强的人合性和一定的组织性

合伙合同的成立是基于合伙人之间的互相信任，合伙人之间可以互为代理人，且全体合伙人对合伙债务承担连带责任。合伙人具有共同的事业目的，共享利益、共担风险。因此，合伙具有较强的人合性。这决定了合伙人不得擅自处分自己在合伙财产中的份额，以及合伙人的债权人不得代位行使合伙人对合伙的权利等。

基于本章规定的合伙合同形成的合伙，具有一定的组织性，但又不是完全独立的组织体，不具有民事主体资格。这是基于本章规定的合伙合同成立的合伙与合伙企业的重要区别。合伙企业具有民事主体资格，属于《民法典》总则编中规定的非法人组织，具有民事权利能力和民事行为能力，可以依法享有民事权利和承担民事义务。合伙企业包括依照《合伙企业法》在中国境内设立的普通合伙企业和有限合伙企业，有普通合伙人和有限合伙人之分。合伙企业是完全独立的、组织严密的组织体。合伙企业有自己的财产，合伙企业对其债务应先以其全部财产进行清偿；当合伙企业的财产不足以清偿到期债务时，再由合伙人承担无限连带责任。而本章规定的契约型合伙，具有一定的组织性，但是其组织性相对于合伙企业来说较为松散，即使基于合伙人的出资和合伙事务可以形成合伙财产，也并不是必须先由合伙财产承担合伙债务，合伙的债权人可以对所有合伙人的所有财产（包括合伙财产以内和以外的财产）提出请求权。一些学者将合伙企业称为"企业型合伙"或者"组织型合伙"，将基于合伙合同成立的未形成组织的合伙称为"契约型合伙"或者"协议型合伙"。

5. 不要式合同、继续性合同

《民法典》对合伙合同的订立形式没有作出特别要求，可以是口头形式，也可以是书面形式或者其他形式。合伙合同为不要式合同。

合伙合同是继续性合同。不论合伙合同的共同事业目的是持续性的还是临时性的，都不影响合伙合同为继续性合同。合伙人履行义务的行为不是一次性的，只要共同目的仍未实现，所有合伙人都应持续履行其义务。作为继续性合同，合伙合同在解除等方面也与非继续性合同有所不同，例如合同的解除不具有溯及力，仅向将来发生效力。

第九百六十八条 【合伙人的出资义务】合伙人应当按照约定的出资方式、数额和缴付期限，履行出资义务。

关联参见

《合伙企业法》第 16 条、第 17 条

第九百六十九条 【合伙财产的定义】合伙人的出资、因合伙事务依法取得的收益和其他财产，属于合伙财产。

合伙合同终止前，合伙人不得请求分割合伙财产。

关联参见

《合伙企业法》第 20 条、第 21 条

第九百七十条 【合伙事务的执行】合伙人就合伙事务作出决定的，除合伙合同另有约定外，应当经全体合伙人一致同意。

合伙事务由全体合伙人共同执行。按照合伙合同的约定或者全体合伙人的决定，可以委托一个或者数个合伙人执行合伙事务；其他合伙人不再执行合伙事务，但是有权监督执行情况。

合伙人分别执行合伙事务的，执行事务合伙人可以对其他合伙人执行的事务提出异议；提出异议后，其他合伙人应当暂停该项事务的执行。

关联参见

《合伙企业法》第 26—36 条

第九百七十一条 【合伙人执行合伙事务不得请求支付报酬】合伙人不得因执行合伙事务而请求支付报酬，但是合伙合同另有约定的除外。

第九百七十二条 【合伙的利润分配和亏损分担】合伙的利润分配和亏损分担，按照合伙合同的约定办理；合伙合同没有约定或者约定不明确的，由合伙人协商决定；协商不成的，由合伙人按照实缴出资比例分配、分担；无法确定出资比例的，由合伙人平均分配、分担。

关联参见

《合伙企业法》第 33 条

第九百七十三条 【合伙人对合伙债务的连带责任及追偿权】合伙人对合伙债务承担连带责任。清偿合伙债务超过自己应当承担份额的合伙人，有权向其他合伙人追偿。

关联参见

《合伙企业法》第 38—40 条

第九百七十四条 【合伙人转让财产份额的要求】除合伙合同另有约定外，合伙人向合伙人以外的人转让其全部或者部分财产份额的，须经其他合伙人一致同意。

关联参见

《合伙企业法》第 22 条、第 23 条

第九百七十五条 【合伙人债权人代位行使权利的限制】合伙人的债权人不得代位行使合伙人依照本章规定和合伙合同享有的权利，但是合伙人享有的利益分配请求权除外。

128. 合伙人的债权人是否可以代位行使合伙人对合伙的权利?

代位权,是指债权人以自己的名义依法代替债务人行使债务人之权利的权利。代位权是保全债权的方法之一。当债务人享有对第三人的权利而怠于行使,使债务人的收益或财产遭受损失,从而损害债权人利益时,债权人便可代位行使债务人应行使的权利,以保护债权的实现。依据《民法典》第535条的规定,代位权的行使应当符合以下条件:债权人享有对债务人的到期债权;债务人须享有对第三人的财产权利,包括但不限于债权;债务人怠于行使该权利;债务人迟延履行其债务;等等。

合伙人在合伙中不仅享有财产性质的利益分配请求权,还包括其在合伙中的表决权等身份权及合伙事务执行权、监督权等其他权利。合伙人的债权人要求合伙人偿还债务,只能通过与合伙人签订合同或通过诉讼的方式,获得对合伙人在合伙中利益分配的请求权或者分割其在合伙财产中的份额以实现债权,而对合伙人的其他具有人身属性的权利,如合伙事务执行权、重大事务表决权、对合伙的监督权等均没有请求权。此外,合伙还具有一定的组织性,合伙人一旦出资就成为合伙财产,合伙人的出资和其他因合伙取得的财产都是合伙财产,属于所有合伙人共同共有。基于共同共有的理论,在合伙合同终止前,合伙人不得请求分割合伙财产,也不得随意处分合伙财产以及合伙人在合伙财产中的份额。如果允许合伙人的债权人代位行使合伙人对合伙的权利,那就相当于变相分割或者处分了合伙财产。基于以上理由,本条规定合伙人的债权人原则上不得代位行使合伙人在合伙中的权利。

但是,当合伙人的自有财产不足以清偿其债务时,还是可以以基于合伙产生的其他财产性权利来进行清偿。合伙财产是由合伙人投入合伙的原始出资、出资收益及其他财产收益形成的。合伙人将其出资投入合伙即变成合伙财产,是合伙经营的必要条件,如果允许合伙人以这部分财产清偿自身债务就意味着要对这种财产进行处分，势必要求对合伙财产进行分割，并按份额予以减出，其结果必然对合伙经营造成负面影响，因此不允许合伙人直接以其在合伙财产中的份额清偿自身债务。合伙人对合伙享有的权利，既包括具有人身属性的权利，也包括财产权利，如利益分配请求权。为了既维护合伙的利益，又考虑到合伙人的债权人实现债权的要求，本条规定允许合伙人的债权人代位行使该合伙人基于合伙享有的利益分配请求权。债权人行使合伙人的利益分配请求权，并不影响合伙的人合性和组织性，也不减少合伙财产，对合伙经营来说并无害处，应当允许。

关联参见

《合伙企业法》第 41 条、第 42 条

第九百七十六条　【合伙期限的推定】 合伙人对合伙期限没有约定或者约定不明确，依据本法第五百一十条的规定仍不能确定的，视为不定期合伙。

合伙期限届满，合伙人继续执行合伙事务，其他合伙人没有提出异议的，原合伙合同继续有效，但是合伙期限为不定期。

合伙人可以随时解除不定期合伙合同，但是应当在合理期限之前通知其他合伙人。

第九百七十七条　【合伙人死亡、民事行为能力丧失或终止时合伙合同的效力】 合伙人死亡、丧失民事行为能力或者终止的，合伙合同终止；但是，合伙合同另有约定或者根据合伙事务的性质不宜终止的除外。

关联参见

《合伙企业法》第 80 条

第九百七十八条　【合伙合同终止后剩余财产的分配规则】

合伙合同终止后，合伙财产在支付因终止而产生的费用以及清偿合伙债务后有剩余的，依据本法第九百七十二条的规定进行分配。

第三分编 准 合 同

第二十八章 无因管理

第九百七十九条 **【无因管理的定义及法律效果】** 管理人没有法定的或者约定的义务，为避免他人利益受损失而管理他人事务的，可以请求受益人偿还因管理事务而支出的必要费用；管理人因管理事务受到损失的，可以请求受益人给予适当补偿。

管理事务不符合受益人真实意思的，管理人不享有前款规定的权利；但是，受益人的真实意思违反法律或者违背公序良俗的除外。

案例指引

058. 行为人在没有法定和约定义务时，为了防止他人利益受损关闭水阀导致自己受伤，是否构成无因管理？[①]

2018 年 2 月的一天，乌鲁木齐市米东区某小区内，突然发生自来水水管爆裂事故。

"水溢到地下室，足足有 30 厘米深，再没人管损失会更大。"家住该小区的李某及时向物业公司反映了相关情况。但物业公司迟迟未派人来处理，李某找到社区，社区工作人员建议居民先想办法把自来水总阀门关闭，再联系修理工。

李某和邻居王某商量后，一同将井盖打开，关闭了供水总阀门，但在此期间，井盖不慎滑落，砸在了李某的脚上。事后，李某住院治疗 13 天。

出院后，李某越想越郁闷：物业公司作为小区管理者，负有对自来

---

① 参见张秀：《【新疆法制报】水管爆裂 居民紧急关阀受伤 法院：构成无因管理 物业应赔偿》，载新疆法院网 http://xjfy.xjcourt.gov.cn/article/detail/2019/07/id/4180315.shtml，最后访问日期：2024 年 4 月 1 日。

水管的维修义务，却迟迟不修，自己则是为了避免造成更大损失主动采取措施，因此而受伤，物业公司不该负责吗？

然而，他多次与物业公司协商均无果。于是，他将物业公司起诉至乌鲁木齐市米东区人民法院，要求其赔偿损失4万余元。

物业公司认为自己没有赔偿的义务，并提出了多项理由：李某虽然是小区的业主，但其所住的单元楼已经被政府列入征收范围，物业仅提供打扫卫生等服务；李某自2017年6月以后便未向物业公司交物业费用；发生水管爆裂的当日，物业公司联系了自来水公司前来修理；该单元楼前期也发生过自来水管爆裂事故，维修费用是由社区承担的。

法院审理后查明，该物业公司与业主签订的《业委会物业管理委托合同》中，双方约定：物业服务的受益人为本物业的全体业主和物业使用人；房屋建筑共用部位的维修、养护和管理，包括道路、室外上下水管道等，物业公司应当随叫随到；服务期限自2015年8月1日至2020年7月31日。

法院经审理认为，该案的争议焦点是，李某的行为是否构成无因管理。

本案中，小区地下室出现水管爆裂的紧急情况时，李某并没有关闭水管阀门的法定或约定的义务，其为了避免包括自己利益在内的他人利益受损以及损失进一步扩大而对水管阀门进行紧急关闭，行为符合无因管理的构成要件。

按照合同约定，水管爆裂的维修责任应由物业公司承担，李某为了避免造成更大损失，代替被告紧急关闭水管阀门，物业公司从中受益，因此，被告应当对原告由此产生的损失承担相应的赔偿责任。物业公司提出的，李某未交物业费等理由，不足以免除其义务。

同时，法院认为，原告作为一个完全民事行为能力人，在关闭水管阀门过程中未尽到安全谨慎的注意义务，对此原告自身也有一定的责任。据此，法院判决，物业公司承担80%的责任，共计赔偿李某损失2万余元。

物业公司不服，上诉至乌鲁木齐市中级人民法院。2019 年 7 月，乌鲁木齐市中级人民法院驳回上诉，维持原判。

第九百八十条　**【不适当的无因管理】**管理人管理事务不属于前条规定的情形，但是受益人享有管理利益的，受益人应当在其获得的利益范围内向管理人承担前条第一款规定的义务。

第九百八十一条　**【管理人的善良管理义务】**管理人管理他人事务，应当采取有利于受益人的方法。中断管理对受益人不利的，无正当理由不得中断。

第九百八十二条　**【管理人的通知义务】**管理人管理他人事务，能够通知受益人的，应当及时通知受益人。管理的事务不需要紧急处理的，应当等待受益人的指示。

第九百八十三条　**【管理人的报告及移交财产义务】**管理结束后，管理人应当向受益人报告管理事务的情况。管理人管理事务取得的财产，应当及时转交给受益人。

第九百八十四条　**【本人对管理事务的追认】**管理人管理事务经受益人事后追认的，从管理事务开始时起，适用委托合同的有关规定，但是管理人另有意思表示的除外。

第二十九章　不当得利

第九百八十五条　**【不当得利的构成及除外情况】**得利人没有法律根据取得不当利益的，受损失的人可以请求得利人返还取得的利益，但是有下列情形之一的除外：

（一）为履行道德义务进行的给付；

（二）债务到期之前的清偿；

（三）明知无给付义务而进行的债务清偿。

第九百八十六条　**【善意得利人的返还责任】**得利人不知道

且不应当知道取得的利益没有法律根据，取得的利益已经不存在的，不承担返还该利益的义务。

第九百八十七条 【恶意得利人的返还责任】得利人知道或者应当知道取得的利益没有法律根据的，受损失的人可以请求得利人返还其取得的利益并依法赔偿损失。

第九百八十八条 【第三人的返还义务】得利人已经将取得的利益无偿转让给第三人的，受损失的人可以请求第三人在相应范围内承担返还义务。

第四编 人 格 权

第一章 一般规定

第九百八十九条 【人格权编的调整范围】本编调整因人格权的享有和保护产生的民事关系。

条文解读

人格权 ➡ 人格权是存在于民事主体人格上的权利，是民事主体对其特定的人格利益享有的权利，关系到每个人的人格尊严，是民事主体最基本、最重要的权利。与"人格"相对应的概念是民事权利能力，而人格权是民事权利的一种，权利主体是具有民事权利能力的民事主体，不具有民事权利能力，就不享有人格权；但人格权所涉及的是人格利益而非作为民事权利能力的人格。

人格权法律关系 ➡ 人格权法律关系就是因人格权发生的民事法律关系。人格权法律关系的权利主体是自然人、法人及非法人组织，义务主体是人格权权利主体之外的其他任何不特定的自然人、法人及非法人组织。因此，人格权是绝对权，人格权法律关系是绝对权的法律关系，权利主体特定而义务主体不特定。人格权法律关系的客体，是人格利益，而不是人格。就特定的人格利益构成的权利义务关系，就是人格权法律关系的内容。

关联参见

《宪法》第 37 条、第 38 条；《刑法》第 236—238 条、第 245 条；《治安管理处罚法》第 27 条、第 40 条、第 43 条

第九百九十条　【人格权类型】 人格权是民事主体享有的生命权、身体权、健康权、姓名权、名称权、肖像权、名誉权、荣誉权、隐私权等权利。

除前款规定的人格权外，自然人享有基于人身自由、人格尊严产生的其他人格权益。

条文解读

一般人格权，是指自然人享有的，概括人格独立、人格自由和人格尊严全部内容的一般人格利益，由此产生和规定具体人格权，并对具体人格权不能保护的其他人格利益进行保护的抽象人格权。一般人格权的核心内容是人格尊严（而不是人身自由），具体内容是基于人格尊严而产生的其他人格利益。通常认为，一般人格权有创造功能（创造新的人格权）、解释功能（解释具体人格权的内容）和补充功能（保护具体人格权不能保护的人格利益），但是实际发挥最重要的功能是补充功能，即在具体的人格权之外，基于人格尊严产生的其他人格利益都予以保护，当这些人格利益受到侵害时，一般人格权予以保护。

第九百九十一条　【人格权受法律保护】 民事主体的人格权受法律保护，任何组织或者个人不得侵害。

第九百九十二条　【人格权不得放弃、转让、继承】 人格权不得放弃、转让或者继承。

人格权的固有性 ➡ 本条规定的是人格权的固有性。固有性是指人格权是自然人生而具有的权利，而不是后天依据何种原因而取得的权利。人格权由于具有固有性特征，因而是专属权、必备权，与权利主体不可须臾离开，终身为权利主体所享有。人格权一旦与权利主体分离，人就丧失了做人的资格。

正因为人格权是固有权、专属权、必备权，因而在任何民事活动中，权利主体都不得放弃人格权、转让人格权、继承人格权，不能通过这些行为将人格权与权利主体分离。不过有些人格利益是可以许可他人使用的，例如肖像、姓名、隐私、个人信息等，但是不能把这些人格权予以放弃、转让或者继承。

此外，侵害他人人格权的精神损害赔偿请求权原则保持专属性，但是例外是"赔偿义务人已经以书面方式承诺给予金钱赔偿，或者赔偿权利人已经向人民法院起诉"。因为此种情形下的精神损害赔偿请求权已经转化为财产权。

实务应用

129. 可以基于法律规定转让、放弃或者继承人格权的情形有哪些？

并不是说在所有的情况下人格权都可以基于法律规定而转让、放弃、继承，法律规定的情形只有三种：（1）只有名称权可以转让，因为它是法人或者非法人组织的名称，转让、放弃都可以，只不过法人或者非法人组织解散而已。（2）某些人格权的客体即人格利益可以放弃和转让，甚至可以继承，这些规则在《民法典》第 993 条作了规定。（3）当人格利益受到损害提起诉讼时，权利人死亡，这些人格利益的归属，可以由其继承人继承。

第九百九十三条　【人格利益的许可使用】民事主体可以将自己的姓名、名称、肖像等许可他人使用，但是依照法律规定或者根据其性质不得许可的除外。

第九百九十四条　【死者人格利益保护】死者的姓名、肖像、名誉、荣誉、隐私、遗体等受到侵害的，其配偶、子女、父母有权依法请求行为人承担民事责任；死者没有配偶、子女且父母已经死亡的，其他近亲属有权依法请求行为人承担民事责任。

条文解读

自然人死亡，其民事权利能力消灭，因而主体消灭。不过，一个人死亡后，虽然主体消灭了，但并不是其人格利益一并都予以消灭。本条列举的死者姓名、肖像、名誉、荣誉、隐私、遗体等受到侵害的，死者的近亲属有权进行保护。不过，死者的遗骨、骨灰、个人信息等也都需要依法保护，可以概括在"等"字中。

关联参见

《英雄烈士保护法》第 25 条、第 26 条；《烈士褒扬条例》第 8 条；《最高人民法院关于确定民事侵权精神损害赔偿责任若干问题的解释》第 3 条

第九百九十五条　【人格权保护的请求权】人格权受到侵害的，受害人有权依照本法和其他法律的规定请求行为人承担民事责任。受害人的停止侵害、排除妨碍、消除危险、消除影响、恢复名誉、赔礼道歉请求权，不适用诉讼时效的规定。

第九百九十六条　【人格权责任竞合下的精神损害赔偿】因当事人一方的违约行为，损害对方人格权并造成严重精神损害，受损害方选择请求其承担违约责任的，不影响受损害方请求精神损害赔偿。

条文解读

违约精神损害赔偿 ➡ 违约精神损害赔偿，又称为非财产损害，是指民事主体基于违约行为遭受的精神损害主张损害赔偿的救济制度。相比于财产损害赔偿，精神损害赔偿具有显著差异，具体如下：其一，精神损害赔偿以造成人身损害为前提，唯有权利人受到人身损害时，才有权主张精神损害赔偿。其二，精神损害赔偿其实并非对损害的赔偿，它更多的是一种货币化的补偿和精神安慰，主要是针对侵犯人格权的救济，针对的是所谓精神痛苦，是对受害人的抚慰。

违约行为造成精神损害可以直接适用精神损害赔偿责任进行救济。构成要件如下：（1）一方当事人违反合同义务构成违约行为；（2）违约行为侵害了债权人的人格权益；（3）违约行为造成严重精神损害；（4）违约行为与精神损害之间有因果关系。具备上述要件，受损害一方请求其承担违约责任，并不影响其一并请求精神损害赔偿。换言之，违约行为同时造成债权人的严重精神损害，可以同时请求法院确认其承担违约责任和侵权的精神损害赔偿责任。

本条与《民法典》第1183条的关系是，第1183条是普通规定，本条是特别规定，在违约责任领域，本条具有优先适用的效力。

第九百九十七条　【申请法院责令停止侵害】民事主体有证据证明行为人正在实施或者即将实施侵害其人格权的违法行为，不及时制止将使其合法权益受到难以弥补的损害的，有权依法向人民法院申请采取责令行为人停止有关行为的措施。

第九百九十八条　【认定行为人承担责任时的考量因素】认定行为人承担侵害除生命权、身体权和健康权外的人格权的民事责任，应当考虑行为人和受害人的职业、影响范围、过错程度，以及行为的目的、方式、后果等因素。

第九百九十九条　【人格利益的合理使用】为公共利益实施新闻报道、舆论监督等行为的，可以合理使用民事主体的姓名、名称、肖像、个人信息等；使用不合理侵害民事主体人格权的，应当依法承担民事责任。

第一千条　【消除影响、恢复名誉、赔礼道歉责任方式】行为人因侵害人格权承担消除影响、恢复名誉、赔礼道歉等民事责任的，应当与行为的具体方式和造成的影响范围相当。

行为人拒不承担前款规定的民事责任的，人民法院可以采取在报刊、网络等媒体上发布公告或者公布生效裁判文书等方式执行，产生的费用由行为人负担。

实务应用

130. 判决生效后，行为人拒不消除影响、恢复名誉、赔礼道歉的，法院应当如何执行？

行为人拒不承担消除影响、恢复名誉、赔礼道歉的民事责任的，执行的方式是在报刊、网络等媒体上发布公告或者公布生效裁判文书等。虽然裁判文书按照现有规定都需要公开，但这种一般性的公开并不等同于《民法典》第1000条第2款规定的为消除影响而在特定范围内的公告或者公布生效裁判文书。发布公告，可以是受害人发表谴责公告或者法院发布判决情况的公告，但一般不采取受害人或者法院以被告名义拟定道歉启事并予以公布这种道歉广告或者道歉启事的方式。公布裁判文书，可以是全部公布，也可以是摘要公布。在报刊、网络等媒体上公布，应当是法院所指定的特定媒体，也包括以书面形式在特定范围内张贴等方式。但是，在报刊、网络等媒体上发布公告或者公布生效裁判文书仅仅是执行的例示方式，除了此种方式之外，还有一个"等"字，以涵盖其他执行方式，人民法院可以根据案件的具体情况，采取合理的其他执行方式。最后，人民法院是"可以"而非"应当"采取。鉴于侵害人格权的情形较为复杂，有时发布公告或者公布裁判文书可能会导致后续的损害，因此赋予人民法院根据情况加以酌定处理的权力成为必要。如果人民法院经过审理认为，侵权行为已经停止，且相关侵权信息已经删除，此时人民法院再行发布公告或者公布裁判文书，则有可能进一步将侵权结果扩大。此时，人民法院可以征询被侵权人的意见，在被侵权人不同意的情况下，人民法院也可以不采取发布公告或者公布裁判文书的方式执行，而是通过其他方式予以执行。

第一千零一条　【自然人身份权利保护参照】对自然人因婚姻家庭关系等产生的身份权利的保护，适用本法第一编、第五编和其他法律的相关规定；没有规定的，可以根据其性质参照适用本编人格权保护的有关规定。

条文解读

身份权利 ➡ 身份权利是自然人基于婚姻家庭关系等产生的相互之间享有的人身和财产方面的权利，对外具有排他性支配权，其发生原因为结婚、收养、血缘等，其消灭原因为离婚、解除收养、血缘排除等。从《民法典》规定来看，亲权、配偶权、亲属权为典型的身份权。著作人身权不宜作为我国身份权的类型，荣誉权已经明确为人格权，也不宜作为身份权，婚姻自主权在体例上与其他人格权共同规定，与身份权分开规定，应认定为具体人格权。

关联参见

《未成年人保护法》第二章；《预防未成年人犯罪法》第二章；《妇女权益保障法》第三章；《反家庭暴力法》第四章；《老年人权益保障法》第二章；《治安管理处罚法》第45条

第二章　生命权、身体权和健康权

第一千零二条　【生命权】自然人享有生命权。自然人的生命安全和生命尊严受法律保护。任何组织或者个人不得侵害他人的生命权。

条文解读

生命权 ➡ 生命权是以自然人的生命安全和生命尊严为客体的人格权。生命权包括：（1）生命享有权。每个人都是自己生命权的享有者。（2）生命维护权。对于侵害生命权的行为，自然人有权予以维护，维护的方式可以是自力救济，也可以是请求官方救济。（3）生命支配权。生命支配权主要体现在生命尊严方面。生命尊严既包括生得有尊严，也包括死得有尊严。（4）生命保护请求权。生命保护请求权的对象不限于司法机关，还包括行政机关、负有法定救助义务的组织或个人等。

侵害生命权的救济 ➡ 当有非法侵害生命的行为和危害生命危险发生时，自然人有权请求停止侵害，并采取相应的措施排除妨碍。根据《民法典》第1179条的规定，侵害他人造成死亡的，不仅应当赔偿医疗费、护理费、交通费、营养费、住院伙食补助费等为治疗和康复支出的合理费用以及因误工减少的收入，还应当赔偿丧葬费和死亡赔偿金。而生命权的受害人因侵权行为致死导致其民事主体资格丧失，无法进行基于民法规定的请求权基础进行自我救济，此时将被侵权人死亡情况下的赔偿请求权人分为两种情况：经济损失赔偿由死者近亲属、被抚养人和丧葬费支付人主张；精神损害赔偿由死者的近亲属主张，亲人的生离死别致使近亲属的精神遭受巨大创伤，故有权请求加害人支付精神损害抚慰金。

第一千零三条　【身体权】自然人享有身体权。自然人的身

体完整和行动自由受法律保护。任何组织或者个人不得侵害他人的
身体权。

条文解读

身体权 ➡ 身体权，是自然人享有的维护其身体组成部分完整，并
支配其肢体、器官和身体组织的具体人格权。身体是指自然人（不是其
他动物）的身体，即自然人的生理组织的整体，由头颅、肢体、器官、
其他组织以及附属部分（如毛发、指甲）所构成的一个整体。法律意义
上的身体强调了完整性、完全性、自由性。

身体权的内容包括：（1）维护身体的完整性，任何人不得破坏自然
人的身体完整性。（2）支配自己身体的组成部分，包括对肢体、器官、
身体其他组成部分的支配权，其前提是不得妨碍自己的生命和健康。

身体权和健康权的区别有：（1）身体权保护的是身体完整和身体自
由，而健康权保护的是身心健康。（2）身体权保护的目的是维护自然人
身体组织的完整性、完全性、自由性，健康权保护的目的是维护自然人
身体功能的完善性。只要对人体的功能造成了损害，那么就构成了对健
康权的损害。比如，过失导致别人的眼睛失明等。（3）身体权一定程度
体现了自然人对自己身体组成部分的支配性，而健康权则没有明显的支
配性质。比如说，将自己的长发全部剃光的行为，体现了权利人对自己
身体的支配。遵循自己意志自主行动，也体现了支配性。

第一千零四条 　**【健康权】**自然人享有健康权。自然人的身
心健康受法律保护。任何组织或者个人不得侵害他人的健康权。

第一千零五条 　**【法定救助义务】**自然人的生命权、身体权、
健康权受到侵害或者处于其他危难情形的，负有法定救助义务的组
织或者个人应当及时施救。

131. 人民警察对面临人身危险的犯罪嫌疑人是否负有救助义务？

人民警察基于其身份特殊性，在公民人身、财产安全受到侵犯或陷入其他危难情形时，负有法律上的救助义务。在警察履行法定职责过程中，因追捕的正当职务行为导致犯罪嫌疑人面临人身危险时，其与嫌疑人之间即产生一种法律上的救助与被救助关系，若警察未采取任何救助措施，则属于行政法上不履行法定职责的情形。然而，判断警察是否履行了救助义务，不能仅以其是否成功阻止损害的发生为依据，而应综合具体案情，采用主客观相结合的标准，对其是否履行了救助义务进行认定。

关联参见

《海商法》第 174 条；《道路交通安全法》第 70 条；《医师法》第 27 条；《人民警察法》第 21 条；《人民武装警察法》第 28 条；《消防法》第 5 条、第 44 条；《消费者权益保护法》第 18 条第 2 款

第一千零六条　【人体捐献】完全民事行为能力人有权依法自主决定无偿捐献其人体细胞、人体组织、人体器官、遗体。任何组织或者个人不得强迫、欺骗、利诱其捐献。

完全民事行为能力人依据前款规定同意捐献的，应当采用书面形式，也可以订立遗嘱。

自然人生前未表示不同意捐献的，该自然人死亡后，其配偶、成年子女、父母可以共同决定捐献，决定捐献应当采用书面形式。

条文解读

捐献主体 ➡ 关于捐献主体，需要注意以下几点：（1）结合《人体器官捐献和移植条例》第 10 条，必须是完全民事行为能力人，未满 18

周岁的公民（包括 16 周岁以上的以自己的劳动收入为主要生活来源的未成年人）不在此限。（2）精神病人等限制民事行为能力的成年人也不可以实施捐献行为。假设同胞兄弟姐妹中，哥哥为精神病人，弟弟需要肾脏，哥哥不能实施捐献行为。（3）死后捐献由配偶、成年子女、父母共同决定。一是死后捐献不需要死者有明确的捐献意思表示，只要不反对即可。二是未成年子女不能决定捐献。按照《民法典》的规定，法定继承的第一顺位是配偶、子女、父母，第二顺位是兄弟姐妹、祖父母、外祖父母。从本条规定来看，死后捐献的主体比第一顺位继承人范围还窄。三是死者配偶、成年子女、父母故意杀害死者的，应适用《民法典》总则编有关公序良俗等规定，否认其享有决定捐献权。

第一千零七条 【禁止买卖人体细胞、组织、器官和遗体】禁止以任何形式买卖人体细胞、人体组织、人体器官、遗体。

违反前款规定的买卖行为无效。

第一千零八条 【人体临床试验】为研制新药、医疗器械或者发展新的预防和治疗方法，需要进行临床试验的，应当依法经相关主管部门批准并经伦理委员会审查同意，向受试者或者受试者的监护人告知试验目的、用途和可能产生的风险等详细情况，并经其书面同意。

进行临床试验的，不得向受试者收取试验费用。

条文解读

受试者的知情同意权 ➡ 受试者的知情同意权是与临床试验固有风险联系在一起的，受试者有权知晓自己准备参与的试验的各种信息，是因为临床试验本身具有高风险性，用于试验的药品、医疗设备或治疗技术等都尚未投入临床应用，副作用、不良反应等都未得到确认。因此，临床试验的申办者和研究者必须遵循"告知后同意"原则。受试者的知情同意权是临床试验的核心之一，其内容包括知情权和同意权两个部分。

第一千零九条 **【从事人体基因、胚胎等医学和科研活动的法定限制】**从事与人体基因、人体胚胎等有关的医学和科研活动，应当遵守法律、行政法规和国家有关规定，不得危害人体健康，不得违背伦理道德，不得损害公共利益。

案例指引

059. 为丧偶妇女实施辅助生殖术，是否违背伦理道德？①

2020年，邹某玲与丈夫陈某平因生育障碍问题，为实施试管婴儿辅助生育手术到被告湖南省某医院处进行助孕治疗，并于2020年10月1日签署了《助孕治疗情况及配子、胚胎处理知情同意书》等材料。因邹某玲的身体原因暂不宜实施胚胎移植手术，被告对符合冷冻条件的4枚胚胎于当日进行冷冻保存。2021年5月29日，陈某平死亡。后邹某玲要求被告继续为其实施胚胎移植手术，但被告以不能够为单身妇女实施辅助生殖术为由拒绝。

生效裁判认为，有关行政规范性文件规定"禁止给单身妇女实施人类辅助生殖技术"，但原告是否属于条文中的"单身妇女"需要结合规范目的及本案的案情综合看待。"单身妇女"应当指未有配偶者到医院实施人类辅助生殖技术的情形，原告是已实施完胚胎培育后丧偶的妇女，与上述规定所指实施胚胎移植手术的单身妇女有本质区别。目前对于丧偶妇女要求继续移植与丈夫已受精完成的胚胎进行生育，法律并无禁止性规定。原告欲继续实施人类辅助生殖，既是为了寄托对丈夫的哀思，也是为人母的责任与担当的体现，符合人之常情和社会公众一般认知，不违背公序良俗。故判决湖南省某医院继续履行与原告的医疗服务合同。

本案是依照《民法典》和《妇女权益保障法》相关规定的精神，

---

① 参见《人民法院贯彻实施民法典典型案例（第二批）》（2023年1月12日发布），邹某玲诉某医院医疗服务合同纠纷案，载最高人民法院网 https://www.court.gov.cn/zixun/xiangqing/386521.html，最后访问日期：2024年4月1日。

保护丧偶妇女辅助生育权益的典型案例。审理法院结合案情和《人类辅助生殖技术规范》《人类辅助生殖技术和人类精子库伦理原则》有关"禁止给单身妇女实施人类辅助生殖技术"的规范目的，依法认定本案原告丧偶后与上述规定中的"单身妇女"有本质不同，从而确认了"丧偶妇女"继续实施人类辅助生殖技术的正当性。本案是依法保护女性生育权益的具体实践，体现了司法对妇女合法权益的有效维护，具有积极的导向意义。

第一千零一十条　【性骚扰】违背他人意愿，以言语、文字、图像、肢体行为等方式对他人实施性骚扰的，受害人有权依法请求行为人承担民事责任。

机关、企业、学校等单位应当采取合理的预防、受理投诉、调查处置等措施，防止和制止利用职权、从属关系等实施性骚扰。

条文解读

性骚扰的构成要件 ➡ 性骚扰一般包括以下条件：（1）性骚扰中受害人是所有的自然人。（2）行为与性有关。行为人具有性意图，以获取性方面的生理或者心理满足为目的。（3）性骚扰构成的核心是违背他人意愿。性骚扰与两相情愿的调情、约会等区分，是因为此类行为违背了他人意愿。（4）行为一般具有明确的针对性。性骚扰行为所针对的对象一般是具体的、明确的。（5）行为人主观上一般是故意的。在公共汽车、地铁等场所，因为紧急刹车、拥挤等原因过失地接触他人身体甚至敏感部位等行为，不构成性骚扰。因错写手机号码或者邮件地址，将包含两性内容的短信或邮件误发他人，也不构成性骚扰。

第一千零一十一条　【非法剥夺、限制他人行动自由和非法搜查他人身体】以非法拘禁等方式剥夺、限制他人的行动自由，或者非法搜查他人身体的，受害人有权依法请求行为人承担民事责任。

060. 被逮捕后发现无罪，如何确定赔偿责任？[1]

朱红蔚申请无罪逮捕赔偿案

（最高人民法院审判委员会讨论通过　2014年12月25日发布）

关键词　国家赔偿/刑事赔偿/无罪逮捕/精神损害赔偿

裁判要点

1. 国家机关及其工作人员行使职权时侵犯公民人身自由权，严重影响受害人正常的工作、生活，导致其精神极度痛苦，属于造成精神损害严重后果。

2. 赔偿义务机关支付精神损害抚慰金的数额，应当根据侵权行为的手段、场合、方式等具体情节，侵权行为造成的影响、后果，以及当地平均生活水平等综合因素确定。

相关法条

《中华人民共和国国家赔偿法》第三十五条

基本案情

赔偿请求人朱红蔚申请称：检察机关的错误羁押致使其遭受了极大的物质损失和精神损害，申请最高人民法院赔偿委员会维持广东省人民检察院支付侵犯人身自由的赔偿金的决定，并决定由广东省人民检察院登报赔礼道歉、消除影响、恢复名誉，赔偿精神损害抚慰金200万元，赔付被扣押车辆、被拍卖房产等损失。

广东省人民检察院答辩称：朱红蔚被无罪羁押873天，广东省人民检察院依法决定支付侵犯人身自由的赔偿金124254.09元，已向朱红蔚当面道歉，并为帮助朱红蔚恢复经营走访了相关工商管理部门及向有关银行出具情况说明。广东省人民检察院未参与涉案车辆的扣押，不应对此承担赔偿责任。朱红蔚未能提供精神损害后果严重的证据，其要求支

---

[1]　最高人民法院指导案例42号。

付精神损害抚慰金的请求不应予支持，其他请求不属于国家赔偿范围。

法院经审理查明：因涉嫌犯合同诈骗罪，朱红蔚于 2005 年 7 月 25 日被刑事拘留，同年 8 月 26 日被取保候审。2006 年 5 月 26 日，广东省人民检察院以粤检侦监核〔2006〕4 号复核决定书批准逮捕朱红蔚。同年 6 月 1 日，朱红蔚被执行逮捕。2008 年 9 月 11 日，广东省深圳市中级人民法院以指控依据不足为由，判决宣告朱红蔚无罪。同月 19 日，朱红蔚被释放。朱红蔚被羁押时间共计 875 天。2011 年 3 月 15 日，朱红蔚以无罪逮捕为由向广东省人民检察院申请国家赔偿。同年 7 月 19 日，广东省人民检察院作出粤检赔决〔2011〕1 号刑事赔偿决定：按照 2010 年度全国职工日平均工资标准支付侵犯人身自由的赔偿金 124254.09 元（142.33 元×873 天）；口头赔礼道歉并依法在职能范围内为朱红蔚恢复生产提供方便；对支付精神损害抚慰金的请求不予支持。

另查明：（1）朱红蔚之女朱某某在朱红蔚被刑事拘留时未满 18 周岁，至 2012 年抑郁症仍未愈。（2）深圳一和实业有限公司自 2004 年由朱红蔚任董事长兼法定代表人，2005 年以来未参加年检。（3）朱红蔚另案申请深圳市公安局赔偿被扣押车辆损失，广东省高级人民法院赔偿委员会以朱红蔚无证据证明其系车辆所有权人和受到实际损失为由，决定驳回朱红蔚赔偿申请。（4）2011 年 9 月 5 日，广东省高级人民法院、广东省人民检察院、广东省公安厅联合发布粤高法〔2011〕382 号《关于在国家赔偿工作中适用精神损害抚慰金若干问题的座谈会纪要》。该纪要发布后，广东省人民检察院表示可据此支付精神损害抚慰金。

裁判结果

最高人民法院赔偿委员会于 2012 年 6 月 18 日作出（2011）法委赔字第 4 号国家赔偿决定：维持广东省人民检察院粤检赔决〔2011〕1 号刑事赔偿决定第二项；撤销广东省人民检察院粤检赔决〔2011〕1 号刑事赔偿决定第一、三项；广东省人民检察院向朱红蔚支付侵犯人身自由的赔偿金 142318.75 元；广东省人民检察院向朱红蔚支付精神损害抚慰金 50000 元；驳回朱红蔚的其他赔偿请求。

裁判理由

最高人民法院认为：赔偿请求人朱红蔚于 2011 年 3 月 15 日向赔偿义务机关广东省人民检察院提出赔偿请求，本案应适用修订后的《中华人民共和国国家赔偿法》。朱红蔚被实际羁押时间为 875 天，广东省人民检察院计算为 873 天有误，应予纠正。根据《最高人民法院关于人民法院执行〈中华人民共和国国家赔偿法〉几个问题的解释》第六条规定，赔偿委员会变更赔偿义务机关尚未生效的赔偿决定，应以作出本赔偿决定时的上年度即 2011 年度全国职工日平均工资 162.65 元为赔偿标准。因此，广东省人民检察院应按照 2011 年度全国职工日平均工资标准向朱红蔚支付侵犯人身自由 875 天的赔偿金 142318.75 元。朱红蔚被宣告无罪后，广东省人民检察院已决定向朱红蔚以口头方式赔礼道歉，并为其恢复生产提供方便，从而在侵权行为范围内为朱红蔚消除影响、恢复名誉，该项决定应予维持。朱红蔚另要求广东省人民检察院以登报方式赔礼道歉，不予支持。

朱红蔚被羁押 875 天，正常的家庭生活和公司经营也因此受到影响，导致其精神极度痛苦，应认定精神损害后果严重。对朱红蔚主张的精神损害抚慰金，根据自 2005 年朱红蔚被羁押以来深圳一和实业有限公司不能正常经营，朱红蔚之女患抑郁症未愈，以及粤高法〔2011〕382 号《关于在国家赔偿工作中适用精神损害抚慰金若干问题的座谈会纪要》明确的广东省赔偿精神损害抚慰金的参考标准，结合赔偿协商协调情况以及当地平均生活水平等情况，确定为 50000 元。朱红蔚提出的其他请求，不予支持。

第三章　姓名权和名称权

第一千零一十二条　**【姓名权】**自然人享有姓名权，有权依法决定、使用、变更或者许可他人使用自己的姓名，但是不得违背公序良俗。

条文解读

本条是对姓名权的概念和内容的规定。姓名权是法律史上首先被立法认可的人格权之一，这很大程度上取决于其与自然人主体的紧密关系。

姓名 ➡ 姓名是一个自然人在社会中区别于其他人的标志和符号。姓名的法律意义主要在于，使一个自然人与其他自然人区别开来，在一定意义上，姓名是主体存在的标志，也是自然人从事民事活动，行使法律赋予的各种权利和承担相应义务的前提条件。法律上的姓名不仅包括正式的登记姓名，而且也包括其他类似于姓名的笔名、艺名、绰号、网名等非正式姓名。姓名权是自然人决定、使用和依法变更自己姓名，并排除他人干涉或非法使用的权利。

姓名权的内容 ➡ 姓名权的内容是：（1）决定权，也叫命名权，即自然人对自己的姓名的决定权。由于人出生即要命名，而权利人无法自己行使这一权利，因而由其亲权人行使命名权。（2）使用权，姓名权人有权使用自己的姓名，用以区别自己与其他自然人，确定自己的主体地位，实施民事法律行为。（3）变更权，自然人对自己的姓名可以进行变更，不过通常变更的是名，而不是姓，变更姓名时须经变更姓名的登记。（4）许可他人使用自己姓名的权利，由于姓名权具有专属性，准许他人使用须为正当，例如委托代理、法定代理、意定代理对本人姓名的使用是正当的许可使用，未经本人同意，又没有行使他人姓名权的免责事由的，构成侵害姓名权的侵权行为。

第一千零一十三条 【名称权】法人、非法人组织享有名称权，有权依法决定、使用、变更、转让或者许可他人使用自己的名称。

061. 擅自使用他人企业名称，构成侵犯何种权益？①

天津中国青年旅行社诉天津国青国际旅行社
擅自使用他人企业名称纠纷案

（最高人民法院审判委员会讨论通过 2014 年 6 月 26 日发布）

关键词 民事/不正当竞争/擅用他人企业名称

裁判要点

1. 对于企业长期、广泛对外使用，具有一定市场知名度、为相关公众所知悉，已实际具有商号作用的企业名称简称，可以视为企业名称予以保护。

2. 擅自将他人已实际具有商号作用的企业名称简称作为商业活动中互联网竞价排名关键词，使相关公众产生混淆误认的，属于不正当竞争行为。

相关法条

1.《中华人民共和国民法通则》第一百二十条②

2.《中华人民共和国反不正当竞争法》第五条③

基本案情

原告天津中国青年旅行社（以下简称天津青旅）诉称：被告天津国青国际旅行社有限公司在其版权所有的网站页面、网站源代码以及搜索引擎中，非法使用原告企业名称全称及简称"天津青旅"，违反了反不正当竞争法的规定，请求判令被告立即停止不正当竞争行为、公开赔礼道歉、赔偿经济损失 10 万元，并承担诉讼费用。

被告天津国青国际旅行社有限公司（以下简称天津国青旅）辩称："天津青旅"没有登记注册，并不由原告享有，原告主张的损失没有事

---

① 最高人民法院指导案例 29 号。
② 现为《民法典》第 990 条、第 995 条，下同。
③ 现为《反不正当竞争法》第 6 条，下同。

实和法律依据，请求驳回原告诉讼请求。

法院经审理查明：天津中国青年旅行社于 1986 年 11 月 1 日成立，是从事国内及出入境旅游业务的国有企业，直属于共青团天津市委员会。共青团天津市委员会出具证明称，"天津青旅"是天津中国青年旅行社的企业简称。2007 年，《今晚报》等媒体在报道天津中国青年旅行社承办的活动中已开始以"天津青旅"简称指代天津中国青年旅行社。天津青旅在报价单、旅游合同、与同行业经营者合作文件、发票等资料以及经营场所各门店招牌上等日常经营活动中，使用"天津青旅"作为企业的简称。天津国青国际旅行社有限公司于 2010 年 7 月 6 日成立，是从事国内旅游及入境旅游接待等业务的有限责任公司。

2010 年底，天津青旅发现通过 Google 搜索引擎分别搜索"天津中国青年旅行社"或"天津青旅"，在搜索结果的第一名并标注赞助商链接的位置，分别显示"天津中国青年旅行社网上营业厅 www.lechuyou.com 天津国青网上在线营业厅，是您理想选择，出行提供优质、贴心、舒心的服务"或"天津青旅网上营业厅 www.lechuyou.com 天津国青网上在线营业厅，是您理想选择，出行提供优质、贴心、舒心的服务"，点击链接后进入网页是标称天津国青国际旅行社乐出游网的网站，网页顶端出现"天津国青国际旅行社–青年旅行社青旅/天津国旅"等字样，网页内容为天津国青旅游业务信息及报价，标称网站版权所有：乐出游网–天津国青，并标明了天津国青的联系电话和经营地址。同时，天津青旅通过百度搜索引擎搜索"天津青旅"，在搜索结果的第一名并标注推广链接的位置，显示"欢迎光临天津青旅重合同守信誉单位，汇集国内出境经典旅游线路，100% 出团，天津青旅 400-611-5253022.ctsgz.cn"，点击链接后进入网页仍然是上述标称天津国青乐出游网的网站。

裁判结果

天津市第二中级人民法院于 2011 年 10 月 24 日作出（2011）二中民三知初字第 135 号民事判决：一、被告天津国青国际旅行社有限公司立即停止侵害行为；二、被告于本判决生效之日起三十日内，在其公司网站上发布致歉声明持续 15 天；三、被告赔偿原告天津中国青年旅行社经济损失 30000 元；四、驳回原告其他诉讼请求。宣判后，天津国青旅提出上诉。天津市高级人民法院于 2012 年 3 月 20 日作出（2012）津高民三终字第 3 号民事判决：一、维持天津市第二中级人民法院上述民事判决第二、三、四项；二、变更判决第一项"被告天津国青国际旅行社有限公司立即停止侵害行为"为"被告天津国青国际旅行社有限公司立即停止使用'天津中国青年旅行社'、'天津青旅'字样及作为天津国青国际旅行社有限公司网站的搜索链接关键词"；三、驳回被告其他上诉请求。

裁判理由

法院生效裁判认为：根据《最高人民法院关于审理不正当竞争民事案件应用法律若干问题的解释》① 第六条第一款规定："企业登记主管机关依法登记注册的企业名称，以及在中国境内进行商业使用的外国（地区）企业名称，应当认定为反不正当竞争法第五条第（三）项规定的'企业名称'。具有一定的市场知名度、为相关公众所知悉的企业名称中的字号，可以认定为反不正当竞争法第五条第（三）项规定的'企业名称'。"因此，对于企业长期、广泛对外使用，具有一定市场知名度、为相关公众所知悉，已实际具有商号作用的企业名称简称，也应当视为企业名称予以保护。"天津中国青年旅行社"是原告 1986 年成立以来一直使用的企业名称，原告享有企业名称专用权。"天津青旅"作为其企业名称简称，于 2007 年就已被其在经营活动中广泛使用，相关宣传报道和客户也以"天津青旅"指代天津中国青年旅行社，经过多年在经营活动中使用和宣传，已享有一定市场知名度，为相关公众所知悉，已与天津中国青年旅行社之间建立起稳定的关联关系，具有可以识别经营主体的商业标识意义。所以，可以将"天津青旅"视为企业名称与"天津中国青年旅行社"共同加以保护。

---

① 现已失效。

《中华人民共和国反不正当竞争法》第五条第（三）项规定，经营者不得采用擅自使用他人的企业名称，引人误认为是他人的商品等不正当手段从事市场交易，损害竞争对手。因此，经营者擅自将他人的企业名称或简称作为互联网竞价排名关键词，使公众产生混淆误认，利用他人的知名度和商誉，达到宣传推广自己的目的的，属于不正当竞争行为，应当予以禁止。天津国青旅作为从事旅游服务的经营者，未经天津青旅许可，通过在相关搜索引擎中设置与天津青旅企业名称有关的关键词并在网站源代码中使用等手段，使相关公众在搜索"天津中国青年旅行社"和"天津青旅"关键词时，直接显示天津国青旅的网站链接，从而进入天津国青旅的网站联系旅游业务，达到利用网络用户的初始混淆争夺潜在客户的效果，主观上具有使相关公众在网络搜索、查询中产生误认的故意，客观上擅自使用"天津中国青年旅行社"及"天津青旅"，利用了天津青旅的企业信誉，损害了天津青旅的合法权益，其行为属于不正当竞争行为，依法应予制止。天津国青旅作为与天津青旅同业的竞争者，在明知天津青旅企业名称及简称享有较高知名度的情况下，仍擅自使用，有借他人之名为自己谋取不当利益的意图，主观恶意明显。依照《中华人民共和国民法通则》第一百二十条规定，天津国青旅应当承担停止侵害、消除影响、赔偿损失的法律责任。至于天津国青旅在网站网页顶端显示的"青年旅行社青旅"字样，并非原告企业名称的保护范围，不构成对原告的不正当竞争行为。

关联参见

《农民专业合作社法》第 12 条、第 56 条；《反不正当竞争法》第 6 条；《市场主体登记管理条例》第 8 条、第 10 条；《最高人民法院关于审理注册商标、企业名称与在先权利冲突的民事纠纷案件若干问题的规定》第 2—4 条

第一千零一十四条 　【禁止侵害他人的姓名或名称】任何组织或者个人不得以干涉、盗用、假冒等方式侵害他人的姓名权或者名称权。

条文解读

本条是对姓名权和名称权的义务主体负有的义务的规定。

侵害姓名权、名称权的方式 ➔ （1）干涉他人设定、使用、变更名称。比如，市场监督管理部门工作人员无故拒绝他人设定企业名称，竞争对手恶意阻止他人变更企业名称等。（2）盗用、假冒他人名称。这方面主要是擅自使用他人有一定影响的企业名称（包括简称、字号等）、社会组织名称（包括简称等）、姓名（包括笔名、艺名、译名等），引人误认为是他人商品或者与他人存在特定联系。（3）应使用而不使用他人名称。这种行为一般要求加害人具有使用他人名称的义务，如果没有使用他人名称的义务，那么就不构成侵害他人名称权。

侵害名称权的民事责任 ➔ 名称权受到侵害的，可以寻求人格权请求权、侵权请求权等救济手段，也可以请求市场监管部门实施行政监管。另外，根据《最高人民法院关于确定民事侵权精神损害赔偿责任若干问题的解释》第 4 条的规定，侵害名称权不给予精神损害赔偿是合理的。

第一千零一十五条 　【自然人姓氏的选取】自然人应当随父姓或者母姓，但是有下列情形之一的，可以在父姓和母姓之外选取姓氏：

（一）选取其他直系长辈血亲的姓氏；

（二）因由法定扶养人以外的人扶养而选取扶养人姓氏；

（三）有不违背公序良俗的其他正当理由。

少数民族自然人的姓氏可以遵从本民族的文化传统和风俗习惯。

062. 仅凭个人喜好和愿望在父姓、母姓之外选取其他姓氏或者创设新的姓氏，是否符合公序良俗？①

"北雁云依"诉济南市公安局历下区分局燕山派出所公安行政登记案

（最高人民法院审判委员会讨论通过　2017 年 11 月 15 日发布）

关键词　行政/公安行政登记/姓名权/公序良俗/正当理由

裁判要点

公民选取或创设姓氏应当符合中华传统文化和伦理观念。仅凭个人喜好和愿望在父姓、母姓之外选取其他姓氏或者创设新的姓氏，不属于《全国人民代表大会常务委员会关于〈中华人民共和国民法通则〉第九十九条第一款、〈中华人民共和国婚姻法〉第二十二条的解释》② 第二款第三项规定的"有不违反公序良俗的其他正当理由"。

相关法条

《中华人民共和国民法通则》第 99 条第 1 款③

《中华人民共和国婚姻法》第 22 条④

《全国人民代表大会常务委员会关于〈中华人民共和国民法通则〉第九十九条第一款、〈中华人民共和国婚姻法〉第二十二条的解释》

基本案情

原告"北雁云依"法定代理人吕晓峰诉称：其妻张瑞峥在医院产下一女取名"北雁云依"，并办理了出生证明和计划生育服务手册新生儿落户备查登记。为女儿办理户口登记时，被告济南市公安局历下区分局燕山派出所（以下简称"燕山派出所"）不予上户口。理由是孩子姓氏必须随父姓或母姓，即姓"吕"或姓"张"。根据《中华人民共和

---

① 最高人民法院指导案例 89 号。

② 现已失效。

③ 现为《民法典》第 1012 条，下同。

④ 现为《民法典》第 1015 条，下同。

国婚姻法》（以下简称《婚姻法》）和《中华人民共和国民法通则》（以下简称《民法通则》）关于姓名权的规定，请求法院判令确认被告拒绝以"北雁云依"为姓名办理户口登记的行为违法。

被告燕山派出所辩称：依据法律和上级文件的规定不按"北雁云依"进行户口登记的行为是正确的。《民法通则》规定公民享有姓名权，但没有具体规定。而 2009 年 12 月 23 日最高人民法院举行新闻发布会，关于夫妻离异后子女更改姓氏问题的答复中称，《婚姻法》第二十二条是我国法律对子女姓氏问题作出的专门规定，该条规定子女可以随父姓，可以随母姓，没有规定可以随第三姓。行政机关应当依法行政，法律没有明确规定的行为，行政机关就不能实施，原告和行政机关都无权对法律作出扩大化解释，这就意味着子女只有随父姓或者随母姓两种选择。从另一个角度讲，法律确认姓名权是为了使公民能以文字符号即姓名明确区别于他人，实现自己的人格和权利。姓名权和其他权利一样，受到法律的限制而不可滥用。新生婴儿随父姓、随母姓是中华民族的传统习俗，这种习俗标志着血缘关系，随父姓或者随母姓，都是有血缘关系的，可以在很大程度上避免近亲结婚，但是姓第三姓，则与这种传统习俗、与姓的本意相违背。全国各地公安机关在执行《婚姻法》第二十二条关于子女姓氏的问题上，标准都是一致的，即子女应当随父姓或者随母姓。综上所述，拒绝原告法定代理人以"北雁云依"的姓名为原告申报户口登记的行为正确，恳请人民法院依法驳回原告的诉讼请求。

法院经审理查明：原告"北雁云依"出生于 2009 年 1 月 25 日，其父亲名为吕晓峰，母亲名为张瑞峥。因酷爱诗词歌赋和中国传统文化，吕晓峰、张瑞峥夫妇二人决定给爱女起名为"北雁云依"，并以"北雁云依"为名办理了新生儿出生证明和计划生育服务手册新生儿落户备查登记。2009 年 2 月，吕晓峰前往燕山派出所为女儿申请办理户口登记，被民警告知拟被登记人员的姓氏应当随父姓或者母姓，即姓"吕"或者"张"，否则不符合办理出生登记条件。因吕晓峰坚持以"北雁云依"为姓名为女儿申请户口登记，被告燕山派出所遂依照《婚姻法》第二十二条之规定，于当日作出拒绝办理户口登记的具体行政行为。

该案经过两次公开开庭审理，原告"北雁云依"法定代理人吕晓峰在庭审中称：其为女儿选取的"北雁云依"之姓名，"北雁"是姓，"云依"是名。

因案件涉及法律适用问题，需送请有权机关作出解释或者确认，该案于2010年3月11日裁定中止审理，中止事由消除后，该案于2015年4月21日恢复审理。

裁判结果

济南市历下区人民法院于2015年4月25日作出（2010）历行初字第4号行政判决：驳回原告"北雁云依"要求确认被告燕山派出所拒绝以"北雁云依"为姓名办理户口登记行为违法的诉讼请求。

一审宣判并送达后，原被告双方均未提出上诉，本判决已发生法律效力。

裁判理由

法院生效裁判认为：2014年11月1日，第十二届全国人民代表大会常务委员会第十一次会议通过了《全国人民代表大会常务委员会关于〈中华人民共和国民法通则〉第九十九条第一款、〈中华人民共和国婚姻法〉第二十二条的解释》。该立法解释规定："公民依法享有姓名权。公民行使姓名权，还应当尊重社会公德，不得损害社会公共利益。公民原则上应当随父姓或者母姓。有下列情形之一的，可以在父姓和母姓之外选取姓氏：（一）选取其他直系长辈血亲的姓氏；（二）因由法定扶养人以外的人扶养而选取扶养人姓氏；（三）有不违反公序良俗的其他正当理由。少数民族公民的姓氏可以从本民族的文化传统和风俗习惯。"

本案不存在选取其他直系长辈血亲姓氏或者选取法定扶养人以外的抚养人姓氏的情形，案件的焦点就在于原告法定代理人吕晓峰提出的理由是否符合上述立法解释第二款第三项规定的"有不违反公序良俗的其他正当理由"。首先，从社会管理和发展的角度，子女承袭父母姓氏有利于提高社会管理效率，便于管理机关和其他社会成员对姓氏使用人的主要社会关系进行初步判断。倘若允许随意选取姓氏甚至恣意创造姓氏，则会增加社会管理成本，不利于社会和他人，不利于维护社会秩序和实现社会的良性管控，而且极易使社会管理出现混乱，增加社会管理的风险性和不确定性。其次，公民选取姓氏涉及公序良俗。在中华传统文化中，"姓名"中的"姓"，即姓氏，主要来源于客观上的承袭，系先祖所传，承载了对先祖的敬重、对家庭的热爱等，体现着血缘传承、伦理秩序和文化传统。而"名"则源于主观创造，为父母所授，承载了个人喜好、人格特征、长辈愿望等。公民对姓氏传承的重视和尊崇，不仅仅体现了血缘关系、亲属关系，更承载着丰富的文化传统、伦理观念、人文情怀，符合主流价值观念，是中华民族向心力、凝聚力的载体和镜像。公民原则上随父姓或者母姓，符合中华传统文化和伦理观念，符合绝大多数公民的意愿和实际做法。反之，如果任由公民仅凭个人意愿喜好，随意选取姓氏甚至自创姓氏，则会造成对文化传统和伦理观念的冲击，违背社会善良风俗和一般道德要求。再次，公民依法享有姓名权，公民行使姓名权属于民事活动，既应当依照《民法通则》第九十九条第一款和《婚姻法》第二十二条的规定，还应当遵守《民法通则》第七条①的规定，即应当尊重社会公德，不得损害社会公共利益。通常情况下，在父姓和母姓之外选取姓氏的行为，主要存在于实际抚养关系发生变动、有利于未成年人身心健康、维护个人人格尊严等情形。本案中，原告"北雁云依"的父母自创"北雁"为姓氏、选取"北雁云依"为姓名给女儿办理户口登记的理由是"我女儿姓名'北雁云依'四字，取自四首著名的中国古典诗词，寓意父母对女儿的美好祝愿"。此理由仅凭个人喜好愿望并创设姓氏，具有明显的随意性，不符合立法解释第二款第三项的情形，不应给予支持。

---

① 现为《民法典》第 7 条、第 8 条。

第一千零一十六条 【决定、变更姓名、名称及转让名称的规定】自然人决定、变更姓名，或者法人、非法人组织决定、变更、转让名称的，应当依法向有关机关办理登记手续，但是法律另有规定的除外。

民事主体变更姓名、名称的，变更前实施的民事法律行为对其具有法律约束力。

第一千零一十七条 【姓名与名称的扩展保护】具有一定社会知名度，被他人使用足以造成公众混淆的笔名、艺名、网名、译名、字号、姓名和名称的简称等，参照适用姓名权和名称权保护的有关规定。

实务应用

132. 笔名、艺名被冒用，确定侵权责任时有哪些注意事项？

在写作或艺术活动中，一些作家或演艺家常常喜欢隐去真实姓名，根据面临的社会环境、写作内容或者个人喜好、审美情趣等，采用笔名、艺名取代其真实姓名。很多名人都有笔名或者艺名，甚至有可能比他们的真实姓名更"出名"。近年来，大批网络作家风靡一时，他们中大多以笔名为人们所熟悉。从社会效应来看，笔名、艺名等以一种无形资产的形式客观存在。现实生活中，因笔名、艺名等被侵犯而引发的纠纷较为多见，成为人格权侵权问题的多发区之一。

笔名、艺名被冒用，确定侵权责任时应注意以下两点：其一，笔名应当具备一定的社会知名度。"知名度"的标准是指以经过自身经营，使其笔名具有一定知名度，为相关领域内的公众所知悉。"知名度"标准源于商品化权，其仅为具有一定知名度的少数人所实际拥有。其二，笔名被他人使用足以造成公众混淆。笔名在被他人使用的过程中，如果足以让公众认为是原笔名所有者所为，就构成了侵犯他人姓名权的条件。

关联参见

《反不正当竞争法》第6条；《最高人民法院关于审理商标授权确权行政案件若干问题的规定》第20条

第四章 肖 像 权

第一千零一十八条 **【肖像权及肖像】** 自然人享有肖像权，有权依法制作、使用、公开或者许可他人使用自己的肖像。

肖像是通过影像、雕塑、绘画等方式在一定载体上所反映的特定自然人可以被识别的外部形象。

条文解读

肖像权 ➡ 肖像权，是指自然人以在自己的肖像上所体现的人格利益为内容，享有的制作、使用、公开以及许可他人使用自己肖像的具体人格权。

肖像的要素 ➡ 肖像的要素是：（1）表现方法是艺术或技术手段，如影像、雕塑、绘画等；（2）须固定在一定的载体之上，而不是镜中影、水中形；(3) 可被识别，肖像具有人格标识的作用，可以通过固定在载体上的形象区分本人与他人人格特征的不同，不具有可识别性的形象就不是肖像；（4）自然人的外部形象，这个要素有些宽泛，因为通常界定肖像是"以面部形象为主的形象"，这里使用外部形象，并不专指肖像，而且也包含了"形象权"的概念，例如，可供识别的自然人的手、脚、背的外部形象被侵害，算不算是侵权呢？"半张脸"是否为肖像呢？在这个条文里，这些问题就能够得到答案。

肖像权的内容 ➡ （1）制作权。权利人可以依照自己的意愿，通过多种艺术表现形式制作自己的肖像，例如自拍。(2) 使用权。权利人对于自己的肖像，依照自己的意愿决定如何使用，例如自我欣赏。(3) 公开权。权利人有权依照自己的意愿决定自己的肖像是否可以公开，怎样进行公开。(4) 许可他人使用权。权利人可以与他人协商，签订肖像许可使用合同，准许他人使用自己的肖像，这实际上是对肖像权使用权的部分转让，只要符合法律的规定，不违反法律规定和公序良俗，都是正当的行为。

第一千零一十九条 【肖像权的保护】任何组织或者个人不得以丑化、污损，或者利用信息技术手段伪造等方式侵害他人的肖像权。未经肖像权人同意，不得制作、使用、公开肖像权人的肖像，但是法律另有规定的除外。

未经肖像权人同意，肖像作品权利人不得以发表、复制、发行、出租、展览等方式使用或者公开肖像权人的肖像。

第一千零二十条 【肖像的合理使用】合理实施下列行为的，可以不经肖像权人同意：

（一）为个人学习、艺术欣赏、课堂教学或者科学研究，在必要范围内使用肖像权人已经公开的肖像；

（二）为实施新闻报道，不可避免地制作、使用、公开肖像权人的肖像；

（三）为依法履行职责，国家机关在必要范围内制作、使用、公开肖像权人的肖像；

（四）为展示特定公共环境，不可避免地制作、使用、公开肖像权人的肖像；

（五）为维护公共利益或者肖像权人合法权益，制作、使用、公开肖像权人的肖像的其他行为。

条文解读

肖像的合理使用 ➡ 符合本条规定的特定事由，可以不经过肖像权人的同意，直接使用肖像权人的肖像，不构成侵害肖像权。总体来讲，肖像权合理使用规则主要是针对非商业使用而言，而未涉及商业性使用的任何事由，商业性使用他人肖像，仍然需要经过肖像权人同意，并支付一定价款。合理使用不能超过一定的"度"，"必要范围""不可避免""已经公开"都是对合理的限制。

第一千零二十一条 【肖像许可使用合同的解释】 当事人对肖像许可使用合同中关于肖像使用条款的理解有争议的，应当作出有利于肖像权人的解释。

第一千零二十二条 【肖像许可使用合同期限】 当事人对肖像许可使用期限没有约定或者约定不明确的，任何一方当事人可以随时解除肖像许可使用合同，但是应当在合理期限之前通知对方。

当事人对肖像许可使用期限有明确约定，肖像权人有正当理由的，可以解除肖像许可使用合同，但是应当在合理期限之前通知对方。因解除合同造成对方损失的，除不可归责于肖像权人的事由外，应当赔偿损失。

第一千零二十三条 【姓名、声音等的许可使用参照肖像许可使用】 对姓名等的许可使用，参照适用肖像许可使用的有关规定。

对自然人声音的保护，参照适用肖像权保护的有关规定。

实务应用

133. 声音"模仿秀"综艺节目是否构成侵权？

声音代表一个自然人的人格特征，虽还不足以构成一种具体的人格权，但若对声音一概不予保护，任由他人随意复制、模仿、伪造特定自然人的声音，的确有可能对该自然人的人格尊严造成较大的损害。因此，对自然人的声音应当加以保护，但受到保护的声音应当足以识别到特定自然人，且考虑到声音毕竟还不能构成一种具体人格权，所以只能参照适用肖像的保护规则，不能完全适用肖像保护的规则，单纯模仿他人的声音并不构成侵权。现在不少电视节目举办的声音"模仿秀"原则上就不构成侵权，不宜适用肖像保护的规则，否则会对一般人的行为自由和表达意愿带来严重的限制。但是若以侮辱性或者其他违背公序良俗的方式模仿或者伪造他人的声音的，则可以适用肖像权保护的相关规定，予以禁止。

关联参见

《民法典》第 1165 条

第五章　名誉权和荣誉权

第一千零二十四条　【名誉权及名誉】民事主体享有名誉权。任何组织或者个人不得以侮辱、诽谤等方式侵害他人的名誉权。

名誉是对民事主体的品德、声望、才能、信用等的社会评价。

条文解读

名誉权 ➔ 名誉权，是指自然人和法人、非法人组织就其自身属性和价值所获得的社会评价，享有的保有和维护的具体人格权。名誉权的基本内容是对名誉利益的保有和维护的权利。

名誉是名誉权的客体，本条第 2 款对名誉的概念作了界定。应当区别的是，名誉分为主观名誉和客观名誉，作为名誉权客体的名誉是客观名誉，即独立于权利主体之外的"对民事主体的品德、声望、才能、信用等的社会评价"，既不是权利人对自己的自我评价，也不是权利人本身的自我感觉，而是社会对权利人的客观评价。主观名誉也叫名誉感，是主体对自己品德、声望、才能、信用等的自我评价和感受，名誉权对此不予以保护，只保护主体的客观名誉不为他人的非法行为侵害而降低。

063. 如何认定微信群中的言论构成侵犯他人名誉权？①

北京兰世达光电科技有限公司、黄晓兰诉赵敏名誉权纠纷案

（最高人民法院审判委员会讨论通过　2020年10月9日发布）

关键词　民事/名誉权/网络侵权/微信群/公共空间

裁判要点

1. 认定微信群中的言论构成侵犯他人名誉权，应当符合名誉权侵权的全部构成要件，还应当考虑信息网络传播的特点并结合侵权主体、传播范围、损害程度等具体因素进行综合判断。

2. 不特定关系人组成的微信群具有公共空间属性，公民在此类微信群中发布侮辱、诽谤、污蔑或者贬损他人的言论构成名誉权侵权，应当依法承担法律责任。

相关法条

1.《中华人民共和国民法通则》第101条、第120条②

2.《中华人民共和国侵权责任法》第6条、第20条、第22条③

基本案情

原告北京兰世达光电科技有限公司（以下简称兰世达公司）、黄晓兰诉称：黄晓兰系兰世达公司员工，从事机器美容美甲业务。自2017年1月17日以来，被告赵敏一直对二原告进行造谣、诽谤、诬陷，多次污蔑、谩骂，称黄晓兰有精神分裂，污蔑兰世达公司的仪器不正规、讹诈客户，并通过微信群等方式进行散布，造成原告名誉受到严重损害，生意受损，请求人民法院判令：一、被告对二原告赔礼道歉，并以在北京市顺义区X号张贴公告、北京当地报纸刊登公告的方式为原告消除影响、恢复名誉；二、赔偿原告兰世达公司损失2万元；三、赔偿二

① 最高人民法院指导案例143号。
② 现分别为《民法典》第990条、第995条，下同。
③ 现分别为《民法典》第1165条、第1182条、第1183条。

原告精神损害抚慰金各 5000 元。

被告赵敏辩称：被告没有在小区微信群里发过损害原告名誉的信息，只与邻居、好朋友说过与二原告发生纠纷的事情，且此事对被告影响亦较大。兰世达公司仪器不正规、讹诈客户非被告一人认为，其他人也有同感。原告的美容店经常不开，其损失与被告无关。故请求驳回原告的诉讼请求。

法院经审理查明：兰世达公司在北京市顺义区某小区一层开有一家美容店，黄晓兰系该公司股东兼任美容师。2017 年 1 月 17 日 16 时许，赵敏陪同住小区的另一业主到该美容店做美容。黄晓兰为顾客做美容，赵敏询问之前其在该美容店祛斑的事情，后二人因美容服务问题发生口角。后公安部门对赵敏作出行政处罚决定书，给予赵敏行政拘留三日的处罚。

原告主张赵敏的微信昵称为 X 郡主（微信号 X---calm），且系小区业主微信群群主，双方发生纠纷后赵敏多次在业主微信群中对二原告进行造谣、诽谤、污蔑、谩骂，并将黄晓兰从业主群中移出，兰世达公司因赵敏的行为生意严重受损。原告提供微信聊天记录及张某某的证人证言予以证明。微信聊天记录来自两个微信群，人数分别为 345 人和 123 人，记载有昵称 X 郡主发送的有关黄晓兰、兰世达公司的言论，以及其他群成员询问情况等的回复信息；证人张某某是兰世达公司顾客，也是小区业主，其到庭陈述看到的微信群内容并当庭出示手机微信，群主微信号为 X---calm。

赵敏对原告陈述及证据均不予认可，并表示其 2016 年在涉诉美容店做激光祛斑，黄晓兰承诺保证全部祛除掉，但做过两次后，斑越发严重，多次沟通，对方不同意退钱，事发当日其再次咨询此事，黄晓兰却否认赵敏在此做过祛斑，双方发生口角；赵敏只有一个微信号，且经常换名字，现在业主群里叫 X 果，自己不是群主，不清楚群情况，没有加过黄晓兰为好友，也没有在微信群里发过损害原告名誉的信息，只与邻居、朋友说过与原告的纠纷，兰世达公司仪器不正规、讹诈客户，其他人也有同感，公民有言论自由。

经原告申请，法院自深圳市腾讯计算机系统有限公司调取了微信号X---calm 的实名认证信息，确认为赵敏，同时确认该微信号与黄晓兰微信号 X-HL 互为好友时间为 2016 年 3 月 4 日 13：16：18。赵敏对此予以认可，但表示对于微信群中发送的有关黄晓兰、兰世达公司的信息其并不清楚，现已经不用该微信号了，也退出了其中一个业主群。

裁判结果

北京市顺义区人民法院于 2017 年 9 月 19 日作出（2017）京 0113 民初 5491 号民事判决：一、被告赵敏于本判决生效之日起七日内在顺义区 X 房屋门口张贴致歉声明，向原告黄晓兰、北京兰世达光电科技有限公司赔礼道歉，张贴时间为七日，致歉内容须经本院审核；如逾期不执行上述内容，则由本院在上述地址门口全文张贴本判决书内容；二、被告赵敏于本判决生效之日起七日内赔偿原告北京兰世达光电科技有限公司经济损失三千元；三、被告赵敏于本判决生效之日起七日内赔偿原告黄晓兰精神损害抚慰金二千元；四、驳回原告黄晓兰、北京兰世达光电科技有限公司的其他诉讼请求。宣判后，赵敏提出上诉。北京市第三中级人民法院于 2018 年 1 月 31 日作出（2018）京 03 民终 725 号民事判决：驳回上诉，维持原判。

裁判理由

法院生效裁判认为：名誉权是民事主体依法享有的维护自己名誉并排除他人侵害的权利。民事主体不仅包括自然人，也包括法人及其他组织。《中华人民共和国民法通则》第一百零一条规定，公民、法人享有名誉权，公民的人格尊严受法律保护，禁止用侮辱、诽谤等方式损害公民、法人的名誉。

本案的争议焦点为，被告赵敏在微信群中针对原告黄晓兰、兰世达公司的言论是否构成名誉权侵权。传统名誉权侵权有四个构成要件，即受害人确有名誉被损害的事实、行为人行为违法、违法行为与损害后果之间有因果关系、行为人主观上有过错。对于微信群中的言论是否侵犯他人名誉权的认定，要符合传统名誉权侵权的全部构成要件，还应当考虑信息网络传播的特点并结合侵权主体、传播范围、损害程度等具体因素进行综合判断。

本案中，赵敏否认其微信号 X---calm 所发的有关涉案信息是其本人所为，但就此未提供证据证明，且与已查明事实不符，故就该抗辩意见，法院无法采纳。根据庭审查明情况，结合微信聊天记录内容、证人证言、法院自深圳市腾讯计算机系统有限公司调取的材料，可以认定赵敏在与黄晓兰发生纠纷后，通过微信号在双方共同居住的小区两个业主微信群发布的信息中使用了"傻 X""臭傻 X""精神分裂""装疯卖傻"等明显带有侮辱性的言论，并使用了黄晓兰的照片作为配图，而对于兰世达公司的"美容师不正规""讹诈客户""破仪器""技术和产品都不灵"等贬损性言辞，赵敏未提交证据证明其所发表言论的客观真实性；退一步讲，即使有相关事实发生，其亦应通过合法途径解决。赵敏将上述不当言论发至有众多该小区住户的两个微信群，其主观过错明显，从微信群的成员组成、对其他成员的询问情况以及网络信息传播的便利、广泛、快捷等特点来看，涉案言论确易引发对黄晓兰、兰世达公司经营的美容店的猜测和误解，损害小区公众对兰世达公司的信赖，对二者产生负面认识并造成黄晓兰个人及兰世达公司产品或者服务的社会评价降低，赵敏的损害行为与黄晓兰、兰世达公司名誉受损之间存在因果关系，故赵敏的行为符合侵犯名誉权的要件，已构成侵权。

行为人因过错侵害他人民事权益，应当承担侵权责任。不特定关系人组成的微信群具有公共空间属性，公民在此类微信群中发布侮辱、诽谤、污蔑或者贬损他人的言论构成名誉权侵权，应当依法承担法律责任。公民、法人的名誉权受到侵害，有权要求停止侵害，恢复名誉，消除影响，赔礼道歉，并可以要求赔偿损失。现黄晓兰、兰世达公司要求赵敏基于侵犯名誉权之行为赔礼道歉，符合法律规定，应予以支持，赔礼道歉的具体方式由法院酌情确定。关于兰世达公司名誉权被侵犯产生的经济损失，兰世达公司提供的证据不能证明实际经济损失数额，但兰世达公司在涉诉小区经营美容店，赵敏在有众多该小区住户的微信群中发表不当言论势必会给兰世达公司的经营造成不良影响，故对兰世达公司的该项请求，综合考虑赵敏的过错程度、侵权行为内容与造成的影响、侵权持续时间、兰世达公司实际营业情况等因素酌情确定。关于黄晓兰主张的精神损害抚慰金，亦根据上述因素酌情确定具体数额。关于兰世达公司主张的精神损害抚慰金，缺乏法律依据，故不予支持。

第一千零二十五条　【新闻报道、舆论监督与保护名誉权关系问题】 行为人为公共利益实施新闻报道、舆论监督等行为，影响他人名誉的，不承担民事责任，但是有下列情形之一的除外：

（一）捏造、歪曲事实；

（二）对他人提供的严重失实内容未尽到合理核实义务；

（三）使用侮辱性言辞等贬损他人名誉。

条文解读

本条是对新闻报道、舆论监督等影响他人名誉免责及除外条款的规定。正当的新闻报道和舆论监督等行为，具有社会正当性，是合法行为，也是履行媒体新闻批评职责的正当行为。媒体在新闻报道和舆论监督等正当的新闻行为中，即使发生了对他人名誉造成影响的后果，也不构成侵害名誉权，不承担民事责任。例如，批评食品企业卫生条件不好督促其改进，对其名誉有一定的影响，但是不构成侵害名誉权，而是正当的舆论监督行为。

在新闻报道和舆论监督等新闻行为中，如果存在以下法定情形，则构成侵害名誉权：（1）行为人捏造、歪曲事实。这种情形是故意利用新闻报道、舆论监督而侵害他人名誉权的行为。捏造事实是无中生有，歪曲事实是不顾真相而进行歪曲。这些都是故意所为，性质恶劣，构成侵害名誉权。（2）对他人提供的严重失实内容未尽到合理核实义务。这种情形是新闻事实严重失实，是因未尽合理核实义务而使事实背离真相，是过失所为。其实不只是对他人提供的严重失实内容未尽核实义务，即使媒体自己采制的新闻，未尽必要注意而使新闻事实严重失实的，同样也构成侵害名誉权的行为。（3）使用侮辱性言辞等贬损他人名誉。在新闻报道、舆论监督中，虽然没有上述两种情形，但是在其中有使用侮辱言辞等过度贬损他人名誉，对其人格有损害的，也构成侵害名誉权的行为。

第一千零二十六条　【认定是否尽到合理核实义务的考虑因素】认定行为人是否尽到前条第二项规定的合理核实义务，应当考虑下列因素：

（一）内容来源的可信度；

（二）对明显可能引发争议的内容是否进行了必要的调查；

（三）内容的时限性；

（四）内容与公序良俗的关联性；

（五）受害人名誉受贬损的可能性；

（六）核实能力和核实成本。

第一千零二十七条　【文学、艺术作品侵害名誉权的认定与例外】行为人发表的文学、艺术作品以真人真事或者特定人为描述对象，含有侮辱、诽谤内容，侵害他人名誉权的，受害人有权依法请求该行为人承担民事责任。

行为人发表的文学、艺术作品不以特定人为描述对象，仅其中的情节与该特定人的情况相似的，不承担民事责任。

第一千零二十八条　【名誉权人更正权】民事主体有证据证明报刊、网络等媒体报道的内容失实，侵害其名誉权的，有权请求该媒体及时采取更正或者删除等必要措施。

第一千零二十九条 【信用评价】民事主体可以依法查询自己的信用评价；发现信用评价不当的，有权提出异议并请求采取更正、删除等必要措施。信用评价人应当及时核查，经核查属实的，应当及时采取必要措施。

实务应用

134. 他人盗用、冒用自己姓名申办信用卡并透支消费，能否主张精神损害赔偿？

当事人因他人盗用、冒用自己的姓名申办信用卡并透支消费的侵犯姓名权行为，导致其在银行征信系统存有不良信用记录，对当事人从事商业活动及其他社会、经济活动具有重大不良影响，给当事人实际造成精神痛苦，妨碍其内心安宁，降低其社会评价，当事人有权请求精神损害赔偿。

关联参见

《电子商务法》第 39 条；《征信业管理条例》第 17 条、第 25 条

第一千零三十条 【处理信用信息的法律适用】民事主体与征信机构等信用信息处理者之间的关系，适用本编有关个人信息保护的规定和其他法律、行政法规的有关规定。

第一千零三十一条 【荣誉权】民事主体享有荣誉权。任何组织或者个人不得非法剥夺他人的荣誉称号，不得诋毁、贬损他人的荣誉。

获得的荣誉称号应当记载而没有记载的，民事主体可以请求记载；获得的荣誉称号记载错误的，民事主体可以请求更正。

条文解读

荣誉权 ⊙ 荣誉权，是指民事主体对其获得的荣誉及其利益所享有

的保持、支配、维护的具体人格权。对于荣誉利益的精神利益，权利人的权利内容主要是保持和维护的权利；对于荣誉利益的财产利益，权利人对该财产利益与其他物的权利一样，享有支配权。

荣誉权权利人之外的所有自然人、法人和非法人组织，都负有不得非法剥夺他人的荣誉称号，不得诋毁、贬损他人的荣誉的法定义务。违反这种不可侵犯的法定义务，构成侵害荣誉权的行为，应当承担民事责任。

本条第 2 款规定的是荣誉权人的权利，即获得的荣誉称号应当记载而没有记载或者记载错误的，民事主体可以要求记载或者更正。这是荣誉权人对所获得的荣誉享有的保持和维护权利的体现。

第六章　隐私权和个人信息保护

第一千零三十二条　【隐私权及隐私】自然人享有隐私权。任何组织或者个人不得以刺探、侵扰、泄露、公开等方式侵害他人的隐私权。

隐私是自然人的私人生活安宁和不愿为他人知晓的私密空间、私密活动、私密信息。

条文解读

隐私 ➡ 隐私，一为私，二为隐，前者指纯粹是个人的，与公共利益、群体利益无关，后者指权利人不愿意将其公开为他人知晓。因此，隐私是指与公共利益、群体利益无关的私人生活安宁和当事人不愿他人知晓或他人不便知晓的私密信息，当事人不愿他人干涉或者他人不便干涉的私密活动，以及当事人不愿他人侵入或者他人不便侵入的私密空间。

隐私权 ➡ 隐私权是自然人享有的人格权，是指自然人对享有的私人生活安宁和不愿为他人知晓的私密空间、私密活动和私密信息等私生活安全利益自主进行支配和控制，不得他人侵扰的具体人格权。其内容是：（1）对自己的隐私进行隐瞒，不为他人所知的权利；（2）对自己的隐私享有积极利用，以满足自己的精神、物质等方面需要的权利；（3）对自己的隐私享有支配权，只要不违背公序良俗即可。

隐私权的内容 ➡ 隐私包括四部分内容：一是私人生活安宁。私人生活的安定宁静是个人获得自尊心和安全感的前提和基础，自然人有权排除他人对其正常生活的骚扰。将私人生活安宁纳入隐私的范围，对于保护自然人的人格尊严极为重要。侵犯私人生活安宁的行为主要指本法第 1033 条规定的"以电话、短信、即时通讯工具、电子邮件、传单等方式侵扰他人的私人生活安宁"的行为。例如，向他人发送垃圾邮件、垃圾微信或者进行电话骚扰；又如，在民事主体明确拒绝的情况下，还反复向他人发送小广告、散发传单等。二是私密空间。私密空间是指个人的隐秘范围，包括个人居所、私家车、日记、个人邮箱、个人的衣服口袋、身体的隐私部位以及旅行居住的宾馆客房等。自然人有权排除他人对自己私密空间的侵入。根据本法第 1033 条的规定，除法律另有规定或者权利人明确同意外，任何组织或者个人不得进入、拍摄、窥视他人的住宅、宾馆房间等私密空间；不得拍摄、窥视他人身体的私密部位。三是私密活动。私密活动是指自然人所进行的与公共利益无关的个人活动，例如日常生活、家庭活动、婚姻活动、男女之间的性生活等活动。根据本法第 1033 条的规定，除法律另有规定或者经权利人同意外，任何组织或者个人不得拍摄、窥视、窃听、公开他人的私密活动。婚外恋和婚外性生活，从道德上应当受到谴责，也可能受到党纪政纪的处分，但除了法律另有规定或者当事人同意外，也属于私密活动，不得向社会公布。四是私密信息。私密信息是指通过特定形式体现出来的有关自然人的病历、财产状况、身体缺陷、遗传特征、档案材料、生理识别信息、行踪信息等个人情况。这些个人情况是自然人不愿为他人所知晓的信息。根据本法第 1033 条的规定，除法律另有规定或者权利人明确同意外，任何组织或者个人不得处理他人的私密信息。

第一千零三十三条　【侵害隐私权的行为】除法律另有规定或者权利人明确同意外，任何组织或者个人不得实施下列行为：

（一）以电话、短信、即时通讯工具、电子邮件、传单等方式侵扰他人的私人生活安宁；

（二）进入、拍摄、窥视他人的住宅、宾馆房间等私密空间；

（三）拍摄、窥视、窃听、公开他人的私密活动；

（四）拍摄、窥视他人身体的私密部位；

（五）处理他人的私密信息；

（六）以其他方式侵害他人的隐私权。

第一千零三十四条　【个人信息保护】自然人的个人信息受法律保护。

个人信息是以电子或者其他方式记录的能够单独或者与其他信息结合识别特定自然人的各种信息，包括自然人的姓名、出生日期、身份证件号码、生物识别信息、住址、电话号码、电子邮箱、健康信息、行踪信息等。

个人信息中的私密信息，适用有关隐私权的规定；没有规定的，适用有关个人信息保护的规定。

条文解读

个人信息的外延 ➡ 自然人的姓名、出生日期、身份证件号码、生物识别信息、住址、电话号码、电子邮箱、行踪信息等。这些都是个人信息的组成部分。

个人信息与隐私的区别 ➡ 第一，二者的构成要件不同，隐私强调私密性，而个人信息强调识别性。第二，"隐私"与"个人信息"二者的范围有重合（重合部分可以称为隐私信息，即权利主体不愿为他人知晓的个人信息，如病史、犯罪记录等），但"个人信息"不仅包括不愿为外人知晓的"隐私信息"，还包括可以公开的"非隐私信息"（如姓名、性别等）；并且，"隐私"带有主观色彩，如身高、住址、电话号码等个人信息，有些人视为隐私，有些人视为可公开信息。法律既要保护自然人对其个人信息享有的人格权益，又要兼顾社会对个人信息的合理利用。鉴于信息自由流通具有的巨大社会效益和经济效益，《民法典》对个人信息权利的规定，应当兼顾自然人个人信息权益和信息资源有效利用的双重目的。而隐私权的保护，一般多着眼于权利主体的人格权益，更倾向于限制个人信息的收集与利用。因此，"个人信息"比"隐私"更适宜现代信息社会民法所要调整的法律关系。第三，从权利内容和救济方式而言，隐私权作为一种私生活受尊重的权利，多表现为消极被动和防御性的特点，它以侵害行为或侵害可能为前提，以维护人格尊严为目的，一般不具有财产利益。而个人信息得到保护的权利，表现为一种积极主动的请求权，不仅包括个人信息不受非法处理的内容，还包括权利主体对其个人信息的积极控制，如权利人有权决定其个人信息能否被他人收集、处理和利用以及如何利用，有权要求信息处理者修改不正确、不完整的个人信息以保证信息质量，有权针对商业目的的个人信息利用获取报酬等。第四，对二者的保护程度不同。对隐私权的保护程度要高于对个人信息的保护程度。

第一千零三十五条　【个人信息处理的原则】处理个人信息的，应当遵循合法、正当、必要原则，不得过度处理，并符合下列条件：

（一）征得该自然人或者其监护人同意，但是法律、行政法规另有规定的除外；

（二）公开处理信息的规则；

（三）明示处理信息的目的、方式和范围；

（四）不违反法律、行政法规的规定和双方的约定。

个人信息的处理包括个人信息的收集、存储、使用、加工、传输、提供、公开等。

135. 使用人脸识别技术处理个人信息有哪些注意事项?

人脸信息属于《民法典》第 1034 条规定的"生物识别信息"。人脸信息的处理包括人脸信息的收集、存储、使用、加工、传输、提供、公开等。

信息处理者的下列行为属于侵害自然人人格权益的行为:(1)在宾馆、商场、银行、车站、机场、体育场馆、娱乐场所等经营场所、公共场所违反法律、行政法规的规定使用人脸识别技术进行人脸验证、辨识或者分析;(2)未公开处理人脸信息的规则或者未明示处理的目的、方式、范围;(3)基于个人同意处理人脸信息的,未征得自然人或者其监护人的单独同意,或者未按照法律、行政法规的规定征得自然人或者其监护人的书面同意;(4)违反信息处理者明示或者双方约定的处理人脸信息的目的、方式、范围等;(5)未采取应有的技术措施或者其他必要措施确保其收集、存储的人脸信息安全,致使人脸信息泄露、篡改、丢失;(6)违反法律、行政法规的规定或者双方的约定,向他人提供人脸信息;(7)违背公序良俗处理人脸信息;(8)违反合法、正当、必要原则处理人脸信息的其他情形。

信息处理者的下列行为不属于侵害自然人人格权益的行为:(1)为应对突发公共卫生事件,或者紧急情况下为保护自然人的生命健康和财产安全所必需而处理人脸信息的;(2)为维护公共安全,依据国家有关规定在公共场所使用人脸识别技术的;(3)为公共利益实施新闻报道、舆论监督等行为在合理的范围内处理人脸信息的;(4)在自然人或者其监护人同意的范围内合理处理人脸信息的;(5)符合法律、行政法规规定的其他情形。

关联参见

《个人信息保护法》第 13 条;《电子商务法》第 23 条;《网络安全

法》第 22 条、第 37 条、第 40-42 条；《消费者权益保护法》第 29 条

第一千零三十六条 【处理个人信息的免责事由】处理个人信息，有下列情形之一的，行为人不承担民事责任：

（一）在该自然人或者其监护人同意的范围内合理实施的行为；

（二）合理处理该自然人自行公开的或者其他已经合法公开的信息，但是该自然人明确拒绝或者处理该信息侵害其重大利益的除外；

（三）为维护公共利益或者该自然人合法权益，合理实施的其他行为。

第一千零三十七条 【个人信息主体的权利】自然人可以依法向信息处理者查阅或者复制其个人信息；发现信息有错误的，有权提出异议并请求及时采取更正等必要措施。

自然人发现信息处理者违反法律、行政法规的规定或者双方的约定处理其个人信息的，有权请求信息处理者及时删除。

第一千零三十八条 【个人信息安全】信息处理者不得泄露或者篡改其收集、存储的个人信息；未经自然人同意，不得向他人非法提供其个人信息，但是经过加工无法识别特定个人且不能复原的除外。

信息处理者应当采取技术措施和其他必要措施，确保其收集、存储的个人信息安全，防止信息泄露、篡改、丢失；发生或者可能发生个人信息泄露、篡改、丢失的，应当及时采取补救措施，按照规定告知自然人并向有关主管部门报告。

条文解读

本条是对信息处理者对个人信息负有保密义务的规定。

个人信息的处理者，是指合法收集并控制自然人个人信息的主体。个人信息处理者对自然人的个人信息负有的保密义务，包括两个方面：

1. 信息处理者负有的守约义务。（1）保持个人信息的自己占有及

信息的真实性的义务，不得泄露、篡改、丢失其收集、存储的个人信息；（2）不得向他人提供的义务，未经被收集者同意，不得向他人非法提供个人信息。例外的是，经过加工无法识别特定个人且不能复原的信息，属于衍生信息，俗称"已经过脱敏处理"的信息，不再具有个人身份信息的属性，已经进入可以公开使用的领域。对于衍生信息的使用不构成侵害个人信息。

2. 信息处理者负有的保密义务。（1）信息处理者对已经收集、存储的个人信息，应当采取技术措施和其他必要措施，确保其收集、存储的个人信息安全，防止信息泄露、篡改、丢失。（2）如果发生或者可能发生个人信息泄露、篡改、丢失的情况的，应当及时采取补救措施，依照规定告知被收集者并向有关主管部门报告，防止损失扩大，并挽回已经造成的损失。

关联参见

《网络安全法》第 42 条、第 43 条；《消费者权益保护法》第 29 条；《地图管理条例》第 35 条；《最高人民法院关于审理利用信息网络侵害人身权益民事纠纷案件适用法律若干问题的规定》

第一千零三十九条　【国家机关及其工作人员对个人信息的保密义务】国家机关、承担行政职能的法定机构及其工作人员对于履行职责过程中知悉的自然人的隐私和个人信息，应当予以保密，不得泄露或者向他人非法提供。

第五编　婚姻家庭

第一章　一般规定

第一千零四十条　【婚姻家庭编的调整范围】本编调整因婚姻家庭产生的民事关系。

婚姻 ◆ 因结婚而产生的夫妻关系。

家庭 ◆ 以婚姻和血统关系为基础的社会单位，包括父母、子女和其他共同生活的亲属在内。亲属包括配偶、血亲和姻亲。

第一千零四十一条　【婚姻家庭关系基本原则】婚姻家庭受国家保护。

实行婚姻自由、一夫一妻、男女平等的婚姻制度。

保护妇女、未成年人、老年人、残疾人的合法权益。

条文解读

婚姻自由 ◆ 当事人有权根据法律的规定，自主自愿地决定自己的婚姻问题，不受任何人的强制和非法干涉。婚姻自由包括结婚自由和离婚自由。

未成年人 ◆ 未满 18 周岁的公民。

实务应用

136. 结婚和离婚自由都是绝对的、不受任何限制的吗？

婚姻自由不是绝对的，而是相对的，即婚姻自由是法律规定范围内的自由，而不是任意的、无限制的自由。婚姻自由包括结婚自由和离婚自由。结婚自由是指婚姻当事人双方具有自愿缔结婚姻关系的自由权利，其包括两方面内容：一是双方当事人自愿结婚意思真实；二是结婚必须符合法律规定的结婚条件和结婚程序。离婚自由是指夫妻一方或双方具有通过法定程序解除婚姻关系的自由权利。

关联参见

《宪法》第 49 条；《刑法》第 257 条；《妇女权益保障法》；《未成

年人保护法》第 2 条;《老年人权益保障法》;《残疾人保障法》第 3 条、第 9 条;《婚姻登记条例》第 1 条

第一千零四十二条　【禁止的婚姻家庭行为】 禁止包办、买卖婚姻和其他干涉婚姻自由的行为。禁止借婚姻索取财物。

禁止重婚。禁止有配偶者与他人同居。

禁止家庭暴力。禁止家庭成员间的虐待和遗弃。

条文解读

包办婚姻 ➡ 包括父母在内的第三人违反婚姻自由的原则,包办强迫他人婚姻的行为。包办婚姻的主要行为表现有订娃娃亲、抱童养媳、指腹为婚等。

买卖婚姻 ➡ 包括父母在内的第三人以索取大量财物为目的,包办强迫他人婚姻的行为。具体表现形式有:一是父母将儿女视为"摇钱树",公开要彩礼或聘礼,大量索取财物;二是拐卖妇女而形成的买卖婚姻;三是骗婚骗财。

重婚 ➡ 有配偶的人又与他人结婚的违法行为,或者明知他人有配偶而与他人登记结婚的违法行为。有配偶的人,未办理离婚手续又与他人登记结婚,即是重婚;虽未登记结婚,但事实上与他人以夫妻名义而公开同居生活的,也构成重婚。明知他人有配偶而与之登记结婚,或者虽未登记结婚,但事实上与他人以夫妻名义同居生活,同样构成重婚。不以夫妻名义共同生活的姘居关系,不能认为是重婚。法律明令禁止重婚,对于重婚的,不仅要解除其重婚关系,还应追究犯罪者的刑事责任。

虐待 ➡ 家庭成员间的虐待,是指用打骂、冻饿、有病不给治疗等方法摧残、折磨家庭成员,使他们在肉体上、精神上遭受痛苦的行为。持续性、经常性的家庭暴力,可以认定为本条所称的"虐待"。

遗弃 ➡ 家庭成员间的遗弃,是指对于年老、年幼、患病或其他没

有独立生活能力的人，负有赡养、抚养或扶养义务的人不履行其义务的行为。家庭成员间的遗弃，主要包括子女不履行赡养义务而遗弃老人、父母不履行抚养义务而遗弃子女、丈夫不履行扶养义务而遗弃妻子或者妻子不履行扶养义务而遗弃丈夫等行为。

第一千零四十三条　【婚姻家庭道德规范】家庭应当树立优良家风，弘扬家庭美德，重视家庭文明建设。

夫妻应当互相忠实，互相尊重，互相关爱；家庭成员应当敬老爱幼，互相帮助，维护平等、和睦、文明的婚姻家庭关系。

条文解读

当事人仅以本条为依据提起诉讼的，人民法院不予受理；已经受理的，裁定驳回起诉。

该条属于倡导性的规定，并非公民必须遵守的义务，故不得以该条款单独提起诉讼。

关联参见

《民法典婚姻家庭编解释（一）》第4条

第一千零四十四条　【收养的原则】收养应当遵循最有利于被收养人的原则，保障被收养人和收养人的合法权益。

禁止借收养名义买卖未成年人。

第一千零四十五条　【亲属、近亲属与家庭成员】亲属包括配偶、血亲和姻亲。

配偶、父母、子女、兄弟姐妹、祖父母、外祖父母、孙子女、外孙子女为近亲属。

配偶、父母、子女和其他共同生活的近亲属为家庭成员。

条文解读

配偶 ➡ 男女因结婚互称配偶。配偶，即夫妻，是男女因结婚而形成的亲属关系。结婚必须是一男一女结婚，同性之间不能结婚。

血亲 ➡ 血亲是指因自然的血缘关系而产生的亲属关系，也包括因法律拟制而产生的血亲关系。有自然血缘联系的亲属，称为自然血亲；因法律拟制的抚养关系而形成的亲属，称为拟制血亲。亲生父母子女、祖孙、曾祖孙等之间，为直系血亲；养父母子女、抚养关系的继父母子女之间，为拟制直系血亲。同胞、半同胞兄弟姐妹，堂、表兄弟姐妹，伯、叔、姑、舅、姨与侄（女）、甥（女）之间为旁系血亲。拟制直系血亲关系的一方与对方的旁系血亲之间，为拟制旁系血亲。

自然血亲关系因出生而发生，因死亡而终止；拟制血亲关系因收养或者继父母与继子女形成抚养关系而发生，因一方死亡或者养父母子女关系、继父母子女关系依法解除而终止。

姻亲 ➡ 姻亲是因婚姻为中介形成的亲属，但不包括自身的配偶。一是配偶的血亲，如岳父母、公婆；另一类是血亲的配偶，如儿媳、女婿、嫂、弟媳、姐夫、妹夫。

姻亲关系因婚姻而产生，因婚姻关系的解除而终止。离婚和婚姻被撤销，是姻亲关系终止的原因。

家庭成员 ➡ 家庭成员应是近亲属。有的近亲属如配偶、父母、子女，当然是家庭成员，即使已经不再在一起共同生活，也仍是家庭成员。比如，自己成家后不再与父母一起生活，但与父母的权利义务关系不断，赡养父母的义务不断，所以仍应是家庭成员。自己与子女也是这个道理，所以自己的子女也应是家庭成员。其他近亲属，如兄弟姐妹、祖父母、外祖父母、孙子女、外孙子女，如在一个家庭中共同生活，应当属于家庭成员，如不在一起共同生活，就不属于家庭成员。这个"共同生活"应是长久的同居在一起的共同生活，而不是短期的、临时性的共同生活。

第二章 结 婚

第一千零四十六条 【结婚自愿】结婚应当男女双方完全自愿，禁止任何一方对另一方加以强迫，禁止任何组织或者个人加以干涉。

第一千零四十七条 【法定婚龄】结婚年龄，男不得早于二十二周岁，女不得早于二十周岁。

实务应用

137. 在特殊情况下，法律允许对婚龄作例外规定吗？

目前，我国一些民族自治地方的立法机关对婚姻法中的法定婚龄作了变通规定。比如，新疆、内蒙古、西藏等自治区和一些自治州、自治县，均以男 20 周岁、女 18 周岁作为本地区的最低婚龄，但这些变通规定仅适用于少数民族，不适用生活在该地区的汉族。

第一千零四十八条 【禁止结婚的情形】直系血亲或者三代以内的旁系血亲禁止结婚。

实务应用

138. 哪些血亲禁止结婚？

（1）直系血亲。包括父母子女间，祖父母、外祖父母与孙子女、外孙子女间。即父亲不能娶女儿为妻，母亲不能嫁儿子为夫。爷爷（姥爷）不能与孙女（外孙女）婚配，奶奶（姥姥）不能与孙子（外孙子）结合。

（2）三代以内旁系血亲。包括：①同源于父母的兄弟姊妹（含同父异母、同母异父的兄弟姊妹），即同一父母的子女之间不能结婚。②不同辈的叔、伯、姑、舅、姨与侄（女）、甥（女），即叔叔（伯伯）不能和兄（弟）的女儿结婚；姑姑不能和兄弟的儿子结婚；舅舅不能和姊妹的女儿结婚；姨妈不能和姊妹的儿子结婚。③堂兄弟姐妹、姑表兄弟姐妹、舅表兄弟姐妹、姨表兄弟姐妹之间不能结婚。

第一千零四十九条　【结婚程序】要求结婚的男女双方应当亲自到婚姻登记机关申请结婚登记。符合本法规定的，予以登记，发给结婚证。完成结婚登记，即确立婚姻关系。未办理结婚登记的，应当补办登记。

第一千零五十条　【男女双方互为家庭成员】登记结婚后，按照男女双方约定，女方可以成为男方家庭的成员，男方可以成为女方家庭的成员。

第一千零五十一条　【婚姻无效的情形】有下列情形之一的，婚姻无效：

（一）重婚；

（二）有禁止结婚的亲属关系；

（三）未到法定婚龄。

实务应用

139. 同一婚姻关系分别受理离婚和请求确认婚姻无效的，如何处理？

离婚案件的当事人只能是夫妻双方，而申请确认婚姻无效的当事人可能是婚姻关系当事人，也可能是利害关系人，合并审理存在一定的障碍，也不利于保护相关当事人的合法权益，故在审理离婚诉讼中，如果就同一婚姻关系，另行受理了请求确认婚姻无效的案件的，应当分别审理。由于离婚须以合法有效的婚姻关系为前提，故在此情况下，离婚案件审理属于《民事诉讼法》第153条规定的必须以另一案的审理结果为依据，而另一案尚未审结的情形，离婚案件应当中止诉讼，待请求确认婚姻无效的案件判决生效后恢复诉讼。

关联参见

《民法典》第 1042 条、第 1047 条、第 1048 条；《刑法》第 258 条；《民事诉讼法》第 153 条；《民法典婚姻家庭编解释（一）》第 9—17 条

第一千零五十二条　【受胁迫婚姻的撤销】 因胁迫结婚的，受胁迫的一方可以向人民法院请求撤销婚姻。

请求撤销婚姻的，应当自胁迫行为终止之日起一年内提出。

被非法限制人身自由的当事人请求撤销婚姻的，应当自恢复人身自由之日起一年内提出。

条文解读

可撤销婚姻 ➡ 可撤销婚姻，是指当事人因意思表示不真实而成立的婚姻，或者当事人成立的婚姻在结婚的要件上有欠缺，通过有撤销权的当事人行使撤销权，使已经发生法律效力的婚姻关系失去法律效力。

实务应用

140. 请求撤销婚姻的，诉讼时效的限制有哪些？

请求撤销婚姻的，应当自胁迫行为终止之日起 1 年内提出，但是不适用诉讼时效中止、中断或者延长的规定。

受胁迫或者被非法限制人身自由的当事人请求撤销婚姻的，不适用"应当自胁迫行为终止之日起一年内提出"的规定。

当事人以《民法典》施行前受胁迫结婚为由请求人民法院撤销婚姻的，撤销权的行使期限适用"应当自胁迫行为终止之日起一年内提出"的规定。

第一千零五十三条　【隐瞒重大疾病的可撤销婚姻】 一方患

有重大疾病的，应当在结婚登记前如实告知另一方；不如实告知的，另一方可以向人民法院请求撤销婚姻。

请求撤销婚姻的，应当自知道或者应当知道撤销事由之日起一年内提出。

064. 一方患艾滋病，婚前未告知另一方，属无效婚姻还是可撤销婚姻？[①]

林某和张某经人介绍相识，于 2020 年 6 月 28 日登记结婚。在登记之后，张某向林某坦白其患有艾滋病多年，并且长期吃药。2020 年 7 月，林某被迫人工终止妊娠。2020 年 10 月，林某提起诉讼要求宣告婚姻无效。诉讼中，林某明确若婚姻无效不能成立，则请求撤销婚姻，对此，张某亦无异议。

法院认为，自然人依法享有缔结婚姻等合法权益，张某虽患有艾滋病，但不属于婚姻无效的情形。林某又提出撤销婚姻的请求，张某对此亦无异议，为减少当事人讼累，人民法院一并予以处理。张某所患疾病对婚姻生活有重大影响，属于婚前应告知林某的重大疾病，但张某未在结婚登记前告知林某，显属不当。故判决撤销林某与张某的婚姻关系。

本案是依法适用民法典相关规定判决撤销婚姻的典型案例。对于一方患有重大疾病，未在结婚登记前如实告知另一方的情形，民法典明确另一方可以向人民法院请求撤销婚姻。本案中，人民法院依法适用民法典相关规定，判决撤销双方的婚姻关系，不仅有效保护了案件中无过错方的合法权益，也符合社会大众对公平正义、诚实信用的良好期待，弘扬了社会主义核心价值观。

[①] 参见《人民法院贯彻实施民法典典型案例（第二批）》（2023 年 1 月 12 日发布），林某诉张某撤销婚姻纠纷案，载最高人民法院网 https：//www.court.gov.cn/zixun/xiangqing/386521.html，最后访问日期：2024 年 4 月 1 日。

第一千零五十四条 【婚姻无效或被撤销的法律后果】无效的或者被撤销的婚姻自始没有法律约束力，当事人不具有夫妻的权利和义务。同居期间所得的财产，由当事人协议处理；协议不成的，由人民法院根据照顾无过错方的原则判决。对重婚导致的无效婚姻的财产处理，不得侵害合法婚姻当事人的财产权益。当事人所生的子女，适用本法关于父母子女的规定。

婚姻无效或者被撤销的，无过错方有权请求损害赔偿。

实务应用

141. 怎么理解"对重婚导致的无效婚姻的财产处理，不得侵害合法婚姻当事人的财产权益"？

对因重婚导致婚姻无效的财产的处理，不得侵害合法婚姻当事人的财产权益，即多分重婚导致的无效婚姻当事人同居期间所得财产给无过错方，不得侵害重婚一方合法婚姻的配偶一方当事人的财产权益。例如，甲有配偶又与乙登记结婚，人民法院根据照顾无过错方的原则，分割甲乙在无效婚姻期间所得财产时，不能将本应是甲第一个合法婚姻的夫妻共同财产分给乙。

第三章 家庭关系

第一节 夫妻关系

第一千零五十五条 【夫妻平等】夫妻在婚姻家庭中地位平等。

实务应用

142. 夫妻家庭地位平等意味着对等、平均吗？

夫妻在婚姻家庭中地位平等，不是指夫妻的权利义务一一对等，更不是指夫妻要平均承担家庭劳务等。平等不是平均，权利义务可以合理分配和承担，家庭劳务也可以合理分担。对于婚姻家庭事务，夫妻双方均有权发表意见，应当协商作出决定，一方不应独断专行。

第一千零五十六条 【夫妻姓名权】夫妻双方都有各自使用自己姓名的权利。

第一千零五十七条 【夫妻人身自由权】夫妻双方都有参加生产、工作、学习和社会活动的自由，一方不得对另一方加以限制或者干涉。

第一千零五十八条 【夫妻抚养、教育和保护子女的权利义务平等】夫妻双方平等享有对未成年子女抚养、教育和保护的权利，共同承担对未成年子女抚养、教育和保护的义务。

第一千零五十九条 【夫妻扶养义务】夫妻有相互扶养的义务。
需要扶养的一方，在另一方不履行扶养义务时，有要求其给付扶养费的权利。

第一千零六十条 【夫妻日常家事代理权】夫妻一方因家庭日常生活需要而实施的民事法律行为，对夫妻双方发生效力，但是夫妻一方与相对人另有约定的除外。
夫妻之间对一方可以实施的民事法律行为范围的限制，不得对抗善意相对人。

实务应用

143. 夫妻单方擅自出卖共有房屋的，如何处理？
夫妻一方未经另一方同意出售夫妻共同所有的房屋，第三人善意购买、支付合理对价并已办理不动产登记，另一方主张追回该房屋的，人民法院不予支持。
夫妻一方擅自处分共同所有的房屋造成另一方损失，离婚时另一方请求赔偿损失的，人民法院应予支持。

第一千零六十一条 【夫妻遗产继承权】夫妻有相互继承遗产的权利。

第一千零六十二条 【夫妻共同财产】夫妻在婚姻关系存续期间所得的下列财产，为夫妻的共同财产，归夫妻共同所有：

（一）工资、奖金、劳务报酬；

（二）生产、经营、投资的收益；

（三）知识产权的收益；

（四）继承或者受赠的财产，但是本法第一千零六十三条第三项规定的除外；

（五）其他应当归共同所有的财产。

夫妻对共同财产，有平等的处理权。

条文解读

夫妻共同财产的范围 ➡ 关于夫妻共同财产的范围，本条第 1 款作了列举式的规定：

（1）工资、奖金、劳务报酬。即劳动者的劳动收入，既包括工资、奖金，也包括各种津贴、补贴等劳务报酬。

（2）生产、经营、投资的收益。这包括夫妻一方或者双方从事生产、经营所得的各种收入和投资所得的收入，如农村中的农业生产和城市里的工业生产以及第三产业等各行各业的生产经营投资收益，有劳动收入，也有资本收益，如股票债券收入、股份、股权等资本利得，亦是夫妻共同财产的一种形式。

（3）知识产权的收益。知识产权是一种智力成果权，它既是一种财产权，也是一种人身权，具有很强的人身性，与人身不可分离，婚后一方取得的知识产权权利本身归一方专有，权利也仅归权利人行使，比如作者的配偶无权在其著作中署名，也不能决定作品是否发表。但是，由知识产权取得的经济利益，则属于夫妻共同财产，如因发表作品取得的稿费，因转让专利获得的转让费等，归夫妻共同所有。

（4）继承或者受赠的财产，但遗嘱或者赠与合同中确定只归一方的财产除外。夫妻任何一方继承或者受赠的财产属于夫妻共同财产，但如果遗嘱或者赠与合同中指明财产归夫妻一方所有的，是立遗嘱人或者赠与人根据自己意愿处分财产的表现，基于意思自治，应当尊重其对财产的处分权，该财产归一方所有。

（5）其他应当归共同所有的财产。这项规定属于概括性规定。随着社会经济的发展和人们生活水平的提高，夫妻共同财产的范围在不断地扩大，共同财产的种类在不断地增加，目前，夫妻共同财产已由原来简单的生活用品发展到汽车、房产、股票、债券乃至整个公司、企业等，今后还将出现一些新的财产类型。上述四项只是列举了现已较为明确的共同财产的范围，但难以列举齐全，因此，作了这项概括性规定。

实务应用

144. 夫妻双方共同出资设立的公司，一定是共同共有的财产吗？

夫妻双方共同出资设立公司的，应当以各自所有的财产作为注册资本，并各自承担相应的责任。因此，夫妻双方登记注册公司时应当提交财产分割证明。未进行财产分割的，应当认定为夫妻双方以共同共有财产出资设立公司，在夫妻关系存续期间，夫或妻名下的公司股份属于夫妻双方共同共有的财产，作为共同共有人，夫妻双方对该项财产享有平等的占有、使用、收益和处分的权利。

关联参见

《民法典婚姻家庭编解释（一）》第 24—29 条

第一千零六十三条 【夫妻个人财产】下列财产为夫妻一方的个人财产：

（一）一方的婚前财产；

（二）一方因受到人身损害获得的赔偿或者补偿；

（三）遗嘱或者赠与合同中确定只归一方的财产；

（四）一方专用的生活用品；

（五）其他应当归一方的财产。

条文解读

夫妻个人财产的范围 ➡ 关于我国夫妻个人财产的范围，本条作了列举式的规定：

（1）一方的婚前财产。婚前财产是指夫妻在结婚之前各自所有的财产，包括婚前个人劳动所得财产、继承或者受赠的财产以及其他合法财产。婚前财产归各自所有，不属于夫妻共同财产。

（2）一方因受到人身损害获得的赔偿或者补偿。这些财产是指与生命健康直接相关的财产，具有人身专属性，对于保护个人权利具有重要意义，因此应当专属于个人所有，而不能成为共同财产。

（3）遗嘱或者赠与合同中确定只归一方的财产。根据《民法典》第1062条第1款第4项的规定，因继承或者受赠的财产，属于夫妻共同财产。但为了尊重遗嘱人或者赠与人的个人意愿，保护个人对其财产的自由处分权，如果遗嘱人或者赠与人在遗嘱或者赠与合同中明确指出，该财产只遗赠或者赠给夫妻一方，另一方无权享用，那么，该财产就属于夫妻个人财产，归一方个人所有。

（4）一方专用的生活用品。一方专用的生活用品具有专属于个人使用的特点，如个人的衣服、鞋帽等，应当属于夫妻个人财产。我国司法实践中，在处理离婚财产分割时，一般也将个人专用的生活物品，作为个人财产处理。

（5）其他应当归一方的财产。这项规定属于概括性规定。夫妻个人财产除前四项的规定外，还包括其他一些财产和财产权利。随着社会经济的发展、新的财产类型的出现以及个人独立意识的增强，夫妻个人财产的范围也将有所增加。

第一千零六十四条 【夫妻共同债务】 夫妻双方共同签名或者夫妻一方事后追认等共同意思表示所负的债务，以及夫妻一方在婚姻关系存续期间以个人名义为家庭日常生活需要所负的债务，属于夫妻共同债务。

夫妻一方在婚姻关系存续期间以个人名义超出家庭日常生活需要所负的债务，不属于夫妻共同债务；但是，债权人能够证明该债务用于夫妻共同生活、共同生产经营或者基于夫妻双方共同意思表示的除外。

第一千零六十五条 【夫妻约定财产制】 男女双方可以约定婚姻关系存续期间所得的财产以及婚前财产归各自所有、共同所有或者部分各自所有、部分共同所有。约定应当采用书面形式。没有约定或者约定不明确的，适用本法第一千零六十二条、第一千零六十三条的规定。

夫妻对婚姻关系存续期间所得的财产以及婚前财产的约定，对双方具有法律约束力。

夫妻对婚姻关系存续期间所得的财产约定归各自所有，夫或者妻一方对外所负的债务，相对人知道该约定的，以夫或者妻一方的个人财产清偿。

第一千零六十六条 【婚内分割夫妻共同财产】 婚姻关系存续期间，有下列情形之一的，夫妻一方可以向人民法院请求分割共同财产：

（一）一方有隐藏、转移、变卖、毁损、挥霍夫妻共同财产或者伪造夫妻共同债务等严重损害夫妻共同财产利益的行为；

（二）一方负有法定扶养义务的人患重大疾病需要医治，另一方不同意支付相关医疗费用。

第二节　父母子女关系和其他近亲属关系

第一千零六十七条 【父母与子女间的抚养赡养义务】 父母

不履行抚养义务的，未成年子女或者不能独立生活的成年子女，有要求父母给付抚养费的权利。

　　成年子女不履行赡养义务的，缺乏劳动能力或者生活困难的父母，有要求成年子女给付赡养费的权利。

145. 父母对子女的抚养义务有哪些？

　　《宪法》第49条就明确规定，父母有抚养教育未成年子女的义务。

　　父母对未成年子女的抚养是无条件的，在任何情况下都不能免除；即使父母已经离婚，对未成年的子女仍应依法履行抚养的义务。

　　父母对成年子女的抚养是有条件的，在成年子女没有劳动能力或者出于某种原因不能独立生活时，父母也要根据需要和可能，负担其生活费用或者给予一定的帮助。对有独立生活能力的成年子女，父母自愿给予经济帮助，法律并不干预。

　　因父母不履行抚养义务而引起的纠纷，可由有关部门调解或者向人民法院提出追索抚养费的诉讼。人民法院应根据子女的需要和父母的抚养能力，通过调解或者判决，确定抚养费的数额、给付的期限和方法。对拒不履行抚养义务，恶意遗弃未成年子女已构成犯罪的，还应当根据我国刑法的有关规定追究其刑事责任。

146. 子女对父母的赡养义务有哪些？

　　赡养是指子女在物质上和经济上为父母提供必要的生活条件。一切有经济能力的子女，对丧失劳动能力、无法维持生活的父母，都应予以赡养。如果子女不履行赡养义务，需要赡养的父母可以通过有关部门进行调解或者向人民法院提起诉讼。人民法院在处理赡养纠纷时，应当坚持保护老年人的合法权益的原则，通过调解或者判决使子女依法履行赡养义务。

《宪法》第45条、第49条；《民法典》第26条；《老年人权益保障法》第4条、第13条；《民法典婚姻家庭编解释（一）》第41—43条

第一千零六十八条 【父母教育、保护未成年子女的权利和义务】父母有教育、保护未成年子女的权利和义务。未成年子女造成他人损害的，父母应当依法承担民事责任。

第一千零六十九条 【子女尊重父母的婚姻权利及赡养义务】子女应当尊重父母的婚姻权利，不得干涉父母离婚、再婚以及婚后的生活。子女对父母的赡养义务，不因父母的婚姻关系变化而终止。

第一千零七十条 【遗产继承权】父母和子女有相互继承遗产的权利。

实务应用

147. 养子女能继承养父母的遗产吗？

子女可以继承其父母的遗产，父母可以继承其子女的遗产。

享有继承权的父母，包括生父母、养父母和有抚养关系的继父母。被继承人的父和母，继承其死亡子女的财产的权利是平等的。

享有继承权的子女，包括亲生子女、养子女和有抚养关系的继子女。

第一千零七十一条 【非婚生子女权利】非婚生子女享有与婚生子女同等的权利，任何组织或者个人不得加以危害和歧视。

不直接抚养非婚生子女的生父或者生母，应当负担未成年子女或者不能独立生活的成年子女的抚养费。

148. 人工授精所生子女是婚生子女吗？

婚姻关系存续期间，夫妻双方一致同意进行人工授精，所生子女应视为婚生子女，父母子女间的权利义务关系适用《民法典》的有关规定。

第一千零七十二条 **【继父母子女之间权利义务】**继父母与继子女间，不得虐待或者歧视。

继父或者继母和受其抚养教育的继子女间的权利义务关系，适用本法关于父母子女关系的规定。

第一千零七十三条 **【亲子关系异议之诉】**对亲子关系有异议且有正当理由的，父或者母可以向人民法院提起诉讼，请求确认或者否认亲子关系。

对亲子关系有异议且有正当理由的，成年子女可以向人民法院提起诉讼，请求确认亲子关系。

149. 当事人拒绝做亲子鉴定该怎么办？

父或者母向人民法院起诉请求否认亲子关系，并已提供必要证据予以证明，另一方没有相反证据又拒绝做亲子鉴定的，人民法院可以认定否认亲子关系一方的主张成立。

父或者母以及成年子女起诉请求确认亲子关系，并提供必要证据予以证明，另一方没有相反证据又拒绝做亲子鉴定的，人民法院可以认定确认亲子关系一方的主张成立。

关联参见

《民法典婚姻家庭编解释（一）》第39条

第一千零七十四条 【祖孙之间的抚养赡养义务】有负担能力的祖父母、外祖父母，对于父母已经死亡或者父母无力抚养的未成年孙子女、外孙子女，有抚养的义务。

有负担能力的孙子女、外孙子女，对于子女已经死亡或者子女无力赡养的祖父母、外祖父母，有赡养的义务。

第一千零七十五条 【兄弟姐妹间扶养义务】有负担能力的兄、姐，对于父母已经死亡或者父母无力抚养的未成年弟、妹，有扶养的义务。

由兄、姐扶养长大的有负担能力的弟、妹，对于缺乏劳动能力又缺乏生活来源的兄、姐，有扶养的义务。

实务应用

150. 兄、姐当然具有扶养弟、妹的义务吗？

产生兄、姐对弟、妹的扶养义务，应当同时具备下述三个条件：

（1）弟、妹须为未成年人，即不满18周岁。如果弟、妹已经成年，虽无独立生活能力，兄、姐亦无法定扶养义务。

（2）父母已经死亡或者父母无力抚养。这里包含了两种情况：一是父母均已经死亡，没有了父母这第一顺序的抚养义务人。如果父母一方尚在且有抚养能力，仍应由尚在的父或母承担抚养义务。二是父母均尚在或者一方尚在但都没有抚养能力，如父母在意外事故中致残没有了劳动能力和生活来源，便产生了由有负担能力的兄、姐扶养弟、妹的义务。

（3）兄、姐有负担能力。在前述两项条件具备时，兄、姐对弟、妹的扶养义务并不必然发生，只有这项条件也具备时，即兄、姐有负担能力时，才产生扶养弟、妹的义务。

151. 弟、妹当然具有扶养兄、姐的义务吗？

产生弟、妹对兄、姐的扶养义务，亦应当同时具备下述三个条件：

（1）兄、姐既缺乏劳动能力又缺乏生活来源。如果兄、姐虽缺乏劳动能力但并不缺少经济来源，如受到他人经济上的捐助或自己有可供生活的积蓄的，则不产生弟、妹的扶养义务。同时，如果兄、姐虽缺少生活来源，但有劳动能力，兄、姐可通过自己的劳动换取生活来源，在此情况下，弟、妹亦无扶养兄、姐的义务。

（2）兄、姐没有第一顺序的扶养义务人，或者第一顺序的扶养义务人没有扶养能力。比如，兄、姐没有配偶、子女，或兄、姐的配偶、子女已经死亡或者没有扶养能力。如果兄、姐的配偶尚在或者有子女且有扶养能力，应由这些第一顺序的扶养义务人承担扶养义务。

（3）弟、妹由兄、姐扶养长大且有负担能力。这里包含两方面的因素：一是弟、妹是由兄、姐扶养长大的。这表明在弟、妹未成年时，父母已经死亡或父母无抚养能力，兄、姐对弟、妹的成长尽了扶养义务。按照权利义务对等原则，弟、妹应承担兄、姐的扶养责任。二是弟、妹有负担能力。若无负担能力则不负扶养义务。

第四章　离　婚

第一千零七十六条　【协议离婚】 夫妻双方自愿离婚的，应当签订书面离婚协议，并亲自到婚姻登记机关申请离婚登记。

离婚协议应当载明双方自愿离婚的意思表示和对子女抚养、财产以及债务处理等事项协商一致的意见。

第一千零七十七条　【离婚冷静期】 自婚姻登记机关收到离婚登记申请之日起三十日内，任何一方不愿意离婚的，可以向婚姻登记机关撤回离婚登记申请。

前款规定期限届满后三十日内，双方应当亲自到婚姻登记机关申请发给离婚证；未申请的，视为撤回离婚登记申请。

条文解读

离婚冷静期 ➡ 申请协议离婚的当事人自向婚姻登记机关申请离婚之日起 30 日内，应当冷静、理智地对自己的婚姻状况和今后的生活进行充分的考虑，重新考虑是否以离婚方式解决夫妻矛盾，考虑离婚对自身、对子女、对双方家庭、对社会的利与弊，避免冲动行为。本条中规定的 30 日即为离婚冷静期，在此期间，任何一方或者双方不愿意离婚的，可以向婚姻登记机关撤回离婚登记申请。

依据本条规定，在 30 日离婚冷静期内，任何一方不愿意离婚的，应当在该期间内到婚姻登记机关撤回离婚申请，对此，婚姻登记机关应当立即终止登记离婚程序。如果离婚冷静期届满，当事人仍坚持离婚，双方应当在离婚冷静期届满后的 30 日内，亲自到婚姻登记机关申请发给离婚证。婚姻登记机关查明双方确实是自愿离婚，并已对子女抚养、财产及债务处理等事项协商一致的，予以登记，发给离婚证。如果在离婚冷静期届满后的 30 日内，当事人双方没有亲自到婚姻登记机关申请发给离婚证，则视为撤回离婚申请。

第一千零七十八条 【婚姻登记机关对协议离婚的查明】婚姻登记机关查明双方确实是自愿离婚，并已经对子女抚养、财产以及债务处理等事项协商一致的，予以登记，发给离婚证。

实务应用

152. 离婚后，一方不履行离婚协议所确定的义务的，如何处理？

夫妻双方经婚姻登记机关办理了离婚登记后，当事人一方不按照离婚协议履行应尽的义务，或者在子女抚养、财产问题上产生纠纷的，当事人可以向人民法院提起民事诉讼。

第一千零七十九条 【诉讼离婚】夫妻一方要求离婚的，可以由有关组织进行调解或者直接向人民法院提起离婚诉讼。

人民法院审理离婚案件，应当进行调解；如果感情确已破裂，调解无效的，应当准予离婚。

有下列情形之一，调解无效的，应当准予离婚：

（一）重婚或者与他人同居；

（二）实施家庭暴力或者虐待、遗弃家庭成员；

（三）有赌博、吸毒等恶习屡教不改；

（四）因感情不和分居满二年；

（五）其他导致夫妻感情破裂的情形。

一方被宣告失踪，另一方提起离婚诉讼的，应当准予离婚。

经人民法院判决不准离婚后，双方又分居满一年，一方再次提起离婚诉讼的，应当准予离婚。

条文解读

诉讼离婚 ➡ 是婚姻当事人向人民法院提出离婚请求，由人民法院调解或判决而解除其婚姻关系的一项离婚制度。诉讼离婚制度适用于当事人双方对离婚有分歧的情况，包括一方要求离婚而另一方不同意离婚而发生的离婚纠纷或者双方虽然同意离婚，但在子女抚养、财产及债务处理等事项不能达成一致意见、作出适当处理的情况。

本条第2款中规定，人民法院审理离婚案件，应当进行调解。这表明调解是人民法院审理离婚案件的必经程序。

调解不能久调不决，对于调解无效的案件，人民法院应当依法判决。判决应当根据当事人的婚姻状况，判决准予离婚或者判决不准离婚。一审判决离婚的，当事人在判决发生法律效力前不得另行结婚。当事人不服一审判决的，有权依法提出上诉。双方当事人在15天的上诉期内均不上诉的，判决书发生法律效力。第二审人民法院审理上诉案件可以进行调解。经调解双方达成协议的，自调解书送达时起原审判决即视为撤销。第二审人民法院作出的判决是终审判决。对于判决不准离婚或者调解和好的离婚案件，没有新情况、新理由，原告在6个月内又起诉的，人民法院不予受理。

诉讼外调解 ➡ 诉讼外调解，其依据来源于本条规定的"夫妻一方要求离婚的，可以由有关组织进行调解"。这种调解属于民间性质。"有关组织"在实践中一般是当事人所在单位、群众团体、基层调解组织等。经过调解可能会出现不同的结果：（1）双方的矛盾得到化解，重归于好，继续保持婚姻关系；（2）双方都同意离婚，在子女抚养、财产及债务处理等事项上也达成一致意见，采用协议离婚的方式，到婚姻登记机关办理离婚登记手续；（3）调解不成，一方坚持离婚，另一方则坚持相反意见，或者虽都同意离婚，但在子女抚养、财产及债务处理等事项上达不成协议，而需诉诸法院解决。

关联参见

《民事诉讼法》第 127 条、第 171 条；《反家庭暴力法》；《民法典婚姻家庭编解释（一）》第 1—3 条、第 23 条、第 63 条

第一千零八十条 　【婚姻关系的解除时间】完成离婚登记，或者离婚判决书、调解书生效，即解除婚姻关系。

实务应用

153. 协议离婚的，婚姻关系解除时间如何确定？

完成离婚登记时，婚姻关系解除。

解除婚姻关系协议离婚又称登记离婚，是我国法定的一种离婚形式。即婚姻关系当事人达成离婚合意并通过婚姻登记程序解除婚姻关系。完成离婚登记，取得离婚证的当事人基于配偶身份而产生的人身关系和财产关系即行终止。

154. 诉讼离婚的，婚姻关系解除时间如何确定？

离婚调解书、判决书生效时，婚姻关系解除。

诉讼离婚是我国法定的另一种离婚形式。即婚姻关系当事人向人民法院提出离婚请求，由人民法院调解或判决而解除其婚姻关系的一种离婚方式。对调解离婚的，人民法院应当制作调解书。调解书应当写明诉

讼请求、案件事实和调解结果。调解书由审判人员、书记员署名，加盖人民法院印章，送达双方当事人；经双方当事人签收后，即具有法律效力，男女双方的婚姻关系随即解除。

人民法院对审理的离婚案件，经调解无效的，应当依法作出判决。诉讼离婚的当事人在接到发生法律效力的离婚判决书后，双方的婚姻关系随即解除。

登记离婚或者判决离婚生效后，当事人解除婚姻关系，双方基于配偶产生的身份关系消灭，基于配偶身份而产生的人身关系和财产关系即行终止。

第一千零八十一条 【现役军人离婚】 现役军人的配偶要求离婚，应当征得军人同意，但是军人一方有重大过错的除外。

实务应用

155. 现役军人的配偶提出离婚，现役军人不同意，如何处理？

如果婚姻基础和婚后感情都比较好，人民法院应配合现役军人所在单位对军人的配偶进行说服教育，劝其珍惜与军人的婚姻关系，正确对待婚姻问题，尽量调解和好或判决不予离婚。但是，如果感情确已破裂，确实无法继续维持夫妻关系，经调解无效，人民法院应当通过军人所在单位的政治机关，向军人做好工作，经其同意后，始得准予离婚。

关联参见

《民法典》第 1079 条；《刑法》第 236 条、第 259 条；《民法典婚姻家庭编解释（一）》第 64 条

第一千零八十二条 【男方提出离婚的限制情形】 女方在怀孕期间、分娩后一年内或者终止妊娠后六个月内，男方不得提出离

婚；但是，女方提出离婚或者人民法院认为确有必要受理男方离婚请求的除外。

156. 男方在女方怀孕期间绝对没有离婚请求权吗？

本条规定限制的是男方在一定期限内的起诉权，而不是否定和剥夺男方的起诉权，只是推迟了男方提出离婚的时间，并不涉及准予离婚与不准予离婚的实体性问题。也就是说，只是对男方离婚请求权暂时性的限制，超过法律规定的期限，不再适用此规定。但是，男方在此期间并不是绝对的没有离婚请求权，法律还有例外规定，即人民法院认为"确有必要"的，也可以根据具体情况受理男方的离婚请求。所谓"确有必要"，一般是指比本条特别保护利益更为重要的利益需要关注的情形。在本条规定中，法律还规定了另一种例外情形，即在此期间，女方提出离婚的，不受此规定的限制。女方自愿放弃法律对其的特殊保护，说明其本人对离婚已有思想准备，对此，法院应当根据当事人婚姻的实际情况判定是否准予离婚。

157. 同居期间女方怀孕，男方要求解除同居关系的行为是否合法？

由于同居关系和合法婚姻关系本质上的不同，《民法典》的前述规定不适用于解除同居关系的案件，婚姻关系的解除因女方怀孕、分娩会导致一定时间段内男方不能提出离婚，而同居关系的解除却并不是这样，同居关系是双方谁想解除就可以解除的。

第一千零八十三条 【复婚】离婚后，男女双方自愿恢复婚姻关系的，应当到婚姻登记机关重新进行结婚登记。

第一千零八十四条 【离婚后子女的抚养】父母与子女间的关系，不因父母离婚而消除。离婚后，子女无论由父或者母直接抚养，仍是父母双方的子女。

离婚后，父母对于子女仍有抚养、教育、保护的权利和义务。

离婚后，不满两周岁的子女，以由母亲直接抚养为原则。已满两周岁的子女，父母双方对抚养问题协议不成的，由人民法院根据双方的具体情况，按照最有利于未成年子女的原则判决。子女已满八周岁的，应当尊重其真实意愿。

条文解读

离婚后，不满 2 周岁的子女的抚养 ➡ 离婚案件涉及未成年子女抚养的，对不满 2 周岁的子女，以由母亲直接抚养为原则。母亲有下列情形之一，父亲请求直接抚养的，人民法院应予支持：（1）患有久治不愈的传染性疾病或者其他严重疾病，子女不宜与其共同生活；（2）有抚养条件不尽抚养义务，而父亲要求子女随其生活；（3）因其他原因，子女确不宜随母亲生活。

父母双方协议不满 2 周岁子女由父亲直接抚养，并对子女健康成长无不利影响的，人民法院应予支持。

离婚后，已满 2 周岁的未成年子女的抚养 ➡ 对已满 2 周岁的未成年子女，父母均要求直接抚养，一方有下列情形之一的，可予优先考虑：（1）已做绝育手术或者因其他原因丧失生育能力；（2）子女随其生活时间较长，改变生活环境对子女健康成长明显不利；（3）无其他子女，而另一方有其他子女；（4）子女随其生活，对子女成长有利，而另一方患有久治不愈的传染性疾病或者其他严重疾病，或者有其他不利于子女身心健康的情形，不宜与子女共同生活。

第一千零八十五条　【离婚后子女抚养费的负担】 离婚后，子女由一方直接抚养的，另一方应当负担部分或者全部抚养费。负担费用的多少和期限的长短，由双方协议；协议不成的，由人民法院判决。

前款规定的协议或者判决，不妨碍子女在必要时向父母任何一方提出超过协议或者判决原定数额的合理要求。

第一千零八十六条 【探望子女权利】 离婚后，不直接抚养子女的父或者母，有探望子女的权利，另一方有协助的义务。

行使探望权利的方式、时间由当事人协议；协议不成的，由人民法院判决。

父或者母探望子女，不利于子女身心健康的，由人民法院依法中止探望；中止的事由消失后，应当恢复探望。

第一千零八十七条 【离婚时夫妻共同财产的处理】 离婚时，夫妻的共同财产由双方协议处理；协议不成的，由人民法院根据财产的具体情况，按照照顾子女、女方和无过错方权益的原则判决。

对夫或者妻在家庭土地承包经营中享有的权益等，应当依法予以保护。

案例指引

065. 夫妻忠实协议具有强制执行力吗？[①]

李某与马某于 2012 年登记结婚并育有一女，婚后李某与异性罗某存在不正当交往，导致罗某两次怀孕。2017 年，李某与马某签订《婚内协议》，约定"今后双方互相忠诚，如因一方过错行为（婚外情等）造成离婚，孩子由无过错方抚养，过错方放弃夫妻名下所有财产，并补偿无过错方相应财产"。签订协议后，李某继续与罗某保持交往并诉至法院要求与马某离婚。马某同意离婚，并主张按照《婚内协议》的约定，孩子由其抚养，李某放弃夫妻名下所有财产并对马某进行补偿。

法院审理认为，《婚内协议》中关于子女的抚养约定因涉及身份关

---

① 参见权成子：《婚姻的"三类协议"，签署需谨慎！》，载北京法院网 https://bjgy.bjcourt.gov.cn/article/detail/2022/01/id/6481624.shtml，最后访问日期：2024 年 4 月 1 日。

系，应属无效；关于财产分割即经济补偿的约定，系忠实协议，不属于法律规定夫妻财产约定的情形。马某主张按照《婚内协议》处理子女抚养及财产分割无法律依据，但考虑到李某在婚姻中的明显过错，最后判决，李某与马某离婚，孩子由马某抚养，马某分得夫妻共同财产的70%。

《民法典》第1043条规定："家庭应当树立优良家风，弘扬家庭美德，重视家庭文明建设。夫妻应当互相忠实，互相尊重，互相关爱；家庭成员应当敬老爱幼，互相帮助，维护平等、和睦、文明的婚姻家庭关系。"本条是关于婚姻家庭中道德规范的规定，属于倡导性、宣誓性条款，体现了法治和德治结合并举的精神。《民法典婚姻家庭编解释（一）》第4条规定："当事人仅以民法典第一千零四十三条为依据提起诉讼的，人民法院不予受理；已经受理的，裁定驳回起诉。"可见，夫妻之间签订忠实协议，应由当事人本着诚信原则自觉履行，法律并不禁止夫妻之间签订此类协议，但也不赋予此类协议强制执行力。主要原因在于，一方面，如法院受理此类忠实协议纠纷，主张按忠实协议赔偿的一方当事人，既要证明协议内容真实，无欺诈、胁迫情形，又要证明对方具有违反忠实协议的行为，可能导致为了举证而去捉奸，为获取证据窃听电话、私拆信件，甚至对个人隐私权更为恶劣的侵犯情形都可能发生，夫妻之间的感情纠葛可能演变为刑事犯罪案件，负面效果不可低估。另一方面，赋予忠实协议法律强制执行力的后果之一，就是鼓励当事人在婚前签订一个可以"拴住"对方的忠实协议，这不仅会增大婚姻成本，而且会使建立在双方情感和信任基础上的婚姻关系变质。故忠实协议实质上属于情感、道德范畴，能自觉自愿履行当然极好，如违反忠实协议一方心甘情愿净身出户或赔偿若干金钱，为自己的出轨行为付出经济上的代价，但是如果一方不愿履行，也不能强迫其履行忠实协议。

签订"忠实协议"并非有效巩固婚姻关系的途径，除非一方自愿遵守，否则难以通过诉讼方式赋予"忠实协议"强制执行力。在婚姻关系中的无过错一方，可以依据《民法典》第 1087 条"离婚时，夫妻的共同财产由双方协议处理；协议不成的，由人民法院根据财产的具体情况，按照照顾子女、女方和无过错方权益的原则判决"的规定，请求法院在处理财产时给予一定的倾向性保护。

第一千零八十八条 【离婚经济补偿】夫妻一方因抚育子女、照料老年人、协助另一方工作等负担较多义务的，离婚时有权向另一方请求补偿，另一方应当给予补偿。具体办法由双方协议；协议不成的，由人民法院判决。

第一千零八十九条 【离婚时夫妻共同债务的清偿】离婚时，夫妻共同债务应当共同偿还。共同财产不足清偿或者财产归各自所有的，由双方协议清偿；协议不成的，由人民法院判决。

条文解读

根据本条规定，婚姻关系终结时，夫妻共同债务清偿应当遵循的原则是共同债务共同清偿。依法属于夫妻共同债务的，夫妻应当以共同财产共同偿还，这是一个基本原则。但是，如果夫妻共同财产不足致使不能清偿的，或者双方约定财产归各自所有没有共同财产清偿的，夫妻双方对共同债务如何偿还以及清偿比例等，可以由双方当事人协商确定，如果双方协商不能达成一致意见的，由人民法院考虑双方当事人的具体情况依法判决确定。需要注意的是，不论是双方当事人协商确定，还是人民法院判决确定的清偿方式、清偿比例等内容，仅在离婚的双方当事人之间有效，对债权人是没有法律效力的，债权人可以依照《民法典》第 178 条"二人以上依法承担连带责任的，权利人有权请求部分或者全部连带责任人承担责任"的规定来要求双方履行其债务。

第一千零九十条 【离婚经济帮助】离婚时，如果一方生活困难，有负担能力的另一方应当给予适当帮助。具体办法由双方协议；协议不成的，由人民法院判决。

第一千零九十一条 【离婚损害赔偿】 有下列情形之一，导致离婚的，无过错方有权请求损害赔偿：

（一）重婚；

（二）与他人同居；

（三）实施家庭暴力；

（四）虐待、遗弃家庭成员；

（五）有其他重大过错。

实务应用

158. 法院能依职权判决离婚损害赔偿吗？

《民法典》第 1091 条虽然规定了离婚损害赔偿制度，但并不是说法院在审理离婚案件时必须审理及判决过错方对无过错方予以赔偿。在离婚案件中无过错方对确实有过错的另一方是否行使赔偿请求权，由受损害的无过错方自行决定，法院不能主动判决离婚损害赔偿。

关联参见

《妇女权益保障法》第 48 条；《民法典婚姻家庭编解释（一）》第 86—90 条；《最高人民法院关于确定民事侵权精神损害赔偿责任若干问题的解释》

第一千零九十二条 【一方侵害夫妻财产的处理规则】 夫妻一方隐藏、转移、变卖、毁损、挥霍夫妻共同财产，或者伪造夫妻共同债务企图侵占另一方财产的，在离婚分割夫妻共同财产时，对该方可以少分或者不分。离婚后，另一方发现有上述行为的，可以向人民法院提起诉讼，请求再次分割夫妻共同财产。

第五章　收　养

第一节　收养关系的成立

第一千零九十三条　【被收养人的条件】 下列未成年人，可以被收养：

（一）丧失父母的孤儿；

（二）查找不到生父母的未成年人；

（三）生父母有特殊困难无力抚养的子女。

条文解读

丧失父母的孤儿 ➡ 此处的"丧失"应指被收养人的父母已经死亡或者被宣告死亡。"父母"不仅包括生父母，还包括养父母以及有扶养关系的继父母。该项不包括父母被宣告失踪的情形。如果父母因查找不到而被宣告失踪，可以考虑适用本条第 2 项的规定，从而作为"查找不到生父母的未成年人"适用收养。

查找不到生父母的未成年人 ➡ "查找不到"是指通过各种方式均无法找到。虽然未对"查找不到"附加时间上的限制，但从维护收养关系稳定的角度，在操作方面应当有一个合理期间的限制，个人或者有关机关经过一定期间仍查找不到生父母的未成年人，可以作为被收养人。此外，需要强调的是，对于暂时脱离生父母，但嗣后又被找回的未成年人，不属于此处的"查找不到"，不应当成为被收养的对象。

生父母有特殊困难无力抚养的子女 ➡ 与前两项相比，该项当中可作为被收养人的主体是由于生父母自身不具备抚养子女的能力，从而产生被收养的需要。"有特殊困难"属于一个包容性较强的表述，既包括生父母因经济困难无力抚养，也包括生父母因身体或者精神原因自身不具备抚养能力等。

第一千零九十四条 【送养人的条件】下列个人、组织可以作送养人：

（一）孤儿的监护人；

（二）儿童福利机构；

（三）有特殊困难无力抚养子女的生父母。

第一千零九十五条 【监护人送养未成年人的情形】未成年人的父母均不具备完全民事行为能力且可能严重危害该未成年人的，该未成年人的监护人可以将其送养。

第一千零九十六条 【监护人送养孤儿的限制及变更监护人】监护人送养孤儿的，应当征得有抚养义务的人同意。有抚养义务的人不同意送养、监护人不愿意继续履行监护职责的，应当依照本法第一编的规定另行确定监护人。

第一千零九十七条 【生父母送养子女的原则要求与例外】生父母送养子女，应当双方共同送养。生父母一方不明或者查找不到的，可以单方送养。

实务应用

159. 生父母送养子女，必须由生父母双方共同表示送养的意思吗？

生父母送养子女应当双方共同送养，这是原则要求。基于父母双方对于抚养子女的平等地位，送养应当双方共同进行。在实践操作层面，可以双方共同表示送养的意思，也可以由一方表达出送养意愿，另一方表示同意。在后一种情况下，这种同意的表示应是明确的、具体的。

第一千零九十八条 【收养人条件】收养人应当同时具备下列条件：

（一）无子女或者只有一名子女；

（二）有抚养、教育和保护被收养人的能力；

（三）未患有在医学上认为不应当收养子女的疾病；

（四）无不利于被收养人健康成长的违法犯罪记录；

（五）年满三十周岁。

160. 收养人应当向收养登记机关提交哪些证明材料？

收养人应当向收养登记机关提交收养申请书和下列证件、证明材料：

（1）收养人的居民户口簿和居民身份证；

（2）由收养人所在单位或者村民委员会、居民委员会出具的本人婚姻状况和抚养教育被收养人的能力等情况的证明，以及收养人出具的子女情况声明；

（3）县级以上医疗机构出具的未患有在医学上认为不应当收养子女的疾病的身体健康检查证明。

收养查找不到生父母的弃婴、儿童的，并应当提交收养人经常居住地计划生育部门出具的收养人生育情况证明；其中收养非社会福利机构抚养的查找不到生父母的弃婴、儿童的，收养人还应当提交下列证明材料：

（1）收养人经常居住地计划生育部门出具的收养人无子女的证明；

（2）公安机关出具的捡拾弃婴、儿童报案的证明。

收养继子女的，可以只提交居民户口簿、居民身份证和收养人与被收养人生父或者生母结婚的证明。

对收养人出具的子女情况声明，登记机关可以进行调查核实。

《人口与计划生育法》第18条；《中国公民收养子女登记办法》第6条；《收养评估办法（试行）》

第一千零九十九条 【三代以内旁系同辈血亲的收养】收养三代以内旁系同辈血亲的子女，可以不受本法第一千零九十三条第三项、第一千零九十四条第三项和第一千一百零二条规定的限制。

华侨收养三代以内旁系同辈血亲的子女，还可以不受本法第一千零九十八条第一项规定的限制。

第一千一百条 【收养人收养子女数量】无子女的收养人可以收养两名子女；有子女的收养人只能收养一名子女。

收养孤儿、残疾未成年人或者儿童福利机构抚养的查找不到生父母的未成年人，可以不受前款和本法第一千零九十八条第一项规定的限制。

实务应用

161. 收养孤儿可以不受哪些规定的限制？

（1）不受《民法典》第1100条第1款的限制，即"无子女的收养人可以收养两名子女；有子女的收养人只能收养一名子女"，也就是说如果收养人收养的是孤儿、残疾未成年人或者儿童福利机构抚养的查找不到生父母的未成年人的，无子女的收养人可以收养两名以上，有一名子女的收养人可以收养一名以上。

（2）不受《民法典》第1098条第1项规定的限制，即可以不受收养人无子女或者只有一名子女的限制。也就是说，如果收养人意图收养的对象是孤儿、残疾未成年人或者儿童福利机构抚养的查找不到生父母的未成年人，即使收养人自己有子女或者子女数量超过1名，依然可以进行有效的收养行为。

第一千一百零一条 【共同收养】有配偶者收养子女，应当夫妻共同收养。

第一千一百零二条 【无配偶者收养异性子女的限制】无配

偶者收养异性子女的，收养人与被收养人的年龄应当相差四十周岁以上。

第一千一百零三条 【收养继子女的特别规定】继父或者继母经继子女的生父母同意，可以收养继子女，并可以不受本法第一千零九十三条第三项、第一千零九十四条第三项、第一千零九十八条和第一千一百条第一款规定的限制。

第一千一百零四条 【收养自愿原则】收养人收养与送养人送养，应当双方自愿。收养八周岁以上未成年人的，应当征得被收养人的同意。

第一千一百零五条 【收养登记、收养协议、收养公证及收养评估】收养应当向县级以上人民政府民政部门登记。收养关系自登记之日起成立。

收养查找不到生父母的未成年人的，办理登记的民政部门应当在登记前予以公告。

收养关系当事人愿意签订收养协议的，可以签订收养协议。

收养关系当事人各方或者一方要求办理收养公证的，应当办理收养公证。

县级以上人民政府民政部门应当依法进行收养评估。

条文解读

收养关系成立的时间 ➡ 收养登记机关收到收养登记申请书及有关材料后，应当自次日起 30 日内进行审查。对符合收养法律规定条件的，为当事人办理收养登记，发给收养登记证，收养关系自登记之日起成立；对不符合收养法律规定条件的，不予登记，并对当事人说明理由。

收养查找不到生父母的弃婴、儿童的，收养登记机关应当在登记前公告查找其生父母；自公告之日起满 60 日，弃婴、儿童的生父母或者其他监护人未认领的，视为查找不到生父母的弃婴、儿童。公告期间不计算在登记办理期限内。

第一千一百零六条 **【收养后的户口登记】**收养关系成立后，公安机关应当按照国家有关规定为被收养人办理户口登记。

第一千一百零七条 **【亲属、朋友的抚养】**孤儿或者生父母无力抚养的子女，可以由生父母的亲属、朋友抚养；抚养人与被抚养人的关系不适用本章规定。

第一千一百零八条 **【祖父母、外祖父母优先抚养权】**配偶一方死亡，另一方送养未成年子女的，死亡一方的父母有优先抚养的权利。

实务应用

162. 父母、外祖父母放弃优先抚养权必须明示放弃吗？

优先抚养权产生于生存一方配偶送养未成年子女之时，即当生存一方配偶作出送养其未成年子女的意思表示之时，死亡一方配偶的父母的优先抚养权即产生。优先抚养权作为死亡一方配偶的父母享有的一项民事权利，其可以根据权利自由处分的原则对优先抚养权表示放弃。在放弃的具体方式上，可以分为"明示放弃"与"默示放弃"。前者是指优先抚养权人在送养人送养未成年子女时，明确地表示自己不抚养该子女；后者则是指优先抚养权人明知送养人要送养未成年子女，但其既不作出优先抚养的直接、明确的意思表示，也没有阻止他人收养该子女，据此可以推定优先抚养权人放弃了优先抚养权。

关联参见

《民法典》第 1094 条、第 1096 条、第 1097 条

第一千一百零九条　【涉外收养】外国人依法可以在中华人民共和国收养子女。

外国人在中华人民共和国收养子女，应当经其所在国主管机关依照该国法律审查同意。收养人应当提供由其所在国有权机构出具的有关其年龄、婚姻、职业、财产、健康、有无受过刑事处罚等状况的证明材料，并与送养人签订书面协议，亲自向省、自治区、直辖市人民政府民政部门登记。

前款规定的证明材料应当经收养人所在国外交机关或者外交机关授权的机构认证，并经中华人民共和国驻该国使领馆认证，但是国家另有规定的除外。

实务应用

163. 外国人在我国收养子女，适用哪国法律？

外国人依法可以在中华人民共和国收养子女。这里的"依法"是指依照我国有关收养的法律法规进行收养行为。外国人在我国为收养行为，在法律适用方面采取的是属地主义，即必须依照中国有关收养的法律法规进行。

同时《民法典》第1109条第2款还规定，外国人在中华人民共和国收养子女，应当经其所在国主管机关依照该国法律审查同意。这说明，除了遵守我国的法律之外，外国人在中国收养子女的，还需要遵守所在国的法律规定。

关联参见

《涉外民事关系法律适用法》第28条；《外国人在中华人民共和国收养子女登记办法》第4条

第一千一百一十条　【保守收养秘密】收养人、送养人要求保守收养秘密的，其他人应当尊重其意愿，不得泄露。

第二节　收养的效力

第一千一百一十一条　【收养的效力】自收养关系成立之日起，养父母与养子女间的权利义务关系，适用本法关于父母子女关系的规定；养子女与养父母的近亲属间的权利义务关系，适用本法关于子女与父母的近亲属关系的规定。

养子女与生父母以及其他近亲属间的权利义务关系，因收养关系的成立而消除。

第一千一百一十二条　【养子女的姓氏】养子女可以随养父或者养母的姓氏，经当事人协商一致，也可以保留原姓氏。

第一千一百一十三条　【收养行为的无效】有本法第一编关于民事法律行为无效规定情形或者违反本编规定的收养行为无效。

无效的收养行为自始没有法律约束力。

条文解读

收养行为无效的情形 ➜ (1) 有《民法典》总则编关于民事法律行为无效规定的情形。本法总则编第六章民事法律行为专设第三节规定了民事法律行为的效力。第 143 条首先从正面规定了民事法律行为有效应当具备的条件，包括行为人具有相应的民事行为能力、意思表示真实，以及不违反法律、行政法规的强制性规定，不违背公序良俗。在此基础上，如果不具备或者不完全具备这些条件的民事法律行为，其效力将受到影响，具体可导致无效、可撤销、效力待定等多种效力形态。其中，属于无效民事法律行为的情形包括：①无民事行为能力人实施的民事法律行为无效；②行为人与相对人以虚假的意思表示实施的民事法律行为无效；③违反法律、行政法规的强制性规定的民事法律行为无效，但是，该强制性规定不导致该民事法律行为无效的除外；④违背公序良俗的民事法律行为无效；⑤行为人与相对人恶意串通，损害他人合法权益的民事法律行为无效。从总则编的规定看，这些无效情形涵盖了行为人行为能力欠缺、意思表示不真实、违法性等各个方面，是总则编对于民事法律行为效力否定性评价的主要依据。收养作为具有人身性质的民事法律行为，自然应当受到总则编有关民事法律行为效力评价规定的约束。如果送养人与收养人之间的收养行为具有上述情形的，则行为应属无效。

（2）违反本编规定的收养行为无效。除具有《民法典》总则编无效情形的收养行为应属无效收养之外，如果收养行为违反了婚姻家庭编的规定，也应属于无效的收养行为。例如，收养行为违反了有关被收养人、送养人、收养人的条件，以及收养人数的限制、无配偶者收养异性子女的年龄限制等。又如，未依法向县级以上民政部门办理收养登记。再如，违反有关收养应当遵循最有利于被收养人的原则，保障被收养人和收养人的合法权益的规定，违反禁止借收养名义买卖未成年人的规定等，均为无效收养。

第三节　收养关系的解除

第一千一百一十四条　【**收养关系的协议解除与诉讼解除**】收养人在被收养人成年以前，不得解除收养关系，但是收养人、送养人双方协议解除的除外。养子女八周岁以上的，应当征得本人同意。

收养人不履行抚养义务，有虐待、遗弃等侵害未成年养子女合法权益行为的，送养人有权要求解除养父母与养子女间的收养关系。送养人、收养人不能达成解除收养关系协议的，可以向人民法院提起诉讼。

条文解读

协议解除收养关系 ◐ （1）原则上，在被收养人成年以前，收养人不得单方解除收养关系。这一规定主要是出于对未成年人利益的保护，防止因收养人推卸责任而致使未成年人无人抚养的状况出现。

（2）收养人与送养人经协商一致，可以解除收养关系。在收养人不得随意解除收养关系的原则要求之下，如果收养人与送养人能够协商一致，意味着对未成年人的抚养不会出现问题，从尊重双方当事人意思自治的角度出发，可以允许解除收养关系。

（3）养子女8周岁以上的，应当征得其同意。在送养人、收养人就解除收养关系达成一致的前提下，如果养子女属于8周岁以上的限制行为能力人，则还需要征得养子女的同意才可解除收养关系。这是因为，收养关系的解除不能只考虑送养人、收养人的意愿。养子女8周岁以上的，能够基于被抚养经历及情感联系选择最有利于自己的成长环境，此时就需要征得其同意方可解除收养关系。

（4）收养人、送养人协商解除收养关系只能通过协议解除的方式，不能通过诉讼方式解除。

诉讼解除收养关系 ➡ 诉讼解除收养关系有严格规定：（1）前提是被收养人尚未成年；（2）适用的对象仅为送养人，不适用于收养人或者被收养人；（3）适用情形有严格限制，即收养人不履行抚养义务，有虐待、遗弃等侵害未成年养子女合法权益的行为。如果收养人不存在这些行为，则送养人无权提起解除收养关系的诉讼。

第一千一百一十五条　【养父母与成年养子女解除收养关系】 养父母与成年养子女关系恶化、无法共同生活的，可以协议解除收养关系。不能达成协议的，可以向人民法院提起诉讼。

第一千一百一十六条　【解除收养关系的登记】 当事人协议解除收养关系的，应当到民政部门办理解除收养关系登记。

第一千一百一十七条　【收养关系解除的法律后果】 收养关系解除后，养子女与养父母以及其他近亲属间的权利义务关系即行消除，与生父母以及其他近亲属间的权利义务关系自行恢复。但是，成年养子女与生父母以及其他近亲属间的权利义务关系是否恢复，可以协商确定。

第一千一百一十八条 【收养关系解除后生活费、抚养费支付】收养关系解除后，经养父母抚养的成年养子女，对缺乏劳动能力又缺乏生活来源的养父母，应当给付生活费。因养子女成年后虐待、遗弃养父母而解除收养关系的，养父母可以要求养子女补偿收养期间支出的抚养费。

生父母要求解除收养关系的，养父母可以要求生父母适当补偿收养期间支出的抚养费；但是，因养父母虐待、遗弃养子女而解除收养关系的除外。

第六编 继　　承

第一章　一般规定

第一千一百一十九条 【继承编的调整范围】本编调整因继承产生的民事关系。

第一千一百二十条 【继承权的保护】国家保护自然人的继承权。

条文解读

继承权 ➡ 继承权是民事权利的一种，是自然人依法享有继承被继承人死亡时遗留的遗产的权利。

继承权的法律特征有：（1）在继承权的主体方面，继承权只能是自然人享有的权利。（2）在取得根据方面，继承权是自然人依照合法有效的遗嘱或者法律的直接规定而享有的权利。（3）继承权的客体是被继承人生前的财产权利。（4）继承权的本质是独立的民事权利。

继承权的取得与实现需要依赖于两个条件：（1）被继承人死亡，这是继承权的前提条件。如果被继承人没有死亡，就不会发生继承的问题，继承人在法律上所享有的仅仅是一种继承期待权。（2）继承人没有丧失继承权。

继承权的具体内容包括：（1）接受与放弃继承的权利。（2）取得遗产的权利。继承人如果不放弃继承，即可依法取得被继承人所遗留的遗产。（3）继承权受到侵害时获得救济的权利。继承权作为财产权利，在受到不法侵害时，继承人当然有权依法寻求救济，可以根据侵权责任编的有关规定主张权利。

关联参见

《宪法》第 13 条

第一千一百二十一条 【继承的开始时间和死亡时间的推定】继承从被继承人死亡时开始。

相互有继承关系的数人在同一事件中死亡，难以确定死亡时间的，推定没有其他继承人的人先死亡。都有其他继承人，辈份不同的，推定长辈先死亡；辈份相同的，推定同时死亡，相互不发生继承。

第一千一百二十二条 【遗产的范围】遗产是自然人死亡时遗留的个人合法财产。

依照法律规定或者根据其性质不得继承的遗产，不得继承。

实务应用

164. 根据法律规定，哪些特定类型的财产性权益可以继承？

（1）著作财产权。《著作权法》第 21 条第 1 款规定："著作权属于自然人的，自然人死亡后，其本法第十条第一款第五项至第十七项规定的权利在本法规定的保护期内，依法转移。"

（2）土地承包收益。土地承包经营权不属于遗产，不能继承，但继承人可以在承包期内继续承包。《农村土地承包法》第 32 条规定："承包人应得的承包收益，依照继承法①的规定继承。林地承包的承包人死亡，其继承人可以在承包期内继续承包。"第 54 条规定："依照本章规定通过招标、拍卖、公开协商等方式取得土地经营权的，该承包人死亡，其应得的承包收益，依照继承法的规定继承；在承包期内，其继承人可以继续承包。"

（3）海域使用权。《海域使用管理法》第 27 条第 3 款规定："海域使用权可以依法继承。"

（4）股东资格。《公司法》第 90 条规定："自然人股东死亡后，其合法继承人可以继承股东资格；但是，公司章程另有规定的除外。"第 167 条规定："自然人股东死亡后，其合法继承人可以继承股东资格；但是，股份转让受限的股份有限公司的章程另有规定的除外。"

（5）个人独资企业财产权益。《个人独资企业法》第 17 条规定："个人独资企业投资人对本企业的财产依法享有所有权，其有关权利可以依法进行转让或继承。"

（6）合伙企业财产份额；有限合伙的有限合伙人资格。《合伙企业法》第 50 条第 1 款规定："合伙人死亡或者被依法宣告死亡的，对该合伙人在合伙企业中的财产份额享有合法继承权的继承人，按照合伙协议的约定或者经全体合伙人一致同意，从继承开始之日起，取得该合伙企业的合伙人资格。"第 80 条规定："作为有限合伙人的自然人死亡、被依法宣告死亡或者作为有限合伙人的法人及其他组织终止时，其继承人或者权利承受人可以依法取得该有限合伙人在有限合伙企业中的资格。"

（7）基本养老保险个人账户余额。《社会保险法》第 14 条规定："个人账户不得提前支取，记账利率不得低于银行定期存款利率，免征利息税。个人死亡的，个人账户余额可以继承。"

---

① 现为《民法典》，下同。

（8）保险金。《保险法》第42条第1款规定："被保险人死亡后，有下列情形之一的，保险金作为被保险人的遗产，由保险人依照《中华人民共和国继承法》的规定履行给付保险金的义务：（一）没有指定受益人，或者受益人指定不明无法确定的；（二）受益人先于被保险人死亡，没有其他受益人的；（三）受益人依法丧失受益权或者放弃受益权，没有其他受益人的。"

（9）台湾同胞投资者投资的财产、工业产权、投资收益和其他合法权益。《台湾同胞投资保护法》第5条规定："台湾同胞投资者投资的财产、工业产权、投资收益和其他合法权益，可以依法转让和继承。"

第一千一百二十三条　【法定继承、遗嘱继承、遗赠和遗赠扶养协议的效力】继承开始后，按照法定继承办理；有遗嘱的，按照遗嘱继承或者遗赠办理；有遗赠扶养协议的，按照协议办理。

条文解读

法定继承 ➡ 法定继承，指继承人不是依照被继承人的遗嘱，而是依照法律的直接规定，包括法律规定的有关继承人的范围、继承人继承的顺序、继承人继承遗产的份额和遗产的分配原则等进行的继承。

遗嘱继承 ➡ 遗嘱继承，指继承开始后，继承人直接依照被继承人的合法有效的遗嘱继承被继承人遗产的继承制度。在遗嘱继承中，被指定的取得遗产的人必须是法定继承人，反之则不能成为遗嘱继承人。

遗赠 ➡ 遗赠，指自然人以遗嘱的方式将其个人的财产赠与国家、集体或者法定继承人以外的人，且于其死亡后发生法律效力的民事行为。遗赠必须是无偿的，并且受遗赠权不能转让。同时，继承人只有在优先清偿了遗赠人的一切债务而遗产还有剩余时，才能执行遗赠。立遗嘱的自然人为遗赠人，接受遗赠的人为受遗赠人。

遗赠扶养协议 ➡ 遗赠扶养协议，指公民与扶养人之间签订的关于扶养人扶养该公民，该公民将财产遗赠给扶养人的协议。按照该协议，扶养人承担该公民生养死葬的义务，享有受遗赠的权利。公民还可以与集体经济组织签订遗赠扶养协议。需要他人扶养，并愿意将自己的个人财产全部或部分遗赠给扶养人的为遗赠人；对遗赠人尽生养死葬义务并接受遗赠的人为扶养人。

实务应用

165. 遗赠扶养协议与遗赠的区别是什么？

遗赠扶养协议虽然具有遗赠财产的内容，但它又不同于遗赠。它们二者有以下根本区别：（1）遗赠扶养协议是双方的法律行为，只有在遗赠方和扶养方双方自愿协商一致的基础上才能成立。凡不违反国家法律规定、不损害公共利益、不违反社会主义道德准则的遗赠扶养协议即具有法律约束力，双方均必须遵守，切实履行。任何一方都不能随意变更或解除。如果一方要变更或解除，必须取得另一方的同意。而遗赠是遗嘱人单方的法律行为，不需要他人的同意即可发生法律效力。遗赠人既可以单方面订立遗嘱，还可以随时变更遗嘱的内容，或者撤销原遗嘱，另立新遗嘱。（2）遗赠扶养协议是有偿的、相互附有条件的，它体现了权利义务相一致的原则。而遗赠是财产所有人生前以遗嘱的方式将其财产遗赠给国家、集体或个人的行为，它不以受遗赠人为其尽扶养义务为条件。（3）遗赠扶养协议既有遗赠财产的内容，还包括扶养的内容。而遗赠只是遗赠财产，没有扶养的内容。（4）遗赠扶养协议从协议成立之日起开始发生法律效力，而遗赠是从遗赠人死亡之日起发生法律效力。

第一千一百二十四条 　**【继承和遗赠的接受和放弃】** 继承开始后，继承人放弃继承的，应当在遗产处理前，以书面形式作出放弃继承的表示；没有表示的，视为接受继承。

受遗赠人应当在知道受遗赠后六十日内，作出接受或者放弃受遗赠的表示；到期没有表示的，视为放弃受遗赠。

第一千一百二十五条 　【继承权的丧失】继承人有下列行为之一的，丧失继承权：

（一）故意杀害被继承人；

（二）为争夺遗产而杀害其他继承人；

（三）遗弃被继承人，或者虐待被继承人情节严重；

（四）伪造、篡改、隐匿或者销毁遗嘱，情节严重；

（五）以欺诈、胁迫手段迫使或者妨碍被继承人设立、变更或者撤回遗嘱，情节严重。

继承人有前款第三项至第五项行为，确有悔改表现，被继承人表示宽恕或者事后在遗嘱中将其列为继承人的，该继承人不丧失继承权。

受遗赠人有本条第一款规定行为的，丧失受遗赠权。

实务应用

166. 因犯罪被判死刑的人是否还有继承权？

公民因犯罪被判死刑，会被剥夺生命和政治权利。但作为民事权利的继承权是不能被剥夺的，因为这种民事权利的存在是以公民的生存为依据的，只要其没有实施本条规定的 5 种导致继承权丧失的行为，就仍然享有继承权。被判处死刑但没有丧失继承权的人，如死刑在被继承人死亡之前已被执行，其应得的遗产可按代位继承的规定处理，由其子女或其他晚辈直系血亲代位继承。如果死刑在被继承人死亡之后遗产分割前被执行，其应得的遗产由其继承人进行转继承。如果死刑在被继承人的遗产分割完毕后被执行，其所分得遗产在其被执行死刑后，依法由其继承人进行继承。

第二章 　法定继承

第一千一百二十六条 　【继承权男女平等原则】继承权男女平等。

继承权男女平等 ➡ 继承权男女平等，是继承权平等原则的核心和基本表现。其含义是：（1）男女具有平等的继承权，不因性别差异而有所不同。（2）夫妻在继承上有平等的权利，有相互继承遗产的权利，如夫妻一方死亡后另一方再婚的，有权处分所继承的财产，任何人不得干涉。（3）在继承人的范围和法定继承的顺序上，男女亲等相同，父系亲与母系亲平等。（4）在代位继承中，男女有平等的代位继承权，适用于父系的代位继承，同样适用于母系。

关联参见

《宪法》第 49 条；《妇女权益保障法》第 58 条、第 59 条

第一千一百二十七条　【继承人的范围及继承顺序】遗产按照下列顺序继承：

（一）第一顺序：配偶、子女、父母；

（二）第二顺序：兄弟姐妹、祖父母、外祖父母。

继承开始后，由第一顺序继承人继承，第二顺序继承人不继承；没有第一顺序继承人继承的，由第二顺序继承人继承。

本编所称子女，包括婚生子女、非婚生子女、养子女和有扶养关系的继子女。

本编所称父母，包括生父母、养父母和有扶养关系的继父母。

本编所称兄弟姐妹，包括同父母的兄弟姐妹、同父异母或者同母异父的兄弟姐妹、养兄弟姐妹、有扶养关系的继兄弟姐妹。

条文解读

法定继承人的范围及继承顺序 ➡ 法定继承人的范围及顺序如下：

1. 第一顺序法定继承人：配偶、子女、父母。

配偶，是指因合法的婚姻关系而确立夫妻身份的男女双方。

子女，包括婚生子女、非婚生子女、养子女、有扶养关系的继子女。

父母，包括生父母、养父母和有扶养关系的继父母。

此外注意：（1）丧偶儿媳对公婆，丧偶女婿对岳父母尽了主要赡养义务的，作为第一顺序继承人。（2）被收养人对养父母尽了赡养义务，同时又对生父母扶养较多的，除可以依照本条规定继承养父母的遗产外，还可以依照《民法典》第 1131 条的规定分得生父母适当的遗产。（3）继子女继承了继父母遗产的，不影响其继承生父母的遗产。继父母继承了继子女遗产的，不影响其继承生子女的遗产。

2. 第二顺序法定继承人：兄弟姐妹、祖父母、外祖父母。

兄弟姐妹，包括同父母的兄弟姐妹、同父异母或者同母异父的兄弟姐妹、养兄弟姐妹、有扶养关系的继兄弟姐妹。养子女与生子女之间、养子女与养子女之间，系养兄弟姐妹，可以互为第二顺序继承人。被收养人与其亲兄弟姐妹之间的权利义务关系，因收养关系的成立而消除，不能互为第二顺序继承人。继兄弟姐妹之间的继承权，因继兄弟姐妹之间的扶养关系而发生。没有扶养关系的，不能互为第二顺序继承人。继兄弟姐妹之间相互继承了遗产的，不影响其继承亲兄弟姐妹的遗产。

案例指引

066. 死者生前未立遗嘱，也未立遗赠扶养协议，其遗产如何继承？[①]

被继承人苏某泉于 2018 年 3 月死亡，其父母和妻子均先于其死亡，生前未生育和收养子女。苏某泉的姐姐苏某乙先于苏某泉死亡，苏某泉无其他兄弟姐妹。苏某甲系苏某乙的养女。李某田是苏某泉堂姐的儿

---

① 参见《人民法院贯彻实施民法典典型案例（第一批）》（2022 年 2 月 25 日发布），苏某甲诉李某田等法定继承纠纷案，载最高人民法院网 https://www.court.gov.cn/zixun/xiangqing/347181.html，最后访问日期：2024 年 4 月 1 日。

子，李某禾是李某田的儿子。苏某泉生前未立遗嘱，也未立遗赠扶养协议。上海市徐汇区华泾路某弄某号某室房屋的登记权利人为苏某泉、李某禾，共同共有。苏某泉的梅花牌手表1块及钻戒1枚由李某田保管中。苏某甲起诉请求，依法继承系争房屋中属于被继承人苏某泉的产权份额，及梅花牌手表1块和钻戒1枚。

生效裁判认为，当事人一致确认苏某泉生前未立遗嘱，也未立遗赠扶养协议，故苏某泉的遗产应由其继承人按照法定继承办理。苏某甲系苏某泉姐姐苏某乙的养女，在苏某乙先于苏某泉死亡且苏某泉的遗产无人继承又无人受遗赠的情况下，根据《最高人民法院关于适用〈中华人民共和国民法典〉时间效力的若干规定》第14条，适用《民法典》第1128条第2款和第3款的规定，苏某甲有权作为苏某泉的法定继承人继承苏某泉的遗产。另外，李某田与苏某泉长期共同居住，苏某泉生病在护理院期间的事宜由李某田负责处理，费用由李某田代为支付，苏某泉的丧葬事宜也由李某田操办，相较苏某甲，李某田对苏某泉尽了更多的扶养义务，故李某田作为继承人以外对被继承人扶养较多的人，可以分得适当遗产且可多于苏某甲。对于苏某泉名下系争房屋的产权份额和梅花牌手表1块及钻戒1枚，法院考虑到有利于生产生活、便于执行的原则，判归李某田所有并由李某田向苏某甲给付房屋折价款人民币60万元。

第一千一百二十八条　【代位继承】 被继承人的子女先于被继承人死亡的，由被继承人的子女的直系晚辈血亲代位继承。

被继承人的兄弟姐妹先于被继承人死亡的，由被继承人的兄弟姐妹的子女代位继承。

代位继承人一般只能继承被代位继承人有权继承的遗产份额。

条文解读

代位继承 ▶ 代位继承，又称间接继承，是指当被继承人的子女先于被继承人死亡的，由被继承人的死亡子女的晚辈直系血亲继承该死亡子女应继承的遗产份额的制度。比如被继承人的儿子先于被继承人死亡，被继承人的孙子女就可以代替他死去的父亲继承祖父母的遗产。

代位继承制度有以下主要特征：

1. 代位继承的发生原因为被代位继承人先于被继承人死亡。主要有两种情况：一是被继承人的子女先于被继承人死亡，二是被继承人的兄弟姐妹先于被继承人死亡。这里的死亡既包括自然死亡，也包括宣告死亡。

2. 被代位继承人为被继承人的子女或者兄弟姐妹。

3. 代位继承人为被继承人的子女的直系晚辈血亲或者被继承人的兄弟姐妹的子女。（1）被继承人的子女的代位继承人为其直系晚辈血亲，即被代位继承人的子女、孙子女、外孙子女、曾孙子女等，不受辈数的限制，但是在代位继承时以辈份大者优先。被继承人的兄弟姐妹的代位继承人仅限于其子女。（2）代位继承人要根据被代位继承人的地位和顺序继承遗产。被继承人的子女为第一顺序继承人，代位继承时也以第一顺序继承人的身份参与继承。被继承人的兄弟姐妹为第二顺序继承人，代位继承时是也以第二顺序继承人的身份参与继承。

4. 代位继承的份额一般为被代位继承人有权继承的遗产份额。在存在法律规定的多分、少分或者不分等情形时，其继承遗产的份额也可能会有所变化。

5. 代位继承只适用于法定继承，在遗嘱继承中不发生代位继承。

第一千一百二十九条 　**【丧偶儿媳、女婿的继承权】**丧偶儿媳对公婆，丧偶女婿对岳父母，尽了主要赡养义务的，作为第一顺序继承人。

实务应用

167. 如何认定丧偶儿媳、女婿尽了主要赡养义务？

根据《最高人民法院关于适用〈中华人民共和国民法典〉继承编

的解释（一）》第19条的规定，对被继承人生活提供了主要经济来源，或者在劳务等方面给予了主要扶助的，应当认定其尽了主要赡养义务。实践中需要结合相关因素判断：（1）在时间上，要对公婆或者岳父母有长期性、经常性的赡养，直至其身故；（2）在程度上，这种赡养是公婆或者岳父母的主要生活支柱。

第一千一百三十条 【遗产分配规则】同一顺序继承人继承遗产的份额，一般应当均等。

对生活有特殊困难又缺乏劳动能力的继承人，分配遗产时，应当予以照顾。

对被继承人尽了主要扶养义务或者与被继承人共同生活的继承人，分配遗产时，可以多分。

有扶养能力和有扶养条件的继承人，不尽扶养义务的，分配遗产时，应当不分或者少分。

继承人协商同意的，也可以不均等。

条文解读

对于遗产分配是否合情合理，可以从以下几个原则来判断：（1）权利与义务相一致原则；（2）扶养老幼原则；（3）协商原则。

1. 一般情况：同一顺序继承人继承遗产的份额应当均等。

2. 特殊情况：同一顺序继承人继承遗产的份额可以不均等。主要包括以下几种情况：

（1）对生活有特殊困难又缺乏劳动能力的继承人，应当予以适当照顾，适当多分。

（2）对被继承人尽了主要扶养义务或者与被继承人共同生活的继承人，可以多分财产。继承人有扶养能力和扶养条件，愿意尽扶养义务，但被继承人因有固定收入和劳动能力，明确表示不要求其扶养的，分配遗产时，一般不应因此而影响其继承份额。有扶养能力和扶养条件的继承人虽然与被继承人共同生活，但对需要扶养的被继承人不尽扶养义务，分配遗产时，可以少分或者不分。

（3）对于有扶养能力和扶养条件却不尽扶养义务的继承人，可以不分或者少分。如果继承人自身无生活来源或者缺乏劳动能力等，根本不具备扶养被继承人的能力和条件，则不属于应当不分或者少分遗产的情形。

（4）继承人协商同意的，也可以不均等。

此外，人民法院对故意隐匿、侵吞或者争抢遗产的继承人，可以酌情减少其应继承的遗产。

实务应用

168. 生活有特殊困难又缺乏劳动能力的判断标准是什么？

生活有特殊困难，是指生活困苦，而不是有一般困难，例如继承人没有独立的经济来源或者经济收入难以维持当地最低生活水平而导致生活有特殊困难。

缺乏劳动能力，是指根本无法通过参加劳动改变生活困难的局面，而不是劳动能力不强。

关联参见

《最高人民法院关于适用〈中华人民共和国民法典〉继承编的解释（一）》（以下简称《民法典继承编解释（一）》）第4条、第20—23条；《老年人权益保障法》第13—24条

第一千一百三十一条 【酌情分得遗产权】对继承人以外的依靠被继承人扶养的人，或者继承人以外的对被继承人扶养较多的人，可以分给适当的遗产。

第一千一百三十二条 【继承的处理方式】继承人应当本着

互谅互让、和睦团结的精神，协商处理继承问题。遗产分割的时间、办法和份额，由继承人协商确定；协商不成的，可以由人民调解委员会调解或者向人民法院提起诉讼。

第三章 遗嘱继承和遗赠

第一千一百三十三条 【遗嘱处分个人财产】 自然人可以依照本法规定立遗嘱处分个人财产，并可以指定遗嘱执行人。

自然人可以立遗嘱将个人财产指定由法定继承人中的一人或者数人继承。

自然人可以立遗嘱将个人财产赠与国家、集体或者法定继承人以外的组织、个人。

自然人可以依法设立遗嘱信托。

条文解读

遗嘱 ➡ 遗嘱是遗嘱人生前按照自己的意思和想法处分自己财产的行为，体现的是遗嘱人的真实意志。生前立有遗嘱的被继承人称为遗嘱人或立遗嘱人，依照遗嘱的指定享有遗产继承权的人为遗嘱继承人。遗嘱继承是指于继承开始后，继承人按照被继承人合法有效的遗嘱，继承被继承人遗产的继承方式。

遗嘱执行人 ➡ 遗嘱执行人，是指遗嘱人在遗嘱中指定的负责实现遗嘱的财产处分内容的人，主要职责为遗产管理、处理遗嘱人的债权债务、按照遗嘱内容分割与交付遗产等。遗嘱执行人既可以是法定继承人，也可以是法定继承人以外的人。在继承开始后，遗嘱执行人即为遗产管理人，适用本法遗产管理人的相关规定。

第一千一百三十四条 【自书遗嘱】 自书遗嘱由遗嘱人亲笔书写，签名，注明年、月、日。

第一千一百三十五条 【代书遗嘱】 代书遗嘱应当有两个以

上见证人在场见证，由其中一人代书，并由遗嘱人、代书人和其他见证人签名，注明年、月、日。

169. 代书遗嘱中的见证人要符合什么条件？

（1）需要符合一定的资格条件。根据《民法典》第 1140 条规定，无民事行为能力人、限制民事行为能力人以及其他不具有见证能力的人，继承人、受遗赠人以及与继承人、受遗赠人有利害关系的人，不能作为见证人。

（2）需符合数量方面的要求，即需要两个以上的见证人在场见证，"以上"包括本数。

（3）须在场见证。见证人必须在场全程参与立遗嘱的过程，不能在事后签名来代替在场见证。

代书遗嘱如果不符合上述见证人的资格、数量、在场见证等方面的要求，则该遗嘱无效。

第一千一百三十六条 【打印遗嘱】打印遗嘱应当有两个以上见证人在场见证。遗嘱人和见证人应当在遗嘱每一页签名，注明年、月、日。

067. 打印遗嘱的效力如何认定？[1]

刘某海、刘某起系刘某与张某的子女。张某和刘某分别于 2010 年与 2018 年死亡。刘某起持有《遗嘱》一份，为打印件，加盖有立遗嘱

---

[1] 参见《人民法院贯彻实施民法典典型案例（第二批）》（2023 年 1 月 12 日发布），刘某起与刘某海、刘某霞、刘某华遗嘱继承纠纷案，载最高人民法院网 https://www.court.gov.cn/zixun/xiangqing/386521.html，最后访问日期：2024 年 4 月 1 日。

人张某人名章和手印，另见证人处有律师祁某、陈某的署名文字。刘某起称该《遗嘱》系见证人根据张某意思在外打印。刘某起还提供视频录像对上述遗嘱订立过程予以佐证，但录像内容显示张某仅在一名见证人宣读遗嘱内容后，在该见证人协助下加盖人名章、捺手印。依刘某起申请，一审法院分别向两位见证人邮寄相关出庭材料，一份被退回，一份虽被签收但见证人未出庭作证。刘某海亦持有打印《遗嘱》一份，主张为刘某的见证遗嘱，落款处签署有"刘某"姓名及日期"2013年12月11日"并捺印，另有见证律师李某、高某署名及日期。刘某订立遗嘱的过程有视频录像作为佐证。视频录像主要显示刘某在两名律师见证下签署了遗嘱。此外，作为见证人之一的律师高某出庭接受了质询，证明其与律师李某共同见证刘某订立遗嘱的过程。

生效裁判认为，刘某起提交的《遗嘱》为打印形成，应认定为打印遗嘱而非代书遗嘱。在其他继承人对该遗嘱真实性有异议的情况下，刘某起提交的遗嘱上虽有两名见证人署名，但相应录像视频并未反映见证过程全貌，且录像视频仅显示一名见证人，经法院多次释明及向《遗嘱》记载的两位见证人邮寄出庭通知书，见证人均未出庭证实《遗嘱》真实性，据此对该份《遗嘱》的效力不予认定。刘某海提交的《遗嘱》符合打印遗嘱的形式要件，亦有证据证明见证人全程在场见证，应认定为有效。

第一千一百三十七条　【录音录像遗嘱】以录音录像形式立的遗嘱，应当有两个以上见证人在场见证。遗嘱人和见证人应当在录音录像中记录其姓名或者肖像，以及年、月、日。

第一千一百三十八条　【口头遗嘱】遗嘱人在危急情况下，可以立口头遗嘱。口头遗嘱应当有两个以上见证人在场见证。危急情况消除后，遗嘱人能够以书面或者录音录像形式立遗嘱的，所立的口头遗嘱无效。

第一千一百三十九条 　【公证遗嘱】公证遗嘱由遗嘱人经公证机构办理。

170. 如何办理公证遗嘱？

公证遗嘱的办理要求如下：（1）遗嘱人应当亲自到公证处提出申请。遗嘱人亲自到公证处有困难的，可以书面或者口头形式请求有管辖权的公证处指派公证人员到其住所或者临时处所办理。(2) 遗嘱公证应当由两名公证人员共同办理，由其中一名公证员在公证书上署名。因特殊情况由一名公证员办理时，应当有一名见证人在场，见证人应当在遗嘱和笔录上签名。(3) 遗嘱人提供的遗嘱，无修改、补充的，遗嘱人应当在公证人员面前确认遗嘱内容、签名及签署日期属实。遗嘱人提供的遗嘱或者遗嘱草稿，有修改、补充的，经整理、誊清后，应当交遗嘱人核对，并由其签名。遗嘱人未提供遗嘱或者遗嘱草稿的，公证人员可以根据遗嘱人的意思表示代为起草遗嘱。公证人员代拟的遗嘱，应当交遗嘱人核对，并由其签名。(4) 公证员遵守回避的规定，依法作出公证。(5) 公证遗嘱采用打印形式。遗嘱人根据遗嘱原稿核对后，应当在打印的公证遗嘱上签名、盖章或者按手印。

关联参见

《公证法》第 11 条、第 25 条、第 26 条；《公证程序规则》；《遗嘱公证细则》

第一千一百四十条 　【作为遗嘱见证人的消极条件】下列人员不能作为遗嘱见证人：

（一）无民事行为能力人、限制民事行为能力人以及其他不具有见证能力的人；

（二）继承人、受遗赠人；

（三）与继承人、受遗赠人有利害关系的人。

第一千一百四十一条　**【必留份】**遗嘱应当为缺乏劳动能力又没有生活来源的继承人保留必要的遗产份额。

案例指引

068. 夫妻一方所订立的遗嘱中没有为胎儿保留遗产份额，该遗嘱效力应如何认定？①

李某、郭某阳诉郭某和、童某某继承纠纷案

（最高人民法院审判委员会讨论通过　2015年4月15日发布）

关键词　民事继承　人工授精　婚生子女

裁判要点

1. 夫妻关系存续期间，双方一致同意利用他人的精子进行人工授精并使女方受孕后，男方反悔，而女方坚持生出该子女的，不论该子女是否在夫妻关系存续期间出生，都应视为夫妻双方的婚生子女。

2. 如果夫妻一方所订立的遗嘱中没有为胎儿保留遗产份额，因违反《中华人民共和国继承法》第十九条②规定，该部分遗嘱内容无效。分割遗产时，应当依照《中华人民共和国继承法》第二十八③条规定，为胎儿保留继承份额。

相关法条

1.《中华人民共和国民法通则》第五十七条④

2.《中华人民共和国继承法》第十九条、第二十八条

基本案情

原告李某诉称：位于江苏省南京市某住宅小区的306室房屋，是其与被继承人郭某顺的夫妻共同财产。郭某顺因病死亡后，其儿子郭某阳

---

① 最高人民法院指导案例50号。
② 现为《民法典》第1141条，下同。
③ 现为《民法典》第1155条，下同。
④ 现为《民法典》第136条，下同。

出生。郭某顺的遗产，应当由妻子李某、儿子郭某阳与郭某顺的父母即被告郭某和、童某某等法定继承人共同继承。请求法院在析产继承时，考虑郭某和、童某某有自己房产和退休工资，而李某无固定收入还要抚养幼子的情况，对李某和郭某阳给予照顾。

被告郭某和、童某某辩称：儿子郭某顺生前留下遗嘱，明确将306室赠予二被告，故对该房产不适用法定继承。李某所生的孩子与郭某顺不存在血缘关系，郭某顺在遗嘱中声明他不要这个人工授精下的孩子，他在得知自己患癌症后，已向李某表示过不要这个孩子，是李某自己坚持要生下孩子。因此，应该由李某对孩子负责，不能将孩子列为郭某顺的继承人。

法院经审理查明：1998年3月3日，原告李某与郭某顺登记结婚。2002年，郭某顺以自己的名义购买了涉案建筑面积为45.08平方米的306室房屋，并办理了房屋产权登记。2004年1月30日，李某和郭某顺共同与南京军区南京总医院生殖遗传中心签订了人工授精协议书，对李某实施了人工授精，后李某怀孕。2004年4月，郭某顺因病住院，其在得知自己患了癌症后，向李某表示不要这个孩子，但李某不同意人工流产，坚持要生下孩子。5月20日，郭某顺在医院立下自书遗嘱，在遗嘱中声明他不要这个人工授精生下的孩子，并将306室房屋赠与其父母郭某和、童某某。郭某顺于5月23日病故。李某于当年10月22日产下一子，取名郭某阳。原告李某无业，每月领取最低生活保障金，另有不固定的打工收入，并持有夫妻关系存续期间的共同存款18705.4元。被告郭某和、童某某系郭某顺的父母，居住在同一个住宅小区的305室，均有退休工资。2001年3月，郭某顺为开店，曾向童某某借款8500元。

南京大陆房地产估价师事务所有限责任公司受法院委托，于2006年3月对涉案306室房屋进行了评估，经评估房产值为19.3万元。

裁判结果

江苏省南京市秦淮区人民法院于2006年4月20日作出一审判决：涉案的306室房屋归原告李某所有；李某于本判决生效之日起30日内，给付原告郭某阳33442.4元，该款由郭某阳的法定代理人李某保管；李某于本判决生效之日起 30 日内，给付被告郭某和 33442.4 元、给付被告童某某 41942.4 元。一审宣判后，双方当事人均未提出上诉，判决已发生法律效力。

裁判理由

法院生效裁判认为：本案争议焦点主要有两方面：一是郭某阳是否为郭某顺和李某的婚生子女？二是在郭某顺留有遗嘱的情况下，对 306 室房屋应如何析产继承？

关于争议焦点一。《最高人民法院关于夫妻离婚后人工授精所生子女的法律地位如何确定的复函》中指出："在夫妻关系存续期间，双方一致同意进行人工授精，所生子女应视为夫妻双方的婚生子女，父母子女之间权利义务关系适用《中华人民共和国婚姻法》的有关规定。"郭某顺因无生育能力，签字同意医院为其妻子即原告李某施行人工授精手术，该行为表明郭某顺具有通过人工授精方法获得其与李某共同子女的意思表示。只要在夫妻关系存续期间，夫妻双方同意通过人工授精生育子女，所生子女均应视为夫妻双方的婚生子女。《中华人民共和国民法通则》第五十七条规定："民事法律行为从成立时起具有法律约束力。行为人非依法律规定或者取得对方同意，不得擅自变更或者解除。"因此，郭某顺在遗嘱中否认其与李某所怀胎儿的亲子关系，是无效民事行为，应当认定郭某阳是郭某顺和李某的婚生子女。

关于争议焦点二。《中华人民共和国继承法》（以下简称《继承法》）第五条①规定："继承开始后，按照法定继承办理；有遗嘱的，按照遗嘱继承或者遗赠办理；有遗赠扶养协议的，按照协议办理。"被继承人郭某顺死亡后，继承开始。鉴于郭某顺留有遗嘱，本案应当按照遗嘱继承办理。《继承法》第二十六条②规定："夫妻在婚姻关系存续期间所得的共同所有的财产，除有约定的以外，如果分割遗产，应当先将共同所有的

---

① 现为《民法典》第 1123 条。
② 现为《民法典》第 1153 条。

财产的一半分出为配偶所有，其余的为被继承人的遗产。"最高人民法院《关于贯彻执行〈中华人民共和国继承法〉若干问题的意见》第38条①规定："遗嘱人以遗嘱处分了属于国家、集体或他人所有的财产，遗嘱的这部分，应认定无效。"登记在被继承人郭某顺名下的306室房屋，已查明是郭某顺与原告李某夫妻关系存续期间取得的夫妻共同财产。郭某顺死亡后，该房屋的一半应归李某所有，另一半才能作为郭某顺的遗产。郭某顺在遗嘱中，将306室全部房产处分归其父母，侵害了李某的房产权，遗嘱的这部分应属无效。此外，《继承法》第十九条规定："遗嘱应当对缺乏劳动能力又没有生活来源的继承人保留必要的遗产份额。"郭某顺在立遗嘱时，明知其妻子腹中的胎儿而没有在遗嘱中为胎儿保留必要的遗产份额，该部分遗嘱内容无效。《继承法》第二十八条规定："遗产分割时，应当保留胎儿的继承份额。"因此，在分割遗产时，应当为该胎儿保留继承份额。综上，在扣除应当归李某所有的财产和应当为胎儿保留的继承份额之后，郭某顺遗产的剩余部分才可以按遗嘱确定的分配原则处理。

第一千一百四十二条　【遗嘱的撤回与变更】遗嘱人可以撤回、变更自己所立的遗嘱。

立遗嘱后，遗嘱人实施与遗嘱内容相反的民事法律行为的，视为对遗嘱相关内容的撤回。

立有数份遗嘱，内容相抵触的，以最后的遗嘱为准。

实务应用

171. 遗嘱人生前立了数份遗嘱的，应如何处理？

在现实生活中，常常会发生一个遗嘱人立了几份内容不同的遗嘱的情况。这时应分情况确定各个遗嘱的效力：

---

①　现为《民法典继承编解释（一）》第26条。

（1）要对各个遗嘱的合法性进行审查，看其是否全部有效，如果各个遗嘱均无效的，则按照法定继承处理；如果只有一个有效的，则按照该有效的遗嘱处理。

（2）如果有两个以上有效遗嘱，其遗嘱内容不相抵触的，则各个遗嘱分别发生其效力，执行人应该按照各个遗嘱内容执行。

（3）如果两个以上有效遗嘱内容互相抵触的，不论采用何种遗嘱形式，以最后设立的遗嘱为准。

第一千一百四十三条 【遗嘱无效的情形】无民事行为能力人或者限制民事行为能力人所立的遗嘱无效。

遗嘱必须表示遗嘱人的真实意思，受欺诈、胁迫所立的遗嘱无效。

伪造的遗嘱无效。

遗嘱被篡改的，篡改的内容无效。

第一千一百四十四条 【附义务的遗嘱继承或遗赠】遗嘱继承或者遗赠附有义务的，继承人或者受遗赠人应当履行义务。没有正当理由不履行义务的，经利害关系人或者有关组织请求，人民法院可以取消其接受附义务部分遗产的权利。

第四章 遗产的处理

第一千一百四十五条 【遗产管理人的选任】继承开始后，遗嘱执行人为遗产管理人；没有遗嘱执行人的，继承人应当及时推选遗产管理人；继承人未推选的，由继承人共同担任遗产管理人；没有继承人或者继承人均放弃继承的，由被继承人生前住所地的民政部门或者村民委员会担任遗产管理人。

第一千一百四十六条 【法院指定遗产管理人】对遗产管理人的确定有争议的，利害关系人可以向人民法院申请指定遗产管理人。

069. 利害关系人有争议，法院指定遗嘱管理人时应考虑何种因素？①

厦门市思明区某处房屋原业主为魏姜氏（19世纪生人）。魏姜氏育有三女一子，该四支继承人各自向下已经延嗣到第五代，但其中儿子一支无任何可查信息，幼女一支散落海外情况不明，仅长女和次女两支部分继承人居住在境内。因继承人无法穷尽查明，长女和次女两支继承人曾历经两代、长达十年的继承诉讼，仍未能顺利实现继承析产。《民法典》实施后，长女一支继承人以欧某士为代表提出，可由生活在境内的可查明信息的两支继承人共同管理祖宅；次女一支继承人则提出，遗产房屋不具有共同管理的条件，应由现实际居住在境内且别无住处的次女一支继承人中的陈某萍和陈某芬担任遗产管理人。

生效裁判认为，魏姜氏遗产的多名继承人目前下落不明、信息不明，遗产房屋将在较长时间内不能明确所有权人，其管养维护责任可能长期无法得到有效落实，确有必要在析产分割条件成就前尽快依法确定管理责任人。而魏姜氏生前未留有遗嘱，未指定其遗嘱执行人或遗产管理人，在案各继承人之间就遗产管理问题又分歧巨大、未能协商达成一致意见，故当秉承最有利于遗产保护、管理、债权债务清理的原则，在综合考虑被继承人内心意愿、各继承人与被继承人亲疏远近关系、各继承人管理保护遗产的能力水平等方面因素后，确定案涉遗产房屋的合适管理人。次女魏某燕一支在魏姜氏生前尽到主要赡养义务，与产权人关系较为亲近，且历代长期居住在遗产房屋内并曾主持危房改造，与遗产房屋有更深的历史情感联系，对周边人居环境更为熟悉，更有实际能力履行管养维护职责，更有能力清理遗产上可能存在的债权债务；长女魏

---

① 参见《人民法院贯彻实施民法典典型案例（第一批）》（2022年2月25日发布），欧某士申请指定遗产管理人案，载最高人民法院网 https://www.court.gov.cn/zixun/xiangqing/347181.html，最后访问日期：2024年4月1日。

某静一支可查后人现均居住在漳州市，客观上无法对房屋尽到充分、周到的管养维护责任。故，由魏某静一支继承人跨市管理案涉遗产房屋暂不具备客观条件；魏某燕一支继承人能够协商支持由陈某萍、陈某芬共同管理案涉遗产房屋，符合遗产效用最大化原则。因此判决指定陈某萍、陈某芬为魏姜氏房屋的遗产管理人。

关联参见

《民法典》第 194 条；《信托法》第 39 条

第一千一百四十七条 【遗产管理人的职责】遗产管理人应当履行下列职责：

（一）清理遗产并制作遗产清单；

（二）向继承人报告遗产情况；

（三）采取必要措施防止遗产毁损、灭失；

（四）处理被继承人的债权债务；

（五）按照遗嘱或者依照法律规定分割遗产；

（六）实施与管理遗产有关的其他必要行为。

第一千一百四十八条 【遗产管理人的责任】遗产管理人应当依法履行职责，因故意或者重大过失造成继承人、受遗赠人、债权人损害的，应当承担民事责任。

第一千一百四十九条 【遗产管理人的报酬】遗产管理人可以依照法律规定或者按照约定获得报酬。

第一千一百五十条 【继承开始的通知】继承开始后，知道被继承人死亡的继承人应当及时通知其他继承人和遗嘱执行人。继承人中无人知道被继承人死亡或者知道被继承人死亡而不能通知的，由被继承人生前所在单位或者住所地的居民委员会、村民委员会负责通知。

第一千一百五十一条 【遗产的保管】存有遗产的人，应当妥善保管遗产，任何组织或者个人不得侵吞或者争抢。

条文解读

遗产的保管 ➡ 在遗产分割前，遗产为继承人的共有财产，由于具体的归属还未确定，故存有遗产的人，应当妥善保管遗产，任何组织或者个人不得侵吞或者争抢。人民法院对故意隐匿、侵吞或者争抢遗产的继承人，可以酌情减少其应继承的份额。人民法院在审理继承案件时，如果知道继承人而无法通知的，分割遗产时，要保留其应继承的遗产，并确定该遗产的保管人或者保管单位。

第一千一百五十二条 【转继承】继承开始后，继承人于遗产分割前死亡，并没有放弃继承的，该继承人应当继承的遗产转给其继承人，但是遗嘱另有安排的除外。

条文解读

转继承 ➡ 转继承是指在继承开始后，继承人未放弃继承，于遗产分割前死亡的，其所应继承的遗产份额由其继承人承受的继承制度。转继承是对遗产份额的再继承，而非继承权利的移转。

继承开始后，受遗赠人表示接受遗赠，并于遗产分割前死亡的，其接受遗赠的权利转移给他的继承人。

第一千一百五十三条 【遗产的确定】夫妻共同所有的财产，除有约定的外，遗产分割时，应当先将共同所有的财产的一半分出为配偶所有，其余的为被继承人的遗产。

遗产在家庭共有财产之中的，遗产分割时，应当先分出他人的财产。

172. 怎样区分遗产和家庭共有财产？

遗产是公民死亡时遗留的个人合法财产，包括死者遗留下来的财产和财产权利，具体包括：公民的收入，公民的房屋、储蓄和生活用品，公民的林木、牲畜和家禽，公民的文物、图书资料，法律允许公民所有的生产资料，公民的著作权、专利权中的财产权利，公民的其他合法财产。家庭共有财产是指家庭全体成员共同共有的财产。它包括共同劳动所得的合法收入，共同累积的积蓄，共同建造的房屋，共同所有的生活用品和生活资料，共同享有的债权和共同负担的债务，以及其他共有的财产。

在区分遗产与家庭共有财产时，应掌握几个标准：

（1）当家庭成员只有夫妻二人时，家庭的全部共有财产就是夫妻共同共有的财产。夫妻一方死亡时，共同财产中的二分之一份额就是死者的遗产。夫妻一方死亡开始继承时，也只能继承这部分遗产，而不能把夫妻共同所有的财产统统作为死者一方的遗产来继承。但在区分遗产与夫妻共有财产时，也应当分清夫妻个人财产与夫妻共有财产的界限。

根据《民法典》及《民法典继承编解释（一）》，夫妻在婚姻关系存续期间所得的下列财产，为夫妻的共同财产，归夫妻共同所有：①工资、奖金和劳务报酬；②生产、经营、投资的收益；③知识产权的收益；④继承或者受赠的财产，但是《民法典》第 1063 条第 3 项规定的除外；⑤其他应当归共同所有的财产。夫妻对共同财产，有平等的处理权。

婚姻关系存续期间，下列财产属于"其他应当归共同所有的财产"：①一方以个人财产投资取得的收益；②男女双方实际取得或者应当取得的住房补贴、住房公积金；③男女双方实际取得或者应当取得的基本养老金、破产安置补偿费。

夫妻一方个人财产在婚后产生的收益，除孳息和自然增值外，应认定为夫妻共同财产。由一方婚前承租、婚后用共同财产购买的房屋，登记在一方名下的，应当认定为夫妻共同财产。

下列财产为夫妻一方的个人财产：①一方的婚前财产；②一方因受到人身损害获得的赔偿或者补偿；③遗嘱或者赠与合同中确定只归一方的财产；④一方专用的生活用品；⑤其他应当归一方的财产。军人的伤亡保险金、伤残补助金、医药生活补助费属于个人财产。

男女双方可以约定婚姻关系存续期间所得的财产以及婚前财产归各自所有、共同所有或者部分各自所有、部分共同所有。约定应当采用书面形式。没有约定或者约定不明确的，适用《民法典》第 1062 条、第 1063 条的规定。

（2）在家庭成员中除夫妻之外还有子女的，在区分遗产与家庭共有财产时应注意：①未成年子女的生活用品，通过创作获得的报酬或奖励物品以及通过接受赠与、遗赠和继承等方式所获得的财产，其所有权应属于未成年子女的，只是暂时由父母代理。当其父母死亡，对其遗产进行分割时，应当将未成年子女的财产同父母的遗产区分开，不能作为父母的遗产来分割。②对于早已参加工作（劳动），并直接参与了家庭共有财产积累的子女，应当肯定他们对家庭共有财产的权利。在父母死亡并确定其遗产范围时，应从共同共有的家庭财产中将直接参与家庭共有财产积累的子女应得的份额划分出来，不能将该部分作为父母的遗产来分割。③把被继承人生前所欠的个人债务同整个家庭所欠的共同债务区分开。以被继承人名义欠下的，纯用于其个人的债务，属于被继承人生前个人债务，应用被继承人遗产中的其他财产权利偿付，但虽以被继承人名义欠下的债务却用于全家的共同需要的，则属于家庭的共同债务，应用家庭共有财产来清偿。

第一千一百五十四条　【按法定继承办理】有下列情形之一的，遗产中的有关部分按照法定继承办理：

（一）遗嘱继承人放弃继承或者受遗赠人放弃受遗赠；

（二）遗嘱继承人丧失继承权或者受遗赠人丧失受遗赠权；

（三）遗嘱继承人、受遗赠人先于遗嘱人死亡或者终止；

（四）遗嘱无效部分所涉及的遗产；

（五）遗嘱未处分的遗产。

第一千一百五十五条　【胎儿预留份】遗产分割时，应当保留胎儿的继承份额。胎儿娩出时是死体的，保留的份额按照法定继承办理。

条文解读

胎儿应留份 ➡ 涉及遗产继承，接受赠与等胎儿利益保护的，胎儿视为具有民事权利能力。应当为胎儿保留的遗产份额没有保留的，应从继承人所继承的遗产中扣回。为胎儿保留的遗产份额，如胎儿出生后死亡的，由其继承人继承；如胎儿娩出时是死体的，由被继承人的继承人继承。

上述"遗产继承"不仅包括法定继承，也包括遗嘱继承、遗赠。胎儿是法定继承人的，按照法定继承取得相应的遗产份额；有遗嘱的，胎儿按照遗嘱继承取得遗嘱确定的份额。胎儿不是法定继承人的，被继承人也可以立遗嘱将个人财产赠给胎儿，将来按遗赠办理，胎儿取得遗产继承权。

实务应用

173. 对保留的胎儿份额应如何处理？

对胎儿保留份额的处理，依胎儿出生时是死体还是活体而不同：

（1）如果胎儿出生时是活体的，则保留份额为该婴儿所有，可由其母亲代为保管。

（2）如果胎儿出生后不久即死亡，则保留份额为该婴儿所有，但应由该死婴的法定继承人按法定继承处理。

（3）如果胎儿出生时即为死胎，则保留份额由被继承人的继承人再分割。

174. 人工授精子女是否有继承权？

在现代的科技条件下，受孕既包括传统的自然受精，又包括人工授精（母体内受精）与试管婴儿（母体外受精）。人工授精生育子女，法律上称为辅助生殖技术，是指已婚夫妻借用现代生物技术，通过非自然的性行为怀孕所生育的子女，根据授精方法的不同，可分为同质授精所生子女和异质授精所生子女两种。所谓"同质授精"，是采用人工授精方式，将丈夫的精子植入妻子子宫内，"异质授精"是将非丈夫的精子植入妻子子宫内。对"同质授精"所生子女，其法律地位不会产生质疑，但"异质授精"所生子女的法律地位则不免让人产生质疑。

关于人工授精子女的法律地位，可以分为以下三种情况：

（1）精子与卵子来源于夫妻双方，只是采用科学技术辅助使之结合怀孕所生的，该子女与父母双方均有血缘上的联系，是夫妻双方的亲生子女，属于婚生子女。其法律地位适用《民法典》关于父母子女关系的规定。

（2）如果在婚姻关系存续期间，事先经过丈夫同意或事后丈夫明确表示无异议，妻子采用人工授孕技术怀孕，精子不是生育妇女的丈夫提供的，尽管子女与生育母亲的丈夫无血缘联系，但该子女仍应认为属于生育妇女的丈夫的婚生子女，生育妇女的丈夫应视为该子女法律上的父亲，父母子女间权利义务关系，适用《民法典》的有关规定。

（3）在婚姻关系存续期间，如果妻子未经丈夫同意，采用他人精子人工授精生育子女，所生子女与生育妇女丈夫无法律上的父子关系，地位相当于非婚生子女，丈夫不承担抚养义务，其精源提供者也不承担抚养义务。

关联参见

《民法典继承编解释（一）》第31条

第一千一百五十六条　【遗产分割】遗产分割应当有利于生产和生活需要，不损害遗产的效用。

不宜分割的遗产，可以采取折价、适当补偿或者共有等方法处理。

遗产分割 ➡ 遗产分割，是指继承开始后，依据法律或者按照遗嘱在各继承人之间进行遗产分配的民事法律行为。只有在遗产分割后，各个继承人才能对所分配的遗产享有实际的占有、使用、收益和处分的权利。

遗产分割时应当遵循发挥遗产效用的原则，体现物尽其用、财尽其值的要求，使遗产作为一种社会资源尽可能释放出经济效用，促进生产，方便生活。《民法典继承编解释（一）》第42条规定："人民法院在分割遗产中的房屋、生产资料和特定职业所需要的财产时，应当依据有利于发挥其使用效益和继承人的实际需要，兼顾各继承人的利益进行处理。"

第一千一百五十七条　【再婚时对所继承遗产的处分】夫妻一方死亡后另一方再婚的，有权处分所继承的财产，任何组织或者个人不得干涉。

175. 夫死妻再嫁，可否带走所继承遗产？

我国《民法典》第1061条规定，夫妻有相互继承遗产的权利。《民法典》第1127条把配偶列为第一顺序继承人。因此，夫妻一方去世，生存的一方获得夫妻共同财产的一半，剩下的一半即去世一方的遗产由配偶、子女、父母按份继承。按照本条规定，夫死妻再嫁或妻死夫再娶，都有权处分自己所继承的遗产，包括合法带走自己从死亡配偶方合法继承的财产。其他继承人以继承了死亡配偶的遗产为由，干涉生存方的婚姻自由权或者以退出继承的财产为条件要挟生存方不得再嫁或再娶，都是违反《民法典》的行为，应依法予以批评、教育、制止。情节严重而触犯刑法的，应受刑法处罚。

第一千一百五十八条 【遗赠扶养协议】自然人可以与继承人以外的组织或者个人签订遗赠扶养协议。按照协议，该组织或者个人承担该自然人生养死葬的义务，享有受遗赠的权利。

第一千一百五十九条 【遗产分割时的义务】分割遗产，应当清偿被继承人依法应当缴纳的税款和债务；但是，应当为缺乏劳动能力又没有生活来源的继承人保留必要的遗产。

第一千一百六十条 【无人继承的遗产的处理】无人继承又无人受遗赠的遗产，归国家所有，用于公益事业；死者生前是集体所有制组织成员的，归所在集体所有制组织所有。

第一千一百六十一条 【限定继承】继承人以所得遗产实际价值为限清偿被继承人依法应当缴纳的税款和债务。超过遗产实际价值部分，继承人自愿偿还的不在此限。

继承人放弃继承的，对被继承人依法应当缴纳的税款和债务可以不负清偿责任。

第一千一百六十二条 【遗赠与遗产债务清偿】执行遗赠不得妨碍清偿遗赠人依法应当缴纳的税款和债务。

条文解读

遗赠与遗产债务清偿 ➡ 遗赠是遗赠人无偿赠与受遗赠人遗产的行为，虽然遗产属于遗赠人的个人财产，其有权处分，但这种无偿处分行为不应损害债权人的利益。因此，遗赠人的债权人依法应当缴纳的税款和债权的请求权优于受遗赠人的受遗赠权，受遗赠人不能与税务部门和受遗赠人的债权人平等地分配遗产。

第一千一百六十三条 【既有法定继承又有遗嘱继承、遗赠时的债务清偿】既有法定继承又有遗嘱继承、遗赠的，由法定继承人清偿被继承人依法应当缴纳的税款和债务；超过法定继承遗产实际价值部分，由遗嘱继承人和受遗赠人按比例以所得遗产清偿。

第七编 侵权责任

第一章 一般规定

第一千一百六十四条 【侵权责任编的调整范围】本编调整因侵害民事权益产生的民事关系。

第一千一百六十五条 【过错责任原则与过错推定责任】行为人因过错侵害他人民事权益造成损害的，应当承担侵权责任。

依照法律规定推定行为人有过错，其不能证明自己没有过错的，应当承担侵权责任。

条文解读

过错责任原则 ➡ 本条第 1 款是关于过错责任原则的规定。

过错责任是指造成损害并不必然承担赔偿责任，必须要看行为人是否有过错，有过错有责任，无过错无责任。根据本条的规定，在过错责任原则制度下，只要同时满足以下条件，行为人就应承担侵权责任：（1）行为人实施了某一行为。若无行为人的行为，就不会产生侵权责任。但是，在一些情况下，行为人不作为也有可能产生侵权责任，这是现代侵权责任法的一种发展趋势，即在特定情形下行为人还负有积极保护他人的义务。例如，根据《民法典》第 1198 条第 1 款的规定，宾馆、商场、银行、车站、机场、体育场馆、娱乐场所等经营场所、公共场所的经营者、管理者或者群众性活动的组织者，未尽到安全保障义务，造成他人损害的，应当承担侵权责任。（2）行为人行为时有过错。在过错责任原则中，过错是确定行为人是否承担侵权责任的核心要件，也是人民法院审理侵权案件的主要考虑因素。行为人的行为造成损害并不必然承担侵权责任，还必须要看其是否有过错，无过错即无责任。过错分为故意和过失。故意是指行为人预见到自己的行为会导致某一损害后果而希望或者放任该后果发生的一种主观心理状态。过失是指行为人因疏忽或者轻信而使自己未履行应有注意义务的一种心理状态，其是《民法典》中最常见的过错形态。故意与过失的主要区别是，故意表现为行为人对损害后果的追求、放任心态，而过失表现为行为人不希望、不追求、不放任损害后果的心态。（3）受害人的民事权益受到损害。损害是指行为人的行为对受害人的民事权益造成的不利后果。（4）行为人的行为与受害人的损害之间有因果关系。因果关系是指行为人的行为作为原因，损害事实作为结果，在二者之间存在的前者导致后者发生的客观联系。

关联参见

《民法典》第 3 条；《最高人民法院关于审理人身损害赔偿案件适用法律若干问题的解释》第 1 条

第一千一百六十六条　【无过错责任】行为人造成他人民事权益损害，不论行为人有无过错，法律规定应当承担侵权责任的，依照其规定。

条文解读

无过错责任 ➡ 本条是关于无过错责任的规定。

无过错责任原则是指不以行为人的过错为要件，只要其活动或者所管理的人或者物损害了他人的民事权益，除非有法定的免责事由，行为人就要承担侵权责任。适用无过错责任原则的意义在于加重行为人的责任，及时救济受害人，使其损害赔偿请求权更容易实现。

适用无过错责任原则的侵权责任构成要件是：（1）违法行为；（2）损害事实；（3）因果关系。行为人如果能够证明损害是受害人自己故意造成的，则免除侵权责任。

由于无过错责任原则对行为人极为不利，对其利益影响极大，因此必须是在有法律明文规定的情况下才能适用，没有法律的特别规定不得仅以损害事实作为侵权责任归责的标准，更不能将无过错责任原则进行类推适用。从《民法典》侵权责任编的规定来看，无过错责任原则的适用范围主要集中在如下几种情形：被监护人造成他人损害的监护人责任；用人者的雇主责任；产品缺陷致人损害的责任；机动车交通事故责任中机动车一方对非机动车或行人致害的责任；环境污染和生态破坏致人损害的责任；高度危险活动或设施致人损害的责任；非动物园饲养的动物致人损害的责任。

第一千一百六十七条　【危及他人人身、财产安全的责任承担方式】侵权行为危及他人人身、财产安全的，被侵权人有权请求侵权人承担停止侵害、排除妨碍、消除危险等侵权责任。

第一千一百六十八条　【共同侵权】二人以上共同实施侵权行为，造成他人损害的，应当承担连带责任。

条文解读

共同侵权 ➡ 共同侵权，是指数人共同不法侵害他人权益造成损害的行为。构成共同侵权行为需要满足以下几个要件：一是主体的复数性。共同侵权行为的主体必须是二人或者二人以上。行为人可以是自然人，也可以是法人。二是共同实施侵权行为。这一要件中的"共同"主要包括三层含义：其一，共同故意。数个行为人基于共同故意侵害他人合法权益的，应当成立共同侵权行为。其二，共同过失。数个行为人共同从事某种行为，基于共同的疏忽大意，造成他人损害。其三，故意行为与过失行为相结合。三是侵权行为与损害后果之间具有因果关系。在共同侵权行为中，有时各个侵权行为对造成损害后果的比例有所不同，但必须存在法律上的因果关系，如果某个行为人的行为与损害后果之间没有因果关系，不应与其他行为人构成共同侵权。四是受害人具有损害。无损害，则无救济，如果没有损害，根本不可能成立侵权责任。

根据本条规定，一旦满足上述构成要件，成立共同侵权行为，那么，数个行为人就必须对外承担连带责任，被侵权人有权请求部分或者全部行为人承担全部责任。

需要说明的是，在我国，共同侵权与连带责任的适用范围并不完全重合。数人承担连带责任的原因，除了共同侵权行为外，还有其他一些适用连带责任的情形。例如，《民法典》第1214条规定的拼装或者报废机动车的转让人和受让人承担连带责任；第1241条规定的高度危险物的所有人与管理人承担连带责任等。

第一千一百六十九条 【教唆侵权、帮助侵权】教唆、帮助他人实施侵权行为的，应当与行为人承担连带责任。

教唆、帮助无民事行为能力人、限制民事行为能力人实施侵权行为的，应当承担侵权责任；该无民事行为能力人、限制民事行为能力人的监护人未尽到监护职责的，应当承担相应的责任。

第一千一百七十条 【共同危险行为】二人以上实施危及他人人身、财产安全的行为，其中一人或者数人的行为造成他人损害，能够确定具体侵权人的，由侵权人承担责任；不能确定具体侵权人的，行为人承担连带责任。

条文解读

共同危险行为 ➡ 本条是关于共同危险行为的规定。

构成共同危险行为应当满足下列几个要件：

一是二人以上实施危及他人人身、财产安全的行为，行为主体是复数。

二是其中一人或者数人的行为造成他人损害。虽然实施危及他人人身、财产安全行为的是数人，但真正导致受害人损害后果发生的只是其中一人或者几人的行为。

三是不能确定具体侵权人。一般而言，受害人只能请求侵权人就其侵权行为所造成的损失予以赔偿，侵权人也仅对其侵权行为所造成的损失进行赔偿。但在共同危险行为制度中，数个行为人实施的危及他人人身、财产安全的行为在时间、空间上存在偶合性，事实上只有部分行为人的行为造成了损害后果，但是，由于受害人无法掌握各个行为人的行为动机、行为方式等证据，无法准确判断哪个行为才是真正的侵权行为，为了保护受害人的合法权益，降低受害人的举证难度，避免其因不能指认真正侵权人而无法行使请求权，同时由于每个行为人都实施了危及他人人身、财产安全的行为，在道德上具有可责难性，所以规定由所有实施危及他人人身、财产安全行为的人承担连带责任是合理的。如果受害人能够指认或者法院能够查明具体侵权人，就不能适用本条规定，只能要求具体侵权人承担侵权责任。

根据本条规定，适用共同危险行为制度的法律后果是数个行为对受害人承担连带责任。

第一千一百七十一条　【分别侵权的连带责任】二人以上分别实施侵权行为造成同一损害，每个人的侵权行为都足以造成全部损害的，行为人承担连带责任。

第一千一百七十二条　【分别侵权的按份责任】二人以上分别实施侵权行为造成同一损害，能够确定责任大小的，各自承担相应的责任；难以确定责任大小的，平均承担责任。

第一千一百七十三条　【与有过错】被侵权人对同一损害的发生或者扩大有过错的，可以减轻侵权人的责任。

070. 交通事故的受害人没有过错，其体质状况对损害后果的影响是否属于可以减轻侵权人责任的法定情形？[①]

荣宝英诉王阳、永诚财产保险股份有限公司
江阴支公司机动车交通事故责任纠纷案

（最高人民法院审判委员会讨论通过 2014 年 1 月 26 日发布）

关键词 民事 交通事故 过错责任

裁判要点

交通事故的受害人没有过错，其体质状况对损害后果的影响不属于可以减轻侵权人责任的法定情形。

相关法条

《中华人民共和国侵权责任法》第二十六条[②]

《中华人民共和国道路交通安全法》第七十六条第一款第（二）项

基本案情

原告荣宝英诉称：被告王阳驾驶轿车与其发生刮擦，致其受伤。该事故经江苏省无锡市公安局交通巡逻警察支队滨湖大队（简称滨湖交警大队）认定：王阳负事故的全部责任，荣宝英无责。原告要求下述两被告赔偿医疗费用 30006 元、住院伙食补助费 414 元、营养费 1620 元、残疾赔偿金 27658.05 元、护理费 6000 元、交通费 800 元、精神损害抚慰金 10500 元，并承担本案诉讼费用及鉴定费用。

被告永诚财产保险股份有限公司江阴支公司（简称永诚保险公司）辩称：对于事故经过及责任认定没有异议，其愿意在交强险限额范围内予以赔偿；对于医疗费用 30006 元、住院伙食补助费 414 元没有异议；因鉴定意见结论中载明"损伤参与度评定为 75%，其个人体质的因素占

----

① 最高人民法院指导案例 24 号。
② 现为《民法典》第 1173 条，下同。

25%"，故确定残疾赔偿金应当乘以损伤参与度系数 0.75，认可 20743.54 元；对于营养费认可 1350 元，护理费认可 3300 元，交通费认可 400 元，鉴定费用不予承担。

被告王阳辩称：对于事故经过及责任认定没有异议，原告的损失应当由永诚保险公司在交强险限额范围内优先予以赔偿；鉴定费用请求法院依法判决，其余各项费用同意保险公司意见；其已向原告赔偿 20000 元。

法院经审理查明：2012 年 2 月 10 日 14 时 45 分许，王阳驾驶号牌为苏 MT1888 的轿车，沿江苏省无锡市滨湖区蠡湖大道由北往南行驶至蠡湖大道大通路口人行横道线时，碰擦行人荣宝英致其受伤。2 月 11 日，滨湖交警大队作出《道路交通事故认定书》，认定王阳负事故的全部责任，荣宝英无责。事故发生当天，荣宝英即被送往医院治疗，发生医疗费用 30006 元，王阳垫付 20000 元。荣宝英治疗恢复期间，以每月 2200 元聘请一名家政服务人员。号牌苏 MT1888 轿车在永诚保险公司投保了机动车交通事故责任强制保险，保险期间为 2011 年 8 月 17 日 0 时起至 2012 年 8 月 16 日 24 时止。原、被告一致确认荣宝英的医疗费用为 30006 元、住院伙食补助费为 414 元、精神损害抚慰金为 10500 元。

荣宝英申请并经无锡市中西医结合医院司法鉴定所鉴定，结论为：1. 荣宝英左桡骨远端骨折的伤残等级评定为十级；左下肢损伤的伤残等级评定为九级。损伤参与度评定为 75%，其个人体质的因素占 25%。2. 荣宝英的误工期评定为 150 日，护理期评定为 60 日，营养期评定为 90 日。一审法院据此确认残疾赔偿金 27658.05 元扣减 25% 为 20743.54 元。

裁判结果

江苏省无锡市滨湖区人民法院于 2013 年 2 月 8 日作出（2012）锡滨民初字第 1138 号判决：一、被告永诚保险公司于本判决生效后十日内赔偿荣宝英医疗费用、住院伙食补助费、营养费、残疾赔偿金、护理费、交通费、精神损害抚慰金共计 45343.54 元。二、被告王阳于本判决生效后十日内赔偿荣宝英医疗费用、住院伙食补助费、营养费、鉴定费共计 4040 元。三、驳回原告荣宝英的其他诉讼请求。宣判后，荣宝英向江苏省无锡市中级人民法院提出上诉。无锡市中级人民法院经审理于 2013 年 6 月 21 日以原审适用法律错误为由作出（2013）锡民终字第 497 号民事判决：一、撤销无锡市滨湖区人民法院（2012）锡滨民初字第 1138 号民事判决；二、被告永诚保险公司于本判决生效后十日内赔偿荣宝英 52258.05 元。三、被告王阳于本判决生效后十日内赔偿荣宝英 4040 元。四、驳回原告荣宝英的其他诉讼请求。

裁判理由

法院生效裁判认为：《中华人民共和国侵权责任法》第二十六条规定："被侵权人对损害的发生也有过错的，可以减轻侵权人的责任。"《中华人民共和国道路交通安全法》第七十六条第一款第（二）项规定，机动车与非机动车驾驶人、行人之间发生交通事故，非机动车驾驶人、行人没有过错的，由机动车一方承担赔偿责任；有证据证明非机动车驾驶人、行人有过错的，根据过错程度适当减轻机动车一方的赔偿责任。因此，交通事故中在计算残疾赔偿金是否应当扣减时应当根据受害人对损失的发生或扩大是否存在过错进行分析。本案中，虽然原告荣宝英的个人体质状况对损害后果的发生具有一定的影响，但这不是侵权责任法等法律规定的过错，荣宝英不应因个人体质状况对交通事故导致的伤残存在一定影响而自负相应责任，原审判决以伤残等级鉴定结论中将荣宝英个人体质状况"损伤参与度评定为 75%"为由，在计算残疾赔偿金时作相应扣减属适用法律错误，应予纠正。

从交通事故受害人发生损伤及造成损害后果的因果关系看，本起交通事故的引发系肇事者王阳驾驶机动车穿越人行横道线时，未尽到安全注意义务碰擦行人荣宝英所致；本起交通事故造成的损害后果系受害人荣宝英被机动车碰撞、跌倒发生骨折所致，事故责任认定荣宝英对本起事故不负责任，其对事故的发生及损害后果的造成均无过错。虽然荣宝英年事已高，但其年老骨质疏松仅是事故造成后果的客观因素，并无法律上的因果关系。因此，受害人荣宝英对于损害的发生或者扩大没有过错，不存在减轻或者免除加害人赔偿责任的法定情形。同时，机动车应当遵守文明行车、礼让行人的一般交通规则和社会公德。本案所涉事故发生在人行横道线上，正常行走的荣宝英对将被机动车碰撞这一事件无法预见，而王阳驾驶机动车在路经人行横道线时未依法减速慢行、避让行人，导致事故发生。因此，依法应当由机动车一方承担事故引发的全部赔偿责任。

根据我国道路交通安全法的相关规定，机动车发生交通事故造成人身伤亡、财产损失的，由保险公司在机动车第三者责任强制保险责任限额范围内予以赔偿。而我国交强险立法并未规定在确定交强险责任时应依据受害人体质状况对损害后果的影响作相应扣减，保险公司的免责事由也仅限于受害人故意造成交通事故的情形，即便是投保机动车无责，保险公司也应在交强险无责限额内予以赔偿。因此，对于受害人符合法律规定的赔偿项目和标准的损失，均属交强险的赔偿范围，参照"损伤参与度"确定损害赔偿责任和交强险责任均没有法律依据。

关联参见

《水污染防治法》第 96 条第 3 款；《道路交通安全法》第 76 条第 1 款第 2 项

第一千一百七十四条　【受害人故意】损害是因受害人故意造成的，行为人不承担责任。

第一千一百七十五条　【第三人过错】损害是因第三人造成的，第三人应当承担侵权责任。

第一千一百七十六条　【自甘风险】自愿参加具有一定风险的文体活动，因其他参加者的行为受到损害的，受害人不得请求其他参加者承担侵权责任；但是，其他参加者对损害的发生有故意或者重大过失的除外。

活动组织者的责任适用本法第一千一百九十八条至第一千二百零一条的规定。

071. 参加羽毛球比赛造成损伤的，应由谁承担侵权责任？①

宋某祯、周某均为羽毛球业余爱好者，自 2015 年起自发参加羽毛球比赛。2020 年 4 月 28 日上午，宋某祯、周某与案外 4 人在北京市朝阳区某公园内露天场地进行羽毛球 3 对 3 比赛。运动中，宋某祯站在发球线位置接对方网前球后，将球回挑到周某方中场，周某迅速杀球进攻，宋某祯直立举拍防守未果，被羽毛球击中右眼。事发后，宋某祯至北京大学人民医院就诊治疗，术后 5 周余验光提示右眼最佳矫正视力为 0.05。宋某祯遂诉至法院，要求周某赔偿医疗费、护理费、住院伙食补助费、营养费等各项费用。

生效裁判认为，竞技体育运动不同于一般的生活领域，主要目的即为争胜，此类运动具有对抗性、人身危险性的特点，参与者均处于潜在危险中，既是危险的潜在制造者，也是危险的潜在承担者。羽毛球运动系典型的对抗性体育竞赛，除扭伤、拉伤等常规风险外，更为突出的风险即在于羽毛球自身体积小、密度大、移动速度快，运动员如未及时作出判断即会被击中，甚至击伤。宋某祯作为多年参与羽毛球运动的爱好者，对于自身和其他参赛者的能力以及此项运动的危险和可能造成的损害，应当有所认知和预见，而宋某祯仍自愿参加比赛，将自身置于潜在危险之中，属于自甘冒险的行为。依照《民法典》第 1176 条第 1 款，在此情形下，只有周某对宋某祯受伤的损害后果存在故意或重大过失时，才需承担侵权损害赔偿责任。本案中，周某杀球进攻的行为系该类运动的正常技术动作，周某并不存在明显违反比赛规则的情形，不应认

---

① 参见《人民法院贯彻实施民法典典型案例（第一批）》（2022 年 2 月 25 日发布），宋某祯诉周某身体权纠纷案，载最高人民法院网 https://www.court.gov.cn/zixun/xiangqing/347181.html，最后访问日期：2024 年 4 月 1 日。

定其存在重大过失，且现行法律未就本案所涉情形适用公平责任予以规定，故宋某祯无权主张周某承担赔偿责任或分担损失。2021 年 1 月 4 日，一审法院判决驳回宋某祯的全部诉讼请求。二审法院判决驳回上诉，维持原判。

本案是《民法典》施行后，首例适用《民法典》第 1176 条 "自甘冒险" 规定作出判决的案件。《民法典》施行前，由于法律规定不明确，人民法院在处理文体活动中身体受伤引发的民事纠纷时，容易出现认识分歧，进而引发争议。《民法典》确立 "自甘冒险" 规则，既统一了思想认识，也统一了裁判尺度。本案审理法院结合具体案情，适用 "自甘冒险" 规则，明确判决对损害发生无故意、无重大过失的文体活动参加者，不承担赔偿责任，亮明了拒绝 "和稀泥" 的司法态度，宣示了冒险者须对自己行为负责的规则，不仅弘扬了社会主义核心价值观，促进了文体活动的健康有序发展，也为《民法典》新规则的实施提供了有益的司法经验。

第一千一百七十七条　【自力救济】合法权益受到侵害，情况紧迫且不能及时获得国家机关保护，不立即采取措施将使其合法权益受到难以弥补的损害的，受害人可以在保护自己合法权益的必要范围内采取扣留侵权人的财物等合理措施；但是，应当立即请求有关国家机关处理。

受害人采取的措施不当造成他人损害的，应当承担侵权责任。

条文解读

自力救济 ➤ 本条是关于自力救济的规定。

自力救济，是指权利人为了保护自己的合法权益，在情况紧迫而又不能获得国家机关及时救助的情况下，对他人的财产或者自由在保护自己合法权益的必要范围内采取扣押、拘束或者其他相应的措施，为法律或社会公德所认可的行为。

本条没有明文规定可以对他人人身自由施加拘束的内容，但是在"等"字中包含了这个意思。例如，去饭店吃饭未带钱而不能付费，店主不让其离开，等待他人送钱来结账的拘束自由的行为，就是自力救济。

自力救济的要件是：（1）行为人的合法权益受到侵害；（2）情况紧迫且不能及时获得国家机关保护；（3）不立即采取措施将使其权益受到难以弥补的损害；（4）在保护自己合法权益的必要范围内对侵权人实施扣留财产或者限制人身自由的行为。

行为人实施了自力救济，在权益得到保障后，即应解除相应的措施；如果仍需继续采取上述措施，应当立即请求有关国家机关依法处理。

行为人如果对受害人采取自力救济的措施不适当，造成受害人损害的，应当承担侵权责任，赔偿损失。

这一条文在文字上没有提到对侵犯人的人身自由的拘束，而是概括在"等"字当中。在学习和适用有关自力救济的规定时，应当注意这一点。

第一千一百七十八条 　【特别规定优先适用】本法和其他法律对不承担责任或者减轻责任的情形另有规定的，依照其规定。

第二章　损害赔偿

第一千一百七十九条 　【人身损害赔偿范围】侵害他人造成人身损害的，应当赔偿医疗费、护理费、交通费、营养费、住院伙食补助费等为治疗和康复支出的合理费用，以及因误工减少的收入。造成残疾的，还应当赔偿辅助器具费和残疾赔偿金；造成死亡的，还应当赔偿丧葬费和死亡赔偿金。

第一千一百八十条 　【以相同数额确定死亡赔偿金】因同一侵权行为造成多人死亡的，可以以相同数额确定死亡赔偿金。

第一千一百八十一条 　【被侵权人死亡时请求权主体的确定】

被侵权人死亡的，其近亲属有权请求侵权人承担侵权责任。被侵权人为组织，该组织分立、合并的，承继权利的组织有权请求侵权人承担侵权责任。

被侵权人死亡的，支付被侵权人医疗费、丧葬费等合理费用的人有权请求侵权人赔偿费用，但是侵权人已经支付该费用的除外。

实务应用

176. 被侵权人死亡后，其近亲属是否有权请求侵权赔偿？

根据《民法典》第 1181 条的规定，被侵权人死亡的，其近亲属有权请求侵权人承担侵权责任。被侵权人为组织，该组织分立、合并的，承继权利的组织有权请求侵权人承担侵权责任。被侵权人死亡的，支付被侵权人医疗费、丧葬费等合理费用的人有权请求侵权人赔偿费用，但是侵权人已支付该费用的除外。被侵权人指的是在侵权法律关系中，侵权行为损害后果的直接承受者，是因侵权行为而使民事权益受到侵害的人。被侵权人包括自然人、法人和非法人组织。被侵权人的资格不在于其是否具有民事行为能力，但是有无民事行为能力，关系到其是否可以自己行使请求侵权人承担侵权责任的权利。有完全民事行为能力的被侵权人，可以自己行使请求权，请求侵权人承担侵权责任；无民事行为能力（如不满 8 周岁的未成年人）或者限制民事行为能力（如 8 周岁以上的未成年人）的被侵权人，自己不能行使请求权，应当由其法定代理人代其行使请求权。

关联参见

《国家赔偿法》第 6 条

第一千一百八十二条 【侵害他人人身权益造成财产损失的赔偿计算方式】侵害他人人身权益造成财产损失的，按照被侵权人因此受到的损失或者侵权人因此获得的利益赔偿；被侵权人因此受到的损失以及侵权人因此获得的利益难以确定，被侵权人和侵权人就赔偿数额协商不一致，向人民法院提起诉讼的，由人民法院根据实际情况确定赔偿数额。

第一千一百八十三条　【精神损害赔偿】侵害自然人人身权益造成严重精神损害的，被侵权人有权请求精神损害赔偿。

因故意或者重大过失侵害自然人具有人身意义的特定物造成严重精神损害的，被侵权人有权请求精神损害赔偿。

条文解读

精神损害赔偿 ➡ 本条是关于精神损害赔偿的规定。

侵害自然人人身权益造成严重精神损害的，被侵权人有权请求精神损害赔偿。第一，精神损害赔偿的范围是人身权益，侵害财产权益不在精神损害赔偿的范围之内。第二，需要造成严重精神损害。并非只要侵害他人人身权益被侵权人就可以获得精神损害赔偿，偶尔的痛苦和不高兴不能认为是严重精神损害。之所以强调"严重"的精神损害，是为了防止精神损害赔偿被滥用。对"严重"的解释，应当采容忍限度理论，即超出了社会一般人的容忍限度，就认为是"严重"。第三，被侵权人有权请求精神损害赔偿。一般来说，请求精神损害赔偿的主体应当是直接遭受人身权侵害的本人。

1. 侵害物质性人格权，即生命权、身体权、健康权的，应当赔偿精神损害抚慰金。

2. 侵害姓名权、肖像权、声音权、名誉权、隐私权、个人信息权造成精神损害的，应当赔偿精神损害赔偿金。

3. 侵害身份权，即配偶权、亲权、亲属权造成精神损害的，应当承担精神损害赔偿责任。

4. 侵害自然人的人身利益，包括一般人格利益、胎儿的人格利益、死者的人格利益以及亲属之间的身份利益，侵权人应当承担精神损害赔偿责任，补偿其精神损害。

具有人身意义的特定物 ➡ 本条中的"具有人身意义的特定物"的范围，在实践中主要涉及的物品类型为：（1）与近亲属死者相关的特定纪念物品（如遗像、墓碑、骨灰盒、遗物等）；（2）与结婚礼仪相关的特定纪念物品（如录像、照片等）；（3）与家族祖先相关的特定纪念物品（如祖坟、族谱、祠堂等）。这些物品对被侵权人具有人身意义。

第一千一百八十四条 【财产损失的计算】侵害他人财产的，财产损失按照损失发生时的市场价格或者其他合理方式计算。

第一千一百八十五条 【故意侵害知识产权的惩罚性赔偿责任】故意侵害他人知识产权，情节严重的，被侵权人有权请求相应的惩罚性赔偿。

第一千一百八十六条 【公平分担损失】受害人和行为人对损害的发生都没有过错的，依照法律的规定由双方分担损失。

第一千一百八十七条 【赔偿费用的支付方式】损害发生后，当事人可以协商赔偿费用的支付方式。协商不一致的，赔偿费用应当一次性支付；一次性支付确有困难的，可以分期支付，但是被侵权人有权请求提供相应的担保。

第三章 责任主体的特殊规定

第一千一百八十八条 【监护人责任】无民事行为能力人、限制民事行为能力人造成他人损害的，由监护人承担侵权责任。监护人尽到监护职责的，可以减轻其侵权责任。

有财产的无民事行为能力人、限制民事行为能力人造成他人损害的，从本人财产中支付赔偿费用；不足部分，由监护人赔偿。

第一千一百八十九条 【委托监护时监护人的责任】无民事行为能力人、限制民事行为能力人造成他人损害，监护人将监护职责委托给他人的，监护人应当承担侵权责任；受托人有过错的，承担相应的责任。

第一千一百九十条 【暂时丧失意识后的侵权责任】完全民事行为能力人对自己的行为暂时没有意识或者失去控制造成他人损害有过错的，应当承担侵权责任；没有过错的，根据行为人的经济状况对受害人适当补偿。

完全民事行为能力人因醉酒、滥用麻醉药品或者精神药品对自己的行为暂时没有意识或者失去控制造成他人损害的，应当承担侵权责任。

第一千一百九十一条 【用人单位责任和劳务派遣单位、劳务用工单位责任】用人单位的工作人员因执行工作任务造成他人损害的，由用人单位承担侵权责任。用人单位承担侵权责任后，可以向有故意或者重大过失的工作人员追偿。

劳务派遣期间，被派遣的工作人员因执行工作任务造成他人损害的，由接受劳务派遣的用工单位承担侵权责任；劳务派遣单位有过错的，承担相应的责任。

实务应用

177. 义务帮工与雇佣关系有哪些区别？①

雇佣关系是指在确定或者不确定的期限内，雇员必须听从雇主的意思安排，在雇主的要求工作指令范围内劳作，同时接受雇主监督，即只要一人对另一人享有管理、监督、支配的权力，就可以认定其存在雇佣关系。这种支配和从属关系，并不影响雇员在完成工作时具有一定的自主支配权，如送货员在运送货物时自主选择送货路线。

第一，在我国，雇佣关系的成立必须以支付劳动报酬为要件，劳动者提供劳务的目的也是追求劳务报酬，要求劳务对价。而义务帮工关系

① 参见韩思思：《义务帮工与雇佣关系的区别》，载北京法院网 https://bjgy.bjcourt. gov.cn/article/detail/2020/06/id/5307752.shtml，最后访问日期：2024 年 4 月 1 日。

的首要特征就是无偿。帮工人无偿帮工并不是为了追求劳务对价和薪资，往往是出于社会朴素的道德上的、情感上的好意，是社会价值的体现，也是社会中人们之间相互帮助、互相关心的良好道德风尚的表现。

第二，雇员和雇主之间有很强的服从和被服从的关系，雇主对雇员享有的监督管理的权力是雇佣关系的本质。雇主和雇员之间受到劳动法和劳动合同的约束，在劳动合同终止之前并不能擅自终止合同，否则将承担违约责任。就义务帮工而言，帮工人在帮工活动中有可能按照被帮工人要求指挥工作，但二者之间并无支配管理关系，帮工人除了提供劳务之外，不受被帮工人的约束。帮工人和被帮工人在帮工过程可随时向对方做出拒绝帮工之表示，并无需承担违约责任。

第三，用人者对劳动者管理和选任时注意义务不同。在雇主责任方面，雇主在管理和选任时应注意受雇人的技术能力、道德品行等足以胜任委办业务，不致侵害他人权利；而在义务帮工中，对被帮工人是否有类似雇主的选任义务并未规定，但基本的提供安全的劳动环境等还是必要的。

第一千一百九十二条　【个人劳务关系中的侵权责任】个人之间形成劳务关系，提供劳务一方因劳务造成他人损害的，由接受劳务一方承担侵权责任。接受劳务一方承担侵权责任后，可以向有故意或者重大过失的提供劳务一方追偿。提供劳务一方因劳务受到损害的，根据双方各自的过错承担相应的责任。

提供劳务期间，因第三人的行为造成提供劳务一方损害的，提供劳务一方有权请求第三人承担侵权责任，也有权请求接受劳务一方给予补偿。接受劳务一方补偿后，可以向第三人追偿。

第一千一百九十三条　【承揽关系中的侵权责任】承揽人在完成工作过程中造成第三人损害或者自己损害的，定作人不承担侵权责任。但是，定作人对定作、指示或者选任有过错的，应当承担相应的责任。

第一千一百九十四条 【网络侵权责任】网络用户、网络服务提供者利用网络侵害他人民事权益的，应当承担侵权责任。法律另有规定的，依照其规定。

第一千一百九十五条 【"通知与取下"制度】网络用户利用网络服务实施侵权行为的，权利人有权通知网络服务提供者采取删除、屏蔽、断开链接等必要措施。通知应当包括构成侵权的初步证据及权利人的真实身份信息。

网络服务提供者接到通知后，应当及时将该通知转送相关网络用户，并根据构成侵权的初步证据和服务类型采取必要措施；未及时采取必要措施的，对损害的扩大部分与该网络用户承担连带责任。

权利人因错误通知造成网络用户或者网络服务提供者损害的，应当承担侵权责任。法律另有规定的，依照其规定。

条文解读

"通知与取下"制度 ➲ 本条是关于"通知与取下"制度的规定。网络侵权责任避风港原则中的通知规则，具体规则比较复杂。

1. 权利人的通知权。网络用户利用他人的网络服务实施侵权行为的，原则上网络服务提供者不承担责任，因为无法承担海量信息的审查义务。解决这种侵权纠纷的方法是"通知与取下"规则，即避风港原则的通知规则：认为自己权益受到损害的权利人，有权通知网络服务提供者，对网络用户在该网站上发布的信息采取删除、屏蔽、断开链接等必要措施，消除侵权信息及其影响。这就是权利人的通知权。

2. 通知的主要内容。首先是权利人的真实身份信息，包括但不限于权利人的姓名、名称、住址、联系方式、电话、电子邮箱等，没有真实身份信息和有效联系方式，网络服务提供者无法与其取得联系，也无法发送网络用户声明不存在侵权行为的通知。其次是构成侵权的初步证据，通知是权利人主张权利的重要依据，应当附有证明其权利的证据或者相关信息涉嫌侵权的初步证据，如著作权登记证书、专利证书、商标权证书、明显超出正常言论自由范围的诽谤、攻击等言词。

3. 网络服务提供者的义务。权利人一旦发出合格通知，就触发了网络服务提供者的义务。根据本条规定，网络服务提供者接到通知后，应当及时将该通知转送相关网络用户，并根据构成侵权的初步证据和服务类型采取必要措施。

4. 网络服务提供者违反义务的责任。网络服务提供者未及时采取必要措施的，构成侵权责任，要对损害的扩大部分与该网络用户承担部分连带责任，即网络服务提供者只对扩大的损害部分承担连带责任。

5. 对错误行使通知权的所谓权利人进行惩罚的措施。因权利人错误行使通知权进行通知，依照该通知采取的必要措施造成了网络用户或者网络服务提供者损害的，错误通知的行为人应当对网络用户或者网络服务提供者的损害承担侵权赔偿责任。

法律另有规定，一般是指《电子商务法》第42条的规定，即知识产权权利人认为其知识产权受到侵害的，有权通知电子商务平台经营者采取删除、屏蔽、断开链接、终止交易和服务等必要措施。因通知错误造成平台内经营者损害的，依法承担民事责任。恶意发出错误通知，造成平台内经营者损失的，加倍承担赔偿责任。另有规定是后一种损害赔偿即惩罚性赔偿。这一规定的适用范围比较窄。

关联参见

《电子商务法》第42条；《信息网络传播权保护条例》第14条、第15条、第24条；《最高人民法院关于审理利用信息网络侵害人身权益民事纠纷案件适用法律若干问题的规定》第5—8条

第一千一百九十六条 【"反通知"制度】网络用户接到转送的通知后，可以向网络服务提供者提交不存在侵权行为的声明。声明应当包括不存在侵权行为的初步证据及网络用户的真实身份信息。

网络服务提供者接到声明后，应当将该声明转送发出通知的权

利人，并告知其可以向有关部门投诉或者向人民法院提起诉讼。网络服务提供者在转送声明到达权利人后的合理期限内，未收到权利人已经投诉或者提起诉讼通知的，应当及时终止所采取的措施。

第一千一百九十七条 【网络服务提供者与网络用户的连带责任】网络服务提供者知道或者应当知道网络用户利用其网络服务侵害他人民事权益，未采取必要措施的，与该网络用户承担连带责任。

第一千一百九十八条 【违反安全保障义务的侵权责任】宾馆、商场、银行、车站、机场、体育场馆、娱乐场所等经营场所、公共场所的经营者、管理者或者群众性活动的组织者，未尽到安全保障义务，造成他人损害的，应当承担侵权责任。

因第三人的行为造成他人损害的，由第三人承担侵权责任；经营者、管理者或者组织者未尽到安全保障义务的，承担相应的补充责任。经营者、管理者或者组织者承担补充责任后，可以向第三人追偿。

案例指引

072. 擅自进入禁止公众进入的水利工程设施，发生伤亡事故，水利工程设施的管理人和所有人是否应承担赔偿责任？[①]

支某 1 等诉北京市永定河管理处生命权、健康权、身体权纠纷案

（最高人民法院审判委员会讨论通过 2020 年 10 月 9 日发布）

关键词 民事/生命权纠纷/公共场所/安全保障义务

裁判要点

消力池属于禁止公众进入的水利工程设施，不属于侵权责任法第三十七条[②]第一款规定的"公共场所"。消力池的管理人和所有人采取了合理的安全提示和防护措施，完全民事行为能力人擅自进入造成自身损害，请求管理人和所有人承担赔偿责任的，人民法院不予支持。

---

① 最高人民法院指导案例 141 号。

② 现为《民法典》第 1198 条，下同。

相关法条

《中华人民共和国侵权责任法》第 37 条第 1 款

基本案情

2017 年 1 月 16 日，北京市公安局丰台分局卢沟桥派出所接李某某 110 报警，称支某 3 外出遛狗未归，怀疑支某 3 掉在冰里了。接警后该所民警赶到现场开展查找工作，于当晚在永定河拦河闸自西向东第二闸门前消力池内发现一男子死亡，经家属确认为支某 3。发现死者时永定河拦河闸南侧消力池内池水表面结冰，冰面高度与消力池池壁边缘基本持平，消力池外河道无水。北京市公安局丰台分局于 2017 年 1 月 20 日出具关于支某 3 死亡的调查结论（丰公治亡查字〔2017〕第 021 号），主要内容为：经过（现场勘察、法医鉴定、走访群众等）工作，根据所获证据，得出如下结论：一、该人系符合溺亡死亡；二、该人死亡不属于刑事案件。支某 3 家属对死因无异议。支某 3 遗体被发现的地点为永定河拦河闸下游方向闸西侧消力池，消力池系卢沟桥分洪枢纽水利工程（拦河闸）的组成部分。永定河卢沟桥分洪枢纽工程的日常管理、维护和运行由北京市永定河管理处负责。北京市水务局称事发地点周边安装了防护栏杆，在多处醒目位置设置了多个警示标牌，标牌注明管理单位为"北京市永定河管理处"。支某 3 的父母支某 1、马某某，妻子李某某和女儿支某 2 向法院起诉，请求北京市永定河管理处承担损害赔偿责任。

裁判结果

北京市丰台区人民法院于 2019 年 1 月 28 日作出（2018）京 0106 民初 2975 号民事判决：驳回支某 1 等四人的全部诉讼请求。宣判后，支某 1 等四人提出上诉。北京市第二中级人民法院于 2019 年 4 月 23 日作出（2019）京 02 民终 4755 号民事判决：驳回上诉，维持原判。

裁判理由

本案主要争议在于支某 3 溺亡事故发生地点的查实、相应管理机关的确定，以及该管理机关是否应承担侵权责任。本案主要事实和法律争议认定如下：

一、关于支某 3 的死亡地点及管理机关的事实认定。首先，从死亡原因上看，公安机关经鉴定认定支某 3 死因系因溺水导致；从事故现场上看，支某 3 遗体发现地点为永定河拦河闸前消力池。根据受理支某 3 失踪查找的公安机关派出所出具工作记录可认定支某 3 溺亡地点为永定河拦河闸南侧的消力池内。其次，关于消力池的管理机关。现已查明北京市永定河管理处为永定河拦河闸的管理机关，北京市永定河管理处对此亦予以认可，并明确确认消力池属于其管辖范围，据此认定北京市永定河管理处系支某 3 溺亡地点的管理责任方。鉴于北京市永定河管理处系依法成立的事业单位，依法可独立承担相应民事责任，故北京市水务局、北京市丰台区水务局、北京市丰台区永定河管理所均非本案的适格被告，支某 1 等四人要求该三被告承担连带赔偿责任的主张无事实及法律依据，不予支持。

二、关于管理机关北京市永定河管理处是否应承担侵权责任的认定。首先，本案并不适用侵权责任法中安全保障义务条款。安全保障义务所保护的人与义务人之间常常存在较为紧密的关系，包括缔约磋商关系、合同法律关系等，违反安全保障义务的侵权行为是负有安全保障义务的人由于没有履行合理范围内的安全保障义务而实施的侵权行为。根据查明的事实，支某 3 溺亡地点位于永定河拦河闸侧面消力池。从性质上看，消力池系永定河拦河闸的一部分，属于水利工程设施的范畴，并非对外开放的冰场；从位置上来看，消力池位于拦河闸下方的永定河河道的中间处；从抵达路径来看，抵达消力池的正常路径，需要从永定河的沿河河堤下楼梯到达河道，再从永定河河道步行至拦河闸下方，因此无论是消力池的性质、消力池所处位置还是抵达消力池的路径而言，均难以认定消力池属于公共场所。北京市永定河管理处也不是群众性活动的组织者，故支某 1 等四人上诉主张四被上诉人未尽安全保障义务，与法相悖。其次，从侵权责任的构成上看，一方主张承担侵权责任，应就另一方存在违法行为、主观过错、损害后果且违法行为与损害后果之间具有因果关系等侵权责任构成要件承担举证责任。永定河道并非正常的活动、通行场所，依据一般常识即可知无论是进入河道或进入冰面的行为，均容易发生危及人身的危险，此类对危险后果的预见性，不需要专业知识就可知晓。支某3在明知进入河道、冰面行走存在风险的情况下，仍进入该区域并导致自身溺亡，其主观上符合过于自信的过失，应自行承担相应的损害后果。成年人应当是自身安危的第一责任人，不能把自己的安危寄托在国家相关机构的无时无刻的提醒之下，户外活动应趋利避害，不随意进入非群众活动场所是每一个公民应自觉遵守的行为规范。综上，北京市永定河管理处对支某3的死亡发生无过错，不应承担赔偿责任。在此需要指出，因支某3意外溺亡，造成支某1、马某某老年丧子、支某2年幼丧父，其家庭境遇令人同情，法院对此予以理解，但是赔偿的责任方是否构成侵权则需法律上严格界定及证据上的支持，不能以情感或结果责任主义为导向将损失交由不构成侵权的他方承担。

第一千一百九十九条 【教育机构对无民事行为能力人受到人身损害的过错推定责任】无民事行为能力人在幼儿园、学校或者其他教育机构学习、生活期间受到人身损害的，幼儿园、学校或者其他教育机构应当承担侵权责任；但是，能够证明尽到教育、管理职责的，不承担侵权责任。

条文解读

本条采用的是过错推定原则。根据本条规定，无民事行为能力人在幼儿园、学校或者其他教育机构学习、生活期间受到人身损害的，幼儿园、学校或者其他教育机构应当证明自己已经尽到教育、管理职责，对该无民事行为能力人所发生的人身损害没有过错，否则就要承担责任。采用过错推定原则，学校也能举证反驳，可以通过证明已经尽到了相当的注意并且实施了合理的行为，以达到免责的目的。同时，学校等教育机构更有可能通过保险等方式来向社会转移风险。

关联参见

《未成年人保护法》第25—41条;《义务教育法》第24条;《教育法》第73条;《学生伤害事故处理办法》

第一千二百条 【教育机构对限制民事行为能力人受到人身损害的过错责任】限制民事行为能力人在学校或者其他教育机构学习、生活期间受到人身损害,学校或者其他教育机构未尽到教育、管理职责的,应当承担侵权责任。

第一千二百零一条 【受到校外人员人身损害时的责任分担】无民事行为能力人或者限制民事行为能力人在幼儿园、学校或者其他教育机构学习、生活期间,受到幼儿园、学校或者其他教育机构以外的第三人人身损害的,由第三人承担侵权责任;幼儿园、学校或者其他教育机构未尽到管理职责的,承担相应的补充责任。幼儿园、学校或者其他教育机构承担补充责任后,可以向第三人追偿。

第四章 产品责任

第一千二百零二条 【产品生产者侵权责任】因产品存在缺陷造成他人损害的,生产者应当承担侵权责任。

实务应用

178. 经营者违反对消费者的安全保障义务,应当承担侵权责任的情形有哪些?

根据《消费者权益保护法》和《民法典》侵权责任编的相关规定,经营者违反对消费者的安全保障义务,应当承担侵权责任的情形具体有两种:一是经营者自身造成危险导致消费者受损害,比较常见的情况是对自己的经营设施疏于安全检查造成事故伤害消费者的;二是第三人引发危险导致消费者受损害，比较常见的情况是，第三人的侵权行为和经营者未尽到安全保障义务两个因素结合在一起而造成的。对于这种情况，根据《民法典》第1198条第2款的规定，因第三人的行为造成他人损害的，由第三人承担侵权责任；经营者、管理者或者组织者未尽到安全保障义务的，承担相应的补充责任。经营者、管理者或者组织者承担补充责任后，可以向第三人追偿。这里经营者所承担的侵权责任有两个特点：一是责任份额要与经营者的过错程度相当；二是承担责任是为了补充直接责任人的缺位。如果直接责任人已经承担全部赔偿，违反安全保障义务的责任人就不需要再作赔偿。

第一千二百零三条 　【被侵权人请求损害赔偿的途径和先行赔偿人追偿权】因产品存在缺陷造成他人损害的，被侵权人可以向产品的生产者请求赔偿，也可以向产品的销售者请求赔偿。

产品缺陷由生产者造成的，销售者赔偿后，有权向生产者追偿。因销售者的过错使产品存在缺陷的，生产者赔偿后，有权向销售者追偿。

第一千二百零四条 　【生产者、销售者的第三人追偿权】因运输者、仓储者等第三人的过错使产品存在缺陷，造成他人损害的，产品的生产者、销售者赔偿后，有权向第三人追偿。

第一千二百零五条 　【产品缺陷危及他人人身、财产安全的侵权责任】因产品缺陷危及他人人身、财产安全的，被侵权人有权请求生产者、销售者承担停止侵害、排除妨碍、消除危险等侵权责任。

第一千二百零六条 　【生产者、销售者的补救措施及费用承担】产品投入流通后发现存在缺陷的，生产者、销售者应当及时采取停止销售、警示、召回等补救措施；未及时采取补救措施或者补救措施不力造成损害扩大的，对扩大的损害也应当承担侵权责任。

依据前款规定采取召回措施的，生产者、销售者应当负担被侵权人因此支出的必要费用。

第一千二百零七条　【产品责任中的惩罚性赔偿】 明知产品存在缺陷仍然生产、销售，或者没有依据前条规定采取有效补救措施，造成他人死亡或者健康严重损害的，被侵权人有权请求相应的惩罚性赔偿。

条文解读

产品责任中的惩罚性赔偿 ➡ 本条是关于产品责任中的惩罚性赔偿的规定。

目前我国实行侵权惩罚性赔偿责任，主要包括三个方面：（1）产品包括食品恶意造成消费者损害；（2）恶意服务造成消费者损害；（3）恶意侵害知识产权造成损害。本条规定的是第一种侵权惩罚性赔偿责任。

本条规定的惩罚性赔偿责任适用范围，比原《侵权责任法》第47条的规定要宽，除恶意生产、销售产品外，还增加了跟踪观察缺陷中的恶意侵权。

适用惩罚性赔偿责任的产品责任构成要件是：（1）产品存在缺陷；（2）生产者、销售者明知该产品存在缺陷；（3）生产者、销售者对该缺陷产品继续进行生产、销售；（4）造成受害人死亡或者健康严重损害。

跟踪观察缺陷的恶意侵权适用惩罚性赔偿责任的构成要件是：（1）产品存在缺陷，投放市场时因科技水平所限不能发现；（2）生产者、销售者对已经投入流通的产品发现有缺陷；（3）生产者、销售者没有按照法律规定采取有效的停止销售、警示、召回的补救措施；（4）该缺陷产品造成受害人死亡或者健康严重损害。

符合上述要件要求的，侵权人应当承担惩罚性赔偿责任，被侵权人除可以请求其承担实际损害的赔偿责任外，还可以请求承担惩罚性赔偿责任。具体计算方法是，一般的产品造成损害符合惩罚性赔偿责任构成要件的，承担实际损失 2 倍以下的惩罚性赔偿责任；食品造成损害符合上述规定的，承担实际损失 3 倍以下的惩罚性赔偿责任。

《消费者权益保护法》第 55 条；《食品安全法》第 122 条、第 123 条、第 148 条；《最高人民法院关于审理食品药品纠纷案件适用法律若干问题的规定》；《最高人民法院关于审理食品安全民事纠纷案件适用法律若干问题的解释（一）》

第五章　机动车交通事故责任

第一千二百零八条　【机动车交通事故责任的法律适用】机动车发生交通事故造成损害的，依照道路交通安全法律和本法的有关规定承担赔偿责任。

第一千二百零九条　【租赁、借用机动车交通事故责任】因租赁、借用等情形机动车所有人、管理人与使用人不是同一人时，发生交通事故造成损害，属于该机动车一方责任的，由机动车使用人承担赔偿责任；机动车所有人、管理人对损害的发生有过错的，承担相应的赔偿责任。

条文解读

租赁、借用机动车交通事故责任 ➡ 本条是关于租赁、借用机动车交通事故责任的规定。

租赁或者借用机动车，使机动车的所有人、管理人与使用人出现不一致，发生交通事故的责任归属适用本条规定的规则。

适用本条规定的责任规则的要件是：

1. 应当构成租赁或者借用机动车的法律关系，其中，租赁是光车出租，不是带驾驶员的机动车出租。

2. 机动车的所有人、管理人与使用人不是同一人。

3. 机动车在使用人的操控之下发生交通事故，造成被侵权人的人身损害或者财产损害。

4. 交通事故责任属于机动车一方责任，而不是受害人的责任。

承担责任的形态为单向连带责任，即混合责任，规则是：

1. 机动车的使用人对发生的损害承担赔偿责任，须对全部损害承担赔偿责任，即使机动车所有人、管理人也有过失的，亦须承担连带责任，就全部损害负责。

2. 机动车的所有人或者管理人对于损害的发生也有过失的，应当按照其过失程度和原因力，承担按份责任，即相应的赔偿责任。机动车所有人、管理人的过失，主要表现为明知使用人没有驾驶资质、明知使用人处于不适驾状态如醉酒、知道自己的机动车有故障不予告知等。

第一千二百一十条　【转让并交付但未办理登记的机动车侵权责任】当事人之间已经以买卖或者其他方式转让并交付机动车但是未办理登记，发生交通事故造成损害，属于该机动车一方责任的，由受让人承担赔偿责任。

第一千二百一十一条　【挂靠机动车交通事故责任】以挂靠形式从事道路运输经营活动的机动车，发生交通事故造成损害，属于该机动车一方责任的，由挂靠人和被挂靠人承担连带责任。

第一千二百一十二条　【擅自驾驶他人机动车交通事故责任】未经允许驾驶他人机动车，发生交通事故造成损害，属于该机动车一方责任的，由机动车使用人承担赔偿责任；机动车所有人、管理人对损害的发生有过错的，承担相应的赔偿责任，但是本章另有规定的除外。

第一千二百一十三条　【交通事故侵权救济来源的支付顺序】机动车发生交通事故造成损害，属于该机动车一方责任的，先由承保机动车强制保险的保险人在强制保险责任限额范围内予以赔偿；不足部分，由承保机动车商业保险的保险人按照保险合同的约定予以赔偿；仍然不足或者没有投保机动车商业保险的，由侵权人赔偿。

第一千二百一十四条　【拼装车、报废车交通事故责任】以买卖或者其他方式转让拼装或者已经达到报废标准的机动车，发生交通事故造成损害的，由转让人和受让人承担连带责任。

条文解读

拼装车、报废车交通事故责任 ➲ 本条是关于拼装车、报废车交通事故责任的规定。

国家法律严格禁止拼装车上路，严格禁止已经报废的机动车继续使用，为的是保障交通安全，防止损害发生。同时，也严格禁止对拼装车和报废车进行买卖或者以其他方式进行转让。这些都是国家的强制性规定，不得违反。本条规定，凡是以买卖或者其他方式转让拼装车或者已经达到报废标准的机动车，发生交通事故造成损害的，转让人和受让人承担连带赔偿责任，并且是绝对责任，不可以适用减轻或者免除责任的规定。

拼装车是没有汽车生产资质的人非法用汽车零部件拼装而成的机动车。报废车，本条明确规定是"已经达到报废标准的机动车"，而不是已经报废的机动车，其含义是，凡是已经达到报废标准的机动车，无论是否已经经过报废程序，都在规范之列，以此表达机动车报废的强制性。拼装车、已经达到报废标准的机动车或者依法禁止行驶的其他机动车被多次转让，发生交通事故造成损害，所有的转让人和受让人都承担连带责任。依法禁止行驶的其他机动车，与拼装车、报废车相似，造成交通事故致人损害，可以参照适用本条规定确定责任。

以买卖或者其他方式转让拼装或者已经达到报废标准的机动车，发生交通事故造成损害，转让人、受让人以其不知道或者不应当知道发生交通事故的机动车为拼装机动车或者已经达到报废标准为由，主张不承担侵权责任的，不予支持。对于报废车、拼装车的判断，依据公安机关交通管理部门的意见，认定是否达到报废标准；根据工业和信息化、市场监督管理等部门或者机动车生产、改装企业出具的证据，认定是否为拼装车。

第一千二百一十五条 【盗抢机动车交通事故责任】盗窃、抢劫或者抢夺的机动车发生交通事故造成损害的，由盗窃人、抢劫人或者抢夺人承担赔偿责任。盗窃人、抢劫人或者抢夺人与机动车使用人不是同一人，发生交通事故造成损害，属于该机动车一方责任的，由盗窃人、抢劫人或者抢夺人与机动车使用人承担连带责任。

保险人在机动车强制保险责任限额范围内垫付抢救费用的，有权向交通事故责任人追偿。

第一千二百一十六条 【驾驶人逃逸责任承担规则】机动车驾驶人发生交通事故后逃逸，该机动车参加强制保险的，由保险人在机动车强制保险责任限额范围内予以赔偿；机动车不明、该机动车未参加强制保险或者抢救费用超过机动车强制保险责任限额，需要支付被侵权人人身伤亡的抢救、丧葬等费用的，由道路交通事故社会救助基金垫付。道路交通事故社会救助基金垫付后，其管理机构有权向交通事故责任人追偿。

第一千二百一十七条 【好意同乘规则】非营运机动车发生交通事故造成无偿搭乘人损害，属于该机动车一方责任的，应当减轻其赔偿责任，但是机动车使用人有故意或者重大过失的除外。

案例指引

073. 好意同乘造成搭乘人损害，应当如何处理？[①]

2018 年 2 月 10 日 9 时许，郝某未依法取得机动车驾驶证，驾驶未按规定登记的机动车，搭载其妻董某、同事和邻居王某、卢某去集市赶

---

① 参见《岳某等与郝某、薛某等机动车交通事故责任纠纷》，载天津法院网 https://tj-fy.tjcourt.gov.cn/article/detail/2020/12/id/5685983.shtml，最后访问日期：2024 年 4 月 1 日。

集，车辆沿大港农场场区内道路行驶至钱顺公路交口时，与薛某驾驶的车辆前部发生碰撞，造成董某当场死亡，郝某、王某、卢某受伤。后王某经医院抢救无效死亡。该事故经交管部门认定，郝某承担事故同等责任，薛某承担事故同等责任，董某、王某、卢某无责任。受害人王某家属岳某等人向法院提起诉讼，要求某保险公司在交强险的责任限额内及商业三者险的保险金额内赔偿死亡赔偿金、丧葬费等损失，不足部分由薛某、郝某承担连带赔偿责任。薛某与某保险公司同意依法赔偿原告合理合法的损失。郝某不同意赔偿，认为其购买的电动三轮车是为了自用，郝某与王某既是同事又是邻居关系，发生交通事故时，是好意同乘，王某的损失应自行承担。

法院生效裁判认为，该事故责任经交管部门认定，双方均无异议，法院予以确认。郝某、薛某应各自对该事故承担50%的责任。考虑到郝某无偿搭载王某的行为，属于友善互助，好意同乘行为，郝某应当承担的50%部分，由原告自行承担20%。法院判决由某保险公司在交强险的责任限额内赔偿原告损失55000元、在商业三者险的保险限额内赔偿原告损失309581.6元；由被告郝某赔偿原告损失247665.24元；驳回原告的其他诉讼请求。

本案是一起由好意同乘引发交通事故的典型案例。好意同乘，符合友善互助的社会道德和绿色出行的环保理念。随着我国经济的发展，私家车拥有量日益增多，出行相互搭乘、互行方便的好意同乘现象逐渐成为一种生活常态，由好意同乘引发的交通事故诉讼大量增加。《民法典》出台前，好意同乘造成搭乘人损害的，适用侵权责任法，考虑到好意同乘是一种好意施惠行为，一般适当减轻驾驶人的赔偿责任。《民法典》第1217条对好意同乘行为的法律责任作出了规范，本案的判决与《民法典》相一致，为公众行为提供了指引。

第六章　医疗损害责任

第一千二百一十八条　【医疗损害责任归责原则】患者在诊

疗活动中受到损害，医疗机构或者其医务人员有过错的，由医疗机构承担赔偿责任。

患者在诊疗活动中受到损害，除了需要满足医疗机构及其医务人员有过错的条件外，医疗机构及其医务人员的过错还要与患者的损害具有因果关系，医疗机构才承担赔偿责任。因果关系的条件适用于各种侵权行为产生的侵权责任。本条规定的患者在诊疗活动中受到的损害，指的就是与医疗机构及其医务人员的过错有因果关系的损害。

第一千二百一十九条 【医疗机构说明义务与患者知情同意权】医务人员在诊疗活动中应当向患者说明病情和医疗措施。需要实施手术、特殊检查、特殊治疗的，医务人员应当及时向患者具体说明医疗风险、替代医疗方案等情况，并取得其明确同意；不能或者不宜向患者说明的，应当向患者的近亲属说明，并取得其明确同意。

医务人员未尽到前款义务，造成患者损害的，医疗机构应当承担赔偿责任。

第一千二百二十条 【紧急情况下实施的医疗措施】因抢救生命垂危的患者等紧急情况，不能取得患者或者其近亲属意见的，经医疗机构负责人或者授权的负责人批准，可以立即实施相应的医疗措施。

第一千二百二十一条 【医务人员过错的医疗机构赔偿责任】医务人员在诊疗活动中未尽到与当时的医疗水平相应的诊疗义务，造成患者损害的，医疗机构应当承担赔偿责任。

第一千二百二十二条 【医疗机构过错推定的情形】患者在诊疗活动中受到损害，有下列情形之一的，推定医疗机构有过错：

（一）违反法律、行政法规、规章以及其他有关诊疗规范的规定；

（二）隐匿或者拒绝提供与纠纷有关的病历资料；

（三）遗失、伪造、篡改或者违法销毁病历资料。

第一千二百二十三条 【因药品、消毒产品、医疗器械的缺陷或输入不合格的血液的侵权责任】因药品、消毒产品、医疗器械的缺陷，或者输入不合格的血液造成患者损害的，患者可以向药品上市许可持有人、生产者、血液提供机构请求赔偿，也可以向医疗机构请求赔偿。患者向医疗机构请求赔偿的，医疗机构赔偿后，有权向负有责任的药品上市许可持有人、生产者、血液提供机构追偿。

第一千二百二十四条 【医疗机构免责事由】患者在诊疗活动中受到损害，有下列情形之一的，医疗机构不承担赔偿责任：

（一）患者或者其近亲属不配合医疗机构进行符合诊疗规范的诊疗；

（二）医务人员在抢救生命垂危的患者等紧急情况下已经尽到合理诊疗义务；

（三）限于当时的医疗水平难以诊疗。

前款第一项情形中，医疗机构或者其医务人员也有过错的，应当承担相应的赔偿责任。

条文解读

医疗机构免责事由 ➡ 本条是关于医疗机构免责事由的规定。

1. 患者或者其近亲属不配合医疗机构进行符合诊疗规范的诊疗。具体而言，实践中患者一方不配合诊疗的行为可以分为两类：第一类比较常见，是患者囿于其医疗知识水平而对医疗机构采取的诊疗措施难以有正确的理解，从而导致其不遵医嘱、错误用药等与诊疗措施不相配合的现象。对于因患者上述行为导致的损害后果的发生，并不能当然视为患者一方的"不配合"具有主观过错，从而医疗机构可以免除责任。判断患者一方是否存在过错的前提，是医务人员是否向患者一方履行了合理的说明告知义务。医务人员是否尽到了上述说明告知义务，是否使患者一方对于医疗机构采取的诊疗措施及其风险和后果具有合理的认识，这是判断患者一方客观上不配合诊疗的行为是否具有主观过错的关键。第二类是患者一方主观上具有过错，该过错又可分为故意和过失。故意的情形一般比较少见，患者就医就是为了治疗疾病、康复身体，而非追求身体损害的结果。但现实情况是复杂的，也不能完全排除患者主观追求损害结果的可能。例如，医务人员再三嘱咐某糖尿病患者不可饮酒，否则易引发低血糖昏迷，重则有生命危险。但该患者或者出于得到高额保险的目的或者基于其他原因，在明知该行为后果的情况下，拒不遵行医嘱，数次饮酒，结果导致低血糖昏迷。

2. 医务人员在抢救生命垂危的患者等紧急情况下已经尽到合理诊疗义务。本项内容规定了两个要件，在两个要件均符合的情况下，对于患者的损害，医疗机构不承担赔偿责任。这两个要件分别为：一是抢救生命垂危的患者等紧急情况。二是事项上的紧急性，它是指采取何种治疗措施直接关系到患者的生死存亡，需要医师作出紧急性的决断。需要说明的是，判断是否构成紧急情况，除了依据法律、法规和规章的规定外，还需要考虑以下两个方面：一是患者的生命健康受到伤病急剧恶化的威胁，这种威胁应当限定为对患者生命的威胁，而不能是对患者一般健康状况的威胁；二是患者生命受到的威胁是正在发生和实际存在的，患者伤病的急剧恶化对其生命安全的威胁不能是假想的，而应当是正在发生和实际存在的，不立即采取紧急救治措施必然导致患者死亡的后果。如果医师主观想象或虚幻地认为存在需要采取紧急救治的危险，而实际上这种危险并不存在，由于假想危险认识错误所采取的救治措施导致了不必要损害后果的，医疗机构还是应当承担责任。

3. 限于当时的医疗水平难以诊疗。医疗行为具有高技术性、高风险性、复杂性以及不可控因素，还有很多未知领域需要探索，医疗结果有时具有不确定性和不可预见性。现代医学技术水平的发展具有局限性，目前还不能达到百分之百的治愈率。因此，法律对医务人员采取的诊疗行为是否存在过错的判断，只能基于当时的医学科学本身的发展，即是否尽到与当时的医疗水平相应的诊疗义务。尽到该项义务的，就视为医疗机构及其医务人员没有过错，对于患者的损害不承担赔偿责任。需要说明的是，医疗机构及其医务人员对患者进行诊疗，并不负有保证治愈的义务。对于某些复杂的疾病，如果医疗机构及其医务人员已经尽到与当时的医疗水平相应的诊疗义务，但限于当时的医疗水平，对患者采取的医疗措施不仅未取得治愈的效果，反而带来新的损害，对此，医疗机构不承担赔偿责任。这一免责事由的规定也是出于鼓励和促进医学科学发展的需要。

关联参见

《医师法》第 27 条；《医疗事故处理条例》第 33 条

第一千二百二十五条 【医疗机构对病历的义务及患者对病历的权利】医疗机构及其医务人员应当按照规定填写并妥善保管住院志、医嘱单、检验报告、手术及麻醉记录、病理资料、护理记录等病历资料。

患者要求查阅、复制前款规定的病历资料的，医疗机构应当及时提供。

第一千二百二十六条 【患者隐私和个人信息保护】医疗机构及其医务人员应当对患者的隐私和个人信息保密。泄露患者的隐私和个人信息，或者未经患者同意公开其病历资料的，应当承担侵权责任。

第一千二百二十七条 【不必要检查禁止义务】医疗机构及其医务人员不得违反诊疗规范实施不必要的检查。

第一千二百二十八条 【医疗机构及医务人员合法权益的维护】医疗机构及其医务人员的合法权益受法律保护。

干扰医疗秩序，妨碍医务人员工作、生活，侵害医务人员合法权益的，应当依法承担法律责任。

第七章 环境污染和生态破坏责任

第一千二百二十九条 【环境污染和生态破坏侵权责任】因污染环境、破坏生态造成他人损害的，侵权人应当承担侵权责任。

第一千二百三十条 【环境污染、生态破坏侵权举证责任】因污染环境、破坏生态发生纠纷，行为人应当就法律规定的不承担责任或者减轻责任的情形及其行为与损害之间不存在因果关系承担举证责任。

第一千二百三十一条 【两个以上侵权人造成损害的责任分担】两个以上侵权人污染环境、破坏生态的，承担责任的大小，根据污染物的种类、浓度、排放量，破坏生态的方式、范围、程度，以及行为对损害后果所起的作用等因素确定。

第一千二百三十二条 【侵权人的惩罚性赔偿】侵权人违反法律规定故意污染环境、破坏生态造成严重后果的，被侵权人有权请求相应的惩罚性赔偿。

第一千二百三十三条 【因第三人过错污染环境、破坏生态的责任】因第三人的过错污染环境、破坏生态的，被侵权人可以向侵权人请求赔偿，也可以向第三人请求赔偿。侵权人赔偿后，有权向第三人追偿。

第一千二百三十四条 【生态环境损害修复责任】违反国家规定造成生态环境损害，生态环境能够修复的，国家规定的机关或者法律规定的组织有权请求侵权人在合理期限内承担修复责任。侵权人在期限内未修复的，国家规定的机关或者法律规定的组织可以自行或者委托他人进行修复，所需费用由侵权人负担。

生态环境损害修复责任 ➡ 本条是关于生态环境损害修复责任的规定。

生态环境损害的修复责任，是将生态环境受到的损害恢复原状，如《草原法》规定的限期恢复植被和《森林法》规定的补种毁坏的树木等，都是修复责任。

受到损害的生态环境一般不是实际被侵权人的损害，而是国家、政府受到的损害，故请求承担修复责任的主体一般不是被侵权人，而是国家规定的机关或者法律规定的组织，如生态环境部门或者环保公益组织。故环境污染和生态破坏责任的修复责任法律关系主体，不是受到实际损害的被侵权人，而是国家规定的机关和法律规定的组织与侵权人。

承担修复责任的规则是：（1）违反国家规定造成生态环境损害，能够修复的，才承担修复责任。（2）国家规定的机关或者法律规定的组织是请求权人，有权请求侵权人在合理期限内承担修复责任。（3）侵权人在合理期限内未履行修复责任的，国家规定的机关或者法律规定的组织可以自行或者委托他人进行修复，所需费用责令由侵权人承担。

第一千二百三十五条 【生态环境损害赔偿的范围】违反国家规定造成生态环境损害的，国家规定的机关或者法律规定的组织有权请求侵权人赔偿下列损失和费用：

（一）生态环境受到损害至修复完成期间服务功能丧失导致的损失；

（二）生态环境功能永久性损害造成的损失；

（三）生态环境损害调查、鉴定评估等费用；

（四）清除污染、修复生态环境费用；

（五）防止损害的发生和扩大所支出的合理费用。

第八章 高度危险责任

第一千二百三十六条 【高度危险责任一般规定】从事高度危险作业造成他人损害的，应当承担侵权责任。

条文解读

高度危险作业 ➡ 这里讲的"高度危险作业"，既包括使用民用核设施、高速轨道运输工具和从事高压、高空、地下采掘等高度危险活动，也包括占有、使用易燃、易爆、剧毒和放射性等高度危险物的行为。"高度危险作业"的表述是个开放性的概念，包括一切对周围环境产生高度危险的作业形式。一般认为，具体行为构成高度危险作业应具备以下三个条件：（1）作业本身具有高度的危险性。也就是说，危险性变为现实损害的概率很大，超过了一般人正常的防范意识，或者说超过了在一般条件下人们可以避免或者躲避的危险。（2）高度危险作业即使采取安全措施并尽到了相当的注意也无法避免损害。日常生活中，任何一种活动都可能对周围人们的财产或人身产生一定的危险性，但高度危险作业则具有不完全受人控制或者难以控制的危害性。（3）不考虑高度危险作业人对造成损害是否有过错。

第一千二百三十七条 【民用核设施致害责任】民用核设施或者运入运出核设施的核材料发生核事故造成他人损害的，民用核设施的营运单位应当承担侵权责任；但是，能够证明损害是因战争、武装冲突、暴乱等情形或者受害人故意造成的，不承担责任。

第一千二百三十八条 【民用航空器致害责任】民用航空器造成他人损害的，民用航空器的经营者应当承担侵权责任；但是，能够证明损害是因受害人故意造成的，不承担责任。

第一千二百三十九条 【高度危险物致害责任】占有或者使用易燃、易爆、剧毒、高放射性、强腐蚀性、高致病性等高度危险物造成他人损害的，占有人或者使用人应当承担侵权责任；但是，能够证明损害是因受害人故意或者不可抗力造成的，不承担责任。被侵权人对损害的发生有重大过失的，可以减轻占有人或者使用人的责任。

条文解读

高度危险物致害责任 ➡ 本条是关于高度危险物致害责任的规定。

根据本条规定，占有或者使用易燃、易爆、剧毒、高放射性、强腐蚀性、高致病性等高度危险物造成他人损害的，占有人或者使用人应当承担侵权责任，其归责原则为无过错责任原则。

本条所规定的免责事由中，就免除责任事由而言，仅限于受害人故意和不可抗力造成两类，并且由高度危险物的占有人或者使用人承担证明责任，证明损害是因这两类原因而造成的。就减轻责任事由而言，如果被侵权人对损害的发生有重大过失的，则可以减轻占有人或者使用人的责任，被侵权人仅具有一般过失或轻微过失则不得减轻占有人或者使用人的责任。

第一千二百四十条 【高度危险活动致害责任】从事高空、高压、地下挖掘活动或者使用高速轨道运输工具造成他人损害的，经营者应当承担侵权责任；但是，能够证明损害是因受害人故意或者不可抗力造成的，不承担责任。被侵权人对损害的发生有重大过失的，可以减轻经营者的责任。

第一千二百四十一条 【遗失、抛弃高度危险物致害的侵权责任】遗失、抛弃高度危险物造成他人损害的，由所有人承担侵权责任。所有人将高度危险物交由他人管理的，由管理人承担侵权责任；所有人有过错的，与管理人承担连带责任。

第一千二百四十二条 【非法占有高度危险物致害的侵权责任】非法占有高度危险物造成他人损害的，由非法占有人承担侵权责任。所有人、管理人不能证明对防止非法占有尽到高度注意义务的，与非法占有人承担连带责任。

第一千二百四十三条 【未经许可进入高度危险作业区域的致害责任】未经许可进入高度危险活动区域或者高度危险物存放区域受到损害，管理人能够证明已经采取足够安全措施并尽到充分警示义务的，可以减轻或者不承担责任。

第一千二百四十四条 【高度危险责任赔偿限额】承担高度危险责任，法律规定赔偿限额的，依照其规定，但是行为人有故意或者重大过失的除外。

第九章 饲养动物损害责任

第一千二百四十五条 【饲养动物损害责任一般规定】饲养的动物造成他人损害的，动物饲养人或者管理人应当承担侵权责任；但是，能够证明损害是因被侵权人故意或者重大过失造成的，可以不承担或者减轻责任。

第一千二百四十六条 【未对动物采取安全措施损害责任】违反管理规定，未对动物采取安全措施造成他人损害的，动物饲养人或者管理人应当承担侵权责任；但是，能够证明损害是因被侵权人故意造成的，可以减轻责任。

第一千二百四十七条 【禁止饲养的危险动物损害责任】禁止饲养的烈性犬等危险动物造成他人损害的，动物饲养人或者管理人应当承担侵权责任。

禁止饲养的危险动物损害责任 ➡ 本条是对禁止饲养的危险动物致害的责任的规定。

从本条规定来看，其并没有明确是过错责任还是无过错责任。但是，既然《民法典》第1245条对普通饲养的动物致害都采取无过错责任，对禁止饲养的危险动物，就更应当采取无过错责任了。

饲养烈性动物有较大的危害性。饲养动物对于周围人的人身和财产具有的危险性不仅存在，有时甚至是巨大的。首先，许多动物在野性发作时或者发情时具有难以控制的破坏力，从而具有伤害人和损害财产的危险性。其次，动物的流动性可能形成难以控制的破坏力。动物的危险性不仅在于具有攻击性和难以预见性的行为，即使是温顺的奶牛或者绵羊卧倒在道路、轨道上也会引发交通事故，其动物饲养人也应当承担侵权责任。

第一千二百四十八条 【动物园饲养动物损害责任】动物园的动物造成他人损害的，动物园应当承担侵权责任；但是，能够证明尽到管理职责的，不承担侵权责任。

第一千二百四十九条 【遗弃、逃逸动物损害责任】遗弃、逃逸的动物在遗弃、逃逸期间造成他人损害的，由动物原饲养人或者管理人承担侵权责任。

第一千二百五十条 【因第三人过错致使动物致害责任】因第三人的过错致使动物造成他人损害的，被侵权人可以向动物饲养人或者管理人请求赔偿，也可以向第三人请求赔偿。动物饲养人或者管理人赔偿后，有权向第三人追偿。

第一千二百五十一条 【饲养动物应负的社会责任】饲养动物应当遵守法律法规，尊重社会公德，不得妨碍他人生活。

第十章　建筑物和物件损害责任

第一千二百五十二条　【建筑物、构筑物或者其他设施倒塌、塌陷致害责任】建筑物、构筑物或者其他设施倒塌、塌陷造成他人损害的，由建设单位与施工单位承担连带责任，但是建设单位与施工单位能够证明不存在质量缺陷的除外。建设单位、施工单位赔偿后，有其他责任人的，有权向其他责任人追偿。

因所有人、管理人、使用人或者第三人的原因，建筑物、构筑物或者其他设施倒塌、塌陷造成他人损害的，由所有人、管理人、使用人或者第三人承担侵权责任。

第一千二百五十三条　【建筑物、构筑物或者其他设施及其搁置物、悬挂物脱落、坠落致害责任】建筑物、构筑物或者其他设施及其搁置物、悬挂物发生脱落、坠落造成他人损害，所有人、管理人或者使用人不能证明自己没有过错的，应当承担侵权责任。所有人、管理人或者使用人赔偿后，有其他责任人的，有权向其他责任人追偿。

第一千二百五十四条　【高空抛掷物、坠落物致害责任】禁止从建筑物中抛掷物品。从建筑物中抛掷物品或者从建筑物上坠落的物品造成他人损害的，由侵权人依法承担侵权责任；经调查难以确定具体侵权人的，除能够证明自己不是侵权人的外，由可能加害的建筑物使用人给予补偿。可能加害的建筑物使用人补偿后，有权向侵权人追偿。

物业服务企业等建筑物管理人应当采取必要的安全保障措施防止前款规定情形的发生；未采取必要的安全保障措施的，应当依法承担未履行安全保障义务的侵权责任。

发生本条第一款规定的情形的，公安等机关应当依法及时调查，查清责任人。

074. 高空抛物致他人伤残，侵权人应承担哪些责任？[①]

2019 年 5 月 26 日下午，年近七旬的庾某娴在自家小区花园内散步，经过黄某辉楼下时，黄某辉家小孩从自家 35 楼房屋阳台抛下一瓶矿泉水，水瓶掉落到庾某娴身旁，导致其惊吓、摔倒。报警后，庾某娴被送往医院治疗。

次日，庾某娴亲属与黄某辉一起查看监控，确认了上述事实，双方签订了确认书，黄某辉向庾某娴支付了 1 万元赔偿。

庾某娴住院治疗 22 天后才出院，其后又因此事反复入院治疗，累计超过 60 天，住院费用花费数万元。经中山大学法医鉴定中心鉴定，庾某娴伤情构成十级伤残。

黄某辉除已支付 1 万元外，拒绝支付剩余治疗费，庾某娴遂向广州市越秀区人民法院起诉，要求黄某辉赔偿医疗费、护理费、残疾赔偿金、交通费、鉴定费、住院伙食补助费、精神损害抚慰金等合计 10 万余元。

法院经审理认为，庾某娴散步时被从高空抛下的水瓶惊吓摔倒受伤，经监控录像显示水瓶由黄某辉租住房屋阳台抛下，有视频及庾某娴、黄某辉签订的确认书证明。双方确认抛物者为无民事行为能力人，黄某辉是其监护人，庾某娴要求黄某辉承担赔偿责任，黄某辉亦同意赔偿。涉案高空抛物行为发生在《民法典》实施前，但为了更好地保护公民、法人和其他组织的权利和利益，根据《最高人民法院关于适用〈中华人民共和国民法典〉时间效力的若干规定》第 19 条规定，《民法典》施行前，从建筑物中抛掷物品或者从建筑物上坠落的物品造成他人损害引起的民事纠纷案件，适用《民法典》第 1254 条的规定。2021 年 1 月 4 日，判决黄某辉向庾某娴赔偿医疗费、护理费、交通费、住院伙食补

[①] 参见《惩治高空抛物行为：以裁判树规则，守护头顶上的安全感》，载中国法院网 https://www.chinacourt.org/article/detail/2022/03/id/6563739.shtml，最后访问日期：2024 年 4 月 1 日。

助费、残疾赔偿金、鉴定费合计 8.3 万元；精神损害抚慰金 1 万元。

本案是一起典型的高空抛物致人损害的侵权案件。高空抛下的矿泉水瓶虽未直接砸中原告，但由于具有极强的危险性，导致原告受惊吓倒地受伤致残，该后果与高空抛物具有直接因果关系，应由侵权人承担赔偿责任。近年来，全国各地陆续发生高空抛物、坠物伤人事件，成为"城市上空之痛"。

从 2021 年 1 月 1 日开始施行的《民法典》吸收原《侵权责任法》和最高人民法院 2019 年发布的《关于依法妥善审理高空抛物、坠物案件的意见》精神，将对高空安全的保护推向了全新的高度，明确禁止从建筑物中抛掷物品，对高空抛物、高空坠物致人损害的民事责任进行了厘定。《民法典》的施行对遏制高空抛物行为发生、保护人民群众生命财产安全具有重要作用。除了民事责任，如果故意从高空抛掷物品，情节严重的，还有可能构成犯罪。《刑法修正案（十一）》也进一步规定高空抛物情节严重的构成犯罪，承担刑事责任，责任人需要付出更高的法律代价。

本案依法适用《民法典》判决被告承担赔偿责任，旨在通过公正裁判树立行为规则，旗帜鲜明地向高空抛物等不文明行为说"不"，通过以案释法明理，倡导公众讲文明、讲公德，牢固树立文明、和谐的社会主义核心价值观。

第一千二百五十五条　【堆放物致害责任】堆放物倒塌、滚落或者滑落造成他人损害，堆放人不能证明自己没有过错的，应当承担侵权责任。

第一千二百五十六条　【在公共道路上妨碍通行物品的致害责任】在公共道路上堆放、倾倒、遗撒妨碍通行的物品造成他人损害的，由行为人承担侵权责任。公共道路管理人不能证明已经尽到清理、防护、警示等义务的，应当承担相应的责任。

条文解读

在公共道路上堆放、倾倒、遗撒妨碍通行的物品的主体大致可分为两类：一类是具体实施该行为的侵权人。任何人都应当遵守道路管理规则，避免在道路上堆放、倾倒、遗撒妨碍通行物，在公共道路上堆放、倾倒、遗撒妨碍通行物造成他人损害的，应当由行为人承担责任。另一类是对公共道路具有养护、管理职责的主体。公共道路涉及公共安全，公共道路管理人对道路的管理职责中当然就包括法定的防止因第三人的堆放、倾倒、遗撒等行为造成他人损害的义务。为了保障公共道路具有良好的使用状态，公共道路的管理、维护者要及时发现道路上出现的妨碍通行的情况并采取清理、防护、警示等合理的措施。如果没有尽到这种义务，应在未尽到职责的范围内承担相应的侵权责任。

本条规定的堆放、倾倒、遗撒妨碍通行的物品，是指在公共道路上堆放、倾倒、遗撒物品，影响他人对该公共道路正常、合理的使用。公共道路的使用关系到公众的利益，在道路上堆放、倾倒、遗撒妨碍通行物，会对他人的安全造成不合理的危险。《公路法》第46条规定，任何单位和个人不得在公路上及公路用地范围内摆摊设点、堆放物品、倾倒垃圾、设置障碍、挖沟引水、利用公路边沟排放污物或者进行其他损坏、污染公路和影响公路畅通的活动。《道路交通安全法》第48条第1款规定，机动车载物的长、宽、高不得违反装载要求，不得遗洒、飘散载运物。在公共道路上堆放、倾倒、遗撒妨碍通行的物品，既可以是堆放、倾倒、遗撒固体物，如在公共道路上非法设置路障、晾晒粮食、倾倒垃圾等，也可以是倾倒液体、排放气体，如运油车将石油泄漏到公路上、非法向道路排水、热力井向道路散发出大量蒸汽。

被侵权人被堆放、倾倒、遗撒的妨碍通行物损害有多种情形。例如，行人在公共道路上被妨碍通行物绊倒、滑倒；司机被公共道路上非法堆放的物体遮挡视线，驾驶机动车撞到路旁的建筑物上、发生交通事故；等等。

第一千二百五十七条 　【林木致害的责任】因林木折断、倾倒或者果实坠落等造成他人损害，林木的所有人或者管理人不能证明自己没有过错的，应当承担侵权责任。

第一千二百五十八条 　【公共场所或道路施工致害责任和窨井等地下设施致害责任】在公共场所或者道路上挖掘、修缮安装地下设施等造成他人损害，施工人不能证明已经设置明显标志和采取安全措施的，应当承担侵权责任。

窨井等地下设施造成他人损害，管理人不能证明尽到管理职责的，应当承担侵权责任。

条文解读

地下工作物损害责任，是指在公共场所或者道路上挖掘、修缮安装地下设施等形成的地下物，或者窨井等地下工作物，施工人或者管理人没有设置明显标志和采取安全措施，或者没有尽到管理职责，造成他人人身或者财产损害，施工人或者管理人应当承担赔偿损失责任的物件损害责任。

地下工作物损害责任适用过错推定原则。其构成要件是：（1）致害物件为地下工作物，即在公共场所或者道路上挖掘、修缮安装地下设施等形成的工作物，以空间的形式与土地的地表相连；（2）地下工作物造成了他人的人身损害或者财产损害；（3）地下工作物对受害人的损害事实有因果关系；（4）地下工作物的施工人或者管理人存在未设置明显标志和采取安全措施或者未尽管理职责的过失。

地下工作物损害责任分为两种类型：（1）施工中的地下工作物损害责任，是地下工作物致人损害的过失在于施工人，施工人未设置明显标志和采取安全措施，存在过失，是赔偿责任主体，应当对被侵权人承担侵权赔偿责任。（2）使用中的地下工作物损害责任，是窨井等地下设施造成他人损害，过失在于管理人未尽管理职责，因而对被侵权人造成的损害，应当承担侵权赔偿责任。

附　则

第一千二百五十九条　【法律术语含义】民法所称的"以上"、"以下"、"以内"、"届满"，包括本数；所称的"不满"、"超过"、"以外"，不包括本数。

第一千二百六十条　【施行日期】本法自 2021 年 1 月 1 日起施行。《中华人民共和国婚姻法》、《中华人民共和国继承法》、《中华人民共和国民法通则》、《中华人民共和国收养法》、《中华人民共和国担保法》、《中华人民共和国合同法》、《中华人民共和国物权法》、《中华人民共和国侵权责任法》、《中华人民共和国民法总则》同时废止。

实用附录

国有土地上房屋征收补偿标准及计算公式

1. 房屋被征收后被征收人能够获得货币补偿的金额

房屋征收货币补偿金额＝被征收房屋经由评估机构确定的市场价格（包括房屋装饰装修商定或者评估的补偿金额）＋搬迁费用＋临时安置费用＋营业性房屋的停产停业损失（非营业性房屋无此项补偿）

2. 采取房屋置换方式补偿的差价金额

房屋征收调换产权补偿差价金额＝被征收房屋的评估价格＋房屋装饰装修商定或者评估的补偿金额－获得的调换产权的房屋的评估价格

3. 搬迁费用

搬迁费用＝搬迁发生的实际费用或者双方约定的一定数额的搬迁补助费

4. 临时安置费用

临时安置费用＝没有提供周转房情况下的临时安置费＋超出过渡期限的临时安置费

5. 停产停业损失的计算方法

根据房屋被征收前的效益、停产停业的期限等因素确定，具体计算方法由各省、自治区、直辖市制定。主要方法有以下几种：

（1）根据被征收房屋的总体价值的一定比例计算，预先由双方协商约定；

（2）根据房屋的面积按照单位面积补偿一定金额来计算；

（3）根据营利性房屋的前几年的年平均经营收入和利润等指标，乘以停产停业的期限（年份）来计算；

（4）由评估机构对其进行评估确定；

（5）根据实际损失补偿计算，协商确定。

违约责任的形态与责任形式

违约责任的构成要件	(1) 违约行为； (2) 不存在法定或约定的免责事由，法定事由限于不可抗力，约定的免责事由主要是免责条款。		
违约行为的形态		预期违约	指在履行期限到来之前，一方无正当理由而明确表示其在履行期到来后将不履行合同，或者以其行为表明其在履行期到来后将不可能履行合同。预期违约包括明示毁约和默示毁约。
		实际违约	不履行：在合同履行期限到来之后，一方当事人无正当理由拒绝履行合同约定的全部义务。
			迟延履行：合同当事人的履行违反了履行期限的规定。
			不适当履行：包括瑕疵履行和加害给付，指债务人虽然履行了债务，但其履行不符合合同的约定。
			受领迟延：债务人按照约定履行债务，债权人无正当理由拒绝受领的，债务人可以请求债权人赔偿增加的费用。 在债权人受领迟延期间，债务人无须支付利息。
违约责任的承担形式	继续履行		(1) 金钱债务； (2) 非金钱债务，但以下除外： a. 法律上或事实上不能履行； b. 债务的标的不适于强制履行或者履行费用过高； c. 债权人在合理期限内未请求履行。
	采取补救措施		(1) 修理、重作、更换； (2) 减少价款或者报酬； (3) 退货。

违约责任的承担形式	赔偿损失	（1）赔偿损失可以和补救措施并存，即在采取补救措施后，对方还有其他损失的，应当赔偿损失。 （2）当事人一方因另一方违反合同受到损失的，应当及时采取适当措施防止损失的扩大；没有及时采取适当措施致使损失扩大的，无权就扩大的损失请求赔偿。
	违约金	（1）违约金与定金不能并存。定金不足以弥补一方违约造成的损失的，对方可以请求赔偿超过定金数额的损失。 （2）违约金由当事人约定。人民法院或者仲裁机构可以根据当事人的请求予以增加或者适当减少。 （3）当事人就迟延履行约定违约金的，违约金支付后，还应当履行债务。
违约责任的免责事由		（1）法定的免责事由：不可抗力，即不能预见、不能避免、不能克服的客观情况。 （2）约定的免责事由：合同中的免责条款。
违约与侵权的竞合		违约行为同时导致对方人身财产损害的，受损害方有权选择要求其承担违约责任或者侵权责任。 因当事人一方的违约行为，损害对方人格权并造成严重精神损害，受损害方选择请求其承担违约责任的，不影响受损害方请求精神损害赔偿。

办理婚姻登记流程图

一、中国公民办理结婚登记流程图

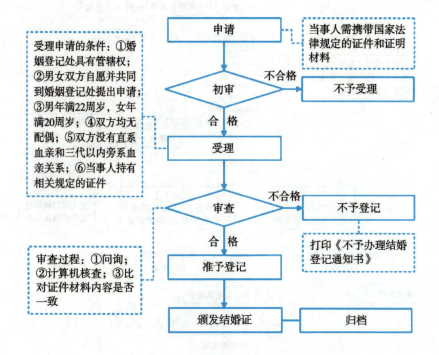

受理申请的条件：①婚姻登记处具有管辖权；②男女双方自愿并共同到婚姻登记处提出申请；③男年满22周岁，女年满20周岁；④双方均无配偶；⑤双方没有直系血亲和三代以内旁系血亲关系；⑥当事人持有相关规定的证件

审查过程：①问询；②计算机核查；③比对证件材料内容是否一致

申请

当事人需携带国家法律规定的证件和证明材料

初审 ——不合格——> 不予受理

合格

受理

审查 ——不合格——> 不予登记

合格

打印《不予办理结婚登记通知书》

准予登记

颁发结婚证 —— 归档

二、中国公民办理离婚登记流程图

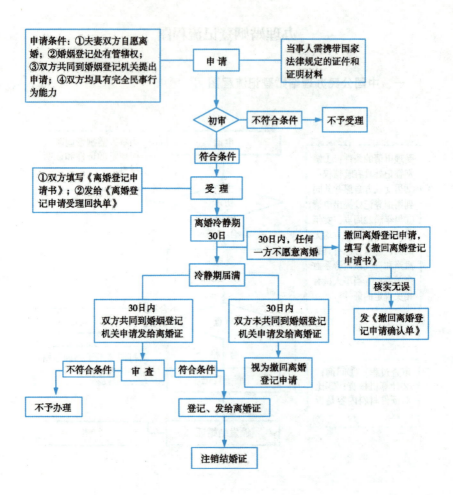

申请条件：①夫妻双方自愿离婚；②婚姻登记处有管辖权；③双方共同到婚姻登记机关提出申请；④双方均具有完全民事行为能力

申 请

当事人需携带国家法律规定的证件和证明材料

初审 —— 不符合条件 —— 不予受理

符合条件

①双方填写《离婚登记申请书》；②发给《离婚登记申请受理回执单》

受 理

离婚冷静期30日

30日内，任何一方不愿意离婚

撤回离婚登记申请，填写《撤回离婚登记申请书》

核实无误

发《撤回离婚登记申请确认单》

冷静期届满

30日内双方共同到婚姻登记机关申请发给离婚证

30日内双方未共同到婚姻登记机关申请发给离婚证

视为撤回离婚登记申请

不符合条件 —— 审 查 —— 符合条件

不予办理

登记、发给离婚证

注销结婚证

夫妻共同财产计算公式

公式一：

夫妻共同财产＝约定的共同财产＋法定的共同财产

公式二：

法定的夫妻共同所有财产＝工资＋奖金＋劳务收入＋生产、经营、投资的收益＋知识产权的收益＋未确定由特定一方继承或者受赠的财产＋住房补贴＋住房公积金＋基本养老金＋破产安置补偿费＋购置的财产＋取得的债权＋复员费（部分）＋军人自主择业费（部分）＋其他应当归共同所有的财产（以上各项均为婚姻关系存续期间取得的）

① 工资、奖金和劳务收入的计算公式

工资、奖金和劳务收入＝工资＋奖金＋红包＋红利＋津贴＋互助金＋餐补＋服装费＋其他劳务收入

② 生产、经营、投资的收益计算公式

生产、经营、投资的收益＝劳动收入＋资本收益（如股票债券收入，经营个体工商户的收益、经营企业的收益、入股收益等，包括股份、股权等）

③ 知识产权的收益计算公式

知识产权的收益＝实际取得＋已经明确可以取得的财产性收益

④ 继承或者受赠的财产计算要点

遗嘱或赠与合同中没有确定只归夫或妻一方的财产（继承权是在婚姻关系存续期间取得或者接受赠与是在婚姻关系存续期间）

⑤ 复员费、转业费、军人自主择业费（部分）计算公式

属于夫妻共同财产的复员费、转业费、自主择业费＝夫妻婚姻关系存续年限×年平均值

年平均值＝复员费、转业费、自主择业费总额÷（70－军人入伍时实际年龄）

⑥ 其他应当归共同所有的财产计算公式

其他应当归共同所有的财产＝一方以个人财产投资取得的收益＋男女双方实际取得或者应当取得的基本养老金＋破产安置补偿费＋住房补贴＋住房公积金＋共同财产购买的房产＋购置的财产＋其他

继承纠纷诉讼流程图

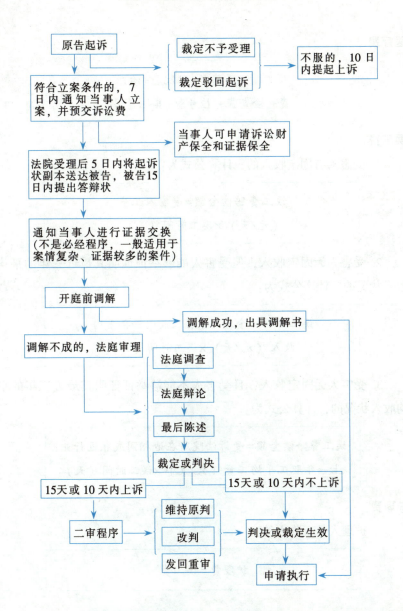

原告起诉

裁定不予受理

裁定驳回起诉

不服的，10日内提起上诉

符合立案条件的，7日内通知当事人立案，并预交诉讼费

当事人可申请诉讼财产保全和证据保全

法院受理后5日内将起诉状副本送达被告，被告15日内提出答辩状

通知当事人进行证据交换（不是必经程序，一般适用于案情复杂、证据较多的案件）

开庭前调解

调解成功，出具调解书

调解不成的，法庭审理

法庭调查

法庭辩论

最后陈述

裁定或判决

15天或10天内上诉

15天或10天内不上诉

二审程序

维持原判

改判

发回重审

判决或裁定生效

申请执行

人身损害赔偿计算公式

医疗费

> 医疗费＝医药费＋住院费＋治疗费＋检查费＋挂号费＋其他费用

误工费

1. 受害人有固定收入的，计算公式为：

> 误工费赔偿金额＝受害人工资（元/天）×误工时间（天）

2. 受害人无固定收入，但受害人能够举证证明其最近三年的平均收入状况的，计算公式为：

> 误工费赔偿金额＝受害人最近三年平均收入（元/天）×误工时间（天）

3. 受害人无固定收入，且受害人不能够举证证明其最近三年的平均收入状况的，计算公式为：

> 误工费赔偿金额＝受诉法院所在地相同或相近行业上一年职工平均工资（天/元）×误工时间（天）

护理费

1. 护理人员有收入的：

> 护理费＝误工费

2. 护理人员没有收入或者雇佣护工的：

> 护理费＝当地护工从事同等级别护理的
> 劳务报酬标准（元/天）×护理期限（天）

交通费

> 交通费＝往返费用×往返次数×往返人数

住院伙食补助费

> 住院伙食补助费＝当地国家机关一般工作人员
> 出差伙食补助标准（元/天）×住院天数

营养费

> 营养费＝实际发生的必要营养费

残疾赔偿金

> 残疾赔偿金＝受诉法院所在地上一年度城镇居民
> 人均可支配收入×伤残等级系数×赔偿年限

残疾辅助器具费

> 残疾辅助器具费＝普通适用器具的合理费用

丧葬费

> 丧葬费＝受诉法院所在地上一年职工
> 月平均工资（元/月）×6个月

被扶养人生活费

1. 被扶养人没有其他扶养人的：

> 被扶养人生活费＝受诉法院所在地上一年度
> 城镇居民人均消费性支出×伤残系数×赔偿年限

2. 被扶养人还有其他抚养人的：

> 被扶养人生活费＝受害人依法
> 应承担的扶养费用

3. 被扶养人有数人的：

> 年赔偿总额≤上一年度城镇居民人均消费性支出额

死亡赔偿金

> 死亡赔偿金＝受诉法院所在地上一年度
> 城镇居民人均可支配收入标准×20年
> （60周岁以上的，年龄每增加1岁减少1年；
> 75周岁以上的，按5年计算）

精神损害赔偿

> 精神损害的赔偿数额根据以下因素确定：
> （1）侵权人的过错程度，但是法律另有规定的除外；
> （2）侵权行为的目的、方式、场合等具体情节；
> （3）侵权行为所造成的后果；
> （4）侵权人的获利情况；
> （5）侵权人承担责任的经济能力；
> （6）受理诉讼法院所在地的平均生活水平。

民事诉讼流程示意图

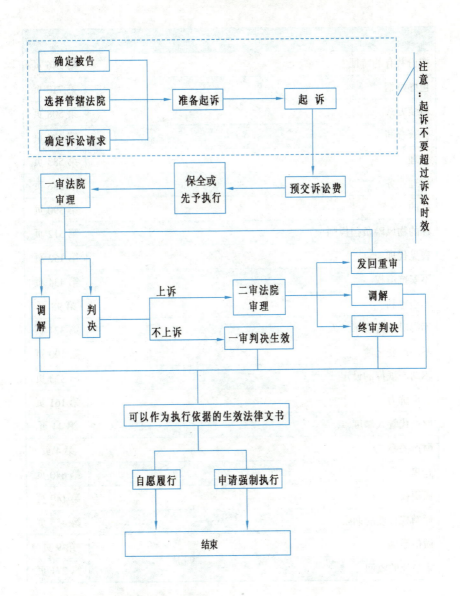

847

重要法律术语速查表

法律术语	页码
按份共有的特征	第 246 页
包办婚姻	第 718 页
包装方式	第 508 页
保管合同	第 634 页
保理	第 583 页
保理业务	第 586 页
标的	第 390 页
标的物风险负担规则	第 512 页
表见代理	第 152 页
不安抗辩权	第 434 页
不当得利	第 98 页
不得对抗善意第三人	第 324 页
不动产登记簿	第 190 页
不动产抵押的设定	第 323 页
不可抗力	第 161 页
财产代管人制度	第 44 页
财产关系	第 4 页
仓单	第 640 页
撤销权	第 149 页
撤销权行使的期限	第 455 页
诚信原则	第 9 页
承包地的收回	第 271 页

图书在版编目（CIP）数据

民法典解读与应用／潘环环编著．—北京：中国
法制出版社，2024.4
　　（法律法规新解读丛书）
　　ISBN 978-7-5216-3467-9

　　Ⅰ.①民…　Ⅱ.①潘…　Ⅲ.①民法-法典-法律解释
-中国　Ⅳ.①D923.05

中国国家版本馆 CIP 数据核字（2023）第 082917 号

责任编辑：刘海龙　　　　　　　　　　　　　　封面设计：李　宁

民法典解读与应用
MINFADIAN JIEDU YU YINGYONG

编著/潘环环
经销/新华书店
印刷/三河市国英印务有限公司
开本/880 毫米×1230 毫米　32 开　　　　　印张/ 28　字数/ 668 千
版次/2024 年 4 月第 1 版　　　　　　　　　　2024 年 4 月第 1 次印刷

中国法制出版社出版
书号 ISBN 978-7-5216-3467-9　　　　　　　　　　定价：88.00 元

北京市西城区西便门西里甲 16 号西便门办公区
邮政编码：100053　　　　　　　　　　　　　传真：010-63141600
网址：http：//www.zgfzs.com　　　　　　　编辑部电话：010-63141814
市场营销部电话：010-63141612　　　　　　印务部电话：010-63141606

（如有印装质量问题，请与本社印务部联系。）

【法融】数据库免费增值服务有效期截至本书出版之日起 2 年。